Sammlung

der

für die Königlich Preußische Rhein-Provinz
seit dem Jahre 1813
hinsichtlich der Rechts- und Gerichts-Verfassung
ergangenen

Gesetze, Verordnungen,
Ministerial-Rescripte ꝛc.

Im Auftrage Eines Hohen Justiz-Ministeriums
herausgegeben
von

Marquardt,
Königlichem Geheimen Kanzlei-Rath und Geheimen Ober-Registrator.

Zehnter Band,
welcher die Jahre 1849, 1850, 1851, 1852 und 1853
enthält.

Berlin,
Druck und Verlag von G. Reimer.
1855.

XXXVI.

1849.

Gesetze, Verordnungen, Rescripte.

1.

Einführungsordnung zur Allgemeinen Wechselordnung für Deutschland. Vom 6. Januar 1849.

Wir Friedrich Wilhelm, von Gottes Gnaden, König von Preußen ꝛc. ꝛc.

verordnen in Beziehung auf die Einführung der Allgemeinen Deutschen Wechselordnung, welche Wir in der Anlage zur öffentlichen Kenntniß bringen, auf den Antrag Unseres Staatsministeriums auf den Grund des Artikels 105. der Verfassungsurkunde für den ganzen Umfang der Monarchie, was folgt:

§. 1.

Die im Reichs-Gesetzblatt vom 27. November v. J. publizirte Allgemeine Deutsche Wechselordnung tritt in Preußen am 1. Februar d. J. in Kraft.

Dagegen erlischt mit diesem Tage die Wirksamkeit der bisherigen Wechselordnungen, namentlich treten die §§. 713. bis 1249. Tit. 8. Thl. II. des Allgemeinen Landrechts, sowie die Artikel 110. bis 189. des rheinischen Handelsgesetzbuchs, außer Kraft.

§. 2.

Die Amortisation eines Wechsels ist bei dem ordentlichen Gerichte des Zahlungsortes, und wo Handelsgerichte bestehen, bei diesen nachzusuchen.

Der Antragende muß eine Abschrift des Wechsels beibringen oder doch den wesentlichen Inhalt desselben und alles das, was das Gericht zur vollständigen Erkennbarkeit für nöthig hält, angeben, auch den Besitz und Verlust glaubhaft machen.

Das Gericht erläßt eine öffentliche Aufforderung an den unbekannten Inhaber des Wechsels, binnen einer bestimmten Frist den Wechsel dem Gerichte vorzulegen, mit der Verwarnung, daß sonst der Wechsel werde für kraftlos erklärt werden.

Die Aufforderung wird am Gerichtshause oder an einer anderen für geeignet befundenen öffentlichen Stelle, und wenn am Zahlungsorte eine Börse besteht, im Börsenlokale angeschlagen und einmal ins Amtsblatt und dreimal in eine in- oder ausländische Zeitung eingerückt.

Das Gericht ist befugt, die Aufforderung an mehreren Stellen anschlagen und in mehrere Zeitungen einrücken zu lassen, wenn dies nach den Umständen angemessen erscheint.

Die Frist zur Meldung wird auf mindestens sechs Monate und höchstens ein Jahr, vom Verfalltage ab gerechnet, bestimmt. Wird von einem Inhaber der Wechsel vorgelegt, so ist dem Antragsteller hiervon Kenntniß zu geben und ihm zu überlassen, sein Recht gegen den Inhaber geltend zu machen. Meldet sich kein Inhaber, so erklärt das Gericht auf weiteren Antrag des Antragstellers den Wechsel für amortisirt.

§. 3.

Zu den Gerichtsbeamten, welche Proteste aufnehmen können, gehören im Bezirke des Appellations-Gerichtshofes zu Köln auch die Gerichtsvollzieher.

§. 4.

Proteste dürfen nur von 9 Uhr Vormittags bis 6 Uhr Abends, zu einer früheren oder späteren Tageszeit aber nur mit Zustimmung des Protestaten erhoben werden.

§. 5.

Wechselklagen können sowohl bei dem Gerichte des Zahlungsortes, als bei dem Gerichte, bei welchem der Beklagte seinen persönlichen Gerichtsstand hat, erhoben werden. Wenn mehrere Wechselschuldner zusammen belangt werden, so ist außer dem Gerichte des Zahlungsortes jedes Gericht kompetent, welchem Einer der Beklagten persönlich unterworfen ist.

Bei dem Gerichte, bei welchem hiernach eine Wechselklage anhängig gemacht ist, müssen sich demnächst auch alle Wechselverpflichteten einlassen, welche von einer Partei in Gemäßheit der in den verschiedenen Landestheilen bestehenden Prozeßgesetze zur Regreßleistung beigeladen oder nach gehörig geschehener Streitverkündigung belangt werden.

§. 6.

Im Bezirke des Appellations-Gerichtshofes zu Cöln gehören die Klagen aus eigenen Wechseln auch dann vor die Handelsgerichte, wenn sie weder von Handeltreibenden unterschrieben sind, noch Handelsgeschäfte zur Veranlassung haben (Artikel 636. 637. des Rheinischen Handels-Gesetzbuchs).

Urkundlich unter Unserer Höchsteigenhändigen Unterschrift und beigedrucktem Königlichen Insiegel.

Gegeben Charlottenburg, den 6. Januar 1849.

(L. S.) Friedrich Wilhelm.

Gr. v. Brandenburg. v. Ladenberg. v. Manteuffel.
v. Strotha. Rintelen. v. d. Heydt.

Für den Finanzminister:
Kühne. Gr. v. Bülow.

Allgemeine Deutsche Wechselordnung.

Erster Abschnitt.

Von der Wechselfähigkeit.

Artikel 1.

Wechselfähig ist Jeder, welcher sich durch Verträge verpflichten kann.

Artikel 2.

Der Wechselschuldner haftet für die Erfüllung der übernommenen Wechselverbindlichkeit mit seiner Person und seinem Vermögen.

Jedoch ist der Wechselarrest nicht zulässig:

1) gegen die Erben eines Wechselschuldners;
2) aus Wechselerklärungen, welche für Korporationen oder andere juristische Personen, für Aktiengesellschaften oder in Angelegenheiten solcher Personen, welche zu eigner Vermögensverwaltung unfähig sind, von den Vertretern derselben ausgestellt werden;
3) gegen Frauen, wenn sie nicht Handel oder ein anderes Gewerbe treiben.

In wiefern aus Gründen des öffentlichen Rechts die Vollstreckung des Wechselarrestes gegen andere als die vorgenannten Personen Beschränkungen erleidet, ist in besonderen Gesetzen bestimmt.

Artikel 3.

Finden sich auf einem Wechsel Unterschriften von Personen, welche eine Wechselverbindlichkeit überhaupt nicht, oder nicht mit vollem Erfolge eingehen können, so hat dies auf die Verbindlichkeit der übrigen Wechselverpflichteten keinen Einfluß.

Zweiter Abschnitt.

Von gezogenen Wechseln.

I. Erfordernisse eines gezogenen Wechsels.

Artikel 4.

Die wesentlichen Erfordernisse eines gezogenen Wechsels sind:

1) die in den Wechsel selbst aufzunehmende Bezeichnung als Wechsel, oder, wenn der Wechsel in einer fremden Sprache ausgestellt ist, ein jener Bezeichnung entsprechender Ausdruck in der fremden Sprache;
2) die Angabe der zu zahlenden Geldsumme;
3) der Name der Person oder die Firma, an welche oder an deren Order gezahlt werden soll (des Remittenten);
4) die Angabe der Zeit, zu welcher gezahlt werden soll; die Zahlungszeit kann nur festgesetzt werden

auf einen bestimmten Tag,
auf Sicht (Vorzeigung, a vista ꝛc.) oder auf eine bestimmte Zeit nach Sicht,
auf eine bestimmte Zeit nach dem Tage der Ausstellung (nach dato),
auf eine Messe oder einen Markt (Meß- oder Marktwechsel);

5) die Unterschrift des Ausstellers (Trassanten) mit seinem Namen oder seiner Firma;
6) die Angabe des Ortes, Monatstages und Jahres der Ausstellung;
7) der Name der Person oder die Firma, welche die Zahlung leisten soll (des Bezogenen oder Trassaten);
8) die Angabe des Ortes, wo die Zahlung geschehen soll; der bei dem Namen oder der Firma des Bezogenen angegebene Ort gilt für den Wechsel, in sofern nicht ein eigener Zahlungsort angegeben ist, als Zahlungsort und zugleich als Wohnort des Bezogenen.

Artikel 5.

Ist die zu zahlende Geldsumme (Art. 4. Nr. 2.) in Buchstaben und in Ziffern ausgedrückt, so gilt bei Abweichungen die in Buchstaben ausgedrückte Summe.

Ist die Summe mehrmals mit Buchstaben oder mehrmals mit Ziffern geschrieben, so gilt bei Abweichungen die geringere Summe.

Artikel 6.

Der Aussteller kann sich selbst als Remittenten (Art. 4. Nr. 3.) bezeichnen (Wechsel an eigene Order).

Desgleichen kann der Aussteller sich selbst als Bezogenen (Art. 4. Nr. 7.) bezeichnen, sofern die Zahlung an einem anderen Orte als dem der Ausstellung geschehen soll (trassirt-eigene Wechsel).

Artikel 7.

Aus einer Schrift, welcher eines der wesentlichen Erfordernisse eines Wechsels (Art. 4.) fehlt, entsteht keine wechselmäßige Verbindlichkeit. Auch haben die auf eine solche Schrift gesetzten Erklärungen (Indossament, Akzept, Aval) keine Wechselkraft.

II. Verpflichtungen des Ausstellers.

Artikel 8.

Der Aussteller eines Wechsels haftet für dessen Annahme und Zahlung wechselmäßig.

III. Indossament.

Artikel 9.

Der Remittent kann den Wechsel an einen Anderen durch Indossament (Giro) übertragen.

Hat jedoch der Aussteller die Uebertragung im Wechsel durch die Worte „nicht an Order“ oder durch einen gleichbedeutenden Ausdruck untersagt, so hat das Indossament keine wechselrechtliche Wirkung.

Artikel 10.

Durch das Indossament gehen alle Rechte aus dem Wechsel auf den Indossatar über, insbesondere auch die Befugniß, den Wechsel weiter zu indossiren. Auch an den Aussteller, Bezogenen, Akzeptanten oder einen früheren Indossanten kann der Wechsel gültig indossirt und von denselben weiter indossirt werden.

Artikel 11.

Das Indossament muß auf den Wechsel, eine Kopie desselben oder ein mit dem Wechsel oder der Kopie verbundenes Blatt (Alonge) geschrieben werden.

Artikel 12.

Ein Indossament ist gültig, wenn der Indossant auch nur seinen Namen oder seine Firma auf die Rückseite des Wechsels oder der Kopie, oder auf die Alonge schreibt (Blanko-Indossament).

Artikel 13.

Jeder Inhaber eines Wechsels ist befugt, die auf demselben befindlichen Blankoindossamente auszufüllen; er kann den Wechsel aber auch ohne diese Ausfüllung weiter indossiren.

Artikel 14.

Der Indossant haftet jedem späteren Inhaber des Wechsels für dessen Annahme und Zahlung wechselmäßig. Hat er aber dem Indossamente die Bemerkung „ohne Gewährleistung“, ohne „Obligo“ oder einen gleichbedeutenden Vorbehalt hinzugefügt, so ist er von der Verbindlichkeit aus seinem Indossamente befreit.

Artikel 15.

Ist in dem Indossamente die Weiterbegebung durch die Worte „nicht an Order“ oder durch einen gleichbedeutenden Ausdruck verboten, so haben diejenigen, an welche der Wechsel aus der Hand des Indossatars gelangt, gegen den Indossanten keinen Regreß.

Artikel 16.

Wenn ein Wechsel indossirt wird, nachdem die für die Protesterhebung Mangels Zahlung bestimmte Frist abgelaufen ist, so erlangt der Indossatar die Rechte aus dem etwa vorhandenen Akzepte gegen den Bezogenen und Regreßrechte gegen Diejenigen, welche den Wechsel nach Ablauf dieser Frist indossirt haben.

Ist aber der Wechsel vor dem Indossamente bereits Mangels Zahlung protestirt worden, so hat der Indossatar nur die Rechte seines Indossanten gegen den Akzeptanten, den Aussteller und Diejenigen, welche den Wechsel bis zur Protesterhebung indossirt haben. Auch ist in einem solchen Falle der Indossant nicht wechselmäßig verpflichtet.

Artikel 17.

Ist dem Indossamente die Bemerkung „zur Einkassirung", „in Prokura" oder eine andere, die Bevollmächtigung ausdrükkende Formel beigefügt worden, so überträgt das Indossament das Eigenthum an dem Wechsel nicht, ermächtigt aber den Indossatar zur Einziehung der Wechselforderung, Protesterhebung und Benachrichtigung des Vormannes seines Indossanten von der unterbliebenen Zahlung (Art. 45.), sowie zur Einklagung der nicht bezahlten und zur Erhebung der deponirten Wechselschuld. Ein solcher Indossatar ist auch berechtigt, diese Befugniß durch ein weiteres Prokuraindossament einem Anderen zu übertragen. Dagegen ist derselbe zur weiteren Begebung durch eigentliches Indossament selbst dann nicht befugt, wenn dem Prokuraindossamente der Zusatz „oder Order" hinzugefügt ist.

IV. Präsentation zur Annahme.

Artikel 18.

Der Inhaber eines Wechsels ist berechtigt, den Wechsel dem Bezogenen sofort zur Annahme zu präsentiren und in Ermangelung der Annahme Protest erheben zu lassen. Nur bei Meß- oder Marktwechseln findet eine Ausnahme dahin Statt, daß solche Wechsel erst in der an dem Meß- oder Marktorte gesetzlich bestimmten Präsentationszeit zur Annahme präsentirt und in Ermangelung derselben protestirt werden können. Der bloße Besitz des Wechsels ermächtigt zur Präsentation des Wechsels und zur Erhebung des Protestes Mangels Annahme.

Artikel 19.

Eine Verpflichtung des Inhabers, den Wechsel zur Annahme zu präsentiren, findet nur bei Wechseln Statt, welche auf eine bestimmte Zeit nach Sicht lauten. Solche Wechsel müssen bei Verlust des wechselmäßigen Anspruchs gegen die Indossanten und den Aussteller, nach Maaßgabe der besonderen im Wechsel enthaltenen Bestimmung und in Ermangelung derselben binnen zwei Jahren nach der Ausstellung zur Annahme präsentirt werden. Hat ein Indossant auf einen Wechsel dieser Art seinem Indossamente eine besondere Präsentationsfrist hinzugefügt, so erlischt seine wechselmäßige Verpflichtung, wenn der Wechsel nicht innerhalb dieser Frist zur Annahme präsentirt worden ist.

Artikel 20.

Wenn die Annahme eines auf bestimmte Zeit nach Sicht gestellten Wechsels nicht zu erhalten ist, oder der Bezogene die Datirung seines Akzeptes verweigert, so muß der Inhaber bei Verlust des wechselmäßigen Anspruchs gegen die Indossanten und den Aussteller die rechtzeitige Präsentation des Wechsels durch einen innerhalb der Präsentationsfrist (Art. 19.) erhobenen Protest feststellen lassen.

Der Protesttag gilt in diesem Falle für den Tag der Präsentation.

Ist die Protesterhebung unterblieben, so wird gegen den Akzeptanten, welcher die Datirung seines Akzeptes unterlassen hat, die Verfallzeit des Wechsels vom letzten Tage der Präsentationsfrist an gerechnet.

V. Annahme (Akzeptation).

Artikel 21.

Die Annahme des Wechsels muß auf dem Wechsel schriftlich geschehen.

Jede auf den Wechsel geschriebene und von dem Bezogenen unterschriebene Erklärung gilt für eine unbeschränkte Annahme, sofern nicht in derselben ausdrücklich ausgesprochen ist, daß der Bezogene entweder überhaupt nicht oder nur unter gewissen Einschränkungen annehmen wolle.

Gleichergestalt gilt es für eine unbeschränkte Annahme, wenn der Bezogene ohne weiteren Beisatz seinen Namen oder seine Firma auf die Vorderseite des Wechsels schreibt.

Die einmal erfolgte Annahme kann nicht wieder zurückgenommen werden.

Artikel 22.

Der Bezogene kann die Annahme auf einen Theil der im Wechsel verschriebenen Summe beschränken.

Werden dem Akzepte andere Einschränkungen beigefügt, so wird der Wechsel einem solchen gleichgeachtet, dessen Annahme gänzlich verweigert worden ist, der Akzeptant haftet aber nach dem Inhalte seines Akzeptes wechselmäßig.

Artikel 23.

Der Bezogene wird durch die Annahme wechselmäßig verpflichtet, die von ihm akzeptirte Summe zur Verfallzeit zu zahlen.

Auch dem Aussteller haftet der Bezogene aus dem Akzepte wechselmäßig.

Dagegen steht dem Bezogenen kein Wechselrecht gegen den Aussteller zu.

Artikel 24.

Ist in dem Wechsel ein vom Wohnorte des Bezogenen verschiedener Zahlungsort (Art. 4. Nr. 8.) angegeben (Domizilwechsel), so ist, in sofern der Wechsel nicht schon ergiebt, durch wen die Zahlung am Zahlungsorte erfolgen soll, dies vom Bezogenen bei der Annahme auf dem Wechsel zu bemerken. Ist dies nicht geschehen, so wird angenommen, daß der Bezogene selbst die Zahlung am Zahlungsorte leisten wolle.

Der Aussteller eines Domizilwechsels kann in demselben die Präsentation zur Annahme vorschreiben. Die Nichtbeobachtung dieser Vorschrift hat den Verlust des Regresses gegen den Aussteller und die Indossanten zur Folge.

VI. Regreß auf Sicherstellung.

1. Wegen nicht erhaltener Annahme.

Artikel 25.

Wenn die Annahme eines Wechsels überhaupt nicht, oder unter Einschränkungen, oder nur auf eine geringere Summe erfolgt ist, so sind die Indossanten und der Aussteller wechselmäßig verpflichtet, gegen Aushändigung des, Mangels Annahme aufgenommenen Protestes genügende Sicherheit dahin zu leisten, daß die Bezahlung der im Wechsel verschriebenen Summe oder des nicht angenommenen Betrages, sowie die Erstattung der durch die Nichtannahme veranlaßten Kosten am Verfalltage erfolgen werde.

Jedoch sind diese Personen auch befugt, auf ihre Kosten die schuldige Summe bei Gericht oder bei einer anderen, zur Annahme von Depositen ermächtigten Behörde oder Anstalt niederzulegen.

Artikel 26.

Der Remittent, sowie jeder Indossatar wird durch den Besitz des, Mangels Annahme aufgenommenen Protestes ermächtigt, von dem Aussteller und den übrigen Vormännern Sicherheit zu fordern und im Wege des Wechselprozesses darauf zu klagen.

Der Regreßnehmer ist hierbei an die Folgeordnung der Indossamente und die einmal getroffene Wahl nicht gebunden.

Der Beibringung des Wechsels und des Nachweises, daß der Regreßnehmer seinen Nachmännern selbst Sicherheit bestellt habe, bedarf es nicht.

Artikel 27.

Die bestellte Sicherheit haftet nicht blos dem Regreßnehmer, sondern auch allen übrigen Nachmännern des Bestellers, in sofern sie gegen ihn den Regreß auf Sicherstellung nehmen. Dieselben sind weitere Sicherheit zu verlangen nur in dem Falle berechtigt, wenn sie gegen die Art oder Größe der bestellten Sicherheit Einwendungen zu begründen vermögen.

Artikel 28.

Die bestellte Sicherheit muß zurückgegeben werden:

1) sobald die vollständige Annahme des Wechsels nachträglich erfolgt ist;
2) wenn gegen den Regreßpflichtigen, welcher sie bestellt hat, binnen Jahresfrist, vom Verfalltage des Wechsels an gerechnet, auf Zahlung aus dem Wechsel nicht geklagt worden ist;
3) wenn die Zahlung des Wechsels erfolgt oder die Wechselkraft desselben erloschen ist.

2. Wegen Unsicherheit des Akzeptanten.

Artikel 29.

Ist ein Wechsel ganz oder theilweise angenommen worden, so kann in Betreff der akzeptirten Summe Sicherheit nur gefordert werden:

1) wenn über das Vermögen des Akzeptanten der Konkurs (Debitverfahren, Falliment) eröffnet worden ist oder der Akzeptant auch nur seine Zahlungen eingestellt hat;
2) wenn nach Ausstellung des Wechsels eine Exekution in das Vermögen des Akzeptanten fruchtlos ausgefallen oder wider denselben wegen Erfüllung einer Zahlungsverbindlichkeit die Vollstreckung des Personalarrestes verfügt worden ist.

Wenn in diesen Fällen die Sicherheit von dem Akzeptanten nicht geleistet und dieserhalb Protest gegen denselben erhoben wird, auch von den auf dem Wechsel etwa benannten Nothadressen die Annahme nach Ausweis des Protestes nicht zu erhalten ist, so kann der Inhaber des Wechsels und jeder Indossatar gegen Auslieferung des Protestes von seinen Vormännern Sicherstellung fordern. (Art. 25—28.) Der bloße Besitz des Wechsels vertritt die Stelle einer Vollmacht, in den No. 1. und 2. genannten Fällen von dem Akzeptanten Sicherheitsbestellung zu fordern, und wenn solche nicht zu erhalten ist, Protest erheben zu lassen.

VII. Erfüllung der Wechselverbindlichkeit.

1. Zahlungstag.

Artikel 30.

Ist in dem Wechsel ein bestimmter Tag als Zahlungstag bezeichnet, so tritt die Verfallzeit an diesem Tage ein. Ist die Zahlungszeit auf die Mitte eines Monats gesetzt worden, so ist der Wechsel am 15. dieses Monats fällig.

Artikel 31.

Ein auf Sicht gestellter Wechsel ist bei der Vorzeigung fällig. Ein solcher Wechsel muß bei Verlust des wechselmäßigen Anspruchs gegen die Indossanten und den Aussteller nach Maaßgabe der besonderen im Wechsel enthaltenen Bestimmung, und in Ermangelung derselben binnen zwei Jahren nach der Ausstellung zur Zahlung präsentirt werden. Hat ein Indossant auf einem Wechsel dieser Art seinem Indossamente eine besondere Präsentationsfrist hinzugefügt, so erlischt seine wechselmäßige Verpflichtung, wenn der Wechsel nicht innerhalb dieser Frist präsentirt worden ist.

Artikel 32.

Bei Wechseln, welche mit dem Ablaufe einer bestimmten

Frist nach Sicht oder nach Dato zahlbar sind, tritt die Verfallzeit ein:

1) wenn die Frist nach Tagen bestimmt ist, an dem letzten Tage der Frist; bei Berechnung der Frist wird der Tag, an welchem der nach Dato zahlbare Wechsel ausgestellt oder der nach Sicht zahlbare zur Annahme präsentirt ist, nicht mitgerechnet;
2) wenn die Frist nach Wochen, Monaten, oder einem, mehrere Monate umfassenden Zeitraume (Jahr, halbes Jahr, Vierteljahr) bestimmt ist, an demjenigen Tage der Zahlungswoche oder des Zahlungsmonats, der durch seine Benennung oder Zahl dem Tage der Ausstellung oder Präsentation entspricht; fehlt dieser Tag in dem Zahlungsmonate, so tritt die Verfallzeit am letzten Tage des Zahlungsmonats ein.

Der Ausdruck „halber Monat“ wird einem Zeitraume von 15 Tagen gleichgeachtet. Ist der Wechsel auf einen oder mehrere ganze Monate und einen halben Monat gestellt, so sind die 15 Tage zuletzt zu zählen.

Artikel 33.

Respekttage finden nicht Statt.

Artikel 34.

Ist in einem Lande, in welchem nach altem Style gerechnet wird, ein im Inlande zahlbarer Wechsel nach Dato ausgestellt, und dabei nicht bemerkt, daß der Wechsel nach neuem Style datirt sei, oder ist derselbe nach beiden Stylen datirt, so wird der Verfalltag nach demjenigen Kalendertage des neuen Styls berechnet, welcher dem nach altem Style sich ergebenden Tage der Ausstellung entspricht.

Artikel 35.

Meß- oder Marktwechsel werden zu der durch die Gesetze des Meß- oder Marktortes bestimmten Zahlungszeit, und in Ermangelung einer solchen Festsetzung an dem Tage vor dem gesetzlichen Schlusse der Messe oder des Marktes fällig. Dauert die Messe oder der Markt nur einen Tag, so tritt die Verfallzeit des Wechsels an diesem Tage ein.

2. Zahlung.

Artikel 36.

Der Inhaber eines indossirten Wechsels wird durch eine zusammenhängende, bis auf ihn hinuntergehende Reihe von Indossamenten als Eigenthümer des Wechsels legitimirt. Das erste Indossament muß demnach mit dem Namen des Remittenten, jedes folgende Indossament mit dem Namen desjenigen unterzeichnet sein, welchen das unmittelbar vorhergehende Indossament als Indossatar benennt. Wenn auf ein Blanko-Indossament ein weiteres Indossament folgt, so wird angenommen, daß der Aussteller des letzteren den Wechsel durch das Blanko-Indossament erworben hat. Ausgestrichene Indossamente werden bei Prüfung der Legitimation als nicht geschrieben angesehen. Die Echtheit der Indossamente zu prüfen, ist der Zahlende nicht verpflichtet.

Artikel 37.

Lautet ein Wechsel auf eine Münzsorte, welche am Zahlungsorte keinen Umlauf hat, oder auf eine Rechnungswährung, so kann die Wechselsumme nach ihrem Werthe zur Verfallzeit in der Landesmünze gezahlt werden, sofern nicht der Aussteller durch den Gebrauch des Wortes „effektiv" oder eines ähnlichen Zusatzes die Zahlung in der im Wechsel benannten Münzsorte ausdrücklich bestimmt hat.

Artikel 38.

Der Inhaber des Wechsels darf eine ihm angebotene Theilzahlung selbst dann nicht zurückweisen, wenn die Annahme auf den ganzen Betrag der verschriebenen Summe erfolgt ist.

Artikel 39.

Der Wechselschuldner ist nur gegen Aushändigung des quittirten Wechsels zu zahlen verpflichtet. Hat der Wechselschuldner eine Theilzahlung geleistet, so kann derselbe nur verlangen, daß die Zahlung auf den Wechsel abgeschrieben und ihm Quittung auf einer Abschrift des Wechsels ertheilt werde.

Artikel 40.

Wird die Zahlung des Wechsels zur Verfallzeit nicht gefordert, so ist der Akzeptant nach Ablauf der für die Protesterhebung Mangels Zahlung bestimmten Frist befugt, die Wechselsumme auf Gefahr und Kosten des Inhabers bei Gericht oder bei einer anderen zur Annahme von Depositen ermächtigten Behörde oder Anstalt niederzulegen. Der Vorladung des Inhabers bedarf es nicht.

VIII. Regreß Mangels Zahlung.

Artikel 41.

Zur Ausübung des bei nicht erlangter Zahlung statthaften Regresses gegen den Aussteller und die Indossanten ist erforderlich:

1) daß der Wechsel zur Zahlung präsentirt worden ist, und
2) daß sowohl diese Präsentation, als die Nichterlangung der Zahlung durch einen rechtzeitig darüber aufgenommenen Protest dargethan wird.

Die Erhebung des Protestes ist am Zahlungstage zulässig, sie muß aber spätestens am zweiten Werktage nach dem Zahlungstage geschehen.

Artikel 42.

Die Aufforderung, keinen Protest erheben zu lassen („ohne Protest“, „ohne Kosten“ ꝛc.) gilt als Erlaß des Protestes, nicht aber als Erlaß der Pflicht zur rechtzeitigen Präsentation. Der Wechselverpflichtete, von welchem jene Aufforderung ausgeht, muß die Beweislast übernehmen, wenn er die rechtzeitig geschehene Präsentation in Abrede stellt. Gegen die Pflicht zum Ersatze der Protestkosten schützt jene Aufforderung nicht.

Artikel 43.

Domizilirte Wechsel sind dem Domiziliaten, oder wenn ein solcher nicht benannt ist, dem Bezogenen selbst an demjenigen Orte, wohin der Wechsel domizilirt ist, zur Zahlung zu präsentiren, und wenn die Zahlung unterbleibt, dort zu protestiren. Wird die rechtzeitige Protesterhebung beim Domiziliaten verabsäumt, so geht dadurch der wechselmäßige Anspruch nicht nur gegen den Aussteller und die Indossanten, sondern auch gegen den Akzeptanten verloren.

Artikel 44.

Zur Erhaltung des Wechselrechts gegen den Akzeptanten bedarf es, mit Ausnahme des im Art. 43. erwähnten Falles weder der Präsentation am Zahlungstage, noch der Erhebung eines Protestes.

Artikel 45.

Der Inhaber eines Mangels Zahlung protestirten Wechsels ist verpflichtet, seinen unmittelbaren Vormann innerhalb zweier Tage nach dem Tage der Protesterhebung von der Nichtzahlung des Wechsels schriftlich zu benachrichtigen, zu welchem Ende es genügt, wenn das Benachrichtigungsschreiben innerhalb dieser Frist zur Post gegeben ist. Jeder benachrichtigte Vormann muß binnen derselben, vom Tage des empfangenen Berichts zu berechnenden Frist seinen nächsten Vormann in gleicher Weise benachrichtigen. Der Inhaber oder Indossatar, welcher die Benachrichtigung unterläßt oder dieselbe nicht an den unmittelbaren Vormann ergehen läßt, wird hierdurch den sämmtlichen oder den übersprungenen Vormännern zum Ersatze des aus der unterlassenen Benachrichtigung entstandenen Schadens verpflichtet. Auch verliert derselbe gegen diese Personen den Anspruch auf Zinsen und Kosten, so daß er nur die Wechselsumme zu fordern berechtigt ist.

Artikel 46.

Kommt es auf den Nachweis der dem Vormanne rechtzeitig gegebenen schriftlichen Benachrichtigung an, so genügt zu diesem Zwecke der durch ein Postattest geführte Beweis, daß ein Brief von dem Betheiligten an den Adressaten an dem angegebenen Tage abgesandt ist, sofern nicht dargethan wird, daß der angekommene Brief einen andern Inhalt gehabt hat. Auch der

Tag des Empfanges der erhaltenen schriftlichen Benachrichtigung kann durch ein Postattest nachgewiesen werden.

Artikel 47.

Hat ein Indossant den Wechsel ohne Hinzufügung einer Ortsbezeichnung weiter begeben, so ist der Vormann desselben von der unterbliebenen Zahlung zu benachrichtigen.

Artikel 48.

Jeder Wechselschuldner hat das Recht, gegen Erstattung der Wechselsumme nebst Zinsen und Kosten, die Auslieferung des quittirten Wechsels und des wegen Nichtzahlung erhobenen Protestes von dem Inhaber zu fordern.

Artikel 49.

Der Inhaber eines, Mangels Zahlung protestirten Wechsels kann die Wechselklage gegen alle Wechselverpflichtete oder auch nur gegen Einige oder Einen derselben anstellen, ohne dadurch seinen Anspruch gegen die nicht in Anspruch genommenen Verpflichteten zu verlieren. Derselbe ist an die Reihenfolge der Indossamente nicht gebunden.

Artikel 50.

Die Regreßansprüche des Inhabers, welcher den Wechsel Mangels Zahlung hat protestiren lassen, beschränken sich auf:

1) die nicht bezahlte Wechselsumme nebst 6 Prozent jährlicher Zinsen vom Verfalltage ab,
2) die Protestkosten und anderen Auslagen,
3) eine Provision von $1/3$ Prozent.

Die vorstehenden Beträge müssen, wenn der Regreßpflichtige an einem andern Orte als dem Zahlungsorte wohnt, zu demjenigen Kurse gezahlt werden, welchen ein vom Zahlungsorte auf den Wohnort des Regreßpflichtigen gezogener Wechsel auf Sicht hat. Besteht am Zahlungsorte kein Kurs auf jenen Wohnort, so wird der Kurs nach demjenigen Platze genommen, welcher dem Wohnorte des Regreßpflichtigen am nächsten liegt. Der Kurs ist auf Verlangen des Regreßpflichtigen durch einen unter öffentlicher Autorität ausgestellten Kurszettel oder durch das Attest eines vereideten Mäklers oder, in Ermangelung derselben, durch ein Attest zweier Kaufleute zu bescheinigen.

Artikel 51.

Der Indossant, welcher den Wechsel eingelöst oder als Rimesse erhalten hat, ist von einem früheren Indossanten oder von dem Aussteller zu fordern berechtigt:

1) die von ihm gezahlte oder durch Rimesse berichtigte Summe nebst 6 Prozent jährlicher Zinsen vom Tage der Zahlung,
2) die ihm erstandenen Kosten,
3) eine Provision von $1/3$ Prozent.

Die vorstehenden Beträge müssen, wenn der Regreßpflichtige an einem andern Orte als der Regreßnehmer wohnt, zu demjenigen Kurse gezahlt werden, welchen ein vom Wohnorte des Regreßnehmers auf den Wohnort des Regreßpflichtigen gezogener Wechsel auf Sicht hat. Besteht im Wohnorte des Regreßnehmers kein Kurs auf den Wohnort des Regreßpflichtigen, so wird der Kurs nach demjenigen Platze genommen, welcher dem Wohnorte des Regreßpflichtigen am nächsten liegt. Wegen der Bescheinigung des Kurses kommt die Bestimmung des Art. 50. zur Anwendung.

Artikel 52.

Durch die Bestimmungen der Art. 50. und 51. Nr. 1. und 3. wird bei einem Regresse auf einen ausländischen Ort die Berechnung höherer, dort zulässiger Sätze nicht ausgeschlossen.

Artikel 53.

Der Regreßnehmer kann über den Betrag seiner Forderung einen Rückwechsel auf den Regreßpflichtigen ziehen. Der Forderung treten in diesem Falle noch die Mäklergebühren für Negozirung des Rückwechsels, sowie die etwaigen Stempelgebühren, hinzu. Der Rückwechsel muß auf Sicht zahlbar und unmittelbar (a drittura) gestellt werden.

Artikel 54.

Der Regreßpflichtige ist nur gegen Auslieferung des Wechsels, des Protestes und einer quittirten Retourrechnung Zahlung zu leisten verbunden.

Artikel 55.

Jeder Indossant, der einen seiner Nachmänner befriedigt hat, kann sein eigenes und seiner Nachmänner Indossament ausstreichen.

IX. Intervention.

1. Ehrenannahme.

Artikel 56.

Befindet sich auf einem Mangels Annahme protestirten Wechsel eine auf den Zahlungsort lautende Nothadresse, so muß, ehe Sicherstellung verlangt werden kann, die Annahme von der Nothadresse gefordert werden. Unter mehreren Nothadressen gebührt derjenigen der Vorzug, durch deren Zahlung die meisten Verpflichteten befreit werden.

Artikel 57.

Die Ehrenannahme von Seiten einer nicht auf dem Wechsel als Nothadresse benannten Person braucht der Inhaber nicht zuzulassen.

Artikel 58.

Der Ehrenakzeptant muß sich den Protest Mangels Annahme gegen Erstattung der Kosten aushändigen und in einem Anhange zu demselben die Ehrenannahme bemerken lassen. Er muß den Honoraten unter Uebersendung des Protestes von der geschehenen Intervention benachrichtigen und diese Benachrichtigung mit dem Proteste innerhalb zweier Tage nach dem Tage der Protesterhebung zur Post geben. Unterläßt er dies, so haftet er für den durch die Unterlassung entstehenden Schaden.

Artikel 59.

Wenn der Ehrenakzeptant unterlassen hat, in seinem Akzepte zu bemerken, zu wessen Ehren die Annahme geschieht, so wird der Aussteller als Honorat angesehen.

Artikel 60.

Der Ehrenakzeptant wird den sämmtlichen Nachmännern des Honoraten durch die Annahme wechselmäßig verpflichtet. Diese Verpflichtung erlischt, wenn dem Ehrenakzeptanten der Wechsel nicht spätestens am zweiten Werktage nach dem Zahlungstage zur Zahlung vorgelegt wird.

Artikel 61.

Wenn der Wechsel von einer Nothadresse oder einem andern Intervenienten zu Ehren angenommen wird, so haben der Inhaber und die Nachmänner des Honoraten keinen Regreß auf Sicherstellung. Derselbe kann aber von dem Honoraten und dessen Vormännern geltend gemacht werden.

2. Ehrenzahlung.

Artikel 62.

Befinden sich auf dem von dem Bezogenen nicht eingelösten Wechsel oder der Kopie Nothadressen oder ein Ehrenakzept, welche auf den Zahlungsort lauten, so muß der Inhaber den Wechsel spätestens am zweiten Werktage nach dem Zahlungstage den sämmtlichen Nothadressen und dem Ehrenakzeptanten zur Zahlung vorlegen, und den Erfolg im Proteste Mangels Zahlung oder in einem Anhange zu demselben bemerken lassen. Unterläßt er dies, so verliert er den Regreß gegen den Adressanten oder Honoraten und deren Nachmänner. Weist der Inhaber die von einem andern Intervenienten angebotene Ehrenzahlung zurück, so verliert er den Regreß gegen die Nachmänner des Honoraten.

Artikel 63.

Dem Ehrenzahler muß der Wechsel und der Protest Mangels Zahlung gegen Erstattung der Kosten ausgehändigt werden. Er tritt durch die Ehrenzahlung in die Rechte des Inhabers (Art. 50. und 52.) gegen den Honoraten, dessen Vormänner und den Akzeptanten.

Artikel 64.

Unter Mehreren, welche sich zur Ehrenzahlung erbieten, gebührt demjenigen der Vorzug, durch dessen Zahlung die meisten Wechselverpflichteten befreit werden. Ein Intervenient, welcher zahlt, obgleich aus dem Wechsel oder Proteste ersichtlich ist, daß ein Anderer, dem er hiernach nachstehen müßte, den Wechsel einzulösen bereit war, hat keinen Regreß gegen diejenigen Indossanten, welche durch Leistung der von dem Andern angebotenen Zahlung befreit worden wären.

Artikel 65.

Der Ehrenakzeptant, welcher nicht zur Zahlungsleistung gelangt, weil der Bezogene oder ein anderer Intervenient bezahlt hat, ist berechtigt, von dem Zahlenden eine Provision von $\frac{1}{3}$ Prozent zu verlangen.

X. Vervielfältigung eines Wechsels.

1. Wechselduplikate.

Artikel 66.

Der Aussteller eines gezogenen Wechsels ist verpflichtet, dem Remittenten auf Verlangen mehrere gleichlautende Exemplare des Wechsels zu überliefern. Dieselben müssen im Kontexte als Prima, Sekunda, Tertia u. s. w. bezeichnet sein, widrigenfalls jedes Exemplar als ein für sich bestehender Wechsel (Sola-Wechsel) erachtet wird. Auch ein Indossatar kann ein Duplikat des Wechsels verlangen. Er muß sich dieserhalb an seinen unmittelbaren Vormann wenden, welcher wieder an seinen Vormann zurückgehen muß, bis die Anforderung an den Aussteller gelangt. Jeder Indossatar kann von seinem Vormanne verlangen, daß die frühern Indossamente auf dem Duplikate wiederholt werden.

Artikel 67.

Ist von mehreren ausgefertigten Exemplaren das eine bezahlt, so verlieren dadurch die andern ihre Kraft. Jedoch bleiben aus den übrigen Exemplaren verhaftet:

1) der Indossant, welcher mehrere Exemplare desselben Wechsels an verschiedene Personen indossirt hat, und alle spätern Indossanten, deren Unterschriften sich auf den, bei der Zahlung nicht zurückgegebenen Exemplaren befinden, aus ihren Indossamenten;
2) der Akzeptant, welcher mehrere Exemplare desselben Wechsels akzeptirt hat, aus den Akzepten auf den bei der Zahlung nicht zurückgegebenen Exemplaren.

Artikel 68.

Wer eines von mehreren Exemplaren eines Wechsels zur Annahme versandt hat, muß auf den übrigen Exemplaren bemerken, bei wem das von ihm zur Annahme versandte Exemplar anzutreffen ist. Das Unterlassen dieser Bemerkung entzieht jedoch dem Wechsel nicht die Wechselkraft. Der Verwahrer des zum Akzepte versandten Exemplars ist verpflichtet, dasselbe demjenigen auszuliefern, der sich als Indossatar (Art. 36.) oder auf andere Weise zur Empfangnahme legitimirt.

Artikel 69.

Der Inhaber eines Duplikats, auf welchem angegeben ist, bei wem das zum Akzepte versandte Exemplar sich befindet, kann Mangels Annahme desselben den Regreß auf Sicherstellung und Mangels Zahlung den Regreß auf Zahlung nicht eher nehmen, als bis er durch Protest hat feststellen lassen:

1) daß das zum Akzepte versandte Exemplar ihm vom Verwahrer nicht verabfolgt worden ist, und
2) daß auch auf das Duplikat die Annahme oder die Zahlung nicht zu erlangen gewesen.

2. Wechselkopien.

Artikel 70.

Wechselkopien müssen eine Abschrift des Wechsels und der darauf befindlichen Indossamente und Vermerke enthalten und mit der Erklärung: „bis hierher Abschrift (Kopie)“ oder mit einer ähnlichen Bezeichnung versehen sein. In der Kopie ist zu bemerken, bei wem das zur Annahme versandte Original des Wechsels anzutreffen ist. Das Unterlassen dieses Vermerkes entzieht jedoch der indossirten Kopie nicht ihre wechselmäßige Kraft.

Artikel 71.

Jedes auf einer Kopie befindliche Originalindossament verpflichtet den Indossanten eben so, als wenn es auf einem Originalwechsel stünde.

Artikel 72.

Der Verwahrer des Originalwechsels ist verpflichtet, denselben dem Besitzer einer mit einem oder mehreren Originalindossamenten versehenen Kopie auszuliefern, sofern sich derselbe als Indossatar oder auf andere Weise zur Empfangnahme legitimirt. Wird der Originalwechsel vom Verwahrer nicht ausgeliefert, so ist der Inhaber der Wechselkopie nur nach Aufnahme des im Art. 69. Nr. 1. erwähnten Protestes Regreß auf Sicherstellung und nach Eintritt des in der Kopie angegebenen Verfalltages Regreß auf Zahlung gegen diejenigen Indossanten zu nehmen berechtigt, deren Originalindossamente auf der Kopie befindlich sind.

XI. Abhanden gekommene Wechsel.

Artikel 73.

Der Eigenthümer eines abhanden gekommenen Wechsels kann die Amortisation des Wechsels bei dem Gerichte des Zahlungsortes beantragen. Nach Einleitung des Amortisationsverfahrens kann derselbe vom Akzeptanten Zahlung fordern, wenn er bis zur Amortisation des Wechsels Sicherheit bestellt. Ohne eine solche Sicherheitsstellung ist er nur die Deposition der aus dem Akzepte schuldigen Summe bei Gericht oder bei einer andern zur Annahme von Depositen ermächtigten Behörde oder Anstalt zu fordern berechtigt.

Artikel 74.

Der nach den Bestimmungen des Art. 36. legitimirte Besitzer eines Wechsels kann nur dann zur Herausgabe desselben angehalten werden, wenn er den Wechsel in bösem Glauben erworben hat oder ihm bei der Erwerbung des Wechsels eine grobe Fahrlässigkeit zur Last fällt.

XII. Falsche Wechsel.

Artikel 75.

Auch wenn die Unterschrift des Ausstellers eines Wechsels falsch oder verfälscht ist, behalten dennoch das ächte Akzept und die ächten Indossamente die wechselmäßige Wirkung.

Artikel 76.

Aus einem, mit einem falschen oder verfälschten Akzepte oder Indossamente versehenen Wechsel bleiben sämmtliche Indossanten und der Aussteller, deren Unterschriften ächt sind, wechselmäßig verpflichtet.

XIII. Wechselverjährung.

Artikel 77.

Der wechselmäßige Anspruch gegen den Akzeptanten verjährt in drei Jahren vom Verfalltage des Wechsels an gerechnet.

Artikel 78.

Die Regreßansprüche des Inhabers (Art. 50.) gegen den Aussteller und die übrigen Vormänner verjähren:

1) in 3 Monaten, wenn der Wechsel in Europa, mit Ausnahme von Island und den Faröern, zahlbar war;
2) in 6 Monaten, wenn der Wechsel in den Küstenländern von Asien und Afrika längs des Mittelländischen und Schwarzen Meeres, oder in den dazu gehörigen Inseln dieser Meere zahlbar war;
3) in 18 Monaten, wenn der Wechsel in einem anderen außereuropäischen Lande oder in Island oder den Faröern zahlbar war.

Die Verjährung beginnt gegen den Inhaber mit dem Tage des erhobenen Protestes.

Artikel 79.

Die Regreßansprüche des Indossanten (Art. 51.) gegen den Aussteller und die übrigen Vormänner verjähren:

1) in 3 Monaten, wenn der Regreßnehmer in Europa, mit Ausnahme von Island und den Faröern, wohnt;
2) in 6 Monaten, wenn der Regreßnehmer in den Küstenländern von Asien und Afrika längs des Mittelländischen

und Schwarzen Meeres, oder in den dazu gehörigen Inseln dieser Meere wohnt;

3) in 18 Monaten, wenn der Regreßnehmer in einem anderen außereuropäischen Lande oder in Island oder den Faröern wohnt.

Gegen den Indossanten läuft die Frist, wenn er, ehe eine Wechselklage gegen ihn angestellt worden, gezahlt hat, vom Tage der Zahlung, in allen übrigen Fällen aber vom Tage der ihm geschehenen Behändigung der Klage oder Ladung.

Artikel 80.

Die Verjährung (Art. 77—79.) wird nur durch Behändigung der Klage unterbrochen, und nur in Beziehung auf denjenigen, gegen welchen die Klage gerichtet ist. Jedoch vertritt in dieser Hinsicht die von dem Verklagten geschehene Streitverkündigung die Stelle der Klage.

XIV. Klagerecht des Wechselgläubigers.

Artikel 81.

Die wechselmäßige Verpflichtung trifft den Aussteller, Akzeptanten und Indossanten des Wechsels, sowie einen Jeden, welcher den Wechsel, die Wechselkopie, das Akzept oder das Indossament mitunterzeichnet hat, selbst dann, wenn er sich dabei nur als Bürge (per aval) benannt hat. Die Verpflichtung dieser Personen erstreckt sich auf Alles, was der Wechselinhaber wegen Nichterfüllung der Wechselverbindlichkeit zu fordern hat. Der Wechselinhaber kann sich wegen seiner ganzen Forderung an den Einzelnen halten; es steht in seiner Wahl, welchen Wechselverpflichteten er zuerst in Anspruch nehmen will.

Artikel 82.

Der Wechselschuldner kann sich nur solcher Einreden bedienen, welche aus dem Wechselrechte selbst hervorgehen oder ihm unmittelbar gegen den jedesmaligen Kläger zustehen.

Artikel 83.

Ist die wechselmäßige Verbindlichkeit des Ausstellers oder des Akzeptanten durch Verjährung oder dadurch, daß die zur Erhaltung des Wechselrechts gesetzlich vorgeschriebenen Handlungen verabsäumt sind, erloschen, so bleiben dieselben dem Inhaber des Wechsels nur soweit, als sie sich mit dessen Schaden bereichern würden, verpflichtet. Gegen die Indossanten, deren wechselmäßige Verbindlichkeit erloschen ist, findet ein solcher Anspruch nicht Statt.

XV. Ausländische Gesetzgebung.

Artikel 84.

Die Fähigkeit eines Ausländers, wechselmäßige Verpflichtungen zu übernehmen, wird nach den Gesetzen des Staates beurtheilt, welchem derselbe angehört. Jedoch wird ein nach den Gesetzen seines Vaterlandes nicht wechselfähiger Ausländer durch Uebernahme von Wechselverbindlichkeiten im Inlande verpflichtet, in sofern er nach den Gesetzen des Inlandes wechselfähig ist.

Artikel 85.

Die wesentlichen Erfordernisse eines im Auslande ausgestellten Wechsels, sowie jeder anderen im Auslande ausgestellten Wechselerklärung, werden nach den Gesetzen des Ortes beurtheilt, an welchem die Erklärung erfolgt ist. Entsprechen jedoch die im Auslande geschehenen Wechselerklärungen den Anforderungen des inländischen Gesetzes, so kann daraus, daß sie nach ausländischen Gesetzen mangelhaft sind, kein Einwand gegen die Rechtsverbindlichkeit der später im Inlande auf den Wechsel gesetzten Erklärungen entnommen werden. Ebenso haben Wechselerklärungen, wodurch sich ein Inländer einem anderen Inländer im Auslande verpflichtet, Wechselkraft, wenn sie auch nur den Anforderungen der inländischen Gesetzgebung entsprechen.

Artikel 86.

Ueber die Form der mit einem Wechsel an einem ausländischen Platze zur Ausübung oder Erhaltung des Wechselrechts vorzunehmenden Handlungen entscheidet das dort geltende Recht.

XVI. Protest.

Artikel 87.

Jeder Protest muß durch einen Notar oder einen Gerichtsbeamten aufgenommen werden. Der Zuziehung von Zeugen oder eines Protokollführers bedarf es dabei nicht.

Artikel 88.

Der Protest muß enthalten:

1) eine wörtliche Abschrift des Wechsels oder der Kopie und aller darauf befindlichen Indossamente und Bemerkungen;
2) den Namen oder die Firma der Personen, für welche und gegen welche der Protest erhoben wird;
3) das an die Person, gegen welche protestirt wird, gestellte Begehren, ihre Antwort oder die Bemerkung, daß sie keine gegeben habe oder nicht anzutreffen gewesen sei;
4) die Angabe des Ortes, sowie des Kalendertages, Monats und Jahres, an welchem die Aufforderung (Nr. 3.) geschehen, oder ohne Erfolg versucht worden ist;
5) im Falle einer Ehrenannahme oder einer Ehrenzahlung die Erwähnung, von wem, für wen und wie sie angeboten und geleistet wird;
6) die Unterschrift des Notars oder des Gerichtsbeamten, welcher den Protest aufgenommen hat, mit Beifügung des Amtssiegels.

Artikel 89.

Muß eine wechselrechtliche Leistung von mehreren Personen verlangt werden, so ist über die mehrfache Aufforderung nur eine Protesturkunde erforderlich.

Artikel 90.

Die Notare und Gerichtsbeamten sind schuldig, die von ihnen aufgenommenen Proteste nach deren ganzem Inhalte Tag für Tag und nach Ordnung des Datums in ein besonderes Register einzutragen, das von Blatt zu Blatt mit fortlaufenden Zahlen versehen ist.

XVII. Ort und Zeit für die Präsentation und andere im Wechsel-Verkehre vorkommende Handlungen.

Artikel 91.

Die Präsentation zur Annahme oder Zahlung, die Protesterhebung, die Abforderung eines Wechselduplikats, sowie alle sonstigen, bei einer bestimmten Person vorzunehmenden Akte müssen in deren Geschäftslokal, und in Ermangelung eines solchen, in deren Wohnung vorgenommen werden. An einem anderen Orte, z. B. an der Börse, kann dies nur mit beiderseitigem Einverständnisse geschehen. Daß das Geschäftslokal oder die Wohnung nicht zu ermitteln sei, ist erst dann als festgestellt anzunehmen, wenn auch eine dieserhalb bei der Polizeibehörde des Orts geschehene Nachfrage des Notars oder des Gerichtsbeamten fruchtlos geblieben ist, welches im Proteste bemerkt werden muß.

Artikel 92.

Verfällt der Wechsel an einem Sonntage oder allgemeinen Feiertage, so ist der nächste Werktag der Zahlungstag. Auch die Herausgabe eines Wechsel-Duplikats, die Erklärung über die Annahme, sowie jede andere Handlung, können nur an einem Werktage gefordert werden. Fällt der Zeitpunkt, in welchem die Vornahme einer der vorstehenden Handlungen spätestens gefordert werden mußte, auf einen Sonntag oder allgemeinen Feiertag, so muß diese Handlung am nächsten Werktage gefordert werden. Dieselbe Bestimmung findet auch auf die Protesterhebung Anwendung.

Artikel 93.

Bestehen an einem Wechselplatze allgemeine Zahltage (Kassirtage), so braucht die Zahlung eines zwischen den Zahltagen fällig gewordenen Wechsels erst am nächsten Zahltage geleistet zu werden, sofern nicht der Wechsel auf Sicht lautet. Die im Art. 41. für die Aufnahme des Protestes Mangels Zahlung bestimmte Frist darf jedoch nicht überschritten werden.

XVIII. Mangelhafte Unterschriften.

Artikel 94.

Wechselerklärungen, welche statt des Namens mit Kreuzen oder anderen Zeichen vollzogen sind, haben nur dann, wenn diese Zeichen gerichtlich oder notariell beglaubigt worden, Wechselkraft.

Artikel 95.

Wer eine Wechselerklärung als Bevollmächtigter eines Anderen unterzeichnet, ohne dazu Vollmacht zu haben, haftet persönlich in gleicher Weise, wie der angebliche Machtgeber gehaftet haben würde, wenn die Vollmacht ertheilt gewesen wäre. Dasselbe gilt von Vormündern und anderen Vertretern, welche mit Ueberschreitung ihrer Befugnisse Wechselerklärungen ausstellen.

Dritter Abschnitt.

Von eigenen Wechseln.

Artikel 96.

Die wesentlichen Erfordernisse eines eigenen (trockenen) Wechsels sind:

1) Die in den Wechsel selbst aufzunehmende Bezeichnung als Wechsel, oder, wenn der Wechsel in einer fremden Sprache ausgestellt ist, ein jener Bezeichnung entsprechender Ausdruck in der fremden Sprache;
2) die Angabe der zu zahlenden Geldsumme;
3) der Name der Person oder die Firma, an welche oder an deren Order der Aussteller Zahlung leisten will;
4) die Bestimmung der Zeit, zu welcher gezahlt werden soll (Art. 4. Nr. 4.);
5) die Unterschrift des Ausstellers mit seinem Namen oder seiner Firma;
6) die Angabe des Ortes, Monatstages und Jahres der Ausstellung.

Artikel 97.

Der Ort der Ausstellung gilt für den eigenen Wechsel, in sofern nicht ein besonderer Zahlungsort angegeben ist, als Zahlungsort und zugleich als Wohnort des Ausstellers.

Artikel 98.

Nachstehende, in diesem Gesetze für gezogene Wechsel gegebene Vorschriften gelten auch für eigene Wechsel:

1) Die Art. 5. und 7. über die Form des Wechsels;
2) die Art. 9—17. über das Indossament;
3) die Art. 19. und 20. über die Präsentation der Wechsel auf eine Zeit nach Sicht mit der Maaßgabe, daß die Präsentation dem Aussteller geschehen muß;
4) der Art. 29. über den Sicherheitsregreß mit der Maaß-

gabe, daß derselbe im Falle der Unsicherheit des Ausstellers stattfindet;

5) die Art. 30—40. über die Zahlung und die Befugniß zur Deposition des fälligen Wechselbetrages mit der Maaßgabe, daß letztere durch den Aussteller geschehen kann;

6) die Art. 41. und 42., sowie die Art. 45 — 55. über den Regreß Mangels Zahlung gegen die Indossanten;

7) die Art. 62 — 65. über die Ehrenzahlung;

8) die Art. 70—72. über die Kopien;

9) die Art. 73—76. über abhanden gekommene und falsche Wechsel mit der Maaßgabe, daß im Falle des Art. 73. die Zahlung durch den Aussteller erfolgen muß;

10) die Art. 78 — 96. über die allgemeinen Grundsätze der Wechselverjährung, die Verjährung der Regreßansprüche gegen die Indossanten, das Klagerecht des Wechselgläubigers, die ausländischen Wechselgesetze, den Protest, den Ort und die Zeit für die Präsentation und andere im Wechselverkehre vorkommende Handlungen, sowie über mangelhafte Unterschriften.

Artikel 99.

Eigene domizilirte Wechsel sind dem Domiziliaten oder, wenn ein solcher nicht benannt ist, dem Aussteller selbst an demjenigen Orte, wohin der Wechsel domizilirt ist, zur Zahlung zu präsentiren und, wenn die Zahlung unterbleibt, dort zu protestiren. Wird die rechtzeitige Protesterhebung beim Domiziliaten verabsäumt, so geht dadurch der wechselmäßige Anspruch gegen den Aussteller und die Indossanten verloren.

Artikel 100.

Der wechselmäßige Anspruch gegen den Aussteller eines eigenen Wechsels verjährt in drei Jahren, vom Verfalltage des Wechsels an gerechnet.

I. 146. W. 8. Vol. VI.

2.

Beschluß des Königl. Staats-Ministeriums vom 14. Januar 1849, die Abschaffung der Curialien in der Geschäfts-Correspondenz zwischen den Behörden betreffend.

Um die Geschäfts-Correspondenz von unwesentlichen Formen möglichst zu befreien, haben sämmtliche unmittelbare und mittelbare Staats-Behörden bei der Correspondenz mit andern Behörden, ohne Unterschied, in welchem Verhältniß sie zu denselben stehen, sich aller bisher in Schreiben an vorgesetzte oder koordinirte Behörden zur Anwendung gekommenen sachlichen Prädikate (z. B. Hochlöblich, Wohllöblich ꝛc.) gänzlich zu enthalten, auch von den bisher in solchen Schreiben üblich gewesenen Anreden: Ein oder Eine statt die oder das (Ministerium, Präsidium ꝛc.) ferner keinen Gebrauch zu machen.

Abschrift dieses Beschlusses ist sämmtlichen Verwaltungs-Chefs zur Nachachtung und weiteren Veranlassung mitzutheilen.

Berlin, den 14. Januar 1849.

Königliches Staats-Ministerium.
Graf v. Brandenburg. v. Ladenberg. v. Manteuffel.
v. Strotha. Rintelen. von der Heydt.
Für den Finanz-Minister: Graf v. Bülow.
Kühne.

Vorstehender Beschluß des Königlichen Staats-Ministeriums wird hierdurch den sämmtlichen Gerichtsbehörden zur Nachachtung bekannt gemacht.

Berlin, den 28. Januar 1849.

Der Justiz-Minister
Rintelen.

An sämmtliche Gerichtsbehörden.
I. 294. S. 3. Vol. IV.

3.

Verfügung vom 20. Januar 1849, betreffend den Gebrauch eines Amtssiegels der Gerichtsvollzieher bei der Aufnahme von Wechsel-Protesten.

(Allg. deutsche Wechsel-Ordnung. — Ges.-Sammlung pro 1849. S. 51.)

Nach Artikel 88, Nr. 6, der allg. deutschen Wechselordnung soll dem Protestakte das Amtssiegel des Beamten, welcher den Protest aufnimmt, beigefügt werden. Demgemäß werden in der Rheinprovinz die Gerichtsvollzieher, welche nach §. 3 des Publikationspatents vom 6. d. M. Proteste aufzunehmen befugt sind, denselben ein Amtssiegel beizufügen haben. In Abänderung des Rescripts vom 24. September 1831 (Lottner'sche Sammlung Bd. III. S. 390.) wird demnach festgesetzt, daß die Gerichtsvollzieher bei Aufnahme der Proteste sich des nachstehenden Amtssiegels zu bedienen haben:

„Amtssiegel des Gerichtsvollziehers
N. N. in Z.
für Wechselproteste."

Hiernach wollen Sie, Herr Ober-Prokurator, das Weitere veranlassen.

Berlin, den 20. Januar 1849.

Der Justiz-Minister.
In dessen Vertr.:
gez. Müller.

An
die sämmtlichen Herren Ober-Procuratoren.

I. 266. Rhein. Gener. 67.

4.

Verordnung, betreffend die Errichtung von Gewerberäthen und verschiedene Abänderungen der allgem. Gewerbeordnung. Vom 9. Februar 1849.

Wir Friedrich Wilhelm, von Gottes Gnaden, König von Preußen rc. rc.

verordnen auf Grund des Artikels 105. der Verfassungsurkunde, nach dem Antrage Unseres Staatsministeriums, was folgt:

I. Errichtung von Gewerberäthen.

§. 1.

Für jeden Ort oder Bezirk, wo wegen eines erheblichen gewerblichen Verkehrs ein Bedürfniß zu einem Gewerberathe obwaltet, soll ein solcher auf den Antrag von Gewerbetreibenden, nach Anhörung der gewerblichen und kaufmännischen Korporationen und der Gemeindevertreter, mit Genehmigung des Ministeriums für Handel, Gewerbe und öffentliche Arbeiten errichtet werden.

§. 2.

Der Gewerberath hat die allgemeinen Interessen des Handwerks- und Fabrikbetriebes in seinem Bezirke wahrzunehmen und die zur Förderung desselben geeigneten Einrichtungen zu berathen und anzuregen.

Der Gewerberath ist auch außer den Fällen, in denen seine Vernehmung besonders vorgeschrieben ist (§§. 26. 27. 29. 30. 34. 67. 70.) mit seinen Ansichten und Vorschlägen in allen Angelegenheiten zu hören, bei denen es sich um Anordnungen handelt, welche in die Verhältnisse des Handwerks- und Fabrikbetriebes eingreifen. Dies gilt insbesondere von der Errichtung neuer und von der Auflösung oder Vereinigung bestehender Innungen und Gesellenverbindungen, so wie von den auf Grund der §§. 168. 169. der Gewerbeordnung und der §§. 45. 56.

57. 58. der gegenwärtigen Verordnung durch Ortsstatuten festzusetzenden Bestimmungen.

Der Gewerberath hat ferner die Befolgung der Vorschriften über das Innungswesen, über die Meister- und Gesellenprüfungen, über die Annahme und Behandlung der Gesellen, Gehülfen, Lehrlinge und Fabrikarbeiter, über die festgestellte Abgrenzung der Arbeitsbefugnisse und über sonstige gewerbliche Verhältnisse zu überwachen. Derselbe ist befugt, seine Wahrnehmungen über die erwähnten Angelegenheiten zur Kenntniß der Behörden zu bringen, und er ist verpflichtet, auf deren Verlangen Auskunft zu ertheilen und Gutachten zu erstatten.

Bei den in den §§. 28. 35. 36. 47. 49. bezeichneten Angelegenheiten steht dem Gewerberathe die Entscheidung, mit Ausschluß des Rechtsweges, jedoch mit Vorbehalt der Beschwerde bei der Regierung zu.

§. 3.

Die Mitglieder des Gewerberathes sind zu gleichen Theilen aus dem Handwerkerstande, aus dem Fabrikenstande und aus dem Handelsstande seines Bezirks zu wählen.

Nach den erwähnten drei Klassen der Mitglieder zerfällt der Gewerberath in drei Abtheilungen.

Soweit jedoch die gewerblichen Verhältnisse des Orts oder Bezirkes eine andere Zusammensetzung und Eintheilung des Gewerberathes nothwendig machen, bleiben die entsprechenden Anordnungen dem Ministerium für Handel, Gewerbe und öffentliche Arbeiten vorbehalten. (§. 1.)

§. 4.

Die Zahl der Mitglieder jeder Abtheilung soll eine ungerade sein und auf mindestens fünf festgesetzt werden.

§. 5.

In der Handwerks- und in der Fabrikabtheilung des Gewerberathes sollen die Arbeitgeber (Handwerksmeister, Fabrikinhaber) und die Arbeitnehmer (Gesellen, Gehülfen, Werkführer, Fabrikarbeiter) gleiche Vertretung, jedoch mit der Maaßgabe erhalten, daß das zur Erlangung der ungeraden Mitgliederzahl in jeder Abtheilung erforderliche Mitglied aus den Arbeitgebern zu wählen ist.

§. 6.

Für jedes Mitglied wird aus der Klasse, welcher dasselbe angehört, ein Stellvertreter gewählt, welcher, wenn das Mitglied vor dem Ablaufe seiner Amtszeit ausscheidet oder zeitweise an der Ausübung des Amtes verhindert wird, für die noch übrige Dauer der Amtszeit oder für die Dauer der Verhinderung eintritt. Ist ein Stellvertreter an der Ausübung des Amtes verhindert, so wird einer der übrigen Stellvertreter, zunächst aus derselben Klasse, vom Vorsitzenden der Abtheilung (§. 19.) einberufen.

§. 7.

Berechtigt zur Theilnahme an der Wahl der Mitglieder und Stellvertreter sind alle zum Handwerks- und Fabrikstande gehörende Arbeitgeber und Arbeitnehmer und alle selbstständige Handeltreibende, welche das vierundzwanzigste Lebensjahr zurückgelegt haben und seit mindestens sechs Monaten im Bezirke des Gewerberathes wohnen oder in Arbeit stehen, mit Ausnahme derjenigen:

1) welche sich nicht im Vollgenusse der bürgerlichen Rechte befinden,
2) welche in Konkurs sich befinden, oder sich für zahlungsunfähig erklärt haben,
3) welche durch einen Beschluß der kaufmännischen Korporation oder der Handelskammer von deren Mitgliedschaft ausgeschlossen sind,
4) welche die kaufmännischen Rechte durch ein rechtskräftiges Erkenntniß verloren haben,
5) welche wegen Ablohnung der Fabrikarbeiter durch Waaren (§§. 50. bis 52.) bestraft worden sind.

§. 8.

Wählbar sind alle Wahlberechtigte, welche das dreißigste Lebensjahr zurückgelegt haben und ihr Gewerbe seit fünf Jahren betreiben.

Personen, welche im zweiten Grade mit einander verwandt oder verschwägert, oder welche Gesellschafter desselben Handels-, Fabrik- oder Handwerksgeschäftes sind, können nicht zu gleicher Zeit Mitglieder des Gewerberathes sein.

§. 9.

Die Mitglieder jeder Abtheilung des Gewerberathes werden auf vier Jahre von derjenigen Klasse gewählt, welcher sie angehören.

Für die Handwerks- und für die Fabrikabtheilung erfolgt die Wahl der Mitglieder in besonderen Wahlversammlungen der Arbeitgeber und der Arbeitnehmer.

Glauben die wahlberechtigten Arbeitnehmer in ihrer Klasse nicht die ausreichende Zahl befähigter Mitglieder, welche die gesetzlichen Bedingungen der Wählbarkeit erfüllen, zu finden, so sind sie befugt, ihre Vertreter aus den Arbeitgebern zu wählen.

§. 10.

Zur Leitung der Wahlen ernennt die Regierung einen Kommissarius, oder, wenn die Bildung mehrerer Wahlbezirke erforderlich ist, mehrere Kommissarien.

Jeder Kommissarius beruft durch eine, vierzehn Tage vor

dem anberaumten Wahltermine zu erlassende Bekanntmachung die Wahlberechtigten zur Wahlversammlung.

§. 11.

In jeder Gemeinde des Wahlbezirks hat die Kommunalbehörde ein Verzeichniß der am Orte wohnenden Wahlberechtigten aufzustellen und mit Berücksichtigung der Ab- und Zugänge fortzuführen. Dasselbe ist, wenn eine Wahl abgehalten werden soll, sofort nach erfolgter Bekanntmachung des Wahltermins acht Tage lang zur Einsicht der Gewerbetreibenden auszulegen. Während dieser Frist können die im Verzeichnisse übergangenen Wahlberechtigten auf nachträgliche Einschreibung ihrer Namen antragen. Ueber die Zulässigkeit eines solchen Antrags entscheidet die Kommunalbehörde mit Vorbehalt des Rekurses an die Regierung. Durch die Einlegung des Rekurses wird die Feststellung des Verzeichnisses, welches nach Ablauf der erwähnten achttägigen Frist zu schließen und dem Kommissarius zuzustellen ist, nicht aufgehalten.

§. 12.

Nur die in den Verzeichnissen der Kommunalbehörden eingeschriebenen Wahlberechtigten werden bei den Wahlversammlungen zugelassen. Abwesende können von ihrem Stimmrechte keinen Gebrauch machen.

Nach Eröffnung der Wahlversammlung ernennt der Kommissarius zwei Stimmensammler und einen Schriftführer. Die Wahl erfolgt durch Stimmzettel nach absoluter Stimmenmehrheit. Wird bei einer Abstimmung keine absolute Stimmenmehrheit erlangt, so sind diejenigen beiden Kandidaten, welche die meisten Stimmen erhalten haben, zur engeren Wahl zu bringen. Im Fall der Stimmengleichheit entscheidet das Loos.

Das Wahlprotokoll ist von dem Kommissarius, den Stimmensammlern und dem Schriftführer zu unterzeichnen und der Regierung einzureichen, welche die Wahlen, wenn dabei vorschriftsmäßig verfahren, und den Bedingungen der Wählbarkeit (§. 8.) genügt ist, bestätigt. Für diejenigen Wahlen, welchen die Bestätigung versagt wird, ist eine neue Wahlversammlung anzuberaumen.

Ueber Beschwerden gegen die Anordnungen der Regierung entscheidet das Ministerium für Handel, Gewerbe und öffentliche Arbeiten.

§. 13.

Die bei der Einsetzung des Gewerberathes ernannten Mitglieder und Stellvertreter werden, durch einen Kommissarius der Regierung, durch Handschlag verpflichtet und eingeführt.

Von den Mitgliedern scheiden am Ende des zweiten Jahres aus:

a) aus der Handwerks- und aus der Fabrikabtheilung des

Gewerberathes die Hälfte der aus der Klasse der Arbeitnehmer gewählten Mitglieder und eben so viele Mitglieder aus der Klasse der Arbeitgeber;

b) aus der Abtheilung der Handeltreibenden die kleinere Hälfte der Mitglieder.

Unter den zu derselben Klasse gehörenden Mitgliedern werden diejenigen, welche zuerst ausscheiden, durch das Loos bestimmt.

Mit jedem austretenden Mitgliede scheidet zugleich dessen Stellvertreter aus.

§. 14.

Vor dem Ausscheiden der im §. 13. bezeichneten Mitglieder und Stellvertreter und später alle zwei Jahre vor dem Ausscheiden derjenigen, deren vierjährige Wahlzeit abläuft, sind die zur Wiederbesetzung ihrer Stellen erforderlichen Wahlen, bei welchen die Ausscheidenden wieder gewählt werden können, abzuhalten und zu prüfen. Nach erfolgter Bestätigung dieser Wahlen werden die Gewählten durch den Vorsitzenden des Gewerberathes verpflichtet und eingeführt.

§. 15.

Die Mitglieder des Gewerberathes verwalten ihr Amt unentgeltlich.

Ihre Suspension vom Amte und die Entfernung aus demselben erfolgt in denjenigen Fällen, in welchen solche bei Kommunalbeamten Statt findet, nach dem für die Suspension und Amtsentsetzung der Letzteren vorgeschriebenen Verfahren.

Außerdem tritt die Suspension und Amtsentsetzung ein, wenn ein Mitglied des Gewerberathes oder ein Stellvertreter aus einem der im §. 7. erwähnten Gründe die Befähigung zur Theilnahme an der Wahl der Mitglieder verliert. In den ebengedachten Fällen ist der Vorsitzende des Gewerberathes befugt, dem Betheiligten die Ausübung des Amtes vorläufig zu untersagen, er muß aber hierüber sofort an die Regierung Bericht erstatten, welche die Suspension zu bestätigen oder aufzuheben hat.

§. 16.

Die Berathung der zum Geschäftskreise des Gewerberathes gehörenden Angelegenheiten erfolgt, wenn solche die Interessen der verschiedenen Abtheilungen berühren, in gemeinschaftlichen Sitzungen aller oder der betheiligten Abtheilungen.

In andern Fällen sind die Geschäfte der einzelnen Abtheilungen in getrennten Sitzungen zu erledigen.

§. 17.

Zur Gültigkeit der Beschlüsse des Gewerberathes ist die Anwesenheit von wenigstens drei Mitgliedern erforderlich. Treten mehrere Abtheilungen zu gemeinschaftlichen Sitzungen zusammen, so ist die Anwesenheit von mindestens drei Mitgliedern jeder Abtheilung erforderlich.

Die Beschlüsse werden nach einfacher Stimmenmehrheit gefaßt. Im Falle der Stimmengleichheit entscheidet die Stimme des Vorsitzenden.

§. 18.

Die Ordnung der Sitzungen und der Geschäftsführung bei dem Gewerberathe und bei dessen Abtheilungen wird durch ein Regulativ bestimmt, welches von dem Gewerberathe zu entwerfen und der Regierung zur Bestätigung vorzulegen ist.

§. 19.

Die Mitglieder jeder Abtheilung wählen aus ihrer Mitte, nach absoluter Stimmenmehrheit, einen Vorsitzenden und, für dessen Geschäftsführung in Verhinderungsfällen, einen Stellvertreter auf zwei Jahre. In gleicher Art wählen sämmtliche Mitglieder des Gewerberathes aus ihrer Mitte den Vorsitzenden des Gewerberathes und einen Stellvertreter für dessen Geschäftsführung in Verhinderungsfällen. Die Namen der Gewählten sind der Regierung anzuzeigen. Bei der Erneuerung dieser Wahlen, welche von zwei zu zwei Jahren nach der jedesmaligen Ergänzung des Gewerberathes erfolgt, sind die früher Gewählten, sofern sie noch zu den Mitgliedern des Gewerberathes gehören, wieder wählbar.

§. 20.

Der Gewerberath wählt nach absoluter Stimmenmehrheit einen Schriftführer und einen Boten, welche vom Vorsitzenden verpflichtet werden. Die ihnen zu gewährenden Besoldungen sind vom Gewerberathe vorzuschlagen und von der Regierung festzusetzen.

§. 21.

Die Beschaffung und Unterhaltung der für den Gewerberath nöthigen Geschäftsräume liegt den Gemeinden ob, für deren Bezirk der Gewerberath errichtet wird; diese haben auch die Kosten der ersten Einrichtung zu bestreiten. Wo Staatsgebäude entbehrliche und für den Gewerberath geeignete Räumlichkeiten darbieten, werden diese dem Gewerberathe überwiesen werden. Die Kosten für die laufende Geschäftsführung, mit Einschluß der Besoldungen des Schriftführers und des Boten, werden durch Beiträge der Gewerbetreibenden des Bezirks gedeckt. Die erforderlichen Beiträge sind vom Gewerberathe, mit Genehmigung der Regierung, nach den von dieser festgestellten Vertheilungs-Grundsätzen auszuschreiben. Ihre Einziehung erfolgt nöthigenfalls durch Exekution im Verwaltungswege.

§. 22.

In denjenigen Orten, für welche ein Gewerberath nicht besteht, sind die demselben zugewiesenen Angelegenheiten von der Kommunalbehörde zu erledigen.

II. Handwerksmäßiger Gewerbebetrieb.

§. 23.

Den nachstehend benannten Handwerkern ist fortan der Beginn des selbstständigen Gewerbebetriebes nur dann gestattet, wenn sie entweder in eine Innung, nach vorgängigem Nachweise der Befähigung zum Betriebe ihres Gewerbes aufgenommen sind, oder diese Befähigung vor einer Prüfungskommission ihres Handwerks besonders nachgewiesen haben. Diese Handwerker sind:

Müller, Bäcker, Pfefferküchler und Konditoren, Fleischer, Gerber aller Art, Lederbereiter, Korduaner, Pergamenter, Schuh- und Pantoffelmacher, Handschuhmacher und Beutler, Kürschner, Sattler mit Einschluß der Riemer und Täschner, Tapezierer, Buchbinder, Seiler und Reifschläger, Bürstenbinder, Perrückenmacher, Hutmacher, Tuchmacher und Tuchbereiter, Weber und Wirker jeder Art, Posamentierer und Knopfmacher, Schneider, Tischler und Stuhlmacher, Rade- und Stellmacher, Groß- und Kleinböttcher, Drechsler aller Art, Kammacher, Korbflechter, Töpfer, Glaser, Grob- und Kleinschmiede jeder Art, Messerschmiede, Nagelschmiede, Kupferschmiede, Büchsenmacher, Sporer, Schlosser, Feilenhauer, Nadler und Siebmacher, Klempner, Schwertfeger, Gürtler, Gelb- und Rothgießer, Glockengießer, Zinngießer, Gold- und Silberarbeiter, Gold- und Silberschläger, Uhrmacher, Vergolder, Maler und Lackirer, Färber, Seifensieder.

§. 24.

Maurer, Steinhauer, Schiefer- und Ziegeldecker, Haus- und Schiffszimmerleute, Mühlen- und Brunnenbaumeister, und Schornsteinfeger haben sich über die Befähigung zum selbstständigen Betriebe ihres Handwerks durch das im §. 45. der Allgemeinen Gewerbeordnung vom 17. Januar 1845 vorgeschriebene Zeugniß der Regierung auszuweisen. Im Uebrigen sind für ihre gewerblichen Verhältnisse die Bestimmungen der gegenwärtigen Verordnung maaßgebend.

§. 25.

Baumeister sind nicht befugt, bei der Leitung von Bauunternehmungen die Arbeiten derjenigen Handwerke, für welche sie das Befähigungszeugniß der Regierung nicht besitzen, oder den im §. 23. vorgeschriebenen Nachweis der Befähigung nicht geführt haben, ohne Zuziehung geprüfter Meister ausführen zu lassen.

§. 26.

So weit in einzelnen Orten oder Bezirken für die im §. 23. genannten Handwerke andere Benennungen üblich sind, oder bestimmte Arbeiten dieser Gewerbe die ausschließliche Beschäftigung besonderer Klassen von Handwerkern bilden, kann die Regierung, nach Anhörung des Gewerberathes, den Nachweis der Befähigung für dieselben besonders anordnen.

Das Ministerium für Handel, Gewerbe und öffentliche Arbeiten ist ermächtigt, diesen Nachweis nach Maaßgabe der örtlichen Verhältnisse und nach Vernehmung des Gewerberathes auch für andere, als die im §. 23. genannten Gewerbe vorzuschreiben, oder für einzelne dieser Gewerbe zu erlassen.

§. 27.

Dem Ministerium für Handel, Gewerbe und öffentliche Arbeiten steht die Befugniß zu, Personen, deren Befähigung zu dem beabsichtigten Gewerbebetriebe anderweit feststeht, in besonderen Ausnahmefällen, nach Vernehmung des Gewerberathes, von der im §. 23. vorgeschriebenen oder nach §. 26. angeordneten Prüfung für die Befugniß zum selbstständigen Gewerbebetriebe zu entbinden.

§. 28.

Darüber, welche Arbeiten zu den unter den einzelnen Handwerken (§§. 23. 24. 26.) begriffenen Verrichtungen gehören, hat der Gewerberath mit Berücksichtigung der über ihre Abgrenzung von der Regierung oder von dem Ministerium für Handel, Gewerbe und öffentliche Arbeiten getroffenen Anordnungen nach den Verhältnissen des örtlichen Gewerbebetriebes zu entscheiden.

§. 29.

Die gleichzeitige Ausübung mehrerer Handwerke durch dieselbe Person kann, wenn dadurch erhebliche Nachtheile entstehen, nach Anhörung der betheiligten Innungen und des Gewerberathes, durch Ortsstatuten (§. 168. der Gewerbeordnung), den örtlichen Verhältnissen entsprechend, beschränkt werden.

§. 30.

Die Bestimmungen des §. 23. finden auf den Betrieb von Fabrikanstalten, so wie auf die Anfertigung von Fabrikaten, deren Erzeugung zu den Nebenbeschäftigungen der Landleute der Gegend gehört, oder durch Tagelöhnerarbeit bewirkt wird, keine Anwendung. Die durch örtliche Verhältnisse bedingten näheren Festsetzungen hierüber bleiben der Regierung, nach Anhörung des Gewerberathes und der Kommunalbehörde, vorbehalten.

§. 31.

Den Fabrikinhabern ist die Beschäftigung von Handwerksgesellen nur soweit sie derselben zur unmittelbaren Erzeugung und Fertigmachung ihrer Fabrikate, so wie zur Anfertigung und Instandhaltung ihrer Werkzeuge und Geräthe bedürfen, gestattet.

§. 32.

Fabrikinhaber, welche ein den Bestimmungen der §§. 23. und 26. dieser Verordnung unterliegendes Gewerbe betreiben, ohne die Befähigung zum handwerksmäßigen Betriebe desselben nachgewiesen zu haben (§. 30.), dürfen außerhalb ihrer Fabrikstätten keine Gesellen oder Gehülfen beschäftigen.

§. 33.

Inhaber von Magazinen zum Detailverkauf von Handwerkerwaaren dürfen sich mit deren Anfertigung nicht befassen, wenn sie nicht die zum Betriebe des betreffenden Handwerks erforderliche Meisterprüfung bestanden haben.

Ausgenommen hiervon sind diejenigen, welche in Betreff der gewerbsmäßigen Anfertigung solcher Waaren, vor Verkündigung der gegenwärtigen Verordnung, die vorschriftsmäßige Anzeige bei der Kommunalbehörde gemacht haben.

§. 34.

Wo das Halten von Magazinen zum Detailverkauf von Handwerkerwaaren erhebliche Nachtheile für die gewerblichen Verhältnisse des Orts zur Folge hat, kann durch Ortsstatuten für gewisse Gattungen von Handwerkerwaaren festgesetzt werden, daß die Anlegung solcher Magazine denjenigen, welche nicht zum selbstständigen Betriebe der betreffenden Handwerke befugt sind, nur mit Genehmigung der Kommunalbehörde gestattet sei, welche dann nur nach vorgängiger Vernehmung der betheiligten Innungen und des Gewerberathes zu ertheilen ist.

III. Prüfungen der Handwerker.

§. 35.

Die Zulassung zu den nach §§. 23. 24. 26. abzulegenden Meisterprüfungen ist fortan von folgenden Bedingungen abhängig:

1) Der zu Prüfende muß das vierundzwanzigste Lebensjahr zurückgelegt haben; aus besondern Gründen kann jedoch der Gewerberath die Prüfung eines Gesellen schon nach vollendetem einundzwanzigsten Lebensjahre gestatten.
2) Der zu Prüfende muß sein Gewerbe als Lehrling (§. 44.) bei einem selbstständigen Gewerbetreibenden erlernt, und die Gesellenprüfung (§. 36.) bestanden haben.
3) Seit der Entlassung aus dem Lehrlingsverhältnisse muß ein Zeitraum von mindestens drei Jahren verlaufen sein; ausnahmsweise kann jedoch der Gewerberath die Prüfung schon nach Ablauf eines Jahres gestatten, wenn der Geselle durch den Besuch einer gewerblichen Lehranstalt oder

3 *

sonst Gelegenheit gefunden hat, die zu dem beabsichtigten Gewerbebetriebe erforderlichen Kenntnisse und Fertigkeiten zu erwerben.

Wer den Erfordernissen zu 2. und 3. bei einer früheren Prüfung genügt hat, kann die Prüfung für den Betrieb eines andern Gewerbes ohne vorgängigen Nachweis einer für dies zweite Gewerbe bestandenen Lehrlings- und Gesellenzeit ablegen.

Für Personen, welche bei Verkündigung der gegenwärtigen Verordnung als Gesellen oder Gehülfen beschäftigt sind, genügt der Nachweis einer dreijährigen Beschäftigung in dem betreffenden Gewerbe.

§. 36.

Die Prüfung eines Lehrlings über die einem Gesellen nöthigen Kenntnisse und Fertigkeiten ist vor dem Ablaufe eines dreijährigen Zeitraums nach der Aufnahme in die Lehre nicht zulässig.

Ausnahmsweise kann dieselbe, mit Zustimmung des Lehrherrn, von dem Gewerberathe schon nach Ablauf einer einjährigen Lehrlingszeit gestattet werden, wenn der Lehrling das zwanzigste Lebensjahr zurückgelegt, oder durch den Besuch einer Gewerbeschule oder sonst Gelegenheit gefunden hat, die einem Gesellen nöthigen Kenntnisse und Fertigkeiten in kürzerer als dreijähriger Frist zu erwerben.

§. 37.

Die Meister- und Gesellenprüfungen (§§. 35. 36.) werden bei jeder Innung durch eine Kommission bewirkt, welche aus einem Mitgliede der Kommunalbehörde als Vorsitzendem, aus zwei von der Innung gewählten Meistern und aus zwei von den Gesellen des Handwerks gewählten Gesellen besteht. Jährlich scheidet aus dieser Kommission ein Meister und ein Geselle aus, welche jedoch wieder wählbar sind.

§. 38.

Wer von der Prüfungskommission einer Innung als unbefähigt zurückgewiesen ist, kann hiergegen den Rekurs an die Kreis-Prüfungskommission desselben Handwerks einlegen. Dieser Rekurs muß binnen vierzehn Tagen nach dem Tage der Zustellung des zurückweisenden Bescheides bei der Kommission, welche solchen erlassen hat, angemeldet werden.

§. 39.

Für jedes Handwerk (§. 23.) sind von der Regierung in den einzelnen Kreisen nach Maaßgabe der örtlichen und gewerblichen Verhältnisse eine oder mehrere Kreis-Prüfungskommissionen einzusetzen. Jede derselben wird unter dem Vorsitze eines von der Regierung ernannten Kommissarius aus zwei Meistern und aus zwei Gesellen gebildet. Zu diesem Behufe wählen alljährlich in jeder Stadt des Prüfungsbezirkes die Innung oder, wo eine Innung nicht besteht, die Meister des Handwerks zwei bis vier Meister, desgleichen die Gesellen des Handwerks zwei bis vier Gesellen, unter welchen der Vorsitzende in jedem einzelnen Falle die bei der Prüfung zuzuziehenden Mitglieder der Kommission auswählt.

§. 40.

Gewerbetreibende, welche einer Innung nicht beitreten wollen, können die Prüfung bei der Kreis-Prüfungskommission ablegen. Desgleichen können die nicht bei einer Innung aufgenommenen Lehrlinge die Gesellenprüfung bei der Kreis-Prüfungskommission bestehen. Gegen die Entscheidung der Kreis-Prüfungskommission ist der Rekurs an eine benachbarte Kreis-Prüfungskommission zulässig, deren Wahl dem Rekurrenten freisteht. Der Rekurs ist binnen vierzehn Tagen bei der Kommission, vor welcher die Prüfung Statt gefunden hat, anzumelden.

§. 41.

Wer den Rekurs (§§. 38. 40.) nicht rechtzeitig angemeldet hat, darf erst nach sechs Monaten zur Ablegung einer neuen Prüfung zugelassen werden.

Sowohl bei der Erledigung des Rekurses wie bei der späteren Wiederholung der Prüfung ist, wenn der Geprüfte nur in einem Theile der Prüfung nicht bestanden hat, die neue Prüfung auf diesen Theil zu beschränken.

§. 42.

Der zu Prüfende muß darthun, daß er im Stande sei, die gewöhnlichen Arbeiten seines Gewerbes selbstständig, oder, sofern es sich um die Prüfung eines Lehrlings handelt, als Geselle auszuführen.

Die näheren Bestimmungen über die Prüfungs-Aufgaben und über die Form der Prüfungs- und Entlassungszeugnisse bleiben dem Ministerium für Handel, Gewerbe und öffentliche Arbeiten vorbehalten.

§. 43.

Die Prüfungszeugnisse der in den §§. 37. 39. erwähnten Prüfungskommissionen gelten überall als genügender Nachweis der gewerblichen Befähigung sowohl für die Aufnahme in eine Innung, wie für die Befugniß zum selbstständigen Betriebe des Handwerks. Dasselbe gilt hinsichtlich der im §. 45. der Gewerbeordnung erforderten Befähigungszeugnisse der Regierung.

Eine Wiederholung der bestandenen Prüfung kann auch, wenn der Geprüfte seinen Wohnort verändert, nicht verlangt werden.

IV. Verhältnisse der Lehrlinge, Gesellen, Gehülfen und Fabrikarbeiter.

§. 44.

Als Lehrling ist jeder zu betrachten, welcher bei einem Lehrherrn zur Erlernung eines Gewerbes in Arbeit tritt, ohne Unterschied, ob die Erlernung gegen Lehrgeld oder unentgeltliche Hülfsleistung Statt findet, oder ob für die Arbeit Lohn gezahlt wird.

§. 45.

Durch Ortsstatuten kann festgesetzt werden, daß die Aufnahme und Entlassung aller Lehrlinge, für deren Gewerbe am Orte eine Innung besteht, oder errichtet wird, vor dieser Innung erfolgen solle; ingleichem kann dadurch eine zweckentsprechende Mitwirkung der Innung bei der Aufsicht über die Ausbildung und über das Betragen derjenigen Lehrlinge, deren Lehrherren nicht zur Innung gehören, angeordnet werden.

§. 46.

Vor der Feststellung der in Ortsstatuten aufzunehmenden Anordnungen über Verhältnisse der Gesellen und Gehülfen sind Vertreter derselben (Altgesellen) mit ihren Bemerkungen zu hören.

Innungsangelegenheiten, welche die Interessen der Gesellen und Gehülfen berühren, müssen zuvörderst durch den Vorstand der Innung gemeinschaftlich mit Vertretern der Gesellen zum Zwecke der Vermittelung berathen werden.

§. 47.

Handwerksmeister (§§. 23. 24. 26.) dürfen sich zu den technischen Arbeiten ihres Gewerbes nur der Gesellen, Gehülfen und Lehrlinge ihres Handwerks bedienen, soweit nicht von dem Gewerberathe eine Ausnahme gestattet wird.

Die Beschäftigung weiblicher Personen unterliegt keiner Beschränkung.

§. 48.

Gesellen und Gehülfen dürfen, soweit nicht nach den §§. 31. 76. Ausnahmen Statt finden, in ihrem Gewerbe nur bei Meistern ihres Handwerks in Arbeit treten.

§. 49.

Die tägliche Arbeitszeit der Gesellen, Gehülfen, Lehrlinge und Fabrik-Arbeiter ist vom Gewerberathe für die einzelnen Handwerks- und Fabrikzweige nach Anhörung der Betheiligten festzusetzen.

Zum Arbeiten an Sonn- und Festtagen ist, vorbehaltlich der anderweitigen Vereinbarung in Dringlichkeitsfällen, Niemand verpflichtet.

§. 50.

Fabrikinhaber, sowie alle Diejenigen, welche mit Ganz- oder Halbfabrikaten Handel treiben, sind verpflichtet, die Arbeiter, welche mit der Anfertigung der Fabrikate für sie beschäftigt sind, in baarem Gelde zu befriedigen.

Sie dürfen denselben keine Waaren kreditiren.

Dagegen können den Arbeitern Wohnung, Feuerungsbedarf, Landnutzung, regelmäßige Beköstigung, Arzeneien und ärztliche Hülfe, sowie Werkzeuge und Stoffe zu den von ihnen anzufertigenden Fabrikaten unter Anrechnung bei der Lohnzahlung verabreicht werden.

§. 51.

Die Bestimmungen des §. 50. finden auch Anwendung auf Familienglieder, Gehülfen, Beauftragte, Geschäftsführer, Faktoren und Aufseher der dort bezeichneten Personen, sowie auf Gewerbetreibende, bei deren Geschäft eine der erwähnten Personen unmittelbar oder mittelbar betheiligt ist.

§. 52.

Unter Arbeitern (§. 50.) werden hier auch Diejenigen verstanden, welche außerhalb der Fabrikstätten für Fabrikinhaber oder für die ihnen gleichgestellten Personen die zu deren Gewerbebetriebe nöthigen Ganz- oder Halbfabrikate anfertigen, oder solche an sie absetzen, ohne von dem Verkaufe dieser Waaren an Konsumenten ein Gewerbe zu machen.

§. 53.

Arbeiter, deren Forderungen den Vorschriften der §§. 50. bis 52. zuwider, anders als durch Baarzahlung berichtigt sind, können zu jeder Zeit die Bezahlung ihrer Forderungen in baarem Gelde verlangen.

§. 54.

Verträge, welche den §§. 50. bis 52. zuwiderlaufen, sind nichtig.

Dasselbe gilt von Verabredungen zwischen Fabrikinhabern oder ihnen gleichgestellten Personen einerseits und Arbeitern andererseits über die Entnehmung der Bedürfnisse dieser letztern aus gewissen Verkaufsstellen, sowie überhaupt über die Verwendung des Verdienstes derselben zu einem andern Zweck, als zur Betheiligung an Einrichtungen zur Verbesserung der Lage der Arbeiter oder ihrer Familien (§. 50.).

§. 55.

Forderungen für Waaren, welche ungeachtet des Verbots den Arbeitern kreditirt worden sind, können von Fabrikinhabern und von den ihnen gleichgestellten Personen weder eingeklagt, noch durch Anrechnung oder sonst geltend gemacht werden, ohne Unterschied, ob sie zwischen den Betheiligten unmittelbar entstanden oder mittelbar erworben sind.

Dagegen fallen dergleichen Forderungen der Kranken-, Sterbe-, Spar- oder ähnlichen Hülfskasse zu, welche in der Wohnortsgemeinde des betheiligten Arbeiters für diejenige Klasse von Arbeitern besteht, zu welcher er gehört. Sind mehrere solcher Kassen vorhanden, so fällt die Forderung allen zu gleichen Theilen zu, in Ermangelung derartiger Anstalten aber der Ortsarmenkasse.

V. Unterstützungskassen und ähnliche Einrichtungen.

§. 56.

Durch Ortsstatuten kann für Alle, welche im Gemeindebezirke ein Gewerbe selbstständig betreiben, für welches dort eine Innung besteht, mit Zustimmung der Innung die Verpflichtung festgesetzt werden, den Kranken-, Sterbe- und Hülfskassen der Innungsgenossen, ingleichem den Wittwen- und Waisen-Unterstützungskassen derselben beizutreten.

In solchen Fällen darf hinsichtlich der Beiträge und sonstigen Leistungen zu den erwähnten Kassen und der daraus zu gewährenden Unterstützungen zwischen den Innungsgenossen oder ihren Angehörigen und andern Betheiligten kein Unterschied Statt finden. Auch muß den nicht zu den Innungen gehörigen Betheiligten, durch statutarische Anordnungen für die einzelnen Kassenverbände, eine den Verhältnissen entsprechende Theilnahme an der Kassenverwaltung und an den Berathungen über die gemeinsamen Kassenangelegenheiten gesichert, und in gleicher Art wie den Innungsgenossen Gelegenheit gegeben werden, von den Ergebnissen der Kassenverwaltung Kenntniß zu nehmen.

§. 57.

Durch Ortsstatuten kann für Alle, welche am Orte gleiche oder verwandte Gewerbe selbstständig betreiben, die Verpflichtung festgesetzt werden, zur Beförderung solcher Einrichtungen, welche

1) die Unterbringung oder Unterstützung arbeitsuchender, erkrankter oder aus andern Gründen hülfsbedürftiger Gesellen oder Gehülfen, oder
2) die Fortbildung der Lehrlinge, Gesellen oder Gehülfen bezwecken, unter den von der Kommunalbehörde mit Genehmigung der Regierung festzustellenden Bedingungen zusammenzutreten und dazu Beiträge aus eigenen Mitteln zu entrichten. Diese Beiträge sind für alle Betheiligte nach gleichen Grundsätzen abzumessen.

Als Gesammtbeitrag der selbstständigen Gewerbetreibenden zu den Kosten der unter 1. gedachten Einrichtungen darf ein höherer Betrag als die Hälfte desjenigen, welchen die mitbetheiligten Gesellen und Gehülfen entrichten, nicht in Anspruch genommen werden.

Auch kann den selbstständigen Gewerbetreibenden durch die Ortsstatuten die Verpflichtung auferlegt werden, die Beiträge ihrer Gesellen und Gehülfen zu den oben erwähnten Einrichtungen, unter Vorbehalt der Anrechnung auf die nächste Lohnzahlung, vorzuschießen.

§. 58.

Die Bestimmungen im §. 169. der Gewerbeordnung über die Regelung der Verhältnisse der selbstständigen Gewerbetreibenden zu ihren Gesellen und Lehrlingen, sowie über die Verpflichtung der Gesellen zum Beitritte zu den Gesellenkassen finden auch auf Fabrikarbeiter Anwendung.

Außerdem kann durch Ortsstatuten für die Fabrikinhaber die Verpflichtung festgesetzt werden, sich bei den Unterstützungskassen der Fabrikarbeiter durch Beiträge aus eigenen Mitteln bis zur Hälfte des Betrages, den die bei ihnen beschäftigten Arbeiter aufbringen, zu betheiligen, auch die Beiträge der letzteren, unter Vorbehalt der Anrechnung auf die nächste Lohnzahlung, vorzuschießen.

In den, von der Regierung zu genehmigenden Statuten der einzelnen Verbindungen und Kassen muß den Fabrikinhabern eine ihrer Stellung als Arbeitsgeber und der Höhe ihrer Beiträge entsprechende Theilnahme an der Kassenverwaltung eingeräumt werden.

§. 59.

Alle Beiträge der Gesellen, Gehülfen und Fabrikarbeiter zu den in den §§. 144. 169. der Gewerbeordnung und in den §§. 57. 58. der gegenwärtigen Verordnung erwähnten Kassen und Einrichtungen, sowie die zu denselben von den selbstständigen Gewerbetreibenden und von den Fabrikinhabern zu leistenden Beiträge und Vorschüsse können von den zur Zahlung Verpflichteten durch exekutivische Beitreibung im Verwaltungswege eingezogen werden.

VI. Innungsgebühren und Abgaben.

§. 60.

Die Gebühren und Abgaben, welche bisher

1) bei der Aufnahme neuer Mitglieder in eine Innung von den Aufgenommenen und
2) bei der Aufnahme und Entlassung der Lehrlinge von diesen oder von den Lehrherren

an verschiedene Kassen und andere Hebungsberechtigte zu entrichten waren, sind sofort einer Revision zu unterwerfen, und, soweit es noch nicht geschehen, nach den folgenden Bestimmungen zu regeln.

§. 61.

Zur Innungskasse dürfen

1) bei der Aufnahme neuer Mitglieder die bisherigen Aufnahme-Gebühren, soweit solche den Satz von 5 Rthlr. nicht übersteigen, bis nach erfolgter Revision der älteren Innungsstatuten (§. 66. dieser Verordnung) forterhoben, dagegen
2) bei der Aufnahme und Entlassung der Lehrlinge neben der Erstattung der im §. 159. der Gewerbeordnung erwähnten baaren Auslagen keine Gebühren oder sonstige Zahlungen eingezogen werden.

§. 62.

Weder für mittelbare noch für unmittelbare Staatsbeamte dürfen bei den im §. 60 bezeichneten Verhandluugen Gebühren oder Abgaben erhoben werden.

§. 63.

Alle Zahlungen und Abgaben, welche bisher bei den im §. 60. gedachten Veranlassungen an den Fiskus, an eine Gemeinde- oder eine Ortsarmenkasse zu entrichten waren, werden, soweit deren Aufhebung nicht bereits durch den Artikel 40. der Verfassungsurkunde erfolgt ist, hierdurch aufgehoben, wogegen die dafür zu gewährenden Gegenleistungen wegfallen.

Dasselbe gilt hinsichtlich der in jenen Fällen für andere Berechtigte (Kirchen, milde Stiftungen u. s. w.) erhobenen Zahlungen und Abgaben, soweit diese Berechtigte nicht nach §§. 64. 65. nachweisen, daß ihre Hebungsrechte auf besondern lästigen Erwerbstiteln beruhen.

§. 64.

Der Antrag auf Anerkennung eines Hebungsrechts auf Grund eines lästigen Erwerbstitels (§. 63.) muß bis zum Schlusse des Jahres 1849. bei der Regierung schriftlich angemeldet werden. Geschieht dies nicht, so geht der Berechtigte seines Hebungsrechts von selbst verlustig.

§. 65.

Den rechtzeitig angemeldeten Antrag auf Anerkennung des Hebungsrechts (§. 64.) hat die Regierung durch die Kommunalbehörde mit Zuziehung des Berechtigten und der betheligten Innung erörtern zu lassen. Nach Vorlegung der abgeschossenen Verhandlungen entscheidet das Plenum der Regierung ourch ein, mit Gründen auszufertigendes Resolut darüber, ob und bis zu welchem Betrage der Berechtigte zur Forterhebung der Abgabe befugt ist.

Gegen dieses Resolut steht binnen einer präklusivischen Frist von 6 Wochen, nach Zustellung der Ausfertigung desselben sowohl dem Berechtigten wie der betheiligten Innung der Rekurs an das Ministerium für Handel, Gewerbe und öffentliche Arbeiten oder die Berufung auf rechtliches Gehör offen.

Ergreift ein Theil den Rechtsweg, so ist auch der von dem andern Theile eingewendete Rekurs im Rechtswege zu erledigen.

§. 66.

Die Statuten der älteren Innungen sind nach Maaßgabe dieser Verordnung zu revidiren und abzuändern. Die revidirten Entwürfe müssen binnen drei Monaten den Regierungen, behufs der Feststellung durch das Ministerium für Handel, Gewerbe und öffentliche Arbeiten, eingereicht werden.

VII. Allgemeine Bestimmungen.

§ 67.

Ausländer sind zum Betriebe eines stehenden Gewerbes, soweit ihnen nicht die Erlaubniß dazu in Erwiederung der im Auslande den diesseitigen Gewerbetreibenden entgegenstehenden Beschränkungen überhaupt zu versagen ist, nur aus erheblichen Gründen zuzulassen. Ueber diese Gründe ist vor der Zulassung eines Ausländers jederzeit die Gemeinde des Ortes, wo das Gewerbe betrieben werden soll, ingleichem die betheiligte Innung und der Gewerberath zu hören.

Dasselbe gilt, wenn von ausländischen Gewerbetreibenden die Naturalisation (§. 8. des Gesetzes vom 31. Dezember 1842., Gesetz-Sammlung 1843. Seite 15.) beantragt wird.

Die Bestimmungen dieses Paragraphen finden auf Angehörige deutscher Staaten nur so lange Anwendung, als nicht für dieselben die gegenseitige Zulassung der Gewerbetreibenden zur Ansässigmachung und zum Gewerbebetriebe nach gleichen Grundsätzen geregelt ist.

§. 68.

Die polizeiliche Erlaubniß zum Handel mit gebrauchten Kleidern oder Betten, mit gebrauchter Wäsche oder mit altem Metallgeräth, zum Betriebe des Pfandleihgewerbes, zur gewerbsmäßigen Vermittelung von Geschäften oder zur Uebernahme von Aufträgen, namentlich zur Abfassung schriftlicher Aufsätze für Andere, sowie zum Gewerbe der Lohnlakaien und anderer Personen, welche auf öffentlichen Straßen und Plätzen oder in Wirthshäusern ihre Dienste anbieten (§. 49. der Gew. Ord.), ist zu versagen, wenn die darüber zu vernehmende Kommunalbehörde nach Anhörung der Gemeindevertreter die Nützlichkeit und das Bedürfniß des beabsichtigten Gewerbebetriebes nach den örtlichen Verhältnissen nicht anerkennt.

§. 69.

Oeffentliche Versteigerungen neuer Handwerkerwaaren dürfen, soweit sie nicht im Wege der Exekution, oder im Auftrage eines Gerichtes oder einer anderen öffentlichen Behörde erfolgen, nur mit besonderer Genehmigung der Kommunalbehörde des Versteigerungsortes Statt finden.

§. 70.

Wo nach der bisherigen Ortsgewohnheit gewisse Handwerkerwaaren, welche nicht zu den Gegenständen des einem Jeden freigegebenen Wochenmarktv rkehrs gehören (§. 78. der Gew.-Ordn.), nur von Bewohnern des Marktortes auf dem Wochenmarkte verkauft werden durften, kann die Regierung, nach Anhörung des Gewerberathes, den einheimischen Verkäufern die Fortsetzung des herkömmlichen Wochenmarktverkehrs mit jenen Handwerkerwaaren gestatten, ohne auswärtige Verkäufer derselben Waaren auf dem Wochenmarkte zuzulassen (§. 75. der Gew.-Ordn.).

§. 71.

Einrichtungen, nach welchen der Einkauf von Lebensmitteln auf Wochenmärkten einzelnen Klassen von Käufern nicht während der ganzen Dauer des Marktes, sondern nur während einer gewissen Zeit gestattet wird, dürfen auch an Orten, wo solche noch nicht bestehen (§. 79. der Gew.-Ordn.), nach Maaßgabe des örtlichen Bedürfnisses mit Genehmigung der Regierung eingeführt werden.

§. 72.

Die Ortspolizei-Obrigkeit ist ermächtigt, die Bäcker und die Verkäufer von Backwaaren anzuhalten, die Preise und das Gewicht ihrer verschiedenen Backwaaren für gewisse von ihr zu bestimmende Zeiträume durch einen von außen sichtbaren Anschlag am Verkaufslokale zur Kenntniß des Publikums zu bringen.

Dieser Anschlag ist kostenfrei mit dem polizeilichen Stempel zu versehen und täglich während der Verkaufszeit auszuhängen.

Ueberschreitungen der erwähnten Taxen werden nach §. 186. der Gewerbe-Ordnung bestraft.

§. 73.

Wo der Verkauf von Backwaaren nur nach polizeilich festgestellten oder von den Bäckern und Verkäufern an ihren Verkaufslokalen angeschlagenen Taxen erlaubt ist, kann die Ortspolizei-Obrigkeit die Bäcker und Verkäufer zugleich anhalten, im Verkaufslokale eine Waage mit den erforderlichen geaichten Gewichten aufzustellen und die Benutzung derselben zum Nachwiegen der verkauften Backwaaren zu gestatten.

VIII. Strafbestimmungen.

§. 74.

Wer den Verbotsbestimmungen der §§. 23. 25. 31. 32. 33. 47. 69. zuwiderhandelt, oder zu ihrer Umgehung durch Leihung seines Namens mitwirkt, ist mit Geldbuße bis zu zweihundert Thalern oder mit Gefängniß bis zu drei Monaten zu bestrafen. Im Wiederholungsfalle kann außerdem auf Verlust der Befugniß zum selbstständigen Betriebe des Gewerbes erkannt werden.

Dieselbe Strafbestimmung gilt für die Uebertretung der nach §. 26. von der Regierung oder von dem Ministerium für Handel, Gewerbe und öffentliche Arbeiten oder nach §§. 29. 34. durch Ortsstatuten getroffenen Festsetzungen.

§. 75.

Uebertretungen der §§. 50. bis 52. werden mit einer Geldbuße bis zu fünfhundert Thalern und im Falle des Unvermögens mit verhältnißmäßiger Gefängnißstrafe bestraft. Im Wiederholungsfalle wird die Strafe verdoppelt.

Die Geldbußen fließen derjenigen Kasse zu, welcher die im §. 55. erwähnten Forderungen nach den dort ertheilten Vorschriften zufallen.

Jede rechtskräftige Verurtheilung wird auf Kosten des Verurtheilten durch das Amtsblatt und andere öffentliche Blätter derjenigen Kreise, in welchen derselbe und der betheiligte Arbeiter ihren Wohnsitz haben, bekannt gemacht.

§. 76.

Die Verhältnisse der zur Beschaffung militairischer Bedürfnisse bestimmten Werkstätten und Fabriken der Militairverwaltung, der Arbeiten in öffentlichen Anstalten und der öffentlichen Bauten, mit Einschluß der Festungsbauhöfe, bleiben der besonderen Regelung vorbehalten; die Bestimmungen der gegenwärtigen Verordnung finden auf dieselben keine Anwendung.

§. 77.

Alle der gegenwärtigen Verordnung entgegenstehenden allgemeinen und besonderen Bestimmungen werden hierdurch außer Kraft gesetzt.

Urkundlich unter Unserer Höchsteigenhändigen Unterschrift und beigedrucktem Königlichen Insiegel.

Gegeben Charlottenburg, den 9. Februar 1849.

(L. S.) Friedrich Wilhelm.

Gr. v. Brandenburg. v. Ladenberg. v. Manteuffel.
v. Strotha. Rintelen. v. d. Heydt.
Für den Finanzminister:
Kühne. Gr. v. Bülow.

I. 601. G. 64. Vol. 3.

5.

Vertrag zwischen Preußen und dem Großherzogthum Luxemburg, wegen Verhütung und Bestrafung der Forst-, Jagd- und Fischereifrevel. Vom 9. Februar, ratifizirt am 12. März 1849.

Nachdem die Königlich Preußische und Großherzoglich Luxemburgische Regierungen übereingekommen sind, wirksame Maaßregeln zur Verhütung und Bestrafung der Forst-, Jagd- und Fischereifrevel zu treffen und zu diesem Zwecke einen Vertrag mit einander abzuschließen, haben Seine Majestät der König von Preußen Allerhöchstihren außerordentlichen Gesandten und bevollmächtigten Minister am Königlich Niederländischen Hofe, den Grafen von Königsmark, und Seine Majestät der König, Großherzog von Luxemburg, Allerhöchstihren einstweiligen Sekretair für die Angelegenheiten des Großherzogthums Luxemburg bei Ihrem Kabinet, den Doktor und Professor der Geschichte, Joseph Paquet, zu Bevollmächtigten ernannt, welche demnächst folgende Bestimmungen verabredet haben.

Artikel 1.

Beide Regierungen verpflichten sich, die Forst-, Jagd- und Fischereifrevel, welche ihre Unterthanen auf dem Gebiete des anderen Theiles verübt haben möchten, nach denselben Gesetzen untersuchen und bestrafen zu lassen, nach welchen sie untersucht und bestraft werden würden, wenn sie auf dem eigenen inländischen Gebiete begangen worden wären.

Artikel 2.

Gegen die Frevler soll von Amtswegen verfahren werden, sobald entweder von dem benachtheiligten Unterthan resp. der Familie desselben eine Klage, oder von den Behörden des Staates, in welchem das Vergehen verübt ist, eine Anzeige davon bei den Behörden des anderen Staates eingeht.

Eine Verfolgung der Sache findet jedoch nicht weiter Statt, wenn der Einwohner des einen Staates wegen des begangenen Vergehens in dem anderen Staate bereits verfolgt und verurtheilt oder freigesprochen worden ist, es sei denn, daß die Verurtheilung nur in contumaciam erfolgt ist, oder der Verurtheilte sich der Strafvollstreckung durch die Flucht entzogen hat.

Artikel 3.

Die Forstbehörden, Waldwärter und Forstbeamten, Feldhüter und sonstigen Diener der Obrigkeit in jedem der beiden Staaten, sollen alle mögliche Hülfe leisten, damit daselbst die

Urheber und Mitschuldigen der im Artikel 1. genannten Vergehen, welche auf dem Gebiete des anderen Staates verübt sein möchten, entdeckt und eintretenden Falles verhaftet werden.

Artikel 4.

Die Wächter und Beamten, welche in jedem der beiden Staaten mit der Ermittelung, Verfolgung und Feststellung derartiger Vergehen beauftragt sind, sollen befugt sein, die Spuren derselben, sowie die Urheber und Mitschuldigen selbst bis auf die Entfernung einer Meile (acht Kilometer) in das Gebiet des anderen Staates zu verfolgen.

Artikel 5.

Ereilen sie auf dieser Verfolgung die Frevler selbst, so ist es ihnen gestattet, dieselben anzuhalten. Sie müssen jedoch die Angehaltenen alsbald an die nächste Ortsbehörde derjenigen Regierung überliefern, auf deren Gebiete die Anhaltung Statt gefunden hat.

Wenn diese Behörde erkennt, daß die Angehaltenen Inländer sind, so hat sie den verfolgenden Beamten die für deren Protokoll erforderlichen Personalnachweisen über dieselben mitzutheilen, und verfügt alsdann über deren Freilassung oder fortgesetzter Haft nach den Landesgesetzen.

Gehören die Angehaltenen unbestrittenermaaßen nicht dem Lande an, in welchem die Verhaftung erfolgt ist, so hat die Behörde, welcher dieselben vorgeführt werden, deren alsbaldige Abführung auf das Gebiet, wo das Vergehen verübt worden ist, zu gestatten, und nöthigenfalls den vorführenden Beamten hierbei starke Hand zu leisten.

Ist dagegen die Nationalität der Angehaltenen bestritten, so werden dieselben dem Gewahrsam der erwähnten Ortsbehörde übergeben, welche die Entscheidung der kompetenten Behörde veranlaßt.

Letztere hat alsdann, wenn die Angehaltenen sich als Inländer erweisen, die alsbaldige Mittheilung der Personalnachweisen und im anderen Falle, die sofortige Auslieferung der Angehaltenen selbst, an die Behörden des Landes, wo das Vergehen Statt gefunden hat, zu bewirken.

Artikel 6.

Die Beamten jedes der beiden Staaten sind, wenn sie sich in Gemäßheit des Art. 4. auf der Nacheile in dem Gebiete des anderen Theiles befinden, befugt, daselbst die Geräthschaften in Beschlag zu nehmen, welche bei Verübung der Frevel benutzt worden sind, sowie die Gegenstände, welche die Frevler etwa bei Verübung des Vergehens sich angeeignet haben. Diese Geräthschaften und Gegenstände sind der nächsten Ortsobrigkeit zu übergeben, um sodann dahin abgeliefert zu werden, wo nach den Gesetzen dieses Landes die Untersuchung wegen des begangenen Vergehens Statt finden muß.

Finden die Beamten bei dieser Nacheile eine Haussuchung auf dem Gebiete des anderen Staates nöthig, so haben sie sich deshalb an den Friedensrichter oder dessen Stellvertreter, an den Polizeikommissär oder auch an den Ortsvorsteher oder dessen Stellvertreter im nächsten Orte zu wenden. Jeder dieser Beamten ist verpflichtet, nach den inländischen Gesetzen, unter Zuziehung des requirirenden fremden Beamten, unverzüglich zur Haussuchung zu schreiten. Sollte er jedoch gesetzlich die Haussuchung verweigern müssen, so hat er diese Weigerung schriftlich und unter Angabe ihrer Gründe abzugeben.

Artikel 7.

Die Beamten des einen Staates, welche die Verfolgung bis in das Gebiet des anderen Staates fortsetzen, sind befugt, in diesem letzteren Lande das in ihrem Heimathsstaate aufgenommene Protokoll über alle Thatsachen, welche auf die Verübung und Entdeckung des begangenen Frevels Bezug haben, fortzusetzen und darin alles aufzuzeichnen, was sie auf ihrer Nacheile in Bezug auf den Frevel bemerkt haben.

Soweit es sich jedoch von Maaßregeln handelt, welche unter Zuziehung von Behörden oder Beamten des anderen Staates vorgenommen worden sind, soll die Aufzeichnung in dem Protokolle unter Mitwirkung und Mitunterschrift dieser Behörden oder Beamten geschehen. Die Letzteren haben in dem Protokolle sowohl ihrer Zustimmung, als auch dessen ausdrücklich zu erwähnen, was sie ihrerseits besonders oder abweichend zu bemerken haben.

Die Protokolle müssen stets die nothwendige Auskunft über die stattgehabten Beschlagnahmen, sowie über den Ort und die Behörden enthalten, wo die in Beschlag genommenen Gegenstände vorläufig niedergelegt sind. Ein Duplikat des Protokolls ist von den nacheilenden Beamten den zugezogenen Beamten des anderen Staates einzuhändigen, welche dasselbe zur weiteren Veranlassung ihrer vorgesetzten Behörde sofort einzureichen haben.

Artikel 8.

Die Behörden und Beamten des einen Staates, welche sich weigern sollten, den in Art. 5. 6. und 7. für den Fall der Nacheile, Seitens der Beamten des anderen Staates, ihnen auferlegten Obliegenheiten Genüge zu leisten, sollen ebenso zur Verantwortung und Strafe gezogen werden, als wenn sie den Requisitionen inländischer Behörden nicht genügt hätten.

Artikel 9.

Sowohl die im Art. 7. vorgeschriebenen Protokolle, als auch alle sonstigen Akte, welche bei Ermittelung und Bestrafung der im anderen Staate verübten Forst-, Jagd- und Fischereifrevel vorkommen, sollen in beiden Staaten von Stempel- und Einregistrirungsgebühren frei sein.

Die Protokolle sollen durch den Staatsprokurator des Landes, in welchem der Frevel begangen ist, dem Staatsprokurator des Landes, wo die Thäter sich befinden, zur unverzüglichen weiteren Veranlassung zugesandt werden.

Für die Konstatirung eines Frevels, welcher von einem Angehörigen des einen Staates in dem Gebiete des anderen verübt worden, soll den offiziellen Angaben und Abschätzungen, welche von den kompetenten Beamten des Ortes des begangenen Frevels aufgenommen worden sind, von den Gerichten des anderen Staates derselbe Glaube beigelegt werden, welchen die Gesetze den offiziellen Angaben der inländischen Beamten beilegen.

Artikel 10.

Soweit es zum Beweise der begangenen Frevel und ihres Umfanges auf Zeugenvernehmungen ankommt, sollen auf Requisition des Staatsprokurators desjenigen Staates, wo die Untersuchung geführt wird, die in dem anderen Staate wohnhaften Zeugen aufgefordert werden, vor den Gerichtsbehörden des ersteren Staates zu erscheinen. Weigern sie sich der dortigen Gestellung, so, sollen sie auf Erfordern von dem inländischen Richter vernommen und die darüber aufgenommenen Protokolle unverzüglich der requirirenden Behörde übersandt werden.

Artikel 11.

Die Einziehung des Betrages der Strafe, sowie sämmtlicher entstandenen Kosten, bleibt ausschließlich dem Staate, in welchem der verurtheilte Frevler wohnt und das Urtheil Statt gefunden hat, für seine eigene Rechnung überlassen. Lediglich der Betrag des Schadenersatzes, soweit er hat beigetrieben werden können, wird an die betreffende Kasse desjenigen Staates abgeführt, in welchem der Frevel verübt worden ist.

Artikel 12.

Die bei Verübung, Entdeckung, Verfolgung oder Konstatirung der Forst-, Jagd- und Fischereifrevel begangenen Widersetzlichkeiten oder Angriffe, Gewaltthätigkeiten oder Beleidigungen sollen in jedem Staate nach dessen Gesetzen ebenso verfolgt und bestraft werden, als seien sie auf eigenem Gebiete und gegen die eigenen Beamten begangen worden.

Artikel 13.

Die auf der ganzen Breite der schiffbaren oder nicht schiffbaren Grenzflüsse begangenen Jagd- oder Fischereivergehen, können durch beide Regierungen als auf eigenem Gebiete begangen angesehen werden. Die Verfolgung dieser Vergehen kann auf den Antrag jeder Regierung, nach Anleitung der in den vorhergehenden Artikeln enthaltenen Bestimmungen vor den

Behörden desjenigen Staates Statt finden, welchem der Frevler angehört.

Artikel 14.

Gegenwärtige Uebereinkunft soll in beiden Ländern einen Monat nach erfolgter Auswechselung der Ratifikationen in Wirksamkeit treten.

Sie bleibt auch nach erfolgter Aufkündigung Seitens einer der beiden kontrahirenden Regierungen, noch sechs Monate lang in Kraft.

Artikel 15.

Die Auswechselung der Ratifikationsurkunden soll binnen zwei Monaten spätestens erfolgen.

Zur Urkunde dessen ist gegenwärtiger Vertrag von den Bevollmächtigten in zwei Exemplaren eigenhändig unterzeichnet und untersiegelt worden.

Geschehen im Haag den neunten Februar Eintausend Achthundert Neun und Vierzig.

(L. S.) v. Königsmark. (L. S.) Paquet.

Die Auswechselung der Ratifikationsurkunden hat am 12. März 1849. im Haag Statt gefunden.

I. 1280. F. 48. Vol. 6.

6.

Allerhöchster Erlaß vom 13. Februar 1849, — die Anrechnung des Dienstes bei dem Kampfe des Jahres 1848 im Großherzogthum Posen, als Kriegsjahr bei Pensionirungen betreffend.

(Militair-Pensions-Reglement vom 13. Juni 1825. §. 8.)

Ich genehmige mit Bezug auf den §. 8 des Militair-Pensions-Reglements vom 13. Juni 1825, daß der Kampf des Jahres 1848 im Großherzogthum Posen zur Unterdrückung der daselbst ausgebrochenen Insurrektion, den an Gefechten betheiligt gewesenen Personen bei Berechnung der Dienstzeit als ein Kriegsjahr in Anrechnung kommen soll. Das Staats-Ministerium hat hiernach das Weitere zu verfügen.

Charlottenburg, den 13. Februar 1849.

gez. Friedrich Wilhelm.

gegengez. Gr. v. Brandenburg. v. Ladenberg.
v. Manteuffel. v. Strotha. Rintelen. v. d. Heydt.
Für den Finanz-Minister:
Kühne. Gr. v. Bülow.

An das Staats-Ministerium.

Vorstehender Allerhöchster Erlaß wird hierdurch den sämmtlichen Gerichtsbehörden zur Nachachtung bekannt gemacht.

Berlin, den 8. März 1849.

Der Justiz-Minister
Rintelen.

An
sämmtliche Gerichtsbehörden.

I. 845. P. 45.

7.

Verfügung vom 2. März 1849, — die Benutzung der Staats-Telegraphen Seitens der Königl. Behörden betreffend.

In der abschriftlichen Anlage wird Ihnen, Herr Präsident und Herr General-Prokurator, der Beschluß des Königl. Staats-Ministeriums vom 20. v. M.,

die Benutzung der Staats-Telegraphen Seitens der Königl. Behörden betreffend,

zur Nachachtung und Anweisung der Landgerichts-Präsidenten und Ober-Prokuratoren mitgetheilt.

Berlin den 2. März 1849.

Der Justiz-Minister.
In dessen Vertretung
Müller.

An
den Königl. Präsidenten des Appellationsgerichtshofes Herrn Dr. Schwarz.
und den Königl. General-Prokurator, Hrn. Geheimen Ob.-Justiz-Rath Nicolovius
zu Cöln.

Beilage.

Conclusum
ad St. M. No. 6781.

Da sich das Bedürfniß einer allgemeinen Anordnung über die Benutzung der Staats-Telegraphen Seitens der Behörden ergeben hat, so wird bestimmt, daß das Aufgeben telegraphischer Depeschen in amtlichen Angelegenheiten sämmtlichen Königl. Behörden zu gestatten ist, vorausgesetzt, daß die Benutzung des

Staats-Telegraphen als Beförderungsmittel im einzelnen Falle überhaupt erforderlich und angemessen erscheint. Um jedoch den Mißbrauch dieser Befugniß zu verhüten, wird zugleich angeordnet, daß jede aufzugebende Depesche von der betreffenden Behörde unterzeichnet und untersiegelt sein muß, und die Telegraphenbeamten angewiesen werden, diejenigen Depeschen, welche weder von einer Centralbehörde ausgehen, noch an eine solche gerichtet sind, dem Ministerium, welchem die absendende Behörde untergeben ist, abschriftlich einzureichen.

Eine Abschrift dieses Beschlusses erhält jedes Ministerium und der Chef des Generalstabes der Armee, General-Lieutenant von Reyher, mit Bezug auf seine Anfrage vom 30. November v. J. zur weiteren Veranlassung.

Berlin, den 20. Februar 1849.

Königliches Staats-Ministerium.

gez. Gr. v. Brandenburg. v. Ladenberg. v. Manteuffel. v. Strotha. Rintelen. v. d. Heydt.

Für den Finanzminister:

Kühne. Gr. v. Bülow.

I. 750. T. 20.

8.

Verfügung vom 15. März 1849, — betreffend die Unstatthaftigkeit der Zurücklassung von Abschriften bei den Wechsel-Protesten der Gerichtsvollzieher.

(Allg. deutsche Wechsel-Ordnung Art. 87 folg. — Ges.-Samml. 1849. S. 68.)

Auf den Bericht vom 3. d. M.,

die Zurücklassung von Abschriften der Protestakte bei der Aufnahme von Wechselprotesten betreffend,

wird Ihnen, Herr General-Prokurator, unter Rücksendung der Beilagen hierdurch eröffnet, daß die zur Aufnahme von Wechselprotesten befugten Beamten, insbesondere die Gerichtsvollzieher, weder vermöge der Allg. Deutschen Wechselordnung, noch vermöge der Einführungsordnung zu derselben vom 6. Januar d. J. für verpflichtet erachtet werden können, den Protestaten Abschriften der Protestakte zurückzulassen. Der Protest muß nach Art. 91. der Wechselordnung in der Regel im Geschäftslokale und in Ermangelung eines solchen, in der Wohnung des Protestaten aufgenommen werden und die im Art. 88. eben daselbst aufgeführten Requisite enthalten; die Zurücklassung einer Abschrift der aufgenommenen Urkunde ist jedoch nicht vorgeschrieben, sondern in den Art. 90. der Wechselordnung nur die (dem Art. 176. des Rheinischen Handelsgesetzbuchs theilweise entsprechende) Bestimmung aufgenommen worden, daß die Proteste von den zu deren Aufnahme befugten Beamten in ein dazu bestimmtes Register vollständig eingetragen werden müssen. Aus dem Art. 87. der Wechselordnung ergiebt sich zwar, daß durch die Gesetzgebung der Einzelstaaten auch andere zur gerichtlichen Hierarchie gehörige Beamte, als Notarien, für ermächtigt erklärt werden können, Proteste aufzunehmen, und es ist demgemäß durch den §. 3. der Einführungsordnung vom 6. Januar d. J. im Bezirke des Appellationsgerichtshofes zu Cöln auch den Gerichtsvollziehern die Befugniß hierzu eingeräumt worden; dadurch hat indessen um so weniger beabsichtigt werden können, für die von Gerichtsvollziehern aufzunehmenden Proteste besondere Förmlichkeiten vorzuschreiben, als zu den durch §. 1. der Einführungsordnung außer Wirksamkeit getretenen älteren Vorschriften auch der Art. 176. des Handelsgesetzbuchs gehört. Wenn es für nöthig erachtet worden wäre, die Zurücklassung von Abschriften vorzuschreiben, so würde im Art. 90. der Wechselordnung dazu die geeignete Stelle gewesen sein; da solches nicht geschehen ist, so läßt sich auch nicht bezweifeln, daß dadurch von den Bestimmungen des Rheinischen Handelsgesetzbuchs hat abgewichen werden sollen. Unter diesen Umständen kann das Gegentheil auch nicht aus dem allgemeinen Satze, daß die von Gerichtsvollziehern aufgenommenen Proteste in ihrer äußeren Form (abgesehen von den durch Art. 88. der Wechselordnung vorgeschriebenen Requisiten) sich den für Gerichtsvollzieher-Urkunden bestehenden Vorschriften anschließen müssen, gefolgert werden.

Da zur Kontrolle der zu der Aufnahme von Protesten befähigten Beamten künftig zunächst nur das Wechselrepertorium dient, so muß im Wege der Aufsicht auf dessen pünktliche und regelmäßige Führung um so strenger gehalten werden.

Berlin, den 15. März 1849.

Der Justiz-Minister.
In dessen Vertretung
Müller.

An
den Königl. General-Prokurator,
Hrn. Geheimen Ob.-Justiz-Rath
Nicolovius zu Cöln.

I. 918. Rhein. Gener. 44.

9.

Allerhöchster Erlaß vom 28. April 1849, — die Grundsätze und Bestimmungen über das Pensions- und Versorgungswesen der Militair-Invaliden, vom Ober-Feuerwerker, Feldwebel, Wachtmeister rc. abwärts, betreffend.

a. Allerhöchster Erlaß.

Ich habe nach dem Antrage des Staats-Ministeriums vom 25. April d. J. die mir vorgelegten Grundsätze und Bestimmungen über das Pensions- und Versorgungswesen der Militair-Invaliden, vom Ober-Feuerwerker, Feldwebel und Wachtmeister rc. abwärts, genehmigt und sende dieselben anbei vollzogen zur weiteren Veranlassung zurück.

Charlottenburg, den 28. April 1849.

gez. Friedrich Wilhelm.

gegengez. Gr. Brandenburg. v. Ladenberg. v. Manteuffel. v. Strotha. v. d. Heydt. Gr. Arnim. v. Rabe. Simons.

An das Staats-Ministerium.

---

b. Grundsätze und Bestimmungen über das Pensions- und Versorgungswesen der Militair-Invaliden, vom Ober-Feuerwerker, Feldwebel und Wachtmeister rc. abwärts.

Den Soldaten, welche im aktiven Militairdienste oder in Folge desselben invalide geworden sind, soll die mit den Finanzkräften des Staats vereinbare Fürsorge gewidmet werden. — Dienstuntauglich werdende Soldaten sollen daher künftig — statt sie (ohne dringendes Bedürfniß) in Invaliden-Anstalten aufzunehmen — unter Gewährung angemessener Pensionen dem Landbau und den Gewerben rc. wiedergegeben, alle Invaliden der Armee aber — ohne Unterschied der Corps — nach gleichen Grundsätzen behandelt werden.

Um diesen Zweck zu erreichen und zugleich sowohl das Interesse am Dienste zu heben und mit auf einen tüchtigen Unteroffizierstand hinzuwirken, als auch das Invaliden-Anerkennungswesen möglich zu vereinfachen, treten folgende Bestimmungen in Kraft.

Invaliden, welche unmittelbar aus dem aktiven Dienste scheiden.

§. 1. Die unmittelbar aus dem aktiven Dienste scheidenden Invaliden sind entweder:

A. Halbinvalide, d. h. solche, die noch zum Garnisondienst fähig, oder

B. Ganzinvalide, d. h. solche, die zu keinem Militairdienst mehr tauglich sind.

A. Halbinvalide.

§. 2. Soldaten, welche

a. durch Verwundung vor dem Feinde, oder bei dem Besitz eines im Kriege erworbenen Militair-Ehrenzeichens, oder durch unmittelbare Dienstbeschädigung, oder in Folge während des aktiven Militairdienstes überstandener, kontagiöser Augenkrankheit, oder endlich

b. nach 12jähriger Dienstzeit,

halbinvalide werden, sind nach ihrer Wahl entweder den kombinirten Reserve-Bataillonen*) zu überweisen, oder mit der Invaliden-Pension 4. Klasse abzufinden.

§. 3. Die Einstellung in ein kombinirtes Reserve-Bataillon nach der Charge oder die Invaliden-Pension der erdienten Charge wird denjenigen Halbinvaliden, deren Anspruch sich auf 12jährige Dienstzeit gründet, nur dann gewährt, wenn sie die Charge ein Jahr im Etat bekleidet haben.

§. 4. Halbinvalide können ferner nach 12jähriger Dienstzeit, wenn sie sich stets gut geführt haben, und nicht an der Epilepsie leiden, mit dem Civil-Versorgungsscheine allein abgefunden werden.

§. 5. Die Anerkennung der Halbinvaliden zur Einstellung in die kombinirten Reserve-Bataillone erfolgt durch das General-Kommando, wofür letzteres verantwortlich bleibt.

§. 6. Die Bewilligung einer Invaliden-Pension oder des Civil-Versorgungsscheins an Halbinvalide ressortirt von der Abtheilung des Kriegs-Ministeriums für das Invalidenwesen.

B. Ganzinvalide.

§. 7. Diese erhalten, wenn sie ein Anrecht auf Versorgung erworben haben, entweder eine Invaliden-Pension, oder werden in eine Invaliden-Anstalt aufgenommen. —

§. 8. Die Invaliden-Pensionen zerfallen in vier Klassen.

---

*) Bei der etwanigen Auflösung der kombinirten Reserve-Bataillone: „den alsdann zu formirenden Halbinvaliden-Abtheilungen."

§. 9. Die Invaliden=Pension erster Klasse erhalten Ganzinvalide, wenn sie

a. durch Verwundung vor dem Feinde, oder
b. bei dem Besitz eines im Kriege erworbenen Militair=Ehrenzeichens, oder
c. durch Beschädigung bei unmittelbarer Ausübung des Militairdienstes*) oder
d. durch gänzliche Blindheit in Folge während des aktiven Dienstes überstandener kontagiöser Augenkrankheit, oder
e. nach 21jähriger Dienstzeit

zum Krüppel oder ganz erwerbsunfähig geworden sind, und — insofern es auf die Dienstzeit ankommt — die erdiente Charge 10 Jahr im Etat bekleidet haben.

§. 10. Die Invaliden=Pension erster Klasse beträgt:

für den Ober=Feuerwerker, Feldwebel und Wachtmeister rc. .	8 Thlr.	— Sgr.	monatl.
für den Vice=Feldwebel und Sergeanten.	6 =	— =	=
für den Unteroffizier	5 =	— =	=
für den Invaliden	3 =	15 =	=

§. 11. Die Invaliden=Pension zweiter Klasse erhalten Ganzinvalide, wenn sie

a. durch Verwundung vor dem Feinde oder
b. bei dem Besitze eines im Kriege erworbenen Militair=Ehrenzeichens, oder
c. durch Beschädigung bei unmittelbarer Ausübung einer dienstlichen Verrichtung, oder
d. in Folge während des aktiven Dienstes überstandener kontagiöser Augenkrankheit, oder
e. nach 15jähriger Dienstzeit

größtentheils erwerbsunfähig werden, und — insofern es auf die Dienstzeit ankommt — die erdiente Charge 6 Jahre im Etat bekleidet haben.

§. 12. Die Invaliden=Pension zweiter Klasse beträgt:

für den Ober=Feuerwerker, Feldwebel und Wachtmeister rc. .	6 Thlr.	— Sgr.	monatl.
für den Vice=Feldwebel und Sergeanten	5 =	— =	=
für den Unteroffizier	4 =	— =	=
für den Invaliden	2 =	15 =	=

§. 13. Die Invaliden=Pension dritter Klasse erhalten Ganzinvalide, wenn sie

*) Die Ausübung von Oekonomie= oder Aufwartedienſten, z. B. als Schneider, Schuhmacher, Bursche rc., gehört nicht hierher.

a. in einem der §. 11. zu lit. a. bis einschließlich d. gedachten Fälle, oder
b. nach 12jähriger Dienstzeit

theilweise erwerbsunfähig werden und — insofern es auf die Dienstzeit ankommt — die erdiente Charge 4 Jahr im Etat bekleidet haben.

§. 14. Die Invaliden-Pension dritter Klasse beträgt:

für den Ober-Feuerwerker, Feldwebel und Wachtmeister ꝛc.	5 Thlr.	monatl.
für den Vice-Feldwebel und Sergeanten	4 "	"
für den Unteroffizier	3 "	"
für den Invaliden	2 "	"

§. 15. Die Invaliden-Pension vierter Klasse erhalten Soldaten, welche

a. in einem der §. 11. lit. a. bis einschließlich d. gedachten Fälle, oder
b. nach 8jähriger Dienstzeit

ganz invalide werden, und — insofern es auf die Dienstzeit ankommt — die erdiente Charge 1 Jahr im Etat bekleidet haben.

§. 16. Die Invaliden-Pension vierter Klasse beträgt:

für den Ober-Feuerwerker, Feldwebel und Wachtmeister ꝛc. .	3 Thlr.	— Sgr.	monatl.
für den Vice-Feldwebel und Sergeanten	2 "	15 "	"
für den Unteroffizier	2 "	— "	"
für den Invaliden	1 "	— "	"

§. 17. Diese Invaliden-Pensionssätze sind für die ganze Armee gültig.

§. 18. Ganzinvalide erhalten ferner, falls sie sich stets gut geführt haben und nicht an der Epilepsie leiden, neben der Invaliden-Pension der 1., 2., 3. und 4. Klasse den Civil-Versorgungsschein.

§. 19. Den ganz invalide werdenden Regiments-, Bataillions- und Zeughaus-Büchsenmachern wird

nach 15jähriger Dienstzeit eine Invaliden-Pension von . . . . 3 Thlr. monatl.,
nach 21jähriger Dienstzeit eine solche von 5 " "

und bei erwiesener moralischer Würdigkeit in beiden Fällen der Civil-Versorgungsschein bewilligt.

---

§. 20. Zur Aufnahme in die Invalidenhäuser gelangen Ganzinvalide, welche gesetzlich zum Anspruch auf die Invaliden-Pension erster Klasse berechtigt und zum Krüppel geworden sind.

§. 21. Nur der vierte Theil der etatsmäßigen Mannschaft des Hauses darf verheirathet sein.

§. 22. Kinder über 14 Jahr sind nicht rezeptionsfähig.

---

§. 23. Invalide, welche sich in der zweiten Klasse des Soldatenstandes befinden, haben keinen Anspruch auf Unterstützung vom Staate. — Nur wenn sie eine der Bedingungen erfüllen, welche ein Anrecht auf die Invaliden-Pension 1. und 2. Klasse begründen, kann ihnen der monatliche Invaliden-Thaler gewährt werden.

§. 24. Auf Soldaten, welche bei den jährlichen Uebungen der Landwehr durch unmittelbare Dienstbeschädigung invalide werden, finden die Bestimmungen der §§. 2—22. Anwendung, jedoch nur dann, wenn die Beschädigung während oder am Schluß der Uebung festgestellt ist, und die Invaliden-Ansprüche innerhalb der nächsten 6 Monate nach beendeter Uebung angemeldet werden. —

§. 25. Verzichtleistungen auf Invaliden-Wohlthaten dürfen fortan weder gefordert noch angenommen werden.

§. 26. Die zur Invaliden-Pension 1. Klasse berechtigten und sonst qualifizirten Ober-Feuerwerker, Feldwebel und Wachtmeister 2c. dürfen nur dann zur Verleihung des Charakters als Sekonde-Lieutenant vorgeschlagen werden, wenn sie 30 Jahre gedient haben. —

§. 27. Die Aussicht auf Anstellung als Sekonde-Lieutenant bei Invaliden-Instituten wird den zur Invaliden-Pension 1. Klasse berechtigten Ober-Feuerwerkern, Feldwebeln und Wachtmeistern 2c. nur dann verliehen, wenn sie im Kriege mit Auszeichnung oder im Frieden 40 Jahre musterhaft gedient haben.

Bereits entlassene Soldaten, welche in der Heimath ganz invalide werden.

§. 28. Bereits entlassene Soldaten, welche

a. durch Verwundung vor dem Feinde, oder
b. bei dem Besitz eines im Kriege erworbenen Militair-Ehrenzeichens, oder
c. durch unmittelbare Dienstbeschädigung auf dem Schlachtfelde, oder
d. in Folge während des aktiven Dienstes überstandener kontagiöser Augenkrankheit

ganz invalide werden, erhalten die Invaliden-Pension 4. Klasse. Sind sie in alleiniger Folge einer der genannten vier Ursachen gänzlich erwerbsunfähig, so wird ihnen die Pension 3. Klasse gewährt.

§. 29. Ganzinvalide, welche in Folge während des aktiven Dienstes erlittener, kontagiöser Augenkrankheit völlig erblindet, oder in Folge von Wunden oder unmittelbarer Dienstbeschädigung amputirt und zum Krüppel geworden sind, erhalten die Invaliden-Pension 2. Klasse.

§. 30. Bei erwiesener moralischer Würdigkeit kann diesen Invaliden neben der Invaliden-Pension 2., 3., 4. Klasse auch der Civil-Versorgungsschein ertheilt werden. —

§. 31. Die Invaliden-Versorgungs-Ansprüche bereits entlassener Soldaten müssen durch den Entlassungsschein, oder durch Auszüge aus den Lazareth-Krankenlisten, oder durch sonstige bei den Behörden beruhende Dienstpapiere, oder endlich durch das von der General-Ordens-Kommission ertheilte Ordensbesitz-Zeugniß begründet werden.

---

§. 32. Alle bisherigen Verordnungen, welche mit den vorstehenden Bestimmungen nicht im Einklange stehen, sind aufgehoben.

§. 33. Diese Bestimmungen haben keine rückwirkende Kraft, sie finden also nur auf solche Soldaten Anwendung, welche von jetzt ab als invalide anerkannt werden.

Charlottenburg, den 28. April 1849.

gez. Friedrich Wilhelm.

gegengez. Gr. Brandenburg. v. Ladenberg. v. Manteuffel. v. Strotha. v. d. Heydt. Gr. Arnim. v. Rabe. Simons.

P. 45.

10.

Verfügung vom 21. Mai 1849, — die Benutzung der Staats-Telegraphen Seitens der Königl. Behörden betreffend.

(Verfügung vom 2. März 1849. Rhein. Sammlg. Bd. 10. S. 51.)

In den Anlagen werden Ihnen, Herr Erster Präsident und Herr General-Prokurator, die von dem Herrn Minister für Handel, Gewerbe und öffentliche Arbeiten erlassenen Vorschriften, sowohl für die Aufgabe als für den Abtrag der telegraphischen Depeschen zur Kenntnißnahme und Beachtung, sowie zur Benachrichtigung der Landgerichts-Präsidien und Ober-Prokuratoren mitgetheilt.

Berlin, den 21. Mai 1849.

Der Justiz-Minister
Simons.

An
den Königl. Ersten Präsidenten
des Appellationsgerichtshofes
Herrn Dr. Schwarz
und
den Königl. General-Prokurator,
Herrn Geh. Ober-Justizrath
Nicolovius zu Köln.

I. 1882. T. 20.

Beilage a.

Vorschrift über die Bezeichnung und Aufgabe der Depeschen Seitens der Königl. Behörden an die Telegraphen-Stationen zur Weiterbeförderung.

§. 1.

Die Königl. Behörden senden die Depeschen, deren Weiterbeförderung geschehen soll, direkt an den Stations-Chef der Telegraphen-Linie, welcher befugt ist, sie zu erbrechen.

§. 2.

Eine jede Depesche muß innerhalb von der Behörde, welche sie absendet, unterschrieben, und mit dem Dienstsiegel untersiegelt sein. Auf der Adresse muß außer der gewöhnlichen Bezeichnung vermerkt sein:

a) Telegraphische Depesche, Citissime, Cito, oder keines dieser Worte;
b) die Angabe der Zeit, zu welcher dem Boten die Depesche zum Forttragen gegeben ward;
c) ob die Depesche in Chiffern oder in Buchstaben mitgetheilt werden soll.

Die Worte Cito und Citissime sollen dazu dienen, bei dem Eingange mehrerer Depeschen zu gleicher Zeit dem Expedienten die Wahl der Reihefolge zu erleichtern.

Diejenigen Depeschen, welche weder von einem der Königl. Ministerien ausgehen, noch an ein solches gerichtet sind, werden von der Telegraphen-Direktion abschriftlich an dasjenige Ministerium gesendet, welchem die absendende Behörde untergeben ist.

§. 3.

Der Bote, welcher die Depesche bringt, muß ein Quittungsbuch in Octavform mitbringen, welches, wie die Anlage zeigt, zur Ausstellung der Quittung über den Empfang der Depesche und zur Angabe der Zeit, wann die Depesche auf die telegraphische Station gelangte, dient.

§. 4.

Die Depeschen müssen möglichst kurz und in Lapidarstyl abgefaßt sein, alle unnöthigen Titulaturen ausschließen und den Ort sowie das Datum der Absendung, den Namen des Absenders, den Namen des Addressaten und den Bestimmungsort der Depesche oben am Anfange enthalten, wie das folgende Beispiel dies erläutert:

Berlin, den 20. März 1849.

Der Minister des Auswärtigen an den Geheimen Legations-Rath v. Kamptz in Frankfurt a. M.

Der König hat befohlen, daß der General-Lieutenant v. Prittwitz das Ober-Kommando der Reichstruppen in Schleswig übernehme. General v. Hahn ist ihm als Chef des Generalstabes beigegeben. v. Prittwitz tritt das Kommando sogleich an; v. Hahn geht sogleich nach Altona. Eine preußische Division wird bei Perleberg in der kürzesten Zeit zusammengezogen; General-Major v. Hirschfeld aus Magdeburg hat das Kommando darüber. Dies ist dem Geheimerath Camphausen mitzutheilen, der heute noch weitere Instruktionen erhält.

(Dienstsiegel.) Graf v. Arnim.

§. 5.

Die Stationen, auf denen Depeschen zur Abgabe kommen können, werden stets besonders bekannt gemacht.

Berlin, den 25. März 1849.

Die Telegraphen-Direktion.
du Vignau. Nottebohm. Gottbrecht.

Vorstehende Vorschriften werden hierdurch genehmigt.

Berlin, am 12. April 1849.

Der Minister für Handel, Gewerbe und öffentliche Arbeiten
v. d. Heydt.

Beilage b.

Vorschrift für das Abtragen der telegraphischen Depeschen durch die Boten der Station an die Königl. Behörden.

§. 1.

Die auf telegraphischem Wege an die telegraphischen Stationen zur Abgabe an Königliche Behörden gelangenden telegraphischen Depeschen werden in der Kanzlei der betreffenden

Station aufgeschrieben, kouvertirt, addressirt und mit dem Dienstsiegel der Station versiegelt.

§. 2.

Auf die Addresse kommt außer der Bezeichnung des Addressaten:

a) die Nummer der Depesche,
b) das Datum der Ankunft bei der Station,
c) die Angabe der Zeit, zu der der Bote die Depesche empfing.

§. 3.

Die Depeschen werden in Taschen, durch Boten des telegraphischen Instituts nach der Behausung des Adressaten oder dem Geschäftslokale der Behörde, wenn diese am Stationsorte ist, gebracht. Wird auf der Adresse selbst verlangt, daß die Depesche auf die Poststation des Ortes zur Weiterbeförderung gebracht werde, so trägt der Bote der Station die Depesche nach der Post.

Eine andere Art des Abtragens oder der Weiterbeförderung durch die Telegraphenboten findet nicht Statt.

§. 4.

Die Behörden, welche telegraphische Depeschen zu erwarten haben, müssen dem Stationschef den Ort, wohin sie gebracht werden sollen, genau angeben, und solche Maaßregeln treffen, daß, wenn dieses Lokal, wie z. B. in der Nacht, verschlossen ist, die Abgabe der Depesche dennoch ohne Verzug geschehen kann.

§. 5.

Der Bote empfängt ein Quittungsbuch in Octavform von der Beschaffenheit des beiliegenden und hat der Abnehmer der Depesche darin über den Empfang zu quittiren, auch die Zeit des Empfanges einzutragen.

Berlin, am 25. März 1849.

Die Telegraphen-Direktion.
du Vignau. Nottebohm. Gottbrecht.

Vorstehende Vorschriften werden hierdurch genehmigt.

Berlin, am 12. April 1849.

Der Minister für Handel, Gewerbe
und öffentliche Arbeiten
v. d. Heydt.

11.

Verfügung vom 7. Juni 1849, — die Ernennung richterlicher Civilbeamten zu Mitgliedern eines Kriegsgerichts im Fall des Belagerungszustandes betreffend.

(§. 11. der Verordnung v. 10. Mai 1849. Ges.=S. S. 168. §. 11. des Ges. über den Belagerungszustand v. 4. Juni 1851. Ges.=S. S. 453.)

Da die Kriegsgerichte ohne Zuziehung von Geschwornen und ohne Zulassung von Rechtsmitteln, bei schweren Verbrechen sogar auf Todesstrafe erkennen, so ist es nicht angemessen, zu Civil=Mitgliedern solche Beamte zu bestellen, welche sich eine höhere Qualifikation im Justizdienste nicht erworben haben. Auch liegt der Bestimmung des §. 11. der Verordnung vom 10. Mai d. J., daß der Vorstand des Civilgerichts des Orts zwei richterliche Civilbeamte zu bezeichnen habe, offenbar die Absicht zum Grunde, daß der Vorstand vorzugsweise zwei Mitglieder seines Gerichts bezeichnen solle, so daß in der Rheinprovinz in der Regel nur Mitglieder eines Landgerichts zu Civil=Mitgliedern des Kriegsgerichts zu ernennen sein werden.

Sie werden veranlaßt, hiernach in künftigen Fällen zu verfahren.

Berlin, den 7. Juni 1849.

Der Justiz=Minister.
Simons.

An
den Königl. Landgerichts=Präsidenten
Hrn. Geh. Ober=Justiz=Rath Rive
zu Trier.

I. 2131. B. 21.

12.

Allgemeine Verfügung vom 20. Juni 1849, — die Zahlung der Wartegelder an die zur Disposition gestellten Justizbeamten betreffend.

Nach einem Staats=Ministerial=Beschlusse vom 6. Juli 1848 sind, wie dem Königlichen Appellationsgerichte auf den Bericht vom 12 d. M. eröffnet wird, die Wartegelder an die zur Disposition gestellten Beamten vierteljährlich oder monatlich zu zahlen, je nachdem die Besoldungen, an deren Stelle sie treten, für ein Vierteljahr oder für einen Monat erhoben wurden.

In Ansehung der Pensions-Beiträge bewendet es bei den Bestimmungen des §. 22. des Reglements vom 30. April 1825.

Hiernach hat das Königliche Appellationsgericht zu verfahren.

Berlin, den 20. Juni 1849.

Der Justiz-Minister
Simons.

An
das Königl. Appellationsgericht zu N.

Vorstehende Verfügung wird sämmtlichen Gerichtsbehörden hierdurch zur gleichmäßigen Beachtung bekannt gemacht.

Berlin, den 20. Juni 1849.

Der Justiz-Minister
Simons.

An
sämmtliche Gerichtsbehörden.

I. 2669. P. 37. Vol. II.

13.

Allgemeine Verfügung vom 14. August 1849, — betreffend das von den Beamten der Staatsanwaltschaft zu beobachtende Verfahren bei Verfolgung der gegen das Staats-Ministerium oder gegen einzelne Staats-Minister verübten Beleidigungen.

Von den Staatsanwälten ist bisher in den Fällen, wo Beleidigungen gegen das Staats-Ministerium oder gegen einzelne Staats-Minister verübt worden sind, ein verschiedenes Verfahren beobachtet worden, um die Beschlußnahme darüber, ob eine gerichtliche Verfolgung einzuleiten sei, herbeizuführen. Einige haben sich mit ihren Anfragen unmittelbar an das Staats-Ministerium, Andere an den Justiz-Minister gewendet.

Da durch unmittelbare Anfragen an das Staats-Ministerium mannigfache Weiterungen veranlaßt werden, und es überdies als angemessen erscheint, in dergleichen Fällen auch die Ansichten der betreffenden Ober-Staatsanwälte zu vernehmen, so will der Justiz-Minister zur Herbeiführung eines gleichmäßigen Verfahrens hierdurch anordnen:

daß die Staatsanwälte zur Einholung der Beschlußnahme darüber, ob wegen Beleidigungen des Staats-Ministeriums oder einzelner Staatsminister gerichtliche Verfolgung einzuleiten sei, allemal an den vorgesetzten Ober-

Staatsanwalt zu berichten haben. Von den letzteren sind diese Berichte sodann mittelst Marginal-Anfrage, in welcher sie ihre Ansicht auszusprechen haben, dem Justiz-Minister einzureichen.

Berlin, den 14. August 1849.

Der Justiz-Minister
Simons.

An
die Beamten der Staatsanwaltschaft.

I. 3146. Crim. 58. Vol. III.

14.

Verfügung vom 16. August 1849, — betreffend das amtliche Verhältniß der Ober-Sekretaire zu den Sekretairen.

Unter abschriftlicher Mittheilung einer Vorstellung des Ober-Sekretairs N. zu N. werden Sie beauftragt, dem ꝛc. N. durch den Landgerichts-Präsidenten und Ober-Prokurator eröffnen zu lassen, wie dem Ober-Sekretair zwar das Recht und die Pflicht der Vertheilung, Leitung und Ueberwachung der Geschäfte des Sekretairs, — soweit darüber nicht von dem Gerichtsvorstande Anordnungen getroffen sind, — zusteht, und hieraus zugleich das Recht und die Pflicht für den Ober-Sekretair folgt, eintretenden Falls durch Anweisungen und Mahnungen auf die Dienstführung der Sekretaire einzuwirken, daß aber die Befugniß zu Disciplinarstrafen dem Ober-Sekretair durch die Verordnung vom 11. v. M. nicht beigelegt ist, da die Sekretaire als „Untergebene“ des Ober-Sekretairs im Sinne des §. 21. dieser Verordnung nicht betrachtet werden können.

Berlin, den 16. August 1849.

Der Justiz-Minister.
Simons.

An
den K. Ersten Präsidenten des App.-Gerichtshofes, Hrn. Schwarz,
und
den K. Gen. Prokurator, Hrn. Geh. Ober-Justizrath Nicolovius zu Köln.

I. 3134. Rhein. Offiz.-Sachen 41.

15.

Bekanntmachung vom 31. August 1849, — betreffend den Beitritt der Herzoglich Anhalt-Cöthenschen Regierung zu dem Münzcartel vom 21. Oktober 1845.

Zufolge der Verordnung vom 9. August 1847. (Gesetzsammlung pro 1847. pag. 355.) wird hierdurch zur allgemeinen Kenntniß gebracht, daß die Herzoglich Anhalt-Cöthensche Regierung für das Herzogthum Anhalt-Cöthen dem zwischen Preußen, Bayern, Sachsen, Württemberg, Baden, Kurhessen, dem Großherzogthum Hessen, den bei dem Thüringischen Zoll- und Handelsverein betheiligten Regierungen, Braunschweig, Nassau und der freien Stadt Frankfurt unter dem 21. Oktober 1845. abgeschlossenen Münzcartel (Gesetzsammlung pro 1846. pag. 478.) beigetreten ist, so daß dieses nunmehr auch der gedachten Regierung gegenüber in Beziehung auf das Herzogthum Anhalt-Cöthen in vorkommenden Fällen volle Anwendung findet.

Berlin, den 31. August 1849.

Die Minister

der Departements des Staatsschatzes und des Münzwesens Gr. v. Brandenburg. v. Rabe. — des Innern v. Manteuffel. — der Justiz Simons. — der auswärtigen Angelegenheiten v. Schleinitz.

I. 3714. M. 70. Vol. III.

16.

Verfügung vom 4. September 1849, — betreffend die Beschlagnahme der Handelsbücher bei dem Verdacht einer Steuerdefraudation.

(Verfügung v. 25. Febr. 1820. — Rhein. Samml. Bd. 2. S. 12.)

Der von Ihnen, Herr General-Prokurator, in dem Berichte vom 12. v. M. entwickelten Ansicht,

> daß durch die Bestimmungen des Gesetzes vom 24. September v. J. und der Verfassungs-Urkunde vom 5. Dezember die fernere Anwendbarkeit des Staatsministerialbeschlusses vom 13. Oct. 1819 in keiner Weise verschränkt werde,

kann der Justiz-Minister nur beitreten.

Der Staatsministerialbeschluß vom 13. Oktober 1819. konnte

es sich selbstredend nicht zum Ziele setzen, in Bezug auf die Verpflichtung der Handeltreibenden zur Offenlegung der Handelsbücher neue gesetzliche Normen zu geben, er konnte und durfte aber, wie es geschehen ist, als Maaßgabe für die ausführenden Behörden die Art und die Form der Anwendung allgemeiner Grundsätze auf diese spezielle Materie regeln.

Wenn Nr. 1. des erwähnten Beschlusses bestimmt,

> daß, wenn die Vorlegung der Handelsbücher verweigert wird, solches jedesmal als Berufung auf richterliche Untersuchung anzunehmen und in diesem Falle die Sache an die betreffende Gerichtsbehörde abzugeben sei,

so ist hierdurch im Interesse des Gewerbetreibenden verhindert, daß gegen seinen Willen eine willkürliche und einseitige Einsicht der Handelsbücher durch die Steuerbehörde erfolge; die freiwillige Offenlegung an die Steuerbeamten enthebt jedes Grundes zur Beschwerde und macht weiteres richterliches Einschreiten unnöthig.

Erfolgt dagegen auf Verlangen der Steuerbehörde um Offenlegung eine Weigerung, compromittirt also der Gewerbetreibende, sei es ausdrücklich, sei es durch die That auf die gerichtliche Untersuchung und Entscheidung, so muß es seinem eigenen vernünftigen Willen ebenso entsprechen, als es durch das ärarische Interesse geboten wird, daß nur diese gerichtliche Untersuchung und Entscheidung sofort vermittelt und daß ihre Grundlage so rein und unverfälscht als möglich erhalten werde. Beides aber läßt sich nur dadurch erreichen,

> daß — wie Nr. 2 des Staatsministerial-Beschlusses vom 13. Oktober 1819 bestimmt — die Versiegelung der Bücher erfolge, solche jedoch in der Regel ausschließlich nur von der Justizbehörde zu vollstrecken sei, als Ausnahme aber die Versiegelung in dem Falle der Verwaltungsbehörde zustehe, wenn keine Gerichtsperson alsbald zu haben sei.

Wie Zweck und Worte dieser Bestimmung ergeben, ist die Versiegelung lediglich eine conservatorische Maaßregel, damit der in Folge der eigenen Willensäußerung des Gewerbetreibenden einzuleitenden Untersuchung in keiner Weise präjudicirt werde; sie ist kein Akt, bei dem die richterliche Gewalt praevia cognitione handelt, sie ist eine Handlung, welche diese Cognition möglich machen und erhalten soll.

Die Wahl des Ausdrucks: „vollstrecken" deutet um so zweifelloser an, daß es sich hier nicht von einer das Materielle, die Würdigung der Verdachtsgründe betreffenden richterlichen Beschlußfassung, sondern von einer der größeren formalen Garantie wegen angeordneten Solennität handelt, als eben diese Vollstreckung durch die Justizbeamten nur als die Regel und nicht überall als unerläßliches Requisit erscheint.

Wird der Gesichtspunkt nicht außer Augen gelassen, daß die vorläufige Versiegelung nur den Zweck hat, die Alterirung des Thatbestandes zu verhindern, und gerade demjenigen Gewerbetreibenden, welcher und weil er auf gerichtliche Untersuchung provocirt, das sachgemäße Resultat derselben zu verbürgen, indem mit dem nämlichen Augenblicke, wo die Willensmeinung des Gewerbetreibenden erkennbar wird, daß er der Steuerbehörde seine Bücher nicht offen zu legen geneigt sei, der Steuerbehörde durch die Versiegelung deren einseitige Kenntnißnahme entzogen wird, so ist es einleuchtend, daß diese vorzugsweise zum Schutze gegen etwaige Uebergriffe von administrativen Beamten angeordnete Maßregel mit den Bestimmungen des §. 6, Ges. vom 24. September 1848, und des Art. 6 der Verfassung wohl im Einklange ist. Diese letztallegirten Gesetzesvorschriften wollen nicht, daß Haussuchungen ohne Mitwirkung des Richters, oder der gerichtlichen Polizei statthaben; die Bestimmung der Nr. 2 des Staatsministerialbeschlusses will ein Anderes auch nicht, jene Gesetzesvorschriften sichern den Staatsbürger vor unbefugter und unbegründeter Einmischung der Verwaltungsbehörden in die Geheimnisse seines Gewerbebetriebes, seines Vermögens; gerade das nämliche Ziel, den nämlichen Zweck hat der Beschluß vom 13. Oktober 1819.

Hat demnach auch nach der Gesetzgebung des vorigen Jahres der Gewerbetreibende, welcher auf gerichtliches Gehör provocirt, keine Veranlassung zur Beschwerde darüber, daß die vorläufige Versiegelung der Beweisstücke zum Zwecke der Ueberlieferung an den Richter durch Justizbeamte vollstreckt werde, so gehört die Bezeichnung der hierzu nach Maaßgabe der verschiedenen organischen Gesetzgebung in den verschiedenen Landestheilen berufenen Justizbeamten lediglich der Ausführung und damit der Bestimmung der Centralbehörde des Staates an. Als solche Justizbeamte müssen im Bezirke des Rheinischen Appellationshofes vorzugsweise die Friedensrichter für geeignet erachtet werden, nicht nur, weil ihnen vielfach ganz analoge Attributionen durch bestimmte Gesetzvorschriften ausdrücklich beigelegt sind, sondern weil auch die Dringlichkeit der Fälle, ihre nahe Anwesenheit an Ort und Stelle unverkennbar darauf hinweist, ihre Thätigkeit und das Wohlthätige ihrer vermittelnden Autorität nicht unbenutzt zu lassen. Wenn hingegen von dem Oberprokurator zu N. bemerkt ist, daß durch die Verordnung vom 31. Dezember 1815 nur den Königl. Regierungen, nicht den Provinzialsteuer-Direktionen das Recht gegeben sei, den Friedensrichtern Aufträge zu ertheilen, so ist hierbei übersehen, daß es sich in dem vorliegenden Falle nicht von der Erledigung von Aufträgen (weder der Regierungen noch der Steuer-Behörden) handelt, sondern von Requisitionen coordinirter Behörden und Beamten, die, wenn sie wie vorliegend der Fall ist, auf den Grund allgemeiner Genehmigung der Centralbehörden gestellt werden, von den richterlichen Beamten ebenso erfüllt werden müssen, als diese das Recht haben, innerhalb ihres Geschäftskreises von den Grenzzollämtern und Hauptsteuerämtern im Requisitionswege Auskunft und Mithülfe zur Förderung der Zwecke der Justizpflege zu erlangen.

Berlin, den 4. September 1849.

Der Justiz-Minister.
Simons.

An
den Königl. General-Prokurator
Hrn. Geh. Ober-Justizrath
Nicolovius zu Cöln.

I. 3304. Steuersachen 25. Vol. 2.

17.

Genehmigungs-Urkunde des Zusatz-Artikels XIX. zur Rheinschifffahrts-Acte vom 31. März 1831. Vom 10. September 1849.

Wir Friedrich Wilhelm, von Gottes Gnaden, König von Preußen &c. &c.

Urkunden und bekennen hiermit:

Nachdem die Rheinschifffahrts-Central-Kommission sich in ihrer am $\frac{\text{19. August}}{\text{3. September}}$ 1847. und 9. Dezember 1848. gehaltenen Sitzung anderweit über den nachfolgenden Zusatz-Artikel XIX. zur Rheinschifffahrts-Akte vom 31. März 1831:

1) Wer in Gemäßheit des Art. 42. mit einem Rheinschifffahrtspatente versehen ist, darf fortan auf Einer Reise, und zwar auf dem Hin- und Rückwege, ein anderes, als das in dem Patente bezeichnete Segelschiff, ohne Rücksicht darauf, welchem Rheinufer-Staate dasselbe angehört, dann führen, wenn das zu führende Schiff von der Polizei-Behörde des Einlade- oder Abfahrtsortes auf dem Patente selbst oder, beim Mangel des Raumes, auf einer Anlage desselben genau bezeichnet wird.

Für mehrere Reisen und überhaupt auf längere Zeit darf die Führung eines in dem Patente nicht bezeichneten, irgend einem Rheinufer-Staate angehörigen Segelschiffes fortan von dem Patent-Inhaber alsdann übernommen werden, wenn zuvor von seiner Landes-Obrigkeit (Art. 42.) das zu führende Schiff in der vorangegebenen Weise auf dem Patente oder dessen Anlage bezeichnet worden ist. Außerdem muß, falls der Patent-Inhaber und das von ihm zu führende Schiff nicht demselben Uferstaate angehören, der erstere mit einem, auf Verlangen den Rheinzoll-Aemtern und Polizei-Behörden vorzuzeigenden besonderen Atteste versehen sein, welches, von der Behörde desjenigen Staates ausgestellt, dem das Schiff angehört, des letzteren Nationalität, Namen, Nummer, Ladungsfähigkeit und Eigenthümer bezeichnet und seit dessen Ausstellung oder Rekognition durch die Ausstellungs-Behörde noch nicht zwei Jahre verflossen sind.

2) Jeder Unterthan eines Rheinufer-Staates kann fortan, mit Einwilligung seiner Landes-Obrigkeit, auch in denjenigen Uferstaaten, welchen er nicht angehört, nach den in diesen bestehenden Vorschriften mit dem Patente zur Führung von Dampfschiffen versehen werden; es darf durch das Patent dem Inhaber desselben die Berechtigung ertheilt werden, jedes Dampfschiff zu führen, welches derjenigen Person oder Gesellschaft gehört, in deren Dienst er steht.

Jeder Führer eines Dampfschiffes muß dessen Eigenthümer den Rheinzoll-Aemtern und Polizei-Behörden auf deren Verlangen glaubhaft nachweisen.

vereinigt hat, so wollen Wir, auf den Uns darüber gehaltenen Vortrag, den vorstehenden Zusatz-Artikel hierdurch genehmigen, auch unseren Behörden und Unterthanen, so weit es diese angeht, befehlen, sich genau danach zu richten.

Zu mehrerer Beglaubigung haben Wir gegenwärtige, zur Niederlegung in das gemeinschaftliche Archiv der Central-Kommission bestimmte Genehmigungs-Urkunde Allerhöchsteigenhändig unterschrieben und mit Unserem Königlichen Insiegel versehen lassen.

So geschehen und gegeben zu Charlottenburg, den 10. September 1849.

(L. S.) Friedrich Wilhelm.
v. Schleinitz.

Vorstehende Genehmigungs-Urkunde ist am 25. September c. in das zu Mainz befindliche Archiv der Central-Kommission für die Rheinschifffahrt niedergelegt worden.

I. 4049. Rhein. Gener. 89. Vol. 6.

18.

Allerhöchster Erlaß vom 6. November 1849, — betreffend die Anrechnung des Dienstes im diesjährigen Feldzuge in Schleswig und Jütland, so wie bei dem Kampfe des Jahres 1849 in der Pfalz und im Großherzogthum Baden als Kriegsjahr bei Pensionirungen.

Militair-Pensions-Reglement vom 13. Juni 1825. §. 8.
Allerhöchste Erlasse vom 20. November 1848 (Justiz-Ministerial-Blatt S. 456.), und vom 13. Februar 1849 (Justiz-Ministerial-Blatt S. 133).

Im Verfolg Meiner, an das Staats-Ministerium erlassenen Ordres vom 20. November vorigen und 13. Februar dieses Jahres, will Ich in Bezug auf den §. 8. des Militair-Pensions-Reglements vom 13. Juni 1825 hierdurch bestimmen, daß auch der diesjährige Feldzug in Schleswig und Jütland, so wie der Kampf des Jahres 1849 in der Pfalz und im Großherzogthum Baden zur Unterdrückung des daselbst ausgebrochenen Aufstandes, den an Gefechten betheiligt gewesenen Personen bei Berechnung der Dienstzeit als ein Kriegsjahr in Anrechnung kommen soll.

Potsdam, den 6. November 1849.

Friedrich Wilhelm.

An (gegengez.) v. Strotha.
das Staatsministerium.

Vorstehender Allerhöchster Erlaß wird hierdurch den sämmtlichen Gerichtsbehörden zur Nachachtnng bekannt gemacht.

Berlin den 29. November 1849.

Der Justiz-Minister
Simons.

An
sämmtliche Gerichtsbehörden.

I. 4647. P. 45.

19.

Regulativ vom 10. Dezember 1849, — über die Prüfung und Vorbereitung der Auskultatoren und Referendarien in der Justiz-Verwaltung.

Durch die veränderte Gerichtsverfassung und die allgemeine Einführung des mündlichen und öffentlichen Verfahrens in Civil- und Strafsachen sind anderweitige Bestimmungen über die Prüfung und Beschäftigung der Auskultatoren und Referendarien in der Justiz-Verwaltung nothwendig geworden (vergleiche §. 37. der Verordnung vom 2. Januar 1849, Gesetz-Sammlung S. 12). Des Königs Majestät haben deshalb mittelst Allerhöchster Order vom 10. d. M. das nachfolgende Regulativ zu genehmigen und den Justiz-Minister zu dessen Ausführung zu ermächtigen geruht. Sämmtliche Gerichtsbehörden werden demgemäß angewiesen, sich nach den in diesem Regulative enthaltenen Bestimmungen, welche an die Stelle der früheren Zusammenstellung vom 14. Juni 1847 (Justiz-Ministerial-Blatt S. 183 — 186.) treten, vom 1. Januar k. J. ab zu achten.

Berlin, den 12. Dezember 1849.

Der Justiz-Minister
Simons.

An
sämmtliche Gerichtsbehörden.

I. 4951. O. 9. Vol. 3.

---

a.

Regulativ vom 10. Dezember 1849, über die Prüfung und Vorbereitung der Auskultatoren und Referendarien in der Justiz-Verwaltung.

I. Allgemeine Bestimmungen.

1. Die bestehenden drei juristischen Prüfungen werden auch ferner beibehalten.

2. Die erste und zweite Prüfung wird bei den Appellationsgerichten abgelegt und soll öffentlich sein.

3. Ein häufiger Wechsel in der Zusammensetzung der Kommissionen für die erste und zweite Prüfung muß möglichst vermieden werden. Die Kommissionen sind daher mindestens für den Zeitraum eines Geschäftsjahres bleibend zu bestellen, und wenn die Anzahl der Prüfungen es erforderlich macht, so sind zwei Kommissionen für das Geschäftsjahr einzurichten.

4. Die Prüfungs-Kommissionen haben bei dem ihnen obliegenden wichtigen Geschäfte mit Sorgfalt und mit der erfor-

derlichen Strenge zu verfahren. Die Prüfung muß auf gründliche Kenntniß der Gesetze und Einsicht in das Wesen der Rechtsverhältnisse, außerdem aber in gleichem Maaße auf die Erforschung der natürlichen Fähigkeiten des Kandidaten, insbesondere der Auffassungsgabe, der Uebung des Urtheils und der Fertigkeit in klarer und bündiger mündlicher Darstellung gerichtet werden.

Bei der ersten und zweiten Prüfung sind niemals mehr als vier Kandidaten zu einem Termine vorzuladen.

5. Nur derjenige Kandidat ist für qualifizirt zu erachten, welcher den bestehenden Vorschriften in Bezug auf das Maaß der Kenntnisse und natürlichen Fähigkeiten volles Genüge leistet. Ueber ein günstiges Ergebniß der Prüfung sind daher auch nur folgende drei Prädikate zu ertheilen:

a. Vorschriftsmäßig bestanden, wenn der Kandidat diejenigen Leistungen vollständig erfüllt hat, welche das Gesetz vorschreibt;

b. Gut bestanden, wenn er in der einen oder anderen Beziehung höheren Anforderungen genügt;

c. Ausgezeichnet bestanden, wenn er in allen wesentlichen Punkten das Maaß der vorgeschriebenen Erfordernisse überschreitet.

Für die erste und zweite Prüfung verbleibt es bei der bisherigen Bestimmung, daß der Kandidat nur dann für qualifizirt erachtet, und daß ihm auch nur dann ein höheres Prädikat ertheilt werden darf, wenn der vorsitzende Präsident und die beiden Examinatoren darüber einverstanden sind.

II. Besondere Bestimmungen.

A. Erste Prüfung und Beschäftigung der Auskultatoren.

1. Die Prüfung der Rechts-Kandidaten erfolgt von zwei Räthen des Appellationsgerichts im Beisein eines der Präsidenten desselben. Die bisher versuchsweise stattgefundene Zuziehung eines Professors der Jurisprudenz bei der ersten Prüfung soll, da sich diese Einrichtung nur an wenigen Orten ausführen läßt und hierdurch eine Ungleichheit in den Prüfungen herbeigeführt wird, künftig wegfallen.

2. Mit der mündlichen Prüfung, welche der Hauptbestandtheil des Examens bleibt, ist eine schriftliche in der Art zu verbinden, daß den Kandidaten von jedem der beiden Examinatoren zwei Fragen aus verschiedenen Disciplinen zur schriftlichen Beantwortung in deutscher Sprache vorgelegt werden. Die Mittheilung dieser Aufgabe erfolgt erst in dem zur schriftlichen Beantwortung bestimmten Termine, welcher der Regel nach auf den Tag vor der mündlichen Prüfung anzuberaumen ist; die Ausarbeitung, bei welcher die Benutzung der erforder-

lichen Gesetzbücher zulässig ist, findet unter der Aufsicht eines der Examinatoren statt.

Kandidaten, welchen es nach dem Resultate des Examens an den vorgeschriebenen Erfordernissen ermangelt, müssen ohne alle Nachsicht zurückgewiesen werden, um das Versäumte nachzuholen, oder in Zeiten sich einer anderen, ihrer geistigen Befähigung entsprechenden Laufbahn zu widmen.

3. Die praktische Ausbildung der Auskultatoren erfolgt künftig ausschließlich bei den Gerichten erster Instanz. Sie sind daher nach ihrer Vereidigung einem Kreis- oder Stadtgerichte zu überweisen, und bei diesem so lange zu beschäftigen, bis sie als reif zur Referendariats-Prüfung dem Appellationsgerichte präsentirt werden können.

4. Hinsichtlich der Beschäftigung selbst bewendet es bei den bestehenden Vorschriften. Sie muß der Regel nach einen Zeitraum von anderthalb Jahren umfassen und auf sämmtliche Geschäftszweige, mit Einschluß der Deposital-Verwaltung so wie aller Hauptzweige des gerichtlichen Bureaudienstes, gerichtet werden.

5. Die Präsentation zur zweiten Prüfung erfolgt in der Weise, daß der Auskultator mit seinem Gesuche die erforderlichen Zeugnisse über seine Beschäftigung dem Direktor überreicht, daß das Gesuch demnächst, wenn der Direktor dabei nichts zu erinnern findet, den etatsmäßigen Mitgliedern des Kollegiums zur Abgabe ihrer schriftlichen Vota über den Grad der Reife des Kandidaten vorgelegt, und sodann auf Grund der letzteren ein Zeugniß hierüber, so wie über die Führung des Kandidaten von dem Direktor ausgestellt und dem Präsentationsberichte beigefügt wird.

B. Referendariats-Prüfung.

1. Die zweite Prüfung besteht aus einer mündlichen und schriftlichen. Die mündliche Prüfung soll der schriftlichen vorangehen.

2. Gegenstand der mündlichen Prüfung, welche von zwei Räthen des Appellationsgerichts in Gegenwart eines der Präsidenten desselben vorgenommen wird, ist vorzugsweise die materielle und formelle Landesgesetzgebung, jedoch unter Vergleichung der gemeinrechtlichen Bestimmungen mit derselben. Außerdem haben die Kandidaten einen mündlichen Vortrag aus Akten, welche ihnen zwei Tage vorher zugefertigt werden, zu halten.

Die schriftliche Prüfung besteht entweder in der Anfertigung eines Probe-Referats in einer Civilsache, wie es den mündlichen Verhandlungen zur Grundlage dient, nebst einem für die Berathung des Kollegiums sich eignenden motivirten Votum, dem Protokolle über die mündliche Verhandlung und dem Entwurfe des Erkentnisses, wie solches den Parteien mitgetheilt werden soll, oder in der Ausarbeitung eines schriftlichen Referats nach §. 38. der Instruktion vom 24. Juni 1833.

3. Die schriftliche Probearbeit wird in der Regel bei dem Appellationsgerichte angefertigt; es kann jedoch von dem ersten Präsidenten desselben auch angeordnet werden, daß sie in einer bei dem Gerichte erster Instanz schwebenden Rechtssache anzufertigen ist. Im letzteren Falle unterliegt die Arbeit zunächst der Vorprüfung durch ein Mitglied jenes Gerichts, sodann aber, wenn sie von diesem für geeignet erachtet wird, der definitiven Censur durch ein Mitglied des Appellationsgerichts.

4. Wenn nach dem Ausfalle der mündlichen oder schriftlichen Prüfung die volle Qualifikation des Kandidaten zweifelhaft erscheint, so ist die Examinations-Kommission befugt, demselben unter Aufsicht eines ihrer Mitglieder ein angemessenes praktisches Thema zur sofortigen schriftlichen Bearbeitung mit Benutzung der erforderlichen Gesetzbücher vorzulegen, und sodann mit Rücksicht auf das Ergebniß dieser Arbeit zu bestimmen, ob der Kandidat für vollständig qualifizirt zu erachten sei oder nicht.

C. Beschäftigung der Referendarien.

1. Die weitere Ausbildung der Referendarien von der zweiten bis zur dritten Prüfung erfolgt theils bei den Gerichten erster Instanz, theils bei den Appellationsgerichten; sie werden bei den Gerichten selbst, bei der Staatsanwaltschaft und bei Rechtsanwälten beschäftigt.

2. Nach zurückgelegter Prüfung sind die Referendarien zunächst auf ein und ein halbes Jahr einem Kreis- oder Stadtgerichte zu überweisen. Die Beschäftigung bei demselben tritt an die Stelle der bisherigen Station für das Inquiriren, so wie der einjährigen Beschäftigung bei dem Obergericht, und umfaßt:

a. einen dreimonatlichen Kursus zur Führung von Voruntersuchungen, zur Uebung in den Untersuchungsgeschäften des Polizei- und Einzelrichters, und zur Verrichtung der Funktionen eines Gerichtsschreibers in den mündlichen Verhandlungs-Terminen bei der Abtheilung für Strafsachen.

b. Sodann ist ein Zeitraum von zwölf Monaten der unmittelbaren Beschäftigung bei beiden Abtheilungen des Gerichts zu widmen. In dieser Zeit hat der Referendarius den Sitzungen des Kollegiums fleißig beizuwohnen, Termine abzuhalten, Instruktionen, so weit sie noch vorkommen, zu führen, Vertheidigungen zu übernehmen, als Assistent in Civilprozessen zu fungiren, unter der Aufsicht eines Korreferenten Referate und Vota in Civil- und Strafsachen anzufertigen, in den Audienz-Terminen die Protokolle aufzunehmen, die vom Kollegium beschlossenen Erkenntnisse auszuarbeiten, unter der Aufsicht eines Kodezernenten in Prozeß-, Kredit-, Nachlaß-, Vormundschafts- und Hypothekensachen zu dekretiren, auch mit der Aufnahme von Handlungen der freiwilligen Gerichtsbarkeit, mit der Funktion eines Deposital-Kurators und mit den Salarienkassen-Geschäften, desgleichen mit der Anfertigung von Expeditionen, besonders in Hypothekensachen, sich vertraut zu machen.

Die nähere Anordnung und die Folgereihe dieser Beschäftigung bleibt den Dirigenten der Gerichte überlassen; es ist jedoch festzuhalten, daß das Dezernat in jedem Geschäftszweige der Regel nach, drei Monate lang bearbeitet werden muß, und daß sich die Referendarien die Fähigkeit, mit Parteien umzugehen, nicht minder eine hinreichende Uebung im schriftlichen Vortrage, so wie Gewandtheit in mündlicher Darstellung verbunden mit der Fähigkeit, mündliche Vorträge der Parteien rasch und richtig aufzufassen, und die Gesetze auf den mündlich vorgetragenen Rechtsfall richtig anzuwenden, erwerben müssen.

In den letzten drei Monaten dieses Zeitraums ist der Referendarius entweder einer Gerichtskommission als Hülfsrichter zu überweisen, oder bei einer Abtheilung des Kollegiums in der Art zu beschäftigen, daß er, so weit dies nach den bestehenden Vorschriften zulässig ist, an den Geschäften des Gerichts selbstständig Antheil nimmt, den Sitzungen regelmäßig beizuwohnen und in denselben Vorträge zu halten hat, auch bei den Berathungen des Kollegiums mit seiner Ansicht zu hören ist, so oft es der Vorsitzende für zweckmäßig erachtet.

c. Nach Vollendung des zwölfmonatlichen Kursus ist der Referendarius auf sein Anmelden durch den Ober-Staatsanwalt des Departements dem Staatsanwalt des Kreis- oder Stadtgerichts zu überweisen, unter dessen Aufsicht und Anleitung er in allen Geschäften der Staatsanwaltschaft, so weit es dabei nicht auf ein selbstständiges Auftreten bei Behörden ankommt, drei Monate lang sich üben muß.

3. Hat die vorstehend angeordnete Beschäftigung vollständig stattgefunden, so sind die betreffenden Spezial-Zeugnisse darüber dem Vorstande des Gerichts vorzulegen, welcher zu prüfen hat, ob der Kandidat Behufs seiner besseren Ausbildung noch weiter beschäftigt werden muß. Ist dies nicht der Fall, so wird von dem Direktor nach Einholung der schriftlichen Vota

der etatsmäßigen Mitglieder mit Bezug auf die Order vom 25. August 1848 (Justiz.=Minist.=Blatt S. 297) ein General=Attest dahin ausgestellt, daß der Kandidat eine solche praktische Tüchtigkeit, wie sie für ein selbstständiges Mitglied eines Kreis= oder Stadtgerichts erforderlich ist, sich erworben und dieselbe insbesondere auch in wichtigeren schriftlichen Arbeiten aus den verschiedenen Geschäftszweigen dargethan hat. Unter Beifügung dieses Attestes, so wie der Personal=Akten, ist sodann der Kandidat dem Appellationsgerichte zu präsentiren.

4. Der erste Präsident des Appellationsgerichts überweist den Referendarius zunächst einem Rechtsanwalte am Sitze des Appellationsgerichts, dessen Wahl demselben mit Vorbehalt der Genehmigung des Präsidenten überlassen bleibt, auf sechs Monate zur Beschäftigung in allen Zweigen der Rechtsanwaltschaft. Mündliche Vorträge vor versammeltem Gerichte darf jedoch der Referendarius nur unter der Aufsicht des gewählten Rechtsanwalts halten.

Nach Ablauf der sechs Monate und nachdem über die ordnungsmäßige Beschäftigung ein Attest des Rechtsanwalts beigebracht worden, ist

5. der Referendarius bei dem Appellationsgerichte selbst während eines Zeitraums von sechs Monaten als Referent in Civilsachen und als Dezernent in den Angelegenheiten, welche den Appellationsgerichten vorbehalten sind, insbesondere in Beschwerde= und Prozeßsachen, zu beschäftigen. Zugleich hat derselbe diesen Zeitraum zu seiner theoretischen Vorbereitung für die dritte Prüfung zu benutzen.

D. Präsentation zur dritten Prüfung.

1. Beantragt der Kandidat vor Bewirkung seiner Präsentation zur dritten Prüfung noch eine besondere Dispensation von den Geschäften zu seiner theoretischen Vorbereitung, so ist ihm solche auf zwei bis drei Monate nicht zu versagen.

Die Präsentation erfolgt erst dann, wenn der Kandidat seine theoretische Vorbereitung als beendigt und sich bereit erklärt hat, der Einberufuug der Immediat=Justiz=Examinations=Kommission zur mündlichen Prüfung Folge zu leisten.

2. Dem Gesuch des Kandidaten um die Präsentation sind die erforderlichen Zeugnisse über seine Beschäftigung bei dem Appellationsgerichte beizulegen, wonächst dasselbe mit den Personal=Akten den etatsmäßigen Mitgliedern des Kollegiums zur Abgabe ihrer schriftlichen Vota darüber, ob der Kandidat als vorschriftsmäßig, gut oder ausgezeichnet vorbereitet zuzulassen, oder Behufs seiner besseren Ausbildung zur ferneren praktischen Beschäftigung zu verweisen sei, vorgelegt werden muß.

3. Auf Grund dieser Vota wird von dem ersten Präsidenten des Appellationsgerichts das General-Attest über die Qualifikation und die Führung des Kandidaten ausgestellt und der Präsentationsbericht erstattet.

Dem letzteren ist außer jenem General-Atteste das in der Order vom 25. August 1848 (Justiz-Ministerial-Blatt S. 297) vorgeschriebene Zeugniß beizufügen, welches

a. in Beziehung auf die Referate in Civilsachen von dem Präsidenten auf Grund eigener Kenntniß und der Gutachten der etatsmäßigen Mitglieder des Kollegiums besonders ausgestellt wird,

b. in Beziehung auf andere wichtigere Arbeiten aus den verschiedenen Kreisen der Geschäftsthätigkeit in dem von dem Vorstande des Gerichts erster Instanz, bei welchem der Kandidat gearbeitet hat, bereits ertheilten General-Atteste (C. Nr. 3) besteht.

E. Prüfung bei der Immediat-Justiz-Examinations-Kommission.

1. Die dritte Prüfung ist eine mündliche und schriftliche. Die mündliche Prüfung geht der schriftlichen voran, wenn nicht besondere Umstände eine Ausnahme begründen; es ist daher sogleich nach erfolgter Zulassung des Kandidaten die Einberufung zu derselben zu veranlassen.

2. Die schriftliche Prüfung hat zum Gegenstande:

a. eine Probe-Relation, welche entweder nach dem alten Verfahren in Gemäßheit der darüber bestehenden Vorschriften, oder nach der Verordnung vom 21. Juli 1846 angefertigt wird.

Diese Relation kann der Kandidat bei einem Appellationsgerichte, oder bei dem Ober-Tribunal, oder auch bei dem Revisions-Kollegium in Berlin anfertigen. Ist es ein Referat nach der Verordnung vom 21. Juli 1846, so muß dasselbe bestehen:

aa. aus einer Darstellung des Sach- und Rechtsverhältnisses auf Grund der schriftlichen Verhandlungen,

bb. aus einem danach mit Gründen angefertigten Votum, nebst dem Entwurfe des Erkenntnisses, wie letzteres den Parteien mitgetheilt werden soll, und wenn der Kandidat dafür hält, daß das Resultat der mündlichen Verhandlung eine Aenderung des von ihm projektirten Erkenntnisses nöthig mache,

cc. aus dem in Folge der mündlichen Verhandlung modifizirten Erkenntniß-Entwurfe.

Dieser modifizirte Erkenntniß-Entwurf ist von dem Kandidaten sofort nach dem Schlusse der mündlichen Verhandlung anzufertigen, ohne daß er der Berathung des Kollegiums beigewohnt hat;

b. eine wissenschaftliche Arbeit über ein von dem Vorsitzenden der Immediat-Examinations-Kommission zu bestimmendes praktisches Thema, wozu auch ein Gutachten über einen verwickelten Rechtsfall ausgewählt werden kann, und welche der Kandidat in einer Frist von vier Wochen unter eidesstattlicher Angabe der außer den Gesetzbüchern benutzten Quellen anzufertigen hat.

3. Wenn nach dem Ausfalle der schriftlichen oder mündlichen Prüfung die volle Qualifikation eines Kandidaten, insbesondere seine Fähigkeit, einen praktischen Rechtsfall schnell und klar zu behandeln, zweifelhaft erscheint, so ist die Immediat-Examinations-Kommission befugt, demselben unter Aufsicht eines ihrer Mitglieder ein praktisches Thema oder einen Rechtsfall zur sofortigen schriftlichen Bearbeitung unter Benutzung der erforderlichen Gesetzbücher vorzulegen und mit Rücksicht auf das Ergebniß dieser Arbeit zu entscheiden, ob der Kandidat für vollständig qualifizirt zu erachten sei, oder nicht.

4. Der dem Kandidaten zur Ablegung der gesammten Prüfung von dem ersten Appellationsgerichts-Präsidenten zu ertheilende Urlaub wird

a. wenn die mündliche Prüfung und beide schriftliche Probearbeiten noch zurückzulegen sind, auf sechs Monate,

b. wenn nur zwei von den drei Prüfungs-Akten noch zu vollenden sind, auf vier Monate,

c. wenn nur einer zurückzulegen ist, auf zwei Monate

mit der Maaßgabe bestimmt, daß nach Ablauf dieser Fristen der Prüfungs-Auftrag erlischt, und die Prüfungs-Kommission über den Verlauf und das bis dahin vorliegende Resultat der Prüfung Behufs der Rückweisung des Kandidaten an das Gericht, von welchem er präsentirt worden ist, zu berichten hat. Falls wegen bereits anstehender Termine der Prüfungs-Termin auf länger als zwei Monate hinausgesetzt werden müßte, tritt den obigen Fristen eine von dem Vorsitzenden der Kommission zu ermessende zusätzliche Frist hinzu.

5. Der Kandidat hat die Verpflichtung, binnen 14 Tagen nach Ablieferung der letzten Probearbeit, von welcher der Präsident des Appellationsgerichts durch die Immediat-Examinations-Kommission in Kenntniß zu setzen ist, bei dem betreffenden Appellationsgerichte wieder einzutreten und dort die Mittheilung über das Resultat der Prüfung abzuwarten. Ist dasselbe ein ungünstiges, so wird er nach dem Ermessen des Appellationsgerichts-Präsidenten einem Gerichte erster Instanz zur ferneren Ausbildung überwiesen, oder bei dem Appellationsgerichte weiter beschäftigt.

III. Schluß-Bestimmungen.

1. Die Bestimmungen unter I. Nr. 1, 3, 4, 5; II. A. Nr. 2; II. D. Nr. 1; II. E. Nr. 1, Nr. 2 unter b, Nr. 3, 4 und 5 gelten auch für den Bezirk des Appellationsgerichtshofes zu Köln; jedoch werden die Vorschriften unter II. E. Nr. 5 dahin modifizirt, daß der Kandidat bei dem betreffenden Landgerichte wieder einzutreten hat, und auch bei ungünstigem Ausfalle der dritten Prüfung einem Landgerichte zur ferneren Ausbildung zu überweisen ist. Im Uebrigen behält es für den gedachten Bezirk bei den bestehenden besonderen Vorschriften und der Schluß-Bestimmung der Order vom 25. August 1848 sein Bewenden; insbesondere verbleibt es in Ansehung der von dem Ersten Präsidenten des Appellationsgerichtshofes zu treffenden Verfügungen bei der verfassungsmäßigen Mitwirkung des General-Prokurators.

2. Die durch das gegenwärtige Regulativ nicht abgeänderten Vorschriften und reglementären Bestimmungen sind auch ferner maaßgebend.

3. Das vorstehende Regulativ kommt mit dem 1. Januar k. J. zur Ausführung, jedoch wird denjenigen Referendarien, welche vor dem 1. April d. J. nach den früheren Vorschriften bereits den Kursus in Untersuchungssachen zurückgelegt haben, oder außerdem noch einige Zeit bei den vormaligen Oberlandesgerichten beschäftigt gewesen sind, jener Kursus und diese Beschäftigung auf den unter II. C. Nr. 2 festgesetzten 1½ jährigen Zeitraum angerechnet, sofern sonst kein Anstand obwaltet, ihnen das unter II. C. Nr. 3 bezeichnete Attest zu ertheilen.

---

b.

Allerhöchste Order vom 10. Dezember 1849.

Auf ihren Bericht vom 24. November d. J. genehmige Ich die in dem wieder zurückfolgenden Regulative enthaltenen Vorschriften über die Vorbereitung und Prüfung der Auskultatoren und Referendarien in der Justiz-Verwaltung, und ermächtige Sie, die Immediat-Justiz-Examinations-Kommission, so wie die Gerichtsbehörden hiernach mit Anweisung zu versehen.

Potsdam, den 10. December 1849.

(gez.) Friedrich Wilhelm.
(gegengez.) Simons.

An
den Justiz-Minister.

20.

Verfügung v. 14. Dezember 1849, — die Aussetzung der Strafvollstreckung bei Begnadigungs-, Strafverwandlungs- und Milderungs-Gesuchen betreffend.

(Verfüg. vom 31. Dezember 1835 und 26. September 1839. — Rhein. Samml. Bd. 5. S. 299 und Bd. 7. S. 88.)

Die für den Bezirk des rheinischen Appellationsgerichtshofes zu Köln unterm 31. Dezember 1835. und 26. September 1839. erlassenen Rescripte (Rhein. Samml. Bd. 5. S. 299 u. Bd. 7. S. 88).

die Aussetzung der Strafvollstreckung bei Begnadigungs-, Strafverwandlungs- und Milderungs-Gesuchen betr.,

haben erfahrungsmäßig zu mannigfachen Mißbräuchen Anlaß gegeben, indem danach schon die Anbringung eines an sich noch so unbegründeten Begnadigungs-Gesuchs, wenigstens das erste Mal, in der Regel genügt, um die Aussetzung der Strafvollstreckung zu erwirken, sofern nur die Anbringung dieses Gesuchs durch einen Postschein oder sonst auf andere Weise bescheinigt wird.

Die hieraus für den Angeschuldigten entstandene Befugniß, durch unbegründete Begnadigungsgesuche die Strafvollstreckung auf längere Zeit hinauszuschieben, steht mit dem in den Strafprozeßordnungen aller Länder anerkannten und für die älteren Provinzen mehrfach ausgesprochenen Grundsatze im Widerspruch, daß jedes Straferkenntniß sofort nach beschrittener Rechtskraft vollstreckt werden müsse, sofern nicht aus ganz besonderen Gründen Ausnahmen hiervon gestattet sind.

Demgemäß wird unter Aufhebung der Anordnungen der Rescripte vom 31. Dezember 1835. und 26. September 1839. hierdurch bestimmt, daß es lediglich dem pflichtmäßigen Ermessen der Königl. Oberprokuratoren überlassen bleiben soll, ob sie aus Veranlassung eines angebrachten Begnadigungs-Gesuchs nach Lage der Sache die Aussetzung der Strafe für angemessen erachten oder nicht.

Dieselben werden sich bei ihrem pflichtmäßigen Ermessen durch die Grundsätze leiten lassen, welche in der für die diesseitigen Provinzen erlassenen Allerh. Order vom 29. August 1838. (Jahrb. Bd. 52. S. 233) ausgesprochen sind.

Hiernach ist für die Folge zu verfahren.

Berlin, den 14. Dezember 1849.

Der Justiz-Minister
Simons.

An den Königl. Generalprokurator
Herrn Nicolovius zu Köln.

I. 4954. Rhein. Crimin. 59. Vol. 2.

21.

Verfügung vom 27. Dezember 1849, — die Stempelrevision bei dem Landgerichte zu Coblenz betr.

Die in Betreff der diesjährigen Stempelrevision bei dem dortigen Landgerichte zwischen demselben und den Steuerbehörden entstandenen Differenzen haben, nachdem solche durch den Provinzialsteuer-Direktor zu Cöln zur Kenntniß des Herrn Finanz-Ministers gekommen, zu einer Korrespondenz des Letzteren mit dem Justiz-Minister Veranlassung gegeben. In Folge derselben wird Ihnen, Herr Landgerichts-Präsident und Herr Ober-Prokurator, mit dem Bemerken, daß der Provinzialsteuer-Direktor das Monitum 2 der Stempel-Defektentabelle A. und die Moniten 10., 13. und 31. der Defektentabelle B. hat fallen lassen, rücksichtlich der übrigen Erinnerungen im Einverständniß mit dem Herrn Finanz-Minister Nachstehendes eröffnet:

1) Das Monitum 9. der Defektentabelle A. betrifft die Frage, ob ein Urtheil, welches die Klage wegen Inkompetenz des Gerichts abweist, nur dem Stempel von 15 Sgr. oder dem Werthstempel nach dem Betrage des Streitgegenstandes unterliegt. Diese Frage ist in ähnlichen Fällen, wo die Abweisung aus einem formellen Grunde erfolgte, und was die Inkompetenz insbesondere betrifft in der Verfügung vom 28. November 1844. (Rhein. Samml. Bd. 8. S. 380) in dem letzteren Sinne entschieden und es liegt kein Grund vor, hiervon abzugehen. Es muß daher das in Rede stehende Monitum für begründet anerkannt werden.

2) Die Monita 5. und 24. der Tabelle B. sind gegen die vom dortigen Landgerichte aufgestellte Ansicht gerichtet, daß Urtheile, welche den Verklagten zur Rechnungslegung verurtheilen, nur dann dem Stempel von 5 bis 20 Thlr. unterliegen, wenn die Verpflichtung zur Rechnungslegung bestritten worden sei. Da das Vorhandensein eines Rechtsstreits nicht davon abhängig ist, ob der Verklagte wegen vermeintlichen Ungrundes des gegen ihn gemachten Anspruchs es auf die Klage ankommen läßt, oder ob er zu deren Anstellung seinen Gegner durch bloße Nichterfüllung der von ihm nicht bestrittenen Verpflichtung nöthigt, so erscheint auch hier die Ansicht des Stempelfiskals begründet, daß nicht ein 15 Sgr.-Stempel genüge, sondern ein Stempel von 5 bis 20 Thlr. zu adhibiren sei.

3) Die Monita 3., 13. der Tabelle A. und 7. der Tabelle B. betreffen die Frage, ob Urtheile, welche auf Grund eines Licitationsprotokolles den subhastirten Schuldner zur Räumung

unter Körperhaft verurtheilen, nur einem Stempel von 15 Sgr. unterworfen sind, wie das Landgericht annimmt, oder einem Stempel von 5 bis 20 Thlr., wie von dem Stempelfiskal behauptet wird.

Dergleichen Urtheile enthalten nach §. 34. der Rheinischen Subhastationsordnung und dem Art. 2061. des Rheinischen Civilgesetzbuches keine Entscheidung über einen neuen Streitgegenstand, sondern betreffen nur die Vollziehung eines bereits ergangenen Erkenntnisses durch das Mittel des Personalarrestes, welche nach dem angezogenen Artikel nur durch ein zweites Urtel verordnet werden kann. Daß diese Vollziehung von dem Ansteigerer beantragt wird, während die Subhastation von den Gläubigern betrieben worden ist, kommt hierbei nicht in Betracht, da der Ansteigerer nur die durch den Subhastationsprozeß begründeten Rechte gegen den Schuldner geltend macht. Ebenso wenig hat es auf die Entscheidung der hier vorliegenden Frage einen Einfluß, daß in dem Räumungsprozeß die verschiedenartigsten Einwendungen und Streitfragen vorkommen k ö n n e n, und daß die Klage auf Räumung auch gegen Dritte, etwa gegen einen Pächter, erhoben werden kann, denn es geht daraus nur hervor, daß bei Gelegenheit einer durch den §. 34. der Subhastationsordnung und den Art. 2061. des Civilgesetzbuches gestützten Klage der Rechtsstreit möglicherweise eine Ausdehnung erhalten kann, welche sodann die Adhibirung eines ferneren Werthstempels rechtfertigt. So wie die Frage hier vorliegt, können die erhobenen Monita für begründet nicht erachtet werden.

4) Die Monita 9., 15., 17., 19., 25., 26. und 28. der Tabelle B. haben die Frage zum Gegenstande, ob bei Kontumazial-Urtheilen, welche die Theilung einer Erbschaft oder Gütergemeinschaft verordnen, der Werthstempel oder nur ein Stempel von 15 Sgr. zu verwenden sei.

In dem Schreiben des Justiz-Ministeriums vom 19. April 1837, welches durch die Verfügung vom 6. Juni d. J. (Rhein. Samml. Bd. 6. S. 226) den Rheinischen Gerichtsbehörden mitgetheilt worden ist, ist zu Nr. 3. anerkannt worden, daß in Fällen, wo die Parteien in Theilungssachen darüber, daß zu theilen, und welcher aliquote Theil Jedem gebühre, n i c h t u n e i n i g sind, zu dem Urtheile, welches einen Theilungskommissar, Sachverständigen u. s. w. kommittirt, nur ein Stempel von 15 Sgr. zu adhibiren sei, selbst wenn in dem Urtheile die gebräuchliche Formel: „verordnet die Theilung, bei welcher diese und jene aliquote Theile den einzelnen Erben zuzuweisen seien“ vorkommt.

Da die Anstellung der Theilungsklage in vielen Fällen, insbesondere denen der Konkurrenz von Minderjährigen, selbst

6*

bei völliger Einigkeit der Parteien nicht vermieden werden kann, da sie in vielen anderen Fällen weder in der bezweifelten Verpflichtung zur Theilung, noch in der Säumniß der Verklagten zur gütlichen Theilung zu schreiten, ihren Grund hat, sondern nur bezweckt, das gerichtliche Theilungsverfahren in Gang zu bringen, so kann das Nichterscheinen des Verklagten die Voraussetzung nicht begründen, daß es sich um einen zu entscheidenden Rechtsstreit und nicht bloß um die der Einigkeit der Parteien ungeachtet nothwendige oder für zweckmäßig erachtete Einleitung eines gerichtlichen Theilungsverfahrens handele. Unter Berücksichtigung dieser eigenthümlichen Natur der Theilungsklage ist daher zu den fraglichen Kontumazialurtheilen ein Stempel von 15 Sgr. für genügend zu erachten, vorbehaltlich der demnächstigen Adhibirung des Werthstempels, wenn sich durch Einlegung der Opposition ergiebt, daß eine Uneinigkeit unter den Parteien wirklich bestand.

Die in dieser Beziehung erhobenen Monita stellen sich demnach als unbegründet dar.

Den vorstehenden Erörterungen unter Nr. 1. bis 4. gemäß, sind daher nur das Monitum 9 der Defektentabelle A. und die Monita 5. und 24. der Tabelle B. durch Nachbringung der fehlenden Stempel zur Erledigung zu bringen.

Der Provinzial-Steuer-Direktor zu Köln wird von dem Herrn Finanz-Minister in ähnlichem Sinne beschieden werden.

Berlin, den 27. Dezember 1849.

Der Justiz-Minister.
Simons.

An
den Königl. Landgerichts-Präsidenten
Herrn v. Olfers,
und
den Königl. Ober-Prokurator
Herrn v. Runkel
zu Coblenz.

I. 4933. Rhein. Gener. 62. Vol. VII.

XXXVII.

1850.

Gesetze, Verordnungen, Rescripte.

22.

Verfügung vom 8. Januar 1850, — betreffend die Einsendung der zur Befürwortung nicht geeigneten Immediat-Begnadigungsgesuche.

(Verfügung vom 5. Januar 1848. — Rhein. Samml. Bd. 9. S. 259.)

Bei der Einsendung solcher Begnadigungsgesuche, welche nach Maaßgabe des Rescripts vom 5. Januar 1848 von Seiten der Königl. Ober-Prokuratoren an das Geheime Civilkabinet Sr. Majestät des Königs einfach abzusenden sind, weil sie sich nach ihrem Ermessen zur Befürwortung nicht eignen, werden von einigen Ober-Prokuratoren nicht selten auch die gerichtlichen Untersuchungsakten beigefügt.

Da dies Verfahren den in dem gedachten Rescripte ertheilten Anweisungen nicht entspricht, so haben Sie, Herr General-Prokurator, die Königl. Ober-Prokuratoren in Kenntniß zu setzen, daß in Fällen dieser Art die Beifügung der Untersuchungsakten zu unterlassen und überhaupt nach Maaßgabe jenes Rescripts genau zu verfahren ist.

Berlin, den 8. Januar 1850.

Der Justiz-Minister
Simons.

An
den Königl. General-Prokurator
Herrn Nicolovius
zu Cöln.

I. 5125. Rhein. Crim. 59. Vol. II.

23.

Verfassungs-Urkunde für den Preußischen Staat. Vom 31. Januar 1850.

Wir Friedrich Wilhelm, von Gottes Gnaden, König von Preußen rc. rc.

thun kund und fügen zu wissen, daß Wir, nachdem die von Uns unterm 5. Dezember 1848 vorbehaltlich der Revision im ordentlichen Wege der Gesetzgebung verkündigte und von beiden Kammern Unseres Königreichs anerkannte Verfassung des preußischen Staats der darin angeordneten Revision unterworfen ist, die Verfassung in Uebereinstimmung mit beiden Kammern endgültig festgestellt haben.

Wir verkünden demnach dieselbe als Staatsgrundgesetz, wie folgt:

Titel I.

Vom Staatsgebiete.

Artikel 1.

Alle Landestheile der Monarchie in ihrem gegenwärtigen Umfange bilden das preußische Staatsgebiet.

Artikel 2.

Die Gränzen dieses Staatsgebiets können nur durch ein Gesetz verändert werden.

Titel II.

Von den Rechten der Preußen.

Artikel 3.

Die Verfassung und das Gesetz bestimmen, unter welchen Bedingungen die Eigenschaft eines Preußen und die staatsbürgerlichen Rechte erworben, ausgeübt und verloren werden.

Artikel 4.

Alle Preußen sind vor dem Gesetze gleich. Standesvorrechte finden nicht statt. Die öffentlichen Aemter sind, unter Einhaltung der von den Gesetzen festgestellten Bedingungen, für alle dazu Befähigten gleich zugänglich.

Artikel 5.

Die persönliche Freiheit ist gewährleistet. Die Bedingungen und Formen, unter welchen eine Beschränkung derselben, insbesondere eine Verhaftung zulässig ist, werden durch das Gesetz bestimmt.

Artikel 6.

Die Wohnung ist unverletzlich. Das Eindringen in dieselbe und Haussuchungen, sowie die Beschlagnahme von Briefen und Papieren sind nur in den gesetzlich bestimmten Fällen und Formen gestattet.

Artikel 7.

Niemand darf seinem gesetzlichen Richter entzogen werden. Ausnahmegerichte und außerordentliche Kommissionen sind unstatthaft.

Artikel 8.

Strafen können nur in Gemäßheit des Gesetzes angedroht oder verhängt werden.

Artikel 9.

Das Eigenthum ist unverletzlich. Es kann nur aus Gründen des öffentlichen Wohles gegen vorgängige in dringenden Fällen wenigstens vorläufig festzustellende Entschädigung nach Maaßgabe des Gesetzes entzogen oder beschränkt werden.

Artikel 10.

Der bürgerliche Tod und die Strafe der Vermögenseinziehung finden nicht statt.

Artikel 11.

Die Freiheit der Auswanderung kann von Staatswegen nur in Bezug auf die Wehrpflicht beschränkt werden.

Abzugsgelder dürfen nicht erhoben werden.

Artikel 12.

Die Freiheit des religiösen Bekenntnisses, der Vereinigung zu Religionsgesellschaften (Art. 30. und 31.) und der gemeinsamen häuslichen und öffentlichen Religionsübung wird gewährleistet. Der Genuß der bürgerlichen und staatsbürgerlichen Rechte ist unabhängig von dem religiösen Bekenntnisse. Den bürgerlichen und staatsbürgerlichen Pflichten darf durch die Ausübung der Religionsfreiheit kein Abbruch geschehen.

Artikel 13.

Die Religionsgesellschaften, so wie die geistlichen Gesellschaften, welche keine Korporationsrechte haben, können diese Rechte nur durch besondere Gesetze erlangen.

Artikel 14.

Die christliche Religion wird bei denjenigen Einrichtungen des Staats, welche mit der Religionsübung im Zusammenhange stehen, unbeschadet der im Art. 12. gewährleisteten Religionsfreiheit, zum Grunde gelegt.

Artikel 15.

Die evangelische und die römisch-katholische Kirche, so wie jede andere Religionsgesellschaft, ordnet und verwaltet ihre Angelegenheiten selbstständig und bleibt im Besitz und Genuß der für ihre Kultus-, Unterrichts- und Wohlthätigkeitszwecke bestimmten Anstalten, Stiftungen und Fonds.

Artikel 16.

Der Verkehr der Religionsgesellschaften mit ihren Oberen ist ungehindert. Die Bekanntmachung kirchlicher Anordnungen ist nur denjenigen Beschränkungen unterworfen, welchen alle übrigen Veröffentlichungen unterliegen.

Artikel 17.

Ueber das Kirchenpatronat und die Bedingungen, unter welchen dasselbe aufgehoben werden kann, wird ein besonderes Gesetz ergehen.

Artikel 18.

Das Ernennungs-, Vorschlags-, Wahl- und Bestätigungsrecht bei Besetzung kirchlicher Stellen ist, soweit es dem Staate zusteht, und nicht auf dem Patronat oder besonderen Rechtstiteln beruht, aufgehoben.

Auf die Anstellung von Geistlichen beim Militair und an öffentlichen Anstalten findet diese Bestimmung keine Anwendung.

Artikel 19.

Die Einführung der Civilehe erfolgt nach Maaßgabe eines besonderen Gesetzes, was auch die Führung der Civilstandsregister regelt.

Artikel 20.

Die Wissenschaft und ihre Lehre ist frei.

Artikel 21.

Für die Bildung der Jugend soll durch öffentliche Schulen genügend gesorgt werden.

Eltern und deren Stellvertreter dürfen ihre Kinder oder Pflegebefohlenen nicht ohne den Unterricht lassen, welcher für die öffentlichen Volksschulen vorgeschrieben ist.

Artikel 22.

Unterricht zu ertheilen und Unterrichtsanstalten zu gründen und zu leiten, steht Jedem frei, wenn er seine sittliche, wissenschaftliche und technische Befähigung den betreffenden Staatsbehörden nachgewiesen hat.

Artikel 23.

Alle öffentlichen und Privat-Unterrichts- und Erziehungsanstalten stehen unter der Aufsicht vom Staate ernannter Behörden.

Die öffentlichen Lehrer haben die Rechte und Pflichten der Staatsdiener.

Artikel 24.

Bei der Einrichtung der öffentlichen Volksschulen sind die konfessionellen Verhältnisse möglichst zu berücksichtigen.

Den religiösen Unterricht in der Volksschule leiten die betreffenden Religionsgesellschaften.

Die Leitung der äußeren Angelegenheiten der Volksschule steht der Gemeinde zu. Der Staat stellt unter gesetzlich geordneter Betheiligung der Gemeinden, aus der Zahl der Befähigten die Lehrer der öffentlichen Volksschulen an.

Artikel 25.

Die Mittel zur Errichtung, Unterhaltung und Erweiterung der öffentlichen Volksschule werden von den Gemeinden, und im Falle des nachgewiesenen Unvermögens, ergänzungsweise vom Staate aufgebracht. Die auf besonderen Rechtstiteln beruhenden Verpflichtungen Dritter bleiben bestehen.

Der Staat gewährleistet demnach den Volksschullehrern ein festes, den Lokalverhältnissen angemessenes Einkommen.

In der öffentlichen Volksschule wird der Unterricht unentgeltlich ertheilt.

Artikel 26.

Ein besonderes Gesetz regelt das ganze Unterrichtswesen.

Artikel 27.

Jeder Preuße hat das Recht, durch Wort, Schrift, Druck und bildliche Darstellung seine Meinung frei zu äußern.

Die Censur darf nicht eingeführt werden; jede andere Beschränkung der Preßfreiheit nur im Wege der Gesetzgebung.

Artikel 28.

Vergehen, welche durch Wort, Schrift, Druck oder bildliche Darstellung begangen werden, sind nach den allgemeinen Strafgesetzen zu bestrafen.

Artikel 29.

Alle Preußen sind berechtigt, sich ohne vorgängige obrigkeitliche Erlaubniß friedlich und ohne Waffen in geschlossenen Räumen zu versammeln.

Diese Bestimmung bezieht sich nicht auf Versammlungen unter freiem Himmel, welche auch in Bezug auf vorgängige obrigkeitliche Erlaubniß der Verfügung des Gesetzes unterworfen sind.

Artikel 30.

Alle Preußen haben das Recht, sich zu solchen Zwecken, welche den Strafgesetzen nicht zuwiderlaufen, in Gesellschaften zu vereinigen.

Das Gesetz regelt, insbesondere zur Aufrechthaltung der öffentlichen Sicherheit, die Ausübung des in diesem und in dem vorstehenden Artikel (29.) gewährleisteten Rechts.

Politische Vereine können Beschränkungen und vorübergehenden Verboten im Wege der Gesetzgebung unterworfen werden.

Artikel 31.

Die Bedingungen, unter welchen Korporationsrechte ertheilt oder verweigert werden, bestimmt das Gesetz.

Artikel 32.

Das Petitionsrecht steht allen Preußen zu. Petitionen unter einem Gesammtnamen sind nur Behörden und Korporationen gestattet.

Artikel 33.

Das Briefgeheimniß ist unverletzlich. Die bei strafgerichtlichen Untersuchungen und in Kriegsfällen nothwendigen Beschränkungen sind durch die Gesetzgebung festzustellen.

Artikel 34.

Alle Preußen sind wehrpflichtig. Den Umfang und die Art dieser Pflicht bestimmt das Gesetz.

Artikel 35.

Das Heer begreift alle Abtheilungen des stehenden Heeres und der Landwehr.

Im Falle des Krieges kann der König nach Maaßgabe des Gesetzes den Landsturm aufbieten.

Artikel 36.

Die bewaffnete Macht kann zur Unterdrückung innerer Unruhen und zur Ausführung der Gesetze nur in den vom Gesetze bestimmten Fällen und Formen und auf Requisition der Civilbehörde verwendet werden. In letzterer Beziehung hat das Gesetz die Ausnahmen zu bestimmen.

Artikel 37.

Der Militairgerichtsstand des Heeres beschränkt sich auf Strafsachen und wird durch das Gesetz geregelt. Die Bestimmungen über die Militairdisziplin im Heere bleiben Gegenstand besonderer Verordnungen.

Artikel 38.

Die bewaffnete Macht darf weder in noch außer dem Dienste berathschlagen oder sich anders, als auf Befehl versammeln. Versammlungen und Vereine der Landwehr zur Berathung militairischer Einrichtungen, Befehle und Anordnungen sind auch dann, wenn dieselbe nicht zusammenberufen ist, untersagt.

Artikel 39.

Auf das Heer finden die in den Artikeln 5., 6., 29., 30. und 32. enthaltenen Bestimmungen nur in soweit Anwendung, als die militairischen Gesetze und Disziplinarvorschriften nicht entgegenstehen.

Artikel 40.

Die Errichtung von Lehen und die Stiftung von Familien-Fideikommissen ist untersagt. Die bestehenden Lehen und Familien-Fideikommisse sollen durch gesetzliche Anordnung in freies Eigenthum umgestaltet werden. Auf Familien-Stiftungen finden diese Bestimmungen keine Anwendung.

Artikel 41.

Vorstehende Bestimmungen (Artikel 40.) finden auf die Thronlehen, das Königliche Haus- und Prinzliche Fideikommiß, sowie auf die außerhalb des Staats belegenen Lehen und die ehemals reichsunmittelbaren Besitzungen und Fideikommisse, insofern letztere durch das deutsche Bundesrecht gewährleistet sind, zur Zeit keine Anwendung. Die Rechtsverhältnisse derselben sollen durch besondere Gesetze geordnet werden.

Artikel 42.

Das Recht der freien Verfügung über das Grundeigenthum unterliegt keinen anderen Beschränkungen, als denen der allgemeinen Gesetzgebung. Die Theilbarkeit des Grundeigenthums und die Ablösbarkeit der Grundlasten wird gewährleistet.

Für die todte Hand sind Beschränkungen des Rechts, Liegenschaften zu erwerben und über sie zu verfügen, zulässig.

Aufgehoben ohne Entschädigung sind:

1) Die Gerichtsherrlichkeit, die gutsherrliche Polizei und obrigkeitliche Gewalt, sowie die gewissen Grundstücken zustehenden Hoheitsrechte und Privilegien;
2) die aus diesen Befugnissen, aus der Schutzherrlichkeit, der früheren Erbunterthänigkeit, der früheren Steuer- und Gewerbeverfassung herstammenden Verpflichtungen.

Mit den aufgehobenen Rechten fallen auch die Gegenleistungen und Lasten weg, welche den bisherigen Berechtigten dafür oblagen.

Bei erblicher Ueberlassung eines Grundstückes ist nur die Uebertragung des vollen Eigenthums zulässig; jedoch kann auch hier ein fester ablösbarer Zins vorbehalten werden.

Die weitere Ausführung dieser Bestimmungen bleibt besonderen Gesetzen vorbehalten.

Titel III.

Vom Könige.

Artikel 43.

Die Person des Königs ist unverletzlich.

Artikel 44.

Die Minister des Königs sind verantwortlich. Alle Regierungsakte des Königs bedürfen zu ihrer Gültigkeit der Gegenzeichnung eines Ministers, welcher dadurch die Verantwortlichkeit übernimmt.

Artikel 45.

Dem Könige allein steht die vollziehende Gewalt zu. Er ernennt und entläßt die Minister. Er befiehlt die Verkündigung der Gesetze und erläßt die zu deren Ausführung nöthigen Verordnungen.

Artikel 46.

Der König führt den Oberbefehl über das Heer.

Artikel 47.

Der König besetzt alle Stellen im Heere, sowie in den übrigen Zweigen des Staatsdienstes, sofern nicht das Gesetz ein Anderes verordnet.

Artikel 48.

Der König hat das Recht, Krieg zu erklären und Frieden zu schließen, auch andere Verträge mit fremden Regierungen zu errichten. Letztere bedürfen zu ihrer Gültigkeit der Zustimmung der Kammern, sofern es Handelsverträge sind, oder wenn dadurch dem Staate Lasten oder einzelnen Staatsbürgern Verpflichtungen auferlegt werden.

Artikel 49.

Der König hat das Recht der Begnadigung und Strafmilderung.

Zu Gunsten eines wegen seiner Amtshandlungen verurtheilten Ministers kann dieses Recht nur auf Antrag derjenigen Kammer ausgeübt werden, von welcher die Anklage ausgegangen ist.

Der König kann bereits eingeleitete Untersuchungen nur auf Grund eines besonderen Gesetzes niederschlagen.

Artikel 50.

Dem Könige steht die Verleihung von Orden und anderen mit Vorrechten nicht verbundenen Auszeichnungen zu.

Er übt das Münzrecht nach Maaßgabe des Gesetzes.

Artikel 51.

Der König beruft die Kammern und schließt ihre Sitzungen. Er kann sie entweder beide zugleich oder auch nur eine auflösen. Es müssen aber in einem solchen Falle innerhalb eines Zeitraums von sechszig Tagen nach der Auflösung die Wähler und innerhalb eines Zeitraums von neunzig Tagen nach der Auflösung die Kammern versammelt werden.

Artikel 52.

Der König kann die Kammern vertagen. Ohne deren Zustimmung darf diese Vertagung die Frist von dreißig Tagen nicht übersteigen und während derselben Session nicht wiederholt werden.

Artikel 53.

Die Krone ist, den Königlichen Hausgesetzen gemäß, erblich in dem Mannsstamme des Königlichen Hauses nach dem Rechte der Erstgeburt und der agnatischen Linealfolge.

Artikel 54.

Der König wird mit Vollendung des achtzehnten Lebensjahres volljährig.

Er leistet in Gegenwart der vereinigten Kammern das eidliche Gelöbniß, die Verfassung des Königreichs fest und unverbrüchlich zu halten und in Uebereinstimmung mit derselben und den Gesetzen zu regieren.

Artikel 55.

Ohne Einwilligung beider Kammern kann der König nicht zugleich Herrscher fremder Reiche sein.

Artikel 56.

Wenn der König minderjährig oder sonst dauernd verhindert ist, selbst zu regieren, so übernimmt derjenige volljährige Agnat (Art. 53.), welcher der Krone am nächsten steht, die Regentschaft. Er hat sofort die Kammern zu berufen, die in vereinigter Sitzung über die Nothwendigkeit der Regentschaft beschließen.

Artikel 57.

Ist kein volljähriger Agnat vorhanden und nicht bereits vorher gesetzliche Fürsorge für diesen Fall getroffen, so hat das Staatsministerium die Kammern zu berufen, welche in vereinigter Sitzung einen Regenten erwählen. Bis zum Antritt der Regentschaft von Seiten desselben führt das Staatsministerium die Regierung.

Artikel 58.

Der Regent übt die dem Könige zustehende Gewalt in dessen Namen aus. Derselbe schwört nach Einrichtung der Regentschaft vor den vereinigten Kammern einen Eid, die Verfassung des Königreichs fest und unverbrüchlich zu halten und in Uebereinstimmung mit derselben und den Gesetzen zu regieren.

Bis zu dieser Eidesleistung bleibt in jedem Falle das bestehende gesammte Staatsministerium für alle Regierungshandlungen verantwortlich.

Artikel 59.

Dem Kron-Fideikommißfonds verbleibt die durch das Gesetz vom 17. Januar 1820 auf die Einkünfte der Domainen und Forsten angewiesene Rente.

Titel IV.

Von den Ministern.

Artikel 60.

Die Minister, so wie die zu ihrer Vertretung abgeordneten Staatsbeamten haben Zutritt zu jeder Kammer und müssen auf ihr Verlangen zu jeder Zeit gehört werden.

Jede Kammer kann die Gegenwart der Minister verlangen.

Die Minister haben in einer oder der anderen Kammer nur dann Stimmrecht, wenn sie Mitglieder derselben sind.

Artikel 61.

Die Minister können durch Beschluß einer Kammer wegen des Verbrechens der Verfassungsverletzung, der Bestechung und des Verrathes angeklagt werden. Ueber solche Anklage entscheidet der oberste Gerichtshof der Monarchie in vereinigten Senaten. So lange noch zwei oberste Gerichtshöfe bestehen, treten dieselben zu obigem Zwecke zusammen.

Die näheren Bestimmungen über die Fälle der Verantwortlichkeit, über das Verfahren und über die Strafen werden einem besonderen Gesetze vorbehalten.

Titel V.

Von den Kammern.

Artikel 62.

Die gesetzgebende Gewalt wird gemeinschaftlich durch den König und durch zwei Kammern ausgeübt.

Die Uebereinstimmung des Königs und beider Kammern ist zu jedem Gesetze erforderlich.

Finanzgesetz-Entwürfe und Staatshaushalts-Etats werden zuerst der zweiten Kammer vorgelegt; letztere werden von der ersten Kammer im Ganzen angenommen oder abgelehnt.

Artikel 63.

Nur in dem Falle, wenn die Aufrechthaltung der öffentlichen Sicherheit, oder die Beseitigung eines ungewöhnlichen Nothstandes es dringend erfordert, können, insofern die Kammern nicht versammelt sind, unter Verantwortlichkeit des gesammten Staatsministeriums, Verordnungen, die der Verfassung nicht zuwiderlaufen, mit Gesetzeskraft erlassen werden. Dieselben sind aber den Kammern bei ihrem nächsten Zusammentritt zur Genehmigung sofort vorzulegen.

Artikel 64.

Dem Könige, sowie jeder Kammer, steht das Recht zu, Gesetze vorzuschlagen.

Gesetzesvorschläge, welche durch eine der Kammern oder den König verworfen worden sind, können in derselben Sitzungsperiode nicht wieder vorgebracht werden.

Artikel 65.

Die erste Kammer besteht:

a) aus den großjährigen Königlichen Prinzen;
b) aus den Häuptern der ehemals unmittelbaren reichsständischen Häuser in Preußen — und aus den Häuptern derjenigen Familien, welchen durch Königliche Verordnung das nach der Erstgeburt und Linealfolge zu vererbende Recht auf Sitz und Stimme in der ersten Kammer beigelegt wird. In dieser Verordnung werden zugleich die

Bedingungen festgesetzt, durch welche dieses Recht an einen bestimmten Grundbesitz geknüpft ist. Das Recht kann durch Stellvertretung nicht ausgeübt werden und ruht während der Minderjährigkeit oder während eines Dienstverhältnisses zu der Regierung eines nichtdeutschen Staats, ferner auch so lange der Berechtigte seinen Wohnsitz außerhalb Preußen hat;

c) aus solchen Mitgliedern, welche der König auf Lebenszeit ernennt. Ihre Zahl darf den zehnten Theil der zu a. und b. genannten Mitglieder nicht übersteigen;

d) aus neunzig Mitgliedern, welche in Wahlbezirken, die das Gesetz feststellt, durch die dreißigfache Zahl derjenigen Urwähler (Art. 70.), welche die höchsten direkten Staatssteuern bezahlen, durch direkte Wahl nach Maaßgabe des Gesetzes gewählt werden;

e) aus dreißig, nach Maaßgabe des Gesetzes von den Gemeinderäthen gewählten Mitgliedern aus den größeren Städten des Landes.

Die Gesammtzahl der unter a. bis c. genannten Mitglieder darf die Zahl der unter d. und e. bezeichneten nicht übersteigen.

Eine Auflösung der ersten Kammer bezieht sich nur auf die aus Wahl hervorgegangenen Mitglieder.

Artikel 66.

Die Bildung der ersten Kammer in der Art. 65. bestimmten Weise tritt am 7. August des Jahres 1852. ein.

Bis zu diesem Zeitpunkte verbleibt es bei dem Wahlgesetze für die erste Kammer vom 6. Dezember 1848.

Artikel 67.

Die Legislatur-Periode der ersten Kammer wird auf sechs Jahre festgesetzt.

Artikel 68.

Wählbar zum Mitgliede der ersten Kammer ist jeder Preuße, der das vierzigste Lebensjahr vollendet, den Vollbesitz der bürgerlichen Rechte in Folge rechtskräftigen richterlichen Erkenntnisses nicht verloren und bereits fünf Jahre lang dem preußischen Staatsverbande angehört hat.

Die Mitglieder der ersten Kammer erhalten weder Reisekosten, noch Diäten.

Artikel 69.

Die zweite Kammer besteht aus dreihundert und funfzig Mitgliedern. Die Wahlbezirke werden durch das Gesetz festgestellt. Sie können aus einem oder mehreren Kreisen oder aus einer oder mehreren der größeren Städte bestehen.

Artikel 70.

Jeder Preuße, welcher das fünf und zwanzigste Lebensjahr vollendet hat und in der Gemeinde, in welcher er seinen Wohnsitz hat, die Befähigung zu den Gemeindewahlen besitzt, ist stimmberechtigter Urwähler.

Wer in mehreren Gemeinden an den Gemeindewahlen Theil zu nehmen berechtigt ist, darf das Recht als Urwähler nur in Einer Gemeinde ausüben.

Artikel 71.

Auf jede Vollzahl von zweihundert und funfzig Seelen der Bevölkerung ist ein Wahlmann zu wählen. Die Urwähler werden nach Maaßgabe der von ihnen zu entrichtenden direkten Staatssteuern in drei Abtheilungen getheilt, und zwar in der Art, daß auf jede Abtheilung ein Drittheil der Gesammtsumme der Steuerbeträge aller Urwähler fällt.

Die Gesammtsumme wird berechnet:

a) gemeindeweise, falls die Gemeinde einen Urwahlbezirk für sich bildet;

b) bezirksweise, falls der Urwahlbezirk aus mehreren Gemeinden zusammengesetzt ist.

Die erste Abtheilung besteht aus denjenigen Urwählern, auf welche die höchsten Steuerbeträge bis zum Belaufe eines Drittheils der Gesammtsteuer fallen.

Die zweite Abtheilung besteht aus denjenigen Urwählern, auf welche die nächst niedrigeren Steuerbeträge bis zur Gränze des zweiten Drittheils fallen.

Die dritte Abtheilung besteht aus den am niedrigsten besteuerten Urwählern, auf welche das dritte Drittheil fällt.

Jede Abtheilung wählt besonders und zwar ein Drittheil der zu wählenden Wahlmänner.

Die Abtheilungen können in mehrere Wahlverbände eingetheilt werden, deren keiner mehr als fünfhundert Urwähler in sich schließen darf.

Die Wahlmänner werden in jeder Abtheilung aus der Zahl der stimmberechtigten Urwähler des Urwahlbezirks ohne Rücksicht auf die Abtheilungen gewählt.

Artikel 72.

Die Abgeordneten werden durch die Wahlmänner gewählt.

Das Nähere über die Ausführung der Wahlen bestimmt das Wahlgesetz, welches auch die Anordnung für diejenigen Städte zu treffen hat, in denen an Stelle eines Theils der direkten Steuern die Mahl- und Schlachtsteuer erhoben wird.

Artikel 73.

Die Legislatur-Periode der zweiten Kammer wird auf drei Jahre festgesetzt.

Artikel 74.

Zum Abgeordneten der zweiten Kammer ist jeder Preuße wählbar, der das dreißigste Lebensjahr vollendet, den Vollbesitz der bürgerlichen Rechte in Folge rechtskräftigen richterlichen Erkenntnisses nicht verloren und bereits drei Jahre dem preußischen Staatsverbande angehört hat.

Artikel 75.

Die Kammern werden nach Ablauf ihrer Legislatur-Periode neu gewählt. Ein Gleiches geschieht im Falle der Auflösung. In beiden Fällen sind die bisherigen Mitglieder wieder wählbar.

Artikel 76.

Die Kammern werden durch den König regelmäßig im Monat November jeden Jahres, und außerdem, so oft es die Umstände erheischen, einberufen.

Artikel 77.

Die Eröffnung und die Schließung der Kammern geschieht durch den König in Person oder durch einen dazu von ihm beauftragten Minister in einer Sitzung der vereinigten Kammern.

Beide Kammern werden gleichzeitig berufen, eröffnet, vertagt und geschlossen.

Wird eine Kammer aufgelöst, so wird die andere gleichzeitig vertagt.

Artikel 78.

Jede Kammer prüft die Legitimation ihrer Mitglieder und entscheidet darüber. Sie regelt ihren Geschäftsgang und ihre Disziplin durch eine Geschäftsordnung und erwählt ihren Präsidenten, ihre Vicepräsidenten und Schriftführer.

Beamte bedürfen keines Urlaubs zum Eintritt in die Kammer.

Wenn ein Kammermitglied ein besoldetes Staatsamt annimmt oder im Staatsdienste in ein Amt eintritt, mit welchem ein höherer Rang oder ein höheres Gehalt verbunden ist, so verliert es Sitz und Stimme in der Kammer und kann seine Stelle in derselben nur durch neue Wahl wieder erlangen.

Niemand kann Mitglied beider Kammern sein.

Artikel 79.

Die Sitzungen beider Kammern sind öffentlich. Jede Kammer tritt auf den Antrag ihres Präsidenten oder von zehn Mitgliedern zu einer geheimen Sitzung zusammen, in welcher dann zunächst über diesen Antrag zu beschließen ist.

Artikel 80.

Keine der beiden Kammern kann einen Beschluß fassen, wenn nicht die Mehrheit der gesetzlichen Anzahl ihrer Mitglieder anwesend ist. Jede Kammer faßt ihre Beschlüsse nach absoluter Stimmenmehrheit, vorbehaltlich der durch die Geschäftsordnung für Wahlen etwa zu bestimmenden Ausnahmen.

Artikel 81.

Jede Kammer hat für sich das Recht, Adressen an den König zu richten.

Niemand darf den Kammern oder einer derselben in Person eine Bittschrift oder Adresse überreichen.

Jede Kammer kann die an sie gerichteten Schriften an die Minister überweisen und von denselben Auskunft über eingehende Beschwerden verlangen.

Artikel 82.

Eine jede Kammer hat die Befugniß, Behufs ihrer Information Kommissionen zur Untersuchung von Thatsachen zu ernennen.

Artikel 83.

Die Mitglieder beider Kammern sind Vertreter des ganzen Volkes. Sie stimmen nach ihrer freien Ueberzeugung und sind an Aufträge und Instruktionen nicht gebunden.

Artikel 84.

Sie können für ihre Abstimmungen in der Kammer niemals, für ihre darin ausgesprochenen Meinungen nur innerhalb der Kammer auf den Grund der Geschäftsordnung (Art. 78.) zur Rechenschaft gezogen werden.

Kein Mitglied einer Kammer kann ohne deren Genehmigung während der Sitzungsperiode wegen einer mit Strafe bedrohten Handlung zur Untersuchung gezogen oder verhaftet werden, außer wenn es bei Ausübung der That oder im Laufe des nächstfolgenden Tages nach derselben ergriffen wird.

Gleiche Genehmigung ist bei einer Verhaftung wegen Schulden nothwendig.

Jedes Strafverfahren gegen ein Mitglied der Kammer und eine jede Untersuchungs- oder Civilhaft wird für die Dauer der Sitzungsperiode aufgehoben, wenn die betreffende Kammer es verlangt.

Artikel 85.

Die Mitglieder der zweiten Kammer erhalten aus der Staatskasse Reisekosten und Diäten nach Maaßgabe des Gesetzes. Ein Verzicht hierauf ist unstatthaft.

Titel VI.

Von der richterlichen Gewalt.

Artikel 86.

Die richterliche Gewalt wird im Namen des Königs durch unabhängige, keiner anderen Autorität als der des Gesetzes unterworfene Gerichte ausgeübt.

Die Urtheile werden im Namen des Königs ausgefertigt und vollstreckt.

Artikel 87.

Die Richter werden vom Könige oder in dessen Namen auf ihre Lebenszeit ernannt.

Sie können nur durch Richterspruch aus Gründen, welche die Gesetze vorgesehen haben, ihres Amtes entsetzt oder zeitweise enthoben werden. Die vorläufige Amtssuspension, welche nicht kraft des Gesetzes eintritt, und die unfreiwillige Versetzung an eine andere Stelle oder in den Ruhestand können nur aus den Ursachen und unter den Formen, welche im Gesetze angegeben sind, und nur auf Grund eines richterlichen Beschlusses erfolgen.

Auf die Versetzungen, welche durch Veränderungen in der Organisation der Gerichte oder ihrer Bezirke nöthig werden, finden diese Bestimmungen keine Anwendung.

Artikel 88.

Den Richtern dürfen andere besoldete Staatsämter fortan nicht übertragen werden. Ausnahmen sind nur auf Grund eines Gesetzes zulässig.

Artikel 89.

Die Organisation der Gerichte wird durch das Gesetz bestimmt.

Artikel 90.

Zu einem Richteramte darf nur der berufen werden, welcher sich zu demselben nach Vorschrift der Gesetze befähigt hat.

Artikel 91.

Gerichte für besondere Klassen von Angelegenheiten, insbesondere Handels- und Gewerbegerichte sollen im Wege der Gesetzgebung an den Orten errichtet werden, wo das Bedürfniß solche erfordert.

Die Organisation und Zuständigkeit solcher Gerichte, das Verfahren bei denselben, die Ernennung ihrer Mitglieder, die besonderen Verhältnisse der letzteren und die Dauer ihres Amtes werden durch das Gesetz festgestellt.

Artikel 92.

Es soll in Preußen nur Ein oberster Gerichtshof bestehen.

Artikel 93.

Die Verhandlungen vor dem erkennenden Gerichte in Civil- und Strafsachen sollen öffentlich sein. Die Oeffentlichkeit kann jedoch durch einen öffentlich zu verkündenden Beschluß des Gerichts ausgeschlossen werden, wenn sie der Ordnung oder den guten Sitten Gefahr droht.

In anderen Fällen kann die Oeffentlichkeit nur durch Gesetze beschränkt werden.

Artikel 94.

Bei den mit schweren Strafen bedrohten Verbrechen, bei allen politischen Verbrechen und bei allen Preßvergehen, welche das Gesetz nicht ausdrücklich ausnimmt, erfolgt die Entscheidung über die Schuld des Angeklagten durch Geschworene.

Die Bildung des Geschworenengerichts regelt das Gesetz.

Artikel 95.

Es kann durch ein mit vorheriger Zustimmung der Kammern zu erlassendes Gesetz ein besonderer Schwurgerichtshof errichtet werden, dessen Zuständigkeit die Verbrechen des Hochverraths und diejenigen schweren Verbrechen gegen die innere und äußere Sicherheit des Staats, welche ihm durch das Gesetz überwiesen werden, begreift. Die Bildung der Geschworenen bei diesem Gerichte regelt das Gesetz.

Artikel 96.

Die Kompetenz der Gerichte und Verwaltungsbehörden wird durch das Gesetz bestimmt. Ueber Kompetenzkonflikte zwischen den Verwaltungs- und Gerichtsbehörden entscheidet ein durch das Gesetz bezeichneter Gerichtshof.

Artikel 97.

Die Bedingungen, unter welchen öffentliche Civil- und Militairbeamte wegen durch Ueberschreitung ihrer Amtsbefugnisse verübter Rechtsverletzungen gerichtlich in Anspruch genommen werden können, bestimmt das Gesetz. Eine vorgängige Genehmigung der vorgesetzten Dienstbehörde darf jedoch nicht verlangt werden.

Titel VII.

Von den nicht zum Richterstande gehörigen Staatsbeamten.

Artikel 98.

Die besonderen Rechtsverhältnisse der nicht zum Richterstande gehörigen Staatsbeamten, einschließlich der Staatsanwälte, sollen durch ein Gesetz geregelt werden, welches, ohne die Regierung in der Wahl der ausführenden Organe zweckwidrig zu beschränken, den Staatsbeamten gegen willkürliche Entziehung von Amt und Einkommen angemessenen Schutz gewährt.

Titel VIII.

Von den Finanzen.

Artikel 99.

Alle Einnahmen und Ausgaben des Staats müssen für jedes Jahr im Voraus veranschlagt und auf den Staatshaushalts-Etat gebracht werden.

Letzterer wird jährlich durch ein Gesetz festgestellt.

Artikel 100.

Steuern und Abgaben für die Staatskasse dürfen nur, so weit sie in den Staatshaushalts-Etat aufgenommen oder durch besondere Gesetze angeordnet sind, erhoben werden.

Artikel 101.

In Betreff der Steuern können Bevorzugungen nicht eingeführt werden.

Die bestehende Steuergesetzgebung wird einer Revision unterworfen und dabei jede Bevorzugung abgeschafft.

Artikel 102.

Gebühren können Staats- oder Kommunalbeamte nur auf Grund des Gesetzes erheben.

Artikel 103.

Die Aufnahme von Anleihen für die Staatskasse findet nur auf Grund eines Gesetzes statt. Dasselbe gilt von der Uebernahme von Garantieen zu Lasten des Staats.

Artikel 104.

Zu Etats-Ueberschreitungen ist die nachträgliche Genehmigung der Kammern erforderlich.

Die Rechnungen über den Staatshaushalts-Etat werden von der Ober-Rechnungskammer geprüft und festgestellt. Die allgemeine Rechnung über den Staatshaushalt jeden Jahres, einschließlich einer Uebersicht der Staatsschulden, wird mit den Bemerkungen der Ober-Rechnungskammer zur Entlastung der Staatsregierung den Kammern vorgelegt.

Ein besonderes Gesetz wird die Einrichtung und die Befugnisse der Ober-Rechnungskammer bestimmen.

Titel IX.

Von den Gemeinden, Kreis-, Bezirks- und Provinzial-Verbänden.

Artikel 105.

Die Vertretung und Verwaltung der Gemeinden, Kreise, Bezirke und Provinzen des preußischen Staats wird durch besondere Gesetze unter Festhaltung folgender Grundsätze näher bestimmt:

1) Ueber die innern und besondern Angelegenheiten der Provinzen, Bezirke, Kreise und Gemeinden beschließen aus gewählten Vertretern bestehende Versammlungen, deren Beschlüsse durch die Vorsteher der Provinzen, Bezirke, Kreise und Gemeinden ausgeführt werden.

   Das Gesetz wird die Fälle bestimmen, in welchen die Beschlüsse dieser Vertretungen der Genehmigung einer höheren Vertretung oder der Staatsregierung unterworfen sind.

2) Die Vorsteher der Provinzen, Bezirke und Kreise werden von dem Könige ernannt.

   Ueber die Betheiligung des Staats bei der Anstellung der Gemeindevorsteher und über die Ausübung des den

Gemeinden zustehenden Wahlrechts wird die Gemeindeordnung das Nähere bestimmen.

3) Den Gemeinden insbesondere steht die selbstständige Verwaltung ihrer Gemeindeangelegenheiten unter gesetzlich geordneter Oberaufsicht des Staats zu.

Ueber die Betheiligung der Gemeinden bei Verwaltung der Ortspolizei bestimmt das Gesetz.

Zur Aufrechthaltung der Ordnung kann nach näherer Bestimmung des Gesetzes durch Gemeindebeschluß eine Gemeinde-Schutz- oder Bürgerwehr errichtet werden.

4) Die Berathungen der Provinzial-, Kreis- und Gemeindevertretungen sind öffentlich. Die Ausnahmen bestimmt das Gesetz. Ueber die Einnahmen und Ausgaben muß wenigstens jährlich ein Bericht veröffentlicht werden.

Allgemeine Bestimmungen.

Artikel 106.

Gesetze und Verordnungen sind verbindlich, wenn sie in der vom Gesetze vorgeschriebenen Form bekannt gemacht worden sind.

Die Prüfung der Rechtsgültigkeit gehörig verkündeter Königlicher Verordnungen steht nicht den Behörden, sondern nur den Kammern zu.

Artikel 107.

Die Verfassung kann auf dem ordentlichen Wege der Gesetzgebung abgeändert werden, wobei in jeder Kammer die gewöhnliche absolute Stimmenmehrheit bei zwei Abstimmungen, zwischen welchen ein Zeitraum von wenigstens ein und zwanzig Tagen liegen muß, genügt.

Artikel 108.

Die Mitglieder der beiden Kammern und alle Staatsbeamten leisten dem Könige den Eid der Treue und des Gehorsams und beschwören die gewissenhafte Beobachtung der Verfassung.

Eine Vereidigung des Heeres auf die Verfassung findet nicht statt.

Artikel 109.

Die bestehenden Steuern und Abgaben werden forterhoben, und alle Bestimmungen der bestehenden Gesetzbücher, einzelnen Gesetze und Verordnungen, welche der gegenwärtigen Verfassung nicht zuwiderlaufen, bleiben in Kraft, bis sie durch ein Gesetz abgeändert werden.

Artikel 110.

Alle durch die bestehenden Gesetze angeordneten Behörden bleiben bis zur Ausführung der sie betreffenden organischen Gesetze in Thätigkeit.

Artikel 111.

Für den Fall eines Krieges oder Aufruhrs können bei dringender Gefahr für die öffentliche Sicherheit die Artikel 5., 6., 7., 27., 28., 29., 30. und 36. der Verfassungs-Urkunde zeit- und distriktsweise außer Kraft gesetzt werden. Das Nähere bestimmt das Gesetz.

Uebergangsbestimmungen.

Artikel 112.

Bis zum Erlaß des im Artikel 26. vorgesehenen Gesetzes bewendet es hinsichtlich des Schul- und Unterrichtswesens bei den jetzt geltenden gesetzlichen Bestimmungen.

Artikel 113.

Vor der erfolgten Revision des Strafrechts wird über Vergehen, welche durch Wort, Schrift, Druck oder bildliche Darstellung begangen werden, ein besonderes Gesetz ergehen.

Artikel 114.

Bis zur Emanirung der neuen Gemeindeordnung bleibt es bei den bisherigen Bestimmungen hinsichtlich der Polizeiverwaltung.

Artikel 115.

Bis zum Erlasse des im Art. 72. vorgesehenen Wahlgesetzes bleibt die Verordnung vom 30. Mai 1849., die Wahl der Abgeordneten zur zweiten Kammer betreffend, in Kraft.

Artikel 116.

Die noch bestehenden beiden obersten Gerichtshöfe sollen zu einem Einzigen vereint werden. Die Organisation erfolgt durch ein besonderes Gesetz.

Artikel 117.

Auf die Ansprüche der vor Verkündigung der Verfassungs-Urkunde etatsmäßig angestellten Staatsbeamten soll im Staatsdienergesetz besondere Rücksicht genommen werden.

Artikel 118.

Sollten durch die für den deutschen Bundesstaat auf Grund des Entwurfs vom 26. Mai 1849. festzustellende Verfassung Abänderungen der gegenwärtigen Verfassung nöthig werden, so wird der König dieselben anordnen und diese Anordnungen den Kammern bei ihrer nächsten Versammlung mittheilen.

Die Kammern werden dann Beschluß darüber fassen, ob die vorläufig angeordneten Abänderungen mit der Verfassung des deutschen Bundesstaats in Uebereinstimmung stehen.

Artikel 119.

Das im Artikel 54. erwähnte eidliche Gelöbniß des Königs, so wie die vorgeschriebene Vereidigung der beiden Kammern und aller Staatsbeamten, erfolgen sogleich nach der auf dem

Wege der Gesetzgebung vollendeten gegenwärtigen Revision dieser Verfassung. (Artikel 62. und 108.)

Urkundlich unter Unserer Höchsteigenhändigen Unterschrift und beigedrucktem Königlichen Insiegel.

Gegeben Charlottenburg, den 31. Januar 1850.

(L. S.) Friedrich Wilhelm.

Gr. v. Brandenburg. v. Ladenberg. v. Manteuffel. v. Strotha. v. d. Heydt. v. Rabe. Simons. v. Schleinitz.

I. 437. S. 26. Vol. II.

24.

Allerhöchster Erlaß vom 2. Februar 1850, — betreffend die Errichtung eines Landgerichts in Bonn für die Kreise Bonn, Euskirchen, Rheinbach, Sieg und Waldbroel.

Auf Ihren Bericht vom 10. Januar d. J. bestimme Ich, daß für die Kreise Bonn, Euskirchen, Rheinbach, Sieg und Waldbroel ein besonderes Landgericht, dessen Sitz die Stadt Bonn sein soll, errichtet werde. Ich ermächtige Sie, den Justizminister, den Zeitpunkt sowohl für die Eröffnung des Landgerichts zu Bonn, als auch (in sofern dafür ein späterer Zeitpunkt vermöge der zu treffenden baulichen Einrichtung nöthig werden sollte) für den Beginn der Assisensitzungen im Bezirke desselben zu bestimmen, wegen der bei dem Landgerichte zu Cöln anhängigen Prozesse, welche dem Landgerichte zu Bonn zu überweisen sind, die erforderlichen Anordnungen zu treffen und die sonstigen Ausführungs-Verfügungen zu erlassen. Den Mir eingereichten Normal-Etat für das Landgericht zu Bonn, sowie den anderweiten Etat für das Landgericht zu Cöln, habe Ich vollzogen und genehmige, unter Rücksendung derselben, daß die danach erforderlichen Fonds vom 1. April d. J. ab zahlbar gemacht werden.

Charlottenburg, den 2. Februar 1850.

Friedrich Wilhelm.

v. Rabe. Simons.

An
die Minister der Finanzen
und der Justiz.

V. 343. Landgericht Bonn.

25.

Verfügung vom 7. Februar 1850, — betreffend die Fortzahlung des Civilgehalts an die als Officiere zur Landwehr einberufenen Civilbeamten.

Mit Beziehung auf die beiden Verfügungen vom 6. Februar und 20. März v. J. wird Ihnen, Herr Präsident und Herr General-Prokurator hierneben beglaubte Abschrift des von dem Königlichen Staatsministerium

in Betreff der Fortzahlung des Civilgehalts an die als Officiere zur Landwehr einberufenen Civilbeamten,

unterm 23. Januar d. J. gefaßten Beschlusses und seiner Anlage zur Kenntnißnahme und Nachachtung zugefertigt.

Berlin, den 7. Februar 1850.

Der Justiz-Minister
Simons.

An
den Königl. Ersten Präsidenten
des Appellationsgerichtshofes,
Herrn Dr. Schwarz
und
den Königl. General-Prokurator,
Herrn Nicolovius zu Cöln.

I. 384. O. 136. Vol. II.

Beschluß.

ad. St. M. Nr. 6044.

Auf den Antrag des Königlichen Finanz-Ministeriums vom 9. Juli v. J. beschließt das Staatsministerium eine Modifikation der Beschlüsse vom 7. November 1848 und 9. März v. J. in der Art eintreten zu lassen, daß allen Civilbeamten, welche als Officiere zur Landwehr einberufen sind, ohne die Feldzulage zu beziehen, außer der nach Abrechnung der Officierbesoldung verbleibenden Civilbesoldungs-Quote von ihrer Civilbesoldung soviel zu belassen ist, als die im Falle der vollständigen Mobilmachung nach dem abschriftlich angeschlossenen Tarife zu gewährende Feldzulage betragen würde. Auf die besonderen Verhältnisse des Beamten soll es nicht weiter ankommen, dagegen aber auch ein Mehreres künftighin in keinem Falle gewährt werden.

Hinsichtlich derjenigen zur Landwehr einberufenen Civilbeamten, welche als Officiere die tarifmäßige Feldzulage beziehen, verbleibt es lediglich und ohne Ausnahme bei den Bestimmungen des Staats-Ministerialbeschlusses vom 22. Januar 1831 ad. 15 und 16.

Von diesem Beschlusse erhält jeder Minister eine beglaubigte Abschrift um danach für sein Ressort das Erforderliche zu veranlassen.

Berlin, den 23. Januar 1850.

Das Staats-Ministerium.

Gr. v. Brandenburg. v. Ladenberg. v. Manteuffel. v. Strotha. v. d. Heydt. v. Rabe. Simons. v. Schleinitz.

Extrakt.

Tarif der bei der Mobilmachung zu gewährenden Feldzulagen.

Nr.	Dienststellungen.	Feldzulagen. Thlr.	Bemerkungen.
5.	Regiments-Kommandeur, Brigadier der Artillerie, Pionir-Inspekteur .	500	
6.	Stabs-Offiziere	300	
7.	Hauptmann und Rittmeister . . .	300	
8.	Premier-Lieutenant		
	a. der Infanterie	96	
	b. = Kavallerie	72	
	c. = Artillerie { Fuß-Artillerie .	96	
	reitende . . .	72	
	d. = Pionire	96	
9.	Sekonde-Lieutenant		
	a. der Infanterie	96	
	b. = Kavallerie	72	
	c. = Artillerie { Fuß-Artillerie .	96	
	reitende . . .	72	
	d. = Pionire	96	
	u. s. w.		

Berlin, den 19. Dezember 1844.

(gez.) Friedrich Wilhelm.

26.

Verfügung vom 9. Februar 1850, — betreffend die Befugniß der Personenstandsbeamten zur Aufnahme von Urkunden über die Einwilligung der Ascendenten in eine Heirath.

Nach Ihrem Berichte vom 22. v. M. besteht in der Rheinprovinz eine Verschiedenheit der Ansichten über die Form der Urkunde, durch welche, wenn sie nicht eine notarielle ist, die nach §. 73. des bürgerlichen Gesetzbuches erforderliche Einwilligung der Ascendenten in eine Heirath festgestellt werden muß.

Wie Sie, Herr General-Prokurator, mit Recht hervorheben, sind die Civilstandsbeamten nur berufen, diejenigen Urkunden, welche das Gesetz bezeichnet, in der durch dasselbe vorgeschriebenen Form aufzunehmen. Da der Art. 73. des Civilgesetzbuches für die Einwilligung der Ascendenten eine authentische Urkunde erfordert, der Art. 76. aber nur demjenigen Civilstandsbeamten, vor welchem die Abschließung der Ehe erfolgt, die Befugniß beilegt, jene Einwilligung in dem Heirathsakte zu beurkunden, so kann eine von einem anderen Civilstandsbeamten, oder unter Zuziehung von weniger als vier Zeugen aufgenommene Urkunde als eine den Erfordernissen des Gesetzes entsprechende nicht angesehen werden. Der Art. 76. des bürgerlichen Gesetzbuches setzt zwar auch voraus, daß die Einwilligung der Eltern von den Civilstandsbeamten in der nämlichen Urkunde, welche über die Abschließung der Ehe aufgenommen wird, konstatirt werde. Da jedoch in dieser Beziehung die Einheit der Handlung nicht als wesentlich erscheint, so ist anzunehmen, daß der Civilstandsbeamte, vor welchem die Ehe geschlossen wird, unter Zuziehung der für die Aufnahme der Heirathsurkunde vorgeschriebenen Anzahl von vier Zeugen, auch durch eine besondere Urkunde die Einwilligung der Ascendenten zu konstatiren befugt sei.

Zur Herbeiführung eines gleichmäßigen Verfahrens wollen Sie, Herr General-Prokurator, die Ober-Prokuratoren mit Anweisung versehen, welche demnächst das Weitere an die Civilstandsbeamten zu veranlassen haben.

Berlin, den 9. Februar 1850.

Der Justiz-Minister.
Simons.

An
den Herrn General-Prokurator
bei dem Königlichen Rheinischen
Appellationsgerichtshofe zu Cöln.

I. 348. Rhein. Gener. 93. Vol. III.

27.

Gesetz zum Schutze der persönlichen Freiheit. Vom 12. Februar 1850.

Wir Friedrich Wilhelm, von Gottes Gnaden, König von Preußen ꝛc. ꝛc.

verordnen, mit Zustimmung beider Kammern, unter Aufhebung des Gesetzes vom 24. September 1848., was folgt:

§. 1.

Die Verhaftung einer Person darf nur Kraft eines schriftlichen, die Beschuldigung und den Beschuldigten bestimmt bezeichnenden richterlichen Befehls bewirkt werden.

Dieser Befehl muß bei der Verhaftung oder spätestens im Laufe des folgenden Tages dem Beschuldigten zugestellt werden.

§. 2.

Die vorläufige Ergreifung und Festnahme einer Person kann ohne richterlichen Befehl erfolgen:

1) wenn die Person bei Ausführung einer strafbaren Handlung oder gleich nach derselben betroffen oder verfolgt wird;
2) wenn sich, selbst später, Umstände ergeben, welche die Person als Urheber oder Theilnehmer einer strafbaren Handlung und zugleich der Flucht dringend verdächtig machen.

§. 3.

Zu der vorläufigen Ergreifung und Festnahme (§. 2.) sind die Polizeibehörden und andere Beamte, welchen nach den bestehenden Gesetzen die Pflicht obliegt, Verbrechen und Vergehen nachzuforschen, so wie die Wachtmannschaften berechtigt, letztere jedoch nur in dem Falle des §. 2. Nr. 1.

Wenn in dem Falle des §. 2. Nr. 1. der Thäter flieht, oder der Flucht dringend verdächtig ist, oder Grund zu der Besorgniß vorliegt, daß die Identität der Person sonst nicht festzustellen sein werde, so ist jede Privatperson ermächtigt, den Thäter zu ergreifen.

Der Ergriffene muß sofort einem der oben bezeichneten Beamten, Behufs Bestimmung über die vorläufige Festnahme, oder einer Wachtmannschaft zugeführt werden.

§. 4.

Bei jeder Verhaftung ist sofort das Erforderliche zu veranlassen, um den Beschuldigten dem Richter vorzuführen, welcher den Befehl dazu erlassen hat. — Jeder vorläufig Festgenommene muß spätestens im Laufe des folgenden Tages entweder in Freiheit gesetzt oder es muß in dieser Zeit das Erforderliche veranlaßt werden, um ihn dem Staatsanwalte bei dem zuständigen Gerichte vorzuführen. Der Staatsanwalt muß entweder die sofortige Freilassung verfügen, oder unverzüglich bei dem Gerichte den Antrag stellen, daß über die Verhaftung Beschluß gefaßt werde. — Ist Jemand außerhalb des Bezirks des zuständigen Gerichts vorläufig festgenommen worden, so kann er verlangen, zunächst vor den Staatsanwalt des Bezirks, in welchem er ergriffen worden, geführt zu werden. Dieser ist nur dann befugt, den Festgenommenen in Freiheit zu setzen, wenn derselbe nachweist, daß der Festnahme ein Mißverständniß zum Grunde lag. Anderenfalls hat er die Vorführung vor den Staatsanwalt des zuständigen Gerichts zu veranlassen.

§. 5.

Jeder Verhaftete oder vorläufig Festgenommene muß spätestens im Laufe des folgenden Tages nach seiner Vorführung vor den zuständigen Richter so vernommen werden, daß ihm der Gegenstand der Anschuldigung mitgetheilt und ihm die Möglichkeit zur Aufklärung eines Mißverständnisses gegeben werde.

§. 6.

Die im §. 3. genannten Behörden, Beamten und Wachtmannschaften sind befugt, Personen in polizeiliche Verwahrung zu nehmen, wenn der eigene Schutz dieser Personen oder die Aufrechthaltung der öffentlichen Sittlichkeit, Sicherheit und Ruhe diese Maaßregel dringend erfordern. Die polizeilich in Verwahrung genommenen Personen müssen jedoch spätestens im Laufe des folgenden Tages in Freiheit gesetzt oder es muß in dieser Zeit das Erforderliche veranlaßt werden, um sie der zuständigen Behörde zu überweisen.

§. 7.

In eine Wohnung darf wider den Willen des Inhabers Niemand eindringen, außer auf Grund einer aus amtlicher Eigenschaft folgenden Befugniß oder eines von einer gesetzlich dazu ermächtigten Behörde ertheilten Auftrags.

§. 8.

Das Eindringen in die Wohnung während der Nachtzeit ist verboten. Die Nachtzeit umfaßt für die Zeit vom 1. Oktober bis 31. März die Stunden von 6 Uhr Abends bis 6 Uhr Morgens und für die Zeit vom 1. April bis 30. September die Stunden von 9 Uhr Abends bis 4 Uhr Morgens.

§. 9.

Das Verbot, in eine Wohnung zur Nachtzeit einzudringen, begreift nicht die Fälle einer Feuers- oder Wassersnoth, einer Lebensgefahr oder eines aus dem Inneren der Wohnung hervorgegangenen Ansuchens; es bezieht sich nicht auf die Orte, in welchen während der Nachtzeit das Publikum ohne Unterschied zugelassen wird, so lange diese Orte dem Publikum zum ferneren Eintritt oder dem eingetretenen Publikum zum ferneren Verweilen geöffnet sind.

§. 10.

Zum Zweck der vorläufigen Ergreifung und Festnahme einer Person, welche bei Ausführung einer strafbaren Handlung oder gleich nach derselben verfolgt worden, so wie zum Zweck der Wiederergreifung eines entsprungenen Gefangenen, darf der verfolgende oder zugezogene Beamte, ingleichen die verfolgende oder zugezogene Wachtmannschaft, auch zur Nachtzeit in eine Wohnung eindringen. Außerdem darf zum Zwecke der Verhaftung oder vorläufigen Festnahme der verfolgende Beamte nur dann zur Nachtzeit in eine Wohnung eindringen, wenn dringende Gründe dafür sprechen, daß bei längerer Verzögerung der Verfolgte sich der Festnahme ganz entziehen werde. Der Zutritt zu den von Militairpersonen benutzten Wohnungen darf den Militair-Vorgesetzten oder Beauftragten, Behufs Vollziehung dienstlicher Befehle, auch zur Nachtzeit nicht versagt werden. Das Verbot, in eine Wohnung bei Nachtzeit einzudringen, bezieht sich nicht auf diejenigen Räume, welche die Zoll- und Steuerbeamten zur Vollziehung der ihnen obliegenden Revisionen zu betreten berechtigt sind, ohne durch die Bestimmungen der Zoll- und Steuergesetze auf die Tageszeit beschränkt zu sein.

§. 11.

Haussuchungen dürfen nur in den Fällen und nach den Formen des Gesetzes unter Mitwirkung des Richters oder der gerichtlichen Polizei und, wo diese nicht eingeführt ist, der Polizeikommissarien oder der Kommunal- oder der Ortspolizei-Behörde geschehen. Sie müssen, so weit dies geschehen kann, unter Zuziehung des Angeschuldigten oder der Hausgenossen erfolgen.

§. 12.

Das Verbot, Haussuchungen bei Nachtzeit vorzunehmen (§. 8.), findet keine Anwendung:

1) auf die Wohnungen der Personen, welche durch ein Straferkenntniß unter Polizeiaufsicht gestellt sind;
2) auf Orte, welche der Polizei als Schlupfwinkel des Hazardspiels, als Herbergen und Versammlungsorte von Verbrechern, als Niederlagen verbrecherisch erworbener Sachen oder als Aufenthaltsorte liederlicher Frauenzimmer bekannt sind;
3) wenn dringende Gründe dafür sprechen, daß bei längerer Zögerung die in einer Wohnung befindlichen Gegenstände, in Bezug auf welche eine strafbare Handlung begangen worden, oder die daselbst vorhandenen Beweismittel abhanden gebracht oder gefährdet werden möchten.

§. 13.

In den Landestheilen, in welchen bisher die Stellung unter Polizeiaufsicht durch ein Straferkenntniß nicht stattgefunden hat, sind Haussuchungen bei Nachtzeit in den Wohnungen derjenigen Personen zulässig, welche vor dem Eintritt der Gesetzeskraft des Gesetzes, die Stellung unter Polizeiaufsicht betreffend, vom 12. Februar d. J. wegen Diebstahls, Raubes, Hehlerei oder wegen Kontrebande oder Zolldefraudationen in den Fällen der §§. 3., 4., 11. Nr. 2., §§. 13., 14., 15., 24. des Zollstrafgesetzes vom 23. Januar 1838. zu einer sechswöchentlichen oder längeren zeitigen Freiheitsstrafe von einem Kollegialgerichte verurtheilt sind.

Die Befugniß zu nächtlichen Haussuchungen in den Wohnungen dieser Personen dauert von dem Tage, an welchem die Freiheitsstrafe verbüßt worden ist, mindestens Ein Jahr, in denjenigen Fällen, in welchen auf eine längere als einjährige Freiheitsstrafe erkannt worden, jedoch während eines der erkannten Freiheitsstrafe gleichkommenden Zeitraums.

Den Personen, welche in den vorstehend bezeichneten Fällen wegen Kontrebande oder Zolldefraudation verurtheilt sind, kann von der Polizeibehörde auch untersagt werden, bei Vermeidung einer Polizeistrafe von zwei bis fünf Thalern oder Gefängnißstrafe bis zu acht Tagen, während der von der Polizeibehörde zu bestimmenden Stunden der Nachtzeit (§. 8.) ihre Wohnungen zu verlassen.

Die vorstehenden Bestimmungen finden, soweit dieselben die wegen Kontrebande oder Zolldefraudation verurtheilten Personen betreffen, auch auf den Bezirk des Appellationsgerichtshofes zu Cöln Anwendung.

Urkundlich unter Unserer Höchsteigenhändigen Unterschrift und beigedrucktem Königlichen Insiegel.

Gegeben Charlottenburg, den 12. Februar 1850.

(L. S.) Friedrich Wilhelm.

Gr. v. Brandenburg. v. Ladenberg. v. Manteuffel. v. Strotha. v. d. Heydt. v. Rabe. Simons. v. Schleinitz.

I. 706. P. 24.

28.

Gesetz, betreffend die Stellung unter Polizeiaufsicht. Vom 12. Februar 1850.

Wir Friedrich Wilhelm, von Gottes Gnaden, König von Preußen rc. rc.

verordnen, mit Zustimmung der Kammern, was folgt:

§. 1.

Die Verurtheilung zu einer zeitigen Freiheitsstrafe von sechswöchentlicher oder längerer Dauer zieht die Stellung unter Polizeiaufsicht unbedingt nach sich, wenn sie wegen eines Verbrechens der nachstehend bezeichneten Arten erfolgt:

a) Hoch- und Landesverrath in den Fällen der §§. 91—118., 133., 134. Tit. 20. Thl. II. Allgemeinen Landrechts, in sofern diese Verbrechen mit Freiheitsstrafe bedroht sind, oder nach allgemeinen Grundsätzen anstatt der Todesstrafe eine Freiheitsstrafe eintritt, mit Ausschluß jedoch der einfachen Mitwissenschaft;
b) Mordversuch in den Fällen der §§. 837., 838., Tit. 20. Thl. II. Allgemeinen Landrechts;
c) Theilnahme an Aufruhr als Anführer, Anstifter oder Rädelsführer;
d) öffentliche Aufforderung zum Aufruhr;
e) Diebstahl;
f) Raub;
g) Hehlerei;
h) Münzfälschung;
i) betrügerischer Bankerott;
k) Meineid;
l) Kuppelei in den Fällen der §§. 996., 997. Tit. 20. Thl. II. Allgemeinen Landrechts;
m) vorsätzliche Brandstiftung, vorsätzliche Verursachung einer Ueberschwemmung, vorsätzliche Beschädigung von Eisenbahnen oder Telegraphen-Anstalten;
n) Kontrebande oder Zolldefraudation in den Fällen der §§. 4., 11. Nr. 2., §§. 13., 14., 15., 24. des Zollstrafgesetzes vom 23. Januar 1838., es mag die sechswöchentliche oder längere Freiheitsstrafe als solche, oder für den Fall des Unvermögens zur Zahlung einer Geldbuße erkannt sein.

§. 2.

Bei den nachstehenden Verbrechen:

a) Unterschlagung;
b) Erpressung;
c) Urkundenfälschung;
d) Betrug;
e) vorsätzliche Beschädigung mit gemeiner Gefahr in anderen als den §. 1. bezeichneten Fällen, so wie Drohungen mit einer mit gemeiner Gefahr verbundenen Beschädigung;
f) Kontrebande oder Zolldefraudation in dem Falle des §. 3. des Zollstrafgesetzes vom 23. Januar 1838., es mag die sechswöchentliche oder längere Freiheitsstrafe als solche, oder für den Fall des Unvermögens zur Zahlung einer Geldbuße erkannt sein;

ist der Richter ermächtigt, nach Bewandniß der Umstände auf Stellung unter Polizeiaufsicht zu erkennen, wenn der Verbrecher zu einer zeitigen Freiheitsstrafe von sechswöchentlicher oder längerer Dauer verurtheilt wird.

§ 3.

Die Fälle, in welchen die Verurtheilung wegen Versuches solcher Verbrechen oder wegen Theilnahme an denselben (§§. 1. und 2) ergangen ist, sind nicht ausgeschlossen.

Die Verurtheilung durch einen Einzelrichter soll die Stellung unter Polizeiaufsicht niemals nach sich ziehen.

§. 4.

Die Dauer der Polizeiaufsicht ist Ein Jahr, wenn die Dauer der erkannten Freiheitsstrafe nicht über Ein Jahr hinausgeht.

In den übrigen Fällen ist sie der Dauer der für das betreffende Verbrechen erkannten Freiheitsstrafe gleich.

§. 5.

Die Gerichte sind ermächtigt, die kraft des Gesetzes eintretende Dauer der Polizeiaufsicht zu verlängern und zwar bis auf höchstens fünf Jahre, wenn die erkannte Freiheitsstrafe drei Jahre nicht erreicht, und auf höchstens zehn Jahre, wenn die erkannte Freiheitsstrafe drei Jahre und darüber beträgt, aber zehn Jahre nicht erreicht.

§. 6.

Die Stellung unter Polizeiaufsicht, so wie deren Dauer, hat der Richter zugleich mit den übrigen Strafen zu erkennen.

§. 7.

Die Wirkungen der Stellung unter Polizeiaufsicht beginnen mit der Rechtskraft des Urtheils, in dessen Folge sie eintritt. Die Dauer der Polizeiaufsicht wird jedoch erst von dem Tage an berechnet, wo die Freiheitsstrafe verbüßt worden ist.

§. 8.

Die Stellung unter Polizeiaufsicht hat folgende Wirkungen:

1) Es kann dem Verurtheilten der Aufenthalt an bestimmten Orten von der Landespolizei-Behörde untersagt werden.
2) Haussuchungen bei dem Verurtheilten unterliegen keiner Beschränkung hinsichtlich der Zeit, zu welcher sie stattfinden dürfen.

§. 9.

Ist die Verurtheilung wegen Diebstahls, Raubes, Hehlerei, Kontrebande oder Zolldefraudation erfolgt, so kann die Ortspolizei-Behörde außerdem (§. 8.) dem Verurtheilten untersagen, während der von ihr zu bestimmenden Stunden der Nacht (§. 8. des Gesetzes zum Schutze der persönlichen Freiheit vom 12. Februar d. J.) ohne ihre Erlaubniß seinen Wohnort und selbst seine Wohnung zu verlassen. Im Falle der Verurtheilung wegen Kontrebande oder Zolldefraudation ist die Grenzzoll-

Behörde befugt, dem unter Polizeiaufsicht Stehenden das Betreten des Auslandes ohne ihre besondere Erlaubniß zu untersagen.

§. 10.

Ist derjenige, gegen welchen die Stellung unter Polizeiaufsicht eintritt, ein Ausländer, so kann derselbe in polizeilichem Wege des Landes verwiesen werden.

Die Befugniß der zuständigen Behörden, die Landesverweisung gegen Ausländer in anderen Fällen zu verfügen, wird durch diese Bestimmung nicht berührt.

§. 11.

Wer unter Polizeiaufsicht gestellt ist und den ihm in Folge derselben auferlegten Beschränkungen der Freiheit entgegenhandelt, wird mit Gefängniß bis zu drei Monaten bestraft.

Im Wiederholungsfalle tritt Gefängnißstrafe von vierzehn Tagen bis zu Einem Jahre ein.

§. 12.

Im Bezirke des Appellationsgerichtshofes zu Cöln behält es bei den Bestimmungen des Rheinischen Strafgesetzbuches über die Stellung unter Polizeiaufsicht überall sein Bewenden.

Jedoch sollen die Bestimmungen dieses Gesetzes über die Stellung unter Polizeiaufsicht in Folge einer Verurtheilung wegen Kontrebande und Zolldefraudation auch für den Bezirk des Appellationsgerichtshofes zu Cöln zur Anwendung kommen.

Urkundlich unter Unserer Höchsteigenhändigen Unterschrift und beigedrucktem Königlichen Insiegel.

Gegeben Charlottenburg, den 12. Februar 1850.

(L. S.) Friedrich Wilhelm.

Gr. v. Brandenburg. v. Ladenberg. v. Manteuffel. v. Strotha. v. d. Heydt. v. Rabe. Simons. v. Schleinitz.

I. 707. P. 24.

29.

Beschluß des Königlichen Staats-Ministeriums vom 12. Februar und allgemeine Verfügung des Justiz-Ministers vom 13. Februar 1850, — betreffend die Vereidigung der Justizbeamten.

a.

Beschluß des Königlichen Staats-Ministeriums.

Zur Ausführung der Bestimmung in den Artikeln 108 und 119. der Verfassungsurkunde vom 31. Januar d. J., wonach jetzt alle Staatsbeamten dem Könige den Eid der Treue und des Gehorsams zu leisten und die gewissenhafte Beobachtung der Verfassung zu beschwören haben, beschließt das Staats-Ministerium was folgt:

1.

Der im Artikel 108. der Verfassungs-Urkunde vom 31. Januar d. J. vorgeschriebene Eid ist von allen unmittelbaren und mittelbaren Staatsbeamten zu leisten. Ausgenommen davon sind nur diejenigen Beamten, welche in ihrer Eigenschaft als Mitglieder einer der beiden Kammern den Eid bereits geleistet haben.

2.

Bei der Vereidigung wird denjenigen, welche den Eid zu leisten haben, die Formel desselben dahin vorgelesen:

> Sie schwören zu Gott, dem Allmächtigen und Allwissenden, daß Sie Seiner Majestät dem Könige treu und gehorsam sein und die Verfassung gewissenhaft beobachten wollen.

Der Schwörende erhebt hierauf die Schwurfinger und spricht die Worte:

> Ich (Vor- und Zuname) schwöre es, so wahr mir Gott helfe.

Bei der Eidesleistung ist jedem Schwörenden frei zu stellen, den Eidesworten am Schlusse die, seinem religiösen Bekenntnisse entsprechende Bekräftigungsformel hinzuzufügen.

3.

Ueber die Vereidigung wird ein Protokoll aufgenommen, welches der Beamte, von dem der Eid geleistet worden, zu unterschreiben hat.

4.

Bei Ausführung vorstehender Beschlüsse ist auf möglichste Kosten-Ersparung Bedacht zu nehmen.

5.

In die durch die Order vom 5. November 1833 (Gesetz-Samml. von 1833 S. 291) festgesetzte Formel des von neu angestellten Staatsbeamten zu leistenden Dienst-Eides sind vor dem Schlußworte „will“ die Worte aufzunehmen: „auch die Verfassung gewissenhaft beobachten.“ — Der Diensteid ist, wie bisher, von dem Schwörenden vollständig auszusprechen. Auch dabei ist Jedem freizustellen, den Eidesworten am Schlusse die, seinem religiösen Bekenntnisse entsprechende Bekräftigungsformel hinzuzufügen.

6.

Jeder Departements-Chef wird, unter Beobachtung obiger Beschlüsse, für sein Ressort die erforderlichen Anordnungen treffen, weshalb das gegenwärtige Conclusum den einzelnen Ministerien abschriftlich mitzutheilen ist.

Berlin, den 12. Februar 1850.

Das Staats-Ministerium.

Gr. v. Brandenburg. v. Ladenberg. v. Manteuffel. v. Strotha. v. d. Heydt. v. Rabe. Simons. v. Schleinitz.

b.

Allgemeine Verfügung des Justiz-Ministers.

Vorstehender Beschluß des Königlichen Staats-Ministeriums wird sämmtlichen Gerichtsbehörden hierdurch zur Nachachtung bekannt gemacht.

Zugleich werden das Königliche Ober-Tribunal, der Rheinische Revisions- und Kassationshof, der erste Herr Appellationsgerichts-Präsident und der Herr General-Prokurator zu Cöln, sämmtliche Appellationsgerichte in den übrigen Provinzen und der Justiz-Senat zu Ehrenbreitstein hierdurch veranlaßt, die vorgeschriebene Eidesleistung aller ihrer Mitglieder und Hülfsarbeiter, der Rechtsanwälte und Notarien, Referendarien, Auskultatoren, Subaltern- und Unterbeamten, so weit die letzteren bereits einen Diensteid geleistet haben, unverzüglich zu bewirken und bei der Abnahme des Eides in derselben Art zu verfahren, wie dies bei Gelegenheit des Huldigungseides für des jetzt regierenden Königs Majestät durch die Cirkular-Verfügung vom 13. Juni 1840 näher bestimmt worden ist.

Gleichzeitig haben die Provinzial-Justizbehörden die erforderliche Anordnung zu treffen, daß der Eid von sämmtlichen Beamten der ihnen untergeordneten Behörden, so weit sie bereits einen Diensteid geschworen haben, in gleicher Weise abgeleistet, und künftig in die Formel jedes Diensteides der in dem Staats-Ministerial-Beschlusse unter Nr. 5. vorgeschriebene Zusatz aufgenommen werde. Die Beamten der Staatsanwaltschaft leisten den Eid gemeinschaftlich mit den Gerichts-Mitgliedern bei demjenigen Gericht, bei welchem sie angestellt sind. Einzelrichter, welche sich nicht am Sitze des betreffenden Stadt-, Kreis- oder Landgerichts befinden, haben sich zur Eidesleistung dahin zu begeben und sind von dem Vorstande dieses Gerichts zu vereidigen, wonächst ihnen obliegt, an ihrem Wohnorte die Vereidigung der ihnen untergebenen Subaltern- und Unterbeamten selbst zu bewirken.

Die Kosten der von den Justizbeamten zum Zwecke der Eidesleistung zu unternehmenden Reisen müssen von ihnen selbst getragen werden.

Die Protokolle über die Eidesleistung nebst den vollzogenen Eidesformeln werden bei derjenigen Gerichtsbehörde aufbewahrt, bei welcher die Eidesleistung stattgefunden hat, jedoch haben die Stadt-, Kreis- und Landgerichte den vorgesetzten Appellationsgerichten und letztere dem Justiz-Minister Anzeige darüber zu leisten, sobald die Vereidigung sämmtlicher Beamten ihres Ressorts bewirkt worden ist.

Berlin, den 13. Februar 1850.

Der Justiz-Minister
Simons.

An das Königl. Ober-Tribunal, den Rheinischen Revisions- und Kassationshof, den ersten Präsidenten des Appellationsgerichtshofes und den General-Prokurator zu Cöln, sämmtliche Appellationsgerichte und den Justiz-Senat in Ehrenbreitstein.

I. 643. E. 28.

30.

Gesetz, betreffend die Einführung der Allgemeinen Wechselordnung für Deutschland. Vom 15. Februar 1850.

(Einführungsordnung zur Allg. Wechselordnung für Deutschland vom 6. Januar 1849 S. 4 dieses Bandes.)

Wir Friedrich Wilhelm, von Gottes Gnaden, König von Preußen ꝛc. ꝛc.

verordnen, mit Zustimmung beider Kammern, auf den Antrag Unseres Staats-Ministeriums, was folgt:

§. 1.

Bei der Bestimmung des §. 1. der Verordnung vom 6. Januar v. J. (Gesetz-Sammlung Seite 49.), nach welcher die im Reichsgesetzblatt vom 27. November 1848. publizirte allgemeine Deutsche Wechselordnung in Preußen mit dem 1. Februar v. J. in Kraft getreten ist und dagegen mit diesem Tage die §§. 713. bis 1249. Titel 8. Theil II. des Allgemeinen Landrechts, so wie die Artikel 110. bis 189. des Rheinischen Handelsgesetzbuches aufgehoben sind, behält es sein Bewenden.

§. 2.

Die Amortisation eines Wechsels ist bei dem ordentlichen Gerichte des Zahlungsortes und wo Handelsgerichte bestehen, bei diesen nachzusuchen. Der Antragende muß eine Abschrift des Wechsels beibringen oder doch den wesentlichen Inhalt desselben und alles das, was das Gericht zur vollständigen Erkennbarkeit für nöthig hält, angeben, auch den Besitz und Verlust glaubhaft machen. Das Gericht erläßt eine öffentliche Aufforderung an den unbekannten Inhaber des Wechsels, binnen einer bestimmten Frist den Wechsel dem Gerichte vorzulegen, mit der Verwarnung, daß sonst der Wechsel werde für kraftlos erklärt werden. — Die Aufforderung wird am Gerichtshause oder an einer anderen für geeignet befundenen öffentlichen Stelle, und wenn am Zahlungsorte eine Börse besteht, im Börsenlokale angeschlagen und einmal in's Amtsblatt und dreimal in eine in- oder ausländische Zeitung eingerückt. — Das Gericht ist befugt, die Aufforderung an mehreren Stellen anschlagen und in mehrere Zeitungen einrücken zu lassen, wenn dies nach den Umständen angemessen erscheint. — Die Frist zur Meldung wird auf mindestens sechs Monate und höchstens Ein Jahr, vom Verfalltage ab gerechnet, bestimmt. Wird von einem Inhaber der Wechsel vorgelegt, so ist dem Antragsteller hiervon Kenntniß zu geben, und ihm zu überlassen, sein Recht gegen den Inhaber geltend zu machen. Meldet sich kein Inhaber, so erklärt das Gericht auf weiteren Antrag des Antragstellers den Wechsel für amortisirt.

§. 3.

Zu den Gerichtsbeamten, welche Proteste aufnehmen können, gehören im Bezirke des Appellationsgerichtshofes zu Cöln auch die Gerichtsvollzieher.

§. 4.

Proteste dürfen nur von 9 Uhr Vormittags bis 6 Uhr Abends, zu einer früheren oder späteren Tageszeit aber nur mit Zustimmung des Protestaten erhoben werden.

§. 5.

Gegen Personen des Soldatenstandes ist die Vollstreckung des Wechsel-Arrestes unzulässig, so lange sie dem Dienststande angehören. Auf Militair-Beamte dagegen finden fortan die für Civilbeamte gegebenen Vorschriften Anwendung.

§. 6.

Wechselklagen können sowohl bei dem Gerichte des Zahlungsortes, als bei dem Gerichte, bei welchem der Beklagte seinen persönlichen Gerichtsstand hat, erhoben werden. Wenn mehrere Wechselschuldner zusammen belangt werden, so ist außer dem Gerichte des Zahlungsortes jedes Gericht kompetent, welchem Einer der Beklagten persönlich unterworfen ist. Bei dem Gerichte, bei welchem hiernach eine Wechselklage anhängig gemacht ist, müssen sich demnächst auch alle Wechselverpflichteten einlassen, welche von einer Partei in Gemäßheit der in den verschiedenen Landestheilen bestehenden Prozeßgesetze zur Regreßleistung beigeladen oder nach gehörig geschehener Streitverkündigung belangt werden.

§. 7.

In denjenigen Landestheilen, in welchen die allgemeine Gerichtsordnung gilt, ist auch auf an sich zulässige Einwendungen, so weit es eines Beweises derselben bedarf, in Wechselsachen nur dann Rücksicht zu nehmen, wenn dieselben durch Urkunden, Eideszuschiebung oder Aussagen solcher Zeugen, die sogleich zur Stelle gebracht sind, dargethan werden. Auswärtige Zeugenverhöre, wenn sie gleich im Termine beigebracht werden, gelten nur so weit, als sie mit Zuziehung des Gegentheils oder eines von ihm dazu bestellten Bevollmächtigten aufgenommen sind und tritt diese Bestimmung an die Stelle der in dem §. 26. Titel 27. Theil I. der Allgemeinen Gerichtsordnung in Bezug genommenen Vorschriften.

§. 8.

Im Bezirke des Appellationsgerichtshofes zu Cöln gehören die Klagen aus eigenen Wechseln auch dann vor die Handelsgerichte, wenn sie weder von Handeltreibenden unterschrieben sind, noch Handelsgeschäfte zur Veranlassung haben. (Artikel 636., 637. des Rheinischen Handelsgesetzbuches.)

§. 9.

Die Bestimmungen des Allgemeinen Landrechts über Handelsbillets und kaufmännische Assignationen in den §§. 1250. bis 1304. Titel 8. Theil II. und §. 297. Titel 16. Theil I. werden hiermit aufgehoben. — Auf Rechtsverhältnisse aus solchen Handelsbillets und kaufmännischen Assignationen, welche vor dem Tage ausgestellt sind, mit dem dies Gesetz in Kraft tritt, findet diese Vorschrift keine Anwendung. — Mit dem Tage, an dem dies Gesetz in Kraft tritt, erlischt die Gültigkeit der Verordnung vom 6. Januar 1849. (Gesetz-Sammlung Seite 49.)

Urkundlich unter Unserer Höchsteigenhändigen Unterschrift und beigedrucktem Königlichen Insiegel.

Gegeben Bellevue, den 15. Februar 1850.

(L. S.) Friedrich Wilhelm.

Gr. v. Brandenburg. v. Ladenberg. v. Manteuffel. v. Strotha. v. d. Heydt. v. Rabe. Simons. v. Schleinitz.

I. 796. W. 8. Vol. VI.

31.

Allgemeine Verfügung vom 21. Februar 1850, — betreffend die Stempelpflichtigkeit der Strafresolute der Finanz- und Polizeibehörden.

Verfügung vom 4. Juli 1840 (Justiz-Ministerial-Blatt S. 238).

Nachstehende, von dem Herrn Finanz-Minister über die Stempelpflichtigkeit der Strafresolute der Finanz- und Polizeibehörden unterm 30. v. M. an die Steuer-Verwaltungs-Behörden erlassene Verfügung wird den sämmtlichen Gerichtsbehörden hierdurch bekannt gemacht.

Berlin, den 21. Februar 1850.

Der Justiz-Minister
Simons.

An
sämmtliche Gerichtsbehörden.

I. 440. Rhein. Gener. 62. Vol. 7.

Verfügung des Herrn Finanz-Ministers vom 30. Januar 1850.

Die diesseitige Verfügung vom 15. Februar 1824, nach welcher bisher von den Verwaltungs-Behörden verfahren ist, hat zwar, wie ich der Königlichen Regierung auf den Bericht vom 5. November v. J. erwiedere, dem Staats-Ministerial-Beschlusse vom 21. Januar 1823 die Auslegung gegeben, daß der Stempel von 15. Sgr. zu den Strafresoluten der Finanz- und Polizeibehörden schon dann Anwendung finden solle, wenn bei dem Vorhandensein mehrerer Angeschuldigten die darin im Ganzen festgesetzte Geldbuße, einschließlich des Konfiskations-Werthes, den Betrag von 5. Thlr. übersteigt, ohne daß es darauf ankomme, ob die den einzelnen Denunziaten treffende Strafe sich auf mehr als 5 Thlr. beläuft. Es ist indeß bereits im Jahre 1840 vom Königlichen Justiz-Ministerium gegen diese Auslegung Einwand erhoben, und durch die Verfügung desselben vom 4. Juli 1840 für die rheinischen Gerichte angeordnet worden, daß zu den polizeigerichtlichen Urtheilen der Stempel von 15 Sgr. nur dann verbraucht werden dürfe, wenn die Strafe, mindestens eines der Angeschuldigten, einschließlich des Werths des Konfiskats, den Betrag von 5 Thlr. übersteige. Nachdem die Sache jetzt abermals in Erwägung gezogen ist und dabei hat anerkannt werden müssen, daß die Ansicht des Königlichen Justiz-Ministerii den Vorzug verdiene, auch die Königliche Ober-Rechnungskammer sich bereit erklärt hat, das auf Grund des diesseitigen Erlasses vom 15. Februar 1824 gezogene Monitum fallen zu lassen, wird die Königliche Regierung von der Erledigung dieser Erinnerung hierdurch benachrichtigt, und zugleich ermächtigt, demgemäß auch in Zukunft verfahren zu lassen. In den Fällen, in welchen eine solidarische Verhaftung zweier oder mehrerer Angeschuldigten für die festgesetzten Strafen in demselben Strafresolute ausgesprochen ist, dient übrigens nicht der dem einzelnen Angeschuldigten auferlegte Strafbetrag, sondern die Summe der Strafbeträge, für welche die solidarische Verhaftung angeordnet ist, zum Maaßstab bei Beurtheilung der Stempelpflichtigkeit des Resoluts.

Berlin, den 30. Januar 1850.

Der Finanz-Minister
v. Rabe.

An die Königl. Regierung zu B. und Abschrift zur Nachricht und Achtung an sämmtliche Herren Provinzial-Steuer-Direktoren ꝛc. III. 319.

32.

Gesetz, betreffend die Ablösung der Reallasten und die Regulirung der gutsherrlichen und bäuerlichen Verhältnisse. Vom 2. März 1850.

Wir Friedrich Wilhelm, von Gottes Gnaden, König von Preußen ꝛc. ꝛc.

verordnen, mit Zustimmung beider Kammern, für den ganzen Umfang der Monarchie, mit Ausnahme der auf dem linken Rheinufer belegenen Landestheile, was folgt:

§. 1.

Mit dem Zeitpunkte der Verkündigung des gegenwärtigen Gesetzes treten folgende Gesetze außer Kraft:

1) Die Verordnung über die Ablösung der Domanial-Abgaben jeder Art vom 16. März 1811. (Gesetz-Sammlung 1811. S. 157);
2) das Edikt vom 14. September 1811., betreffend die Regulirung der gutsherrlichen und bäuerlichen Verhältnisse (G.-S. 1811. S. 281);
3) die Deklaration des Edikts vom 14. September 1811. wegen Regulirung der gutsherrlichen und bäuerlichen Verhältnisse vom 29. Mai 1816. (G.-S. 1816. S. 154);
4) die Verordnung vom 31. Mai 1816. wegen Ablösung des Erbpachtzinses von Grundstücken, die den geistlichen und milden Stiftungen gehören (G.-S. 1816. S. 181);

5) die Verordnung vom 9. Juni 1819. wegen Erklärung einiger zweifelhafter Bestimmungen der Edikte vom 14. September 1811. und 29. Mai 1816., die Regulirung der gutsherrlichen und bäuerlichen Verhältnisse betreffend (G.=S. 1819. S. 151);
6) die Verordnung vom 18. November 1819. wegen Anwendung des Edikts vom 14. September 1811., die Regulirung der gutsherrlichen und bäuerlichen Verhältnisse betreffend, auf den Kottbusser Kreis (G.=S. 1819. S. 249);
7) die Ordnung vom 7. Juni 1821. wegen Ablösung der Dienste, Natural= und Geldleistungen von Grundstücken, welche eigenthümlich zu Erbzins oder Erbpachtrecht besessen werden (G.=S. 1821. S. 77);
8) das Gesetz vom 21. Juli 1821. wegen Anwendung des Edikts vom 14. September 1811., die Regulirung der gutsherrlichen und bäuerlichen Verhältnisse betreffend, und der späteren darüber erlassenen Gesetze auf die Ober= und Niederlausitz und das Amt Senftenberg (G.=S. 1821. S. 110);
9) die Deklaration vom 24. März 1823., betreffend die Vergütigung für Hülfsdienste regulirter Wirthe (G.=S. 1823. S. 35);
10) das Gesetz vom 8. April 1823. wegen Regulirung der gutsherrlichen und bäuerlichen Verhältnisse im Großherzogthum Posen, den mit Westpreußen wieder vereinigten Distrikten, dem Kulm= und Michelauischen Kreise und in dem Landgebiete der Stadt Thorn (G.=S. 1823. S. 49);
11) das Gesetz vom 8. April 1823. wegen Anwendung des Edikts vom 14. September 1811., die Regulirung der gutsherrlichen und bäuerlichen Verhältnisse betreffend und der später darüber erlassenen Gesetze, ingleichen wegen Anwendung der Ordnung, die Ablösung der Dienste 2c. betreffend, vom 7. Juni 1821., auf das Landgebiet der Stadt Danzig (G.=S. 1823. S. 73);
12) Die Kabinetsorder vom 13. Februar 1825., durch welche die Mennoniten von den Wirkungen des Regulirungs=Edikts vom 14. September 1811. ausgeschlossen werden;
13) Die Verordnung vom 13. Juli 1827. zur näheren Bestimmung des Art. 5. Buchstabe a. der Deklaration vom 29. Mai 1816. wegen Regulirung der gutsherrlichen und bäuerlichen Verhältnisse in der Anwendung auf die Gärtner und andere Besitzer geringer Rustikalstellen in Oberschlesien u. s. w. (G.=S. 1827. S. 79);
14) die Ordnung vom 13. Juli 1829. wegen Ablösung der Reallasten in denjenigen Landestheilen, welche vormals zum Königreich Westphalen, zum Großherzogthum Berg

oder zu den französischen Departements gehört haben (G.-S. 1829. S. 65);

15) die Kabinetsorder vom 11. Dezember 1831. über die Vergütigung der vorbehaltenen Hülfsdienste in der Provinz Pommern;

16) das Gesetz vom 19. Juli 1832., betreffend die Laudemien rc. von Rustikalstellen in Schlesien (G.-S. 1832. S. 194);

17) das Gesetz vom 25. April 1835. wegen Erleichterung der Ablösung des Heimfallrechts in der Provinz Westphalen (G.-S. 1835. S. 53);

18) die Kabinetsorder vom 26. Oktober 1835. über Feststellung von Normalpreisen für vorbehaltene Hülfsdienste in dem Umfange des Brandenburgischen Provinzialverbandes (G.-S. 1835. S. 228);

19) die Deklaration und Abänderung des Gesetzes vom 8. April 1823. über die Regulirung der gutsherrlichen und bäuerlichen Verhältnisse im Großherzogthum Posen und in den mit der Provinz Preußen wieder vereinigten Distrikten, dem Kulm- und Michelauischen Kreise und dem Landgebiete der Stadt Thorn vom 10. Juli 1836. (G.-S. 1836. S. 204);

20) die Kabinetsorder vom 19. Juni 1837. wegen Ablösung der Domanialrenten zum 25fachen Betrage;

21) die Kabinetsorder vom 17 Februar 1838. wegen Ablösung der Hülfsdienste in der Provinz Preußen (G.-S. 1838. S. 237);

22) die Verordnung vom 28. November 1839., betreffend die Allodifikation der nicht zur Klasse der bäuerlichen gehörigen landesherrlichen Lehne im Herzogthum Westphalen (G.-S. 1840. S. 5);

23) die §§. 33. und 35. des Gesetzes vom 22. Dezember 1839., betreffend die Rechtsverhältnisse der Grundbesitzer und die Ablösung der Reallasten in den Grafschaften Wittgenstein-Berleburg rc. (G.-S. 1840. S. 6);

24) die Ordnung wegen Ablösung der Reallasten im Herzogthum Westphalen vom 18. Juni 1840. (G.-S. 1840. S. 156);

25) die Bestimmungen unter Nr. 3. und 5. im §. 1. des Gesetzes vom 18. Juni 1840. über die Rechtsverhältnisse des Grundbesitzes und über die Ablösung der Realberechtigungen im Fürstenthum Siegen (G.-S. 1840. S. 151);

26) das Gesetz vom 4. Juli 1840. wegen Ablösung der Reallasten in den vormals Nassauischen Landestheilen und in der Stadt Wetzlar mit Gebiet (G.-S. 1840. S. 195);

27) das Gesetz vom 30. Juni 1841. wegen Erleichterung der

Ablösung gewerblicher u. s. w. auf dem Grundbesitz haftender Leistungen (G.=S. 1841 S. 136);

28) das Gesetz vom 31. Januar 1845, betreffend die Zulässigkeit von Verträgen über unablösliche Geld= und Getreide=Abgaben (G.=S. 1845 S. 93);

29) das Gesetz vom 18. Juli 1845, betreffend die Ablösung der Dienste in denjenigen Theilen der Provinz Sachsen, in welchen die Ablösungsordnung vom 7. Juni 1821 gilt (G.=S. 1845. S. 502);

30) das Gesetz vom 31. Oktober 1845, betreffend die Ablösung der Dienste in der Provinz Schlesien (G.=S. 1845 S. 682);

31) der §. 3. des Gesetzes vom 8. Februar 1846 wegen der Präklusion der Ansprüche früherer Besitzer regulirungsfähiger bäuerlicher Stellen im Großherzogthum Posen, im ehemaligen Kulm= und Michelauischen Kreise und im Landgebiet der Stadt Thorn (G.=S. 1846 S. 219);

32) die provisorische Verordnung vom 20. Dezember 1848, die interimistische Regulirung der gutsherrlich=bäuerlichen Verhältnisse in der Provinz Schlesien betreffend (G.=S. 1848 S. 427);

33) das Gesetz, betreffend die Feststellung der bei Ablösung der Reallasten zu beachtenden Normalpreise und Normal=Marktorte vom 19. November 1849 (G.=S. 1849 S. 413);

Auch werden die Bestimmungen der vorstehend nicht aufgehobenen Gesetze außer Kraft gesetzt, welche den Vorschriften des gegenwärtigen Gesetzes entgegenstehen oder mit demselben sich nicht vereinigen lassen.

Erster Abschnitt.

Berechtigungen, welche ohne Entschädigung aufgehoben werden.

§. 2.

Ohne Entschädigung werden folgende Berechtigungen, soweit sie noch bestehen, hiermit aufgehoben:

1) Das Ober=Eigenthum des Lehnsherrn und die lediglich aus demselben entspringenden, in dem §. 5. nicht als fortbestehend bezeichneten Rechte bei allen innerhalb des Staates belegenen Lehnen, mit alleiniger Ausnahme der Thronlehne;

2) das Ober=Eigenthum des Guts= oder Grundherrn und des Erbzinsherrn, desgleichen das Eigenthumsrecht des Erbverpächters; der Erbzinsmann und der Erbpächter

erlangen mit dem Tage der Rechtskraft des gegenwärtigen Gesetzes, und lediglich auf Grund desselben, das volle Eigenthum;

3) der Anspruch auf Regulirung eines Allodifikationszinses für die aufgehobene Lehnsherrlichkeit in denjenigen Landestheilen, welche vormals zum Königreich Westphalen, zum Großherzogthum Berg, zu den französisch-hanseatischen Departements oder dem Lippe-Departement gehört haben;

4) das grundherrliche oder gutsherrliche Heimfallsrecht an Grundstücken und Gerechtsamen jeder Art innerhalb des Staates, ohne Unterschied, ob der Staat, moralische Personen oder Privatpersonen die Berechtigten sind;

5) die Berechtigung des Erbverpächters oder des Zinsberechtigten, den ihm zustehenden Kanon oder Zins willkürlich zu erhöhen;

6) die Vorkaufs-, Näher- und Retrakt-Rechte an Immobilien, mit Ausnahme der im §. 4. aufgeführten;

7) die auf Grundstücken haftende Verpflichtung, gegen das in der Gegend übliche Tagelohn zu arbeiten;

8) die Befugniß, zu verlangen, daß ein Privat-Grundbesitzer sein Grundstück mit Maulbeerbäumen bepflanze oder solche unterhalte;

9) die auf Grundstücken haftende Verpflichtung des sogenannten flämingschen Kirchganges.

§. 3.

Es werden ferner folgende Berechtigungen, soweit sie noch bestehen, ohne Entschädigung aufgehoben:

1) Das Recht, einen Antheil oder ein einzelnes Stück aus einer Verlassenschaft vermöge guts-, grund- oder gerichtsherrlichen Verhältnisses zu fordern;

2) das in einigen Landestheilen noch bestehende Recht des zu Abgaben und Leistungen Berechtigten, der Zerstückelung des pflichtigen Grundstücks zu widersprechen;

3) alle Abgaben und Leistungen der Nichtangesessenen an die bisherige Guts-, Grund- oder Gerichtsherrschaft, soweit sie aus diesem Verhältniß herzuleiten sind und nicht auf anderweitigen Verträgen beruhen;

4) die unter verschiedenen Benennungen vorkommenden Beiträge und Leistungen zur Uebertragung der Lasten der Privat-Gerichtsbarkeit und gutsherrlichen Polizei-Verwaltung;

5) alle Abgaben und Leistungen, welche außer den Kosten, deren Erhebung sich auf die gesetzlich bestehenden Gebühren-Taxen gründet, für einzelne gerichtliche Akte oder bei Gelegenheit derselben entrichtet werden;

6) alle in Beziehung auf die Jagd obliegenden Dienste und Leistungen;

7) alle Dienste, Abgaben und Leistungen zur Bewachung gutsherrlicher Gebäude und Grundstücke;

8) alle Dienste zu persönlichen Bedürfnissen der Gutsherrschaft und ihrer Beamten, z. B. Dienste zum Reinigen der Häuser und Höfe, zur Krankenpflege, zum Bewachen und Ausläuten der Leichen, zu Reisen des Gutsherrn und seiner Beamten;

9) alle Abgaben zur Ausstattung oder bei Taufen von Familiengliedern des Guts- oder Grundherrn; insbesondere das in einigen Gegenden vorkommende Recht, die Gänse der bäuerlichen Wirthe berupfen zu lassen;

10) die aus den früheren gutsherrlichen, schutzherrlichen und grundherrlichen Rechten abgeleiteten und hergebrachten Abgaben und Leistungen, welche, ohne zum öffentlichen Steuer-Einkommen zu gehören, die Natur der Steuern haben; insbesondere die in einigen Theilen der Rheinprovinz und der Provinz Westphalen, oder sonst noch vorkommende Abgabe für die Benutzung des fließenden Wassers in Privatflüssen.

Unter diesen Abgaben für die Benutzung des fließenden Wassers sind die Mühlenabgaben nicht begriffen;

11) Alle Abgaben für die Erlaubniß, auf eigenem Grund und Boden gewisse Vieharten oder Bienen zu halten;

12) die Verpflichtung zum Verkauf von Wachs und anderen landwirthschaftlichen Erzeugnissen an die Gutsherrschaft;

13) die aus dem guts- oder grundherrlichen Rechte hergeleitete Befugniß, die auf fremden Hofräumen, Gärten, Aeckern und Wiesen zerstreut stehenden Bäume und Sträuche zu benutzen und sich anzueignen;

14) die unter dem Namen Straßengerechtigkeit oder Auenrecht vorkommende Befugniß des Gutsherrn, über die nicht zu den Wegen nöthigen freien Plätze innerhalb der Dorflage zu verfügen, soweit jene aus der gutsherrlichen Polizeigerichtsbarkeit hergeleitet wird.

Das Eigenthum dieser Grundstücke fällt, insofern dieselben nicht schon vor Verkündigung des Gesetzes vom 9. Oktober 1848 (Gesetz-Sammlung 1848 S. 276) in die privative Benutzung des Gutsherrn oder eines Dritten übergegangen, oder zwischen der Gutsherrschaft und der Dorfgemeinde rechtsverbindlich getheilt worden sind, der Ortsgemeinde als solcher zu, welche aber fortan auch die bisher damit verbunden gewesenen Lasten, z. B. die Instandhaltung der Dorfstraße, der Brücken, Stege u. s. w. zu tragen hat.

Vorstehende Bestimmungen treten erst mit Einführung der neuen Gemeinde-Ordnung in den einzelnen Gemeinden in Kraft.

15) Alle unmittelbaren Gegenleistungen, welche bei den sämmtlichen in dem §. 2. und vorstehend unter 1. bis 14. aufgehobenen Leistungen dem Berechtigten oblagen, sowie die von dem Gutsherrn zu leistenden Leichenfuhren, Hochzeit- und Kindtauffuhren, Doctor- und Hebeammenfuhren.

Insofern jedoch die in diesem Paragraphen gedachten Dienste, Abgaben und Leistungen für die Verleihung oder Veräußerung eines Grundstücks ausdrücklich übernommen worden sind, bleibt deren unentgeltliche Aufhebung ausgeschlossen.

In wie weit Besitzveränderungs-Abgaben ohne Entschädigung aufgehoben werden sollen, ist in den §§. 36. ff. des gegenwärtigen Gesetzes bestimmt.

§. 4.

Das durch Verträge oder letztwillige Verfügungen begründete Vorkaufsrecht an Immobilien, das Vorkaufsrecht derjenigen, die eine Sache gemeinschaftlich zu vollem Eigenthum besitzen, an deren Antheilen, so wie das Retraktrecht der Miterben nach dem Rheinischen Civilgesetzbuch, bleiben in Kraft.

Ein gesetzliches Vorkaufsrecht findet ferner wegen aller Theile von Grundstücken statt, welche in Folge des von dem Staate ausgeübten oder verliehenen Expropriationsrechts zu gemeinnützigen Zwecken haben veräußert werden müssen, wenn in der Folge das expropriirte Grundstück ganz oder theilweise zu dem bestimmten Zweck nicht weiter nothwendig ist und veräußert werden soll.

Das Vorkaufsrecht steht dem zeitigen Eigenthümer des durch den ursprünglichen Erwerb verkleinerten Grundstücks zu. Wer das Expropriationsrecht ausgeübt hat, muß die Absicht der Veräußerung und den angebotenen Kaufpreis dem berechtigten Eigenthümer anzeigen, welcher sein Vorkaufsrecht verliert, wenn er sich nicht binnen zwei Monaten darüber erklärt. Wird die Anzeige unterlassen, so kann der Berechtigte seinen Anspruch gegen jeden Besitzer geltend machen.

§. 5.

Die in dem §. 2. Nr. 1 und 2 bestimmte Aufhebung des Ober-Eigenthums des Lehnsherrn, Guts- oder Grundherrn und Erbzinsherrn, sowie des Eigenthums des Erbverpächters, hat nicht zugleich die Aufhebung der aus diesen Verhältnissen entspringenden Berechtigungen auf Abgaben oder Leistungen oder ausdrücklich vorbehaltene Nutzungen zur Folge; vielmehr bleiben diese Berechtigungen, sofern sie nicht etwa in dem gegenwärtigen Gesetze besonders für aufgehoben erklärt worden sind, fortbestehend, und zwar mit denselben Vorzugsrechten in dem Vermögen der Verpflichteten, welche sie bisher darin hatten.

Zweiter Abschnitt.

Ablösung der Reallasten.

Titel I.

Ablösbarkeit.

§. 6.

Alle beständigen Abgaben und Leistungen, welche auf eigenthümlich oder bisher erbpachts- oder erbzinsweise besessenen Grundstücken oder Gerechtigkeiten haften (Reallasten), sind nach den Vorschriften dieses Abschnitts ablösbar.

Ausgeschlossen von der Ablösbarkeit nach den Bestimmungen dieses Gesetzes sind die öffentlichen Lasten mit Einschluß der Gemeindelasten, Gemeinde-Abgaben und Gemeindedienste, sowie der auf eine Deich- oder ähnliche Sozietät sich beziehenden Lasten, ferner Abgaben und Leistungen zur Erbauung oder Unterhaltung der Kirchen-, Pfarr- und Schulgebäude, wenn Letztere nicht die Gegenleistung einer ablösbaren Reallast sind, in welchem Falle solche zugleich mit dieser abgelöst werden.

Abgaben und Leistungen, welche den Gemeinden und den gedachten Sozietäten aus allgemeinen Rechtsverhältnissen, z. B. dem gutsherrlichen Verhältniß, oder dem Zehntrecht zustehen, sind von der Ablösung nicht ausgeschlossen.

§. 7.

Auf Grundgerechtigkeiten (Servituten) und andere nach den Grundsätzen der Gemeinheitstheilungs-Ordnung abzulösende Verhältnisse findet das gegenwärtige Gesetz keine Anwendung, soweit der dritte Abschnitt keine Ausnahme enthält.

§. 8.

Zur Feststellung der dem Berechtigten gebührenden Abfindung wird der jährliche Geldwerth der abzulösenden Reallasten nach den Bestimmungen der folgenden Titel ermittelt.

Titel II.

Dienste.

§. 9.

Sind für alljährlich vorkommende Dienste während der letzten zehn Jahre, für nicht alljährlich vorkommende Dienste während der letzten zwanzig Jahre vor Anbringung der Provokation, oder, wenn zwischen diesem Zeitpunkte und der Verkündigung des Gesetzes vom 9. Oktober 1848 eine Umschaffung der Geldleistung eingetreten ist, während der letzten zehn, resp. zwanzig Jahre vor Verkündigung des gedachten Gesetzes, Geldvergütungen ohne Widerspruch bezahlt und angenommen worden, so sind diese Vergütungen und, wenn sie während dieser Zeiträume gewechselt haben, der Durchschnitt der gezahlten Beträge der Feststellung des Geldwerths zum Grunde zu legen.

In Ermangelung solcher Preise ist zu unterscheiden zwischen den nach Tagen und den nach dem Umfange der Arbeit bemessenen Diensten.

§. 10.

Sind die Dienste nach Tagen bestimmt, so wird ihr Werth nach den für den betreffenden Bezirk festgestellten Normalpreisen (§§. 67. ff.) berechnet.

Bei Feststellung solcher Normalpreise, und zwar sowohl für Hand- als für Spanndienste, sind in Betracht zu ziehen:

a) die Dauer der Arbeitszeit;
b) die Art der Arbeit;
c) die Jahreszeiten, in welchen solche zu verrichten ist;
d) die Beschaffenheit der in der Gegend gewöhnlich in Anwendung kommenden Arbeitskräfte.

§. 11.

Sind dagegen die Dienste nach dem Umfange der zu leistenden Arbeit bestimmt, oder sind dieselben ungemessen, so wird ihr Werth dadurch ermittelt, daß durch schiedsrichterlichen Ausspruch bestimmt wird, welche Kosten der Dienstberechtigte aufzuwenden hat, um die dem Dienstpflichtigen obliegende Arbeit durch eigenes oder gemiethetes Gespann, durch Gesinde oder Tagelöhner zu bestreiten.

Hierbei ist auf die mindere Vollkommenheit, in welcher die Arbeit von den Dienstpflichtigen verrichtet zu werden pflegt, Rücksicht zu nehmen.

§. 12.

In Ansehung der Kosten für Haltung eines Gespanns, des Gesindes und der Tagelöhner sind ebenfalls Normalsätze (cf. §§. 67. ff.) festzustellen.

§. 13.

Sind die Dienste zugleich nach Tagen und nach dem Umfange der Arbeit bestimmt, so erfolgt die Ermittelung ihres Werths nach den Vorschriften der §§. 11. 12.

§. 14.

Der Werth der Baudienste, welche nicht nach Tagen bestimmt sind (§. 10.), ist in jedem einzelnen Falle nach ihrem jährlichen Durchschnittsbetrage abzuschätzen. Dabei ist die Bauart der Gebäude, zu welchen die Dienste geleistet werden müssen, ihr Umfang und ihr baulicher Zustand zur Zeit der Abschätzung, die Art der Dienstleistung des Verpflichteten und bei den Fuh-

9*

ren die Entfernung, aus welcher die Materialien heranzufahren sind, und die Beschaffenheit der Wege zu berücksichtigen.

Wenn die Parteien sich nicht über den Werth einigen, so muß er durch schiedsrichterlichen Ausspruch festgestellt werden.

Für Distrikte, in welchen nach dem Ermessen der Distrikts-Kommissionen (§§. 67. ff.) hierzu ein Bedürfniß vorhanden ist und die Beschaffenheit und Bauart der Gebäude es gestatten, können von jenen unter Zuziehung eines Bausachverständigen Normalsätze in Betreff der der Ablösungsberechnung zum Grunde zu legenden Positionen festgestellt werden.

§. 15.

Die in einigen Landestheilen vorkommenden sogenannten walzenden Dienste, d. h. solche, bei denen die Art der Ableistung oder der Umfang der Dienste oder Beides zugleich sich nach der jedesmaligen Wirthschafts-Einrichtung des Verpflichteten bestimmt, werden, wenn ihr Maaß oder ihre Zahl nicht feststeht, in Anrechnung gebracht, sofern sie alljährlich wiederkehren, nach dem Durchschnitt der in den letzten zehn Jahren vor Anbringung der Provokation geleisteten Dienste, sofern sie aber in längeren Zeiträumen wiederkehren, nach dem Durchschnitt der in den letzten zwanzig Jahren vor Anbringung der Provokation geleisteten Dienste.

§. 16.

Kann in den Fällen des §. 15. zur Aufbringung der Entschädigung kein anderer Maaßstab zur Vertheilung als rechtsverbindlich nachgewiesen werden, so ist ohne Rücksicht, ob zur Zeit Spanndienste oder Handdienste oder gar keine Dienste geleistet werden, die Entschädigung für den Spanndienst von sämmtlichen Ackerbesitzern nach Verhältniß des Flächenmaaßes ihrer Aecker aufzubringen, die Entschädigung für den Handdienst aber auf die vorhandenen Hausstellen und zwar, insofern nicht bei Leistung der Dienste ein anderes, alsdann auch für die Abfindung maaßgebendes Verhältniß statt gefunden hat, zu gleichen Theilen zu vertheilen.

Nach demselben Verhältniß wird der Werth der Gegenleistung und die etwa von den Dienstberechtigten für den Mehrwerth zu gewährende Abfindung vertheilt.

Die Feststellung des Flächenmaaßes der Aecker erfolgt in der Regel ohne Vermessung nach Flurbüchern, Katastern oder sonst auf die möglichst einfache Weise; ist jedoch eine spezielle Vermessung schon geschehen, oder wird eine solche von einem beider Theile auf seine Kosten beantragt, so ist dieselbe zum Grunde zu legen.

§. 17.

Wenn die einem Gute zustehenden Dienste nach der in der Gegend üblichen Wirthschaftsart nicht sämmtlich gebraucht werden, so erfolgt die Abfindung nur für diejenigen Dienste, deren das Gut wirthschaftlich bedarf.

Dieses Bedürfniß wird durch schiedsrichterlichen Ausspruch nach der in der Gegend üblichen Wirthschaftsart festgestellt.

Es finden jedoch diese Bestimmungen in denjenigen Fällen keine Anwendung, in denen der Berechtigte die Befugniß hat, diejenigen Dienste, die er selbst nicht benutzen kann, einem Andern zu überlassen, oder solche von dem Verpflichteten sich bezahlen zu lassen.

Titel III.

Feste Abgaben in Körnern.

§. 18.

Unter festen Abgaben in Körnern werden nur diejenigen jährlich oder in anderen bestimmten Perioden wiederkehrenden Abgaben verstanden, welche in bestimmter Menge in Körnern von Halm- und anderen Feldfrüchten, die einen allgemeinen Marktpreis haben, entrichtet werden.

§. 19.

Der Werth dieser Abgaben ist nach demjenigen Martini-Marktpreis festzustellen, welcher sich im Durchschnitt der letzten vier und zwanzig Jahre vor Anbringung der Provokation ergiebt, wenn die zwei theuersten und zwei wohlfeilsten von diesen Jahren außer Ansatz bleiben.

§. 20.

Unter Martini-Marktpreis wird der Durchschnittspreis derjenigen funfzehn Tage verstanden, in deren Mitte der Martinitag fällt.

§. 21.

Für diejenigen Gegenden, wo der lebhafteste Getreideverkehr in einer anderen Jahreszeit, als um den Martinitag stattfindet, kann ein anderer Zeitpunkt auf dem in den §§. 67. ff. bezeichneten Wege festgestellt werden.

§. 22.

Diese Durchschnitts-Marktpreise (§§. 19. bis 21.) werden alljährlich durch das Amtsblatt bekannt gemacht.

§. 23.

Der Marktplatz, dessen Preise zum Grunde zu legen sind, wird nach den Bestimmungen der §§. 67. ff. festgestellt.

§. 24.

Wenn eine Gegend keine regelmäßigen Getreide-Märkte hat, so wird für dieselbe ein möglichst benachbarter wirklicher Marktort angewiesen. Die Preise dieses Marktorts werden mit den Preisen jener Gegend in den letzten vier und zwanzig Jahren vor Verkündigung des gegenwärtigen Gesetzes, mit Weglassung der beiden theuersten und der beiden wohlfeilsten Jahre, verglichen und es wird daraus ein bleibendes Normal-Verhältniß beider Preise berechnet. Bei den für jene Gegend vorzunehmenden Preisermittelungen wird sodann der Preis des angenommenen Marktortes zum Grunde gelegt und nach dem bleibend bestimmten Normalverhältniß erhöht oder vermindert.

§. 25.

Ist ein Bezirk, in welchem sich ein wirklicher Marktort befindet, so ausgedehnt, daß in dessen entlegneren Theilen die Preise regelmäßig geringer oder höher, als an dem Marktorte selbst zu sein pflegen, so ist der ganze Bezirk in kleinere Bezirke zu theilen und für jeden derselben ein bleibendes Normal-Verhältniß zum Preise des Marktorts festzustellen.

§. 26.

Von den nach §§. 19. bis 25. zu ermittelnden Preisen kommen fünf Prozent wegen der geringeren Beschaffenheit des Zinsgetreides im Verhältniß zum marktgängigen in Abzug. Für Marktfuhrkosten findet ein besonderer Abzug nicht statt; dieselben sind jedoch bei Feststellung der Normalverhältnisse nach §. 25. mit zu berücksichtigen.

§. 27.

Wenn auf einem Marktplatze (§. 23.) für gewisse Körnerarten oder für Körnerarten in einer besonderen Qualität, z. B. Saamengetreide, Metzgetreide der Müller, keine Preise aufgezeichnet werden, so müssen die in solchen Körnerarten bestehenden Abgaben nach Tit. IV. abgeschätzt werden.

§. 28.

Bei denjenigen Getreiderenten, welche auf Grund der bisher gültig gewesenen Regulirungs- und Ablösungsgesetze als Entschädigung für aufgehobene Reallasten rechtsverbindlich stipulirt worden sind, und nach einem zehn- oder mehrjährigen Durchschnitt der Getreidepreise in Gelde abgeführt werden, erfolgt die Feststellung des jährlichen Geldwerthes nach demjenigen Geldbetrag, welcher an dem der Anbringung der Provokation (§. 94.) zunächst vorhergegangenen Fälligkeitstermine zu entrichten gewesen ist.

Muß dagegen eine solche Getreiderente nach einem niedern, als zehnjährigen Durchschnitt der Getreidepreise, oder nach dem jedesmaligen jährlichen Marktpreis eines bestimmten Ortes in Gelde abgeführt werden, so erfolgt die Feststellung des jährlichen Geldwerthes nach dem Durchschnitt der bei der Abführung maaßgebenden Marktpreise dieses Ortes. Bei Ermittelung dieses Durchschnitts werden die Preise der letzten vier und zwanzig Jahre, vor Anbringung der Provokation, mit Weglassung der beiden theuersten und der beiden wohlfeilsten, zu Grunde gelegt.

Titel IV.

Feste, nicht in Körnern bestehende Naturalabgaben.

§. 29.

Sind für feste, nicht in Körnern bestehende Naturalabgaben, welche jährlich wiederkehren, während der letzten zehn Jahre, für die in längeren Perioden wiederkehrenden aber während der letzten zwanzig Jahre vor Anbringung der Provokation, oder, wenn zwischen diesem Zeitpunkte und der Verkündung des Gesetzes vom 9. Oktober 1848 eine Umschaffung der Geldleistung eingetreten ist, während der letzten zehn resp. zwanzig Jahre vor Verkündung des gedachten Gesetzes, Geldvergütungen ohne Widerspruch bezahlt und angenommen worden, so sind diese Vergütungen und, wenn sie innerhalb der gedachten Zeiträume gewechselt haben, der Durchschnitt der bezahlten Beträge der Feststellung des Geldwerths dieser Abgaben zum Grunde zu legen.

§. 30.

Kann der jährliche Geldwerth solcher Naturalabgaben nach den Bestimmungen des §. 29. nicht ermittelt werden, so kommen Normalpreise (§§. 67. ff.) in Anwendung, bei deren Feststellung in der Regel auf die Preise in den letzten zwanzig Jahren zu rücksichtigen und in Ansehung solcher Gegenstände, deren Qualität eine verschiedene sein kann, von der Voraussetzung auszugehen ist, daß die Abgabe in der geringeren Qualität zu entrichten sei.

Ist aber in einem gegebenen Falle über die zu entrichtende Qualität urkundlich etwas Anderes bestimmt, so sind die festgestellten Normalpreise dabei nicht zum Grunde zu legen, vielmehr muß alsdann der Werth der Abgabe durch schiedsrichterlichen Ausspruch besonders festgestellt werden.

§. 31.

Auf Abgaben in Wein finden die Bestimmungen des §. 30. keine Anwendung. Der jährliche Geldwerth solcher Abgaben muß vielmehr, wenn die Vorschrift des §. 29. nicht Platz greift, durch schiedsrichterlichen Ausspruch bestimmt und hierbei auf den Ort des Erzeugnisses, sowie auf den Preis in den letzten zwanzig Jahren vor Anbringung der Provokation, Rücksicht genommen werden.

Titel V.

Natural-Fruchtzehnt.

§. 32.

Hat der Berechtigte während der letzten zehn Jahre vor Anbringung der Provokation, oder, wenn zwischen diesem Zeitpunkte und der Verkündung des Gesetzes vom 9. Oktober 1848 der Natural-Fruchtzehnt wieder erhoben worden ist, während der letzten zehn Jahre vor Verkündung des gedachten Gesetzes für den Natural-Fruchtzehnten, einen Pachtzins bezogen oder eine Abgabe in Geld oder Getreide statt des Natural-Fruchtzehnten ohne Widerspruch angenommen, so bildet der jährliche Betrag des Pachtzinses oder der Abgabe und, wenn diese Beträge gewechselt haben, der Durchschnitt der gezahlten Beträge den Jahreswerth des Zehntrechts. Sind solche Pächte oder Abgaben in Körnern entrichtet worden, so werden sie nach Tit. III. §§. 19. bis 27. in Gelde veranschlagt.

§. 33.

Treten die Voraussetzungen des §. 32. nicht ein, so ist der Ertrag an Naturalerzeugnissen, welchen der Zehntberechtigte im Durchschnitt der Jahre von dem Zehnt beziehen kann, nach dem Zustande und der Wirthschaftsart der zehntpflichtigen Grundstücke bei Anbringung der Provokation sachverständig zu bemessen. Bei dem Getreide ist dieser Ertrag in Körnern und in Stroh besonders festzusetzen.

Der Preis der Körner wird nach den Vorschriften des Tit. III. §§. 19. bis 27. bestimmt; es findet jedoch dabei der im §. 26. gedachte Abzug von fünf Prozent nicht statt. Bei Festsetzung des Preises der übrigen Naturalerzeugnisse kommen die Bestimmungen des Tit. IV. in Anwendung.

Zur Feststellung des jährlichen Geldwerths werden von dem Rohertrage die Kosten in Abzug gebracht, welche der Berechtigte aufwenden muß, um den Reinertrag zu erhalten.

Den Sachverständigen bleibt überlassen zu beurtheilen, in wieweit die vorzulegenden Zehntregister, Grundsteuer-Kataster, sowie andre nach ihrem Ermessen einzuziehende Nachrichten, ohne Vermessung und Bonitirung für die von ihnen vorzunehmenden Feststellungen ausreichend sind.

§. 34.

Die vorstehend wegen der Zehnten ertheilten Vorschriften finden auch auf die Garbenpacht von den sogenannten Garbenhöfen Anwendung.

§. 35.

Von dem Tage ab, an welchem das gegenwärtige Gesetz in Kraft tritt, kann von Ländereien, von welchen ein Zehnt noch nicht bezogen worden, derselbe nicht gefordert werden. Die Ablösung des Zehnten nach Maaßgabe der Bestimmungen dieses Titels schließt daher auch die Aufhebung des Zehnten vom Neulande (Neubruchzehnt, Rottzehnt) mit ein und kann dafür nicht noch eine besondere Abfindung verlangt werden.

Titel VI.

Besitzveränderungs-Abgaben.

§. 36.

Das Recht, Besitzveränderungs-Abgaben (Laudemien, Lehnwaaren, Antrittsgelder, Gewinngelder u. s. w.) bei denjenigen Veränderungsfällen zu fordern, welche auf irgend eine Weise in herrschender Hand eintreten, wird ohne Entschädigung des Berechtigten aufgehoben.

§. 37.

Alle unfixirten Besitzveränderungs-Abgaben, welche nach Einführung des Edikts vom 14. September 1811 wegen Beförderung der Landeskultur (Gesetz-Sammlung 1811 S. 300) neu entstanden sind, fallen unbeschadet der Gültigkeit der übrigen Bestimmungen der Veräußerung oder Verleihung ohne Entschädigung des Berechtigten fort. Abgaben, die bei Besitzveränderungen in einer ein- für allemal bestimmten Summe entrichtet werden müssen, sind für unfixirte Besitzveränderungs-Abgaben nicht zu erachten.

§. 38.

Von einem und demselben Grundstücke darf fortan niemals mehr als Eine Art von Besitzveränderungs-Abgaben entrichtet werden. Sind bisher mehrere Arten von Besitzveränderungs-Abgaben neben einander entrichtet worden, so wird vermuthet, daß die höhere dieser Abgaben eine Grundabgabe sei und daher fortbestehe, die geringere dagegen zu den im §. 3. aufgehobenen Abgaben gehöre.

§. 39.

Von denjenigen Abgaben, welche bei Besitzveränderungen unter den Namen Schreibegebühren, Siegelgelder, Konfirmations-, Verreichs-, Ausfertigungsgebühren, Zählgelder oder unter anderen, auf Gerichtshandlungen deutenden Benennungen vorkommen, gilt auch in solchen Fällen, in welchen neben ihnen keine anderen Besitzveränderungs-Abgaben entrichtet werden, die Vermuthung, daß sie Gerichtssporteln sind und zu den nach §. 3. Nr. 5. aufgehobenen Abgaben gehören.

§. 40.

Der Nachweis, daß ein Grundstück zu Besitzveränderungs-Abgaben verpflichtet ist, kann fortan durch Berufung auf Observanz nicht mehr geführt werden. Dagegen genügt es zu diesem Nachweis, wenn ein Besitzer des Grundstücks die Verpflichtung, auch ohne Angabe des Rechtsgrundes derselben, in einer öffentlichen Urkunde anerkannt hat. Selbst ein solches Anerkenntniß kann jedoch die Fortdauer solcher Besitzveränderungs-Abgaben, welche nach §§. 36. bis 38. unbedingt aufgehoben sind, nicht bewirken.

§. 41.

Zur Ermittelung des Werths der abzulösenden Besitzveränderungs-Abgaben ist

1) die Zahl der auf Ein Jahrhundert anzunehmenden Besitzveränderungsfälle,
2) der Betrag der Besitzveränderungs-Abgabe

festzustellen.

§. 42.

In der Regel sind drei Besitzveränderungsfälle auf Ein Jahrhundert zu rechnen.

Ist jedoch die Besitzveränderungs-Abgabe

1) nur bei allen Veräußerungen an Andere, als an Descendenten des Besitzers zu entrichten, so werden zwei Veränderungsfälle auf Ein Jahrhundert gerechnet;
2) dasselbe findet statt, wenn die Abgabe bei jeder Art der Besitzerwerbung Seitens eines Deszendenten entrichtet werden muß;
3) ist die Abgabe nur bei gewissen Arten der Veräußerung an Andere als an Deszendenten zu entrichten, bei anderen aber nicht, so wird nur Ein Veränderungsfall auf Ein Jahrhundert gerechnet;
4) dasselbe findet statt, wenn die Abgabe nur bei gewissen Arten der Besitzerwerbung Seitens eines Deszendenten zu entrichten ist, bei anderen aber nicht;
5) ist die Abgabe ausschließlich oder noch außerdem in anderen Fällen, als bei den unter 1. bis 4. genannten Arten des Besitzerwerbs zu entrichten (z. B. bei Heirathen des Besitzers), so ist für den Eintritt eines jeden solchen Falles Ein Veränderungsfall auf Ein Jahrhundert zu rechnen.

Mehr als drei Veränderungsfälle dürfen aber niemals auf Ein Jahrhundert gerechnet werden.

§. 43.

Ist der Betrag der Besitzveränderungs-Abgabe weder ein-für allemal, noch auch nach Prozenten des Werths oder Erwerbspreises des verpflichteten Grundstücks rechtsgültig bestimmt, so wird der Durchschnitt derjenigen Beträge, welche in den letzten sechs Veränderungsfällen wirklich bezahlt worden oder zu zahlen gewesen sind, und, wenn dieses nicht ermittelt werden kann, der Durchschnitt derjenigen Beträge, welche bekannt sind, als Einheit zum Grunde gelegt.

Sollte auf diese Weise der Betrag der Gewinngelder von mahljährigen Besitzern nicht ausgemittelt werden können, so soll der halbe Betrag eines vollen Gewinngeldes der wirklichen Besitzer desselben Grundstücks angenommen werden.

Ist der Betrag der Besitzveränderungs-Abgabe in einem

gegebenen Falle aus dem Grunde nicht genau festzustellen, weil der Sterbefall und der Gewinn zusammen in Einer Summe behandelt wurden, so soll die Hälfte dieser Summe als Betrag der Gewinngelder angenommen werden.

§. 44.

Besteht die Besitzveränderungs-Abgabe in Prozenten von dem Werthe oder Erwerbspreise des verpflichteten Grundstücks, so erfolgt die Feststellung des bei der Ablösung zum Grunde zu legenden Werthes oder Preises nach dem in Pausch und Bogen durch Schiedsrichter abzuschätzenden gemeinen Kaufwerth des Grundstücks.

Gebäude und Inventarienstücke sind bei dieser Abschätzung nur dann zu berücksichtigen, wenn sich die Verpflichtung zu der Besitzveränderungs-Abgabe auf sie mit erstreckt.

Von dem so ermittelten Kaufwerth kommen jedoch noch in Abzug:

a) die zur Ablösung von Diensten, Abgaben, Grundgerechtigkeiten oder anderen Lasten des Grundstücks von dem gegenwärtigen oder einem früheren Besitzer desselben gezahlten Kapitalien, vorausgesetzt, daß die abgelösten Lasten dem Grundstück nicht etwa ohne Einwilligung des zu der Besitzveränderungs-Abgabe Berechtigten auferlegt worden waren, entgegengesetzten Falles ist der Abzug jener Kapitalien unstatthaft;
b) zwanzig Prozent des Werthes der zum Grundstücke gehörigen Ländereien;
c) funfzig Prozent des Werthes der Gebäude und Inventarienstücke.

§. 45.

Ist der Betrag oder Prozentsatz der Besitzveränderungs-Abgabe nach Verschiedenheit der Besitzveränderungsfälle verschieden, so ist der Durchschnitt der nach §. 42. in Einem Jahrhundert zu entrichtenden Beträge als Einheit des Betrages oder Prozentsatzes der Besitzveränderungs-Abgabe anzusehen.

Mehr als drei Veränderungsfälle dürfen auch hierbei auf Ein Jahrhundert nicht gerechnet werden.

Fallen mehr als drei Veränderungsfälle auf Ein Jahrhundert, so ist der Durchschnitt der drei höchsten Beträge der Besitzveränderungs-Abgabe maaßgebend.

§. 46.

Der hundertste Theil der Summe derjenigen einzelnen Beträge, welche nach den vorstehenden Bestimmungen in den auf Ein Jahrhundert treffenden Besitzveränderungsfällen zu entrichten sein würden, bildet den Jahreswerth der abzulösenden Berechtigung.

§. 47.

Von dem Zeitpunkte ab, an welchem eine Provokation auf Ablösung bei der Auseinandersetzungs-Behörde angebracht wird, darf von denjenigen Grundstücken, auf welche sich die Provokation erstreckt (§§. 94 und 95), für die später sich ereignenden Besitzveränderungsfälle die Besitzveränderungs-Abgabe nicht mehr gefordert werden.

Dagegen ist von eben diesem Zeitpunkte ab die zu ermittelnde Ablösungsrente von den Verpflichteten zu entrichten.

§. 48.

Nachschußrenten werden bei Ablösung der Besitzveränderungs-Abgaben nicht ferner festgestellt.

§. 49.

Eine Rückforderung der vor Verkündung des gegenwärtigen Gesetzes gezahlten Besitzveränderungs-Abgaben aller Art ist nur zulässig, wenn die Zahlung entweder unter schriftlichem Vorbehalte der Rückforderung geleistet oder durch administrative Exekution erzwungen worden ist, obgleich der Verpflichtete vor Vollstreckung der Exekution seine Zahlungsverbindlichkeit bestritten hatte.

Titel VII.

Feste Geld-Abgaben.

§. 50.

Feste jährliche Geldabgaben werden nach ihrem Jahresbetrage in Rechnung gestellt.

§. 51.

Ist eine feste Geldabgabe nicht alljährlich, sondern nach Ablauf einer bestimmten Anzahl von Jahren zu entrichten, so wird ihr Betrag durch die Zahl dieser Jahre getheilt, und der Quotient stellt alsdann den Jahreswerth der Abgabe dar.

§. 52.

Auch diejenigen Renten, bei denen das Kapital, durch welches sie künftig abgelöst werden können, nach dem bisherigen gesetzlichen Ablösungssatz der Kapitalisirung zu vier Prozent im Voraus festgestellt ist, kommen als feste Geldabgaben nach ihrem Jahresbetrage in Rechnung.

Dasselbe gilt von den vorbedungenen Zinsen der nach dem bisherigen gesetzlichen Ablösungssatz und nach Maaßgabe speziell ermittelter Entschädigungsrente festgestellten Ablösungskapitalien, deren Kündigung nur dem Verpflichteten zusteht.

§. 53.

Ist dagegen in den Fällen des §. 52 eine Frist zur Zahlung des Ablösungskapitals rechtsverbindlich festgesetzt oder die Befugniß zur Kündigung desselben oder der Ablösungsrente auch dem Berechtigten, wenn auch nur unter gewissen Voraussetzungen, eingeräumt, so hat es bei diesen Festsetzungen lediglich sein Bewenden und es finden auf Fälle dieser Art die Bestimmungen des gegenwärtigen Gesetzes, mit Ausnahme der §§. 91, 92, 93 keine Anwendung.

§. 54.

Nach eben diesen Grundsätzen (§. 53) unterliegen auch die aus Gemeinheitstheilungen entsprungenen Renten der Ablösung nach den Vorschriften des gegenwärtigen Gesetzes nur dann, wenn der Berechtigte sich des in Ansehung solcher Renten gesetzlich ihm zustehenden Kündigungsrechts begeben hat.

§. 55.

Auf Renten, bei welchen ein anderer als der bisherige gesetzliche Ablösungssatz der Kapitalisirung zu vier Prozent im Voraus rechtsverbindlich festgesetzt ist, so wie auf Zinsen solcher Ablösungskapitalien, bei deren Feststellung ein anderer als dieser bisherige gesetzliche Ablösungssatz zur Anwendung gekommen ist, endlich auf Zinsen solcher Ablösungskapitalien, welche im Wege eines, nicht auf Grund einer speziellen Werthsermittelung geschlossenen Vergleichs und ohne Zugrundelegung des damals gesetzlichen Ablösungssatzes vertragsweise festgestellt worden sind, findet das gegenwärtige Gesetz, mit Ausnahme der §§.91, 92, 93 keine Anwendung.

§. 56.

In den Fällen der §§. 53, 54, 55 soll jedoch dem Berechtigten freistehen, auf Abfindung in Rentenbriefen nach Maaßgabe des Gesetzes über die Errichtung von Rentenbanken anzutragen, wenn der Verpflichtete nicht die Abfindung nach den Bestimmungen des Vertrages vorzieht.

Die Ueberweisung an die Rentenbank kann aber von der Behörde in soweit verweigert werden, als die zu übernehmenden Renten oder Zinsen zwei Drittel des nach §. 63 zu ermittelnden Reinertrags des Grundstücks übersteigen.

Titel VIII.

Andere Abgaben und Leistungen.

§. 57.

Der Jahreswerth der Verpflichtung zur Haltung von Saamenvieh und zur Ausfütterung von Vieh wird nach Normalpreisen festgestellt.

Dergleichen Normalpreise sind bei der Verpflichtung zur Haltung von Saamenvieh für jedes Stück des Mutterviehs und bei der Verpflichtung zur Ausfütterung von Vieh für jedes auszufütternde Stück Vieh nach §§. 67 ff. zu bestimmen.

§. 58.

Der Jahreswerth gewerblicher, handwerksmäßiger und aller übrigen Abgaben und Leistungen, welche nicht zu den in den Titeln II. bis VI. aufgeführten gehören, wird in jedem einzelnen Falle nach denjenigen Vorschriften des gegenwärtigen Abschnitts, welche darauf anwendbar erscheinen, wenn aber diese Vorschriften keinen Anhalt darbieten, nach sachverständigem Ermessen bestimmt.

Die Aufhebung der §§. 1 bis 5 der Gewerbeordnung vom 17. Januar 1845 genannten Rechte erfolgt, in soweit dieselben verfassungsmäßig noch bestehen, nicht nach den Bestimmungen des gegenwärtigen Gesetzes, sondern nach denen der Gewerbeordnung (Gesetz-Sammlung 1845. S. 41).

Titel IX.

Gegenleistungen.

§. 59.

Der Jahreswerth der Gegenleistungen der Berechtigten wird ebenfalls nach den vorstehenden Bestimmungen dieses Abschnitts ermittelt. Dieses gilt jedoch nicht von solchen Gegenleistungen und Verpflichtungen, deren Aufhebung den Vorschriften der Gemeinheitstheilungs-Ordnung vom 7. Juni 1821 unterliegt.

Titel X.

Abfindung der Berechtigten.

§. 60.

Von der Summe des ermittelten jährlichen Geldwerths der sämmtlichen ablösbaren Reallasten (Tit I. bis VIII.) wird die Summe des ermittelten jährlichen Geldwerths der Gegenleistungen (Tit. IX.) in Abzug gebracht. Der Ueberschuß bildet den Geldbetrag, dessen Ablösung nach den §§. 64 bis 66 angegebenen Grundsätzen erfolgt, in soweit nicht eine Ermäßigung desselben nach §. 63 eintreten muß. Wenn die Leistung und Gegenleistung nicht zwischen denselben Personen stattfindet, sondern Letztere einer dritten Person zusteht, wie dies z. B. in einigen Landestheilen bei der Verpflichtung der Zehntberechtigten zur Erbauung der Kirche, oder eines Theils derselben, der Fall ist, so tritt keine Kompensation ein, vielmehr wird der Werth der Gegenleistung dem zu Letzterer unmittelbar Berechtigten gewährt.

§. 61.

Uebersteigt der jährliche Geldwerth der Gegenleistungen den jährlichen Geldwerth der Hauptleistungen, so wird der Mehrwerth der Gegenleistungen ebenfalls nach den Bestimmungen des §. 64 abgelöst.

Eine Ausnahme hiervon findet nur statt, wenn dem Berechtigten aus einem besonderen Rechtsgrunde die Befugniß zusteht, wider den Willen des Verpflichteten auf die Leistungen zu verzichten und sich dadurch von den Gegenleistungen zu befreien.

§. 62.

Bestehen die Gegenleistungen eines zu Diensten Berechtigten in der Ueberlassung eines gewissen Antheils an den eingeerndteten oder zum Ausdrusch gekommenen Feldfrüchten, wie z. B. bei dem Zehntschnitt- oder Dreschgärtner-Verhältniß, so wird der Mehrwerth dieser Gegenleistungen, und zwar in der Regel in Land, nach den Vorschriften der Gemeinheitstheilungs-Ordnung, vergütet. Es ist aber bei der Feststellung dieses Mehrwerths der Werth sämmtlicher von dem Dienstpflichtigen dem Berechtigten zu leistenden, nach den §§. 2 und 3 nicht aufgehobenen Dienste von dem Werth der gedachten Gegenleistungen in Abrechnung zu bringen.

§. 63.

Der Besitzer einer jeden Stelle (Haus- oder Hofstelle nebst Zubehör) ist zu fordern berechtigt, daß ihm bei Feststellung der für die abzulösenden Reallasten zu leistenden Abfindung ein Drittel des Reinertrages der Stelle verbleibe, und daß mithin, soweit es hierzu erforderlich, die Abfindung für die zur Ablösung kommenden Reallasten vermindert werde.

Solche Geld- und Getreiderenten, welche auf Grund der bisher gültig gewesenen Regulirungs-, Ablösungs- und Gemeinheitstheilungs-Gesetze als Abfindung rechtsverbindlich stipulirt worden sind, unterliegen jedoch einer solchen Verminderung nicht.

Stehen dem verpflichteten Stellenbesitzer mehrere Berechtigte gegenüber, welche sich hiernach eine Verminderung ihrer Abfindung gefallen lassen müssen, so erfolgt die Verminderung nach Verhältniß der Größe der Abfindung.

Der Reinertrag der Stelle wird in folgender Art ermittelt. Es wird der gemeine Kaufwerth, den die Stelle bei Berücksichtigung aller auf ihr ruhenden Lasten und Abgaben, so wie aller ihr zustehenden Berechtigungen hat, in Pausch und Bogen durch Schiedsrichter festgestellt. Alsdann werden vier Prozent dieses Kaufwerths mit dem Jahreswerth aller ablösbaren Reallasten der Stelle nach Abzug der nach §§. 59 und 60 zu berücksichtigenden Gegenleistungen zusammengerechnet. Die Summe beider stellt den Reinertrag der Stelle dar.

§. 64.

Der nach den §§. 60 und 61 oder §. 63 festgestellte Geldbetrag kann von dem hierzu Verpflichteten durch Baarzahlung des achtzehnfachen Betrages an den Berechtigten abgelöst werden.

Die Zahlung muß, in Mangel einer anderweiten Einigung, spätestens im Ausführungstermine erfolgen.

Will der Verpflichtete eine solche Ablösung durch Kapitalzahlung nicht vornehmen, so erfolgt die Ablösung nach den Bestimmungen des Gesetzes vom heutigen Tage über die Errichtung der Rentenbanken.

Will der Verpflichtete die Ablösung durch Baarzahlung des achtzehnfachen Betrages bewirken, so steht dem Berechtigten dennoch frei, die Abfindung zum zwanzigfachen Betrage der Jahresrente in Rentenbriefen zu verlangen. Wählt der Berechtigte diese Abfindung, so leistet der Verpflichtete die Baarzahlung des achtzehnfachen Betrages an die Staatskasse, welche dagegen die dem Verpflichteten nach Maaßgabe des Gesetzes wegen Errichtung der Rentenbanken obliegenden Zahlungen an die Rentenbank zu leisten hat.

Das Nähere bestimmt das Rentenbankgesetz.

§. 65.

Ist ein Grundstück außerhalb einer gutsherrlich-bäuerlichen Regulirung oder Ablösung oder ohne Begründung eines gutsherrlich-bäuerlichen Verhältnisses mittelst eines vor Verkündung des gegenwärtigen Gesetzes errichteten schriftlichen Vertrages gegen Entrichtung eines Kanons oder Zinses und anderer Leistungen zu Erbpacht, Erbzins oder Eigenthum überlassen worden, so finden die Bestimmungen der §§. 63 und 64 keine Anwendung.

Es kann vielmehr in einem solchen Falle der Kanon oder Zins, so wie der Geldwerth der übrigen etwa noch stipulirten Leistungen, nach Abrechnung des Geldwerthes der Gegenleistungen, zum zwanzigfachen Betrage und zwar auf den Antrag des Berechtigten nur durch Vermittelung der Rentenbanken, und auf den Antrag des Verpflichteten nur durch Baarzahlung desselben nach vorhergegangener sechsmonatlicher Kündigung abgelöst werden. Der Verpflichtete ist befugt, das Kapital in vier auf einander folgenden einjährigen Terminen, von dem Ablauf der Kündigungsfrist an gerechnet, zu gleichen Theilen abzutragen. Doch ist der Berechtigte nur solche Theilzahlungen anzunehmen verbunden, die mindestens Einhundert Thaler betragen. Der jedesmalige Rückstand ist mit fünf Prozent jährlich zu verzinsen.

Uebrigens finden auch hier die Vorschriften der §§. 53, 55 und 56 Anwendung.

Ausgeschlossen von den Bestimmungen der §§. 64 und 65 bleiben die Reallasten, welche Kirchen, Pfarren, Küstereien und Schulen zustehen. Die Bestimmung über deren künftige definitive Ablösung bleibt einem besonderen Gesetze vorbehalten; bis zu diesem Zeitpunkte werden die nach dem gegenwärtigen Gesetz ermittelten Geldrenten direkt an die gedachten Institute entrichtet.

§. 66.

Bei Ablösung der Reallasten nach den Bestimmungen dieses Gesetzes findet weder eine Ermäßigung der Abfindung wegen der den pflichtigen Grundstücken auferlegten oder aufzulegenden Grundsteuern, noch auch eine Umschreibung der von den berechtigten Grundstücken für die abgelösten Reallasten zu entrichtenden Steuern auf die verpflichteten Grundstücke statt.

Dagegen bewendet es bis zur Ausführung der Ablösung bei den gesetzlichen Bestimmungen über die Ansprüche der Verpflichteten auf eine Vergütung dieser Grundsteuern, oder auf einen Abzug von den Leistungen wegen der gedachten Grundsteuern.

Tit. IV. des Gesetzes vom 21. April 1825. Nr. 938. (Gesetz-Sammlung 1825. S. 74);

Tit. IV. des Gesetzes von demselben Tage, Nr. 939. (Gesetz-Sammlung 1825. S. 94);

Tit. IV. des Gesetzes von demselben Tage, Nr. 940. (Gesetz-Sammlung 1825. S. 112);

§. 2 des Gesetzes vom 18. Juni 1840 über die Rechtsverhältnisse des Grundbesitzes rc. im Fürstenthum Siegen (Gesetz-Sammlung 1840. S. 151);

§. 1 des Gesetzes vom 18. Juni 1840 über die den Grundbesitz betreffenden Verhältnisse im Herzogthum Westphalen (Gesetz-Sammlung 1840. S. 153);

§. 16 und ff. des Nassauischen Gesetzes vom 10. und 14. Februar 1809.

Ist bei einer Verwandlung in Rente oder bei einer Ablösung durch Kapital in Gemäßheit der Bestimmungen des §. 127 der Ordnung vom 13. Juli 1829 wegen Ablösung der Reallasten in denjenigen Landestheilen, welche ehemals zum Königreich Westphalen rc. gehört haben (Gesetz-Sammlung 1829. S. 65), des §. 131 der Ordnung vom 18. Juni 1840 wegen Ablösung der Reallasten im Herzogthum Westphalen (Gesetz-Sammlung 1840. S. 156) und des §. 107 des Gesetzes vom 4. Juli 1840 wegen Ablösung der Reallasten in den vormals Nassauischen Landestheilen (Gesetz-Sammlung 1840. S. 195) bereits eine Ermäßigung der Abfindungsrente oder des Abfindungskapitals wegen der Grundsteuern eingetreten, so können dergleichen Renten, so wie die Zinsen von solchen Abfindungskapitalien, auch wenn die Bedingungen des §. 52 des gegenwärtigen Gesetzes vorhanden sind, dennoch nur in dem Falle nach Maaßgabe des §. 64 des gegenwärtigen Gesetzes abgelöst werden, wenn der Rente oder dem Kapital derjenige Betrag wieder hinzugerechnet wird, welcher bei der Verwandlung oder Ablösung wegen der Grundsteuer in Abzug gebracht worden ist. Will sich der Verpflichtete dieses nicht gefallen lassen, so findet auf die vorgedachten Zinsen das gegenwärtige Gesetz keine Anwendung; die vorgedachten Ablösungsrenten aber können in einem solchen Falle nur mit ihrem fünf und zwanzigfachen Betrage durch Kapitalzahlung auf Antrag der Verpflichteten abgelöst werden.

Eine solche Kapitalsablösung erfolgt nach vorhergegangener sechsmonatlicher Kündigung. Der Verpflichtete ist befugt, das Kapital in vier auf einander folgenden einjährigen Terminen, von dem Ablaufe der Kündigungsfrist an gerechnet, zu gleichen Theilen abzutragen. Doch ist der Berechtigte nur solche Theilzahlungen anzunehmen verbunden, die mindestens Einhundert Thaler betragen. Der jedesmalige Rückstand ist mit vier Prozent jährlich zu verzinsen.

Titel XI.

Feststellung der Normal-Preise und Normal-Marktorte.

§. 67.

Zur Feststellung der Normalpreise und Normal-Marktorte (cf. §§. 10, 12, 21, 23 bis 25, 30, 57) werden von der Auseinandersetzungs-Behörde angemessene Distrikte bestimmt. Für jeden solchen Distrikt wird eine Kommission gebildet, welche aus mehreren, nach §. 68. zu erwählenden sachkundigen Eingesessenen des Distrikts und Einem von der Auseinandersetzungs-Behörde ohne Stimmrecht zu ernennenden Vorsitzenden besteht. Die Kommission macht auf Grund der von ihr vorzunehmenden Ermittelungen der Auseinandersetzungs-Behörde Vorschläge über die in dem Distrikte zu bildenden Preisbezirke, über die Normalpreise für jeden dieser Bezirke, so wie über die anzunehmenden Normal-Marktorte.

Die Auseinandersetzungs-Behörde bestätigt diese Vorschläge oder entscheidet, wenn die Kommissions-Mitglieder sich nicht haben einigen können. Gegen diese Entscheidung steht den Mitgliedern der Kommission der Rekurs an das Revisions-Kollegium für Landeskultur-Sachen zu, welchen sie innerhalb drei Wochen vom Tage der Publikation bei der Auseinandersetzungs-Behörde einzulegen haben. Das Revisions-Kollegium entscheidet endgültig.

§. 68.

Bei der Wahl der aus den Distrikts-Eingesessenen zu entnehmenden Mitglieder der Kommission ist nach folgenden Regeln zu verfahren:

1) Die Zahl dieser Personen wird zur einen Hälfte von den verpflichteten Grundbesitzern, zur andern Hälfte von den Berechtigten gewählt;
2) umfaßt der Distrikt nur Einen landräthlichen Kreis, so wird in jeder Gemeinde desselben, unter Leitung des Gemeindevorstandes, von den Besitzern der mit Reallasten behafteten Grundstücke Ein Wahlmann gewählt. Sämmtliche Wahlmänner des Kreises werden alsdann von dem Kreisvorstande zusammenberufen, und unter dem Vorsitze desselben erwählen die von ihnen Erschienenen nach dem Ermessen der Auseinandersetzungs-Behörde zwei oder mehrere Mitglieder für die Distrikts-Kommission.
   Die Berechtigten im Kreise dagegen erwählen, unter dem Vorsitze des Kreisvorstandes, unmittelbar eine eben solche Zahl von Kommissions-Mitgliedern;
3) umfaßt der Distrikt mehrere landräthliche Kreise, so werden in jedem derselben, sowohl von Seiten der Verpflichteten als der Berechtigten, zwei Mitglieder für die Kommission auf dem unter Nr. 2 bezeichneten Wege erwählt;
4) alle diese Wahlen erfolgen nach absoluter Stimmenmehrheit der Erschienenen nach Maaßgabe des Wahlreglements vom 31. Mai 1849 wegen der Wahl der Abgeordneten;
5) die Prüfung und Bestätigung der Wahlen gebührt der Auseinandersetzungs-Behörde;
6) auf diese Behörde geht auch das Recht zur Wahl der Kommissions-Mitglieder für diejenige Partei über, welche die Wahl verweigert oder solche unterlassen hat.

§. 69.

Von zehn zu zehn Jahren ist in dem §. 67 bezeichneten Wege eine Revision der festgestellten Normalpreise und Normal-Marktorte vorzunehmen.

§. 70.

Die erwählten Mitglieder der Distrikts-Kommissionen erhalten Reise- und Zehrungs-Kosten aus der Staats-Kasse: 1 Rthlr. 15 Sgr. Tagegelder und an Reisekosten 10 Sgr. pro Meile.

Die Distrikts-Eingesessenen haben wegen der Behufs der Wahl der Mitglieder der Distrikts-Kommissionen gemachten Reisen und sonstigen Auslagen keinen Anspruch auf Vergütung.

§. 71.

In der Regel kommen die Markt- und Normalpreise desjenigen Bezirks zur Anwendung, in welchem der zur Ablieferung der Abgabe oder der zur Leistung der Verpflichtung bestimmte Ort belegen ist. Ist dieser nicht bestimmt, oder muß die Abgabe oder Leistung an verschiedenen Orten abgeliefert oder verrichtet werden, so kommen die Markt- oder Normalpreise desjenigen Bezirks zur Anwendung, in welchem das verpflichtete Grundstück belegen ist.

§. 72.

Sollten in einzelnen Distrikten Abgaben und Leistungen, für deren Ablösung nach dem gegenwärtigen Gesetze Normalsätze festgestellt werden sollen, gar nicht mehr oder doch nur in sehr geringem Umfang vorkommen, so kann mit Genehmigung des Ministeriums für landwirthschaftliche Angelegenheiten in solchen Distrikten die Festsetzung von Normalpreisen unterbleiben.

Kommt es in solchen Distrikten auf eine Abschätzung an, so erfolgt dieselbe durch Schiedsrichter.

Dritter Abschnitt.

Regulirung der gutsherrlichen und bäuerlichen Verhältnisse Behufs der Eigenthums-Verleihung.

§. 73.

Die Vorschriften dieses dritten Abschnitts treten an die Stelle des Edikts vom 14. September 1811 über die Regulirung der gutsherrlichen und bäuerlichen Verhältnisse (Gesetz-Sammlung 1811. S. 281); so wie des Gesetzes vom 8. April 1823 wegen Regulirung der gutsherrlichen und bäuerlichen Verhältnisse im Großherzogthum Posen ꝛc. (Gesetz-Sammlung 1823. S. 49); sie finden daher nur Anwendung in denjenigen Landestheilen, in welchen das gedachte Edikt oder das gedachte Gesetz bisher gegolten haben.

§. 74.

Der Regulirung Behufs der Eigenthumsverleihung unterliegen alle vor Einführung des Edikts vom 14. September 1811 oder vor Verkündung der Kabinetsorder vom 6. Mai 1819 (Gesetz-Sammlung 1819. S. 153) in den betreffenden Landestheilen bestehend gewesenen ländlichen, ihren Besitzern nicht zu Eigenthums-, Erbzins- oder Erbpachtsrechten zugehörenden Stellen, welche entweder zu lassitischen Rechten nach Maaßgabe der §§. 626 ff. Titel 21. Th. I. Allgemeinen Landrechts zur Kultur oder Nutzung ausgethan, oder mit Abgaben oder Diensten an die Gutsherrschaft belastet sind, beiderlei Stellen jedoch nur in sofern, als sie entweder zu einem erblichen oder dergestalt zu einem zeitweisen Nutzungsrecht verliehen sind, daß im Fall der Besitzerledigung nach Gesetz oder Herkommen ihre Wiederbesetzung mit einem Wirthe erfolgte.

Alle dergleichen Stellen sind regulirungsfähig, ohne Rücksicht auf Umfang und Beschaffenheit (ob sie Ackernahrungen oder Dreschgärtnerstellen u. s. w. mit Mühlen, Schmieden, Krügen verbunden sind, oder nicht); ferner ohne Rücksicht darauf, wem das Eigenthum zusteht, und ob sie auf bäuerlichen oder anderen Grundstücken gegründet sind.

Regulirungsfähig sind hiernach nicht, die ohne Begründung oder Fortsetzung eines gutsherrlichen und bäuerlichen Verhältnisses durch Vertrag in Zeitpacht gegebenen Stellen und Grundstücke, so wie die den Haus-, Forst-, Hütten- und Wirthschaftsbeamten, Dienstboten oder Tagelöhnern, Hütten- und Bergwerksarbeitern mit Rücksicht auf dieses Verhältniß zur Benutzung überlassenen Stellen und Grundstücke, gleichgültig, ob dieselben Ackernahrungen waren oder nicht.

§. 75.

Außer den im §. 74 bezeichneten Stellen sind, insofern sie vor den dort genannten Zeitpunkten schon bestanden, auch regulirungsfähig:

a) im Großherzogthum Posen, im Kulm- und Michelauischen Kreise und im Landgebiet der Stadt Thorn diejenigen Stellen, welche entweder als sogenannte emphyteutische Güter auf bestimmte Jahre oder Geschlechtsfolgen, oder als Zeitpachtgüter besessen werden, beiderlei Arten ohne Rücksicht darauf, ob sie der Gutsherrschaft dienst- oder abgabenpflichtig sind, jedoch nur dann, wenn deren Besitzer in Steuer- oder sonstigen amtlichen Verzeichnissen, Urbarien, Prästationstabellen, in Verleihungsbriefen oder Kontrakten als Leute bäuerlichen Standes (Stan chłopski) oder die Besitzungen selbst als solche, die von Leuten bäuerlichen Standes besessen werden, mit gemein-, provinziell- oder ortsüblichen Benennungen bezeichnet sind;

b) in der Provinz Preußen die auf bestimmte Jahre oder Geschlechtsfolgen verliehenen emphyteutischen Güter.

§. 76.

Der Anspruch auf Eigenthums-Verleihung steht demjenigen zu, der das zum Eigenthum zu verleihende Grundstück aus eigenem Recht besitzt. Es haben daher z. B. Interimswirthe oder diejenigen, welche die Stelle vom eigentlichen Wirth gepachtet oder geliehen haben, keinen solchen Anspruch.

Von demjenigen, welcher das Grundstück zur Zeit der Verkündung des Gesetzes vom 9. Oktober 1848. (Gesetz-Sammlung 1848. S. 276) aus eigenem Rechte besessen hat, wird vermuthet, daß er der rechtmäßige Besitzer sei. Bei den bisher nicht zu erblichen Rechten besessenen Stellen kann diese Vermuthung in Ansehung der aus der Zeit vor Verkündung des gedachten Gesetzes herrührenden Ansprüche nur durch Urkunden entkräftet werden.

§. 77.

Ist zur Zeit der Besitzerledigung einer nach dem gegenwärtigen Gesetze noch zu regulirenden Stelle Niemand mehr vorhanden, dem ein Anspruch auf Eigenthumsverleihung zustände, so hört die Verpflichtung der Gutsherrschaft zur Wiederbesetzung der Stelle auf, und die Gutsherrschaft kann über die Stelle unbeschadet der Rechte dritter Personen frei verfügen.

§. 78.

Alle diejenigen, welche auf Grund eines früheren oder des gegenwärtigen Gesetzes Ansprüche auf regulirungsfähige, von ihnen oder ihren Erblassern früher besessene Stellen, oder Entschädigungsansprüche wegen deren Entziehung herleiten wollen, müssen diese Ansprüche bis zum 1. Januar 1852 bei der Auseinandersetzungs-Behörde des Bezirks, in welchem die Stelle liegt, anmelden, widrigenfalls sie mit denselben präkludirt sein sollen.

In der Provinz Posen, in den mit Westpreußen wieder vereinigten Distrikten des Kulm- und Michelauischen Kreises, so wie in dem Landgebiete der Stadt Thorn, verbleibt jedoch die Bestimmung des §. 1 des Gesetzes vom 8. Februar 1846 (Gesetz-Sammlung 1846. S. 219) wegen der schon mit dem 1. Januar 1849 eingetretenen Präklusion der Ansprüche früherer Besitzer regulirungsfähiger bäuerlicher Stellen in Kraft. Auf die im §. 2 des ebengedachten Gesetzes bezeichneten Stellen dagegen findet die oben bestimmte mit dem 1. Januar 1852 eintretende Präklusion Anwendung.

§. 79.

Von dem Zeitpunkte ab, an welchem das gegenwärtige Gesetz Gesetzeskraft erlangt, wird in Ansehung aller nach demselben zu regulirenden Stellen, auch wenn deren Besitzer noch vor erfolgter Regulirung versterben, das Recht auf Regulirung dergestalt vererbt, als wenn die Stellen selbst bereits Eigenthum dieser Besitzer gewesen wären.

§. 80.

Bei der Regulirung kommen in Betracht:

a) an Rechten der Gutsherrschaft:
   1) das Eigenthumsrecht;
   2) die Hofwehr;
   3) das Recht auf Dienste, Geld- oder Natural-Abgaben und Leistungen aller Art, welche nach dem gegenwärtigen Gesetze ablösbar sind;
   4) die gesetzlich ablösbaren Servitute auf den bäuerlichen Grundstücken;

b) an Rechten der Stellenbesitzer:
   1) der Anspruch auf Unterstützung bei Unglücksfällen;

2) die Verpflichtung der Gutsherrschaft, den Stellenbesitzer, wenn derselbe unvermögend wird, bei den öffentlichen Abgaben und Leistungen zu vertreten;
3) die Verpflichtung der Gutsherrschaft zum Aufbau und zur Reparatur der Gebäude, so wie zur Verabfolgung von Bauholz;
4) sämmtliche nach dem gegenwärtigen Gesetze ablösbaren Leistungen der Gutsherrschaft;
5) alle gesetzlich ablösbaren Berechtigungen auf den Grundstücken der Gutsherrschaft, als Weide-, Brennholz-, Streu-Berechtigungen u. s. w.

§. 81.

Bei der Frage über die zu der Stelle gehörigen Ländereien, so wie über die derselben gegen die Gutsherrschaft zustehenden Berechtigungen und obliegenden Verpflichtungen wird der zur Zeit der Verkündung des Gesetzes vom 9. Oktober 1848 (Gesetz-Sammlung S. 276) vorhanden gewesene Besitzstand als der rechtmäßige vermuthet. Diese Vermuthung kann nur durch Urkunden entkräftet werden.

§. 82.

Ohne Entschädigung dafür leisten zu dürfen, erhält

a) der Stellenbesitzer das Eigenthumsrecht und die Hofwehr (§. 80 a. 1 und 2);
b) die Gutsherrschaft die Befreiung von den Verpflichtungen zur Unterstützung in Unglücksfällen und zur Vertretung bei öffentlichen Abgaben und Leistungen (§. 80 b. 1 u. 2).

§. 83.

Der Werth der §. 80 Lit. b. Nr. 3 angegebenen Verpflichtung der Gutsherrschaft zum Aufbau und zur Reparatur der Gebäude, so wie zur Verabfolgung von Bauholz, muß nach dem jährlichen Durchschnittsbetrage dieser Verpflichtungen abgeschätzt und in Ermangelung einer Vereinigung durch Schiedsrichter festgestellt werden.

Eben so wird auch der Werth der nach §. 80 a. 4 und b. 5 aufzuhebenden Grundgerechtigkeiten ermittelt und im Mangel einer Einigung durch Schiedsrichter festgestellt.

Für Distrikte, in welchen nach dem Ermessen der Distrikts-Kommissionen hierzu ein Bedürfniß vorhanden ist, können von den Letzteren unter Zuziehung von Sachverständigen Normalsätze in Betreff der, der Ablösungs-Berechnung zum Grunde zu legenden Positionen festgestellt werden.

§. 84.

Der Jahreswerth der §. 80 b. 4 bezeichneten Verpflichtungen der Gutsherrschaft, so wie der §. 80 a. 3 angegebenen Verpflichtungen der Stellenbesitzer, wird nach den Vorschriften des zweiten Abschnitts des gegenwärtigen Gesetzes ermittelt.

Von der Summe des ermittelten jährlichen Geldwerths der sämmtlichen Verpflichtungen des Stellenbesitzers wird die Summe des ermittelten jährlichen Geldwerths der sämmtlichen Verpflichtungen der Gutsherrschaft in Abzug gebracht. Ergiebt sich hiernach ein von dem Stellenbesitzer zu entrichtender Ueberschuß, so erfolgt dessen Ablösung nach Vorschrift des §. 64.

Uebersteigt der jährliche Geldbetrag der Verpflichtungen der Gutsherrschaft den jährlichen Betrag der Verpflichtungen des Stellenbesitzers, so braucht der Gutsherr einen solchen Ueberschuß nicht zu vergüten. Der Stellenbesitzer muß sich vielmehr mit der Kompensation der gegenseitigen Berechtigungen und Verpflichtungen begnügen.

Diese Kompensation findet jedoch bei den Stellen, deren Besitzer einen Antheil an der Erndte genießen (Mandel, Garben), nicht Statt, sondern es muß diesen auch der Ueberschuß vergütet werden.

§. 85.

Der Stellenbesitzer ist jedenfalls zu fordern berechtigt, daß ihm bei Feststellung der zu leistenden Abfindung ein Drittel des Reinertrages der Stelle verbleibe und daß mithin, soweit es hiezu erforderlich, die Abfindung des Berechtigten vermindert werde.

Zur Ermittelung dieses Reinertrages der Stelle wird der gemeine Kaufwerth, den die Stelle bei Berücksichtigung aller auf ihr ruhenden Lasten und Abgaben, so wie aller ihr zustehenden Berechtigungen, hat, durch Schiedsrichter in Pausch und Bogen festgestellt. Alsdann werden vier Prozent dieses Kaufwerths mit dem Jahreswerth aller ablösbaren Reallasten der Stelle nach Abzug der nach den §§. 59 und 60 zu berücksichtigenden Gegenleistungen zusammengerechnet. Die Summe beider stellt den Reinertrag der Stelle dar, von welchem das Drittel dem Stellenbesitzer verbleibt.

Es wird daher der Werth der nach §. 80 b. 5 ablösbaren Berechtigungen erst nach Ermittelung der bei Berücksichtigung der Prästationsfähigkeit von dem Stellenbesitzer noch zu zahlenden Rente in Abzug gebracht.

§. 86.

Liegen die zu den bäuerlichen Stellen gehörigen Grundstücke im Gemenge mit den gutsherrlichen Grundstücken, so muß eine zweckmäßige Zusammenlegung von Amtswegen nach den Vorschriften der Gemeinheitstheilungs-Ordnung erfolgen. Bei einer solchen Gemeinheitstheilung können auch die keiner Gemeinheit unterliegenden Grundstücke einer nach den Vorschriften des gegenwärtigen Abschnitts zu regulirenden Stelle wider den Willen des Besitzers derselben in den Auseinandersetzungsplan gezogen und der Umlegung unterworfen werden.

§. 87.

Das Eigenthumsrecht an der Stelle geht mit dem Termine, an welchem die Regulirung ausgeführt wird, auf den Stellenbesitzer über. Dieses Recht erstreckt sich auf die Stelle und deren Zubehör, zu welchem letzteren auch das auf den Grundstücken der Stelle stehende Holz zu rechnen ist. Die Ausführung der Regulirung ist von der nach §. 86. zu bewirkenden Auseinandersetzung unabhängig und darf durch letztere nicht aufgehalten werden.

Die Ausübung der Hütung auf den in gemischter Lage befindlichen Grundstücken ist bis zur Ausführung dieser Zusammenlegung erforderlichen Falls durch ein Interimistikum zu ordnen.

§. 88.

Das Eigenthumsrecht des Stellenbesitzers erstreckt sich auch auf die Fossilien, insofern solche nach den Landes- oder Provinzialgesetzen dem Eigenthümer des Bodens zustehen.

Die von der Gutsherrschaft vor Verkündung des gegenwärtigen Gesetzes auf bäuerlichen Gründen aufgeschlossenen mineralischen Lagerstätten, Erzförderungen und Gruben, Kalk- und Steinbrüche, so wie Thon-, Lehm-, Mergelgruben und Torfstiche verbleiben der Gutsherrschaft, vorbehaltlich der dem Stellenbesitzer zu gewährenden, durch Schiedsrichter festzustellenden Entschädigung für die ihm entzogene Benutzung und die Verschlechterung der Bodenfläche.

In den Rechtsverhältnissen in Bezug auf diejenigen Erbkuxe und Mitbaurechte, welche zur Zeit der Verkündung dieses Gesetzes bereits erworben sind, wird durch dasselbe nichts geändert.

In allen anderen nicht aus den hier zu regulirenden Eigenthumsverhältnissen herzuleitenden Beziehungen verbleibt es bei den Bestimmungen der Berggesetzgebung.

§. 89.

Die Gutsherrschaft behält die ausschließlich von ihr benutzten, auf den Grundstücken der Stelle befindlichen Gebäude, z. B. die zu Tagelöhnerwohnungen benutzten. Sie ist aber verpflichtet, sich die Versetzung dieser Gebäude auf ihren Grund und Boden gefallen zu lassen, wenn der Stellenbesitzer solche verlangt und die Kosten dazu herzugeben bereit ist.

Eine gleiche Versetzung, und zwar auf Kosten der Gutsherrschaft, ist der Stellenbesitzer zu fordern berechtigt, wenn die Gutsherrschaft einen Neubau dieser Gebäude vornehmen will.

Die Baustelle fällt, wenn eine Versetzung erfolgt, dem Stellenbesitzer unentgeltlich zu.

§. 90.

Mit der Anbringung der Provokation auf Regulirung hört

die Verpflichtung der Gutsherrschaft auf, Verluste an der Hofwehr zu ersetzen. Dagegen dauern alle übrigen Verpflichtungen beider Theile bis zum Ausführungstermine fort.

Vierter Abschnitt.
Allgemeine Bestimmungen.

§. 91.

Bei erblicher Ueberlassung eines Grundstücks ist fortan nur die Uebertragung des vollen Eigenthums zulässig.

Mit Ausnahme fester Geldrenten dürfen Lasten, welche nach dem gegenwärtigen Gesetze ablösbar sind, einem Grundstücke von jetzt ab nicht auferlegt werden.

Neu auferlegte feste Geldrenten ist der Verpflichtete, nach vorgängiger sechsmonatlicher Kündigung, mit dem zwanzigfachen Betrage abzulösen berechtigt, sofern nicht vertragsmäßig etwas Anderes bestimmt wird. Es kann jedoch auch vertragsmäßig die Kündigung nur während eines bestimmten Zeitraums, welcher dreißig Jahre nicht übersteigen darf, ausgeschlossen, und ein höherer Ablösungsbetrag als der fünf und zwanzigfache der Rente nicht stipulirt werden; ersteres gilt auch von den in den §§. 53 bis 55 gedachten Renten.

Vertragsmäßige, den Vorschriften dieses Paragraphen zuwiderlaufende Bestimmungen sind wirkungslos, unbeschadet der Rechtsverbindlichkeit des sonstigen Inhalts eines solchen Vertrags.

§. 92.

Die Kündigung von Kapitalien, welche einem Grundstücke oder einer Gerechtigkeit auferlegt werden, kann künftig nur während eines bestimmten Zeitraums, welcher dreißig Jahre nicht übersteigen darf, ausgeschlossen werden.

Kapitalien, welche auf einem Grundstücke oder einer Gerechtigkeit angelegt sind und bisher Seitens des Schuldners unkündbar waren, können von jetzt ab, sobald dreißig Jahre seit der Verkündung dieses Gesetzes verflossen sind, mit einer sechsmonatlichen Frist Seitens des Schuldners gekündigt werden.

Diese Bestimmungen finden auf sämmtliche Kreditinstitute keine Anwendung.

§. 93.

Wenn bei Zerstückelung von Grundstücken die darauf haftenden, den Bestimmungen des §. 64 unterliegenden Reallasten weder durch Kapital, noch nach den Vorschriften des Gesetzes vom heutigen Tage über Errichtung von Rentenbanken abgelöst werden, so bleiben für solche Reallasten das Hauptgrundstück und die Trennstücke in solidum verhaftet.

Dagegen ist der Berechtigte hinsichtlich solcher Renten, welche den Bestimmungen des §. 64 nicht unterliegen (§§. 53 bis 55, 65, 66 und 91), verpflichtet, sich eine Vertheilung dieser Renten auf die Trennstücke nach Verhältniß des Werths derselben gefallen zu lassen.

Er ist jedoch zu fordern berechtigt, daß diejenigen Rentenbeträge, welche nach der Vertheilung jährlich unter vier Thaler betragen, durch Kapitalszahlung Seitens des Pflichtigen abgelöst werden.

Der §. 2 des Edikts vom 14. September 1811 wegen Beförderung der Landeskultur und der §. 2. des Gesetzes vom 18. Juni 1840 über die, den Grundbesitz betreffenden Rechtsverhältnisse im Herzogthum Westphalen (Gesetz-Sammlung 1840. S. 153), soweit er diesen Bestimmungen entgegen ist, werden aufgehoben.

§. 94.

Auf Ablösung oder auf Regulirung ist sowohl der Berechtigte als der Verpflichtete anzutragen befugt.

§. 95.

Die Provokation auf Ablösung Seitens des Berechtigten muß sich stets auf die Ablösung aller Reallasten erstrecken, welche für ihn auf den Grundstücken desselben Gemeindeverbandes haften. Sind mit den Provokaten Grundbesitzer einer andern Gemeinde zum Natural-Fruchtzehnt oder zu Diensten gemeinschaftlich verpflichtet, so muß der Berechtigte seine Provokation zugleich auch gegen die Grundbesitzer dieser Gemeinde hinsichtlich aller auf deren Grundstücken für ihn haftenden Reallasten richten.

In denjenigen Landestheilen, in welchen der dritte Abschnitt des gegenwärtigen Gesetzes anwendbar ist, muß, wenn der Berechtigte provozirt, der Antrag zugleich auf Ablösung und auf Regulirung in dem vorstehend gedachten Umfange gerichtet werden.

Die Provokation auf Ablösung Seitens des Verpflichteten muß sich stets auf sämmtliche, seinen Grundstücken obliegende Reallasten erstrecken.

Die Zurücknahme einer angebrachten Provokation ist unzulässig.

Die auf Grund der Verordnung vom 20. Dezember 1848 (Gesetz-Sammlung 1848. S. 427) vorläufig durchgeführten Ablösungen und Regulirungen in der Provinz Schlesien, sind von Amtswegen in endgültige umzuleiten.

§. 96.

In Beziehung auf die Kommunalverhältnisse und die Grundsteuern treten außer den Vorschriften des §. 66 durch die Ausführung des gegenwärtigen Gesetzes keine Veränderungen ein. Es bleibt vielmehr die Regulirung dieser Verhältnisse der künftigen Gemeinde-Ordnung und den Gesetzen über die Grundsteuern vorbehalten.

§. 97.

Die Ablösbarkeit der Reallasten, so wie die Regulirungsfähigkeit der noch nicht zu Eigenthum besessenen Stellen, ist ohne Rücksicht auf früher darüber abgegebene Willenserklärungen, auf Verjährung oder früher darüber ergangene Judikate, lediglich nach den Vorschriften des gegenwärtigen Gesetzes zu beurtheilen.

§. 98.

Den bei einer Ablösung oder Regulirung Betheiligten bleibt es freigestellt, auch über eine andere Art der Auseinandersetzung, als die in den Abschnitten II. und III. bestimmte, sich zu vereinbaren. Insbesondere bleibt ihnen auch unbenommen, eine bestimmte Abfindung in Land vergleichsweise festzustellen.

§. 99.

Das gegenwärtige Gesetz findet, insoweit nicht in demselben ausdrücklich eine Ausnahme angeordnet wird, auf vergangene Fälle keine Anwendung. Aus der unentgeltlichen Aufhebung der im Abschnitt I. genannten Rechte und Pflichten kann von denen, zu deren Gunsten sie erfolgt ist, ein Einwand gegen die Nachtheile nicht entnommen werden, welche rechtlich mit gewissen Handlungen oder Unterlassungen verbunden sind, in sofern diese Handlungen oder Unterlassungen vor Verkündung des Gesetzes vom 9. Oktober 1848 sich ereigneten. Ebenso wenig begründen jene Bestimmungen des Abschnitts I. einen Einwand gegen Zahlung der bis zu dem genannten Tage fällig gewordenen Rückstände, noch einen Anspruch auf Erstattung oder Entschädigung.

In den Landestheilen, für welche die drei Gesetze vom 21. April 1825 (Nr. 938, 939 und 940 der Gesetz-Sammlung für 1825) erlassen sind, können jedoch auch die vor Verkündung des Gesetzes vom 9. October 1848 entstandenen Ansprüche aus den nach §. 2, Nr. 1 und 4 des gegenwärtigen Gesetzes ohne Entschädigung aufgehobenen Rechten nur dann geltend gemacht werden, wenn sie durch Vertrag oder rechtskräftiges Erkenntniß bereits festgestellt sind.

Rückstände, welche den doppelten Betrag der jährlichen Rente nicht übersteigen, können, in sofern beide Theile einig sind, nach näherer Bestimmung des Rentenbank-Gesetzes, der Rentenbank überwiesen werden.

§. 100.

Ist vor Verkündung des gegenwärtigen Gesetzes in einer Auseinandersetzungssache der Rezeß bestätigt oder die Ablösung oder Regulirung in Ansehung aller oder einzelner Berechtigungen (Abschnitt I. bis III.) so weit gediehen, daß die Abfindung durch Vertrag, rechtskräftiges Erkenntniß, Anerkenntniß des Auseinandersetzungsplanes oder sonst rechtsverbindlich bereits festgestellt ist, so kann hiergegen aus dem gegenwärtigen Gesetze kein Einwand hergeleitet werden.

Dagegen sind die Bestimmungen dieses Gesetzes auf alle noch nicht rechtsverbindlich festgestellten Verhältnisse anwendbar.

Ist aber in einer solchen Ablösung oder Regulirung ein Landtheilungsplan bereits ausgeführt, wenn auch noch nicht rechtsverbindlich festgestellt, so kann solcher auf Grund des gegenwärtigen Gesetzes nicht mehr angefochten, sondern die Ausgleichung wegen der nach diesem Gesetze zu berechnenden Abfindung nur in einer nach den Bestimmungen der Gemeinheitstheilungs-Ordnung zu behandelnden Rente bewirkt werden.

§. 101.

Die Bestimmungen des §. 95 finden auf alle noch anhängigen Regulirungen und Ablösungen Anwendung.

§. 102.

Die Bestimmungen des §. 47 sind auf alle bereits anhängigen Ablösungen von Besitzveränderungs-Abgaben anwendbar, in welchen die Abfindung noch nicht rechtsverbindlich festgestellt ist. (§. 100.)

§. 103.

Der Anspruch auf die nach der Deklaration vom 29. Mai 1816 (Gesetz-Sammlung 1816. S. 154) zu gewährende höhere als die Normalentschädigung fällt fort, wenn diese höhere Entschädigung bei Verkündung des gegenwärtigen Gesetzes nicht schon durch Vertrag, rechtskräftiges Erkenntniß, Anerkennung des Auseinandersetzungsplans oder sonst rechtsverbindlich festgestellt ist. Es bewendet in diesem Falle, sowohl dem Berechtigten als dem Verpflichteten gegenüber, lediglich bei der festgestellten Normalentschädigung.

Der Anspruch auf geringere als die Normalentschädigung wird nach den Vorschriften der bisherigen Gesetze erledigt; doch bleibt auch hierbei der Artikel 68 der Deklaration vom 29. Mai 1816 außer Anwendung.

§. 104.

Der Termin zur Ausführung der Auseinandersetzung wird, wenn die Interessenten sich über denselben nicht vereinigen, durch die Auseinandersetzungs-Behörde bestimmt.

§. 105.

Für das in diesem Gesetz §§. 11, 14, 17, 30, 31, 44, 63, 72, 83, 85, 88 angeordnete schiedsrichterliche Verfahren gelten die §§. 32 ff. der Verordnung vom 30. Juni 1834 wegen des Geschäftsbetriebs in den Angelegenheiten der Gemeinheitstheilungen u. s. w. (Gesetz-Sammlung 1834. S. 96) gegebenen Vorschriften.

§. 106.

Die Kosten der Regulirungen und Ablösungen, ausschließlich der Prozeßkosten, sind zur einen Hälfte von den Berechtigten zur anderen Hälfte von den Verpflichteten zu tragen.

Mehrere Berechtigte oder mehrere Verpflichtete haben zu den sie betreffenden Kosten nach Verhältniß des Werths der abgelösten Reallasten und Gegenleistungen beizutragen.

§. 107.

Die Kosten in noch anhängigen Auseinandersetzungen und Prozessen über Berechtigungen, Abgaben und Leistungen, welche in Folge der Bestimmungen des gegenwärtigen Gesetzes unentgeltlich wegfallen, werden, in soweit sie nicht bereits bezahlt sind, niedergeschlagen.

§. 108.

Die General-Kommissionen und landwirthschaftlichen Regierungsabtheilungen sind befugt, mit der Besorgung einzelner, zum Auseinandersetzungs-Verfahren gehöriger Geschäfte, und selbst mit der vollständigen Bearbeitung einfacher Auseinandersetzungen, jeden Staats- und Gemeindebeamten zu beauftragen, welchen sie dazu für geeignet halten. Diese Beamten sind verpflichtet, sich innerhalb ihres Amtsbezirks solchen Aufträgen zu unterziehen und überkommen wegen dieser Geschäfte gleiche Rechte und Pflichten, wie die beständigen Kommissarien der Auseinandersetzungs-Behörden. Die von ihnen innerhalb der Grenzen ihres Auftrages aufgenommenen Verhandlungen haben diejenige Kraft, welche im §. 55 der Verordnung vom 20. Juni 1817 den Protokollen der Spezialkommissarien beigelegt worden ist.

Die Vollziehung der Auseinandersetzungs-Rezesse kann mit der nämlichen Wirkung, wie vor einem als Richter befähigten Justizbeamten oder vor einem Notar, auch vor einem jeden von der General-Kommission oder der landwirthschaftlichen Regierungsabtheilung mit diesem Geschäfte beauftragten Staats- oder Gemeindebeamten erfolgen. Die beschränkende Vorschrift des §. 43 der Verordnung vom 30. Juni 1834 wird aufgehoben.

§. 109.

Die Legitimation jedes bei einem Auseinandersetzungs-Geschäft sich meldenden Interessenten, dessen Besitztitel im Hypothekenbuche noch nicht berichtigt worden, ist als geführt zu erachten:

a) wenn demselben von der betreffenden Gemeindebehörde bescheinigt wird, daß er das Grundstück, um welches es sich handelt, eigenthümlich besitze, oder wenn er eine auf die Erwerbung des Eigenthums davon lautende öffentliche Urkunde vorzulegen im Stande ist;

b) wenn dabei die übrigen Theilnehmer des Geschäfts die Legitimation nicht bestreiten, und
c) nach geschehener öffentlicher Bekanntmachung der Auseinandersetzung (Ausführungsgesetz vom 7. Juni 1821. §. 12, Verordnung vom 30. Juni 1834. §. 25) und Benachrichtigung der aus dem Hypothekenbuche etwa ersichtlichen Eigenthums-Prätendenten bis zur Rezeßvollziehung kein Anderer bei dem Spezial-Kommissarius oder bei der Auseinandersetzungs-Behörde Besitzansprüche erhoben hat.

Wer sich nach Ablauf des in der öffentlichen Bekanntmachung angegebenen Termins bis zur Rezeßvollziehung als Besitzer meldet und legitimirt, muß alles gegen sich gelten lassen, was bis zu dem Zeitpunkte seiner Meldung mit dem nach den obigen Lit. a. und b. vorläufig legitimirten Inhaber des Grundstücks festgestellt worden ist.

Der Hypothekenrichter darf die Eintragung des von den Auseinandersetzungs-Behörden bestätigten Rezesses in das Hypothekenbuch nicht versagen, auch wenn der Rezeß mit einem andern als dem eingetragenen Besitzer abgeschlossen, bei der Bestätigung aber von der Auseinandersetzungs-Behörde bescheinigt ist, daß die Legitimation der noch nicht titulirten Besitzer in obiger Weise ergänzt sei.

§. 110.

Die besondere Bekanntmachung der Kapital-Abfindungen an die eingetragenen Gläubiger und an die sonstigen Realberechtigten fällt weg:

a) in soweit die Kapital-Abfindungen zu den Einrichtungskosten erforderlich sind;
b) bei anderweiten Verwendungen in die Substanz des berechtigten Gutes oder zur Abstoßung prioritätisch eingetragener Kapitalposten, ohne Rücksicht darauf, wie hoch sich die eingetragenen Schulden oder Kapital-Abfindungen belaufen.

   Ob und wie weit die Verwendung in einer, die Gläubiger und Realberechtigten des berechtigten Guts sicherstellenden Weise erfolgt ist, hat die Auseinandersetzungs-Behörde allein, nach ihrem Ermessen, zu prüfen;
c) wenn die Kapitals-Abfindung nur zwanzig Thaler oder weniger beträgt;
d) wegen der Geld-Entschädigungen für den neuesten Düngungszustand und für Verbesserungs-Arbeiten;
e) wegen derjenigen Kapitals-Abfindungen, welche nach dem Gesetze über die Errichtung von Rentenbanken an den Berechtigten
   aa) von den Verpflichteten für Renten oder Renten-Antheile unter Einem Silbergroschen;
   bb) von der Rentenbank für die über den Nennwerth

der ausgehändigten Rentenbriefe überschießenden Beträge (Kapitalspitzen)

gezahlt werden müssen.

Die unter c. d. e. gedachten Abfindungs-Gelder erhält der Berechtigte, wenn er zugleich im Hypothekenbuche eingetragener Besitzer ist, zur freien Disposition, und ist insbesondere auch deren Verwendung in das Lehen, Fideikommiß, Erbzinsgut 2c. nicht zu kontrolliren.

Die Vorschriften des Gesetzes vom 29. Juni 1835, §. 9 — der Ablösungs-Ordnung vom 13. Juli 1829, §. 103 — der Ablösungs-Ordnung vom 18. Juni 1840, §§. 100, 101 — des Ablösungsgesetzes vom 4. Juli 1840, §§. 74, 75 und der Gemeinheitstheilungs-Ordnung vom 7. Juni 1821, §. 152, werden aufgehoben.

§. 111.

Eine jede Bekanntmachung wegen Kapitals-Abfindungen ist nur an diejenigen Gläubiger und Realberechtigten zu richten, welche im Hypothekenbuche des berechtigten Gutes eingetragen sind. Eine Ermittelung und Benachrichtigung ihrer nicht eingetragenen Erben, Cessionarien oder Rechtsnachfolger ist nicht erforderlich, wird vielmehr durch die öffentliche Bekanntmachung ersetzt, welche eintreten muß, wenn der eingetragene Kreditor todt oder seinem Aufenthalte nach unbekannt oder nicht mehr Besitzer der Forderung ist. Sollte in diesen Fällen die Ermittelung und besondere Benachrichtigung des zeitigen Besitzers der Forderung ohne Schwierigkeit zu bewirken sein, so steht es der Auseinandersetzungs-Behörde frei, diesen Weg statt der öffentlichen Bekanntmachung einzuschlagen.

§. 112.

Außer den abändernden Bestimmungen der §§. 106 bis 111 bleiben vorläufig die übrigen, das Kostenwesen und das Verfahren, so wie die Rechte dritter Personen regelnden bestehenden gesetzlichen Bestimmungen und die hierauf bezüglichen Vorschriften der oben im §. 1 genannten bisherigen Gesetze in Kraft, insoweit sie nicht durch dieses und das Gesetz vom heutigen Tage über die Errichtung von Rentenbanken ausdrücklich abgeändert sind.

§. 113.

Mit dem Zeitpunkte der Verkündung des gegenwärtigen Gesetzes verliert das Gesetz vom 9. Oktober 1848,

betreffend die Sistirung der Verhandlungen über die Regulirung der gutsherrlichen und bäuerlichen Verhältnisse und über die Ablösung der Dienste, Natural- und Geldabgaben, so wie der über diese Gegenstände anhängigen Prozesse (Gesetz-Sammlung 1848. S. 276), in Ansehung aller derjenigen Verhandlungen und Prozesse seine Wirksamkeit, welche Rechtsverhältnisse zum Gegenstande haben, die nach dem gegenwärtigen Gesetz geordnet werden sollen.

Ueber die Mühlenabgaben und die Anwendung des gegenwärtigen Gesetzes auf dieselben bleiben die näheren Bestimmungen einem besonderen Gesetze vorbehalten.

Bei der Sistirung der Ablösungs-Verhandlungen und Prozesse über die Mühlenabgaben behält es einstweilen sein Bewenden.

§. 114.

Die Ausführung des gegenwärtigen Gesetzes in dem Regierungsbezirk Stralsund wird der General-Kommission zu Stargard übertragen. Es kommen hierbei, in Beziehung auf das Verfahren, das Kostenwesen und die Rechte dritter Personen, dieselben gesetzlichen Vorschriften zur Anwendung, welche in dem bisherigen Geschäftsbezirk der gedachten Behörde gelten.

Urkundlich unter Unserer Höchsteigenhändigen Unterschrift und beigedrucktem Königlichen Insiegel.

Gegeben Charlottenburg, den 2. März 1850.

(L. S.) Friedrich Wilhelm.

Gr. v. Brandenburg. v. Ladenberg. v. Manteuffel. v. d. Heydt. v. Rabe. Simons. v. Schleinitz. v. Stockhausen.

I. 1144. Gutsherrliche Verhältnisse 3. Vol. XII.

33.

Gesetz über die Errichtung von Rentenbanken. Vom 2. März 1850.

Wir Friedrich Wilhelm, von Gottes Gnaden, König von Preußen rc. rc.

verordnen, mit Zustimmung beider Kammern, für den ganzen Umfang der Monarchie, mit Ausschluß der auf dem linken Rheinufer belegenen Landestheile, was folgt:

§. 1.

Errichtung von Rentenbanken und deren Bestimmung.

Zur Beförderung der Ablösung der Reallasten und zur vollständigen Auflösung des Rechtsverhältnisses zwischen den bisherigen Berechtigten und Verpflichteten soll in jeder Provinz eine Rentenbank errichtet werden.

Die für die Rheinprovinz zu errichtende Rentenbank erstreckt ihre Wirksamkeit nur auf die am rechten Rheinufer belegenen Theile der Provinz, und kann mit der Rentenbank in der Provinz Westphalen vereinigt werden.

§. 2.

Die Ablösung durch die Rentenbanken erfolgt, sobald die Reallasten in feste Geldrenten verwandelt worden sind, dadurch, daß die Bank den Berechtigten gegen Ueberlassung der Geldrente für das zu deren Ablösung erforderliche Kapital durch zinstragende, allmalig zu amortisirende Schuldverschreibungen (Rentenbriefe) abfindet, die Rente aber alsdann von dem Verpflichteten so lange fortbezieht, als dies zur Zahlung der Zinsen und zur allmäligen Amortisation der Rentenbriefe erforderlich ist. Sobald diese Amortisation vollendet ist, hört die Verbindlichkeit des Belasteten zur Entrichtung der Rente ganz auf.

§. 3.

Der Staat garantirt die Erfüllung der durch das gegenwärtige Gesetz den Rentenbanken auferlegten Verpflichtungen und wird diese Banken mit dem erforderlichen Betriebsfonds versehen.

§. 4.

Ausführende Behörden.

Die Festsetzung der an die Stelle der Reallasten tretenden Geldrenten, die Verhandlungen zwischen den Parteien über die Ueberweisung dieser Geldrenten an die Rentenbanken und die Entscheidung sowohl hierüber, als über die Höhe der den Berechtigten von der Rentenbank zu gewährenden Abfindung, liegt den Auseinandersetzungs-Behörden ob, welche nicht nur bei diesen Geschäften, sondern auch in der Folge, wenn es sich um die Frage handelt, ob und inwieweit der Berechtigte in der Disposition über die zu seiner Abfindung bestimmten Rentenbriefe oder über die bei deren Amortisation zur Auszahlung kommenden Kapitalien durch Rechte dritter Personen beschränkt ist, den bestehenden Gesetzen gemäß, die Rechte dieser Personen wahrzunehmen hat.

Alle übrigen, bei den Operationen der Rentenbanken vorkommenden Geschäfte werden der für eine jede Provinz unter dem Namen „Direktion der Rentenbank“ einzusetzenden Verwaltungsbehörde, sowie den zur Einziehung der direkten Staatssteuern bestimmten Behörden nach den näheren Bestimmungen des gegenwärtigen Gesetzes übertragen.

§. 5.

Jede Direktion einer Rentenbank besteht aus einem Direktor und dem erforderlichen Hülfs- und Subaltern-Personal.

Die Direktionen der Rentenbanken stehen unter der Oberaufsicht der Ministerien für die Finanzen und für die landwirthschaftlichen Angelegenheiten; sie sind den Regierungen und

Auseinandersetzungs-Behörden koordinirt und führen ihre Geschäfte unter Mitwirkung und Kontrolle der Provinzialvertretung.

§. 6.

Reallasten, welche zur Ablösung durch die Rentenbanken geeignet sind.

Welche Reallasten zur Ablösung durch die Rentenbanken geeignet sind, ist in dem Gesetze vom heutigen Tage, betreffend die Ablösung der Reallasten und Regulirung der gutsherrlich-bäuerlichen Verhältnisse (Abschnitt II. Titel X., Abschnitt III. §. 85. und Abschnitt IV. §. 99.) bestimmt. Ausgeschlossen von dieser Ablösung bleiben außer den in dem gedachten Gesetze (§§. 53. bis 55., 65. 66.) angegebenen Reallasten auch die nach dessen Verkündung neu auferlegten Geldrenten. (§. 91. a. a. O.)

§. 7.

Ausgeschlossen von der Ablösung durch die Rentenbanken bleiben ferner alle dem Domainenfiskus als Berechtigten zustehenden Reallasten; in Ansehung ihrer Ablösung ist im §. 64. des gegenwärtigen Gesetzes das Erforderliche bestimmt.

§. 8.

Die Uebernahme einer Rente auf die Rentenbank ist erst dann zulässig, wenn sämmtliche auf einem Grundstücke haftende, zur Ablösung durch die Rentenbank geeigneten Reallasten in feste Geldrente verwandelt sind. Ist aber dies geschehen, so kann sowohl der Berechtigte als der Verpflichtete die Ueberweisung der Geldrente an die Rentenbank Behufs der Ablösung verlangen, wenn gleich die Auseinandersetzung in Ansehung der übrigen Grundstücke derselben Gemeinde noch nicht zum Abschluß gekommen ist (§. 95. des Gesetzes über die Ablösung der Reallasten 2c. vom heutigen Tage).

§. 9.

Feststellung der Renten Behufs deren Ueberweisung an die Rentenbank.

Wenn bei einem Ablösungsverfahren der Verpflichtete erklärt, von der im §. 64. des Gesetzes über die Ablösung der Reallasten 2c. vom heutigen Tage ihm gegebenen Befugniß, die an die Stelle der Reallasten tretende feste Geldrente durch Baarzahlung des Kapitalbetrages derselben abzulösen, keinen Gebrauch machen zu wollen, so hat die Auseinandersetzungs-Behörde die Ablösung der Geldrente durch die Rentenbank von Amtswegen zu veranlassen.

Will der Verpflichtete die Ablösung nach §. 64. a. a. O. durch Baarzahlung des achtzehnfachen Betrages bewirken, der Berechtigte aber von der im vierten Satze des obengedachten §. 64. ihm eingeräumten Befugniß, den zwanzigfachen Betrag in Rentenbriefen verlangen zu können, Gebrauch machen, so finden in solchem Falle die Vorschriften der §§. 59. bis 63. des gegenwärtigen Gesetzes Anwendung.

In Ansehung derjenigen festen Geldabgaben, welche zwar zur Ablösung durch die Rentenbank geeignet sind, hinsichtlich welcher es aber zur Ermittelung ihres Jahresbetrages, außer dem im §. 65. des Gesetzes über die Ablösung der Reallasten ꝛc. vorgesehenen Falle, keiner weiteren Auseinandersetzung bedarf (§§. 50. und 52. a. a. O.), kann sowohl von dem Berechtigten als von dem Verpflichteten, in dem Falle der §§. 56. und 65. des Gesetzes über die Ablösung der Reallasten ꝛc. aber nur von dem Berechtigten, auf Ablösung durch die Rentenbank bei der Auseinandersetzungs-Behörde angetragen werden.

§. 10.

In allen Fällen, in welchen die Ablösung der Rente durch die Rentenbank erfolgt, hat der Verpflichtete nur neun Zehntheile der ermittelten vollen Geldrente (§. 64. des Gesetzes über die Ablösung der Reallasten ꝛc. vom heutigen Tage) an die Rentenbank zu entrichten. Ein Zehntheil der Rente wird demselben vom Tage ihres Ueberganges auf die Rentenbank an erlassen.

Dem Verpflichteten steht jedoch auch die Wahl frei, ob er die volle Rente oder nur neun Zehntheile derselben künftighin an die Rentenbank entrichten will. — Auf die Höhe der Entschädigung des Berechtigten ist dieses aber ohne Einfluß, und es wird nur die Amortisationsperiode der Renten bei Einzahlung des vollen Betrages abgekürzt. Von der einmal getroffenen Wahl kann der Verpflichtete nicht wieder abgehen.

Diese dem Verpflichteten zustehende Befugniß, durch Entrichtung der vollen Rente die Amortisations-Periode abzukürzen, fällt jedoch weg, wenn der Rentenbank nach Vorschrift des §. 99. des Gesetzes über die Ablösung der Reallasten ꝛc. Rückstände überwiesen werden. Der Verpflichtete hat in diesem Falle noch eine besondere jährliche Rente, welche in dem zwanzigsten Theil der Summe der Rückstände besteht, zur Tilgung der letzteren an die Rentenbank zu entrichten.

§. 11.

So weit jedoch der hiernach (§. 10.) der Rentenbank zu überweisende Rentenbetrag nicht in vollen Silbergroschen besteht, darf derselbe der Rentenbank nicht überwiesen werden. Es müssen vielmehr dergleichen in Pfennigen bestehende Rententheile, so wie überhaupt Renten, welche nach Abzug eines Zehntheils, oder auch da, wo die volle Rente der Rentenbank überwiesen wird, unter Einem Silbergroschen betragen, ohne Einwirkung der Rentenbank von dem Verpflichteten durch Baarzahlung in Kapital nach der Vorschrift im ersten Absatz des §. 64. des Gesetzes über die Ablösung der Reallasten 2c. vom heutigen Tage abgelöst werden.

§. 12.

In dem über die Ablösung oder Regulirung aufzunehmenden Rezeß sind zugleich die Ergebnisse der Auseinandersetzung zwischen dem Rentenpflichtigen und der Rentenbank (§. 10.), zwischen dem Ersteren und dem bisherigen Berechtigten (§§. 11. und 17.) und zwischen diesem und der Rentenbank (§§. 28. ff.) festzustellen.

Die Rechte der Rentenbank werden hierbei von der Auseinandersetzungs-Behörde von Amtswegen wahrgenommen; der Zuziehung der Direktion der Rentenbank bedarf es daher nicht.

§. 13.

Sind zur Zeit der Verkündung des gegenwärtigen Gesetzes die Reallasten eines Grundstücks bereits in feste Geldrente verwandelt, so wird, wenn die letztere durch die Rentenbank abgelöst werden soll, über die im §. 12. gedachte Auseinandersetzung ein besonderer Rezeß aufgenommen.

Streitigkeiten, welche hierbei (§§. 6., 8. bis 13.) entstehen, sind in demselben Verfahren zu entscheiden, welches gesetzlich bei Ablösungen vorgeschrieben ist.

§. 14.

Die über das Verhältniß der Betheiligten zur Rentenbank abgeschlossenen Rezesse (§§. 12. und 13.) müssen stets von der Auseinandersetzungs-Behörde bestätigt und von dieser der Direktion der Rentenbank in Ausfertigung mitgetheilt werden. Nur auf Grund eines solchen Rezesses darf eine Rente auf die Rentenbank übernommen werden.

§. 15.

Der Zeitpunkt, an welchem die Rente auf die Rentenbank übernommen und wann sie zum ersten Male an dieselbe entrichtet werden soll, wird von der Direktion der Rentenbank bestimmt.

§. 16.

Die Uebernahme einer Rente auf die Rentenbank darf nur am 1. April oder am 1. Oktober geschehen.

§. 17.

Bis zu dem Zeitpunkte der Uebernahme muß, wenn die Ausführung der Auseinandersetzung früher eingetreten ist (§. 104. des Gesetzes über die Ablösung der Reallasten 2c. vom heutigen Tage), die Rente von dem Verpflichteten unmittelbar an den bisherigen Berechtigten entrichtet werden.

§. 18.

Einziehung und Sicherstellung der Renten.

Die an die Rentenbank abgetretenen Renten genießen bei Konkurrenz mit andern Verpflichtungen des belasteten Grundstücks dasselbe Vorzugsrecht, welches die Gesetze den Staatssteuern beilegen. Sie bedürfen keiner Eintragung in das Hypothekenbuch des verpflichteten Grundstücks, welches jedoch für die Dauer der Amortisations-Periode der Rentenbank verhaftet bleibt.

Diejenigen eingetragenen Reallasten, an deren Stelle die Renten getreten sind, werden im Hypothekenbuche kostenfrei gelöscht; dagegen wird in diesem Falle kostenfrei im Hypothekenbuche vermerkt, daß das Grundstück der Rentenbank rentenpflichtig ist.

Die Löschung wird von der Auseinandersetzungs-Behörde beantragt, sobald die Uebernahme der Rente von der Direktion der Rentenbank und die Abfindung des Berechtigten erfolgt sind (§. 30.).

§. 19.

Gebäude, auf welchen Renten für die Rentenbank haften, müssen auf Verlangen der Direktion der Rentenbank bei einer Feuerversicherungs-Gesellschaft bis zu dem, nach den Grundsätzen dieser Gesellschaft zulässigen Werth von dem Verpflichteten versichert werden. Der Verpflichtete kann hierzu von der Direktion der Rentenbank durch administrative Exekution angehalten werden.

Die Direktion der Rentenbank hat diejenigen Versicherungs-Gesellschaften, bei welchen ihrem Ermessen nach dergleichen Versicherungen erfolgen müssen, zu bestimmen und öffentlich namhaft zu machen.

§. 20.

Bei Zerstückelung von Grundstücken, auf welchen Renten für die Rentenbanken haften, finden auf diese Renten die gesetzlichen Vorschriften über die Staatssteuern ebenfalls Anwendung.

Die Direktion der Rentenbank kann jedoch verlangen, daß in solchem Fall Rentenbeträge, welche nach der Vertheilung der Rente jährlich weniger als fünf Silbergroschen betragen, sofort durch Kapitalzahlung nach den Vorschriften des §. 23. abgelöst werden.

§. 21.

Die Renten werden in monatlichen Raten mit den Staatssteuern postnumerando erhoben.

In Ansehung ihrer Erhebung und Beitreibung hat die Direktion der Rentenbank dieselben Berechtigungen, welche die

Gesetze den Verwaltungs-Behörden bei Erhebung und Beitreibung der Staatssteuern beilegen.

§. 22.

Tilgung der Renten.

Der Verpflichtete wird entweder durch eine 56 1/12 Jahre oder 673 Monate lang fortgesetzte Zahlung der Rente, wenn er sich bei Ueberweisung der Rente auf die Rentenbank für den Erlaß eines Zehntheils der vollen Rente, oder durch eine 41 1/12 Jahre oder 493 Monate lang fortgesetzte Zahlung der vollen Rente, wenn er sich für diese erklärt hat (§. 10.), von der Verpflichtung zur ferneren Entrichtung der Rente vollständig befreit.

Auf die zur Tilgung der Rückstände der Rentenbank überwiesenen Renten finden die für volle Renten gegebenen Bestimmungen Anwendung.

§. 23.

Dem Verpflichteten steht indessen frei, auch schon während der im §. 22. angegebenen Zeiträume die Rente durch Kapitalzahlung ganz oder theilweise zu tilgen.

Welche Summen in den verschiedenen Jahren der beiden Amortisations-Perioden zur Ablösung der verschiedenen Rentenbeträge erforderlich sind, ergiebt sich aus den unter A. und B. beigefügten Tabellen. A. B.

Kapitalzahlungen sind jedoch stets nur erst dann zulässig, wenn der Verpflichtete zuvor die bereits fälligen Rentenzahlungen geleistet hat. Eingehende Kapitalzahlungen müssen daher zunächst auf die noch rückständigen Rentenzahlungen verrechnet werden.

Rentenbeträge, die nicht in Silbergroschen sich abrunden, können nicht durch Kapitalzahlung abgelöst werden.

Rentenbeträge unter fünf Silbergroschen können nur dann durch Kapitalzahlung abgelöst werden, wenn die auf einem Grundstücke lastende Rente weniger als fünf Silbergroschen beträgt. Es muß jedoch in einem solchen Falle die Rente mit einem Male vollständig abgelöst werden.

§. 24.

Dergleichen Kapitalzahlungen (§. 23.) müssen nach vorhergegangener sechsmonatlicher Kündigung am 31. März oder am 30. September geleistet werden.

Der verminderte Rentenbetrag wird zum ersten Male an demjenigen Rentenzahlungs-Termine entrichtet, welcher auf die zur gehörigen Zeit erfolgte Kapitalzahlung zunächst folgt.

§. 25.

Will ein Rentenpflichtiger ohne vorherige Kündigung Kapitalzahlung leisten, so steht ihm dieses zwar frei, allein es kann eine solche Zahlung nur so angesehen werden, als wenn sie sechs Monate nach dem auf die Zahlung zunächst folgenden 31. März oder 30. September erfolgt wäre. Wird eine Kapitalzahlung ohne vorhergegangene Kündigung am 31. März oder 30. September geleistet, so hat sie die Wirkung, als wenn sie an dem auf die Zahlung zunächst folgenden 30. September oder 31. März geleistet worden wäre.

§. 26.

Die Kündigungen und Kapitalzahlungen müssen bei der Direktion der Rentenbank oder bei den von letzterer zur Annahme der Kündigungen und Kapitalzahlungen autorisirten Beamten erfolgen.

§. 27.

Ueber jede Kapitalzahlung ertheilt die Direktion der Rentenbank eine Quittung, in welcher zugleich ausgedrückt sein muß, wie viel die verminderte Rente künftig noch beträgt, und an welchem Termine dieselbe zum ersten Male zu entrichten ist. Nur durch eine solche Quittung wird der Verpflichtete bleibend entlastet.

§. 28.

Abfindung des Berechtigten.

Der Berechtigte erhält als Abfindung von der Rentenbank den zwanzigfachen Betrag der vollen Rente (§. 10.) und eintretenden Falls außerdem den zwanzigfachen Betrag der zur Tilgung von Rückständen der Rentenbank überwiesenen Rente, insoweit nicht nach §. 11. die Abfindung für die überschießenden Pfennige von dem Verpflichteten unmittelbar erfolgt ist.

§. 29.

Diese Abfindung (§. 28.) wird in Rentenbriefen nach deren Nennwerth, und soweit durch solche der von der Rentenbank zu leistende Abfindungsbetrag nicht vollständig gewährt werden kann (§. 32.), in baarem Gelde geleistet.

§. 30.

Die Abfindung des Berechtigten erfolgt zu demselben Zeitpunkt, an welchem die Rente auf die Rentenbank übernommen wird (§§. 15. und 16.).

§. 31.

Die gesammte Abfindung an Rentenbriefen und baarem Gelde wird demjenigen zugestellt, welchen die Auseinandersetzungs-Behörde als den berechtigten Empfänger bezeichnet (§. 4).

§. 32.

Rentenbriefe und Zinskupons.

Die Rentenbriefe werden von der Direktion der Rentenbank nach dem unter C. beiliegenden Schema, und zwar in

C.

Appoints von 1000 Rthlr., 500. Rthlr., 100 Rthlr., 25 Rthlr. und 10. Rthlr. ausgestellt und mit jährlich vier Prozent in halbjährigen Terminen, am 1. April und 1. Oktober, verzinset.

Den Inhabern der Rentenbriefe steht kein Kündigungsrecht zu.

§. 33.

Mit jedem Rentenbriefe werden zugleich Zinskupons auf achtjährige, vom 1. Oktober 1850 ab zu berechnende Perioden nach dem unter D. beiliegenden Schema ausgegeben. D.

§. 34.

Nach dem Ablaufe jeder dieser Perioden (§. 33.) werden dem Vorzeiger des Rentenbriefes neue Zinskupons auf einen gleichen Zeitraum ausgehändigt.

§. 35.

Der Betrag der fälligen Zinskupons wird, gegen Ablieferung derselben, von der Kasse der Rentenbank baar ausgezahlt; auch werden diese fälligen Zinskupons von allen Königlichen Kassen in Zahlung angenommen.

§. 36.

Die Zinskupons verjähren binnen vier Jahren zum Vortheil der Anstalt.

Die Verjährungsfrist beginnt mit dem auf den Fälligkeits-Termin folgenden letzten Dezember.

§. 37.

Die Rentenbriefe können Behufs der Belegung gerichtlicher und vormundschaftlicher Depositalgelder, sowie der Fonds öffentlicher Institute angekauft oder als Unterpfand angenommen werden.

§. 38.

Der Ueberschuß von einem halben oder von einem Prozent, welchen die Rentenbanken dadurch erhalten, daß sie je nach der Wahl der Verpflichteten entweder neun Zehntheile der vollen Rente, oder diese letztere unverkürzt, also entweder vier und ein halbes oder fünf Prozent der zum zwanzigfachen Betrage der vollen Rente ausgestellten Rentenbriefe einziehen, letztere aber nur mit vier Prozent verzinsen, muß unvermindert zur Amortisation der Rentenbriefe verwendet werden.

§. 39.

Jede Rentenbank ist verpflichtet, halbjährlich so viel Rentenbriefe auszuloosen, als ihrem Nennwerth nach mit denjenigen Geldsummen bezahlt werden können, welche bis zum Schluß des Halbjahrs, in dem die Ausloosung erfolgt, nach §. 38. dem Amortisationsfonds aus den Rentenzahlungen zufließen und nach §. 24. an Ablösungs-Kapitalien eingezahlt werden müssen, oder nach §. 25. als am Schluß dieses Halbjahrs eingezahlt zu betrachten sind.

In dem auf die erste Ausgabe von Rentenbriefen folgenden Jahre ist jedoch die Rentenbank an diese Verpflichtung zur Ausloosung noch nicht gebunden.

§. 40.

Den Inhabern der ausgeloosten Rentenbriefe wird der Nennwerth derselben baar ausgezahlt.

§. 41.

Die Ausloosungen der Rentenbriefe erfolgen in den Monaten Mai und November.

Die Zahlung auf die im Mai ausgeloosten Rentenbriefe wird an dem zunächst folgenden 1. Oktober, auf die im November ausgeloosten aber an dem zunächst folgenden 1. April, und zwar auf der Kasse der Rentenbank gegen Zurücklieferung des ausgeloosten Rentenbriefs geleistet.

§. 42.

Nach jeder Ausloosung werden die ausgeloosten Rentenbriefe unter Bezeichnung ihrer Buchstaben, Nummern und ihres Betrages, so wie des Termins, an welchem ihre Auszahlung erfolgen soll, mit der Aufforderung an die Inhaber, öffentlich bekannt gemacht, an diesem Termine die Zahlung in Empfang zu nehmen. Diese Bekanntmachung ist drei Mal in die Amtsblätter der Provinz, in eine der in derselben erscheinenden Zeitungen und in den zu Berlin erscheinenden Preußischen Staats-Anzeiger einzurücken.

Die erste Einrückung in die Amtsblätter der Provinz muß in demselben Monat, in welchem die Ausloosung stattgefunden hat, und mindestens vier Monate vor dem Zahlungstage erfolgen.

§. 43.

Von dem zur Auszahlung der Rentenbriefe bestimmten Termine ab findet eine Verzinsung derselben nicht ferner statt.

§. 44.

Die ausgeloosten Rentenbriefe verjähren binnen zehn Jahren zum Vortheil der Anstalt.

Die Verjährungsfrist beginnt mit dem auf den Fälligkeitstermin (§. 41.) folgenden letzten Dezember.

§. 45.

Ist ein Rentenbrief nicht mehr zinsbar (§. 43.), so werden zwar die noch laufenden Zinskupons desselben zur Zeit des in ihnen bestimmten späteren Fälligkeitstermins von der Kasse der Rentenbank bezahlt; der Inhaber des Rentenbriefes aber muß sich, wenn er denselben Behufs Empfangnahme des Kapitals präsentirt, den Abzug des Betrages der fehlenden Kupons gefallen lassen.

§. 46.

Die ausgeloosten, an die Rentenbank gegen Baarzahlung zurückgegebenen Rentenbriefe werden vernichtet.

§. 47.

Die Ausloosung und die Vernichtung der Rentenbriefe erfolgt öffentlich unter der Leitung der Direktion der Rentenbank, im Beisein zweier Abgeordneten der Provinzialvertretung und eines Notars.

§. 48.

Die über die Vernichtung der Rentenbriefe aufgenommene Verhandlung wird öffentlich durch einmalige Einrückung in die Amtsblätter der Provinz und in eine in derselben erscheinende Zeitung bekannt gemacht.

§. 49.

Rechte dritter Personen.

Was die Gesetze bei Ablösung der Reallasten in Beziehung auf dritte Personen bestimmen, findet auch bei Ablösung durch die Rentenbank Anwendung.

Die Abfindung durch Rentenbriefe wird hierbei einer Kapital-Abfindung gleich geachtet. Es treten jedoch folgende nähere Bestimmungen ein:

1) der Verpflichtete wird durch Uebernahme der Rente auf die Rentenbank von jeder Verhaftung gegen dritte Personen in Ansehung dieser Rente und der dafür den Berechtigten gewährten Abfindung befreit;

2) die landschaftlichen Kredit-Institute, so wie das Königliche Kredit-Institut für Schlesien, sind nicht befugt, in Folge von Ablösungen durch die Rentenbank Pfandbriefe zu kündigen. Es steht ihnen aber frei, die Ueberweisung eines, nach Maaßgabe des Betrages, um welchen sich die Sicherheit der Pfandbriefe durch die Ablösung vermindert hat, und unter Berücksichtigung der Appoints, in welchen die Pfandbriefe und die dem berechtigten Gute als Abfindung gewährten Rentenbriefe ausgestellt sind, zu bestimmenden Betrags der letzteren zu verlangen.

Diese Rentenbriefe werden von den Kredit-Instituten aufbewahrt. Kommen dieselben zur Ausloosung, so muß das Kredit-Institut einen entsprechenden Betrag an Pfandbriefen kündigen und die für die ausgeloosten Rentenbriefe eingehende Summe zur Berichtigung der gekündigten Pfandbriefe verwenden.

3) Der Berechtigte ist zu verlangen befugt, daß seine Abfindung, insoweit sie nicht von einem Kredit-Institute in Anspruch genommen wird, zum gerichtlichen Depositum genommen werde, und in demselben auf unbestimmte Zeit

bis zur Auszahlung des Nennwerths der Rentenbriefe nach erfolgter Ausloosung verbleibe.

4) Ist eine Aufbewahrung der Abfindung in der unter Nr. 2. und 3. angegebenen Art erfolgt, so bedarf es keiner weiteren Maaßregel zur Sicherstellung der Rechte dritter Personen.

5) Ist das berechtigte Gut ein Lehn oder Fideikommiß, oder haben Hypothekengläubiger oder sonstige Realberechtigte die Wiederherstellung ihrer geschmälerten Sicherheit verlangt, und erreicht der Kurswerth der Rentenbriefe nicht deren Nennwerth: so kann der Besitzer des abgefundenen Guts nicht zur Entrichtung der Differenz zwischen dem Kurs- und dem Nennwerthe der Rentenbriefe, sondern nur zur Deposition der letzteren in der unter Nr. 3. angegebenen Art angehalten werden.

Die Hypothekengläubiger sind in diesem Falle nicht befugt, ihre Befriedigung vor der Verfallzeit zu fordern.

6) Die bei den Kredit-Instituten und in den gerichtlichen Depositorien aufbewahrten Abfindungen bleiben hinsichtlich derjenigen eingetragenen Schulden und sonstigen Verpflichtungen, für welche die abgelösten Rechte mit verhaftet waren, Zubehör des abgefundenen Gutes.

7) Ist ein deponirter Rentenbrief ausgeloost oder dafür der Nennwerth eingezahlt, so finden auf diese nunmehr in baarem Gelde bestehende Abfindung die gesetzlichen Bestimmungen über Kapital-Abfindungen überall Anwendung, in soweit nicht unter Nr. 2. etwas Anderes verordnet worden.

§. 50.

Lösung des Verhältnisses zwischen den bisher Berechtigten und Verpflichteten.

Von dem Zeitpunkte ab, in welchem eine Rente von der Rentenbank übernommen und der Berechtigte durch letztere abgefunden wird (§§. 15., 16. und 30.), hören alle gegenseitigen Rechte und Pflichten zwischen den bisher Berechtigten und Verpflichteten in Bezug auf diese Rente und diejenigen Reallasten, an deren Stelle die Rente getreten, völlig auf.

Nur wegen der Rückstände bleiben dem bisher Berechtigten seine Rechte vorbehalten.

§. 51.

Steuer-Umschreibung.

Die Ablösung durch die Rentenbank begründet nicht die Nothwendigkeit einer neuen Vertheilung der Grundsteuer (Steuerumschreibung).

§. 52.

Reservefonds.

Diejenigen Summen, welche die Direktion der Rentenbank durch zinstragende Benutzung ihrer Kassenbestände oder durch Verjährung von Zinskupons und ausgeloosten Rentenbriefen (§§. 36., 44.) gewinnt, werden zu einem Reservefonds angesammelt.

§. 53.

Der Reservefonds ist zur Deckung etwaiger Ausfälle an Renten bestimmt.

Reicht derselbe hierzu nicht aus, so wird das Fehlende vom Staate zugeschossen.

Dagegen fallen dem Staate auch die nach gänzlicher Beendigung der Ablösungsgeschäfte durch die Rentenbank in dem Reservefonds verbleibenden Bestände zu.

§. 54.

Kosten.

Die durch Errichtung und Verwaltung der Rentenbanken entstehenden Kosten übernimmt der Staat.

Die den Rentenbank-Direktionen übertragenen Geschäfte genießen die Stempel- und Portofreiheit.

§. 55.

Auf die durch Anwendung des gegenwärtigen Gesetzes bei den Auseinandersetzungs-Behörden entstehenden Kosten finden die Bestimmungen des Kostenregulativs vom 25. April 1836 und der in Beziehung auf dasselbe erlassenen Instruktion vom 16. Juni 1836 Anwendung.

§. 56.

Schließung der Rentenbanken.

Einer besonderen gesetzlichen Bestimmung bleibt es vorbehalten, künftig eine Frist zu bestimmen, nach deren Ablauf Ablösungen durch die Rentenbanken nicht weiter stattfinden dürfen.

§. 57.

Aufgebot und Amortisation verlorener Rentenbriefe.

Wenn ein Rentenbrief angeblich verloren gegangen ist, und an dessen Stelle die Ausfertigung eines anderen verlangt wird, so findet folgendes Verfahren statt:

1) Der angebliche letzte Inhaber des Rentenbriefes muß dessen Verlust und die Umstände, unter denen solcher sich ereignet hat, der betreffenden Provinzial-Rentenbank-Direktion anzeigen.
2) Vermag der Anzeigende die gänzliche Vernichtung des Rentenbriefes auf eine für die Direktion der Rentenbank

nach deren Ermessen überzeugende Weise darzuthun, so wird ihm an Stelle des vernichteten ein anderer Rentenbrief von gleichem Betrage ausgefertigt.

In allen anderen Fällen muß der verlorene Rentenbrief zuvor öffentlich aufgeboten und gerichtlich amortisirt werden.

3) Zu dem Ende hat die Direktion der Rentenbank unter spezieller Bezeichnung des Rentenbriefes und Benennung des angeblichen letzten Inhabers den Verlust und die Umstände, unter denen solcher geschehen sein soll, öffentlich mit der Aufforderung bekannt zu machen: daß derjenige, welcher rechtmäßiger Inhaber dieses Rentenbriefes zu sein behauptet, sich ohne Verzug bei ihr melde. Diese Bekanntmachung wird einmal in die Amtsblätter der Provinz und in zwei in der Provinz erscheinende Zeitungen eingerückt, und ist, falls der Verlierer nicht eine besondere Bekanntmachung verlangt, mit einer der im §. 42. gedachten öffentlichen Bekanntmachungen zu verbinden.

4) Meldet sich binnen Jahresfrist nach der Einrückung der Bekanntmachung (Nr. 3) in die Amtsblätter Niemand als Inhaber des angeblich verlorenen Rentenbriefes, und kommt derselbe während dieser Zeit auch sonst nicht zum Vorschein, so wird dem Verlierer hierüber von der Direktion der Rentenbank eine Bescheinigung ertheilt.

5) Auf Grund dieser Bescheinigung kann der Verlierer bei dem Gerichte, in dessen Bezirke die betreffende Provinzial-Rentenbank ihren Sitz hat, das weitere Aufgebot und die Amortisation des Rentenbriefes in Antrag bringen.

6) Das Gericht hat hierauf einen Ediktaltermin anzusetzen und denselben unter Angabe

a) des Buchstaben, der Nummer und des Betrages des angeblich verlorenen Rentenbriefes,

b) des Namens des angeblichen Verlierers,

mit der Aufforderung öffentlich bekannt zu machen,

daß ein Jeder, der an den Rentenbrief ein Anrecht zu haben vermeint, sich bei dem Gerichte spätestens in dem Ediktaltermine melden und sein Recht nachweisen möge, widrigenfalls der Rentenbrief für erloschen erklärt und dem Verlierer ein neuer an dessen Stelle ausgefertigt werden solle.

Beträgt der Nennwerth des Rentenbriefes 25 Rthlr. oder weniger, so wird der Ediktaltermin durch einmalige Einrückung in die Amtsblätter der Provinz und in eine in derselben erscheinende Zeitung bekannt gemacht und so weit hinaus bestimmt, daß vom Tage der Einrückung in die Amtsblätter an gerechnet bis zum Termine mindestens sechs Wochen frei bleiben.

Beträgt der Nennwerth des Rentenbriefes 100 Thaler, so muß der Ediktaltermin zweimal durch die gedachten öffentlichen Blätter bekannt gemacht und dergestalt hinausgerückt werden, daß zwischen der ersten Einrückung in die Amtsblätter und dem Termine mindestens sechs Monate vergehen.

Bei Rentenbriefen von 500 Thalern oder 1000 Thalern muß die Bekanntmachung des Termins dreimal nicht nur durch jene Blätter, sondern zugleich durch den in Berlin erscheinenden Preußischen Staats-Anzeiger erfolgen und mindestens eine einjährige Frist zwischen der ersten Einrückung in die Amtsblätter und dem Termin verlaufen.

7) Meldet sich auf die Ediktalzitation oder auch schon vorher in Folge der unter Nr. 3 angeordneten Bekanntmachung ein Inhaber des Rentenbriefes, so muß der Streit zwischen ihm und dem angeblichen Verlierer gerichtlich erörtert und entschieden werden.

8) Hat sich dagegen Niemand in dem Ediktaltermin gemeldet und ist auch der Rentenbrief nicht zum Vorschein gekommen, so faßt das Gericht das Präklusions- und Amortisations-Erkenntniß ab, und verkündet solches durch Zustellung einer Ausfertigung an den Verlierer, sowie durch Aushang einer solchen an der Gerichtsstelle.

9) Sobald das Erkenntniß rechtskräftig geworden, was anzunehmen ist, wenn binnen vier Wochen nach erfolgtem Aushange Niemand Einwendungen bei dem Gerichte dagegen erhoben hat, wird dessen Inhalt durch die Amtsblätter der Provinz und durch eine in derselben erscheinende Zeitung einmal bekannt gemacht, zugleich aber eine mit dem Attest der Rechtskraft versehene Ausfertigung des Erkenntnisses der Direktion der Rentenbank mitgetheilt, welche alsdann dem Verlierer an Stelle des amortisirten einen anderen Rentenbrief von gleichem Betrage mit den dazu gehörenden, bis dahin von der Rentenbank noch nicht ausgegebenen Zinskupons zustellt.

10) Die durch das Aufgebotsverfahren bei der Direktion der Rentenbank und dem Gerichte entstehenden Kosten hat der Verlierer zu tragen.

11) Wegen verlorener oder vernichteter Zinskupons ist ein Amortisationsverfahren so wenig, als eine Klage auf Zustellung anderer Kupons an Stelle der verlorenen oder vernichteten zulässig.

Wenn jedoch die Vernichtung der Zinskupons der Direktion der Rentenbank überzeugend nachgewiesen wird, so kann dieselbe andere Kupons an Stelle der vernichteten ausantworten.

§. 58.

Besondere Bestimmungen: a. für diejenigen Landestheile, in welchen bereits Rententilgungskassen bestehen.

Die für einzelne Landestheile über die Errichtung von Rententilgungskassen früher bereits ergangenen gesetzlichen Vorschriften, nämlich:

a) das durch die Kabinetsorder vom 20. September 1836 bestätigte Reglement für die Tilgungskasse zur Erleichterung der Ablösung der Reallasten in den Kreisen Paderborn, Büren, Warburg und Höxter vom 8. August 1836 (Gesetz-Sammlung 1836 S. 235);

b) das Gesetz vom 22. Dezember 1839, betreffend die Rechtsverhältnisse der Grundbesitzer und die Ablösung der Reallasten in den Grafschaften Wittgenstein-Berleburg und Wittgenstein-Wittgenstein (Gesetz-Sammlung 1840 S. 6);

c) das durch die Kabinetsorder vom 18. April 1845. bestätigte Reglement für die Tilgungskasse zur Erleichterung der Ablösung der Reallasten in den Kreisen Heiligenstadt, Mühlhausen und Worbis vom 9. April 1845 (Gesetz-Sammlung 1845 S. 410), sowie das durch die Kabinetsorder vom 6. Juli 1846 genehmigte Regulativ wegen Erleichterung der Domainen-Prästantiarien in den vorerwähnten drei Kreisen bei Abtragung und Ablösung ihrer Domanial-Leistungen vom 14. Juni 1846,

bleiben, mit Ausnahme der durch das Gesetz über die Ablösung der Reallasten 2c. vom heutigen Tage aufgehobenen §§. 33. und 35. des unter b. gedachten Gesetzes, auch nach Verkündung des gegenwärtigen Gesetzes in den Landestheilen, für welche sie gegeben sind, nur in soweit in Kraft, als sie den nachstehenden Bestimmungen nicht zuwiderlaufen:

1) An der Stelle der Vorschriften der Ablösungsordnungen vom 7. Juni 1821 und 13. Juli 1829, auf welche in den unter a — c. gedachten Spezialgesetzen verwiesen ist, sind künftig die Vorschriften des Gesetzes vom heutigen Tage, betreffend die Ablösung der Reallasten 2c., in Anwendung zu bringen; es wird daher der jährliche Geldwerth der nach dem gedachten Ablösungsgesetz ablösbaren Reallasten fortan stets nach den Vorschriften dieses Gesetzes festgestellt.

2) Die Bestimmungen im §. 3. des Reglements vom 8. August 1836 (siehe oben unter a.) und im §. 2. des Reglements vom 9. April 1845 (siehe oben unter c.):

„daß die Ablösung durch die Tilgungskasse nur statt finde, wenn der Berechtigte darauf anträgt“,

wird aufgehoben, und das Recht zum Antrage auf eine solche Ablösung auch dem Verpflichteten, jedoch nur für den Fall beigelegt, wenn derselbe diesen Antrag auf Ablösung sämmtlicher hierzu geeigneten Reallasten seines Grundstücks richtet.

3) Die Vorschrift im §. 2. des Reglements vom 9. April 1845 (siehe oben unter c.):

„daß der Antrag stets auch auf Ablösung des Schaaf-, Aufhütungs-, Pferch- und Milchnutzungsrechts erstreckt werden muß“,

wird aufgehoben.

4) Das Reglement vom 9. April 1845 für die Kreise Heiligenstadt ꝛc. (siehe oben unter c.) wird dahin abgeändert, daß

α) die künftig auszugebenden Schuldverschreibungen der Tilgungskasse alljährlich bis zur Amortisation nicht mit drei und einem halben, sondern mit vier Prozent dem Empfangsberechtigten zu verzinsen;

β) daß das aus der Staatskasse jährlich zuzuschießende eine Prozent des Betrages der ausgegebenen Schuldverschreibungen (§. 7. des gedachten Reglements) mit einem halben Prozent zur Erhöhung der Zinsen der Inhaber der Schuldverschreibungen von drei und einem halben auf vier Prozent, und mit einem halben Prozent zur Amortisation der Schuldverschreibungen zu verwenden;

γ) die nach §. 12. des Reglements von den Pflichtigen unverändert mit drei und drei viertel Prozent des zum zwanzigfachen Betrage kapitalisirten Geldwerthes ihrer nach dem Gesetz über die Ablösung der Reallasten ꝛc. vom heutigen Tage festzustellenden und zu entrichtenden Renten fortan nicht in dem Zeitraum von 43 Jahren, sondern nach Ablauf eines Zeitraums von $56\frac{1}{12}$ Jahren erlöschen;

δ) wenn der Pflichtige die Tilgung der Rente vor Ablauf des zuletzt angegebenen Zeitraums ganz oder theilweise herbeizuführen wünscht, so kann er solche durch Baarzahlung der in der beigefügten Tabelle A. für jedes Jahr berechneten Ablösungsbeträge bewirken. Die dem Reglement vom 9. April 1845 beigefügte Tabelle findet daher nur bei Ablösung solcher Renten Anwendung, welche der Tilgungskasse bereits vor Publikation des gegenwärtigen Gesetzes rechtsverbindlich überwiesen sind.

5) Das Reglement vom 8. August 1836 für die Kreise Pa-

derborn ꝛc. (siehe oben unter a.) wird, wie folgt, abgeändert:

α) Diejenigen Pflichtigen, welche sich den Bestimmungen im §. 14. Nr. 1 und 2 des gedachten Reglements unterworfen haben, sind an dieselben nicht ferner gebunden. Es behält aber bei den §§. 14. und 15. des Reglements ihnen zugesicherten Vortheilen sein Bewenden;

β) dieselben Vortheile kommen denjenigen, welche künftig nach Maaßgabe des Reglements ihre Reallasten ablösen, sowie denjenigen, welche bereits Renten an die Tilgungskasse entrichten, den Bestimmungen des §. 14. Nr. 1 und 2 sich jedoch nicht unterworfen haben, zu Statten. Bei diesen letzten Pflichtigen beginnt die verminderte Rentenzahlung von vier und einem sechstel auf vier Prozent, sowie die Amortisationsperiode von 41 Jahren mit dem auf die Verkündung des gegenwärtigen Gesetzes zunächst folgenden Rentenzahlungs-Termin.

6) Die Bestimmungen der §§. 18., 19. und 20. des gegenwärtigen Gesetzes finden auch auf die Renten, welche den bereits bestehenden Tilgungskassen (siehe oben unter a. b. c.) zustehen, sowie auf die Gebäude, worauf solche Renten haften, und die Bestimmungen der §§. 37. und 57. des gegenwärtigen Gesetzes auf die Schuldverschreibungen dieser Tilgungskassen künftighin ebenfalls Anwendung.

7) Die in den §§. 39. und 40. des gegenwärtigen Gesetzes enthaltenen Bestimmungen sind auch für die mehrgedachten Tilgungskassen dergestalt maaßgebend, daß die zur Tilgung zu bringenden Schuldverschreibungen stets durch Auslosung bestimmt werden müssen. Der Ankauf derselben durch die Tilgungskassen ist nicht gestattet.

8) Was im §. 49. des gegenwärtigen Gesetzes in Bezug auf die Rechte dritter Personen verordnet worden, findet bei Abfindungen durch Schuldverschreibungen der bestehenden Tilgungskassen gleichfalls Anwendung.

9) Den Ministerien für die Finanzen und für die landwirthschaftlichen Angelegenheiten bleibt es überlassen, die Funktionen der bestehenden Tilgungskassen (siehe oben unter a. b. c.) den Provinzial-Rentenbanken, respektive den Auseinandersetzungs-Behörden zu überweisen.

10) Die Vorschriften der Reglements vom 8. August 1836 und 9. April 1845 nebst den vorstehenden, diese Reglements ergänzenden Bestimmungen finden in den betreffenden Distrikten auch auf die dem Königlichen Domainenfiskus zustehenden Reallasten insoweit Anwendung, als es

sich um Festsetzung der Höhe der Rente, deren Tilgung und Ablösung, und endlich um die den Tilgungskassen in Beziehung auf solche Renten eingeräumten Rechte handelt.

Dagegen werden auch hier Schuldverschreibungen für den Königlichen Domainenfiskus nicht ausgestellt.

§. 59.

b. für die Fälle, in denen die Abfindung des Berechtigten in Rentenbriefen durch Vermittelung des Staats erfolgt (siehe oben §. 9.).

Wenn der Verpflichtete die Ablösung durch Baarzahlung des achtzehnfachen Betrages der Rente bewirken will, der Berechtigte aber die Abfindung zum zwanzigfachen Betrage in Rentenbriefen verlangt (§. 64. des Gesetzes über Ablösung der Reallasten ꝛc. vom heutigen Tage), so muß der Berechtigte diese Erklärung vor Abschluß des Rezesses abgeben und es ist dieselbe in letzteren mit aufzunehmen.

§. 60.

Erfolgt die Erklärung des Berechtigten (§. 59.) in den Monaten Januar bis Juni, so muß die Baareinzahlung am 1. Oktober desselben Jahres in eine von dem Finanzministerium zu bezeichnende Königliche Kasse bewirkt werden.

Wird dagegen die Erklärung des Berechtigten in den Monaten Juli bis Dezember abgegeben, so muß die Einzahlung am 1. April des darauf folgenden Jahres an die gedachte Kasse erfolgen.

§. 61.

Der Berechtigte erhält seine Entschädigung durch die betreffende Provinzial-Rentenbank mit dem zwanzigfachen Betrage der vollen Rente in Rentenbriefen, jedoch nur in soweit, als dieser Betrag durch Rentenbriefe unter Berücksichtigung der zulässigen Appoints (§. 32.) gewährt werden kann. Kapitalsbeträge unter neun Thaler müssen daher von dem Berechtigten in baarem Gelde, ohne einen Zuschuß von der Staatskasse, angenommen werden.

§. 62.

Die Ablösungskapitalien, soweit sie dem Berechtigten nicht baar gezahlt werden, (§. 61.), werden zur Tilgung von Staatsschulden, und zwar zunächst der durch das Gesetz vom 25. April 1848 gegründeten fünfprozentigen Anleihe verwendet.

Der Staat ist verpflichtet, der Rentenbank alljährlich vier und ein halbes Prozent der ausgegebenen Rentenbriefe (§. 61.) in halbjährigen Raten, und zwar während $56\frac{1}{12}$ Jahren von der Ausstellung eines jeden Rentenbriefes gerechnet, zu entrichten; es sei denn, daß durch ein Gesetz eine Vermehrung des Tilgungsfonds Behufs früherer Amortisation der Rentenbriefe bestimmt wird.

§. 63.

Der Verpflichtete wird durch Zahlung des Ablösungskapitals an die Staatskasse (§. 60.) von jeder Verpflichtung gegen den bisherigen Berechtigten, sowie gegen dritte Personen in Beziehung auf das Ablösungskapital und die Reallasten, an deren Stelle dasselbe getreten, befreit.

Die Löschung der abgelösten Reallasten erfolgt auf Grund der von der Staatskasse (§. 60.) ausgestellten Quittung.

§. 64.

Domainen-Renten.

Auf diejenigen Renten, welche sonst nach §§. 6. und 8. zur Ablösung durch die Rentenbanken geeignet wären, aber dem Domainenfiskus als Berechtigten zustehen, sollen die Grundsätze des gegenwärtigen Gesetzes mit der Maaßgabe angewendet werden, daß diese Renten je nach der Wahl der Pflichtigen (§. 10.) durch Fortentrichtung von neun Zehntheilen ihres vollen Betrages oder des unverkürzten vollen Betrages zur Staatskasse nach Ablauf eines 56 1/12- respektive 41 1/12jährigen Zeitraums erlöschen, daß den Pflichtigen freisteht, auch während dieser Zeiträume dergleichen Renten nach den Vorschriften des §. 23. ganz oder theilweise durch Kapitalzahlung abzulösen, und daß bei Zerstückelung von Grundstücken, auf welchen solche Domainen-Renten haften, die im §. 20. aufgestellten Grundsätze maaßgebend sind.

Ueber die Ausführung dieser Bestimmungen hat der Finanzminister ein besonderes Reglement zu erlassen.

Ob und inwieweit die Vorschriften des Art. VII. der Verordnung vom 17. Januar 1820 über die Behandlung des Staatsschuldenwesens mit Rücksicht auf die vorstehend getroffenen Bestimmungen zu modifiziren, bleibt der Erwägung bei künftiger Revision jenes Gesetzes vorbehalten.

§. 65.

Die zur Ausführung des gegenwärtigen Gesetzes erforderlichen Anordnungen gebühren Unseren Ministern für die Finanzen und für landwirthschaftliche Angelegenheiten.

Urkundlich unter Unserer Höchsteigenhändigen Unterschrift und beigedrucktem Königlichen Insiegel.

Gegeben Charlottenburg, den 2. März 1850.

(L. S.) Friedrich Wilhelm.

Gr. v. Brandenburg. v. Ladenberg. v. Manteuffel. v. d. Heydt. v. Rabe. Simons. v. Schleinitz. v. Stockhausen.

I. 1145. Gutsherrl. Verhältnisse 36.

Anlagen A. B. C. D.

A.

Ta

zum §. 23. des Gesetzes über die

Für die Amortisations-

Tilgung eines mit 4 pCt. verzinslichen Kapitals von 100 Rthl. durch eine jährliche Rente von 4½ pCt. (§. 38.)				Demnach und in Gemäßheit des Gesetzes ist das bank zu entrichtende												
Nach Jahren.	treffen von der sodann fälligen Rente auf Zinsen	Kapital	und bleiben vom Kapitale noch zu tilgen	Im Laufe des Jahres	von 10 Rthlr.			von 5 Rthlr.			von 1 Rthlr.			von 25 Sgr.		
	Rt	Rt	Rt		Rt	Sgr	₰	Rt	Sgr	₰	Rt	Sgr	₰	Rt	Sgr	₰
0	.	.	100,00000	1	222	6	8	111	3	4	22	6	8	18	15	7
1	4,00000	0,50000	99,50000	2	221	3	4	110	16	8	22	3	4	18	12	9
2	3,98000	0,52000	98,98000	3	219	28	8	109	29	4	21	29	10	18	9	11
3	3,95920	0,54080	98,43920	4	218	22	7	109	11	4	21	26	3	18	6	11
4	3,93757	0,56243	97,87677	5	217	15	1	108	22	7	21	22	6	18	3	9
5	3,91507	0,58493	97,29184	6	216	6	1	108	3	1	21	18	7	18	.	6
6	3,89167	0,60833	96,68351	7	214	25	7	107	12	9	21	14	7	17	27	2
7	3,86734	0,63266	96,05085	8	213	13	5	106	21	8	21	10	4	17	23	7
8	3,84203	0,65797	95,39288	9	211	29	6	105	29	9	21	5	11	17	20	.
9	3,81572	0,68428	94,70860	10	210	13	11	105	6	11	21	1	5	17	16	2
10	3,78834	0,71166	93,99694	11	208	26	6	104	13	3	20	26	8	17	12	2
11	3,75988	0,74012	93,25682	12	207	7	1	103	18	7	20	21	8	17	8	1
12	3,73027	0,76973	92,48709	13	205	15	10	102	22	11	20	16	7	17	3	10
13	3,69948	0,80052	91,68657	14	203	22	5	101	26	3	20	11	3	16	29	4
14	3,66746	0,83254	90,85403	15	201	26	11	100	28	6	20	5	8	16	24	9
15	3,63416	0,86584	89,98819	16	199	29	3	99	29	7	19	29	11	16	19	11
16	3,59953	0,90047	89,08772	17	197	29	2	98	29	7	19	23	11	16	14	11
17	3,56351	0,93649	88,15123	18	195	26	9	97	28	4	19	17	8	16	9	9
18	3,52605	0,97395	87,17728	19	193	21	10	96	25	11	19	11	2	16	4	4
19	3,48709	1,01291	86,16437	20	191	14	4	95	22	2	19	4	5	15	28	8
20	3,44658	1,05342	85,11095	21	189	4	1	94	17	.	18	27	5	15	22	10
21	3,40444	1,09556	84,01539	22	186	21	.	93	10	6	18	20	1	15	16	9
22	3,36062	1,13938	82,87601	23	184	5	1	92	2	6	18	12	6	15	10	5
23	3,31504	1,18496	81,69105	24	181	16	1	90	23	.	18	4	7	15	3	10

belle

Errichtung von Renten-Banken.

Periode von $56\frac{1}{12}$ Jahren.

Ablösungs-Kapital für eine an die Renten-Rente. (§. 10.)															Bemerkungen.
von 20 Sgr.			von 15 Sgr.			von 10 Sgr.			von 5 Sgr.			von 1 Sgr.			
Rthlr.	Sgr.	Pf.	Rthlr.	Sgr.	Pf.	Rthlr.	Sgr.	Pf.	Rthlr.	Sgr.	Pf.	Rthlr.	Sgr.	Pf.	
14	24	5	11	3	4	7	12	3	3	21	1	.	22	3	Nach den vier ersten Kolonnen
14	22	3	11	1	8	7	11	1	3	20	7	.	22	1	dieser Tabelle wird überhaupt je-
14	19	11	10	29	11	7	9	11	3	20	.	.	22	.	des mit 4 pCt. verzinsliche Kapi-
14	17	6	10	28	2	7	8	9	3	19	5	.	21	11	tal durch eine, in jährlichen Termi-
14	15	.	10	26	3	7	7	6	3	18	9	.	21	9	nen postnumerando zahlbare Rente
14	12	5	10	24	4	7	6	2	3	18	1	.	21	7	von $4\frac{1}{2}$ pCt. in $56\frac{1}{2}$ Jahren getilgt.
14	9	8	10	22	3	7	4	10	3	17	5	.	21	6	Da die Rechnung beispielsweise
14	6	11	10	20	2	7	3	5	3	16	9	.	21	4	100 Rthl. Kapital angenommen hat,
14	4	.	10	18	.	7	2	.	3	16	.	.	21	2	so drücken ihre Resultate überall
14	.	11	10	15	8	7	.	6	3	15	3	.	21	1	Prozente des Kapitals aus. Nach-
13	27	9	10	13	4	6	28	11	3	14	5	.	20	11	dem nun 56 Jahre hindurch die
13	24	6	10	10	10	6	27	3	3	13	7	.	20	9	Rente gezahlt worden ist, bleiben
13	21	1	10	8	3	6	25	6	3	12	9	.	20	7	von dem Kapitale noch 0,09723 pCt.
13	17	6	10	5	7	6	23	9	3	11	10	.	20	4	zu tilgen, und bei der
13	13	10	10	2	10	6	21	11	3	10	11	.	20	2	Voraussetzung, daß
13	9	11	10	.	.	6	20	.	3	10	.	.	20	.	dies nach $\frac{1}{2}$ Jahr ge-
13	5	11	9	27	.	6	18	.	3	9	.	.	19	10	schehe, kommen dazu
13	1	9	9	23	10	6	15	11	3	7	11	.	19	7	noch halbjährige Zin-
12	27	5	9	20	7	6	13	9	3	6	10	.	19	4	sen mit .... 0,00195 -
12	22	11	9	17	3	6	11	6	3	5	9	.	19	2	daher denn alsdann 0,09618 pCt.
12	18	3	9	13	8	6	9	2	3	4	7	.	18	11	von der Rente zu bezahlen sind.
12	13	5	9	10	.	6	6	8	3	3	4	.	18	8	Dies ist = $\frac{2213}{100000}$ der jährlichen
12	8	4	9	6	3	6	4	2	3	2	1	.	18	5	Rente, mithin der Betrag für 8
12	3	1	9	2	4	6	1	6	3	.	9	.	18	2	Tage, und wenn dieselbe in min-

Tilgung eines mit 4 pCt. verzinslichen Kapitals von 100 Rthl. durch eine jährliche Rente von 4½ pCt. (§. 38.)				Demnach und in Gemäßheit des Gesetzes ist das … bank zu entrichtende												
Nach Jahren.	treffen von der sodann fälligen Rente auf		und bleiben vom Kapitale noch zu tilgen.	Im Laufe des Jahres	von 10 Rthlr.			von 5 Rthlr.			von 1 Rthlr.			von 25 Sgr.		
	Zinsen	Kapital														
	Rthlr.	Rthlr.	Rthlr.		Rthlr.	Sgr.	Pf.	Rthlr.	Sgr.	Pf.	Rthlr.	Sgr.	Pf.	Rthlr.	Sgr.	Pf.
24	3,26764	1,23236	80,45869	25	178	23	11	89	11	11	17	26	5	14	27	.
25	3,21835	1,28165	79,17704	26	175	28	6	87	29	3	17	17	10	14	19	11
26	3,16708	1,33292	77,84412	27	172	29	7	86	14	10	17	9	.	14	12	6
27	3,11377	1,38623	76,45789	28	169	27	2	84	28	7	16	29	9	14	4	9
28	3,05832	1,44168	75,01621	29	166	21	1	83	10	6	16	20	1	13	26	9
29	3,00065	1,49935	73,51686	30	163	11	1	81	20	7	16	10	1	13	18	5
30	2,94067	1,55933	71,95753	31	159	27	2	79	28	7	15	29	9	13	9	9
31	2,87830	1,62170	70,33583	32	156	9	1	78	4	6	15	18	11	13	.	9
32	2,81343	1,68657	68,64926	33	152	16	7	76	8	4	15	7	8	12	21	5
33	2,74597	1,75403	66,89523	34	148	19	8	74	9	10	14	26	.	12	11	8
34	2,67581	1,82419	65,07104	35	144	18	1	72	9	.	14	13	10	12	1	6
35	2,60284	1,89716	63,17388	36	140	11	7	70	5	10	14	1	2	11	21	.
36	2,52696	1,97304	61,20084	37	136	.	1	68	.	.	13	18	.	11	10	.
37	2,44803	2,05197	59,14887	38	131	13	3	65	21	8	13	4	4	10	28	7
38	2,36596	2,13404	57,01483	39	126	21	.	63	10	6	12	20	1	10	16	9
39	2,28059	2,21941	54,79542	40	121	23	.	60	26	6	12	5	4	10	4	5
40	2,19182	2,30818	52,48724	41	116	19	2	58	9	7	11	19	11	9	21	7
41	2,09949	2,40051	50,08673	42	111	9	1	55	19	7	11	3	11	9	8	3
42	2,00347	2,49653	47,59020	43	105	22	8	52	26	4	10	17	3	8	24	5
43	1,90361	2,59639	44,99381	44	99	29	7	49	29	10	10	.	.	8	10	.
44	1,79975	2,70025	42,29356	45	93	29	7	46	29	9	9	11	11	7	25	.
45	1,69174	2,80826	39,48530	46	87	22	4	43	26	2	8	23	3	7	9	4
46	1,57941	2,92059	36,56471	47	81	7	8	40	18	10	8	3	9	6	23	2
47	1,46259	3,03741	33,52730	48	74	15	2	37	7	7	7	13	6	6	6	3
48	1,34109	3,15891	30,36839	49	67	14	7	33	22	3	6	22	5	5	18	9
49	1,21474	3,28526	27,08313	50	60	5	6	30	2	9	6	.	7	5	.	6
50	1,08333	3,41667	23,66646	51	52	17	9	26	8	11	5	7	9	4	11	6
51	0,94666	3,55334	20,11312	52	44	20	10	22	10	5	4	14	1	3	21	9
52	0,80452	3,69548	16,41764	53	36	14	6	18	7	3	3	19	5	3	1	3
53	0,65671	3,84329	12,57435	54	27	28	3	13	29	2	2	23	10	2	9	10
54	0,50297	3,99703	8,57732	55	19	1	10	9	15	11	1	27	2	1	17	8
55	0,34309	4,15691	4,42041	56	9	24	8	4	27	4	.	29	6	.	24	7
56	0,17682	4,32318	0,09723													

Ablösungs-Kapital für eine an die Renten-Rente. (§. 10.)															Bemerkungen.
von 20 Sgr.			von 15 Sgr.			von 10 Sgr.			von 5 Sgr.			von 1 Sgr.			
Thlr.	Sgr.	Pf.	Thlr.	Sgr.	Pf.	Thlr.	Sgr.	Pf.	Thlr.	Sgr.	Pf.	Thlr.	Sgr.	Pf.	
11	27	7	8	28	2	5	28	10	2	29	5	.	17	11	destens monatlichen Raten zu zah-
11	21	11	8	23	11	5	25	11	2	28	.	.	17	7	len ist, so sind zur Tilgung des
11	16	.	8	19	6	5	23	.	2	26	6	.	17	4	Kapitals überhaupt $56\frac{1}{12}$ jährliche
11	9	10	8	14	10	5	19	11	2	24	11	.	17	.	oder 673 monatliche Rentenzahlun-
11	3	5	8	10	1	5	16	8	2	23	4	.	16	8	gen erforderlich.
10	26	9	8	5	1	5	13	4	2	21	8	.	16	4	
10	19	10	7	29	10	5	9	11	2	19	11	.	16	.	
10	12	7	7	24	5	5	6	4	2	18	2	.	15	8	
10	5	1	7	18	10	5	2	7	2	16	3	.	15	3	
9	27	4	7	13	.	4	28	8	2	14	4	.	14	10	
9	19	2	7	6	11	4	24	7	2	12	4	.	14	5	
9	10	9	7	.	7	4	20	5	2	10	2	.	14	.	
9	2	.	6	24	.	4	16	.	2	8	.	.	13	7	
8	22	11	6	17	2	4	11	5	2	5	9	.	13	2	
8	13	5	6	10	1	4	6	8	2	3	4	.	12	8	
8	3	6	6	2	8	4	1	9	2	.	11	.	12	2	
7	23	3	5	24	11	3	26	8	1	28	4	.	11	8	
7	12	7	5	16	11	3	21	4	1	25	8	.	11	2	
7	1	6	5	8	8	3	15	9	1	22	11	.	10	7	
6	20	.	5	.	.	3	10	.	1	20	.	.	10	.	
6	8	.	4	21	.	3	4	.	1	17	.	.	9	5	
5	25	6	4	11	7	2	27	9	1	13	10	.	8	9	
5	12	6	4	1	11	2	21	3	1	10	8	.	8	1	
4	29	.	3	21	9	2	14	6	1	7	3	.	7	5	
4	15	.	3	11	3	2	7	6	1	3	9	.	6	9	
4	.	4	3	.	3	2	.	2	1	.	1	.	6	.	
3	15	2	2	18	11	1	22	7	.	26	4	.	5	3	
2	29	5	2	7	1	1	14	8	.	22	4	.	4	6	
2	13	.	1	24	9	1	6	6	.	18	3	.	3	8	
1	25	11	1	11	11	.	27	11	.	14	.	.	2	10	
1	8	1	.	28	7	.	19	1	.	9	6	.	1	11	
.	19	8	.	14	9	.	9	10	.	4	11	.	1	.	

B.

T a

zum §. 23. des Gesetzes über die

Für die Amortisations-

Tilgung eines mit 4 pCt. verzinslichen Kapitals von 100 Rthl. durch eine jährliche Rente von 5 pCt. (§. 38.)				Demnach und in Gemäßheit des Gesetzes ist das bank zu entrichtend-												
Nach Jahren.	treffen von der sodann fälligen Rente auf		und bleiben vom Kapitale noch zu tilgen	Im Laufe des Jahres	von 10 Rthlr.			von 5 Rthlr.			von 1 Rthlr.			von 25 Sgr.		
	Zinsen	Kapital														
	Rthl.	Rthl.	Rthl.		Rthl.	Sgr.	Pf.	Rthl.	Sgr.	Pf.	Rthl.	Sgr.	Pf.	Rthl.	Sgr.	Pf.
0	.	.	100,00000	1	200	.	.	100	.	.	20	.	.	16	20	.
1	4,00000	1,00000	99,00000	2	198	.	.	99	.	.	19	24	.	16	15	.
2	3,96000	1,04000	97,96000	3	195	27	7	97	28	10	19	17	9	16	9	10
3	3,91840	1,08160	96,87840	4	193	22	8	96	26	4	19	11	3	16	4	5
4	3,87514	1,12486	95,75354	5	191	15	3	95	22	7	19	4	6	15	28	9
5	3,83014	1,16986	94,58368	6	189	5	.	94	17	6	18	27	6	15	22	11
6	3,78335	1,21665	93,36703	7	186	22	.	93	11	.	18	20	2	15	16	10
7	3,73468	1,26532	92,10171	8	184	6	1	92	3	1	18	12	7	15	10	6
8	3,68407	1,31593	90,78578	9	181	17	2	90	23	7	18	4	9	15	3	11
9	3,63143	1,36857	89,41721	10	178	25	.	89	12	6	17	26	6	14	27	1
10	3,57669	1,42331	87,99390	11	175	29	8	87	29	10	17	18	.	14	20	.
11	3,51975	1,48025	86,51365	12	173	.	10	86	15	5	17	9	1	14	12	7
12	3,46055	1,53945	84,97420	13	169	28	5	84	29	3	16	29	10	14	4	10
13	3,39897	1,60103	83,37317	14	166	22	5	83	11	2	16	20	3	13	26	10
14	3,33493	1,66507	81,70810	15	163	12	6	81	21	3	16	10	3	13	18	6
15	3,26832	1,73168	79,97642	16	159	28	7	79	29	4	15	29	10	13	9	11
16	3,19905	1,80095	78,17547	17	156	10	6	78	5	3	15	19	1	13	.	11
17	3,12702	1,87298	76,30249	18	152	18	2	76	9	1	15	7	10	12	21	6
18	3,05210	1,94790	74,35459	19	148	21	3	74	10	8	14	26	2	12	11	9
19	2,97418	2,02582	72,32877	20	144	19	9	72	9	10	14	14	.	12	1	8
20	2,89315	2,10685	70,22192	21	140	13	4	70	6	8	14	1	4	11	21	1
21	2,80888	2,19112	68,03080	22	136	1	10	68	.	11	13	18	2	11	10	2
22	2,72123	2,27877	65,75203	23	131	15	1	65	22	7	13	4	6	10	28	9
23	2,63008	2,36992	63,38211	24	126	22	11	63	11	6	12	20	4	10	16	11

belle

Errichtung von Rentenbanken.

Periode von $41\frac{1}{12}$ Jahren.

Ablösungs-Kapital für eine an die Renten- Rente. (§. 10.)															Bemerkungen.
von 20 Sgr.			von 15 Sgr.			von 10 Sgr.			von 5 Sgr.			von 1 Sgr.			
Rthl.	Sgr.	Pf.	Rthl.	Sgr.	Pf.	Rthl.	Sgr.	Pf.	Rthl.	Sgr.	Pf.	Rthl.	Sgr.	Pf.	
13	10	.	10	.	.	6	20	.	3	10	.	.	20	.	Nach den vier ersten Kolonnen
13	6	.	9	27	.	6	18	.	3	9	.	.	19	10	dieser Tabelle wird überhaupt je-
13	1	10	9	23	11	6	15	11	3	8	.	.	19	7	des mit 4 pCt. verzinsliche Kapi-
12	27	6	9	20	8	6	13	9	3	6	11	.	19	5	tal durch eine in jährlichen Termi-
12	23	.	9	17	3	6	11	6	3	5	9	.	19	2	nen postnumerando zahlbare Rente
12	18	4	9	13	9	6	9	2	3	4	7	.	18	11	von 5 pCt. in 41 bis 42 Jahren
12	13	6	9	10	1	6	6	9	3	3	4	.	18	8	getilgt. Da die Rechnung beispiels-
12	8	5	9	6	4	6	4	3	3	2	1	.	18	5	weise 100 Rthlr. Kapital angenom-
12	3	2	9	2	4	6	1	7	3	.	9	.	18	2	men hat, so drücken ihre Resultate
11	27	8	8	28	3	5	28	10	2	29	5	.	17	11	überall Prozente des Kapitals aus.
11	22	.	8	24	.	5	26	.	2	28	.	.	17	7	Nachdem nun 41 Jahre hindurch die
11	16	1	8	19	6	5	23	.	2	26	6	.	17	4	Rente bezahlt worden ist, bleiben
11	9	11	8	14	11	5	19	11	2	25	.	.	17	.	von dem Kapitale noch 0,17346 pCt.
11	3	6	8	10	1	5	16	9	2	23	4	.	16	8	zu tilgen, und bei der
10	26	10	8	5	1	5	13	5	2	21	8	.	16	4	Voraussetzung, daß
10	19	11	7	29	11	5	9	11	2	20	.	.	16	.	dies nach ½ Jahr ge-
10	12	8	7	24	6	5	6	4	2	18	2	.	15	8	schehe, kommen dazu
10	5	3	7	18	11	5	2	7	2	16	3	.	15	3	noch halbjährige Zin-
9	27	5	7	13	1	4	28	9	2	14	4	.	14	11	sen mit .... 0,00347 "
9	19	4	7	7	.	4	24	8	2	12	4	.	14	6	daher denn alsdann 0,17693 pCt.
9	10	11	7	.	8	4	20	5	2	10	3	.	14	.	zu bezahlen sind. Dies ist = $\frac{17693}{500000}$
9	2	1	6	24	1	4	16	1	2	8	.	.	13	7	der jährlichen Rente, mithin der
8	23	.	6	17	3	4	11	6	2	5	9	.	13	2	Betrag für 13 Tage, und wenn
8	13	6	6	10	2	4	6	9	2	3	5	.	12	8	dieselbe in mindestens monatlichen

Tilgung eines mit 4 pCt. verzinslichen Kapitals von 100 Rthl. durch eine jährliche Rente von 5 pCt. (§. 38.)				Demnach und in Gemäßheit des Gesetzes ist das bank zu entrichtende												
Nach Jahren.	treffen von der sodann fälligen Rente auf Zinsen	treffen von der sodann fälligen Rente auf Kapital	und bleiben vom Kapitale noch zu tilgen	Im Laufe des Jahres	von 10 Rthlr.			von 5 Rthlr.			von 1 Rthlr.			von 25 Sgr.		
	Rthlr.	Rthlr.	Rthlr.		Rthlr.	Sgr.	Pf.	Rthlr.	Sgr.	Pf.	Rthlr.	Sgr.	Pf.	Rthlr.	Sgr.	Pf.
24	2,53528	2,46472	60,91739	25	121	25	1	60	27	6	12	5	6	10	4	7
25	2,43670	2,56330	58,35409	26	116	21	3	58	10	7	11	20	1	9	21	9
26	2,33416	2,66584	55,68825	27	111	11	4	55	20	8	11	4	2	9	8	5
27	2,22753	2,77247	52,91578	28	105	24	11	52	27	6	10	17	6	8	24	7
28	2,11663	2,88337	50,03241	29	100	1	11	50	1	.	10	.	2	8	10	2
29	2,00130	2,99870	47,03371	30	94	2	.	47	1	.	9	12	2	7	25	2
30	1,88135	3,11865	43,91506	31	87	24	11	43	27	5	8	23	6	7	9	7
31	1,75660	3,24340	40,67166	32	81	10	4	40	20	2	8	4	.	6	23	4
32	1,62687	3,37313	37,29853	33	74	17	11	37	8	11	7	13	9	6	6	6
33	1,49194	3,50806	33,79047	34	67	17	5	33	23	9	6	22	9	5	18	11
34	1,35162	3,64838	30,14209	35	60	8	6	30	4	3	6	.	10	5	.	9
35	1,20568	3,79432	26,34777	36	52	20	10	26	10	5	5	8	1	4	11	9
36	1,05391	3,94609	22,40168	37	44	24	1	22	12	1	4	14	5	3	22	.
37	0,89607	4,10393	18,29775	38	36	17	10	18	8	11	3	19	9	3	1	6
38	0,73191	4,26809	14,02966	39	28	1	9	14	.	11	2	24	2	2	10	2
39	0,56119	4,43881	9,59085	40	19	5	5	9	17	9	1	27	7	1	17	11
40	0,38363	4,61637	4,97448	41	9	28	6	4	29	3	.	29	10	.	24	10
41	0,19898	4,80102	0,17346													

Ablösungs-Kapital für eine an die Renten-Rente. (§. 10.)															Bemerkungen.
von 20 Sgr.			von 15 Sgr.			von 10 Sgr.			von 5 Sgr.			von 1 Sgr.			
Thlr.	Sgr.	Pf.	Thlr.	Sgr.	Pf.	Thlr.	Sgr.	Pf.	Thlr.	Sgr.	Pf.	Thlr.	Sgr.	Pf.	
8	3	8	6	2	9	4	1	10	2	.	11	.	12	2	Raten zu zahlen ist, so sind zur Til-
7	23	5	5	25	1	3	26	9	1	28	4	.	11	8	gung des Kapitals überhaupt $41\frac{1}{12}$
7	12	9	5	17	1	3	21	5	1	25	8	.	11	2	jährliche oder 493 monatliche Ren-
7	1	8	5	8	9	3	15	10	1	22	11	.	10	7	tenzahlungen erforderlich.
6	20	2	5	.	1	3	10	1	1	20	.	.	10	.	
6	8	2	4	21	1	3	4	1	1	17	.	.	9	5	
5	25	8	4	11	9	2	27	10	1	13	11	.	8	9	
5	12	8	4	2	.	2	21	4	1	10	8	.	8	2	
4	29	2	3	21	11	2	14	7	1	7	4	.	7	6	
4	15	2	3	11	4	2	7	7	1	3	10	.	6	9	
4	.	7	3	.	5	2	.	3	1	.	2	.	6	.	
3	15	5	2	19	1	1	22	8	.	26	4	.	5	3	
2	29	7	2	7	2	1	14	9	.	22	5	.	4	6	
2	13	2	1	24	11	1	6	7	.	18	4	.	3	8	
1	26	1	1	12	1	.	28	1	.	14	.	.	2	10	
1	8	4	.	28	9	.	19	2	.	9	7	.	1	11	
.	19	11	.	14	11	.	9	11	.	5	.	.	1	.	

C.

Schema zum Rentenbrief.

(Königliches Wappen.)

Litt. A. No. . . . . .

1000 Rthlr.

Eintausend Thaler in Preußisch Kurant werden dem Inhaber dieses Rentenbriefes von der auf Grund des Gesetzes vom ..ten .... unter Garantie des Staats errichteten Rentenbank für die Provinz .... nach erfolgter Ausloosung in Gemäßheit des gedachten Gesetzes baar ausgezahlt und bis dahin jährlich mit vier Prozent in halbjährigen Terminen am 1sten April und 1sten Oktober verzinst.

Der Rentenbank ist die Valuta in Renten überwiesen worden.

.... den ..ten .... 18..

Direktion der Rentenbank für die Provinz ....

D.

Schema zum Kupon.

Eingetragen ꝛc. ꝛc.

VIII. (VII. VI. ꝛc.) Zinskupon des Rentenbriefes Litt. ... No...

..... Rthlr. ... Sgr. ... Pf.

buchstäblich ꝛc. halbjährige Zinsen des Rentenbriefes Litt. .... No. ..... werden dem Inhaber dieses am 1sten April 18.. (1sten Oktober 18..) von der Kasse der Rentenbank für die Provinz .... baar ausgezahlt.

.... den ..ten .... 18..

Direktion der Rentenbank für die Provinz ....

Dieser Zinskupon wird ungültig, wenn derselbe nicht bis zum 31. Dezember 18.. bei der Kasse der Rentenbank zur Erhebung des Geldbetrages eingereicht worden ist.

34.

Beschluß des Königlichen Staats-Ministeriums vom 2. März 1850, — wonach Geldbußen, welche auf Grund der Verordnung vom 11. Juli 1849 einem Beamten als Ordnungsstrafen auferlegt werden, im Fall des Unvermögens nicht in Gefängnißstrafen verwandelt werden dürfen.

a. Beschluß.

Da die Verordnung vom 11. Juli 1849 (Gesetz-Sammlung S. 271 ff.) die persönliche Haft nicht unter die Disziplinarstrafen aufgenommen hat, da ferner diese Haft nicht den Beamten als solchen, sondern zugleich auch den Staatsbürger treffen würde, und dies dem Wesen der Disziplinarstrafen im Sinne jener Verordnung widerspricht, welche ihrem Grundgedanken nach die Disciplinarstrafe nur gegen den Beamten als solchen richten will, da überdies die persönliche Haft den Beamten seinem Berufe entzieht, und da endlich der Zweck der Disziplinarstrafen auch ohne Verhängung der Haft zu erreichen ist,

so dürfen Geldbußen, welche auf Grund der gedachten Verordnung einem Beamten als Ordnungsstrafen auferlegt werden, im Falle des Unvermögens in Gefängnißstrafen nicht verwandelt werden.

Abschrift dieses Beschlusses ist jedem der Herren Verwaltungs-Chefs mitzutheilen.

Berlin, den 2. März 1850.

Das Staats-Ministerium.

Gr. v. Brandenburg. v. Ladenberg. v. Manteuffel.
v. d. Heydt. v. Rabe. Simons. v. Schleinitz.
v. Stockhausen.

b. Verfügung.

Vorstehender Beschluß des Königlichen Staats-Ministeriums wird sämmtlichen Gerichtsbehörden hierdurch zur Nachachtung bekannt gemacht.

Berlin, den 31. März 1850.

Der Justiz-Minister
Simons.

I. 1105. O. 34. Vol. 6.

35.

Verfügung vom 6. März 1850, — die Gebühren der Friedensrichter bei Versiegelungen betreffend.

(Allerh. Cab.-Ord. v. 24. April 1841.)

Der General-Prokurator zu Cöln hat dem Justiz-Minister die Verhandlungen eingereicht, welche über die von den friedensgerichtlichen Beamten zu N. beantragte Festsetzung der Kosten für eine auf Antrag der Wittwe N. am 5. Juli 1849 aufgenommene Verhandlung stattgefunden haben. Die Festsetzung dieser Kosten ist von Ihnen, Herr Präsident, aus dem Grunde abgelehnt worden, weil gar keine Versiegelung oder Entsiegelung stattgefunden habe und es Ihres Amtes nicht sei, andere dem Friedensrichter durch das Gesetz nicht vorgeschriebene Verrichtungen, die er auf Verlangen der Parteien vorgenommen habe, zu taxiren.

Nach Inhalt der vorliegenden Akten hatte die Wittwe N. am 3. Juli v. J. für sich und als Hauptvormünderin ihrer minderjährigen Kinder darauf angetragen, das sämmtliche in dem Sterbehause ihres am 12. November 1846 verstorbenen Schwiegervaters, des Ackerers N. N., befindliche Mobiliarvermögen unter Siegel zu legen. Der Art. 909 der Civil-Prozeß-Ordnung, auf welche der Antrag gestützt wurde, rechtfertigte diesen Antrag und der Friedensrichter, indem er demselben deferirte und sich zum Zwecke der Versiegelung in das Sterbehaus begab, nahm eine Amtshandlung vor. Wenn demnächst, auf Grund der übereinstimmenden Erklärungen der Parteien in der zum Zwecke der Versiegelung begonnenen Verhandlung, der Friedensrichter nicht zu der wirklichen Versiegelung, sondern nur zur Beschreibung und Taxation der Mobilien schritt, so war auch diese Handlung, zu welcher der Friedensrichter nach Art. 924 der Civil-Prozeß-Ordnung und der Analogie desselben befugt war, eine amtliche.

Die Allerhöchste Cabinets-Order vom 24. April 1841, welche bestimmt, daß die Gebühren und amtlichen Auslagen der Friedensrichter und der Gerichtsschreiber von dem Landgerichts-Präsidenten festgesetzt werden sollen, erscheint daher auf den vorliegenden Fall selbst in der Voraussetzung als anwendbar, daß der Friedensrichter die Beschreibung und Taxation hätte ablehnen und sich auf die Aufnahme der Erklärung, es werde von der Versiegelung Abstand genommen, hätte beschränken können.

Der Justiz-Minister zweifelt um so weniger, daß Sie, Herr Präsident, bei nochmaliger Erwägung der Sache der Festsetzung der fraglichen Kosten sich unterziehen werden, als Sie das Gewicht des der Allerhöchsten Cabinetsorder vom 24. April 1841 wesentlich zum Grunde liegenden Momentes nicht verkennen werden, daß es mit der Würde der amtlichen Stellung unverträglich sein würde, die friedensgerichtlichen Beamten wegen ihrer amtlichen Gebühren und Auslagen zur Betretung des gewöhnlichen Rechtsweges zu nöthigen.

Berlin, den 6. März 1850.

Der Justiz-Minister.
Simons.

An
den Hrn. Präsidenten des Königl.
Landgerichts zu N.

I. 686. Rhein. Offiz.-Sachen 8.

36.

Jagdpolizei-Gesetz vom 7. März 1850.

Wir Friedrich Wilhelm, von Gottes Gnaden, König von Preußen &c. &c.

verordnen, mit Zustimmung beider Kammern, was folgt:

§. 1.

Die Ausübung des einem jeden Grundbesitzer auf seinem Grund und Boden zustehenden Jagdrechts wird nachstehenden Bestimmungen unterworfen.

§. 2.

Zur eignen Ausübung des Jagdrechts auf seinem Grund und Boden ist der Besitzer nur befugt:

a) auf solchen Besitzungen, welche in einem oder mehreren an einander grenzenden Gemeindebezirken einen land- oder forstwirthschaftlich benutzten Flächenraum von wenigstens dreihundert Morgen einnehmen und in ihrem Zusammenhange durch kein fremdes Grundstück unterbrochen sind; die Trennung, welche Wege oder Gewässer bilden, wird als eine Unterbrechung des Zusammenhanges nicht angesehen;

b) auf allen dauernd und vollständig eingefriedeten Grundstücken.

Darüber, was für dauernd und vollständig eingefriedet zu erachten, entscheidet der Landrath;

c) auf Seen, auf zur Fischerei eingerichteten Teichen und auf solchen Inseln, welche Ein Besitzthum bilden.

§. 3.

Wenn die im §. 2. bezeichneten Grundstücke mehr als dreien Besitzern gemeinschaftlich gehören, so ist die eigene Ausübung des Jagdrechts auf diesen Grundstücken nicht sämmtlichen Mitbesitzern gestattet.

Dieselben müssen vielmehr die Ausübung des Jagdrechts Einem bis höchstens Dreien unter ihnen übertragen. Doch steht ihnen auch frei, das Jagdrecht ruhen oder durch einen angestellten Jäger ausüben zu lassen oder zu verpachten.

Gemeinden oder Korporationen dürfen das Jagdrecht auf solchen ihnen gehörenden Grundstücken (§. 2.) nur durch Verpachtung oder durch einen angestellten Jäger ausüben.

§. 4.

Alle übrigen Grundstücke eines Gemeindebezirks, welche nicht zu den im §. 2. gedachten gehören, bilden der Regel nach einen gemeinschaftlichen Jagdbezirk. Es ist aber den Gemeindebehörden gestattet, nach freier Uebereinkunft mehrere ganze Gemeindebezirke oder einzelne Theile eines Gemeindebezirks mit einem anderen Gemeindebezirke zu einem gemeinschaftlichen Jagdbezirke zu vereinigen. Auch soll die Gemeindebehörde befugt sein, mit Genehmigung der Aufsichtsbehörde aus dem Bezirke Einer Gemeinde mehrere für sich bestehende Jagdbezirke zu bilden, deren jedoch keiner eine geringere Fläche als dreihundert Morgen umfassen darf.

Den Besitzern der im §. 2. bezeichneten Grundstücke ist es gestattet, sich mit diesen Grundstücken dem Jagdbezirke ihrer Gemeinden anzuschließen.

Die Beschlüsse über alle dergleichen Abänderungen der gewöhnlichen Jagdbezirke dürfen sich auf keinen kürzeren Zeitraum als auf drei Jahre und auf keinen längeren Zeitraum als auf zwölf Jahre erstrecken.

§. 5.

Die Besitzer isolirt belegener Höfe sind berechtigt, sich mit denjenigen Grundstücken, welche zusammenhängend den Hof ganz oder theilweise umgeben, also nicht mit fremden Grundstücken im Gemenge liegen, von dem gemeinschaftlichen Jagdbezirke auszuschließen, wenngleich die Grundstücke nicht zu den im §. 2. gedachten gehören.

§. 6.

Auf den nach §. 5. aus dem gemeinschaftlichen Jagdbezirke ausgeschiedenen Grundstücken müssen die Grundbesitzer, so lange die Ausschließung dauert, die Ausübung des Jagdrechts gänzlich ruhen lassen.

Auch müssen die Grenzen solcher Grundstücke stets erkennbar bezeichnet werden.

§. 7.

Grundstücke, welche von einem über dreitausend Morgen im Zusammenhange großen Walde, der eine einzige Besitzung bildet, ganz oder größtentheils eingeschlossen sind, werden, auch wenn sie nicht unter die Bestimmungen des §. 2. fallen, dem gemeinschaftlichen Jagdbezirke der Gemeinde nicht zugeschlagen. Die Besitzer solcher Grundstücke sind verpflichtet, die Ausübung der Jagd auf denselben dem Eigenthümer des sie umschließenden Waldes auf dessen Verlangen gegen eine nach dem Jagdertrage zu bemessende Entschädigung zeitpachtweise zu übertragen, oder die Jagdausübung gänzlich ruhen zu lassen.

Die Festsetzung der Entschädigung erfolgt im Mangel einer Einigung durch den Landrath, vorbehaltlich der beiden Theilen zustehenden Berufung auf richterliche Entscheidung.

Macht der Waldeigenthümer von seiner Befugniß, die Jagd auf der Enklave zu erpachten, beim Anerbieten des Besitzers, nicht Gebrauch, so steht dem letzteren die Ausübung der Jagd auf dem enklavirten Grundstücke zu.

Stoßen mehrere derartige Grundstücke an einander, so daß sie eine ununterbrochene zusammenhängende Fläche von mindestens dreihundert Morgen umfassen, so bilden dieselben einen für sich bestehenden gemeinschaftlichen Jagdbezirk, für welchen die nämlichen Vorschriften gelten, wie für die gewöhnlichen Jagdbezirke.

§. 8.

Die im §. 5. des Gesetzes vom 31. Oktober 1848 (Gesetz-Sammlung 1848 Seite 344) enthaltenen Vorschriften über die Ausübung der Jagd in den Festungswerken, in deren Umkreise, sowie in dem der Pulvermagazine und ähnlicher Anstalten, bleiben unverändert in Kraft.

§. 9.

Die Besitzer der, einen Jagdbezirk bildenden Grundstücke werden in allen Jagd-Angelegenheiten durch die Gemeindebehörde vertreten. Werden Grundstücke aus verschiedenen Gemeindebezirken zu Einem Jagdbezirke vereinigt, so bestimmt die Aufsichtsbehörde diejenige Gemeindebehörde, welche die Vertretung zu übernehmen hat.

§. 10.

Nach Maaßgabe der Beschlüsse der Gemeindebehörde kann auf dem gemeinschaftlichen Jagdbezirke entweder:

a) die Ausübung der Jagd gänzlich ruhen, oder
b) die Jagd für Rechnung der betheiligten Grundbesitzer durch einen angestellten Jäger beschossen werden, oder
c) dieselbe, sei es öffentlich im Wege des Meistgebots, oder aus freier Hand, verpachtet werden.

Die Pachtverträge dürfen sich auf keinen kürzeren Zeitraum als auf drei Jahre und auf keinen längeren Zeitraum als auf zwölf Jahre erstrecken.

§. 11.

Die Pachtgelder und Einnahmen von der durch einen angestellten Jäger beschossenen Jagd werden in die Gemeindekasse gezahlt, und, nach Abzug der etwa entstehenden Verwaltungskosten, durch die Gemeindebehörde unter die Besitzer derjenigen Grundstücke, auf welchen die gemeinschaftliche Ausübung des Jagdrechts statt findet, nach dem Verhältnisse des Flächeninhalts dieser Grundstücke vertheilt.

§. 12.

Die Verpachtung der Jagd, sowohl auf den im §. 2. erwähnten Grundstücken, als auf gemeinschaftlichen Jagdbezirken, darf bei Strafe der Nichtigkeit des Vertrages niemals an mehr als höchstens drei Personen gemeinschaftlich erfolgen.

Ausländer dürfen nur mit Genehmigung der Aufsichtsbehörde als Jagdpächter angenommen werden.

Afterverpachtungen sind ohne Einwilligung des Verpächters nicht gestattet.

§. 13.

Sowohl den Pächtern gemeinschaftlicher Jagdbezirke, als auch den Besitzern der im §. 2. bezeichneten Grundstücke, ist die Anstellung von Jägern für ihre Reviere gestattet.

§. 14.

Ein Jeder, welcher die Jagd ausüben will, muß sich einen, für den ganzen Staat gültigen, zu seiner Legitimation dienenden, auf ein Jahr und auf die Person lautenden Jagdschein von dem Landrathe des Kreises seines Wohnsitzes ertheilen lassen, und selbigen bei der Ausübung der Jagd stets mit sich führen.

Auch Ausländern kann ein solcher Jagdschein, jedoch nur gegen die Bürgschaft eines Inländers, von dem Landrathe des Wohnortes des Bürgen ertheilt werden. Der Bürge haftet in Folge seines Antrages für Strafen, welche auf Grund der §§. 16., 17. und 19. gegen den Ausländer verhängt werden, sowie für die Untersuchungskosten.

Für einen jeden Jagdschein wird auf das Jahr eine Abgabe von Einem Thaler zur Kreis-Kommunalkasse des Wohnorts des Extrahenten entrichtet. Die eingehenden Beträge werden nach den Beschlüssen der Kreisvertretung verwendet.

Die Ausfertigung der Jagdscheine erfolgt kosten- und stempelfrei.

Die im Königlichen oder Kommunaldienste angestellten Forst- und Jagdbeamten, sowie die lebenslänglich angestellten Privat-Forst- und Jagdbedienten erhalten den Jagdschein unentgeltlich, soweit es sich um die Ausübung der Jagd in ihren

Schutzbezirken handelt. In Jagdscheinen, welche unentgeltlich ertheilt sind, muß dies und für welchen Schutzbezirk sie gelten, angegeben werden.

§. 15.

Die Ertheilung des Jagdscheins muß folgenden Personen versagt werden:

a) solchen, von denen eine unvorsichtige Führung des Schießgewehrs oder eine Gefährdung der öffentlichen Sicherheit zu besorgen ist;

b) denen, welche durch ein Urtheil des Rechts, Waffen zu führen, verlustig erklärt sind, sowie denen, welche unter Polizei-Aufsicht stehen oder welchen die National-Kokarde aberkannt ist.

Außerdem kann denjenigen, welche wegen eines Forst- oder Jagdfrevels oder wegen Mißbrauchs des Feuergewehrs bestraft sind, der Jagdschein, jedoch nur innerhalb fünf Jahre nach verbüßter Strafe, versagt werden.

§. 16.

Die Nichtbeachtung der vorstehenden Vorschriften über Lösung von Jagdscheinen wird bestraft wie folgt:

Wer, ohne einen Jagdschein gelöst zu haben, die Jagd ausübt, wird für eine jede Uebertretung mit einer Geldstrafe von fünf bis zwanzig Thalern belegt.

Wer seinen Jagdschein bei Ausübung der Jagd nicht bei sich führt, den trifft eine Geldstrafe bis zu fünf Thalern.

Wer es versucht, sich durch einen nicht auf seinen Namen ausgestellten, fremden Jagdschein zu legitimiren, um sich dadurch der verwirkten Strafe zu entziehen, der wird mit einer Strafe von fünf bis funfzig Thalern belegt.

§. 17.

Wer zwar mit einem Jagdscheine versehen, aber ohne Begleitung des Jagdberechtigten, oder ohne dessen schriftlich ertheilte Erlaubniß bei sich zu führen, die Jagd auf fremdem Jagdbezirke ausübt, wird mit einer Strafe von zwei bis fünf Thalern belegt.

Wer die Jagd auf seinem Grundstücke gänzlich ruhen zu lassen verpflichtet ist, dieselbe dennoch aber darauf ausübt, hat eine Geldstrafe von zehn bis zwanzig Thalern und die Konfiskation der dabei gebrauchten Jagdgeräthe verwirkt.

Wer auf seinem eigenen Grundstücke, auf dem die Jagd an einen Dritten verpachtet ist, oder auf dem ein Jäger für gemeinschaftliche Rechnung der bei einem Jagdbezirke betheiligten Grundbesitzer die Jagd zu beschießen hat, ohne Einwilligung des Jagdpächters oder der Gemeindebehörde jagt, ebenso verjenige, welcher auf fremden Grundstücken, ohne eine Berechtigung dazu zu haben, die Jagd ausübt, wird wegen Wilddiebstahls oder Jagdkontravention nach den allgemeinen Gesetzen bestraft.

§. 18.

Die Bestimmung der Hege- und Schonzeit erfolgt nach den zur Zeit der Verkündung des Gesetzes vom 31. Oktober 1848 geltend gewesenen Gesetzen.

Die Verordnung vom 9. Dezember 1842 §§. 1. und 2. (Gesetz-Sammlung 1843 S. 2) und das Publikandum vom 7. März 1843 (Gesetz-Sammlung 1843 S. 92) treten wieder in Kraft. Sonstige Uebertretungen der Vorschriften über Hege- und Schonzeit werden mit einer, nach richterlichem Ermessen zu bestimmenden Geldbuße bis zu funfzig Thalern geahndet.

§. 19.

Wer zur Begehung einer Jagdpolizei-Uebertretung sich seiner Angehörigen, Dienstboten, Lehrlinge oder Tagelöhner als Theilnehmer oder Gehülfen bedient, haftet, wenn diese nicht zahlungsfähig sind, neben der von ihm selbst verwirkten Strafe, für die von denselben zu erlegenden Geldstrafen und den Schadenersatz.

§. 20.

Wegen einer Jagdpolizei-Uebertretung soll eine Untersuchung nicht weiter eingeleitet werden, wenn seit dem Tage der begangenen That bis zum Eingange der Anzeige an die Staatsanwaltschaft oder den Richter drei Monate verstrichen sind.

§. 21.

Durch Klappern, aufgestellte Schreckbilder, sowie durch Zäune, kann ein Jeder das Wild von seinen Besitzungen abhalten, auch wenn er auf diesen zur Ausübung des Jagdrechts nicht befugt ist. Zur Abwehr des Roth-, Damm- und Schwarzwildes kann er sich auch kleiner oder gemeiner Haushunde bedienen.

§. 22.

Auf gemeinschaftlichen Jagdbezirken, auf welchen Wildschäden vorkommen, darf die Gemeindebehörde, wenn auch nur ein einzelner Grundbesitzer Widerspruch dagegen erhebt, die Ausübung der Jagd nicht ruhen lassen.

§. 23.

Wenn die in der Nähe von Forsten belegenen Grundstücke, welche Theile eines gemeinschaftlichen Jagdbezirkes bilden, oder solche Waldenklaven, auf welchen die Jagdausübung dem Eigenthümer des sie umschließenden Waldes überlassen ist (§. 7), erheblichen Wildschäden durch das aus der Forst übertretende Wild ausgesetzt sind, so ist der Landrath befugt, auf Antrag der beschädigten Grundbesitzer, nach vorhergegangener Prüfung des Bedürfnisses und für die Dauer desselben, den Jagdpächter selbst während der Schonzeit zum Abschusse des Wildes aufzufordern. Schützt der Jagdpächter, dieser Aufforderung ungeachtet, die beschädigten Grundstücke nicht genügend, so kann der Landrath den Grundbesitzern selbst die Genehmigung ertheilen, das auf diese Grundstücke übertretende Wild auf jede erlaubte Weise zu fangen, namentlich auch mit Anwendung des Schießgewehrs zu tödten.

Das Nämliche gilt rücksichtlich der Besitzer solcher Grundstücke, auf welchen sich die Kaninchen bis zu einer, der Feld- und Gartenkultur schädlichen Menge vermehren, in Betreff dieser Thiergattung. Wird gegen die Verfügung des Landraths bei der vorgesetzten Verwaltungs-Behörde der Rekurs eingelegt, so bleibt erstere bis zur eingehenden höheren Entscheidung interimistisch gültig.

Das von den Grundbesitzern in Folge einer solchen Genehmigung des Landraths erlegte oder gefangene Wild muß aber gegen Bezahlung des in der Gegend üblichen Schußgeldes dem Jagdpächter überlassen und die desfallsige Anzeige binnen vier und zwanzig Stunden erstattet werden.

§. 24.

Auch der Besitzer einer solchen Waldenklave, auf welcher die Jagd nach §. 7 gar nicht ausgeübt werden darf, ist, wenn das Grundstück erheblichen Wildschäden ausgesetzt ist und der Besitzer des umgebenden Wald-Jagdreviers der Aufforderung des Landraths, das vorhandene Wild selbst während der Schonzeit abzuschießen, nicht genügend nachkommt, zu fordern berechtigt, daß ihm der Landrath nach vorhergegangener Prüfung des Bedürfnisses und auf die Dauer desselben die Genehmigung ertheile, das auf die Enklave übertretende Wild auf jede erlaubte Weise zu fangen, namentlich auch mit Anwendung des Schießgewehrs zu tödten.

In diesem Falle verbleibt das gefangene oder erlegte Wild Eigenthum des Enklavenbesitzers.

In den in den §§. 23 und 24 gedachten Fällen vertritt die von dem Landrathe zu ertheilende Legitimation die Stelle des Jagdscheins.

§. 25.

Ein gesetzlicher Anspruch auf Ersatz des durch das Wild verursachten Schadens findet nicht Statt.

Den Jagdverpächtern bleibt dagegen unbenommen, hinsichtlich des Wildschadens in den Jagdpacht-Kontrakten vorsorgliche Bestimmung zu treffen.

§. 26.

Wenn die jetzt bestehenden Jagdpacht-Kontrakte der Bildung der in den §§. 4 und 7 vorgeschriebenen gemeinschaftlichen Jagdbezirke hinderlich sind, so treten dieselben mit dem 1. Juli 1851 von selbst außer Kraft.

§. 27.

In denjenigen Städten, welche zu keinem landräthlichen Kreise gehören, werden die in diesem Gesetze den Landräthen übertragenen Befugnisse von den Ortspolizei-Behörden ausgeübt, und in Stelle der Kreis-Kommunalkasse tritt die städtische Kasse.

§. 28.

Wer die Jagd innerhalb des abgesteckten Festungs-Rayons von 1300 Schritten ausüben will, muß vorher seinen Jagdschein von dem Festungs-Kommandanten besonders visiren lassen.

Die Uebertretung dieser Vorschrift wird mit einer Strafe von zwei bis fünf Thalern geahndet.

§. 29.

An die Stelle der in den §§. 16, 17, 18 und 28 angedrohten Geldstrafen tritt für den Fall, daß der Uebertreter zu deren Bezahlung unvermögend ist, eine verhältnißmäßige Gefängnißstrafe.

§. 30.

Alle diesem Gesetze entgegenstehenden Vorschriften werden hiermit aufgehoben.

§. 31.

Unser Minister für landwirthschaftliche Angelegenheiten wird mit der Ausführung dieses Gesetzes beauftragt.

Urkundlich unter Unserer Höchsteigenhändigen Unterschrift und beigedrucktem Königlichen Insiegel.

Gegeben Charlottenburg, den 7. März 1850.

(L. S.) Friedrich Wilhelm.

Gr. v. Brandenburg. v. Ladenberg. v. Manteuffel. v. d. Heydt. v. Rabe. Simons. v. Schleinitz. v. Stockhausen.

I. 1192. F. 49. Vol. III.

37.

Gesetz, betreffend die Verpflichtung der Gemeinden zum Ersatz des bei öffentlichen Aufläufen verursachten Schadens. Vom 11. März 1850.

Wir Friedrich Wilhelm, von Gottes Gnaden, König von Preußen ꝛc. ꝛc.

verordnen, unter Zustimmung beider Kammern, was folgt:

§. 1.

Finden bei einer Zusammenrottung oder einem Zusammenlaufe von Menschen durch offene Gewalt, oder durch Anwendung der dagegen getroffenen gesetzlichen Maaßregeln, Beschädigungen des Eigenthums, oder Verletzungen von Personen Statt, so haftet die Gemeinde, in deren Bezirk diese Handlungen geschehen sind, für den dadurch verursachten Schaden.

§. 2.

Die im §. 1 festgestellte Verantwortlichkeit tritt nicht ein, wenn die Beschädigung durch eine von außen her in den Gemeindebezirk eingedrungene Menschenmenge verursacht worden und in diesem Falle die Einwohner des letzteren zur Abwehr des Schadens erweislich außer Stande gewesen sind.

§. 3.

Im Falle des §. 2 liegt die Entschädigungspflicht der Gemeinde oder den Gemeinden ob, auf deren Gebiet die Ansammlung, oder von deren Bezirk aus der Ueberfall stattgehabt hat, es sei denn, daß auch diese Gemeinden erweislich nicht im Stande gewesen wären, den verursachten Schaden zu verhindern.

Mehrere nach den vorstehenden Bestimmungen verpflichtete Gemeinden (§§. 1 und 3) haften, dem Beschädigten gegenüber, solidarisch.

§. 4.

Hat in einer Gemeinde eine Beschädigung der im §. 1 gedachten Art statt gefunden, so ist der Vorstand der Gemeinde berechtigt und auf Ansuchen des Beschädigten verpflichtet, den angerichteten Schaden vorläufig zu ermitteln und festzustellen.

Bei dieser Ermittelung sind die Interessenten, so weit als möglich, zuzuziehen.

§. 5.

Wer von der Gemeinde Schadenersatz fordern will, muß seine Forderung binnen 14 Tagen präklusivischer Frist, nachdem das Dasein des Schadens zu seiner Wissenschaft gelangt ist, bei dem Gemeinde-Vorstande anmelden und binnen 4 Wochen präklusivischer Frist nach dem Tage, an welchem ihm der Bescheid des Gemeinde-Vorstandes zugegangen ist, erforderlichen Falls gerichtlich geltend machen.

§. 6.

Bezüglich der Entschädigungspflicht derjenigen Personen, welchen eine solche nach Maaßgabe der besonderen Gesetze obliegt, wird durch vorstehende Bestimmungen nichts geändert. Der Gemeinde, welche ihrer Entschädigungspflicht Genüge geleistet hat, steht der Regreß an die für den Schaden nach allgemeinen Grundsätzen Verhafteten zu.

§. 7.

Bis zum Erlaß eines allgemeinen Gesetzes über eine Gemeinde-, Bürger- oder Schutzwehr sind die Bezirksregierungen ermächtigt, auf den Antrag der Gemeinden die Errichtung eines bewaffneten Sicherheits-Vereins anzuordnen.

Urkundlich unter Unserer Höchsteigenhändigen Unterschrift und beigedrucktem Königlichen Insiegel.

Gegeben Charlottenburg, den 11. März 1850.

(L. S.) Friedrich Wilhelm.

Gr. v. Brandenburg. v. Ladenberg. v. Manteuffel. v. d. Heydt. v. Rabe. Simons. v. Schleinitz. v. Stockhausen.

I. 1275. G. 36.

38.

Gesetz über die Polizeiverwaltung. Vom 11. März 1850.

Wir Friedrich Wilhelm, von Gottes Gnaden, König von Preußen 2c. 2c.

verordnen, unter Zustimmung beider Kammern, was folgt:

§. 1.

Die örtliche Polizei-Verwaltung wird von den nach den Vorschriften der Gemeinde-Ordnung dazu bestimmten Beamten (Bürgermeistern, Kreis-Amtmännern, Oberschulzen) im Namen des Königs geführt — vorbehaltlich der im §. 2 des gegenwärtigen Gesetzes vorgesehenen Ausnahme.

Die Ortspolizei-Beamten sind verpflichtet, die ihnen von der vorgesetzten Staatsbehörde in Polizei-Angelegenheiten ertheilten Anweisungen zur Ausführung zu bringen.

Jeder, der sich in ihrem Verwaltungsbezirke aufhält oder daselbst ansässig ist, muß ihren polizeilichen Anordnungen Folge leisten.

§. 2.

In Gemeinden, wo sich eine Bezirksregierung, ein Land-, Stadt- oder Kreisgericht befindet, so wie in Festungen und in Gemeinden von mehr als 10,000 Einwohnern, kann die örtliche Polizei-Verwaltung durch Beschluß des Ministers des Innern besonderen Staatsbeamten übertragen werden. Auch in anderen Gemeinden kann aus dringenden Gründen dieselbe Einrichtung zeitweise eingeführt werden.

§. 3.

Die Kosten der örtlichen Polizei-Verwaltung sind, mit Ausnahme der Gehälter der von der Staatsregierung im Falle der Anwendung des §. 2 angestellten besonderen Beamten, von den Gemeinden zu bestreiten.

§. 4.

Ueber die Einrichtungen, welche die örtliche Polizei-Verwaltung erfordert, kann die Bezirksregierung besondere Vorschriften erlassen. Die für den Bezirk des Appellationsgerichtshofes zu Köln bestehenden gesetzlichen Bestimmungen wegen Anstellung von Polizei-Kommissarien werden hierdurch nicht berührt. Ebenso bleiben vorläufig die Distrikts-Kommissarien in der Provinz Posen in Wirksamkeit.

Die Ernennung aller Polizei-Beamten, deren Anstellung den Gemeinde-Behörden zusteht, bedarf der Bestätigung der Staatsregierung.

§. 5.

Die mit der örtlichen Polizei-Verwaltung beauftragten Behörden sind befugt, nach Berathung mit dem Gemeindevorstande, ortspolizeiliche, für den Umfang der Gemeinde gültige Vorschriften zu erlassen und gegen die Nichtbefolgung derselben Geldstrafen bis zum Betrage von 3 Rthlr. anzudrohen.

Die Strafandrohung kann bis zu dem Betrage von 10 Rthlr. gehen, wenn die Bezirksregierung ihre Genehmigung dazu ertheilt hat.

Die Bezirksregierungen haben über die Art der Verkündigung der ortspolizeilichen Vorschriften, so wie über die Formen, von deren Beobachtung die Gültigkeit derselben abhängt, die erforderlichen Bestimmungen zu erlassen.

§. 6.

Zu den Gegenständen der ortspolizeilichen Vorschriften gehören:

a) der Schutz der Personen und des Eigenthums;
b) Ordnung, Sicherheit und Leichtigkeit des Verkehrs auf öffentlichen Straßen, Wegen und Plätzen, Brücken, Ufern und Gewässern;
c) der Marktverkehr und das öffentliche Feilhalten von Nahrungsmitteln;
d) Ordnung und Gesetzlichkeit bei dem öffentlichen Zusammensein einer größeren Anzahl von Personen;
e) das öffentliche Interesse in Bezug auf die Aufnahme und Beherbergung von Fremden; die Wein-, Bier- und Kaffee-Wirthschaften und sonstige Einrichtungen zur Verabreichung von Speisen und Getränken;
f) Sorge für Leben und Gesundheit;
g) Fürsorge gegen Feuersgefahr bei Bau-Ausführungen, so wie gegen gemeinschädliche und gemeingefährliche Handlungen, Unternehmungen und Ereignisse überhaupt;
h) Schutz der Felder, Wiesen, Weiden, Wälder, Baumpflanzungen, Weinberge u. s. w.;

i) alles andere, was im besonderen Interesse der Gemeinden und ihrer Angehörigen polizeilich geordnet werden muß.

§. 7.

Zu Verordnungen über Gegenstände der landwirthschaftlichen Polizei ist die Zustimmung der Gemeindevertretung erforderlich. Die Berathung erfolgt unter dem Vorsitze des mit der örtlichen Polizei-Verwaltung beauftragten Beamten.

§. 8.

Von jeder ortspolizeilichen Verordnung ist sofort eine Abschrift an die zunächst vorgesetzte Staatsbehörde einzureichen.

§. 9.

Der Regierungspräsident ist befugt, jede ortspolizeiliche Vorschrift durch einen förmlichen Beschluß unter Angabe der Gründe außer Kraft zu setzen.

Dem Beschlusse muß, mit Ausnahme dringender Fälle, eine Berathung mit dem Bezirksrathe vorhergehen. Die Erklärung des Letzteren ist entscheidend:

1) wenn eine ortspolizeiliche Vorschrift außer Kraft gesetzt werden soll, weil sie das Gemeindewohl verletzt;
2) wenn es sich darum handelt, eine Verordnung über Gegenstände der landwirthschaftlichen Polizei wegen ihrer Unzweckmäßigkeit aufzuheben.

§. 10.

Die Bestimmungen der §§. 8. und 9. finden auch auf die Abänderung oder Aufhebung ortspolizeilicher Vorschriften Anwendung.

§. 11.

Die Bezirksregierungen sind befugt, für mehrere Gemeinden ihres Verwaltungs-Bezirks oder für den ganzen Umfang desselben gültige Polizei-Vorschriften zu erlassen und gegen die Nichtbefolgung derselben Geldstrafen bis zu dem Betrage von 10 Rthlr. anzudrohen.

Der Minister des Innern hat über die Art der Verkündigung solcher Vorschriften, so wie über die Formen, von deren Beobachtung die Gültigkeit derselben abhängt, die erforderlichen Bestimmungen zu erlassen.

§. 12.

Die Vorschriften der Bezirksregierungen (§. 11.) können sich auf die im §. 6. dieses Gesetzes angeführten und alle anderen Gegenstände beziehen, deren polizeiliche Regelung durch die Verhältnisse der Gemeinden oder des Bezirks erfordert wird.

§. 13.

Zum Erlasse solcher Vorschriften der Bezirksregierungen, welche die landwirthschaftliche Polizei betreffen, ist die Zustimmung des Bezirksrathes erforderlich.

§. 14.

Die Befugniß der Bezirksregierungen, sonstige allgemeine Verbote und Strafbestimmungen in Ermangelung eines bereits bestehenden gesetzlichen Verbotes mit höherer Genehmigung zu erlassen, ist aufgehoben.

§. 15.

Es dürfen in die polizeilichen Vorschriften (§§. 5. und 11.) keine Bestimmungen aufgenommen werden, welche mit den Gesetzen oder den Verordnungen einer höheren Instanz im Widerspruche stehen.

§. 16.

Der Minister des Innern ist befugt, soweit Gesetze nicht entgegenstehen, jede polizeiliche Vorschrift durch einen förmlichen Beschluß außer Kraft zu setzen.

Die Genehmigung des Königs ist hierzu erforderlich, wenn die polizeiliche Vorschrift von dem Könige oder mit dessen Genehmigung erlassen war.

§. 17.

Die Polizeirichter haben über alle Zuwiderhandlungen gegen polizeiliche Vorschriften (§§. 5. und 11.) zu erkennen, und dabei nicht die Nothwendigkeit oder Zweckmäßigkeit, sondern nur die gesetzliche Gültigkeit jener Vorschriften nach den Bestimmungen der §§. 5., 11. und 15. dieses Gesetzes in Erwägung zu ziehen.

§. 18.

Für den Fall des Unvermögens des Angeschuldigten ist auf verhältnißmäßige Gefängnißstrafe zu erkennen. Das höchste Maaß derselben ist 4 Tage statt 3 Rthlr. und 14 Tage statt 10 Rthlr.

§. 19.

Die bisher erlassenen polizeilichen Vorschriften bleiben so lange in Kraft, bis sie in Gemäßheit dieses Gesetzes aufgehoben werden.

§. 20.

Die den Polizei-Behörden nach den bisherigen Gesetzen zustehende Exekutionsgewalt wird durch die vorstehenden Bestimmungen nicht berührt.

Jede Polizei-Behörde ist berechtigt, ihre polizeilichen Verfügungen durch Anwendung der gesetzlichen Zwangsmittel durchzusetzen.

Wer es unterläßt, dasjenige zu thun, was ihm von der Polizei-Behörde in Ausübung dieser Befugniß geboten worden ist, hat zu gewärtigen, daß es auf seine Kosten zur Ausführung gebracht werde — vorbehaltlich der etwa verwirkten Strafe und der Verpflichtung zum Schadenersatze.

§. 21.

Alle diesem Gesetze entgegenstehenden Bestimmungen sind aufgehoben.

Urkundlich unter Unserer Höchsteigenhändigen Unterschrift und beigedrucktem Königlichen Insiegel.

Gegeben Charlottenburg, den 11. März 1850.

(L. S.) Friedrich Wilhelm.

Gr. v. Brandenburg. v. Ladenberg. v. Manteuffel. v. d. Heydt. v. Rabe. Simons. v. Schleinitz. v. Stockhausen.

I. 1327. P. 27. Vol. V.

39.

Gesetz, betreffend die an Stelle der Vermögens-Confiskation gegen Deserteure und ausgetretene Militairpflichtige zu verhängende Geldbuße. Vom 11. März 1850.

Wir Friedrich Wilhelm, von Gottes Gnaden, König von Preußen rc. rc.

verordnen, mit Zustimmung beider Kammern, was folgt:

§. 1.

Gegen Deserteure, deren man nicht habhaft werden kann, sowie gegen diejenigen Personen, welche, um sich der Pflicht zum Eintritt in den Dienst des stehenden Heeres zu entziehen, die preußischen Lande verlassen, soll, anstatt der Vermögens-Konfiskation, auf eine Geldbuße von funfzig bis Eintausend Thalern erkannt werden.

Das Vermögen der vorgedachten Personen ist in soweit, als es nach dem Ermessen des Richters zur Deckung der sie möglicher Weise treffenden höchsten Strafe von Eintausend Thalern und der Kosten des Verfahrens erforderlich ist, von demselben mit Beschlag zu belegen.

Die Bestimmungen über das Verfahren bleiben unverändert.

§. 2.

Unsere Minister des Krieges und der Justiz werden mit der Ausführung dieser Verordnung beauftragt.

Das gegenwärtige Gesetz tritt an die Stelle der Verordnung vom 4. Januar 1849 (Gesetz-Sammlung S. 47), bei deren Vorschriften es bis zu dem Zeitpunkt der eintretenden verbindlichen Kraft des heutigen Gesetzes überall verbleibt.

Urkundlich unter Unserer Höchsteigenhändigen Unterschrift und beigedrucktem Königlichen Insiegel.

Gegeben Charlottenburg, den 11. März 1850.

(L. S.) Friedrich Wilhelm.

Gr. v. Brandenburg. v. Ladenberg. v. Manteuffel. v. d. Heydt. v. Rabe. Simons. v. Schleinitz. v. Stockhausen.

I. 1329. Crim. 11.

40.

Verordnung über die Verhütung eines die gesetzliche Freiheit und Ordnung gefährdenden Mißbrauchs des Versammlungs- und Vereinigungsrechtes. Vom 11. März 1850.

Wir Friedrich Wilhelm, von Gottes Gnaden, König von Preußen 2c. 2c.

verordnen für den ganzen Umfang der Monarchie, unter Zustimmung beider Kammern, was folgt:

§. 1.

Von allen Versammlungen, in welchen öffentliche Angelegenheiten erörtert oder berathen werden sollen, hat der Unternehmer mindestens vier und zwanzig Stunden vor dem Beginne der Versammlung, unter Angabe des Ortes und der Zeit derselben, Anzeige bei der Ortspolizeibehörde zu machen. Diese Behörde hat darüber sofort eine Bescheinigung zu ertheilen.

Beginnt die Versammlung nicht spätestens eine Stunde nach der in der Anzeige angegebenen Zeit, so ist die später beginnende Versammlung als vorschriftsmäßig angezeigt nicht anzusehen. Dasselbe gilt, wenn eine Versammlung die länger als eine Stunde ausgesetzten Verhandlungen wieder aufnimmt.

§. 2.

Die Vorsteher von Vereinen, welche eine Einwirkung auf öffentliche Angelegenheiten bezwecken, sind verpflichtet, Statuten des Vereins und das Verzeichniß der Mitglieder binnen drei Tagen nach Stiftung des Vereins, und jede Aenderung der Statuten oder der Vereinsmitglieder binnen drei Tagen, nachdem sie eingetreten ist, der Ortspolizeibehörde zur Kenntnißnahme einzureichen, derselben auch auf Erfordern jede darauf bezügliche Auskunft zu ertheilen.

Die Ortspolizeibehörde hat über die erfolgte Einreichung der Statuten und der Verzeichnisse, oder der Abänderungen derselben, sofort eine Bescheinigung zu ertheilen.

Die Bestimmungen dieses und des vorhergehenden Paragraphen beziehen sich nicht auf kirchliche und religiöse Vereine und deren Versammlungen, wenn diese Vereine Korporationsrechte haben.

§. 3.

Wenn für die Versammlungen eines Vereines, welcher eine Einwirkung auf öffentliche Angelegenheiten bezweckt, Zeit und Ort statutenmäßig oder durch einen besonderen Beschluß im Voraus feststeht, und dieses wenigstens vier und zwanzig Stunden vor der ersten Versammlung zur Kenntniß der Ortspolizeibehörde gebracht worden ist, so bedarf es einer besonderen Anzeige, wie sie der §. 1. erfordert, für die einzelnen Versammlungen nicht.

§. 4.

Die Ortspolizeibehörde ist befugt, in jede Versammlung, in welcher öffentliche Angelegenheiten erörtert oder berathen werden sollen, einen oder zwei Polizeibeamte oder eine oder zwei andere Personen als Abgeordnete zu senden.

Die Abgeordneten dürfen, wenn sie Polizeibeamte sind, nur in ihrer Dienstkleidung oder unter ausdrücklicher Kundgebung ihrer dienstlichen Eigenschaft erscheinen. Sind sie nicht Polizeibeamte, so müssen sie durch besondere Abzeichen erkennbar sein.

Den Abgeordneten muß ein angemessener Platz eingeräumt, ihnen auch auf Erfordern durch den Vorsitzenden Auskunft über die Person der Redner gegeben werden.

§. 5.

Die Abgeordneten der Polizeibehörde sind, vorbehaltlich des gegen die Betheiligten gesetzlich einzuleitenden Strafverfahrens, befugt, sofort jede Versammlung aufzulösen, bezüglich deren die Bescheinigung der erfolgten Anzeige (§§. 1. und 3.) nicht vorgelegt werden kann. Ein Gleiches gilt, wenn in der Versammlung Anträge oder Vorschläge erörtert werden, die eine Aufforderung oder Anreizung zu strafbaren Handlungen enthalten; oder wenn in der Versammlung Bewaffnete erscheinen, die der Aufforderung des Abgeordneten der Obrigkeit entgegen, nicht entfernt werden.

§. 6.

Sobald ein Abgeordneter der Polizeibehörde die Versammlung für aufgelöst erklärt hat, sind alle Anwesenden verpflichtet, sich sofort zu entfernen. Diese Erklärung kann nöthigenfalls durch die bewaffnete Macht zur Ausführung gebracht werden.

§. 7.

Niemand darf in einer Versammlung bewaffnet erscheinen, mit Ausnahme der im Dienste befindlichen Polizeibeamten.

§. 8.

Für Vereine, welche bezwecken, politische Gegenstände in Versammlungen zu erörtern, gelten außer vorstehenden Bestimmungen nachstehende Beschränkungen:

a) sie dürfen keine Frauenspersonen, Schüler und Lehrlinge als Mitglieder aufnehmen;
b) sie dürfen nicht mit anderen Vereinen gleicher Art zu gemeinsamen Zwecken in Verbindung treten, insbesondere nicht durch Komite's, Ausschüsse, Central-Organe oder ähnliche Einrichtungen oder durch gegenseitigen Schriftwechsel.

Werden diese Beschränkungen überschritten, so ist die Ortspolizeibehörde berechtigt, vorbehaltlich des gegen die Betheiligten gesetzlich einzuleitenden Strafverfahrens, den Verein bis zur ergehenden richterlichen Entscheidung (§. 16.) zu schließen.

Frauenspersonen, Schüler und Lehrlinge dürfen den Versammlungen und Sitzungen solcher politischen Vereine nicht beiwohnen. Werden dieselben auf die Aufforderung des anwesenden Abgeordneten der Obrigkeit nicht entfernt, so ist Grund zur Auflösung der Versammlung oder der Sitzung (§§. 5. 6.) vorhanden.

§. 9.

Oeffentliche Versammlungen unter freiem Himmel bedürfen der vorgängigen schriftlichen Genehmigung der Ortspolizeibehörde.

Die Genehmigung ist von dem Unternehmer, Vorsteher, Ordner oder Leiter derselben mindestens acht und vierzig Stunden vor der Zusammenkunft nachzusuchen, und darf nur versagt werden, wenn aus Abhaltung der Versammlung Gefahr für die öffentliche Sicherheit oder Ordnung zu befürchten ist.

Soll die Versammlung auf öffentlichen Plätzen, in Städten und Ortschaften, oder auf öffentlichen Straßen stattfinden, so hat die Ortspolizeibehörde bei Ertheilung der Erlaubniß auch alle, dem Verkehr schuldige Rücksichten zu beachten. Im Uebrigen finden auf solche Versammlungen die Bestimmungen der §§. 1., 4., 5., 6. und 7. Anwendung.

§. 10.

Den in dem vorhergehenden Paragraphen erwähnten Versammlungen werden öffentliche Aufzüge in Städten und Ortschaften oder auf öffentlichen Straßen gleichgestellt. Bei Einholung der Genehmigung ist der beabsichtigte Weg anzugeben. Gewöhnliche Leichenbegängnisse, so wie Züge der Hochzeits-Versammlungen, wo diese hergebracht sind, kirchliche Prozessionen, Wallfahrten und Bittgänge, wenn sie in der hergebrachten Art stattfinden, bedürfen einer vorgängigen Genehmigung und selbst einer Anzeige nicht.

§. 11.

Innerhalb zweier Meilen von dem Orte der jedesmaligen Residenz des Königs, oder von dem Orte des Sitzes beider Kammern dürfen Volksversammlungen unter freiem Himmel von der Ortspolizeibehörde nicht gestattet werden. Das letztere Verbot besteht nur für die Dauer der Sitzungsperiode der Kammern.

§. 12.

Wenn eine Versammlung ohne die in §. 1. vorgeschriebene Anzeige statt gefunden hat, so trifft den Unternehmer eine Geldbuße von fünf bis funfzig Thalern oder Gefängnißstrafe von acht Tagen bis zu sechs Wochen. Derjenige, der den Platz dazu eingeräumt hat, und Jeder, welcher in der Versammlung als Vorsteher, Ordner, Leiter oder Redner aufgetreten ist, hat eine Geldbuße von fünf bis funfzig Thalern verwirkt.

§. 13.

Wenn, der Vorschrift des §. 2. entgegen, die Statuten eines Vereins oder das Verzeichniß der Mitglieder, oder die eingetretenen Aenderungen in der bestimmten Frist zur Kenntniß der Ortspolizeibehörde nicht gebracht worden sind, oder wenn eine von der Ortspolizeibehörde erforderte Auskunft nicht ertheilt worden ist, so wird jeder Vorsteher des Vereins mit Geldbuße von fünf bis funfzig Thalern bestraft, insofern er nicht nachweisen kann, daß die Anzeige oder die Einreichung des Verzeichnisses ganz ohne sein Verschulden unterblieben ist. Dieser Strafe tritt eine Gefängnißstrafe von acht Tagen bis sechs Wochen hinzu, wenn die Vorsteher wissentlich unrichtige Statuten oder Verzeichnisse eingereicht, oder wissentlich unrichtige Auskunft ertheilt haben.

§. 14.

Wenn in einer Versammlung, der Vorschrift des §. 4. entgegen, den Abgeordneten der Ortspolizeibehörde der Zutritt oder die Einräumung eines angemessenen Platzes verweigert worden ist, so trifft den Unternehmer und Jeden, welcher in der Versammlung als Vorsteher, Ordner oder Leiter aufgetreten ist, Geldbuße von zehn bis Einhundert Thalern oder Gefängniß von vierzehn Tagen bis zu sechs Monaten. Dieselbe Strafe hat der Vorsitzende verwirkt, wenn er sich weigert, den Abgeordneten der Polizeibehörde Auskunft über die Person der Redner zu geben, oder wenn er wissentlich unrichtige Auskunft ertheilt.

§. 15.

Wer sich nicht sofort entfernt, nachdem der Abgeordnete der Ortspolizeibehörde die Versammlung für aufgelöst erklärt hat (§§. 5., 6., 8.), wird mit Geldbuße von fünf bis zu funfzig Thalern oder mit Gefängniß von acht Tagen bis zu drei Monaten bestraft.

§. 16.

Wenn ein politischer Verein die in §. 8. zu a. und b. gezogenen Beschränkungen überschreitet, so haben Vorsteher, Ordner und Leiter, die diesen Bestimmungen entgegen gehandelt haben, eine Geldbuße von fünf bis funfzig Thalern oder Gefängniß von acht Tagen bis zu drei Monaten verwirkt. Der Richter kann außerdem nach der Schwere der Umstände auf Schließung des Vereins erkennen. Auf diese Schließung muß erkannt werden, wenn Vorsteher, Ordner oder Leiter sich wiederholt strafbar gemacht haben.

Wer sich bei einem auch nur vorläufig (§. 8.) geschlossenen politischen Vereine als Mitglied ferner betheiligt, wird mit Geldstrafe von fünf bis zu funfzig Thalern oder Gefängnißstrafe von acht Tagen bis zu drei Monaten belegt.

Wer der Vorschrift des §. 8. a. entgegen sich als Mitglied aufnehmen läßt, hat eine Geldbuße von fünf bis zu funfzig Thalern verwirkt.

Wenn die Polizeibehörde einen politischen Verein vorläufig geschlossen hat (§. 8.), so ist sie gehalten, binnen acht und vierzig Stunden nach der Schließung davon und von den Gesetzwidrigkeiten, welche zur Schließung Anlaß gegeben haben, der Staatsanwaltschaft Anzeige zu machen. Findet die Staatsanwaltschaft die angeblichen Gesetzwidrigkeiten nicht geeignet, eine Anklage darauf zu gründen, so hat die Ortspolizeibehörde auf die ihr durch die Staatsanwaltschaft binnen weiteren acht Tagen zu ertheilende Nachricht die Schließung des Vereins aufzuheben. Anderenfalls muß die Staatsanwaltschaft ebenfalls binnen acht Tagen entweder die Anklage erheben oder binnen gleicher Frist die Voruntersuchung beantragen. Alsdann ist vom Gerichte sofort Beschluß darüber zu fassen, ob die vorläufige Schließung des Vereins bis zum Erkenntnisse in der Hauptsache fortdauern soll.

§. 17.

Wer an einem Aufzuge oder an einer Versammlung unter freiem Himmel Theil nimmt, zu welcher die nach dem gegenwärtigen Gesetze erforderliche Genehmigung nicht ertheilt ist, wird mit einer Geldbuße von Einem bis fünf Thalern bestraft.

Wer zu einer solchen Versammlung oder zu einem solchen Aufzuge vor Eingang der obrigkeitlichen Erlaubniß auffordert oder auffordern läßt, oder darin als Ordner, Leiter oder Redner thätig ist, wird mit Geldbuße von fünf bis funfzig Thalern oder mit Gefängniß von acht Tagen bis zu drei Monaten bestraft.

Diese Strafen sind jederzeit verwirkt, wenn die Versammlung oder der Aufzug in Städten und Ortschaften oder auf öffentlichen Straßen, oder wenn eine Volksversammlung in den Fällen des §. 11. statt gefunden hat. In allen anderen Fällen sind die Theilnehmer und selbst diejenigen, welche als Redner aufgetreten sind, nur dann strafbar, wenn die Versagung der Genehmigung oder das nachträgliche Verbot vorher öffentlich oder den Theilnehmern besonders bekannt gemacht war. Wird die Nichtgenehmigung oder das Verbot während der Versammlung oder während des Aufzuges selbst bekannt gemacht, so kann sich wegen seiner späteren Betheiligung Niemand mit Unkenntniß der Nichtgenehmigung oder des Verbotes entschuldigen.

§. 18.

Wer gegen das Verbot des §. 7. in einer Versammlung bewaffnet erscheint, wird mit Gefängniß von vierzehn Tagen bis zu sechs Monaten bestraft.

§. 19.

Wer auffordert, in einer Versammlung mit Waffen zu erscheinen, oder die Aufforderung hierzu verbreiten läßt, oder in einer Versammlung Waffen austheilt, wird mit Gefängniß von sechs Wochen bis zu Einem Jahre bestraft.

§. 20.

Die in dieser Verordnung mit Strafe bedrohten Handlungen sind, unbeschadet der Zuständigkeit der Schwurgerichte in Ansehung der in Versammlungen begangenen politischen Vergehen, von der Kompetenz der Schwurgerichte ausgeschlossen, selbst wenn sie durch die Presse begangen sind.

§. 21.

Auf die durch das Gesetz oder die gesetzlichen Autoritäten angeordneten Versammlungen und die Versammlungen der Mitglieder beider Kammern während der Dauer der Sitzungsperiode finden die vorstehenden Bestimmungen keine Anwendung.

Wahlvereine unterliegen den Beschränkungen des §. 8. nicht.

§. 22.

Zuwiderhandlung gegen die Vorschrift des Artikels 38. der Verfassungs-Urkunde vom 31. Januar 1850, welcher also lautet:

„Die bewaffnete Macht darf weder in noch außer dem Dienste berathschlagen, oder sich anders, als auf Befehl versammeln. Versammlungen und Vereine der Landwehr zur Berathung militairischer Einrichtungen, Befehle und Anordnungen sind auch dann wenn dieselbe nicht zusammenberufen ist, untersagt.“

wird nach den Bestimmungen des §. 125. des ersten Theiles des Militair-Strafgesetzbuches bestraft.

§. 23.

Gegenwärtiges Gesetz tritt an die Stelle der Verordnung vom 29. Juni 1849 (Gesetz-Sammlung S. 221—225).

Urkundlich unter Unserer Höchsteigenhändigen Unterschrift und beigedrucktem Königlichen Insiegel.

Gegeben Charlottenburg, den 11. März 1850.

(L. S.) Friedrich Wilhelm.

Gr. v. Brandenburg. v. Ladenberg. v. Manteuffel.
v. d. Heydt. v. Rabe. Simons. v. Schleinitz.
v. Stockhausen.

I. 1417. V. 4.

41.

Gesetz, betreffend die neue Eintheilung der Bezirke der Hypothekenämter im Bereiche des Appellationsgerichtshofes zu Cöln. Vom 11. März 1850.

Wir Friedrich Wilhelm, von Gottes Gnaden, König von Preußen ꝛc. ꝛc.

verordnen, unter Zustimmung beider Kammern, was folgt:

§. 1.

Die Abgrenzung der Bezirke der Hypothekenämter im Bereiche des Appellationsgerichtshofes zu Cöln wird vom 1. Oktober 1850 an, nach folgender Uebersicht anderweit bestimmt:

No.	Hypotheken-Aemter.	Bestandtheile der neuen Abgrenzung.	
		Kreise.	Friedensgerichts-Bezirke.
1	Saarbrücken.	Saarlouis, Saarbrücken.	Saarlouis, Lebach, Wallerfangen, St. Johann.
2	St. Wendel.	St. Wendel, Ottweiler.	St. Wendel, Baumholder, Grumbach, Ottweiler und Tholey.
3	Trier.	Trier, Land- u. Stadtkreis, Saarburg, Merzig.	Trier I. und II., Hermeskeil, Schweich, Saarburg, Perl, Merzig, Wadern.
4	Bernkastel.	Wittlich, Bernkastel.	Manderscheid, Wittlich, Bernkastel, Rhaunen, Neumagen.
5	Prüm.	Daun, Prüm, Bittburg.	Daun, Hillesheim, Prüm, Waxweiler, Bittburg, Dudeldorf, Neuerburg.
6	Simmern.	Kreuznach, Simmern.	Sobernheim, Kirn, Stromberg, Kreuznach, Kastellaun, Kirchberg, Simmern.
7	Zell.	Cochem, Zell.	Treis, Cochem, Lützerath, Zell, Trarbach.
8	Koblenz.	Mayen, St. Goar, Koblenz, linke Rheinseite.	Andernach, Mayen, Münstermaifeld, Bacharach, St. Goar, Boppard, Metternich, Koblenz.
9	Ahrweiler.	Ahrweiler, Adenau.	Ahrweiler, Sinzig, Adenau.
10	Montjoie.	Montjoie, Eupen, Malmedy, Schleiden.	Montjoie, Eupen, Malmedy, St. Vith, Blankenheim, Gemünd.

No.	Hypotheken-Aemter.	Bestandtheile der neuen Abgrenzung. Kreise.	Friedensgerichts-Bezirke.
11	Aachen.	Aachen, Stadt- und Landkreis, Düren.	Aachen I. und II., Burtscheid, Eschweiler, Nideggen, Düren.
12	Geilenkirchen.	Geilenkirchen, Heinsberg, Erkelenz, Jülich.	Geilenkirchen, Heinsberg, Erkelenz, Wegberg, Aldenhofen, Jülich.
13	Bonn.	Bonn, Rheinbach, Euskirchen.	Bonn I., Bonn II., Rheinbach, Zülpich, Lechenich.
14	Cöln.	Stadtkreis Cöln, Landkreis Cöln, linke Rheinseite, Bergheim.	Cöln I., Cöln II., Cöln III., Cöln IV., linke Rheinseite, Bergheim, Kerpen.
15	Siegburg.	Siegkreis, Waldbroel, Herrschaft Wildenburg (Kreis Altenkirchen).	Siegburg, Hennef, Königswinter, Eitorf, Waldbroel, Wildenburg.
16	Mühlheim.	Mühlheim, Cöln, Landkreis (rechte Rheinseite), Gummersbach, Wipperfürth.	Mühlheim, Cöln IV., rechte Rheinseite, (Bürgermeisterei Deutz), Bensberg, Gummersbach, Homburg, Wipperfürth, Lindlar.
17	Elberfeld.	Lennep, Elberfeld.	Lennep, Wermelskirchen, Remscheid, Ronsdorf, Barmen, Elberfeld, Mettmann, Velbert.
18	Düsseldorf.	Düsseldorf, Solingen.	Düsseldorf, Gerresheim, Ratingen, Opladen, Solingen.
19	Crefeld.	Crefeld, Neuß, Geldern theilweise, Kempen theilweise.	Uerdingen, Crefeld, Neuß, Nievenheim, Moers, Rheinberg, Kempen.
20	Gladbach.	Gladbach, Grevenbroich, Kempen theilweise.	Gladbach, Odenkirchen, Grevenbroich, Jüchen, Dülken, Lobberich.
21	Cleve.	Cleve, Geldern theilweise.	Cleve, Goch, Xanten, Geldern, Wachtendonk.

Demgemäß werden vom gedachten Zeitpunkt an
a) aufgehoben: das bisherige Hypothekenamt zu Malmedy;
b) neu errichtet: die Hypothekenämter zu Bernkastel, Zell, Ahrweiler, Geilenkirchen, Mühlheim, Elberfeld, Gladbach und Montjoie;
c) mit Beibehaltung ihrer bisherigen Sitze neu abgegrenzt: die Hypotheken-Aemter zu Saarbrücken, St. Wendel, Trier, Prüm, Koblenz, Simmern, Aachen, Bonn, Cöln, Siegburg, Düsseldorf, Krefeld und Kleve.

§. 2.

Zur Durchführung dieser Veränderung werden am 30. September 1850 Abends (Vorabend des im §. 1. bestimmten Termins) die Register aller Hypothekenämter durch den Friedensrichter des Orts mit Zuziehung des Hypotheken-Beamten geschlossen; die darüber aufzunehmende Verhandlung wird unmittelbar hinter der letzten Eintragung niedergeschrieben und von beiden Beamten vollzogen.

§. 3.

Die so geschlossenen Register bleiben in der Verwahrung desjenigen Hypothekenamts, bei welchem sie geführt worden sind; die Register des Amts Malmedy gehen an das Amt Montjoie über. Die Auszüge aus den Registern, die Abschriften von aufbewahrten Urkunden und die auf frühere Eintragungen bezüglichen Bescheinigungen, werden für den ganzen Umfang des bisherigen Amtsbezirks von den an ihren Sitzen verbleibenden Hypotheken-Aemtern und hinsichts des aufzuhebenden Amtes Malmedy von dem an seine Stelle tretenden Hypothekenamte Montjoie ertheilt.

§. 4.

In die bisherigen Register sind, auch nach deren in Gemäßheit des §. 2. erfolgten Schließung, ferner noch einzutragen: die nach dem 1. Oktober 1850 vorkommenden Subrogationen, Cessionen, Prioritäts-Bewilligungen, Löschungen, Reduktionen, Veränderungen des gewählten Wohnorts, so wie alle Vermerke, welche sich auf frühere Eintragungen beziehen. Dagegen müssen alle neuen Eintragungen von Privilegien und Hypotheken, einschließlich der Erneuerungen und etwa vorkommenden Berichtigungen, so wie alle Transskriptionen von Urkunden wegen Uebertragung des unbeweglichen Eigenthums, desgleichen die Transskriptionen von Verfügungen wegen der Immobiliar-Beschlagnahme und alle sonstigen auf das Hypothekenwesen bezüglichen, im Vorstehenden nicht ausgenommenen Handlungen bei demjenigen Hypothekenamte bewirkt werden, in dessen Bezirke die betreffenden Grundstücke nach der im §. 1. angeordneten Abgrenzung liegen.

§. 5.

Wer sich in Folge dieser neuen Abgrenzung während der nächsten zehn Jahre, vom 1. Oktober 1850 an gerechnet, über die erfolgte Eintragung eines Privilegiums oder einer Hypothek, die Transskription eines Besitztitels, desgleichen die Hypothekenfreiheit eines Grundstücks unterrichten will, ist gehalten, das Gesuch um Ertheilung der erforderlichen Auszüge aus den Registern, Abschriften und Bescheinigungen schriftlich oder mündlich bei einem der nach §. 1. betheiligten Hypothekenämter anzubringen, welches sodann nach Erledigung desselben, die ertheilten Auszüge, Abschriften und Bescheinigungen unter portofreier Rubrik an das andere, im Gesuche jedesmal bestimmt zu bezeichnende Hypothekenamt zur gleichmäßigen Ertheilung der verlangten Auszüge, Abschriften und Bescheinigungen abzugeben hat. Die erledigte Requisition wird unter portofreier Rubrik an das requirirende Hypothekenamt zur Behändigung an den Extrahenten zurückgeschickt. Der Stempel ist in diesen Fällen nur einmal zu verwenden.

§. 6.

Im Amtslokal jedes Hypothekenamts wird:

1) ein alphabetisches Verzeichniß, worin die zu dessen Bezirke gehörigen Ortschaften nebst den Kreisen, Friedensgerichtsbezirken, Bürgermeistereien, Gemeinden, zu welchen sie gehören, und den Hypothekenämtern, zu welchen sie bis zum Eintritt der neuen Organisation gehört haben und bei welchen sich die älteren Register 2c. befinden, angegeben sind, desgleichen
2) ein alphabetisches Verzeichniß derjenigen Ortschaften, welche bisher zum Bezirke des Hypothekenamtes gehört haben, jetzt aber einem anderen Bezirke zugetheilt sind, mit Angabe des letzteren,

zu Jedermanns Einsicht öffentlich ausgehängt.

Auch werden die zu 1 und 2 erwähnten alphabetischen Verzeichnisse in Betreff aller einzelnen, zu einem Regierungsbezirke gehörigen Hypothekenämter in den Amtsblättern der betreffenden Regierung drei Monate vor der Ausführung dieses Gesetzes von vier zu vier Wochen und späterhin nach Bedürfniß bekannt gemacht.

§. 7.

Unser Finanzminister wird beauftragt, die zur Ausführung dieses Gesetzes erforderliche Anweisung zu ertheilen.

Urkundlich unter Unserer Höchsteigenhändigen Unterschrift und beigedrucktem Königlichen Insiegel.

Gegeben Charlottenburg, den 11. März 1850.

(L. S.) Friedrich Wilhelm.

Gr. v. Brandenburg. v. Ladenberg. v. Manteuffel. v. d. Heydt. v. Rabe. Simons. v. Schleinitz. v. Stockhausen.

I. 1418. Rhein. Gener. 1. Vol. 4.

42.

Allerhöchste Order vom 20. März 1850, — betreffend die Beilegung des Prädikats „Hoheit" an die Herren Fürsten von Hohenzollern-Hechingen und Hohenzollern-Sigmaringen.

Ich bestimme hierdurch, daß dem Herrn Fürsten von Hohenzollern-Hechingen und dem Herrn Fürsten von Hohenzollern-Sigmaringen, als den Häuptern beider Linien des fürstlich Hohenzollerischen Hauses, in Meinen Staaten das Prädikat „Hoheit" beigelegt werden soll und beauftrage das Staats-Ministerium, die sämmtlichen Staatsbehörden danach mit Anweisung zu versehen.

Charlottenburg, den 20. März 1850.

gez. Friedrich Wilhelm.
gegengez. v. Brandenburg.

An
das Staats-Ministerium.

Vorstehende Allerhöchste Order wird sämmtlichen Justizbehörden hierdurch zur Nachachtung bekannt gemacht.

Berlin, den 26. April 1850.

Der Justiz-Minister
Simons.

An
sämmtliche Justizbehörden.

I. 1751. Hohenzollern 1.

43.

Verfügung vom 20. März 1850, — die Urlaubsertheilung an die Friedensrichter betreffend.

(Verfügung vom 10. Juni 1839. Rhein. Samml. Bd. 7. S. 71.)

Einverstanden mit der in Ihrem Berichte entwickelten Ansicht, daß es mit dem Geiste der Verordnung vom 10. Juli v. J. nicht im Einklange stehen würde, wenn die, obgleich nur vorläufige und im Falle des Widerspruchs von der richterlichen Entscheidung abhängige Entziehung des Diensteinkommens, welche wegen unerlaubter Entfernung vom Amte nach §. 10. zu verhängen ist und nach §. 12. von derjenigen Behörde verfügt wird, die den Urlaub zu ertheilen hat, gegen einen Friedensrichter von dem Oberprokurator allein ausgesprochen würde, bestimmt der Justiz-Minister unter Aufhebung der entgegenstehenden Verfügung vom 10. Juni 1839, daß die Ertheilung des

Urlaubes an Friedensrichter dem Landgerichts-Präsidenten und dem Ober-Prokurator gemeinschaftlich zustehen soll.

Sie wollen von dieser Verfügung die Landgerichts-Präsidenten, Ober-Prokuratoren und Friedensrichter in Kenntniß setzen.

Berlin, den 20. März 1850.

Der Justiz-Minister
Simons.

An
den Herrn Ersten Präsidenten des Königl. Rheinischen Appellationsgerichtshofes und den Herrn General-Prokurator zu Cöln.

I. 5140 Rhein. Offizianten-Sachen Nr. 37.

44.

Allgemeine Verfügung vom 30. März 1850, — betreffend die Vereidigung der Justizbeamten, welche zugleich in einem militairischen Dienstverhältnisse stehen, nach Maaßgabe der Verfassungsurkunde vom 31. Januar 1850 Art. 108 und 119. (Gesetz-Sammlung S. 34).

Beschluß des Königlichen Staats-Ministeriums vom 12. Februar 1850 und
Allgemeine Verfügung vom 13. desselben Monats und Jahres (S. 116 dieses Bandes).

Im Einverständniß mit dem Herrn Kriegs-Minister wird den Gerichtsbehörden mit Beziehung auf die allgemeine Verfügung vom 13. Februar d. J. (Justiz-Ministerialblatt S. 43) hierdurch zur Nachachtung bekannt gemacht, daß Civil-Justizbeamte, welche zugleich in einem militairischen Dienstverhältnisse, namentlich bei der Landwehr, stehen, von der Ableistung des durch den Artikel 108 der Verfassungs-Urkunde vom 31. Januar d. J. vorgeschriebenen Eides nicht zu entbinden sind.

Bei denjenigen, dieser Kategorie angehörenden Civil-Justizbeamten, welche sich zur Zeit im aktiven Dienste der Landwehr befinden, kann die Vereidigung bis zu ihrer Rückkehr in das Civil-Beamten-Verhältniß ausgesetzt bleiben.

Berlin, den 30. März 1850.

Der Justiz-Minister
Simons.

An
sämmtliche Gerichtsbehörden.

I. 1221. E. 28.

45.

Allgemeine Verfügung vom 2. April 1850, — betreffend das Verhältniß der Verwaltungsbehörden zu den Friedensrichtern in der Rheinprovinz und das bei Disziplinar-Untersuchungen wider Beamte zu beobachtende Verfahren.

Kabinets-Order vom 31. Dezember 1825 D. Nr. XII (Gesetz-Sammlung von 1826 S. 11).
Verordnung vom 2. Januar 1849 §. 38 (Gesetz-Sammlung S. 12).
Verordnung vom 11. Juli 1849 §. 25 (Gesetz-Sammlung S. 275).

Nachstehende, an die Regierungen der Rheinprovinz erlassene Verfügung vom 22. Oktober v. J., über das Verhältniß der Verwaltungsbehörden zu den Friedensrichtern, und über das bei Disziplinar-Untersuchungen wider Beamte zu beobachtende Verfahren, wird hierdurch zur Kenntniß der betreffenden Gerichtsbehörden gebracht.

Berlin, den 2. April 1850.

Der Justiz-Minister
Simons.

Der Antrag der Königlichen Regierung vom 10. Juli d. J., in allen gegen Beamte zum Zwecke ihrer Entfernung aus dem Amte eingeleiteten Disziplinar-Untersuchungen, die Uebertragung der Vernehmung des Angeschuldigten und der Erstattung des vorgeschriebenen Gutachtens an die, mit der Vernehmung der Zeugen beauftragten Friedensrichter zu gestatten, hat zum Theil durch die Verordnung vom 11. Juli d. J. seine Erledigung gefunden, ist aber andererseits dem Geiste der neueren Gesetzgebung nicht entsprechend.

Das Recht der Verwaltungsbehörden, den Justiz-Unterbehörden Anweisungen zu ertheilen und sie zu deren Befolgung anzuhalten, ist durch den §. 38. der Verordnung vom 2. Januar d. J, ausdrücklich aufgehoben und die entgegenstehende Bestimmung der Allerhöchsten Order vom 31. Dezember 1825 unter D. No. XII. außer Kraft gesetzt worden. Zwar ist jene Verordnung nicht zugleich für den Bezirk des Rheinischen Appellationsgerichtshofes verkündigt worden. Da aber dem §. 38. derselben das allgemeine, nicht auf einen Theil der Monarchie zu beschränkende Prinzip zum Grunde liegt, daß die Unabhängigkeit der Gerichte von der Verwaltung auch durch die Form anerkannt werden soll, in welcher die Leistung einer dienstlichen Hülfe in Anspruch zu nehmen ist, so erscheint es angemessen, daß die Verwaltungsbehörden in der Rheinprovinz bei ihren Kommunikationen mit den Friedensrichtern jenes Prinzip ebenfalls zur Richtschnur nehmen und sich der Form des Ersuchschreibens bedienen. Die Königliche Regierung hat daher künftighin in der Korrespondenz mit den Friedensrichtern diese letztgedachte Form in Anwendung zu bringen.

Was insbesondere die Behandlung der Disziplinarsachen betrifft, so fällt die Erstattung des Gutachtens, welche einzelne Friedensrichter zum Widerstreben veranlaßt haben mag, nunmehr fort. Der Untersuchungs-Kommissar, welcher nach §. 25 der Verordnung vom 11. Juli d. J. zu ernennen ist, wird ein Beamter sein müssen, der dem ernennenden Minister, resp. Vorsteher der entscheidenden Disziplinar-Behörde, untergeben ist. Die Vernehmung der Zeugen, selbst das Verhör des Angeschuldigten, wird nicht nothwendig durch den Kommissar selbst geschehen müssen, sondern auf sein Ersuchen durch andere Beamte erfolgen können, nach Analogie der Vorschriften, welche hierüber für das gerichtliche Verfahren bestehen. Wenn zu diesem Ende ein Beamter einer andern Hierarchie, insbesondere ein Friedensrichter, anzugehen ist, so wird es angemessen sein, die Gründe mitzutheilen, welche das Ersuchen in dem gegebenen Falle veranlassen. Geschieht dies, so ist an der Willfährigkeit der Friedensrichter nicht zu zweifeln, erforderlichenfalls werden die Mittel ergriffen werden, um die mit Unrecht Widerstrebenden zu der Erfüllung der Pflichten zu nöthigen, welche ihnen die, durch die Natur der Sache gebotene gegenseitige Unterstützung der Behörden zur Erledigung der ihnen obliegenden Geschäfte auferlegt.

Hiernach hat die Königliche Regierung in Zukunft zu verfahren.

Berlin, den 22. Oktober 1849.

Der Minister der geistlichen-, Unterrichts- und Medizinal-Angelegenheiten:
v. Ladenberg.

Der Minister des Innern:
Fr. v. Manteuffel.

Der Minister für Handel, Gewerbe und öffentliche Arbeiten:
v. d. Heydt.

Der Finanz-Minister:
v. Rabe.

Der Minister für die landwirthschaftlichen Angelegenheiten:
Im Allerhöchsten Auftrage
Bode.

An
die Königliche Regierung zu N. und Abschrift an sämmtliche übrige Königl. Regierungen der Rheinprovinz zur Kenntnißnahme und Nachachtung.

I. 101. Rhein. Offiz. Sachen 41. Vol. II.

46.

Allerh. Erlaß vom 3. April 1850, — betr. die Aufhebung des Friedensgerichts zu Wildenburg und die Errichtung eines besonderen Friedensgerichts in Eckenhagen für die Bürgermeistereien Eckenhagen, Denklingen und Friesenhagen.

Auf Ihren Bericht vom 26. März d. J. bestimme Ich nach Ihrem Antrage, unter Aufhebung des Friedensgerichts zu Wildenburg, daß der bisherige Bezirk desselben in Zukunft nicht zu dem Bezirke des Landgerichts zu Koblenz, sondern zu dem des Landgerichts zu Bonn gehöre; ferner, daß der rechts der Sieg belegene Theil der Bürgermeisterei Wissen dem Friedensgerichte zu Waldbroel zugetheilt und für die Bürgermeistereien Eckenhagen, Denklingen und Friesenhagen ein eigenes Friedensgerichts zu Eckenhagen errichtet werde. Die nähere Bestimmung des Zeitpunktes für die hiernach eintretenden Veränderungen in den Gerichtsbezirken und für die Eröffnung des Friedensgerichts zu Eckenhagen, so wie die Erlassung der nöthigen Ausführungs-Verfügungen, will ich Ihnen, dem Justizminister, anheimgeben.

Charlottenburg, den 3. April 1850.

Friedrich Wilhelm.
v. Rabe. Simons.

An
die Staatsminister der Finanzen
und der Justiz.

V. 1085. Friedensgericht Eckenhagen.

47.

Allgemeine Verfügung vom 29. April 1850, — betr. die Untersuchungen wegen Verfertigung oder Verbreitung falscher Darlehnskassenscheine und Noten der Preußischen Bank.

cf. Rescript vom 12. Februar 1827.
(Rhein. Sammlung Bd. 3. S. 96.)

Durch die Bestimmung im §. 5. Lit. f. des Gesetzes vom 24. Februar d. J., betreffend die Verwaltung des Staatsschuldenwesens und die Bildung einer Staatsschulden-Kommission, ist die Ermittelung und Verfolgung der Fälschung und Nachahmung aller als Geldzeichen umlaufenden Papiere, welche gesetzlich in den öffentlichen Kassen statt baaren Geldes angenommen werden müssen, der Königlichen Hauptverwaltung der Staatsschulden übertragen. Nach einer Mittheilung des Herrn Finanz-Ministers werden durch diese Bestimmung zur Zeit nur die Darlehnskassen-Scheine (Verordnung vom 15. April 1848 Gesetz-Sammlung S. 105) und die Noten der Preußischen Bank (Bank-Ordnung vom 5. Oktober 1846 Gesetz-Sammlung S. 435) betroffen.

Da nach §. 200. der Kriminal-Ordnung und nach dem Rescript vom 12. Februar 1827 (Jahrbücher Bd. 29. S. 113) die Gerichte verpflichtet sind, bei Untersuchungen wegen Fälschung öffentlicher Papiere die betreffende Verwaltungsbehörde auf geeignete Art zuzuziehen, so werden die Gerichte, resp. die Beamten der Staats-Anwaltschaft nach dem Antrage des Herrn Finanz-Ministers hierdurch angewiesen, ihre Mittheilungen in Untersuchungen wegen Verfertigung oder Verbreitung falscher Darlehnskassen-Scheine und Noten der Preußischen Bank künftig an die Hauptverwaltung der Staatsschulden zu richten.

Berlin, den 29. April 1850.

Der Justiz-Minister
Simons.

An
sämmtliche Gerichtsbehörden und an die Beamten der Staats-Anwaltschaft.

I. 1534. Criminalia 65. Vol. II.

48.

Verfügung vom 18. Mai 1850, — betr. die Kosten der Stellvertretung für suspendirte Beamte.

Verordnung vom 11. Juli 1849 §§. 55—57. (Gesetz-Sammlung S. 271).

Dem Königlichen Appellationsgericht wird auf den Bericht vom 27. v. M.,

die Auslegung der §§. 55. bis 57. der Verordnung vom 11. Juli v. J. (Gesetz-Sammlung S. 271 ff.) betreffend,

hierdurch eröffnet, daß die §§. 56. und 57. jener Verordnung die Frage:

ob der suspendirte Beamte die Kosten seiner Stellvertretung zu tragen habe?

ausdrücklich nur für den Fall entscheiden, wo ein Verfahren eingeleitet ist, welches zu einer Entscheidung, sei es eine Verurtheilung oder Freisprechung, führt.

Der im Berichte des Kollegiums erwähnte Spezial-Fall, wo eine Untersuchung nicht eingeleitet, und daher dem suspendirten Beamten nicht die Möglichkeit eröffnet gewesen ist, sich vollständig zu rechtfertigen, kann nur nach den Grundsätzen beurtheilt werden, welche für den Fall der Freisprechung zur Anwendung kommen. Dies ist um so weniger zweifelhaft, als der §. 56. a. a. O. in Verbindung mit dem darin angezogenen §. 55. die Kosten der Stellvertretung den Kosten des Untersuchungs-Verfahrens gleichstellt, von deren Tragung Seitens des Beamten nie die Rede sein kann, wenn nicht eine Verurtheilung erfolgt ist.

Berlin, den 18. Mai 1850.

Der Justiz-Minister
Simons.

An
das Königliche Appellationsgericht zu N.

I. 1898. O. 34. Vol. 7.

49.

Allgemeine Verfügung vom 14. Juni 1850, — betr. die verfassungsmäßige Vereidigung der Unteroffiziere, welche zur probeweisen Beschäftigung als Boten und Executoren bei den Civilgerichten angenommen werden.

Staats-Ministerial-Beschluß vom 13. Februar 1850 (Justiz-Ministerial-Blatt S. 42).

Es ist über die Vereidigung auf die Verfassung hinsichtlich solcher Unteroffiziere angefragt worden, welche zur probeweisen Beschäftigung als Boten oder Exekutoren bei den Civilgerichten eingetreten sind.

Wir finden gegen die Vereidigung dieser Unteroffiziere auf die Verfassung kein Bedenken, halten aber den vorgeschlagenen Zusatz in der Eidesformel:

„Ich ꝛc. in meiner Eigenschaft als Justiz-Hülfs-Unterbeamte schwöre ꝛc.“

bei denjenigen Unterbeamten, welche erst den Diensteid zu leisten haben und damit zugleich die gewissenhafte Beobachtung der Verfassung nach der für denselben festgesetzten zusätzlichen Formel geloben sollen, nicht für erforderlich, weil sich dieses Verhältniß von selbst versteht.

Bei denjenigen Unteroffizieren dagegen, welche Behufs der blos probeweisen Beschäftigung schon früher den Diensteid in seiner bisherigen Norm geleistet haben und daher jetzt nachträglich auf die Verfassung besonders vereidet werden müssen, erscheint der vorgeschlagene Zusatz der Sache angemessen.

Zur Herbeiführung eines gleichmäßigen Verfahrens in dieser Hinsicht, nehmen wir Veranlassung, sämmtliche Gerichtsbehörden hiervon zur Nachachtung in Kenntniß zu setzen.

Berlin, den 14. Juni 1850.

Der Justiz-Minister	Der Kriegs-Minister
Simons.	v. Stockhausen.

I. 2403. E. 28.

50.

Reglement vom 15. Juni 1850, — betreffend die Einsetzung des Königlichen Landgerichts zu Bonn.

Cfr. Seite 106 dieses Bandes.

In Folge des Allerhöchsten Erlasses vom 2. Februar d. J., durch welchen Se. Majestät der König geruht haben, die Errichtung eines Landgerichts zu Bonn anzuordnen, und dem unterzeichneten Justiz-Minister die weiteren Ausführungsverfügungen zu überlassen, werden nachstehende Bestimmungen zur Nachachtung bekannt gemacht:

1. Der Bezirk des Landgerichts zu Bonn wird in Gemäßheit der Erlasse vom 2. Februar und 3. April d. J. (Gesetz-Sammlung S. 325 und 326) durch die Kreise Bonn, Euskirchen, Rheinbach, Sieg und Waldbroel, die Bürgermeisterei Friesenhagen und den rechts der Sieg belegenen Theil der Bürgermeisterei Wissen, Kreises Altenkirchen, gebildet.

2. Mit dem Tage der Eröffnung des Landgerichts zu Bonn hört die bisherige Gerichtsbarkeit der Landgerichte und Handelsgerichte zu Cöln und Coblenz in dem Bezirke des neuen Landgerichts auf, mit Vorbehalt jedoch der unten wegen der rechtshängigen Sachen zu treffenden näheren Bestimmungen.

3. Die gesammte Gerichtsbarkeit der Land- und Handelsgerichte zu Cöln und Coblenz über den Gerichtssprengel des Landgerichts zu Bonn geht auf letzteres über, welchem daher in Civil- und Strafsachen, so wie in jeder anderen Beziehung, alle Rechte und Attributionen der übrigen Landgerichte der Rheinprovinz zustehen.

4. Die Eröffnung des Landgerichts zu Bonn soll am 1. Oktober d. J. erfolgen.

5. Alle von diesem Tage an anhängig zu machenden Sachen, welche zur Kompetenz des Landgerichts zu Bonn gehören, können nur bei diesem angebracht werden. Es haben daher auch die bisher den Landgerichten zu Cöln und Coblenz untergeordneten Beamten und Behörden, deren Sitz im Gerichts-

sprengel des Landgerichts zu Bonn belegen ist, ihre Berichte und amtlichen Anträge von da ab lediglich an das letztere oder an den Königlichen Ober-Prokurator bei demselben zu richten.

6. Sämmtliche bei dem Landgerichte oder dem Handelsgerichte zu Cöln und Coblenz anhängigen Civilsachen aus dem Bezirke des Landgerichts zu Bonn, in welchen noch nicht kontradiktorische Anträge genommen worden sind, gehen an das Landgericht zu Bonn über. Diejenige Partei, welche ihre Rechtssache am Landgerichte zu Bonn fortsetzen will, hat die übrigen Parteien hiervon zu benachrichtigen, und zwar, mit Ausnahme der Handelssachen, unter Bestellung eines Anwaltes und mit der Aufforderung auch ihrerseits einen Anwalt bei diesem Landgerichte zu bestellen. Erst mit dem Ablauf der von dem Tage der Zustellung dieser Benachrichtigung zu berechnenden Ladungsfrist kann die Sache zur weiteren Verhandlung kommen. Appellationssachen, Oppositionen und Einreden wider Subhastationen werden nach eben diesen Grundsätzen beurtheilt, und wird insbesondere noch bestimmt, daß die in den Artikeln 157 und 162 der Civilprozeß-Ordnung erwähnten achttägigen Fristen, wenn sie nicht zur Zeit der Eröffnung des Landgerichts zu Bonn bereits abgelaufen sind, erst von dem Tage an ihren Anfang nehmen sollen, an welchem der sukkumbirenden Partei in Person oder in ihrem Domicile eine neue Anwaltsbestellung ihres Gegners und zwar im Falle des Artikels 157 mit gleichzeitiger Zustellung einer Abschrift des Urtheils insinuirt worden ist.

Sachen, in welchen bereits kontradiktorische Anträge zur Hauptsache bei dem Landgerichte oder dem Handelsgerichte zu Cöln oder Coblenz genommen worden, verbleiben auch nach Erledigung etwaiger präparatorischer oder interlokutorischer Urtheile bei dem Gerichte, bei welchem sie anhängig sind.

Dasselbe gilt von denjenigen Kollokations- und Distributionssachen, in welchen die Ordonanz des Kommissars zur Produktion vor Eröffnung des Landgerichts zu Bonn bereits erlassen worden ist.

Sachen, in welchen die Eröffnung des Fallimentes von dem Handelsgerichte zu Cöln oder Coblenz ausgesprochen ist, verbleiben bei dem Gerichte, welches dieselbe ausgesprochen hat.

7. Mit dem Tage der Eröffnung des Landgerichts zu Bonn hört das daselbst bisher bestandene besondere Untersuchungsamt auf.

8. Sämmtliche zur Zeit der Eröffnung des Landgerichts zu Bonn bei dem Landgerichte zu Cöln oder Coblenz anhängigen Disziplinar- und Strafsachen aus dem Bezirke des Landgerichts zu Bonn gehen an dieses über, wenn in Disziplinarsachen und in solchen, welche Vergehen betreffen, in jenem Zeitpunkte die Ladung des Beschuldigten zur Sitzung, und in Kriminalsachen das Anklageurtheil noch nicht ergangen ist.

Alle Berufungen von Urtheilen der Landgerichte zu Cöln oder Coblenz in zuchtpolizeilichen Sachen werden bei diesen Gerichten erledigt, die Berufungen von Urtheilen der Polizeigerichte in dem Bezirke des Landgerichts zu Bonn nur dann, wenn zur Zeit der Eröffnung desselben bereits die Ladung zur Sitzung erfolgt ist.

9. Bei dem Landgerichte zu Bonn werden im Laufe des mit dem Tage seiner Eröffnung beginnenden Vierteljahrs auch die Assisensitzungen stattfinden, und ist von diesem Zeitpunkte an eintretenden Falls die Verweisung vor den Assisenhof zu Bonn auszusprechen.

10. Die Geschworenenlisten für die Assisen zu Bonn werden, auch insofern darin Geschworene aus der Bürgermeisterei Friesenhagen und dem rechts der Sieg belegenen Theile der Bürgermeisterei Wissen aufzunehmen sind, wie im Einverständnisse mit dem Herrn Minister des Innern bestimmt worden ist, von dem Präsidenten der Regierung zu Cöln aufgestellt werden.

Berlin, den 15. Juni 1850.

Der Justiz = Minister
Simons.

V. 1547. Landgericht Bonn.

51.

Allgemeine Verfügung vom 25. Juni 1850, — betreffend die in Frankreich zu bewirkenden Insinuationen von Vorladungen und Verfügungen Preußischer Gerichte.

Allerhöchste Kabinets=Order vom 4. Juni 1828 (Gesetz=Sammlung S. 85).

Nach einer Mittheilung des Herrn Ministers der auswärtigen Angelegenheiten bleibt die Bestimmung der Allerhöchsten Order vom 4. Juni 1828 (Gesetz = Sammlung S. 85) unter Nr. I.,

> wonach bei den in Frankreich zu bewirkenden Insinuationen von Vorladungen und sonstigen Verfügungen, wenn die verlangten Empfangsbescheinigungen binnen einer angemessenen Frist nicht eingehen, die Anzeige der jedesmaligen diesseitigen Gesandtschaft, das Insinuandum dem dortigen Ministerium der auswärtigen Angelegenheiten zugestellt zu haben, für hinreichend zu achten ist, um die Insinuation als vollständig anzunehmen und die rechtlichen Folgen derselben eintreten zu lassen,

von Seiten der Gerichte häufig unberücksichtigt, indem die Königlich Preußische Gesandtschaft zu Paris in dergleichen Fällen vielfach wegen nachträglicher Mittheilung der verlangten Insinuationsbescheinigung erinnert wird.

Der Justiz-Minister nimmt hieraus Veranlassung, die Gerichte auf die obige Bestimmung mit dem Bemerken aufmerksam zu machen, daß, wo aus besonderen Gründen es wünschenswerth ist, die schriftliche Erklärung des Gerichtsvollziehers, daß er die Insinuation bewirkt habe, zu erhalten, die Königliche Gesandtschaft zu Paris gleichzeitig in den Stand gesetzt werden muß, das gesetzliche Honorar des Gerichtsvollziehers, so wie die nicht unbedeutenden Stempel- und Einregistrirungs-Gebühren, zu berichtigen.

Berlin, den 25. Juni 1850.

Der Justiz-Minister.
Simons.

An
die Gerichtsbehörden.

I. 2244. Requisitionen 48. Vol. 1.

52.

Verfügung vom 11. Juli 1850, — betreffend die Diäten der Aerzte und Wundärzte in gerichtlichen Untersuchungssachen.

(Edikt vom 21. Juni 1815, G.-S. S. 121, Verordnung vom 28. Juni 1825 G.-S. S. 163, Allerh. Erlaß vom 10. Juni 1848 G.-S. S. 151)

Der in dem Berichte vom 8. Mai d. J. entwickelten Ansicht, daß außer den unbestrittener Maaßen nach der Allerhöchsten Verordnung vom 10. Juni 1848 zu liquidirenden Reisekosten der Aerzte und Wundärzte in gerichtlichen Untersuchungssachen auch die Diäten dieser Beamten nach dem genannten Allerhöchsten Erlasse zu berechnen seien, kann der Justiz-Minister nicht beitreten.

Nur rücksichtlich der Reisekosten ist bezüglich der Liquidationen der Aerzte und Wundärzte die Verordnung vom 28. Juni 1825 an Stelle des Edicts vom 21. Juni 1815 getreten, nur rücksichtlich der Reisekosten hat daher der Allerhöchste Erlaß vom 10. Juni 1848, welcher diejenigen älteren Specialbestimmungen, die neben der Verordnung vom 28. Juni 1825 in Kraft geblieben waren, gemäß der ausdrücklichen Verfügung in §. 5. der Verordnung vom 10. Juni 1848 nicht berührte, eine Modification der Berechnung herbeigeführt. Die Diäten der Aerzte und Wundärzte in gerichtlichen Untersuchungssachen werden daher ebenso, wie sie nach der Verordnung vom 28. Juni 1825 in Gemäßheit der Bestimmungen des Edikts vom 21. Juni 1815 liquidirt sind, so auch gegenwärtig nach dem Erlasse vom 10. Juni 1848 auf Grund des Edikts von 1815 mit 2 Thalern für den Arzt und 1 Thlr. 10 Sgr. für den Wundarzt ferner zu liquidiren sein.

Der nämliche Grundsatz wird auch von der Königlichen Regierung in Cöln nach einem in deren Amtsblatt enthaltenen Publikandum vom 12. Jannar 1849 (Stück Nr. 5) befolgt und von dem Königlichen General-Prokurator zu Cöln gleichfalls als der richtige anerkannt.

Berlin, den 11. Juli 1850.

An die Königl. Regierung in N.

Simons.

Abschrift dem Königlichen Herrn General-Prokurator in Cöln zur Kenntnißnahme auf den Bericht vom 29. Mai d. J.

Berlin, den 11. Juli 1850.

Der Justiz-Minister
Simons.

An den Königl. Herrn General-Prokurator in Cöln.

I. 2322. D. 18. Vol. II.

53.

Beschluß des Königlichen Staats-Ministeriums vom 19. Juli 1850, — betreffend die Behandlung der militairpflichtigen Civilbeamten im Falle ihrer Einberufung zum Kriegsdienste bei einer Mobilmachung der Armee.

a.

Beschluß des Staats-Ministeriums.

Auf den Antrag des Kriegs-Ministers vom 16. Oktober 1849 beschließt das Staats-Ministerium:

1. daß die Bestimmungen im §. 22. des Staats-Ministerial-Beschlusses über die Behandlung der militairpflichtigen Civilbeamten bei einer Mobilmachung der Armee vom 22. Januar 1831, auf alle nach Ableistung der Staatsprüfungen ohne Gehalt angestellten Beamten gleichmäßig anzuwenden;

2. daß nach den, in den §§. 23. und 24. jenes Beschlusses enthaltenen Grundsätzen nicht blos die Referendarien, sondern auch alle andere Beamten und Aspiranten, welche durch die Einberufung zum Kriegsdienst zur Verzögerung der ihnen noch obliegenden Prüfungen und Vorbereitungs-Arbeiten genöthigt werden zu behandeln, und demgemäß:
   a. wenn zur Zeit ihrer Einberufung ein Termin zu ihrer Prüfung bereits anberaumt ist, ihnen noch, sofern die Militair-Verhältnisse es gestatten, die hierzu erforderliche Frist zu bewilligen,
   b. anderen Falls aber ihnen nach später abgelegter Prüfung vor denjenigen, welche später als sie in das betreffende Verhältniß eingetreten, ihnen aber während des Kriegsdienstes durch Ablegung der Prüfung zuvor gekommen sind, die Anziennität beizulegen;
3. daß die Bestimmungen der §§. 11. — 24. des Staats-Ministerial-Beschlusses vom 22. Januar 1831 und die Ergänzungen derselben zur Beruhigung der Beamten, welche von der Einberufung zum Kriegsdienst betroffen werden können, in geeigneter Weise bekannt zu machen; und
4. daß bei außerordentlicher Zusammenziehung der Landwehr ohne eigentliche Mobilmachung, dem Kriegs-Minister die Beantragung der Ausdehnung jener Bestimmungen auf diese Fälle zu überlassen sei.

Von diesem Beschlusse und der demselben beigefügten Zusammenstellung der zu 3 erwähnten Bestimmungen erhält jeder Minister eine beglaubigte Abschrift, um danach für sein Ressort das Erforderliche zu veranlassen.

Berlin, den 19. Juli 1850.

Das Staats-Ministerium.
Gr. v. Brandenburg. v. Ladenberg. v. Manteuffel.
v. d. Heydt. v. Rabe. Simons. v. Schleinitz.
v. Stockhausen.

---

b.

Zusammenstellung

der Bestimmungen über die Behandlung der militairpflichtigen Civilbeamten im Falle ihrer Einberufung zum Kriegsdienste bei einer Mobilmachung der Armee.

1. Jedem Civilbeamten, welcher im Falle einer Mobilmachung der Armee seiner militairdienstlichen Bestimmung folgt, verbleibt sein Civilposten und er kehrt nach beendigtem Kriegsdienste in denselben zurück.

(Staats-Ministerial-Beschluß vom 22. Januar 1831 §. 12.)

2. War der Civilbeamte nur gegen Diäten oder unentgeltlich beschäftigt, so soll nach vollendetem Kriegsdienste für seine anderweit mit Diäten zu erwirkende oder fixirte Anstellung möglichst gesorgt werden.

(Staats-Ministerial-Beschluß vom 22. Januar 1831 §. 13.)

3. Jeder Civilbeamte, welcher bei einer Mobilmachung zum Militairdienst eintritt, behält seine fixirte Besoldung. Zu seiner Equipirung soll ihm ein zwei- bis dreimonatlicher Besoldungs-Vorschuß bewilligt werden.

Ueber die fortlaufende Besoldung kann er selbst verfügen.

(Staats-Ministerial-Beschluß vom 22. Januar 1831 §. 14.)

4. Erhält er aber Offizierbesoldung, so wird ihm der Betrag derselben auf seine Civilbesoldung abgerechnet.

Ist die Offizierbesoldung höher als die Civilbesoldung, so hört die Zahlung der letzteren während der Dauer der ersteren ganz auf. Hierbei wird die Vergütigung, welche ein Landwehr-Offizier für die Verwaltung der Stelle als interimistischer Kompagnieführer erhält, auf die Civilbesoldung nicht in Anrechnung gebracht.

(Staats-Ministerial-Beschluß vom 22. Januar 1831 §. 15.)
(Staats-Ministerial-Beschluß vom 28. September 1831.)

5. Auf die Entschädigungsgelder, welche ein Civilbeamter zur Bestreitung dienstlicher Bedürfnisse erhält, hat er von dem Eintritte in den Militairdienst ab, keinen weitern Anspruch.

Dagegen verbleibt ihm aber auch die seiner Militaircharge etwa zustehende Feldzulage neben seiner Civil-Besoldungsquote.

(Staats-Ministerial-Beschluß vom 22. Januar 1831 §. 16.)

6. Erhält ein Civilbeamter, welcher als Offizier zur Landwehr einberufen wird, keine Feldzulage, so wird ihm, außer der nach Abrechnung der Offizierbesoldung verbleibenden Civil-Besoldungsquote, von seiner Civilbesoldung so viel belassen, als die im Falle der vollständigen Mobilmachung ihm reglementsmäßig zu gewährende Feldzulage betragen würde.

(Staats-Ministerial-Beschluß vom 23. Januar 1850.)

7. Die Bestimmungen zu 3, 4, 5 und 6 finden auch auf solche Beamten Anwendung, die mit fixirten Diäten angestellt sind. Den blos vorübergehend gegen Diäten beschäftigten Individuen können aber diese Ansprüche nicht zugestanden werden.

(Staats-Ministerial-Beschluß vom 22. Januar 1831 §. 17. und vom 23. Januar 1850.)

8. Pensionirte oder auf Wartegeld stehende Civilbeamte sind, wenn sie bei einer Mobilmachung in den Kriegsdienst eintreten möchten, hinsichts ihrer Pensionen oder Wartegelder ebenfalls nach den Bestimmungen zu 3, 4, 5, und 6 zu behandeln.

Nach beendigtem Kriegsdienste treten sie in den vollen Genuß ihrer früheren Pension oder ihres früheren Wartegeldes wieder ein.

(Staats-Ministerial-Beschluß vom 22. Januar 1831 §. 18.)

9. Beamte, die in einem Verwaltungszweige zwar etatsmäßig besoldet werden, diese Besoldung aber nicht aus der Staatskasse beziehen, sollen ebenso behandelt werden, wie diejenigen Beamten, welche ihre Besoldungen aus der Staatskasse zu erheben haben.

(Staats-Ministerial-Beschluß vom 22. Januar 1831 §. 11.)

10. Kommunal- und Patrimonialbeamte sind wie die Staatsdiener zu behandeln. Keine Kommune wird sich bei der Wichtigkeit des Zweckes entziehen, die etwa erforderlichen Zuschüsse aufzubringen.

Insofern dabei die Unmöglichkeit eintritt, wird die Staatskasse zu Hülfe kommen. — Wo Privatbehörden interessiren, soll nur freie Entschließung zu etwaniger Unterstützung stattfinden.

(Staats-Ministerial-Beschluß vom 22. Januar 1831 §. 19.)

11. Die Beamten, welche bei einer Mobilmachung durch die Provinzial-Verwaltungsbehörden den Militair-Intendanturen zur Anstellung überwiesen werden, oder auch sonst bei letzteren eine Anstellung erhalten, desgleichen diejenigen, welche als Militair-Justizbeamte, Geistliche, Aerzte und Postbeamte für den Felddienst eintreten, sind eben so zu behandeln, wie diejenigen Beamten, welche in den aktiven Dienst bei dem stehenden Heere oder der Landwehr eintreten.

Das Beamten-Personal der Armee kann auch aus den schon in der Landwehr stehenden Civilbeamten entnommen werden.

(Staats-Ministerial-Beschluß vom 22. Januar 1831 §. 20.)

12. Den Civilbeamten, welche bei einer Mobilmachung in die Armee oder in das Beamten-Personal der Armee eintreten, soll dieser Eintritt hinsichts ihres Verhältnisses im Civildienst in keiner Beziehung zum Nachtheile gereichen, ihnen mithin auch die höhere Besoldung, welche im Wege der Aszension der Stelle ihrer Dienst-Kategorie, in welcher sie sich befinden, zufallen möchte, gewährt werden.

(Staats-Ministerial-Beschluß vom 22. Januar 1831 §. 21.)

13. Demzufolge sollen auch die Assessoren bei den Landes-Kollegien während der Zeit, wo sie bei der Armee oder bei der Armee-Verwaltung 2c. dienen, eben so nach ihrer Reihefolge aszendiren, als wenn sie noch in ihrem Civilverhältniß sich befänden.

Dasselbe gilt von allen anderen nach Ableistung der Staatsprüfungen ohne Gehalt angestellten Civilbeamten.

(Staats-Ministerial-Beschluß vom 22. Januar 1831 §. 22.)
(Staats-Ministerial-Beschluß vom 19. Juli 1850.)

14. Den Referendarien, welche im Militair-Verbande stehen und bei einer Mobilmachung bereits die nöthigen Präsidial-Atteste der Reife zur höhern Prüfung erhalten haben, soll die nöthige Frist bewilligt werden, um vor ihrem Eintritt zum Militairdienst noch die Prüfung bestehen zu können, insofern die Umstände die Bewilligung einer solchen Frist gestatten.
(Staats-Ministerial-Beschluß vom 22. Januar 1831 §. 23.)

15. Diejenigen Referendarien, welche mit den gedachten Attesten noch nicht versehen sind, müssen zwar gleich allen anderen einberufenen Mannschaften zum Militairdienst eintreten, sollen aber nach beendigtem Kriege und sobald sie die höhere Prüfung bestanden haben, in die Reihefolge der Assessoren dergestalt einrücken, daß sie denjenigen, welche später als sie Referendarien, und erst während ihrer Militairdienste Assessoren geworden sind, vortreten.
(Staats-Ministerial-Beschluß vom 22. Januar 1831 §. 24.)

16. Nach den unter No. 14 und 15 ausgesprochenen Grundsätzen werden außer den Referendarien alle anderen Beamten und Aspiranten, welche durch die Einberufung zum Kriegsdienst zur Verzögerung der ihnen noch obliegenden Prüfungen und Vorbereitungsarbeiten genöthigt werden, behandelt.

Demgemäß soll

a. wenn zur Zeit ihrer Einberufung ein Termin zu ihrer Prüfung bereits anberaumt ist, ihnen noch, sofern die Militair-Verhältnisse es gestatten, die hierzu erforderliche Frist bewilligt,
b. anderen Falls aber ihnen nach später abgelegter Prüfung vor denjenigen, welche später als sie in das betreffende Verhältniß eingetreten, ihnen aber während des Kriegsdienstes durch Ablegung der Prüfung zuvor gekommen sind, die Anciennität beigelegt werden.

(Staats-Ministerial-Beschluß vom 19. Juli 1850.)

17. Ob und in wie weit die vorstehenden Bestimmungen bei einer außerordentlichen Zusammenziehung der Landwehr auf die zum Dienst bei der Landwehr eingezogenen Civilbeamten anzuwenden sind, bleibt in jedem derartigen Falle besonderer Anordnung vorbehalten.
(Staats-Ministerial-Beschluß vom 19. Juli 1850.)

---

c.

Verfügung des Justiz-Ministers.

Vorstehender Beschluß des Königlichen Staats-Ministeriums vom 19. Juli d. J., nebst der darin erwähnten Zusammenstellung der Bestimmungen über die Behandlung der militairpflichtigen Civilbeamten im Falle ihrer Einberufung zum Kriegsdienste bei einer Mobilmachung der Armee, wird hierdurch sämmtlichen Gerichtsbehörden sowie den Beamten der Staatsanwaltschaft zur Nachricht und Beachtung mitgetheilt.

Berlin, den 25. August 1850.

Der Justiz-Minister
Simons.

An
sämmtliche Gerichtsbehörden
und an die Beamten der
Staatsanwaltschaft.

I. 3307. O. 82.

54.

Verfügung vom 26. Juli 1850, — betreffend die Stempelrevision bei dem Landgerichte zu Elberfeld.

In den Anlagen erhalten Sie, Herr Landgerichts-Präsident, und Sie, Herr Ober-Prokurator, Abschrift des von dem Provinzial-Steuer-Direktor in Cöln an den General-Direktor der Steuern unter dem 25. v. M. erstatteten Berichts, die Stempelrevision bei dem Königlichen Landgerichte in Elberfeld betreffend, sammt der hierauf bezüglichen Defektentabelle, indem Ihnen zugleich im Einverständnisse mit dem Herrn Finanz-Minister eröffnet wird, daß die Monita ad No. 60., 61., 77. und 86. der Tabelle, deren Anerkennung das Landgericht durch die Beschlüsse vom 17. Dezember 1849 und 18. Februar 1850 abgelehnt hat, allerdings vollkommen begründet sind, wie sie denn auch, soweit sie die Urtheile zweiter Instanz betrafen, durch die zustimmenden Beschlüsse des Appellationshofes ihre Erledigung bereits gefunden haben.

Die Grundsätze, auf welchen diese Moniten beruhen, sind, soweit sie No. 60., 61., 77. betreffen, in dem Rescripte vom 13. Juli 1845 (Justiz-Ministerialblatt von 1845, pag. 137) soweit sie die No. 86 anbelangen, in dem Rescripte vom 16. September 1841 (Rhein. Samml. VII. pag. 356) bereits als die richtigen erklärt, und kann daher lediglich auf diese Bestimmungen, als die maaßgebenden verwiesen werden.

Wenn insbesondere, was die No. 86. anbetrifft, das Landgericht anführt, daß „der Kläger, indem er die Auflösung des Kaufvertrages beantragte, nicht das Eigenthum des Hauses, welches ihm durch die Auflösung von Rechtswegen wieder zufiel, sondern nur die Feststellung des Vorhandenseins der Nichterfüllung und die daraus entspringenden Folgen hinsichtlich der Entschädigung im Auge hatte“ so ist zu erwägen, daß eine dieser

Folgen, und gewiß nicht die unbedeutendste, der Rückfall des durch den Vertrag veräußerten Eigenthums ist. Dieser Rückfall ist aber auch nicht nur die Folge, sondern er ist auch der Zweck oder einer der Zwecke der Restitutionsklage, darauf wie das Eigenthum durch die Auflösung an den Verkäufer zurückfällt, ob ex nunc oder ex tunc ist in Bezug auf die Stempelfrage, im vorliegenden Falle gleichgültig, da diese Modifikation den Gegenstand des Prozesses nicht ändert.

Sie haben hiernach zur Erledigung der in Rede stehenden Moniten das Erforderliche zu veranlassen.

Berlin, den 26. Juli 1850.

Der Justiz-Minister
Simons.

An
den Königl. Herrn Landgerichts-Präsidenten
und den Königl. Herrn Ober-Prokurator
in Elberfeld.

I. 3138. Rhein. Gen. 62. Vol. VII.

55.

Instruktion für die Wachen in Hinsicht der von ihnen vorzunehmenden vorläufigen Ergreifungen und förmlichen Verhaftungen vom 27. Juli 1850.

Gesetz vom 20. März 1837 (Gesetz-Sammlung S. 60—62).

a. Instruktion vom 27. Juli 1850.

§. 1.

Die jedesmal zum gewöhnlichen oder außergewöhnlichen Wachtdienst der Garnison kommandirten Offiziere und Mannschaften, einschließlich der Offiziere du jour und der Ronde-Offiziere, sind zur Verhaftung, sowie zur vorläufigen Ergreifung und Festnahme einer Person in folgenden Fällen und unter Beobachtung nachstehender Vorschriften befugt und verpflichtet.

§. 2.

Die förmliche Verhaftung einer Person darf die Wache nur Kraft eines schriftlichen, die Beschuldigung und den Beschuldigten bestimmt bezeichnenden richterlichen Befehls vornehmen.

§. 3.

Die vorläufige Ergreifung und Festnahme einer Person durch die Wachen kann ohne richterlichen Befehl erfolgen:

wenn die Person bei Ausführung einer strafbaren Handlung oder gleich nach derselben betroffen oder verfolgt wird.

§. 4.

Auf Gesandte fremder Höfe und die zur Gesandtschaft gehörigen Personen erstreckt sich die im §. 3. gedachte Befugniß nicht.

§. 5.

Keine Wache ist befugt aus eigener Machtvollkommenheit und ohne von einem höhern Militair-Vorgesetzten den Befehl dazu erhalten zu haben, einen Offizier festzunehmen, es sei denn, daß

1. ein Offizier sich augenscheinlich eines Verbrechens im Allgemeinen oder gegen die Wache selbst schuldig macht;
2. ein Offizier sich außer Uniform, d. i. in Civilkleidern befände und sich den Anordnungen der Wache widersetzte, in welchem Falle er wie jede Civilperson behandelt wird.

§. 6.

Vermöge eigener Amtsgewalt werden von den Wachen vorläufig ergriffen und festgenommen:

1. die Personen, welche bei Ausführung einer strafbaren Handlung oder gleich nach derselben betroffen oder verfolgt werden. Dahin gehören namentlich auch Personen, welche sich den Wachen thätlich widersetzen, sie insultiren oder beleidigen oder ihren Anordnungen nicht Folge leisten, besonders in Fällen, wo es auf Stillung eines Tumults, Zerstreuung von Aufläufen, Schlichtung von Schlägereien oder Verhinderung eines die öffentliche Ruhe störenden Straßenunfugs ankommt; desgleichen die Uebertreter allgemein bekannter, am Orte geltender Polizei-Vorschriften, z. B. wegen schnellen Fahrens und Reitens, Beschädigung der Laternen, Bürgersteige, Brücken u. s. w., wenn sie diese Vergehen Angesichts der Wachen verüben und der verwirkten Strafe durch die Flucht sich zu entziehen versuchen.
2. Unteroffiziere und gemeine Soldaten, welche ohne sich im Dienste zu befinden, oder ohne besondere Erlaubniß erhalten zu haben, nach dem Zapfenstreich außerhalb ihres Quartiers betroffen werden.

§. 7.

Das Recht in den gesetzlich zulässigen Fällen die vorläufige Ergreifung und Festnahme einer Person den Wachen zu befehlen, haben die denselben vorgesetzen Offiziere und Behörden, nämlich:

der kommandirende General, der Kommandant oder der dessen Funktionen versehende Offizier, der Platzmajor und die zum Garnisondienst kommandirten Offiziere. Sobald diese den Wachen vorgesetzten Militairbehörden und Offiziere die vorläufige Ergreifung und Festnahme einer Person befehlen, muß dieselbe ohne weitere Prüfung auf die Gefahr des Befehlenden erfolgen.

§. 8.

Wird von der Polizeibehörde oder anderen Beamten, welchen nach den bestehenden Gesetzen die Pflicht obliegt, Verbrechen und Vergehen nachzuforschen, insonderheit von den zur Aufrechthaltung der Ruhe, Ordnung und Sicherheit bestellten Polizeibeamten, Gensdarmen, Schutzmännern, Nachtwächtern u. s. w. vermöge ihres Amts auf vorläufige Ergreifung und Festnahme einer Person angetragen, so erfolgt dieselbe gleichfalls ohne weitere Prüfung auf die Gefahr des Requirenten.

§. 9.

Privatpersonen, welche Jemand bei Ausführung einer strafbaren Handlung oder gleich nach derselben betreffen oder verfolgen, sind befugt, die Wachen um deren Unterstützung, Behufs der Ergreifung zu ersuchen, wenn der Thäter flieht oder der Flucht dringend verdächtig ist, oder Grund zu der Besorgniß vorliegt, daß die Identität der Person sonst nicht festzustellen sein werde.

Einem solchen Ansuchen ist jedoch, wo nicht augenscheinliche Gefahr im Verzuge obwaltet, nur dann statt zu geben:

a. wenn der Ansuchende nach den Umständen außer Stande ist, die Hülfe der Polizei zeitig genug in Anspruch zu nehmen, oder, wenn er versichert, daß keine polizeiliche Hülfe zur Hand sei;

b. wenn, wie z. B. bei bedeutenden Schlägereien in Wirthshäusern aus der Veranlassung zu dem Ansuchen sich entnehmen läßt, daß die Polizei nicht im Stande sein würde, ohne Unterstützung des Militairs die vorläufige Ergreifung vorzunehmen.

Wenn dem Gesuche stattgegeben wird, so muß der Ansuchende die Wache an den Ort führen, wo die vorläufige Ergreifung erfolgen soll und dort die zu ergreifende Person bestimmt bezeichnen.

Der Ergriffene wird auf Gefahr des Antragenden zur Wache abgeführt. Der Antragende muß sich nöthigenfalls über seine Person gehörig ausweisen. Kann er dies nicht, so muß er der Wache folgen, und im Wachthause, ohne jedoch als Arrestat behandelt zu werden, so lange verweilen, bis der schleunigst herbeizurufende Polizeibeamte das Weitere veranlaßt.

§. 10.

Die Nachtzeit umfaßt für die Zeit vom 1. Oktober bis 31. März die Stunden von 6 Uhr Abends bis 6 Uhr Morgens, und für die Zeit vom 1. April bis 30. September die Stunden von 9 Uhr Abends bis 4 Uhr Morgens.

Das Eindringen in die Wohnung während der Nachtzeit ist verboten.

Folgende Ausnahmen finden statt:

1. zum Zweck der vorläufigen Ergreifung und Festnahme einer Person, welche bei Ausführung einer strafbaren Handlung oder gleich nach derselben verfolgt worden, sowie zum Zweck der Wiederergreifung eines entsprungenen Gefangenen darf die verfolgende oder zugezogene Wachtmannschaft auch zur Nachtzeit in eine Wohnung eindringen; und
2. es darf der Zutritt zu den von Militairpersonen benutzten Wohnungen den Militair-Vorgesetzten oder Beauftragten Behufs Vollziehung dienstlicher Befehle auch zur Nachtzeit nicht versagt werden.

Das Verbot, in eine Wohnung zur Nachtzeit einzudringen, begreift ferner

3. nicht die Fälle einer Feuers- oder Wassersnoth, einer Lebensgefahr, oder eines aus dem Innern der Wohnung hervorgegangenen Ansuchens; es bezieht sich endlich:
4. nicht auf die Orte, in welchen während der Nachtzeit das Publikum ohne Unterschied zugelassen wird, so lange diese Orte dem Publikum geöffnet sind.

§. 11.

Alle festgenommenen Personen werden nach dem nächsten Wachtgebäude gebracht und dem Kommandanten, oder dem dessen Stelle vertretenden ältesten Militair-Befehlshaber gemeldet, der, insofern die Festgenommenen vom Militair sind, weiter über sie disponirt.

Sind die festgenommenen Personen vom Civil, so werden sie sobald als möglich (Betrunkene, wenn sie nüchtern geworden) an die Polizeibehörde abgeliefert, in den im §. 9. bezeichneten Fällen jedoch nur, wenn der schleunigst herbeigerufene Polizeibeamte dies für nöthig erachtet; andernfalls die Entlassung des Festgenommenen erfolgt.

§. 12.

Die Wachen müssen sich bei der Verhaftung, vorläufigen Ergreifung und Festnahme einer Person alles unnöthigen Redens, sowie aller wörtlichen und thätlichen Beleidigungen gänzlich enthalten, andererseits aber, wenn eine förmliche Verhaftung auf Grund richterlichen Befehls oder eine vorläufige Ergreifung und Festnahme nach §§. 6—10 erfolgen muß, dieselbe nöthigenfalls nach Anleitung des Gesetzes vom 20. März 1837 über den Waffengebrauch des Militairs, mit Gewalt erzwingen.

Es müssen daher in jedem speziellen Falle, wenn es irgend möglich ist, so viel Mannschaften abgeschickt werden, daß der

Zweck unter den obwaltenden Umständen jedenfalls erreicht werden kann.

Findet aber der Führer dieser Mannschaften, wenn er an Ort und Stelle anlangt, daß das ihm anvertraute Kommando zu schwach ist, um den Zweck zu erreichen, so muß er sofort denjenigen, der ihn abgeschickt hat, um die erforderliche Verstärkung des Kommandos ersuchen lassen. In wie weit das kommandirte Militair bei dergleichen Dienstleistungen von seinen Waffen Gebrauch machen kann, um einen wirklichen oder gedrohten Angriff von sich abzuwehren, einen ihm entgegengesetzten Widerstand zu überwältigen oder die Flucht eines Ergriffenen zu vereiteln, ist in dem Gesetze vom 20. März 1837 (Gesetz-Sammlung S. 60—62) näher vorgeschrieben.

§. 13.

Sobald die Ergreifung oder Verhaftung erfolgt ist, steht der Festgenommene unter dem Schutz der Wache. Führt er Effekten bei und um sich, für deren Aufbewahrung er nicht selbst Sorge tragen kann, so liegt die einstweilige Sicherstellung derselben der Wache gleichfalls ob. Festgenommenen Kriminal-Verbrechern müssen jederzeit sogleich alle gefährlichen und verdächtigen Werkzeuge, sowie die Briefschaften, welche sie etwa bei sich führen, abgenommen und an die Behörde abgegeben werden, an welche der Festgenommene überliefert wird.

Die Wachen müssen darauf bedacht sein, daß sowohl die Verhaftung als die vorläufige Ergreifung und Festnahme einer Person, mit Rücksicht auf die obwaltenden Verhältnisse, auf die möglichst schonende Weise erfolge. Zu dem Ende ist, wenn der Festgenommene zuvörderst nach dem Wachtgebäude gebracht worden, mit seiner weiteren Ablieferung immer so lange Anstand zu nehmen, bis sich die etwa herbeigezogene Volksmenge wieder verlaufen hat; auch ist es dem Festgenommenen gestattet, wenn er es wünscht, in einem auf seine Kosten herbeizuschaffenden Wagen, in welchem sodann die ihn begleitende Mannschaft gleichfalls Platz nimmt, nach dem Orte der Ablieferung gebracht zu werden.

§. 14.

Die Wachen müssen namentlich zur Nachzeit, wenn sie Hülferuf oder Nothsingnale hören, sogleich die nöthige Hülfe zu leisten bemüht sein. Andererseits aber müssen sie sich aller unnöthigen Einmischung enthalten, insbesondere, wenn sie zur Herstellung der gestörten Ruhe und Ordnung beordert werden und bei ihrem Erscheinen die Ruhe bereits wieder hergestellt ist.

§. 15.

Die Wachtmannschaften sind befugt, Personen in Verwahrung zu nehmen, wenn der eigene Schutz dieser Personen oder die Aufrechthaltung der öffentlichen Sittlichkeit, Sicherheit und

Ruhe diese Maaßregel dringend erfordern. Die solchergestalt in Verwahrung genommenen Personen müssen jedoch spätestens im Laufe des folgenden Tages in Freiheit gesetzt, oder es muß in dieser Zeit das Erforderliche veranlaßt werden, um sie der zuständigen Behörde zu überweisen.

§. 16.

Werden betrunkene oder kranke Personen an öffentlichen Orten hülflos gefunden, so liegt es der Wache ob, dieselben nach dem nächsten Wachtgebäude zu schaffen, und die ersteren so lange unter Aufsicht zu halten, bis sie nüchtern geworden sind, die letzteren aber sobald als möglich an die Polizeibehörde abzuliefern.

§. 17.

Wo die Ortsverhältnisse nähere Bestimmungen und Anweisungen bei Anwendung dieser Instruktion erfordern, namentlich in mittleren und kleinen Garnisonen, in welchen kein Kommandant sich befindet, hat der älteste Militairbefehlshaber mit der Ortspolizeibehörde sich darüber besonders zu einigen.

Das Resultat dieser Einigung ist den vorgesetzten Behörden zur Bestätigung vorzulegen und nach deren Eingang an dem betreffenden Orte öffentlich bekannt zu machen.

Berlin, den 27. Juli 1850.

v. Manteuffel. Simons. v. Stockhausen.

---

b. Allerhöchste Order vom 8. August 1850.

Nach Ihrem Antrage in dem Bericht vom 27. Juli d. J. will Ich genehmigen, daß unter Aufhebung der Instruktion vom 14. Januar 1844 die hierbei zurückerfolgende, die genaue Beachtung der Bestimmungen des Gesetzes zum Schutz der persönlichen Freiheit vom 12. Februar 1850 bezweckende Instruktion den Wachen ertheilt werde, und überlasse Ich Ihnen, dem Kriegs-Minister, das Weitere wegen deren Bekanntmachung und Einführung zu verfügen.

Sans-souci, den 8. August 1850.

Friedrich Wilhelm.

contras. v. Manteuffel. Simons. v. Stockhausen.

An
die Minister des Innern, der
Justiz und des Krieges.

c. Verfügung des Justiz-Ministers vom 24. September 1850.

Vorstehende Instruktion für die Wachen nebst der dieselbe genehmigenden Allerhöchsten Order vom 8. August d. J. wird den Gerichtsbehörden hierdurch zur Nachricht und Nachachtung bekannt gemacht

Berlin, den 24. September 1850.

Der Justiz-Minister.
Simons.

An sämmtliche Gerichtsbehörden.

I. 3873. M. 101. Vol. 3.

56.

Allgemeine Verfügung vom 13. August 1850, — betreffend die Requisitionen und Mittheilungen an die Justizbehörden im Bezirke des Appellationsgerichtshofes zu Cöln.

Reskript vom 4. Juni 1824 (Jahrbücher Bd. 23. S. 191).
Reskript vom 31. Oktober 1332 (Jahrbücher Bd. 40. S. 424).
Allgemeine Verfügung vom 22. Juni 1839 (Justiz-Ministerial-Blatt S. 239).

Es ist zur Kenntniß des Justiz-Ministers gebracht worden, daß von Seiten der Gerichtsbehörden die Reskripte vom 4. Juni 1824, vom 31. Oktober 1832 und vom 22. Juni 1839 mehrfach unbeachtet bleiben, und die nach demjenigen Theile der Rheinprovinz, in welchem die Rheinische Justizverfassung besteht, zu erlassenden Requisitionen und Mittheilungen, statt an den betreffenden Ober-Prokurator, beziehungsweise an den General-Prokurator beim Appellationsgerichtshofe zu Cöln, an die Landgerichte und Friedensgerichte gerichtet werden.

Da aus einem solchen, der Rheinischen Justiz-Verfassung nicht entsprechenden Verfahren nur Weiterungen und Zeitverluste entstehen, so nimmt der Justiz-Minister Veranlassung, den Gerichten die genaue Befolgung des in den oben angeführten Verfügungen vorgeschriebenen Geschäftsganges wiederholt und dringend zur Pflicht zu machen.

Berlin, den 13. August 1850.

Der Justiz-Minister
Simons.

An sämmtliche Gerichtsbehörden, mit Ausnahme derer im Bezirke des Appellationsgerichtshofes zu Cöln.

I. 2951. R. 9. Vol. 2.

57.

Verfügung vom 5. September 1850, — betreffend das Verfahren gegen die mit keinen Korporationsrechten versehenen Religionsgesellschaften.

(Gesetz vom 11. März 1850 §. 2. Gesetz-Sammlung S. 277.)

Anbei erhalten Sie, Herr General-Prokurator ein Exemplar der von dem Herrn Minister des Innern unterm 1. v. M. an sämmtliche Königliche Regierungen erlassenen Cirkular-Verfügung

das nach Maaßgabe der Bestimmungen des Gesetzes vom 11. März d. J. gegen die mit keinen Korporationsrechten versehenen Religionsgesellschaften zu beobachtende Verfahren betreffend,

zur Kenntnißnahme mit der Anweisung zugefertigt, in Ihrem Ressort auf die Erreichung des darin angedeuteten Zwecks hinzuwirken und die Ihnen untergeordneten Beamten der Staats-Anwaltschaft demgemäß zu instruiren.

Berlin, den 5. September 1850.

Der Justiz-Minister
Simons.

An
den Königl. Herrn General-Prokurator beim Appellationsgerichtshof zu Cöln.

I. 3358. V. 4.

Anlage.

Der Schlußsatz des §. 2. des Gesetzes vom 11. März l. J. über die Verhütung eines die gesetzliche Freiheit und Ordnung gefährdenden Mißbrauchs des Versammlungs- und Vereinigungs-Rechts befreit von den Vorschriften, welche in dem Paragraphen selbst und dem vorhergehenden bezüglich aller Versammlungen, in denen öffentliche Angelegenheiten erörtert oder berathen werden sollen, sowie aller Vereine, welche eine Einwirkung auf öffentliche Angelegenheiten bezwecken, enthalten sind, kirchliche und religiöse Vereine und deren Versammlungen, wenn diese Vereine Corporationsrechte haben.

So klar und unzweideutig diese Bestimmungen auch zu sein scheinen, so sind doch über deren Anwendung mannigfache Bedenken erhoben worden. In vielen Fällen, wo auf den Grund derselben von den zuständigen Behörden gegen solche Religionsgesellschaften, welche keine Corporationsrechte besitzen, eingeschritten wurde, haben letztere deren Nichtanwendbarkeit im Wege der Beschwerde darzulegen sich bemüht, während andererseits der Umstand, daß an einigen Orten jene §§. auf ähnliche Religionsgesellschaften noch nicht zur Anwendung gebracht wurden, zu der Vermuthung berechtigt, daß den betreffenden Behörden selbst deren Anwendbarkeit zweifelhaft erschienen sein müsse.

Zur Hebung dieser Zweifel und Herstellung eines gleichförmigen Verfahrens finde ich mich zu nachstehenden Bemerkungen veranlaßt.

Diejenigen, welche die Nichtanwendbarkeit der §§. 1. und 2. des Eingangs bezogenen Gesetzes auf Religions-Gesellschaften der bezeichneten Art behaupten, pflegen in der Regel und vor Allem das ihrer Ansicht entgegengesetzte Verfahren unter Berufung auf den ersten Abschnitt des Art. 12. der Verfassungs-Urkunde vom 31. Januar c., welcher die Freiheit des religiösen Bekenntnisses, der Vereinigung zu Religionsgesellschaften und der gemeinsamen häuslichen und öffentlichen Religionsübung gewährleistet, als eine Verletzung der Verfassung zu bezeichnen.

Allein — abgesehen davon, daß der in der Verfassung enthaltene Grundsatz durch das im verfassungsmäßigen Wege erlassene Gesetz seine bestimmte Ausprägung und unzweifelhafte Begrenzung erhält, — abgesehen ferner davon, daß die §§. 1. und 2. a. a. O. das Recht, sich zu versammeln und zu vereinen, in der That keineswegs beschränken, — ist jene auf den Art. 12. gestützte Argumentation auch um deshalb unrichtig, weil dabei übersehen wird, daß in dem gedachten Artikel auf den Art. 30. der Verfassungs-Urkunde, der von dem Versammlungs- und Vereinsrechte im Allgemeinen handelt, ausdrücklich hingewiesen wird.

Deutlicher aber, als durch diese Bezugnahme, konnte die Verfassung es nicht aussprechen, daß die Ausübung des im Art. 12. gewährleisteten Rechtes in derselben Weise einer gesetzlichen Regelung unterworfen werden solle, wie dies der Art. 30. hinsichtlich des im Uebrigen nicht minder gewährleisteten Versammlungs- und Vereinsrechtes im Allgemeinen verfügt.

Man wird eine Auslegung und Anwendung des Gesetzes, welche auf die Verfassung selbst sich stützt, nicht verfassungswidrig nennen können.

Von anderer Seite wird für eine einschränkende Auslegung der gedachten §§. geltend gemacht: Religions-Gesellschaften als solche seien überhaupt keine Vereine, die eine Einwirkung auf öffentliche Angelegenheiten bezweckten, könnten also auch in allen Fällen so lange nicht den betreffenden Gesetzesstellen unterzogen werden, als sie sich auf ihren wirklichen Zweck beschränkten.

Die hier angeregte Frage, ob religiöse Angelegenheiten zu den öffentlichen zu zählen seien oder nicht, kann jedoch in den Kreis der vorliegenden Erörterung nicht mehr hineingezogen werden, weil sie von dem Gesetzgeber selbst bereits entschieden worden ist. Hätte derselbe nämlich Religions-Angelegenheiten als solche nicht schlechthin als öffentliche Angelegenheiten betrachtet wissen wollen, so würde die am Schlusse des §. 2. des Gesetzes vom 11. März d. J. zu Gunsten der mit Korporations-Rechten versehenen Religions-Gesellschaften getroffene Ausnahmebestimmung sich als gegenstandlos darstellen.

Dieser unabweisbaren Erwägung sucht man sich gegenseits zwar durch die Aufstellung zu entziehen, daß jene zu Gunsten der mit Corporations-Rechten versehenen Religions-Gesellschaften beliebte Ausnahme sich eben nicht auf deren religiöse Zwecke und Versammlungen beziehe, sondern vielmehr für alle die Fälle gegeben sei, wo es solchen Religions-Gesellschaften gefallen mögte, sich mit beliebigen andern Fragen des öffentlichen Interesses zu befassen.

Die Unhaltbarkeit dieser Auffassung, welche zugleich eine die Kirche verletzende Unterstellung enthält, ergiebt sich zweifellos, wenn man auf den Ursprung jener Schlußbestimmung des §. 2. a. a. O. zurück geht.

Die Verordnung vom 29. Juni 1849, welche dem Gesetze vom 11. März l. J. zu Grunde liegt, enthielt den beschränkenden Zusatz, „wenn jene Vereine Corporationsrechte haben“ — nicht; derselbe ist vielmehr dem Gesetze erst auf den Vorschlag der Commission der zweiten Kammer, welcher jene Verordnung zur Prüfung überwiesen war, einverleibt worden.

Die Motive aber, womit diese Commission ihren Vorschlag der Kammer zur Annahme empfiehlt, lauten nach dem Commissions-Berichte d. d. 8. Februar c. wie folgt:

„Wenn endlich der letzte Satz des §§. 2. die Bestimmungen des §. 1. und 2. auf kirchliche und religiöse Vereine und Versammlungen nicht bezogen wissen will, so hat dieser Satz in seiner Allgemeinheit bei den meisten Mitgliedern der Commission die lebhaftesten Befürchtungen hervorgerufen. Man sagte sich, daß die katholische und evangelische Kirche von den Beschränkungen des vorliegenden Gesetzes nicht betroffen werden dürften, daß auch da jede Ueberwachung fortfallen müsse, wo einem kirchlichen oder religiösen Vereine Corporationsrechte ertheilt seien. Man hielt aber alle Vereine dieser Art, bezüglich deren solches nicht der Fall ist, für wohl geeignet, den Bestimmungen der §§. 1. und 2. unterworfen zu werden. Der Einwand, daß dadurch der Verfassungs-Urkunde entgegengetreten werde, wurde von der Majorität der Commission durch die Verfassungs-Urkunde vom 31. Januar 1850 selbst für widerlegt erachtet. Es sind nemlich nach Art. 30. alle Versammlungen und Vereine einer gesetzlichen Regelung, insbesondere zur Aufrechthaltung der öffentlichen Sicherheit unterworfen. Dies bezieht sich nach Art. 12., in welchem auf Art. 30. und 31. ausdrücklich verwiesen ist, auch auf religiöse und kirchliche

Vereine. Sind denselben Corporationsrechte ertheilt, was nach Art. 31. nur durch ein Gesetz geschehen kann, so bestimmt letzteres den Umfang der Einwirkung der Staatsbehörden auf dergleichen Vereine. Andernfalls müssen auch diese Vereine, gleich allen andern im §. 2. genannten Vereinen, behandelt werden. Denn einestheils ist unzweifelhaft, daß religiöse und kirchliche Vereine sich mit öffentlichen Angelegenheiten befassen, ja sogar eine Einwirkung auf öffentliche Angelegenheiten in Anspruch nehmen. Anderntheils ist nicht zu verkennen, daß gerade in religiösen Vereinen viel gefährlicher Stoff vorhanden sein kann; daß die Stifter derselben gewöhnlich besonders befähigt sind, auf Geist und Gemüth einzuwirken, daß oft solche Vereine den kirchlichen oder religiösen Zweck nur zum Schein verfolgen, in der Wirklichkeit aber auf ein anderes Gebiet übergehen und auf ein ganz anderes Ziel hinarbeiten. Deshalb glaubte die Commission, der Staatsbehörde die Möglichkeit gewähren zu müssen, zu erfahren, welche Tendenz von den nicht korporativen kirchlichen und religiösen Vereinen verfolgt wird, und darüber zu wachen, daß auch in solchen Vereinen nichts geschehe, was dem Staats-Zwecke, insonderheit der Erhaltung der öffentlichen Ordnung und Sicherheit entgegentritt. Die Commission schlägt deshalb der Kammer vor, den letzten Satz des §. 2. nur auf diejenigen kirchlichen und religiösen Vereine zu beziehen, welche Corporationsrechte haben, und beantragt, den §. 2. in folgender Fassung anzunehmen."

Nach diesen Erörterungen muß es als feststehend angenommen werden, daß alle Religionsgesellschaften, welche keine Corporationsrechte besitzen, den Bestimmungen des Gesetzes vom 11. März c., soweit dieses von Versammlungen und Vereinen, die sich mit öffentlichen Angelegenheiten beschäftigen, handelt, unbedingt unterworfen sind, und daß es, um die hieher gehörigen Paragraphen des gedachten Gesetzes auf sie zur Anwendung zu bringen, nicht erst einer Prüfung der Frage bedarf, ob jene Gesellschaften sich auf die Verfolgung religiöser Zwecke beschränken oder ob sie, wie dies allerdings nur zu häufig der Fall ist, letztere nur als Deckmantel für Bestrebungen anderer Art gebrauchen.

Die Königliche Regierung wird demnach veranlaßt in den geeigneten Fällen nach Maaßgabe des gegenwärtigen Erlasses zu verfahren und die betreffenden Behörden ihres Ressorts mit entsprechenden Anweisungen zu versehen.

Berlin, den 1. August 1850.

Der Minister des Innern.
(gez.) Manteuffel.

An
die Königl. Regierung zu N.

6628. II.

58.

Verfügung vom 9. September 1850, — betreffend die Stempelrevision bei dem Landgerichte zu Cöln.

In der Anlage erhalten Sie Abschrift eines von dem Provinzial-Steuer-Direktor zu Cöln an den General-Direktor der Steuern unter dem 28. Juni d. J. erstatteten Berichtes, betreffend die in Folge der Revision bei dem dortigen Landgerichte pro 1847 und 1848 aufgestellte Stempeldefekten-Tabelle, indem Ihnen bezüglich der streitig gebliebenen beiden Moniten im Einverständnisse mit dem Herrn Finanz-Minister Folgendes eröffnet wird:

1. ad mon. 32. (Urtheil v. 23. Mai 1848). Dies Monitum, gemäß welchem zu dem Erkenntnisse in Sachen H. und M. gegen Hauptsteueramt statt des adhibirten Stempels von 15 Sgr. ein Stempel von 42 Thlr. 15 Sgr. zu verwenden, ist vollkommen begründet, da bereits zum Oeftern entschieden ist, daß Inkompetenzurtheile als Haupterkenntnisse zu betrachten sind (cf. Rhein. Sammlung VIII. pag. 380, Reskript vom 28. November 1844) und Gründe nicht vorliegen, welche bestimmen könnten, von dem Prinzipe abzugehen, auf welchem die vielfachen früheren Entscheidungen beruhen.

2. ad mon. 1. (Urtheil v. 18. Juni 1847). Durch dies Erkenntniß ist auf Anstehen der Kläger M. und Cons. der Verklagte W. verurtheilt worden, binnen einer bestimmten Frist über den Verkauf eines Hauses eine Notarialurkunde auszustellen, widrigenfalls das Erkenntniß als Titel dienen soll. Das Landgericht hat für dies Urtheil den Prozeßwerthstempel für unschätzbare Gegenstände im Betrage von 5 Thalern festgesetzt. Der Stempelfiskal hat den Betrag von 35 Thlrn. 15 Sgr. defektirt, indem er für den Fall, daß dies Erkenntniß als Eigenthumstitel dienen wird, neben dem Urtheilstempel noch den Kaufstempel von 1 Procent für erforderlich erachtet, es sei denn, daß dieser Kaufstempel erweislich anderweitig zu einer aufgenommenen Kauf-Urkunde verwendet werde.

Erscheint nun auch dies Verlangen nicht gerechtfertigt, weil ein Erkenntniß der fraglichen Art eine definitive Kaufurkunde nicht darstellt, vielmehr nur event. im Falle der Rechtskraft die Stelle eines Kaufakts vertreten soll, so ist anderer Seits die Annahme des Landgerichtes, daß es sich bei Prozessen der erwähnten Gattung von unschätzbaren Gegenständen handele, mithin der runde Werthstempel von 5—20 Thlrn. zur Anwendung zu bringen sei, ebenfalls nicht richtig. Rechtsstreitigkeiten der gedachten Art haben ein bestimmtes, sehr wohl schätzbares Eigenthum zum Gegenstande, und materiell entscheidet der Richter über die Eigenthumsfrage selbst; auf die Form, in welcher dies in Gemäßheit der von den Parteien gestellten Anträge und nach der jeweiligen besonderen Eigenthümlichkeit des Falls geschieht, kann bezüglich der Festsetzung der Stempelsteuer nichts ankommen. Ebenso muß es, was den Betrag des Stempels betrifft, außer Einfluß bleiben, ob dem Klageantrage stattgegeben wird, oder nicht. Der Gegenstand des Prozesses bleibt derselbe, mag die Klage abgewiesen oder ihr gemäß erkannt werden. Es unterliegen daher Prozesse dieser Art dem Prozeßwerthstempel nach der Tarifposition: „Erkenntnisse Lit. Aa." Die Bestempelung des Kaufaktes, falls ein solcher aufgenommen werden sollte, erfolgt nnabhängig hiervon und ohne Compensation oder gegenseitige Anrechnung, ebenso wie es bei Erkenntnissen geschieht, die auf Grund von Schuldverschreibungen erfolgen, für welche der Prozentstempel adhibirt ist.

Hiernach ist im vorliegenden Falle das Erkenntniß mit dem verbrauchten Stempel von 5 Thlrn. nicht gehörig versteuert, vielmehr der Prozeßwerthstempel von 22 Thlrn. 25 Sgr. erforderlich, mithin noch der Betrag von 17 Thlrn. 25 Sgr. nachzubringen.

Es ist demgemäß das Erforderliche zu veranlassen.

Berlin, den 9. September 1850.

Der Justiz-Minister.
Simons.

An
den Königl. Hrn. Landgerichts-Präsidenten u. den Königl. Hrn. Ober-Prokurator in Cöln.

I. 3748. Rhein. Gen. 62. Vol. VII.

59.

Allgemeine Verfügung vom 21. September 1850, — betreffend die Einforderung der Verleihungsurkunden über Orden und Ehrenzeichen nach dem Tode der Inhaber.

Allgemeine Verfügung vom 25. Mai 1841 (Rhein. Sammlung Bd. VII. S. 297).

Durch die allgemeine Verfügung vom 25. Mai 1841 (Justiz-Ministerial-Blatt S. 186) sind die Gerichtsbehörden in Folge einer Mittheilung der General-Ordens-Kommission angewiesen worden:

nicht nur die inländischen und ausländischen Orden und Ehrenzeichen, sondern auch, mit alleiniger Ausnahme der von Seiner Majestät dem Könige vollzogenen Ordens-Patente, die Zeugnisse über deren erfolgte Verleihung,

1. wenn ein Inhaber solcher Orden und Ehrenzeichen mit Tode abgeht, von den Erben desselben, und
2. im Falle einer rechtskräftigen Aberkennung derselben von dem bisherigen Inhaber

zurückzufordern und an die General-Ordens-Kommission einzusenden.

Neuerdings hat die General-Ordens-Kommission den Wunsch ausgesprochen, daß in den Fällen, wo ein Inhaber von Orden oder Ehrenzeichen mit Tode abgeht, von der Einforderung und Einsendung der Verleihungs-Urkunden Abstand genommen werde.

Sämmtliche Gerichtsbehörden werden hiervon in Kenntniß gesetzt, um demgemäß zu verfahren. Im Uebrigen behält es bei der allgemeinen Verfügung vom 25. Mai 1841 sein Bewenden.

Berlin, den 21. September 1850.

Der Justiz-Minister
Simons.

An
sämmtliche Gerichtsbehörden.

I. 3912. O. 49. Vol. V.

60.

Allgemeine Verfügung vom 28. September 1850, — betreffend den von den Rechtskandidaten zu führenden Nachweis, Vorlesungen über das vaterländische Recht und das vaterländische Gerichtsverfahren gehört zu haben.

Allgemeine Verfügung v. 16. November 1844 (Rhein. Samml. Bd. VIII. S. 377).
Verfügung v. 16. November 1839 (Rhein. Samml. Bd. VII. S. 111).

Von den Rechtskandidaten ist in neuerer Zeit mehrfach die Zulassung zur ersten juristischen Prüfung nachgesucht worden, ohne daß die in der allgemeinen Verfügung vom 16. November 1844 (Justiz-Ministerial-Blatt S. 251) vorgeschriebenen Vorlesungen über vaterländisches Recht und vaterländisches Gerichtsverfahren von ihnen gehört worden sind. Besonders häufig sind Dispensationsgesuche der Art von solchen Rechtskandidaten eingegangen, welche sich für den Justizdienst in der Rheinprovinz ausbilden wollen, und zu diesem Behuf den Nachweis führen müssen, daß sie Vorlesungen über das in der Rheinprovinz zur Anwendung kommende Civilrecht und Prozeßverfahren gehört haben. Als Entschuldigungsgrund wird gewöhnlich angeführt, daß die betreffenden Kollegien in dem letzten Semester ihrer Studienzeit auf der von ihnen besuchten Universität nicht gelesen worden seien. Dieser Grund kann indeß nicht für zureichend erachtet werden, da die Kandidaten bei Einrichtung ihres Studienplans die Möglichkeit eines solchen Ausfalles vorzusehen haben, und es ist daher in Zukunft auf eine Dispensation von dem Nachweise, daß jene Vorlesungen gehört worden sind, nicht mehr zu rechnen.

Die Gerichte werden hiervon mit dem Bemerken benachrichtigt, daß der Herr Minister der geistlichen Angelegenheiten ersucht worden ist, die Studirenden der Rechte durch die betreffenden Universitätsbehörden von dem Inhalte dieser Verfügung in Kenntniß setzen zu lassen.

Berlin, den 28. September 1850.

Der Justiz-Minister
Simons.

An
sämmtliche Appellationsgerichte
und an die Landgerichte in der
Rheinprovinz.

I. 4057. Rhein. Officianten-Sachen 7. Vol. IV.

61.

Allgemeine Verfügung vom 28. Oktober 1850, — betreffend die Einziehung rückständiger Gebühren für die dritte juristische Prüfung.

Die Anträge der Immediat-Justiz-Examinations-Kommission wegen Einziehung rückständiger Examinationsgebühren, welche bisher in jedem einzelnen Falle durch Vermittelung des Justiz-Ministers an die betreffenden Gerichte zur Erledigung gelangt sind, werden in Zukunft zur Vereinfachung des Verfahrens Namens der gedachten Examinations-Kommission durch ihren Rendanten, zur Zeit durch den Kanzleirath Brandt, an die betreffenden Gerichtsbehörden, in der Rheinprovinz an den

Präsidenten und Ober-Prokurator des betreffenden Landgerichts, gerichtet werden.

Sämmtliche Gerichtsbehörden werden hiervon in Kenntniß gesetzt, mit der Aufforderung, den gedachten Requisitionen Folge zu leisten.

Berlin, den 28. Oktober 1850.

Der Justiz-Minister
Simons.

An
sämmtliche Gerichtsbehörden.

II. c. 4993. Justiz-Examinations-Kommission Vol. III.

62.

Allgemeine Verfügung vom 15. November 1850, — betreffend die Untersuchungen wegen Verfertigung oder Verbreitung falschen ausländischen Papiergeldes.

Allgemeine Verfügung vom 29. April d. J.
(S. 221 dieses Bandes.)

Auf den Antrag der Königlichen Hauptverwaltung der Staatsschulden werden die Gerichte und die Beamten der Staatsanwaltschaft mit Bezug auf die allgemeine Verfügung vom 29. April d. J. (Justiz-Ministerial-Blatt S. 148) hierdurch angewiesen, derselben künftig auch von der Einleitung und dem Resultate der vorkommenden gerichtlichen Untersuchungen wegen Fertigung und Verbreitung falschen *ausländischen* Papiergeldes Mittheilung zu machen.

Berlin, den 15. November 1850.

Der Justiz-Minister
Simons.

An
sämmtliche Gerichte und Beamte
der Staatsanwaltschaft.

I. 4667. Crimin. 65. Vol. II.

63.

Convention entre la Prusse et les Pays-Bas relative à l'extradition de malfaiteurs, signée le 17 Novembre 1850.

Sa Majesté le Roi de Prusse et Sa Majesté le Roi des Pays-Bas ayant jugé utile de régler, par une Convention, l'extradition de malfaiteurs, ont muni à cet effet de leurs pleinspouvoirs, savoir:

Sa Majesté le Roi de Prusse

le Sieur Frédéric Hellwig, Son Conseiller intime de Légation, Chevalier de l'Ordre de l'Aigle rouge de la 3me classe avec le noeud et de St. Stanislas de la 2de classe de Russie;

et Sa Majesté le Roi des Pays-Bas

le Sieur Alexandre Charles Jacques Baron Schimmelpenninck van der Oye, Son Envoyé Extraordinaire et Ministre Plénipotentiaire auprès de Sa Majesté le Roi de Prusse, Commandeur de l'Ordre du Lion Néerlandais, Chevalier de l'Étoile de l'Ordre de la Couronne de Chêne;

Uebersetzung des Vertrages zwischen Preußen und den Niederlanden wegen gegenseitiger Auslieferung flüchtiger Verbrecher. Vom 17. November 1850.

Nachdem Se. Majestät der König von Preußen und Se. Majestät der König der Niederlande es nützlich befunden haben, die Auslieferung der Verbrecher durch ein Uebereinkommen zu regeln, haben Allerhöchstdieselben zu diesem Behufe mit Vollmacht versehen und zwar:

Se. Majestät der König von Preußen:

Allerhöchstihren Geheimen Legationsrath Friedrich Hellwig, Ritter des Rothen Adler-Ordens dritter Klasse mit der Schleife und des Kaiserlich Russischen St. Stanislaus-Ordens zweiter Klasse;

Se. Majestät der König der Niederlande:

Allerhöchstihren außerordentlichen Gesandten und bevollmächtigten Minister am Hofe Sr. Majestät des Königs von Preußen, Alexander Karl Jacob Baron Schimmelpenninck van der Oye, Kommandeur des Königlich Niederländischen Löwen-Ordens, Ritter des Sterns des Luxemburgischen Ordens der Eichenkrone;

lesquels, après s'être communiqué leurs pleins-pouvoirs respectifs, sont convenus des Articles suivants.

welche nach vorheriger Mittheilung ihrer gegenseitigen Vollmachten über folgende Artikel übereingekommen sind.

Article I.

Art. 1.

Les Gouvernements Prussien et Néerlandais s'engagent à se livrer réciproquement, à la demande de l'autre partie, à l'exception de leurs nationaux, les individus condamnés, mis en état d'accusation, ou contre lesquels une ordonnance de poursuite, avec mandat d'arrêt, est prononcée par les tribunaux ou par le juge de celui des deux pays, dans ou envers lequel les crimes ou délits auront été commis.

Das Preußische und das Niederländische Gouvernement verpflichten sich, gegenseitig auf Antrag des anderen Theiles sich diejenigen Individuen, mit Ausnahme ihrer Nationalen, auszuliefern, welche verurtheilt oder in Anklagezustand versetzt sind, oder gegen welche eine Verfolgung mit Verhaftsbefehl von den Gerichten oder einem Richter desjenigen der beiden Staaten angeordnet worden ist, in welchem oder gegen welchen die Verbrechen oder Vergehen begangen worden sind.

Sont compris, quant à l'application de cette Convention, dans la dénomination de nationaux, les étrangers qui, selon les lois du pays auquel l'extradition est demandée, sont assimilés aux nationaux, ainsi que les étrangers qui se sont fixés dans le pays, et après s'être mariés à une femme du pays, ont un ou plusieurs enfants de ce mariage nés dans le pays.

Es werden in Bezug auf die Anwendung dieses Vertrages unter der Bezeichnung von Nationalen diejenigen Fremden mitbegriffen, welche nach den Gesetzen des Landes, bei dem die Auslieferung in Antrag gebracht wird, den Eingebornen gleichgestellt sind, ebenso diejenigen Ausländer, welche sich im Lande niedergelassen und nach ihrer Verheirathung mit einer Inländerin ein oder mehrere Kinder aus dieser Ehe besitzen, welche im Lande geboren sind.

Article II.

Art. 2.

L'extradition n'aura lieu que dans le cas de condamnation, accusation ou poursuite, pour les crimes ou délits suivants, commis hors du territoire de la partie, à laquelle l'extradition est demandée:

Die Auslieferung soll nur im Falle der Verurtheilung, Anklage oder Verfolgung wegen folgender Verbrechen und Vergehen stattfinden, und zwar, wenn diese außerhalb des Gebietes desjenigen Staates begangen sind, bei welchem die

Auslieferung in Antrag gebracht wird:

1) Assassinat, empoisonnement, parricide, infanticide, meurtre, viol;
2) incendie;
3) faux en écriture, y compris la contrefaçon des billets de banque, de papier monnaie et d'effets publics;
4) fabrication de fausse monnaie, altération de monnaie légale, et émission avec connaissance de monnaie fausse;
5) faux témoignage;
6) vol accompagné de circonstances aggravantes, soustraction commise par les dépositaires ou comptables publics, concussion;
7) corruption de fonctionnaires publics;
8) banqueroute frauduleuse.

1) Meuchelmord, Giftmischerei, Vatermord, Kindermord, Todtschlag, Nothzucht;
2) Brandstiftung;
3) Verfälschung von Schriften, mit Inbegriff der Nachmachung von Bankbillets, von Papiergeld und öffentlichen Papieren;
4) Anfertigung falscher Münzen, Verfälschung der gesetzmäßigen Münzen, und wissentliche Ausgebung falschen Geldes;
5) falsches Zeugniß;
6) Diebstahl unter erschwerenden Umständen, Unterschlagung Seitens öffentlicher Kassenbeamten und Steuererheber, Erpressung;
7) Bestechung öffentlicher Beamten;
8) betrüglicher Bankerott.

Article III.

L'extradition n'aura pas lieu, lorsque la demande en sera motivée par le même crime ou délit, pour lequel l'individu réclamé aura été ou sera encore poursuivi dans le pays où il se trouve.

Si l'individu réclamé est poursuivi ou se trouve détenu pour un autre crime ou délit, commis envers le pays auquel l'extradition est demandée, son extradition sera différée jusqu'à ce qu'il ait subi sa peine, ainsi que si l'individu réclamé est détenu pour dettes, en suite d'une condamnation antérieure à la demande d'extradition.

Art. 3.

Die Auslieferung soll nicht stattfinden, wenn sie auf Grund desselben Verbrechens oder Vergehens beantragt wird, wegen dessen das reklamirte Individuum in dem Lande, in welchem es sich befindet, verfolgt worden ist, oder verfolgt wird.

Wenn das reklamirte Individuum wegen eines anderen Verbrechens oder Vergehens gegen den Staat, bei dem die Auslieferung in Antrag gebracht wird, verfolgt wird oder verhaftet ist, so soll seine Auslieferung bis zur erfolgten Abbüßung der Strafe aufgeschoben werden; dies findet auch Statt, wenn das reklamirte Individuum, in Folge einer dem Aus-

Article IV.

Les dispositions de la présente Convention ne pourront être appliquées à des individus qui se seront rendus coupables d'un délit politique quelconque. L'extradition ne pourra avoir lieu que pour la poursuite et la punition des crimes et délits communs, spécifiés dans l'Article II. de cette Convention.

Article V.

L'extradition ne pourra avoir lieu, si la prescription de l'action ou de la peine est acquise, d'après les lois du pays auquel l'extradition est demandée.

Article VI.

L'extradition sera demandée par la voie diplomatique et ne sera accordée que sur la production d'un arrêt de condamnation ou de mise en accusation, ou d'une ordonnance de poursuite avec mandat d'arrêt, délivré en original ou en expédition authentique par les tribunaux ou le juge compétents, dans les formes prescrites par la législation du Gouvernement qui fait la demande et exprimant le crime ou délit dont il s'agit, et la disposition pénale qui lui est applicable.

Article VII.

Les Gouvernements respectifs renoncent à réclamer la

lieferungs-Antrage vorangegangenen Verurtheilung, Schulden halber verhaftet ist.

Art. 4.

Die Bestimmungen des gegenwärtigen Vertrages können nicht auf Individuen Anwendung finden, die sich irgend ein politisches Vergehen haben zu Schulden kommen lassen. Die Auslieferung kann nur Behufs der Untersuchung und Bestrafung der gemeinen Verbrechen und Vergehen erfolgen, welche im Art. 2. dieses Vertrages aufgeführt sind.

Art. 5.

Die Auslieferung kann nicht stattfinden, wenn die Anklage oder die Strafe nach den Gesetzen desjenigen Landes verjährt ist, bei welchem die Auslieferung in Antrag gebracht wird.

Art. 6.

Die Auslieferung soll auf diplomatischem Wege in Antrag gebracht und nur dann bewilligt werden, wenn ein verurtheilendes Erkenntniß oder ein Anklageakt, oder ein Steckbrief mit Verhaftsbefehl, im Original oder in authentischer Ausfertigung der kompetenten Gerichte oder des Einzelrichters, in den durch die Gesetzgebung des die Auslieferung begehrenden Gouvernements vorgeschriebenen Formen beigebracht wird, welches Schriftstück das in Rede stehende Verbrechen oder Vergehen und das darauf anwendbare Strafgesetz bezeichnet.

Art. 7.

Die beiderseitigen Regierungen verzichten darauf, die Er-

restitution des frais d'entretien, de transport et autres qui résulteront de l'extradition.

stattung der Unterhaltungs-, Transport- und anderer Kosten, welche aus der Auslieferung erwachsen, in Anspruch zu nehmen.

Ils consentent réciproquement à prendre ces frais à leur charge.

Sie willigen gegenseitig darin, diese Kosten selbst zu tragen.

Article VIII.

Lorsque dans la poursuite d'une affaire pénale un des Gouvernements jugera nécessaire l'audition de témoins domiciliés dans l'autre État, une commission rogatoire sera envoyée à cet effet par la voie diplomatique, et il y sera donné suite en observant les lois du pays où les témoins seront invités à comparaître.

Art. 8.

Wenn im Verfolg eines strafrechtlichen Verfahrens eine der Regierungen die Vernehmung von Zeugen für nothwendig erachtet, die in dem anderen Staate wohnhaft sind, so soll auf diplomatischem Wege zu diesem Behufe eine Requisition um Vernehmung übersandt, und derselben unter Beobachtung der Gesetze des Landes, wo die Zeugen vorzuladen sind, Folge gegeben werden.

Les Gouvernements respectifs renoncent de part et d'autre à toute réclamation, par rapport à la restitution des frais qui en résulteront.

Die resp. Regierungen verzichten beiderseits auf jeden Anspruch wegen Zurückerstattung der daraus entstehenden Kosten.

Toute commission rogatoire, ayant pour but de demander une audition de témoins, devra être accompagnée d'une traduction française.

Jede Requisition, welche eine Zeugen-Vernehmung zum Zweck hat, muß von einer französischen Uebersetzung begleitet sein.

Article IX.

Si dans une cause pénale la comparution personelle d'un témoin dans l'autre pays est nécessaire ou désirée, son Gouvernement l'engagera à se rendre à l'invitation qui lui sera faite, et en cas de consentement, il lui sera accordé des frais de voyage et de séjour, d'après les tarifs et règlements en vigueur dans le pays où l'audition devra avoir lieu.

Art. 9.

Wenn in einem strafrechtlichen Falle das persönliche Erscheinen eines Zeugen in dem anderen Staate nothwendig ist oder gewünscht wird, so wird die Regierung desselben ihn auffordern, der Vorladung Folge zu leisten, welche an ihn gerichtet wird, und im Zustimmungsfalle sollen ihm Reise- und Aufenthaltskosten nach den bestehenden Taxen und Reglements desjenigen Landes bewilligt werden, in welchem die Vernehmung stattfinden soll.

Article X.

Lorsque dans une cause pénale, la confrontation de criminels détenus dans l'autre Royaume, ou bien la communication de pièces de conviction ou de documents, se trouvant entre les mains des Autorités de l'autre pays, sera jugée utile ou nécessaire, la demande en sera faite par la voie diplomatique, et l'on y donnera suite pour autant qu'il n'y ait pas de considérations spéciales qui s'y opposent, et sous l'obligation de renvoyer les criminels et les pièces.

Les Gouvernements respectifs renoncent de part et d'autre à toute réclamation de frais résultant du transport et du renvoi des criminels à confronter et de l'envoi et de la restitution des pièces et documents.

Art. 10.

Wenn in einem strafrechtlichen Falle die Confrontation von Verbrechern, welche in dem anderen Königreiche in Haft sind, oder die Mittheilung von Beweisstücken oder Dokumenten, die sich im Besitze der Behörden des anderen Staates befinden, nützlich oder nothwendig befunden wird, so soll das Ersuchen darum auf diplomatischem Wege ergehen, und demselben, unter der Verpflichtung der Zurücklieferung der Verbrecher und der Beweisstücke, Folge gegeben werden, so weit nicht besondere Rücksichten vorhanden sind, welche dem entgegenstehen. Die betreffenden Regierungen entsagen beiderseits jedem Anspruche auf Erstattung von Kosten, welche aus dem Hin- und Zurückbefördern der zu konfrontirenden Verbrecher, so wie der Zusendung und Rücksendung von Beweisstücken und Dokumenten entstehen.

Article XI.

Par les stipulations ci-dessus, il est adhéré aux lois des deux pays, qui ont ou auront pour objet de régler la marche régulière de l'extradition.

Art. 11.

Bei Ausführung der vorstehenden Bestimmungen wird nach denjenigen Gesetzen der beiden Staaten verfahren, welche die Leitung des regelmäßigen Ganges der Auslieferung zum Gegenstande haben oder künftig deshalb erlassen werden.

Article XII.

La présente Convention ne sera exécutoire que 20 jours après sa publication dans les formes prescrites par les lois des deux pays.

Art. 12.

Der gegenwärtige Vertrag soll erst zwanzig Tage nach seiner in Gemäßheit der durch die Gesetzgebung beider Länder vorgeschriebenen Formen erfolgten

	Veröffentlichung zur Ausführung gebracht werden.
Elle continuera à être en vigueur jusqu'à six mois après déclaration contraire de la part de l'un des deux Gouvernements.	Er verbleibt bis auf sechs Monate nach der Seitens der einen der beiden kontrahirenden Regierungen erfolgten Aufkündigung in Kraft.
Elle sera ratifiée et les ratifications en seront échangées dans le délai d'un mois ou plutôt si faire se peut.	Derselbe wird ratifizirt und die Ratifikationen werden binnen eines Monates, oder wo möglich früher, ausgewechselt werden.
En foi de quoi les Plénipotentiaires respectifs l'ont signée et y ont apposé le cachet de leurs armes.	Des zu Urkund haben die resp. Bevollmächtigten denselben unterzeichnet und ihm ihre Wappen beigedrückt.
Fait à Berlin, ce 17. Novembre 1850.	Geschehen zu Berlin, den 17. November 1850.
Frédéric Hellwig. (L. S.)	Friedrich Hellwig. (L. S.)
Schimmelpenninck v. d. Oye. (L. S.)	Schimmelpenninck v. d. Oye. (L. S.)

Der vorstehende Vertrag ist ratifizirt worden, und hat die Auswechselung der Ratifikations-Urkunden hierselbst bereits stattgefunden.

I. 5454. Conventionen 4. Vol. II.

64.

Verfügung vom 18. November 1850, — betreffend die Mittheilung der Nachweisungen über die in der Rheinprovinz vorgekommenen Besitzveränderungen.

Instruktion vom 20. April 1838 §. 6. (Rheinische Sammlung Bd. VI. S. 460 ff.)

Auf Ihren Bericht vom 11. April d. J. wird der §. 6. der Ministerial-Instruktion vom 20. April 1838 über das Verfahren bei den im Grundsteuer-Kataster fortzuschreibenden Besitzveränderungen für die Rheinprovinz (Rheinische Sammlung Bd. VI. S. 460 ff.) im Einverständnisse mit dem Herrn Finanz-Minister dahin abgeändert, daß die Nachweisungen, welche die Notarien resp. die mit der freiwilligen Gerichtsbarkeit beauftragten Gerichte und Beamten den Fortschreibungsbeamten über die vorgekommenen Besitzveränderungen mitzutheilen haben, nicht mehr, wie bisher, vierteljährlich, sondern alljährlich im Monat Dezember, und zwar nach Bürgermeistereibezirken getrennt, den Fortschreibungsbeamten zu übersenden sind.

Sie haben diese Modifikation der Instruktion vom 20. April 1838 durch die Rheinischen Amtsblätter bekannt zu machen.

Berlin, den 18. November 1850.

Der Justiz-Minister
Simons.

An
den Königlichen Herrn General-Prokurator in Cöln.

I. 4872. Rhein. Gener. Nr. 128.

65.

Bekanntmachung vom 13. Dezember 1850, — betreffend die Portofreiheit der amtlichen Correspondenz zwischen den Königl. Belgischen und den diesseitigen Justizbehörden.

Nach einer Mittheilung des Herrn Ministers für Handel, Gewerbe und öffentliche Arbeiten ist zwischen der diesseitigen Regierung und dem Königlich Belgischen Ministerium eine Einigung dahin zu Stande gekommen, daß künftighin die dienstliche Korrespondenz zwischen

dem General-Prokurator bei dem Appellationsgerichtshofe zu Cöln, den Ober-Prokuratoren in der Rheinprovinz und den Beamten der Preußischen Staatsanwaltschaft in den übrigen Provinzen einerseits

und

den General-Prokuratoren an den Belgischen Apellhöfen und den Belgischen Staats-Prokuratoren (les procureurs généraux des cours d'appel de Belgique et les procureurs du roi de Belgique) andererseits

durch die Preußischen und die Belgischen Posten portofrei befördert werden soll.

Von diesem Uebereinkommen wird sämmtlichen Beamten der Staatsanwaltschaft hierdurch Nachricht ertheilt.

Berlin, den 13. Dezember 1850.

Der Justiz-Minister
Simons.

An
sämmtliche Beamte der Staatsanwaltschaft mit Einschluß der Rheinprovinz.

I. 4808. P. 2. Vol. IX.

66.

Allgemeine Verfügung vom 21. Dezember 1850, — betreffend die Vorladung der Gensd'armen zu ihrer gerichtlichen Vernehmung als Zeugen.

Verordnung vom 3. Januar 1849 §. 20. (Ges.=Samml. S. 17.)

Auf den Antrag des Herrn Ministers des Innern finde ich mich veranlaßt, die Gerichtsbehörden hierdurch anzuweisen, in denjenigen Fällen, wo Gensd'armen zu ihrer Vernehmung als Zeugen vorgeladen werden sollen, und nicht besondere Umstände eine Ausnahme nothwendig machen, die Vorladung derselben nicht unmittelbar an sie ergehen zu lassen, sondern durch Vermittelung der betreffenden Landraths=Aemter, und in den einem Kreise nicht angehörigen Städten durch Vermittelung der Polizei=Präsidien, beziehungsweise der Polizei=Direktionen, zu bewirken.

Berlin, den 21. December 1850.

Der Justiz=Minister
Simons.

An
sämmtliche Gerichtsbehörden.

I. 5313. G. 24. Vol. II.

XXXVIII.

1851.

Gesetze, Verordnungen, Rescripte.

67.

Allgemeine Verfügung vom 16. Februar 1851, — betreffend die Annahme ausländischer Juden als Gesellen, Gehülfen, Dienstboten u. s. w.

Gesetz vom 23. Juli 1847 §. 71. (Gesetz-Sammlung S. 278).

Der §. 71. des Gesetzes vom 23. Juli 1847 (Gesetz-Sammlung S. 278) enthält die Bestimmung, daß ausländische Juden ohne Genehmigung des Ministers des Innern weder als Rabbiner und Synagogenbeamte, nach als Gewerksgehülfen, Gesellen, Lehrlinge oder Dienstboten angenommen werden dürfen, und daß die Ueberschreitung dieses Verbots gegen die Inländer und die fremden Juden, gegen letztere, sofern sie sich bereits länger als sechs Wochen in den diesseitigen Staaten aufgehalten haben, eine fiskalische Geldstrafe von 20 bis 300 Thlr. oder verhältnißmäßige Gefängnißstrafe nach sich ziehen soll.

Nach einer Mittheilung des Herrn Ministers des Innern hat sich derselbe mit Rücksicht darauf, daß die Provinzial-Regierungen ihrer Stellung nach vorzugsweise in der Lage sich befinden, um die Umstände und Verhältnisse, welche auf die Ertheilung oder Versagung einer solchen Genehmigung von Einfluß sind, in jedem einzelnen Falle am besten beurtheilen zu können, veranlaßt gefunden, den Letzteren im Allgemeinen die Befugniß zur Ertheilung oder Versagung dieses Konsenses zu delegiren.

Sämmtliche Beamte der Staats-Anwaltschaft werden hiervon mit der Anweisung in Kenntniß gesetzt, keine Verfolgung wegen Annahme ausländischer Juden künftig einzuleiten, wenn die Genehmigung dazu zwar nicht von dem Herrn Minister des Innern, wohl aber von Seiten der betreffenden Provinzial-Regierung ertheilt worden ist.

Berlin, den 16. Februar 1851.

Der Justiz-Minister
Simons.

An
die Beamten der Staats-Anwaltschaft.

I. 5058. I. 7. Vol. VII.

68.

Allgemeine Verfügung vom 24. Februar 1851, — betreffend das bei Kompetenz-Konflikten zwischen den Gerichten und Verwaltungsbehörden zu beobachtende Verfahren und die Beschleunigung desselben.

Gesetz vom 8. April 1847 (Gesetz-Sammlung S. 170).
Allgemeine Verfügung vom 15. November 1847 (Rh. Samml. Bd. IX. S. 247).

Von Seiten des Königlichen Gerichtshofes zur Entscheidung der Kompetenz-Konflikte ist dem Justiz-Minister die Mittheilung gemacht worden, daß die Kompetenz-Konflikts-Sachen in der Regel einen sehr langen Aufenthalt erleiden, bevor sie an den gedachten Gerichtshof gelangen. Da der Geschäftsgang, welchen das Gesetz vom 8. April 1847 mit sich bringt, ohnehin schon einen beträchtlichen Zeitaufwand bedingt, so nimmt der Justiz-Minister Veranlassung, sämmtliche Gerichtsbehörden hierdurch aufzufordern, alle unnöthigen Verzögerungen bei den Kompetenz-Konflikts-Sachen zu vermeiden und auf möglichste Beschleunigung derselben hinzuwirken.

Zugleich werden die Gerichte auf die bereits in der allgemeinen Verfügung vom 15. November 1847 hervorgehobenen Bestimmungen der §§. 6. und 13. des Gesetzes vom 8. April 1847, deren Nichtbeachtung noch immer vielfach wahrgenommen ist, hierdurch von Neuem aufmerksam gemacht, um in Gemäßheit derselben dafür zu sorgen, daß über die erfolgte Zustellung des Schreibens, durch welches der Verwaltungsbehörde die Erklärung der Parteien über den Beschluß wegen Erhebung des Kompetenz-Konflikts, oder die Benachrichtigung, daß von der einen, beziehungsweise von beiden Parteien eine Erklärung über jenen Beschluß nicht eingegangen sei, zugefertigt wird, eine Insinuationsbescheinigung zu den Akten gebracht werde.

Berlin, den 24. Februar 1851.

Der Justiz-Minister
Simons.

An
sämmtliche Gerichtsbehörden. —
I. 731. K. 35. Vol. III.

69.

Verfügung vom 10. März 1851, — betreffend die Ertheilung unentgeltlicher Ausfertigungen und Abschriften durch das Secretariat in den Fällen, wo die Staatsanwaltschaft im Interesse des Gesetzes handelt.

Verfügung vom 25. November 1836 (Rhein. Samml. Bd. 5. S. 510).

Ihrer in der Eingabe vom 17. v. M. versuchten Interpretation der Art. 120, 121, 122 Decr. vom 18. Juni 1811, wonach in den dort bezeichneten Fällen zwar der Staat nicht berechtigt sei, Gerichtsschreibereigebühren von dem zur Kostentragung Verpflichteten einzuziehen, wohl aber gehalten sei, solche Gerichtsschreibereigebühren an das Secretariat zu bezahlen, kann der Justiz-Minister nicht beipflichten.

Es würde nach dieser Ansicht in Fällen der erwähnten Art das Secretariat gerade so gestellt sein, wie es, abgesehen davon, ob eine solvente Privatpartei vorhanden ist, in den Fällen des Art. 42 des Decrets vom 18. Juni 1811 die Zahlung der Expeditionsgebühren vom Staate unbedingt zu verlangen, nach Art. 43 ibd. gesetzlich berechtigt erklärt ist.

Eine solche Gleichstellung der Fälle des Art. 42. mit den Fällen der Art. 120, 121, 122 ibd. ist aber nicht vorhanden; es ist vielmehr sehr klar das Gegentheil ausgesprochen, indem für den Fall der Indigenz des Art. 120 — welchem nach Art. 122 gewisse Fälle assimilirt worden, wo überhaupt eine verurtheilte Gegenpartei nicht vorhanden ist, ausdrücklich gesagt wird: „il ne sera passé en taxe que les salaires des huissiers et l'indemnité dûe aux témoins." Dem G e r i c h t s s c h r e i b e r sollen folglich die Gebühren n i c h t in Taxe passiren, es wird ihm also überhaupt kein Anspruch bezüglich dieser Gebühren zugestanden, mithin auch nicht dem S t a a t e gegenüber, und dieser Anspruch wäre doch wohl vornämlich der, welcher für den Gerichtsschreiber von praktischem Interesse sein könnte, auf die Geltendmachung eines Anspruchs der nachgewiesenen Armuth gegenüber würde ihn, abgesehen von andern Gründen, schon die Delicatesse verzichten lassen.

Es muß daher auch ferner bei Anwendung des Rescriptes vom 25 November 1836 verbleiben und kann es demgemäß nur gebilligt werden, wenn der General-Prokurator zu Cöln Gebühren für die dem öffentlichen Ministerium zur Publikation ertheilte Abschrift eines Abwesenheitserklärungs-Urtels, sowie die

Abschriften von Erkenntnissen in den von Amtswegen betriebenen Interdictionsprozessen (Art. 120. Decret vom 18. Juni 1811) nicht will passiren lassen.

Berlin den 10. März 1851.

Der Justiz-Minister
Simons.

An
den Herrn Ober-Secretair und die Herren Secretaire des Landgerichts
zu N.

I. 1197. — Rh. Offic. S. 72. Vol. II.

70.

Allgemeine Verfügung vom 15. März 1851, — betreffend die den Beamten zu gewährende Vergütigung für Nebenkosten bei Dienstreisen, welche auf Eisenbahnen oder auf Dampfschiffen gemacht werden können.

Allerhöchster Erlaß vom 10. Juni 1848 (Ges.-Samml. S. 151).

a. Verfügung des Justiz-Ministers.

Nachstehende von den Herren Ministern der Finanzen und des Innern an die Königlichen Regierungen und Provinzial-Steuer-Direktionen erlassene Verfügung vom 23. Februar d. J.,

betreffend die den Beamten zu bewilligenden Pauschsätze zu Nebenkosten bei Reisen in Königlichen Dienstangelegenheiten, welche auf Eisenbahnen oder auf Dampfschiffen gemacht werden können,

wird hierdurch den Gerichtsbehörden mit der Anweisung bekannt gemacht, nach den darin ausgesprochenen Grundsätzen auch ihrerseits in den geeigneten Fällen zu verfahren.

Berlin, den 15. März 1851.

Der Justiz-Minister
Simons.

An
sämmtliche Gerichtsbehörden.

I. 805. — D. 18. Vol. XI.

b. Verfügung der Herren Minister der Finanzen und des Innern.

Nach dem Allerhöchsten Erlasse vom 10. Juni 1848 wird bei Reisen in Königlichen Dienstangelegenheiten, welche auf Eisenbahnen oder auf Dampfschiffen gemacht werden können, für jedes Zu- und Abgehen zusammen ein Pauschquantum zu den Nebenkosten gewährt, welches nach Verschiedenheit des Ranges der Beamten auf resp. 20 Sgr., 15 Sgr. und 10 Sgr. festgesetzt ist.

Zur Beseitigung der Zweifel, welche wegen Bewilligung dieser Pauschsätze in den Fällen erhoben sind, wo die reisenden Beamten verschiedene Eisenbahnen auf einer Reise benutzen müssen, wird im Einverständnisse mit der Königlichen Ober-Rechnungskammer bestimmt, daß nur dann bei Reisen auf Eisenbahnen für einen mehrmaligen Zu- und Abgang zu liquidiren und die dafür zulässigen Entschädigungen zu bewilligen sind, wenn

a. der reisende Beamte sich zur Fortsetzung der Reise nach einem andern Eisenbahnhofe hat begeben müssen, oder wenn

b. von ihm auf einer längeren Dienstreise an einem Zwischenorte die Eisenbahn verlassen werden muß, um an diesem Zwischenorte ein Dienstgeschäft zu verrichten, so wie

c. wenn der reisende Beamte, um auf der Reise zu übernachten und erst am folgenden Tage dieselbe fortzusetzen, die Eisenbahn zu verlassen genöthigt gewesen ist;

wogegen in allen übrigen Fällen, selbst wenn ein Beamter auf einer Dienstreise aus anderen Veranlassungen an einem Zwischenorte mehrere Stunden zu verweilen genöthigt gewesen ist, und deshalb den Eisenbahnhof verlassen hat, nur eine einfache Liquidirung der Nebenkosten als zulässig erachtet werden kann.

Die Königliche Regierung wird angewiesen, hiernach in vorkommenden Fällen zu verfahren.

Berlin, den 23. Februar 1851.

Der Finanz-Minister	Der Minister des Innern
v. Rabe.	v. Westphalen.

An
sämmtliche Königl. Regierungen und Provinzial-Steuer-Direktionen.

71.

Bekanntmachung vom 24. März 1851, — betreffend die Anschaffung von Büchern und Schriften für die Bibliotheken der Gerichtsbehörden.

Es sind in neuerer Zeit vielfache Gesuche bei dem Justiz-Minister eingegangen, in denen von Verfassern oder Verlegern juristischer oder anderer gemeinnütziger Bücher und Schriften darauf angetragen worden ist, dieselben den Gerichtsbehörden zum Ankauf zu empfehlen.

Der Justiz-Minister nimmt hieraus Veranlassung, darauf aufmerksam zu machen, daß bereits seit längerer Zeit der Grundsatz festgehalten worden ist, den Gerichten weder zur Anschaffung literarischer Werke Anweisung zu ertheilen, noch ihnen die Anschaffung derselben zu empfehlen, daß es vielmehr in allen Fällen lediglich der eigenen Prüfung und Beurtheilung der Gerichtsbehörden überlassen wird, diejenigen Bücher und Schriften für ihre Bibliotheken anzukaufen, welche sie zu ihrem Gebrauche für nöthig oder für zweckmäßig erachten, so weit der ihnen zu diesem Behuf ausgesetzte Fond dazu hinreicht.

Nach diesem Grundsatze wird auch in Zukunft verfahren werden.

Berlin, den 24. März 1851.

Der Justiz-Minister
Simons.

I. 1152. Justiz-Minist. 9. Vol. XV.

72.

Allgemeine Verfügung vom 25. März 1851, — betreffend die Annahme von Gemeindeämtern seitens der Staatsbeamten.

Das Königliche Staats-Ministerium hat durch Beschluß vom 2. d. M. den Grundsatz festgestellt:

daß für Staatsbeamte sowohl zur Annahme der Wahl als Gemeinde-Verordneter, als zur Uebernahme eines besoldeten oder unbesoldeten Amtes in einer Gemeinde-Verwaltung die Genehmigung der vorgesetzten Dienstbehörde erforderlich ist.

Sämmtlichen Gerichten und Beamten der Staatsanwaltschaft wird dies zur Nachachtung hierdurch bekannt gemacht.

Berlin, den 25. März 1851.

Der Justiz-Minister
Simons.

An
sämmtliche Gerichte und Beamte
der Staatsanwaltschaft.

I. 941. O. 161.

73.

Gebühren-Taxe für die Gerichtsvollzieher in dem Sprengel des Appellationsgerichtshofes zu Cöln. Vom 29. März 1851.

Wir Friedrich Wilhelm von Gottes Gnaden, König von Preußen ꝛc. ꝛc.

verordnen mit Zustimmung beider Kammern für den Sprengel des Appellations-Gerichtshofes in Cöln wie folgt:

Erster Abschnitt,

die Gebühren der Gerichtsvollzieher in den zur Kompetenz der Friedensgerichte gehörigen Sachen enthaltend.

1.

Für die Insinuation der Ladung, in welcher eine Klage enthalten ist,

für die Zustellung eines Einspruchs gegen eine Mobiliar-Exekution an das Friedensgericht (Verordnung vom 11. Mai 1843 §§. 4. 5.),

für die Anzeige des Anspruchs dritter Personen auf gepfändete Gegenstände an den pfändenden oder an den gepfändeten Theil mit Ladung an das Friedensgericht (ebendaselbst §. 6.),

für die Ladung auf Gültigkeits-Erklärung eines Arrestes,

für die Anzeige derselben an den Dritt-Arrestaten,

für die Ladung zur Erklärung in den Fällen des §. 7. der gedachten Verordnung,

so wie

für jede Ladung an das Friedensgericht, welche in Folge der §§. 4—7. der gedachten Verordnung gefertigt wird .. 8 Sgr.

2.

Für die Zustellung eines Urtheils und für die Aufforderung, Kaution zu stellen oder bei deren Stellung gegenwärtig zu sein .... 8 Sgr.

3.

Für die Zustellung eines Einspruchs gegen ein Kontumazial-Urtheil mit Ladung, einer Klage auf Gewährleistung, der Ladung an Zeugen oder Sachverständige, oder der Partei zum Sühneversuche, der Mitglieder eines Familienrathes, der Zustellung eines Gutachtens eines Familienrathes, eines Einspruchs gegen Siegel-Anlage, oder Aufforderung zur Abnahme der Siegel .... 10 Sgr.

4.

Für jede Abschrift der Urkunden unter Nr. 1. u. 2. . 2 Sgr. und der unter Nr. 3. . . . . 2 Sgr. 6 Pf.

5.

Für die Abschriften derjenigen Aktenstücke, welche gleichzeitig mitgetheilt werden müssen, für jedes Blatt von 20 Zeilen auf einer Seite und 10 Silben in der Zeile . . 1 Sgr. 6 Pf.

6.

Für jeden Lizitations-Termin, in welchem die Gerichtsvollzieher die Gebote ausrufen, die Kerzen zu liefern und anzuzünden haben, nach den Kolonnen der der Subhastations-Ordnung vom 1. August 1822 angehängten Gebühren-Taxe 10, 15 oder 20 Sgr.

7.

Die Gerichtsvollzieher erhalten in den zur Kompetenz der Friedensgerichte gehörenden Sachen für jede zurückgelegte Meile 5 Sgr. Entschädigung.

In Bezug auf diese Reisekosten, ihre Berechnung und Vertheilung gelten die im IV. Abschnitt, in Nr. 72. und Nr. 73. enthaltenen Bestimmungen.

Zweiter Abschnitt,

die Gebühren der Gerichtsvollzieher in den zur Kompetenz des Appellations-Gerichtshofes, der Landgerichte und der Handelsgerichte gehörigen Sachen betreffend.

8.

Für Vorladungen aller Art an die Partei, zur Erscheinung vor einem Gerichte, vor Schiedsrichtern, vor einem Kommissar, in der Gerichtskanzlei, für Vorladungen an dritte nicht betheiligte Personen, Zeugen, Sachverständige, Inhaber von Urkunden oder mit Arrest belegten Sachen; für Zustellung von Erklärungen oder Aufforderungen, von Urtheilen jeder Art, von Ordonnanzen, oder von Titeln zum Zwecke einer beabsichtigten Exekution und der übrigen dadurch nöthig werdenden Akte; Zustellung eines Einspruchs gegen Kontumazial-Urtheile, oder andere Akte oder beabsichtigte Handlungen; für Arrest-Anlagen und die dabei weiter nöthigen Akte, für Zahlungsbefehle zum Zwecke der Exekution in Mobilien oder Immobilien, Zustellungen von Appellationen von den Urtheilen der Friedensgerichte, der Fabrikgerichte, Handelsgerichte und Landgerichte, sowie von den Erkenntnissen der Schiedsrichter, es mögen diese freiwillig oder in Gefolge gesetzlicher Vorschriften ernannt worden sein; überhaupt für alle Akte der Gerichtsvollzieher, für welche in den hiernach folgenden Bestiinmungen nicht namentlich andere Ge-

bühren bewilligt sind . . . . 10 Sgr.
wenn der Gegenstand 50 Thaler an Werth nicht erreicht 8 Sgr.

9.

Für jede Abschrift . . . . 2 Sgr. 6 Pf.
wenn der Gegenstand 50 Thaler an Werth nicht erreicht . 2 Sgr.

10.

Für die gleichzeitig zugestellten Abschriften von Urkunden für jedes Blatt von 20 Zeilen auf der Seite und 10 Silben in der Zeile . . . . 1 Sgr. 6 Pf.

11.

Für das Original der Rekusation eines Friedensrichters (Art. 45.) . . . . 16 Sgr.

12.

Für die Abschriften . . . . 4 Sgr.

13.

Für die Urkunde über eine Mobiliarpfändung, wenn solche nicht länger als eine Stunde dauert, mit Einschluß der Zeit, welche verwandt wird, um, wo es nöthig ist, den Friedensrichter, Polizei-Kommissar oder einen andern kompetenten Beamten herbeizurufen . . . . 1 Rthlr.

Wenn die Forderung, für welche exequirt wird, an Werth weniger als 50 Rthlr. beträgt . . . . 20 Sgr.

Dauert die Handlung länger als eine Stunde, so wird für jede weitere Stunde bewilligt . . . . 10 Sgr.

Wenn die Forderung weniger als 50 Rthlr. beträgt . . . 7 Sgr. 6 Pf.

Jede angefangene Stunde wird für voll gerechnet.

In obigen Gebühren ist die den Zeugen zu bezahlende Entschädigung und die Taxe für die an den Gepfändeten und den Hüter abzugebenden Abschriften mit einbegriffen.

Die Gebühren bei Ausweisung (expulsion des lieux) werden nach vorstehenden Sätzen, jedoch in allen Fällen nach der höhern Taxe liquidirt.

Bei vereitelter Pfändung, wenn der Gerichtsvollzieher mit den Zeugen sich an den Ort der vorzunehmenden Pfändung begeben und dies, so wie einen der folgenden Umstände durch einen Akt konstatirt hat:

a) daß der Schuldner bei der Pfändung gegen das zu vollstreckende Urtheil, weil es ein Kontumazialurtheil war, Opposition einlegte und deshalb der Gerichtsvollzieher die Exekution suspendiren mußte (Artikel 158, 162 der Civilprozeß-Ordnung),
b) daß bei dem Schuldner keine pfändbaren Objekte vorgefunden wurden,
c) daß der Schuldner bei der Pfändung selbst Zahlung leistete,

wird die Gebühr der Pfändung, jedoch stets nur die Vakation einer Stunde, bezahlt.

14.

Der assistirende Polizei-Kommissar oder andere Beamte erhält, wenn er Entschädigung fordert . . . . 20 Sgr.

15.

Für die Vakation des Gerichtsvollziehers bei der Deposition des bei der Pfändung vorgefundenen baaren Geldes (Artikel 590.) . . . . 10 Sgr., wenn die Forderung weniger als 50 Rthlr. beträgt . . 8 Sgr.

16.

An Hütergebühren werden bewilligt für jeden Tag 2 Sgr., wenn die Forderung weniger als 50 Rthlr. beträgt, für den Tag . . . . 1 Sgr. 6 Pf.

17.

Für das Protokoll über das Vorhandensein der gepfändeten Gegenstände, wenn der Hüter von der ferneren Aufsicht entbunden wird (Artikel 606.) . . . . 12 Sgr., wenn die Forderung, für welche exequirt wird, 50 Rthlr. nicht erreicht . . . . 10 Sgr.

Nur die Sachen, welche fehlen, werden in dem Protokolle genannt. Der abgehende Hüter erhält eine Abschrift des Protokolls und giebt dagegen die Abschrift des Beschlagnahme-Protokolls dem neuen Hüter, welcher die Aufsicht durch Unterschrift des oben erwähnten Protokolls übernimmt.

18.

Für jede Abschrift dieses Protokolls . . . . 3 Sgr., wenn die Forderung, für welche exequirt wird, 50 Rthlr. nicht erreicht . . . . 2 Sgr. 6 Pf.

19.

Im Falle der Gerichtsvollzieher eine frühere Pfändung und einen bestellten Hüter vorfindet und dann nach Vorschrift des Artikels 611. verfährt, mit Inbegriff zweier Abschriften 1 Rthlr., wenn die Forderung weniger als 50 Rthlr. beträgt . . 20 Sgr.

Werden neue Objekte gepfändet und dauert das Geschäft länger als eine Stunde, so wird für jede fernere Stunde bewilligt . . . . 10 Sgr., wenn die Forderung weniger als 50 Rthlr. beträgt 7 Sgr. 6 Pf.

20.

Muß eine dritte Abschrift gegeben werden, für diese 4 Sgr., und wenn die Forderung weniger als 50 Rthlr. beträgt 3 Sgr.

21.

Für die Einladung des Gepfändeten, beim Verkaufe gegenwärtig zu sein, wenn derselbe nicht an dem im Pfändungs-Protokolle angegebenen Tage stattfindet (Artikel 614.), kann nur die Hälfte der in Nr. 8. u. 9. oben angegebenen Gebühren berechnet werden.

22.

Für das Protokoll über das Vorhandensein der gepfändeten Gegenstände, welches vor deren Verkauf aufgenommen wird, und in welchem nur die fehlenden Stücke angegeben werden, mit Inbegriff der Gebühren der zugezogenen Zeugen (Artikel 616.) 20 Sgr.

Beträgt die Forderung weniger als 50 Rthlr. . . 15 Sgr.

Abschrift des Protokolls wird nicht gegeben.

23.

Müssen die gepfändeten Sachen zum Zwecke des Verkaufs an einen andern Ort transportirt werden, so werden dem Gerichtsvollzieher die Auslagen dafür erstattet, nach dem Inhalte der vorgelegten Quittungen oder, wenn die Empfänger nicht schreiben können, auf seine amtliche Versicherung.

24.

Für das Original der Bekanntmachung des Verkaufs 5 Sgr., wenn die Forderung weniger als 50 Rthlr. beträgt . . 3 Sgr.

Für die nämliche Pfändung kann der Gerichtsvollzieher diese Gebühr nur einmal beziehen.

25.

Für jede geschriebene Kopie . . . . 1 Sgr. 6 Pf.

Für die gedruckten Exemplare werden die Druckkosten nach den Quittungen vergütet.

26.

Für die über den Anschlag der Bekanntmachung aufzunehmende Urkunde, von welcher keine Abschrift gegeben wird (Artikel 619.) . . . . 16 Sgr., wenn die Forderung weniger als 50 Rthlr. beträgt . . 12 Sgr.

Wird die Bekanntmachung wiederholt, so kann nur die Hälfte der Gebühr genommen werden.

Die Auslagen für Insertion in ein öffentliches Blatt werden besonders vergütet.

27.

Für jede Vakation von drei Stunden und weniger bei dem Verkauf der gepfändeten Sachen mit Einschluß des dabei aufzunehmenden Protokolls . . . . 1 Rthlr., wenn die Forderung weniger als 50 Rthlr. beträgt . 20 Sgr.

Wenn das Geschäft länger als drei Stunden dauert, für jede fernere Stunde . . . . 10 Sgr., wenn die Forderung weniger als 50 Rthlr. beträgt 7 Sgr. 6 Pf.

28.

Wenn nach Vorschrift der Artikel 202. und 207. des Handelsgesetzbuchs und 620. und 621. der Civilprozeß-Ordnung eine besondere Publikation oder eine öffentliche Ausstellung stattfinden muß, so erhält der Gerichtsvollzieher für jede der beiden ersten Publikationen oder Ausstellungen . . . . 24 Sgr., wenn die Forderung weniger als 50 Rthlr. beträgt . 16 Sgr.

Die dritte Publikation oder Ausstellung wird nicht besonders bezahlt. Muß die Bekanntmachung durch ein öffentliches Blatt erfolgen, so werden die Insertionskosten nach den Quittungen vergütet.

29.

Wird von einer Partei Abschrift des Versteigerungs-Protokolls begehrt, so wird dem Gerichtsvollzieher für jedes Blatt von 25 Zeilen auf jeder Seite und 10 bis 12 Silben in jeder Zeile bezahlt . . . . 4 Sgr.

30.

Für die Bewirkung der Festsetzung der Gebühren auf das Versteigerungs-Protokoll (Art. 657.) . . . . 10 Sgr., wenn die Forderung weniger als 50 Rthlr. beträgt . . 8 Sgr.

31.

Für Hinterlegung der Kaufgelder . . . . 10 Sgr., und wenn die Forderung weniger als 50 Rthlr. beträgt 8 Sgr.

32.

Für die Pfändung der Früchte auf dem Halme (Art. 627.), wenn dabei nicht über eine Stunde zugebracht worden 16 Sgr., wenn die Forderung weniger als 50 Rthlr. beträgt . . 12 Sgr.

Dauert die Handlung länger als eine Stunde, so wird für jede weitere Stunde bewilligt . . . . 8 Sgr., wenn die Forderung weniger als 50 Rthlr. beträgt . . 6 Sgr.

33.

Für jede abzugebende Abschrift . . . . 4 Sgr., wenn die Forderung weniger als 50 Rthlr. beträgt . . 3 Sgr.

Die übrigen Akte werden wie bei der Mobiliar-Pfändung taxirt.

34.

An Hütungs-Gebühren werden dem Feldschützen vergütet für jeden Tag . . . . 2 Sgr., wenn die Forderung weniger als 50 Rthlr. beträgt 1 Sgr. 6 Pf.

35.

Wenn ein Anderer als der Feldschütze zum Hüter bestellt worden (Art. 628.), für jeden Tag . . . . 3 Sgr., wenn die Forderung weniger als 50 Rthlr. beträgt . . 2 Sgr.

36.

Für die Beschlagnahme einer Rente im Falle des Art. 637. 16 Sgr., wenn die Forderung weniger als 50 Rthlr. beträgt . 12 Sgr.

37.

Für die Abschrift . . . . 4 Sgr., wenn die Forderung weniger als 50 Rthlr. beträgt . . 3 Sgr.

Die übrigen hierbei nöthigen Akte werden nach Nr. 8. bezahlt.

38.

Für die über den Anschlag eines Subhastations-Patents oder der Bekanntmachung eines gerichtlichen Verkaufs von Immobilien aufzunehmende Urkunde (Kabinetsordres vom 4. Juli 1834 und 29. September 1835) . . . . 20 Sgr.

Die übrigen Akte im Subhastations-Verfahren werden nach Nr. 8. berechnet.

39.

Für die Zustellung eines den Personal-Arrest erkennenden Urtheils (Art. 780.) . . . . 10 Sgr., wenn die Forderung weniger als 50 Rthlr. beträgt . . 8 Sgr.

40.

Für die Abschrift . . . . 2 Sgr. 6 Pf., wenn die Forderung weniger als 50 Rthlr. beträgt . . 2 Sgr.

41.

Für die Auswirkung der Ordonnanz des Friedensrichters nach Art. 781. . . . . 12 Sgr.

42.

Für das Protokoll über die Verhaftung eines Schuldners und Eintragung in das Gefangenen-Register, mit Einschluß der Entschädigung der Zeugen (Art. 783.) . . . . 8 Thlr.

Verhaftet der Gerichtsvollzieher einen Falliten auf Grund eines nach Art. 455. des Handelsgesetzbuchs erlassenen Urtheils, so darf er dafür nur 1 Rthlr. 15 Sgr. in Ansatz bringen.

Für die Aufsuchung des Schuldners und sonstige besondere Bemühungen wird nichts vergütet.

43.

Für die Vakation, wenn der verhaftete Schuldner auf sein Begehren dem Präsidenten des Gerichts vorgeführt wird 24 Sgr.

44.

Für die Abschrift des Protokolls über die Verhaftung und für die Abschrift des Protokolls über die Eintragung in das Register des Gefängnisses (Art. 789.) zusammen . . . 12 Sgr.

45.

Dem Gefangenwärter, welcher das Urtheil in sein Register einträgt, für jedes Blatt der Ausfertigung des Urtheils (Art. 790.) . . . . 2 Sgr.

46.

Für die Empfehlung eines schon verhafteten Schuldners (Art. 792. 793.) . . . . 24 Sgr.

47.

Für die Abschrift . . . . 6 Sgr.

48.

Für die Zustellung eines Urtheils, welches die Verhaftung nichtig erklärt, und die Entlassung des Schuldners. . . 12 Sgr.

49.

Für jede Abschrift an den Gefangenwärter und an den Schuldner . . . . 3 Sgr.

50.

Für das über ein Real-Anerbieten aufgenommene Protokoll (Art. 813.):

a) bei einem Gegenstande von 1 bis 50 Rthlr. excl. 12 Sgr.
b) bei einem Gegenstande von 50 bis 100 Rthlr. excl. 16 Sgr.
c) bei einem Gegenstande von 100 bis 1000 Rthlr. excl. 1 Rthr.
d) bei einem Gegenstande von 1000 Rthlr. und darüber 2 Rthlr.

51.

Für die Abschrift:

a) bei einem Gegenstande von 1 bis 50 Rthlr. excl. 3 Sgr.
b) bei einem Gegenstande von 50 bis 100 Rthlr. excl. 4 Sgr.
c) bei einem Gegenstande von 100 bis 1000 Rthlr. excl. 7 Sgr. 6 Pf.
d) bei einem Gegenstande von 1000 Rthlr und darüber 15 Sgr.

52.

Für das über die Konsignation aufgenommene Protokoll (Art. 1259. des Civil-Gesetzbuches) . . . . 24 Sgr., wenn der Gegenstand unter 50 Rthlr. ist . . . . 18 Sgr.

53.

Für jede Abschrift . . . . 6 Sgr., wenn der Gegenstand unter 50 Thaler ist . . . . 4 Sgr. 6 Pf.

54.

Für das Protokoll zum Zwecke einer Arrest-Anlegung auf Mobilien wegen Eigenthums-Ansprüche, wenn gegen die Arrest-Anlage opponirt oder Oeffnung der Thür verweigert wird, mit Ladung und mit Inbegriff der Entschädigung der Zeugen (Art. 829.) . . . . 1 Rthlr., wenn der Gegenstand unter 50 Thaler ist . . . . 20 Sgr.

55.

Das Protokoll über die Beschlag-Anlegung selbst wird wie eine Möbelpfändung taxirt.

56.

Für die Erklärung eines Hypotheken-Gläubigers, daß er den nochmaligen öffentlichen Verkauf des von seinem Schuldner veräußerten Grundstücks begehre (Art. 2185. des Civil-Gesetzbuchs) . . . . 1 Rthlr.

57.

Für die Abschrift . . . . 8 Sgr.

58.

Für das Protokoll über die Wiederholung der Erklärung eines Schuldners, daß er seine Güter abtrete, wenn solche auf dem Gemeindehause geschieht (Art. 901.) . . . . 24 Sgr.

59.

Für das Protokoll über die Abführung des Schuldners aus dem Gefängnisse an einen anderen Ort in den Fällen, wo solches statthaft ist (Art. 902. rc.) . . . . 1 Rthlr. 10 Sgr.

60.

Für die Aufnahme eines Protestes und für die Aufnahme einer Intervention . . . . 12 Sgr., wenn der Betrag des Wechsels unter 50 Thaler ist . 10 Sgr.

Für die Aufnahme eines Protestes mit Nachsuchung der Wohnung (Allgemeine Deutsche Wechselordnung §. 91. Absatz 1.) 20 Sgr., wenn der Betrag des Wechsels unter 50 Thaler ist . . 16 Sgr.

Für eine Intervention, welche mit dem Protest-Akte an demselben Tage in derselben Wohnung stattfindet, darf nicht besonders berechnet werden.

Die Abschrift des Wechsels im Proteste, sowie die Abschrift des Protest-Aktes im Wechselprotest-Register, sind in der Taxe einbegriffen.

Dritter Abschnitt,

die Gebühren der Gerichtsvollzieher enthaltend, welche zum innern Dienst bei den Gerichten berufen sind.

61.

Für den Aufruf einer Sache zur Verhandlung in der Sitzung des Handelsgerichts, wenn ein definitiver oder interlokutorischer Bescheid ergeht . . . . 3 Sgr.

62.

Für den Aufruf einer Sache zur Verhandlung in der Sitzung des Landgerichts, wenn ein definitiver oder interlokutorischer Bescheid ergeht . . . . 5 Sgr.

Bei blos präparatorischen Bescheiden und bei Vertagungen wird für den Aufruf an dem Handelsgerichte oder an dem Landgerichte nichts bewilligt.

63.

Für die Publikation der Bedingungen bei den nach Vorschrift der Rheinischen Prozeß-Ordnung stattfindenden öffentlichen Verkäufen . . . . 10 Sgr.

64.

Für den Verkauf einschließlich der Kerzen . . . . 20 Sgr.

65.

Bei Subhastationen, welche nach der Verordnung vom 1. August 1822. vor einem Deputirten des Landgerichts statthaben, einschließlich der Kerzen . . . . 20 Sgr.

66.

Für die Zustellung aller Arten von Urkunden von Anwalt zu Anwalt bei den Landgerichten, welche in Urschrift und Abschrift dem Gerichtsvollzieher eingehändigt werden . . . 4 Sgr.

67.

Für den Aufruf einer Sache in der Sitzung des Appellations-Gerichtshofes, wenn ein definitives oder interlokutorisches Erkenntniß ergeht . . . . 12 Sgr.

Bei blos präparatorischen Bescheiden und Vertagungen wird nichts bewilligt.

68.

Für die Zustellung aller Art von Urkunden von Anwalt zu Anwalt beim Appellations-Gerichtshofe erhält der Gerichtsvollzieher . . . . 6 Sgr.

Vierter Abschnitt.

Allgemeine Bestimmungen.

69.

Für die Vorlegung der Urkunden, welche visirt werden müssen, wenn der Akt unter Abschnitt I. gehört . . . . . . 2 Sgr., in allen übrigen Fällen. . . . . 4 Sgr.

70.

Wenn der Gerichtsvollzieher wegen Abwesenheit oder Weigerung der zur Visirung berufenen Beamten das Visa des Staatsprokurators oder Friedensrichters nachsuchen muß 8 Sgr.

71.

An Reisekosten erhält der Gerichtsvollzieher, in den nicht zu friedensrichterlicher Kompetenz gehörenden Civilsachen für jede Meile . . . . 10 Sgr.

72.

Die Reise wird berechnet, indem man die Entfernung von dem Wohnsitze des Gerichtsvollziehers bis zu dem Orte, wo das Geschäft verrichtet wird, und den Rückweg zusammenrechnet. Beträgt die Entfernung hin und zurück zusammen weniger als Eine Meile, so darf für Reisekosten nichts liquidirt werden. Die Reisegebühren werden nur nach halben und ganzen Meilen berechnet; was zwischen fällt, darf nicht in Ansatz kommen.

73.

Wenn mehrere reisekostenpflichtige Akte auf derselben Reise gemacht werden, so ist der Gerichtsvollzieher gehalten, die einfache gesetzliche Reise-Entschädigung auf alle diese Akte verhältnißmäßig zu vertheilen.

Die Reisegebühr wird in so viel gleiche Theile getheilt, als Originalakte an demselben Orte gefertigt werden, und jeder Akt hat einen dieser Theile zu tragen.

Wenn ein Gerichtsvollzieher schon außerhalb seines Wohnorts einen oder mehrere reisekostenpflichtige Akte gemacht hat, und sich sodann an einen noch weiter entfernten Ort begiebt, um auch da zu instrumentiren, so fallen die Kosten für die Reise von dem ersten Orte bis zu dem letzteren den Parteien, für welche am letzteren Orte instrumentirt wird, einseitig zur Last; diese Parteien helfen außerdem an den Kosten der Reise von dem Wohnorte des Gerichtsvollziehers bis zu dem Orte, wo zuerst instrumentirt worden, gleichmäßig tragen.

Ein gleiches gilt, wenn diejenigen Akte, für welche wegen größerer Entfernung höhere Reisekosten in Ansatz zu bringen sind, auf der Hinreise, die mit geringeren Reisekosten verbundenen Akte auf der Rückreise aufgenommen werden.

Werden gleichzeitig Akte, für welche nur 5 Sgr. für die Meile als Reise-Entschädigung berechnet werden kann, mit anderen Akten gefertigt, deren Reisekosten 10 Sgr. für die Meile beträgt, so ist auf die ersteren nur die Hälfte der auf sie fallenden Quote der Reisegebühr, und der Ueberrest gleichmäßig auf die andern Akte zu vertheilen.

Niemals dürfen auf Grund der Vertheilung einem Akte mehr Reisekosten zur Last gelegt werden, als er verursacht haben würde, wenn er allein und ausschließlich zu fertigen gewesen wäre.

Unter jedem Akte muß von dem Gerichtsvollzieher bemerkt werden, ob Reisekosten der Partei berechnet worden sind, oder nicht; im ersteren Falle muß zugleich der Betrag und die Quote oder der Antheil, welcher bei der Vertheilung auf den Akt gefallen ist, angegeben werden.

Zuwiderhandlungen gegen die Bestimmungen über Vertheilung der Reisekosten sollen außer der Wiedererstattung mit einer Geldbuße von 5 bis 25 Thalern bestraft werden.

74.

Bei freiwilligen Mobiliar-Verkäufen, sowie bei Verkäufen von Früchten auf dem Halme und Holz auf dem Stamme, erhalten sämmtliche Gerichtsvollzieher ohne Unterschied des Wohnorts für eine Vakation, welche drei Stunden oder weniger dauert, Einen Thaler Gebühren und zehn Silbergroschen für jede fernere Stunde.

Für die öffentliche Bekanntmachung und Entwerfung der Bedingungen und für den Empfang der Gelder liquidiren sie, wie in der Taxordnung für die Notarien bei den Worten „Auktion von Mobilien“ vorgeschrieben ist.

75.

In allen Fällen, in welchen die Gebühren nach Vakationen von Stunden bewilligt sind, hat der Gerichtsvollzieher die Zeit des Anfangs und des Schlusses der Handlung genau im Akte zu verzeichnen; im Unterlassungsfalle darf er nur Eine Vakation berechnen.

76.

Für verwendetes Freipapier und für Besorgung des Stempelpapiers darf nichts gerechnet werden.

Fünfter Abschnitt.

Von den Gebühren der Gerichtsvollzieher in Untersuchungssachen.

1.

In Strafsachen und Disziplinarsachen erhalten die Gerichtsvollzieher:

für alle Vorladungen, Insinuationen, Anzeigen, Mittheilungen und Erscheinungsbefehle . . . . 4 Sgr.

2.

Für jede Kopie der oben erwähnten Akte . . . . . 4 Sgr.

3.

Für die Vollstreckung der Vorführungs- und Verhaftsbefehle, das Insinuations-Instrument und die Kopie mit einberechnet 1 Rthlr. 15 Sgr.

4.

Für die Vollstreckung der Verwahrungsbefehle, das Insinuations-Instrument und die Kopie mit eingerechnet . 24 Sgr.

5.

Für Ergreifung oder Gefangennehmung der Person, kraft eines einfachen Polizei-Erkenntnisses, ohne daß eine Gebühr für die Nachspürung bewilligt werden kann . . . . . . 20 Sgr.

6.

Für die Verhaftung kraft eines Arrestbefehls oder eines Urtheils in korrektionellen Sachen, welches Gefängnißstrafe enthält 2 Rthlr.

7.

Für Gefangennehmung kraft eines Kriminal-Arrestbefehls oder eines Urtheils, welches zu Zuchthausstrafe, Zwangsarbeit oder härteren Strafen verurtheilt . . . . 3 Rthlr.

8.

Für die Abholung eines jeden Gefangenen aus dem Gefangenhause, für dessen Vorführung vor den Richter und das Zurückführen in das Gefangenhaus . . . . 4 Sgr.

9.

Für das Protokoll über eine Haussuchung, wovon in dem Art. 109. des Gesetzbuches über das gerichtliche Verfahren in Strafsachen Erwähnung geschehen und worauf die Gefangennehmung nicht erfolgt ist, das Insinuations-Dokument und die Kopie des Verhafts- oder Kriminal-Arrestbefehls oder des Urtheils oder Bescheides, welcher die Haussuchung veranlaßt hat, mit eingerechnet . . . . 24 Sgr.

In der nämlichen Sache soll für jedes Individuum nur Ein Protokoll bezahlt werden, wie häufig auch immer die Haussuchungen in einer und derselben Gemeinde gemacht sein mögen.

10.

Für die Verkündigung bei Trompetenschall oder Trommelschlag und für die Anheftung der Verordnung, welche nach Vorschrift der Artikel 465. und 466. des Gesetzbuches über das gerichtliche Verfahren in Strafsachen gegen die Angeklagten, welche wegen ungehorsamen Nichterscheinens in contumaciam angeklagt sind, erlassen und bekannt gemacht werden muß, das über die Verkündigung gefertigte Protokoll und die Auslagen mitgerechnet . . . . 3 Rthlr.

Geschehen die besagten Verkündigungen und Anheftungen in zwei verschiedenen Gemeinden, und es werden dazu mehrere Gerichtsvollzieher beauftragt, so erhält jeder derselben nur die Hälfte der in dem Artikel 54. Nr. 10. bestimmten Taxe.

11.

Betragen die bei einer und derselben Zustellung gleichzeitig mitgetheilten Abschriften mehr als ein Blatt, so werden für jedes folgende Blatt 2 Sgr. bezahlt; jedes Blatt muß auf jeder Seite 24 Linien von 15 Silben im Durchschnitte enthalten.

12.

Für die Gegenwart bei der Eintragung des Beschuldigten in die Liste der Gefangenen, wenn derselbe schon eingekerkert ist 4 Sgr.

13.

Ist gegen ein und dasselbe Individuum ein Vorführungs- oder Verwahrungsbefehl erlassen und in den nämlichen 24 Stunden von dem Gerichtsvollzieher vollzogen worden, so erhält derselbe ein für allemal nur den Satz für den Vorführungs-Befehl mit . . . . 1 Rthlr. 15 Sgr.

14.

Sind die Individuen, gegen welche Verwahrungsbefehle, Verhaftsbefehle oder Urtheile ergangen sind, welche eine persönliche Verhaftung nach sich ziehen, auf jede andere Art schon wirklich verhaftet, so werden dem Gerichtsvollzieher für die Vollstreckung der oben erwähnten Akte in Ansehung ihrer nur die unter Nr. 1. für die Ladungen, Insinuationen und Anzeigen bestimmten Gebühren entrichtet. Das Nämliche findet bei der Vollstreckung der Vorführungsbefehle statt, wenn das Individuum wirklich schon früher verhaftet ist, wenn es sich freiwillig gestellt hat, oder wenn es nicht ergriffen werden konnte.

15.

In Untersuchungen wegen einfachen Holzdiebstahls und wegen Entwendung von Waldprodukten (Gesetze vom 7. Juni 1821, 5. August 1838 und 4. Mai 1839) erhalten die Gerichtsvollzieher:

a) für jede Vorladung (Bescheinigung derselben im Holzdiebstahls-Verzeichnisse) oder andere Zustellung 1 Sgr. 6 Pf.
b) für jede Abschrift an die Partei (abschriftlicher Auszug aus dem Verzeichnisse) . . . . 1 Sgr. 6 Pf.
c) für jedes Blatt mitzutheilender sonstiger Abschriften, mit Ausschluß des ersten Blattes . . . . 8 Pf.
d) für jede Zustellung (abschriftliche Behändigung des Auszugs des Sitzungs-Protokolls) über ein Kontumazial-Urtheil mit Inbegriff des Vermerks am Rande des Protokolls . . . . 1 Sgr. 6 Pf.

16.

Die Gebühren für die von den Gerichtsvollziehern zugezogenen Zeugen fallen jedesmal den Gerichtsvollziehern, welche sie gebraucht haben, zur Last.

17.

Die Gerichtsvollzieher erhalten für alle Amtsverrichtungen, welche sie in Strafsachen auf Befehl des öffentlichen Ministeriums oder einer gerichtlichen Behörde innerhalb ihres Kantons vornehmen, und für welche sie aus dem Kriminalfonds bezahlt werden, keine Reisekosten, und nur die Hälfte ihrer Gebühren vorschußweise; die Reisekosten und die andere Hälfte der Gebühren sollen sie aber nachgezahlt erhalten, wenn solche von dem Angeschuldigten in Folge eines gegen ihn ergangenen Urtheils eingezahlt werden.

18.

Die Gerichtsvollzieher erhalten für jede zurückgelegte Meile 5 Sgr., und werden die Entfernungen nach Nr 72. des IV. Abschnitts berechnet.

Für den nothwendigen, gehörig bescheinigten Aufenthalt auf der Reise, für jeden Tag ohne Abzug . . . . . . 10 Sgr.

19.

Wenn die Reisekosten (nach Nr. 17.) nur eventuell sind, so ist der Gerichtsvollzieher nicht verpflichtet, dieselben unter die verschiedenen Akte, welche auf derselben Reise gemacht werden, zu vertheilen, sondern er kann auf jeden Akt dessen Reisekosten ganz anrechnen. In den übrigen Fällen (mithin, wenn eine Partei den Auftrag gab oder die Reise in einen fremden Kanten zu machen war) gelten die Regeln der Nr. 73. des IV. Abschnitts über die Reisevertheilung. Werden auf derselben Reise Akte in Strafsachen und in Civilsachen gefertigt, so ist der Gerichtsvollzieher nicht verpflichtet, die ersteren in die Vertheilung der Reisekosten einzubegreifen, wenn ihre Reisekosten nur eventuell sind und er unter dem Akte auf diese eventuellen Reisekosten verzichtet.

20.

Für den Audienzdienst bei Zuchtpolizei- und Polizeigerichten erhalten sie nichts.

21.

Für den Audienzdienst bei den Assisenhöfen für jeden Tag 15 Sgr.

Urkundlich unter Unserer Höchsteigenhändigen Unterschrift und beigedrucktem Königlichen Insiegel.

Gegeben Berlin, den 29. März 1851.

(L. S.) Friedrich Wilhelm.

v. Manteuffel. v. d. Heydt. v. Rabe. Simons. v. Stockhausen. v. Raumer. v. Westphalen.

I. 1511. Rhein. Offiz.-Sachen 27. Vol. V.

74.

Gesetz, — betreffend die Aufhebung der Bestimmung im §. 4. des Reglements für die Allgemeine Wittwen-Verpflegungs-Anstalt vom 28. Dezember 1775, wegen Ausschließung der Militair-Bedienten in Kriegszeiten. Vom 29. März 1851.

Wir Friedrich Wilhelm, von Gottes Gnaden, König von Preußen 2c. 2c.

verordnen unter Zustimmung der Kammern, was folgt:

Die Bestimmung im §. 4. des Reglements für die Allgemeine Wittwen-Verpflegungs-Anstalt vom 28. December 1775, wonach

wirkliche Militair-Bediente in Kriegszeiteu von dem Beitritt zur gedachten Anstalt ausgeschlossen und, wenn sie in Friedenszeiteu eingetreten, bei ausbrechendem Kriege aus derselben zu scheiden genöthigt sein sollen,

wird in Ansehung der zur Aufnahme in die Allgemeine Wittwen-Verpflegungs-Anstalt berechtigten Staatsbeamten, welche bei ausbrechendem Kriege zum Militairdienst einberufen werden, oder demselben freiwillig sich widmen, aufgehoben.

Urkundlich unter Unserer Höchsteigenhändigen Unterschrift und beigedrucktem Königlichen Insiegel.

Gegeben Berlin, den 29. März 1851.

(L. S.) Friedrich Wilhelm.

v. Manteuffel. v. d. Heydt. v. Rabe. Simons.
v. Stockhausen. v. Raumer. v. Westphalen.

I. 1534. W. 2.

75.

Bekanntmachung vom 29. März 1851, — betreffend die Portofreiheit der amtlichen Korrespondenz zwischen den Königlich Belgischen und den diesseitigen Justizbehörden.

Bekanntmachung vom 13. December 1850.
(S. 257 dieses Bandes.)

Die nach Inhalt der Bekanntmachung vom 13. Dezember 1850 (Justiz-Ministerial-Blatt S. 433) zwischen der diesseitigen Regierung und dem Königlich Belgischen Ministerium zu Stande gekommene Einigung über die Portofreiheit der dienstlichen Korrespondenz zwischen Preußischen und Königlich Belgischen Justizbehörden ist nach einer Mittheilung des Herrn Ministers für Handel, Gewerbe und öffentliche Arbeiten durch eine spätere Uebereinkunft mit der Königlich Belgischen Postverwaltung dahin erweitert worden, daß von jetzt an auch die Kriminal- und Untersuchungssachen zwischen

den Preußischen Appellations- und Kreisgerichten in den sieben östlichen Provinzen der Monarchie einerseits,

und

den General-Prokuratoren an den Belgischen Appellhöfen und den Belgischen Staats-Prokuratoren andererseits,

stattfindende amtliche Korrespondenz durch die beiderseitigen Posten portofrei befördert werden soll.

Indem die Königlichen Appellations- und Kreisgerichte hiervon in Kenntniß gesetzt werden, wird ihnen und zugleich den sämmtlichen Beamten der Staatsanwaltschaft, an welche die Bekanntmachung vom 13. Dezember v. J. ergangen ist, zur Nachachtung bemerklich gemacht, daß die aus Preußen nach Belgien portofrei zu befördernden amtlichen Schreiben jederzeit auf der Adresse neben dem auf den Preußischen Posten üblichen portofreien Rubrum resp. mit folgender Bezeichnung:

Der Appellationsgerichts-Präsident N. N.
Der Kreisgerichts-Direktor N. N.
Der General-Prokurator am Rheinischen Appellationsgerichtshofe N. N.
Der Ober-Prokurator in der Rheinprovinz N. N.
Der Ober-Staatsanwalt N. N.
Der Staatsanwalt N. N.

und der eigenhändigen Namensunterschrift des Absenders versehen werden müssen.

Berlin, den 29. März 1851.

Der Justiz-Minister
Simons.

An
sämmtliche Gerichte und Beamte
der Staatsanwaltschaft.

I. 1032. P. 2. Vol. IX.

76.

Verfügungen vom 11. April, 17. Mai und 10. Juli 1851, — betreffend die Erledigung von Requisitionen altländischer Gerichte an Rheinische Gerichtsbehörden in Schwängerungssachen.

(Rheinisches Civil-Gesetzbuch Art. 340.)

In der Anlage empfangen Sie, Herr General-Prokurator, die Akten des Kreisgerichts in M. in der Civilprozeßsache A. gegen B., in denselben die am 3. Oktober v. J. von dem Landgerichts-Präsidenten in N. erlassene Ordonnanz und die in Betreff der letzteren zwischen dem Justiz-Minister und dem Ersten Präsidenten des Appellationshofes in Cöln einer Seits, diesem und dem Landgerichts-Präsidenten in N. anderer Seits gepflogene Correspondenz.

Es ergiebt sich aus diesen Actenstücken:

daß in dem Alimentationsprozesse, welchen die A. bei dem Kreisgerichte in M. gegen den B. als ihren angeblichen Schwängerer angestellt hat, von letzterem die Einrede der Incompetenz des Gerichts vorgebracht ist,

daß diese Einrede auf die Behauptung, B. wohne in der Rheinprovinz, gestützt und jene Beweise dieser faktischen Anführung auf das Zeugniß des im Landgerichtsbezirke N. wohnenden X. provocirt ist, daß das Kreisgericht zu M. durch Resolut vom 20. Juli v. J. die Vernehmung des Zeugen beschlossen hat.

Zur Ernennung eines Commissars behufs Bewerkstelligung der Vernehmung sind in dem geschäftsordnungsmäßigen Wege, wie er bei Erledigung derartiger Requisitionen altländischer Gerichte in unbestrittener Geltung ist, die Acten dem Landgerichts-Präsidenten in N. vorgelegt worden, es hat aber letzterer die Ernennung eines Commissars unter dem 3. October v. J. verweigert:

> weil es sich untergebens von dem Beweise der Vaterschaft gegen einen im Bezirke des Landgerichts zu N. wohnenden Einwohner handle und der Art. 340. A. G.-O. dem diesseitigen Richter eine solche Untersuchung untersagt.

Ebenso unrichtig eine solche Anwendung des Art. 340. A. G.-O. im vorliegendeu Falle Seitens des Landgerichtes in N. sein würde, wenn es selbst behufs Feststellung der faktischen Grundlage einer Competenzeinrede von einem auswärtigen Gerichte um Ernennung eines Commissars zum Zwecke der Zeugenvernehmung rogirt worden wäre, ebenso ungerechtfertigt ist die Weigerung des Landgerichts-Präsidenten, indem er statt des Collegiums und unter stillschweigender Anerkennung seiner Befugniß an und für sich, die Erledigung der Requisition definitiv abweist.

Der von mir veranlaßte Versuch, den Landgerichts-Präsidenten zu N. durch Vermittelung des Ersten Präsidenten des Appellationshofes eines Andern zu überzeugen, ist, nach dem Berichte vom 23. v. M. erfolglos geblieben.

Damit nun dem Prozesse der A. wider B. sein weiterer gesetzlicher Fortgang werde, erübrigt nichts weiter als die Beseitigung der Ordonnanz des Landgerichts-Präsidenten zu N. im Wege richterlicher Entscheidung.

Sie erhalten demnach den Auftrag die Ordonnanz vom 3. October v. J. zur Kenntniß des Kgl. Revisions- und Cassationshofes in Gemäßheit des Art. 80. Ges. v. 27. vent. VIII. zu bringen, damit deren Vernichtung erfolge.

Berlin, den 11. April 1851.

Der Justiz-Minister
Simons.

An
den Königl. Herrn General-Prokurator
bei dem Rheinischen Revisions- und
Cassationshofe hier.

I. 1217. — Rhein. Gener. 148.

In der Prozeßsache der unverehelichten O. und deren Vater des Tagelöhners P. wider den Schneider B. hat nach Inhalt der beigefügten Acten das Kreisgericht zu M. durch rechtskräftiges Urtheil vom 7. Mai 1850 dem Verklagten den Reinigungseid auferlegt, dessen Ausschwörung die Abweisung der erhobenen Schwängerungsklage zur Folge haben soll, wogegen im Falle der Nichtableistung der Verklagte für den natürlichen Vater des von der O. geborenen Sohnes erklärt wird, mit den daraus nach den Bestimmungen des Allgemeinen Landrechts hervorgehenden Consequenzen.

Da zu der Zeit, wo der Eid abgenommen werden sollte, P. sich im Bezirke des Landgerichts zu N. aufhielt, so wurde auf die Requisition des Kreisgerichts zu M. vom 15. März d. J. unter dem 23. ejd. der Landgerichts-Präsident zu N. von dem Ober-Prokurator daselbst ersucht, einen Commissar zur Abnahme des Eides zu ernennen. Durch Ordonnanz vom 24. März c. lehnte der Landgerichts-Präsident mit Rücksicht auf den Art. 340. des Rheinischen Civilgesetzbuches die Erledigung der Requisition ab. Hiergegen hat unter dem 19. v. M. das Kreisgericht zu M. bei dem Justiz-Minister Beschwerde erhoben.

Der Art. 1035. der Rheinischen Civilprozeß-Ordnung, welcher dem mit einer Streitsache befaßten Richter das Recht giebt um Abnahme eines Eides einen andern Richter zu requiriren, verpflichtet dadurch zugleich den ersuchten Richter, diese Handlung vorzunehmen resp. vornehmen zu lassen. Ob nach den zur Anwendung kommenden, gesetzlichen Vorschriften die Auferlegung des Eides gerechtfertigt sei, darüber kann nur die Entscheidung desjenigen Richters maaßgebend sein, welcher in der Sache selbst zu urtheilen hat. Ist jene Entscheidung nicht angegriffen, oder, wie im vorliegenden Falle, sogar rechtskräftig geworden, so kann sie nicht durch denjenigen Richter, dessen Thätigkeit nur zur Vollziehung derselben in Anspruch genommen wird, unwirksam gemacht werden. Dieser Grundsatz, ohne dessen Aufrechthaltung die Grenze der Zuständigkeit der verschiedenen in dem nämlichen Staate bestehenden Gerichte verwirrt, und eine geordnete Rechtspflege unmöglich gemacht wird, steht dergestalt in erster Linie, daß sich andere scheinbar mit ihm in Conflikt tretende Gesetze ihm im Zweifel würden unterordnen müssen. Der Art. 340. des Rheinischen Civilgesetzbuchs berechtigt aber in keiner Weise zu der Auffassung, als solle er nicht etwa bloß für den über die Paternitätsklage erkennenden Richter eine Vorschrift enthalten, sondern auch von jenem Grundsatze eine Ausnahme statuiren; er berechtigt dazu um so weniger, als er in seinem eignen Gebiete die Klage unter gewissen Voraussetzungen zuläßt, über deren Vorhandensein doch nur von dem mit der Entscheidung über die Klage befaßten Richter zu erkennen wäre.

Diesemnach hat der Landgerichts-Präsident zu N. durch seine Ordonnanz vom 24. März d. J., mittelst welcher er die

Erledigung der an ihn ergangenen Requisition auf Grund des Art. 340. des Rheinischen Civilgesetzbuches ablehnte, seine Befugnisse überschritten.

Sie werden, Herr General Prokurator, beauftragt, jene Ordonnanz in Gemäßheit des Art. 80. des Gesetzes vom 27. Ventôse Jahres VIII. zur Kenntniß des Königlichen Revisions- und Cassationshofes zu bringen, damit deren Vernichtung erfolge.

Berlin, den 17. Mai 1851.

Der Justiz-Minister
Simons.

An
den Herrn General-Prokurator
bei dem Königl. Revisions- und
Kassationshofe hierselbst.

I. 2320. — Rhein. Gener. 148.

Auf Ihren Bericht vom 23. März d. J. erhalten Sie, Herr Erster Präsident in der Anlage Ausfertigung der Entscheidung des Revisions- und Cassationshofes vom 24. v. M. um aus derselben zu entnehmen, daß Ihrer Ansicht entsprechend die von dem Landgerichts-Präsidenten N. in der Civilprozeßsache A. gegen B. erlassene Ordonnanz vom 3. October v. J. im Interesse des Gesetzes cassirt worden ist.*)

Sie, Herr General-Prokurator, haben sodann auf Grund dieser Entscheidung des Revisions- und Cassationshofes die ungesäumte Erledigung der Requisition des Königl. Kreisgerichts zu M. vom 23. August v. J. durch den Ober-Prokurator zu N. beantragen zu lassen, auch seiner Zeit davon, daß diese Erledigung erfolgt ist, hieher Anzeige zu machen.

Berlin, den 10. Juli 1851.

Der Justiz-Minister
Simons.

An
den Herrn Ersten Präsidenten des Appellationsgerichtshofes und an den Herrn
General-Prokurator in Cöln.

I. 2771. — Rhein. Gener. 148.

*) vergl. Justiz-Ministerial-Blatt 1851. S. 261.

77.

Gesetz über die Einführung des Strafgesetzbuches für die Preußischen Staaten. Vom 14. April 1851.

Siehe Gesetz-Sammlung pro 1851. S 93 Nr. 3374.
I. 1728. Landrecht 38. Vol. IX.

78.

Verfügung vom 17. April 1851, — betreffend die Einrichtung der Staatsanwaltschaft bei den Polizeigerichten mit Rücksicht auf die Bestimmungen der Gemeindeordnung vom 11. März 1850.

(Art. 144. der St.-P.-O. §§. 58. u. 135. der Gemeindeordnung vom 11. März 1850.)

Auf den von Ihnen, Herr General-Prokurator, unter dem 6. Dezember v. J. erstatteten Bericht

die Einrichtung der Staatsanwaltschaft bei den Rheinischen Polizeigerichten (Polizejanwaltschaft) mit Rücksicht auf die Bestimmungen der Gemeinde-Ordnung vom 11. März v. J. betreffend,

wird Ihnen, nachdem der Justiz-Minister wegen dieses Gegenstandes mit dem Minister des Innern in Communication getreten ist, Nachstehendes eröffnet.

Die Gemeinde-Ordnung bedingt, wie Sie mit Recht annehmen, keineswegs eine Aenderung der in der Rheinprovinz auf Grund des Art. 144. der Strafprozeßordnung bestehenden Einrichtung, nach welcher für den ganzen Bezirk eines Polizeigerichts die Polizeianwaltschaft durch Einen Beamten vertreten wird.

Die §§. 58. und 135. haben offenbar den Zweck, die Beibehaltung dieser Einrichtung zu ermöglichen. Sie erkennen, wie der §. 114. die Qualität der Gemeindevorsteher zur Wahrnehmung der polizeianwaltschaftlichen Verrichtungen an und enthalten nur in Ansehung der Pflicht zur Uebernahme derselben eine Einschränkung dahin, daß der Bürgermeister einer nach Tit. II. verwalteten Gemeinde nur dann, wenn der Sitz des Polizeigerichts in dieser Gemeinde ist, gehalten sein soll, die Polizeianwaltschaft auch für die übrigen Gemeinden des Gerichtsbezirks zu übernehmen (§. 58.) und daß dem Vorsteher einer nach Tit. III. verwalteten Gemeinde die Verrichtungen des

Polizeianwalts wider seinen Willen überhaupt nicht übertragen werden können (§. 114.).

Wenn mehrere Gemeinden zu einer Sammtgemeinde vereinigt sind, so kann nach §. 135. in Verbindung mit §. 58. der Vorsteher derselben die Uebernahme der Polizeianwaltschaft für den ganzen Bezirk des Polizeigerichts nur dann ablehnen, wenn das Polizeigericht nicht im Bereiche der Sammtgemeinde seinen Sitz hat. Darauf, ob der Vorsteher der Sammtgemeinde gerade an dem Sitze des Polizeigerichts wohnt, kann es eben so wenig ankommen, als der Bürgermeister einer nach Tit. II. verwalteten Gemeinde, in welcher sich der Sitz des Polizeigerichts befände, sich darauf würde beziehen können, daß er seinen Wohnsitz nicht gerade an dem Orte des Polizeigerichts habe.

Da die bisherige Einrichtung, welche sich als entschieden zweckmäßig bewährt hat, beizubehalten ist, so kommt es nur darauf an, dieselbe mit Rücksicht auf die vorstehend erwähnten Bestimmungen der Gemeindeordnung zur Ausführung zu bringen.

Wenn sich am Sitze des Polizeigerichts ein Polizei-Commissar befindet, so ist diesem, und wenn daselbst mehrere Polizei-Commissare angestellt sind, so ist einem derselben die Polizeianwaltschaft zu übertragen. Da Polizeikommissarien nur in Gemeinden angestellt sind, welche mehr als 1500 Einwohner haben, so unterliegt es keinem Bedenken, für Fälle der Verhinderung den Bürgermeister als Stellvertreter zu bezeichnen.

Befindet sich am Sitze des Polizeigerichts kein Polizei-Commissar, so ist, wenn der Polizeigerichts-Sitz einer nach Tit. II. der Gemeindeordnung verwalteten Gemeinde, oder einer Sammtgemeinde, oder einem Polizeibezirk (§§. 126. u. 135.) angehörig ist, die Polizeianwaltschaft für den ganzen Polizeigerichtsbezirk dem Bürgermeister resp. dem Vorsteher der Sammtgemeinde oder dem Kreisamtmann zu übertragen. Wohnt jedoch der Sammtgemeinde-Vorsteher oder der Kreisamtmann nicht am Sitze des Polizeigerichts, so kann die Polizeianwaltschaft dem Gemeinde-Vorsteher des Polizeigerichtssitzes übertragen werden, wenn derselbe zur Uebernahme dieser Verrichtungen bereit ist.

Ist der Sitz des Polizeigerichts an einem Orte, dessen Gemeindeverwaltung nach Tit. III. der Gemeindeordnung geregelt ist, wo ein Polizei-Commissar sich nicht befindet und wo auch die Bildung von Polizeibezirken nicht erfolgt ist, so muß, wenn der Gemeindevorsteher die Uebernahme der Polizeianwaltschaft ablehnt, auf Verlegung des Polizeigerichtssitzes an einen andern Ort angetragen werden.

Die Kosten der Polizeianwaltschaft anlangend, so bilden dieselben allerdings eine Gemeindelast. Das folgt für die nach Tit. II. organisirten Gemeinden daraus, daß der §. 58. die Uebernahme der polizeianwaltlichen Functionen dem Bürgermeister zur Amtspflicht macht; für die Sammtgemeinden daraus, daß nach den §§. 133. u. 134. der Vorsteher derselben die Rechte und Pflichten eines Bürgermeisters hat. Wenn den Vorstehern der nach Tit. III. organisirten Gemeinden eine gleiche Zwangspflicht nicht obliegt, so ist doch ihre Exemtion davon offenbar nur mit Rücksicht auf die dabei in Betracht kommenden Persönlichkeiten ausgesprochen und ist, da es auf ein sächliches Prinzip, auf die Frage, ob nach den Bestimmungen und dem Geiste der Gemeindeordnung die Polizeianwaltschaft eine Gemeinde-Last ist oder nicht, ankommt, um so weniger von entscheidender Bedeutung, als der §. 135. für die Fälle, wo Polizeibezirke gebildet werden müssen, ausdrücklich bestimmt, daß die im §. 58. bezeichneten Geschäfte entweder von einem Eingesessenen des Bezirks unentgeltlich oder auf Kosten des Bezirks verwaltet werden müssen.

Ist aber die Polizeianwaltschaft eine Gemeindelast, so folgt daraus, daß diejenigen Gemeinden, für welche dieselbe nicht von einem durch sie besoldeten Beamten verwaltet wird, einen verhältnißmäßigen Kostenbeitrag für ihren Bezirk zu leisten haben.

Was endlich die Befugniß zur Regelung der hier in Rede stehenden Gegenstände betrifft, so kann, da die Beamten, welche die Verrichtungen der Polizeianwaltschaft wahrzunehmen haben, nicht mehr durch das Gesetz unmittelbar bezeichnet sind, vielmehr eine Beauftragung erforderlich ist, bei welcher es sich um Anwendung organischer Bestimmungen der Gemeindeordnung handelt, diese Beauftragung durch Sie, Herr General-Prokurator, nur in Gemeinschaft mit dem Präsidenten der betreffenden Regierung erfolgen. Der von solchen Gemeinden, für welche die Polizeianwaltschaft von einem nicht durch sie besoldeten Beamten wahrgenommen wird, zu zahlende Kostenbeitrag ist von der Regierung nach vorgängiger Kommunication mit Ihnen zu bestimmen.

Abschrift dieser Verfügung ist den Rheinischen Regierungen zur Kenntnißnahme und Nachachtung mitgetheilt worden.

Berlin, den 17. April 1851.

Der Justiz-Minister	Der Minister des Innern.
Simons.	v. Westphalen.

An
den Hrn. General-Prokurator bei dem
Rheinischen Appellationsgerichtshofe
zu Cöln.

I. 1235. Rhein. Officianten-Sachen 26.

79.

Verfügung vom 25. April 1851, — betreffend die Kommunication der Untersuchungsrichter mit den Königl. Eisenbahn-Commissariaten wegen Feststellung des Thatbestandes der auf den Eisenbahnen vorkommenden Unfälle.

Der Herr Minister für Handel, Gewerbe und öffentliche Arbeiten, hat aus Veranlassung eines kürzlich auf einer Eisenbahn vorgekommenen Unglücksfalles die Königl. Eisenbahn-Commissariate und sämmtliche Königliche- und Privat-Eisenbahn-Verwaltungen angewiesen, Unglücksfälle auf Eisenbahnen, welche von erheblichen Folgen, namentlich der Tödtung oder Beschädigung von Menschen begleitet sind, sofort nach ihrem Eintritt zur Kenntniß der betreffenden Staatsanwaltschaft zu bringen, auch den objectiven Thatbestand bis zur Ankunft des Untersuchungsrichters unverändert zu lassen, sofern nicht höhere Rücksichten, wie beispielsweise die Rettung von Menschenleben und die Freimachung der Bahn für den laufenden Verkehr, eine sofortige Aenderung gebieten oder soweit nicht das Interesse der Erhaltung der Betriebsmittel ꝛc. ein Einschreiten erfordert.

Sie, Herr General-Prokurator, werden hiervon mit der Aufforderung in Kenntniß gesetzt, die Ober-Prokuratoren von jener Anordnung zu benachrichtigen und dieselben zugleich darauf aufmerksam zu machen, daß sie sich bei einem in ihrem Bereich auf einer Eisenbahn vorkommenden Unfalle Behufs Ermittelung der Ursachen desselben mit dem betreffenden Königl. Eisenbahn-Commissariate in Verbindung zu setzen haben.

Berlin, den 25. April 1851.

Der Justiz-Minister
Simons.

An
den Königl. General-Prokurator
Herrn Geh. Ober-Justiz-Rath
Nicolovius zu Cöln.

I. 1494. E. 37. Vol. XIV.

80.

Gesetz, — betreffend die Abänderung des Art. 69. und die Ergänzung der Art. 66. und 115. der Verfassungs-Urkunde. Vom 30. April 1851.

Wir Friedrich Wilhelm, von Gottes Gnaden, König von Preußen 2c. 2c.
verordnen, mit Zustimmung der Kammern, was folgt:

Artikel 1.

Die zweite Kammer besteht fortan aus 352 Mitgliedern.

Artikel 2.

Den Wahlgesetzen vom 6. Dezember 1848. und vom 30. Mai 1849. treten die Gesetze vom 30. April 1851. hinzu.

Urkundlich unter Unserer Höchsteigenhändigen Unterschrift und beigedrucktem Königlichen Insiegel.

Gegeben Charlottenburg, den 30. April 1851.

(L. S.) Friedrich Wilhelm.

v. Manteuffel. v. d. Heydt. v. Rabe. Simons. v. Stockhausen. v. Raumer. v. Westphalen.

I. 2024. — S. 26. Vol. II.

81.

Allerhöchste Order vom 30. April 1851, — betreffend die amtliche Bezeichnung der Fürstenthümer Hohenzollern-Hechingen und Hohenzollern-Sigmaringen.

Mit Bezugnahme auf das Besitznahme-Patent vom 12. März v. J., durch welches auf Grund des Abtretungs-Vertrages vom 7. Dezember 1849 die Gebiete der Fürsten von Hohenzollern-Hechingen und Hohenzollern-Sigmaringen der Monarchie einverleibt worden sind, bestimme Ich hierdurch, daß diesen Landestheilen fortan in amtlichen Erlassen und Verhandlungen der Name "Hohenzollernsche Lande" beigelegt werden soll, und überlasse dem Staats-Ministerium, hiernach die Behörden mit Anweisung zu versehen.

Charlottenburg, den 30. April 1851.

Friedrich Wilhelm.

gegengez. Frhr. v. Manteuffel. v. d. Heydt. v. Rabe. Simons. v. Stockhausen. v. Raumer. v. Westphalen.

An
das Staats-Ministerium.

Vorstehende Allerhöchste Order wird hierdurch sämmtlichen Justiz-Behörden zur Nachachtung bekannt gemacht.
Berlin, den 30. Juni 1851.

Der Justiz-Minister
Simons.

An
sämmtliche Justizbehörden.

I. 2202. Hohenzollern 1. Vol. II.

82.

Gesetz, — betreffend die Dienstvergehen der Richter und die unfreiwillige Versetzung derselben auf eine andere Stelle oder in den Ruhestand. Vom 7. Mai 1851.

Wir Friedrich Wilhelm, von Gottes Gnaden, König von Preußen ꝛc. ꝛc.
verordnen, mit Zustimmung der Kammern, was folgt:

Erster Abschnitt.

Allgemeine Bestimmungen über Dienstvergehen der Richter und deren Bestrafung.

§. 1.

Ein Richter, welcher
1) die Pflichten verletzt, die ihm sein Amt auferlegt,
oder
2) sich durch sein Verhalten in oder außer dem Amte der Achtung, des Ansehens oder des Vertrauens, die sein Beruf erfordert, unwürdig zeigt,

unterliegt den Vorschriften dieses Gesetzes.

§. 2.

Ist eine der unter §. 1. fallenden Handlungen (Dienstvergehen) zugleich in den gemeinen Strafgesetzen vorgesehen, so können die durch dieselben angedrohten Strafen nur auf Grund des gewöhnlichen Strafverfahrens von denjenigen Gerichten ausgesprochen werden, welche für die gewöhnlichen Strafsachen zuständig sind.

§. 3.

Im Laufe einer Untersuchung vor den gewöhnlichen Strafgerichten darf gegen den Angeschuldigten ein Disziplinarverfahren wegen der nämlichen Thatsachen nicht eingeleitet werden.

Wenn im Laufe eines Disziplinarverfahrens wegen der nämlichen Thatsachen eine Untersuchung von dem gewöhnlichen

Strafrichter gegen den Angeschuldigten eröffnet wird, so muß das Disziplinarverfahren bis zur rechtskräftigen Erledigung der strafgerichtlichen Untersuchung ausgesetzt werden.

§. 4.

Wenn von den gewöhnlichen Strafgerichten auf Freisprechung erkannt ist, so findet wegen derjenigen Thatsachen, welche in der strafgerichtlichen Untersuchung zur Erörterung gekommen sind, ein Disziplinarverfahren nur noch insofern statt, als dieselben an sich und ohne ihre Beziehung zu dem gesetzlichen Thatbestande der Uebertretung, des Vergehens oder des Verbrechens, welche den Gegenstand der Untersuchung bildeten, ein Dienstvergehen enthalten.

Ist in einer Untersuchung vor den gewöhnlichen Strafgerichten eine Verurtheilung ergangen, welche den Verlust des Amtes nicht zur Folge gehabt hat, so bleibt es dem Disziplinargerichte vorbehalten, darüber zu entscheiden, ob außerdem ein Disziplinarverfahren einzuleiten oder fortzusetzen und eine Disziplinarstrafe zu verhängen sei.

§. 5.

Spricht das Gesetz bei Dienstvergehen, welche Gegenstand eines Disziplinarverfahrens werden, die Verpflichtung zur Wiedererstattung oder zum Schadenersatz, oder eine sonstige civilrechtliche Verpflichtung aus, so gehört die Klage der Betheiligten vor das Civilgericht, jedoch vorbehaltlich der Bestimmung des §. 81.

§. 6.

Ist von dem gewöhnlichen Strafrichter auf eine Freiheitsstrafe von längerer als einjähriger Dauer, auf eine schwerere Strafe, auf Verlust der bürgerlichen Ehre, auf zeitige Untersagung der Ausübung der bürgerlichen Ehrenrechte, auf immerwährende oder zeitige Unfähigkeit zu öffentlichen Aemtern, oder auf Stellung unter Polizei-Aufsicht erkannt, so zieht das Straferkenntniß den Verlust des Amtes von selbst nach sich, ohne daß darauf besonders erkannt wird.

§. 7.

Ein Richter, welcher sich ohne den vorschriftsmäßigen Urlaub von seinem Amte entfernt hält, oder den ertheilten Urlaub überschreitet, ist, wenn ihm nicht besondere Entschuldigungsgründe zur Seite stehen, für die Zeit der unerlaubten Entfernung seines Diensteinkommens verlustig.

§. 8.

Dauert die unerlaubte Entfernung länger als acht Wochen, so hat der Richter die Dienstentlassung verwirkt.

Ist der Richter dienstlich aufgefordert worden, sein Amt anzutreten oder zu demselben zurückzukehren, so tritt die Strafe der Dienstentlassung schon nach fruchtlosem Ablauf von vier Wochen seit der ergangenen Aufforderung ein.

§. 9.

Die Entziehung des Diensteinkommens (§. 7.) wird von derjenigen Behörde verfügt, welche den Urlaub zu ertheilen hat. Im Falle des Widerspruchs wird im Disziplinarwege entschieden.

§. 10.

Die Dienstentlassung kann nur im Disziplinarwege ausgesprochen werden.

Es wird darauf nicht erkannt, wenn sich ergiebt, daß der Richter ohne seine Schuld von seinem Amte fern gewesen ist.

§. 11.

Die Einleitung eines Disziplinarverfahrens wegen unerlaubter Entfernung vom Amte und die Dienstentlassung vor Ablauf der Fristen (§. 8.) ist nicht ausgeschlossen, wenn sie durch besonders erschwerende Umstände gerechtfertigt wird.

§. 12.

Die in dem §. 8. erwähnte Aufforderung, sowie alle andere Aufforderungen, Mittheilungen, Zustellungen und Vorladungen, welche nach den Bestimmungen dieser Verordnung erfolgen, sind gültig und bewirken den Lauf der Fristen, wenn sie Demjenigen, an den sie ergehen, in Person zugestellt, oder wenn sie in seiner letzten Wohnung an dem Orte insinuirt werden, wo er seinen letzten Wohnsitz im Inlande hatte.

§. 13.

Ein Richter, welchem ein geringes Dienstvergehen zur Last fällt, ist nach einer vorher von ihm erforderten Erklärung auf die Pflichten aufmerksam zu machen, welche ihm sein Amt auferlegt.

Den Beruf, diese Mahnung von Amtswegen oder auf den Antrag der Staatsanwaltschaft zu erlassen, hat der Präsident oder Direktor eines jeden Gerichts in Ansehung der übrigen Mitglieder desselben; der Dirigent einer Kreisgerichts-Deputation in Ansehung der Mitglieder dieser Deputation. In Ansehung der Einzelrichter steht er dem Präsidenten oder Direktor desjenigen Gerichts erster Instanz zu, in dessen Gerichtssprengel der Richter angestellt ist; in Ansehung aller Richter, insbesondere auch der Friedensrichter, des Appellationsgerichts-Bezirks dem Ersten Präsidenten des Appellationsgerichts; in Ansehung der Ersten Präsidenten der Appellationsgerichte dem Ersten Präsidenten des obersten Gerichtshofes.

Die Mahnung geschieht zu Protokoll oder durch ein die Gründe enthaltendes Schreiben, von welchem die Urschrift aufbewahrt wird.

§. 14.

Erscheint wegen der Schwere des Dienstvergehens eine Mahnung dem zuständigen Disziplinargerichte als nicht hinreichend, so tritt die Disziplinarbestrafung ein.

§. 15.

Disziplinarstrafen sind:

1) Warnung.
2) Verweis.
   Derselbe kann mit Geldbuße verbunden werden, deren Betrag das Diensteinkommen eines Monats nicht übersteigt.
3) Zeitweise Entfernung von den Dienstverrichtungen auf wenigstens drei Monate und höchstens Ein Jahr.
   Diese Strafe zieht den Verlust des Diensteinkommens für deren Dauer kraft des Gesetzes nach sich. Es ist jedoch das Disziplinargericht ermächtigt, in dem Urtheile zugleich zu erkennen, daß dem Verurtheilten während der Dauer der Strafe ein bestimmter Theil seines Diensteinkommens, welcher die Hälfte desselben nicht übersteigen darf, zu seinem nothdürftigen Unterhalte zu verabreichen sei.
4) Dienstentlassung.
   Diese Strafe zieht den Verlust des Titels und Pensionsanspruches von selbst nach sich; es wird darauf nicht besonders erkannt.

Lassen aber besondere Umstände eine mildere Berücksichtigung zu, so ist das Disziplinargericht ermächtigt, in dem Urtheile zugleich zu erkennen, daß dem Angeschuldigten ein Theil des reglementsmäßigen Pensionsbetrages auf Lebenszeit oder auf gewisse Jahre als Unterstützung zu verabreichen sei.

§. 16.

Welche der in den vorhergehenden Paragraphen bestimmten Strafen anzuwenden sei, ist nach der größeren oder geringeren Erheblichkeit des Dienstvergehens mit Rücksicht auf die sonstige Führung des Angeschuldigten zu ermessen, unbeschadet der besonderen Bestimmungen der §§. 7. und 8.

Zweiter Abschnitt.

Von dem Disziplinarverfahren.

§. 17.

Der Anwendung einer Disziplinarstrafe muß in allen Fällen eine mündliche Verhandlung vor dem zuständigen Disziplinargerichte vorhergehen. Ob dieselbe durch eine von einem Richter-

Kommissar zu führende Voruntersuchung oder in anderer Weise vorzubereiten ist, bestimmt das Disziplinargericht.

§. 18.

Die zuständigen Disziplinargerichte sind:

1) das Obertribunal in Ansehung seiner Mitglieder und der Präsidenten und Direktoren der Appellationsgerichte;
2) der Rheinische Revisions- und Kassationshof in Ansehung seiner Mitglieder, der Präsidenten des Rheinischen Appellationsgerichtshofes und des Direktors des Justizsenats zu Ehrenbeitstein;
3) die Appellationsgerichte, einschließlich des Appellationsgerichtshofes zu Cöln und des Justizsenats zu Ehrenbreitstein, in Ansehung ihrer Mitglieder, mit Ausschluß der Präsidenten und Direktoren, und in Ansehung aller übrigen Richter ihres Gerichtssprengels.

§. 19.

Zur Erledigung der Disziplinarsachen können nur die etatsmäßigen Mitglieder mitwirken.

§. 20.

Bei den beiden obersten Gerichtshöfen, sowie bei den Appellationsgerichten, erfolgt die Erledigung der Disziplinarsachen in Plenarsitzungen, an denen wenigstens sieben Mitglieder mit Einschluß des Präsidenten Theil nehmen müssen.

Appellationsgerichte, welche aus weniger als sieben Mitgliedern bestehen, können die Disziplinarsachen bei Anwesenheit von fünf Mitgliedern mit Einschluß des Präsidenten erledigen.

§. 21.

Der oberste Gerichtshof verweiset auf den Antrag der Staatsanwaltschaft bei dem Appellationsgerichte, oder des Angeschuldigten, die Erledigung einer Disziplinarsache an ein anderes Appellationsgericht, wenn bei dem zuständigen Gerichte die beschlußfähige Anzahl von Mitgliedern nicht vorhanden ist.

Der oberste Gerichtshof kann auf den Antrag der Staatsanwaltschaft oder des Angeschuldigten diese Verweisung beschließen, wenn Gründe vorliegen, aus welchen die Unbefangenheit des zuständigen Gerichts bezweifelt werden kann.

Wenn eine Disziplinarsache von dem Rheinischen Appellationsgerichtshofe zu Cöln an ein anderes Appellationsgericht verwiesen werden muß, so treten die beiden obersten Gerichtshöfe zusammen.

§. 22.

Streitigkeiten über die Kompetenz der Appellationsgerichte in Disziplinarsachen werden von dem obersten Gerichtshofe entschieden.

Besteht der Konflikt zwischen dem Rheinischen Appellationsgerichtshofe zu Cöln und einem anderen Appellationsgerichte, so treten die beiden obersten Gerichtshöfe zusammen.

§. 23.

Die Einleitung der Disziplinaruntersuchung kann nur durch einen Beschluß des Disziplinargerichts erfolgen.

Erachtet dasselbe eine Voruntersuchung für nöthig, so beauftragt der Erste Präsident des Gerichts, welches die Einleitung verfügt, einen Richter mit der Führung der Voruntersuchung.

§. 24.

Ueber die Einleitung der Disziplinaruntersuchung muß entweder von Amtswegen, jedoch nach Vernehmung des Antrages des Staatsanwaltschaft, oder auf den Antrag der Staatsanwaltschaft Beschluß gefaßt werden.

§. 25.

Gegen den Beschluß eines Appellationsgerichts, durch welchen die Einleitung der Disziplinaruntersuchung abgelehnt wird, steht der Staatsanwaltschaft bei dem Appellationsgerichte die Beschwerde an den obersten Gerichtshof offen.

§. 26.

Wenn das Appellationsgericht eine Disziplinaruntersuchung in Fällen, wo sie stattfinden sollte, nicht einleitet, so ist der oberste Gerichtshof berechtigt, nach Anhörung der Staatsanwaltschaft die Einleitung derselben dem betreffenden Appellationsgerichte aufzugeben.

§. 27.

In der Voruntersuchung wird der Angeschuldigte vorgeladen, und, wenn er erscheint, gehört; es werden die Zeugen eidlich vernommen und die zur Aufklärung der Sache dienenden sonstigen Beweise herbeigeschafft.

Wenn der Richter-Kommissar die Voruntersuchung für geschlossen erachtet, so theilt er die Akten der Staatsanwaltschaft zur Stellung ihres Schlußantrages mit.

Hält die Staatsanwaltschaft fernere Handlungen der Voruntersuchung für erforderlich, so hat sie dieselben bei dem Richter-Kommissar in Antrag zu bringen, welcher, wenn er entgegengesetzter Ansicht ist, den Beschluß des Disziplinargerichts einzuholen hat.

§. 28.

Trägt die Staatsanwaltschaft darauf an, den Angeschuldigten gänzlich außer Verfolgung zu setzen, so giebt das Gericht, insoweit es diese Ansicht theilt, dem Antrage statt, und ertheilt dem Angeschuldigten Ausfertigung des darauf bezüglichen, mit Gründen zu unterstützenden Beschlusses, welcher die Wirkung eines rechtskräftigen Urtheils hat.

Wird die Sache nicht auf diese Weise erledigt, so verweist das Disziplinargericht dieselbe wegen aller Anschuldigungspunkte, die im Einleitungsbeschlusse erwähnt oder in der Voruntersuchung erörtert sind, zur mündlichen Verhandlung.

§. 29.

Nach Erlaß des Verweisungsbeschlusses, oder, falls eine Voruntersuchung nicht stattgefunden hat, des Einleitungsbeschlusses (§. 24.), und nach Eingang einer von der Staatsanwaltschaft anzufertigenden Anschuldigungsschrift wird der Angeschuldigte, unter abschriftlicher Mittheilung des Beschlusses und der Anschuldigungsschrift, zu einer von dem Präsidenten des Disziplinargerichts zu bestimmenden Sitzung zur mündlichen Verhandlung vorgeladen.

§. 30.

Bei der mündlichen Verhandlung, welche in nicht öffentlicher Sitzung stattfindet, giebt zuerst ein von dem Vorsitzenden des Disziplinargerichts aus der Zahl der Mitglieder desselben zu ernennender Referent eine Darstellung der Sache, wie sie aus den bisherigen Verhandlungen hervorgeht.

Der Angeschuldigte wird vernommen.

Es wird darauf die Staatsanwaltschaft mit ihrem Vor- und Antrage und der Angeschuldigte mit seiner Vertheidigung gehört.

Dem Angeschuldigten steht das letzte Wort zu.

§. 31.

Wenn das Gericht auf den Antrag des Angeschuldigten oder der Staatsanwaltschaft, oder auch von Amtswegen die Vernehmung eines oder mehrerer Zeugen, sei es durch einen Richter-Kommissar, oder mündlich vor dem Gerichte selbst, oder die Herbeischaffung anderer Mittel zur Aufklärung der Sache für angemessen erachtet, so erläßt es die erforderliche Verfügung und vertagt nöthigenfalls die Fortsetzung der Sache auf einen anderen Tag, welcher dem Angeschuldigten bekannt zu machen ist.

§. 32.

Der Angeschuldigte, welcher erscheint, kann sich des Beistandes eines Advokaten oder Rechtsanwaltes als Vertheidigers bedienen.

Der nicht erscheinende Angeschuldigte kann sich durch einen Advokaten oder Rechtsanwalt vertreten lassen.

Dem Disziplinargerichte steht es jedoch jederzeit zu, das persönliche Erscheinen des Angeschuldigten unter der Warnung zu verordnen, daß bei seinem Ausbleiben ein Vertheidiger zu seiner Vertretung nicht zugelassen werden wird.

§. 33.

Bei der Entscheidung hat das Disziplinargericht, ohne an positive Beweisregeln gebunden zu sein, nach seiner freien, aus dem ganzen Inbegriffe der Verhandlungen und Beweise geschöpften Ueberzeugung zu beurtheilen, inwieweit die Anschuldigung für begründet zu erachten sei.

Das Urtheil, welches die Entscheidungsgründe enthalten muß, wird in der Sitzung, in welcher die mündliche Verhandlung beendigt worden ist, oder in einer der nächsten Sitzungen verkündigt und eine Ausfertigung desselben dem Angeschuldigten auf sein Verlangen ertheilt.

§. 34.

Ueber die mündliche Verhandlung wird ein Protokoll aufgenommen, welches die Namen der Anwesenden und die wesentlichen Momente der Verhandlung enthalten muß. Das Protokoll wird von dem Vorsitzenden und dem Protokollführer unterzeichnet.

§. 35.

Das Rechtsmittel des Einspruches (Restitution oder Opposition) findet nicht statt.

§. 36.

Gegen die von den Appellationsgerichten erlassenen Urtheile steht der Staatsanwaltschaft und dem Angeschuldigten die Berufung an den obersten Gerichtshof offen.

§. 37.

Die Anmeldung der Berufung geschieht bei dem Gerichtshofe, welcher das anzugreifende Urtel erlassen hat, in der für die Anmeldung der Berufung in Strafsachen vorgeschriebenen Form. Von Seiten des Angeschuldigten kann dieselbe auch durch einen Bevollmächtigten geschehen.

Die Frist zu dieser Anmeldung ist eine vierwöchentliche, welche mit dem Ablaufe des Tages der Urtheilsverkündigung, und für den Angeschuldigten, welcher hierbei nicht zugegen war, mit dem Ablaufe des Tages beginnt, an welchem ihm das Urtheil zugestellt worden ist.

§. 38.

Zur schriftlichen Rechtfertigung der Berufung steht demjenigen, der dieselbe rechtzeitig angemeldet hat, eine fernere vierzehntägige Frist offen.

Diese Frist kann auf den Antrag des Appellanten angemessen verlängert werden.

§. 39.

Die Anmeldung der Berufung und die etwa eingegangene Appellationsschrift wird dem Appellaten in Abschrift zugestellt, oder der Staatsanwaltschaft, falls sie Appellatin ist, in Urschrift vorgelegt.

Innerhalb vierzehn Tagen nach erfolgter Zustellung oder Vorlegung kann der Appellat eine Gegenschrift einreichen.

Diese Frist kann auf den Antrag des Appellaten von dem Gerichte angemessen verlängert werden.

§. 40.

Nach Ablauf der in dem §. 39. bestimmten Frist werden die Akten an den obersten Gerichtshof eingesandt. Es wird ein Termin zur mündlichen Verhandlung der Sache angesetzt, zu dem der Angeschuldigte vorzuladen ist.

§. 41.

Die Bestimmungen der §§. 30. bis 35. finden auch in der Appellations-Instanz Anwendung.

§. 42.

Das Rechtsmittel der Nichtigkeits-Beschwerde (des Kassations-Rekurses) findet in Disziplinarsachen nicht statt.

§. 43.

Gegen rechtskräftige Entscheidungen findet das außerordentliche Rechtsmittel der Restitution statt. Rücksichtlich der Fälle, in denen dasselbe zulässig ist, sowie rücksichtlich des Verfahrens, kommen, soweit dies Gesetz nicht etwas Anderes festsetzt, die Vorschriften des gewöhnlichen Strafprozesses zur Anwendung.

Dritter Abschnitt.

Von der Amtssuspension.

§. 44.

Die Suspension eines Richters vom Amte tritt kraft des Gesetzes ein:

1) wenn in dem gewöhnlichen Strafverfahren seine Verhaftung beschlossen, oder gegen ihn ein noch nicht rechtskräftig gewordenes Urtheil erlassen ist, welches auf den Verlust des Amtes lautet, oder diesen kraft des Gesetzes nach sich zieht;
2) wenn im Disziplinarverfahren ein noch nicht rechtskräftiges Urtheil auf Dienstentlassung ergangen ist.

§. 45.

In dem im vorhergehenden Paragraphen unter Nr. 1. vorgesehenen Falle dauert die Suspension bis zum Ablaufe des zehnten Tages nach Wiederaufhebung des Verhaftungsbeschlusses oder nach eingetretener Rechtskraft desjenigen Urtheils höherer Instanz, durch welches der angeschuldigte Richter zu einer anderen Strafe, als der bezeichneten, verurtheilt wird.

Lautet das rechtskräftige Urtheil auf Freiheitsstrafe, so dauert die Suspension, bis das Urtheil vollstreckt ist. Wird die Vollstreckung des Urtheils ohne Schuld des Verurtheilten aufgehalten oder unterbrochen, so tritt für die Zeit des Aufenthaltes oder der Unterbrechung eine Gehalts-Verkürzung (§. 48.) nicht ein. Dasselbe gilt für die im ersten Absatze dieses Paragraphen erwähnte Zeit von zehn Tagen, wenn nicht vor Ablauf derselben die Suspension vom Amte von dem zuständigen Disziplinargerichte beschlossen wird.

In dem unter Nummer 2. erwähnten Falle dauert die Suspension bis zur Rechtskraft des in der Disziplinarsache ergehenden Urtheiles.

§. 46.

Bei Erlassung des Beschlusses auf Einleitung der Disziplinaruntersuchung und im ganzen Laufe derselben kann das Gericht, bei welchem sie anhängig ist, von Amtswegen, jedoch nach Vernehmung des Antrages der Staatsanwaltschaft, oder auf den Antrag der Staatsanwaltschaft, die Suspension des Angeschuldigten vom Amte beschließen, wenn dieselbe mit Rücksicht auf die Schwere des Dienstvergehens als angemessen erscheint.

Die nämliche Befugniß steht dem zuständigen Disziplinargericht in allen Fällen zu, wo gegen einen Richter im Wege des gewöhnlichen Strafverfahrens eine Untersuchung eingeleitet worden ist.

§. 47.

Gegen den Beschluß eines Appellationsgerichts, durch welchen die Suspension verhängt oder abgelehnt wird, steht der Staatsanwaltschaft, und gegen den Beschluß, durch welchen sie verhängt wird, steht dem Angeschuldigten die Beschwerde an den obersten Gerichtshof offen.

Der angegriffene Beschluß wird bis zu der Wiederaufhebung vollstreckt.

§. 48.

Der suspendirte Richter behält während der Suspension die Hälfte seines Diensteinkommens.

Auf die für Dienstunkosten besonders angesetzten Beträge ist bei Berechnung der Hälfte des Diensteinkommens keine Rücksicht zu nehmen.

Aus dem innebehaltenen Theile des Diensteinkommens sind die Kosten der Stellvertretung des Angeschuldigten und des Untersuchungsverfahrens zu bestreiten.

§. 49.

Der zu den Kosten (§. 48.) nicht verwendete Theil des Einkommens wird dem Richter nicht nachgezahlt, wenn die Untersuchung die Strafe der zeitweisen Entfernung von den Dienstverrichtungen oder den Verlust des Amtes zur Folge gehabt hat.

Erinnerungen über die Verwendung des Einkommens stehen dem Richter nicht zu; wohl aber ist ihm auf Verlangen eine Nachweisung über diese Verwendung zu ertheilen.

§. 50.

Wird der Richter freigesprochen, so muß ihm der innebehaltene Theil des Diensteinkommens vollständig nachgezahlt werden. Wird er nur mit einer Warnung oder einem Verweise belegt so ist ihm der innebehaltene Theil ohne Abzug der Stellvertretungskosten nachzuzahlen, soweit derselbe nicht zur Deckung der Untersuchungskosten erforderlich ist.

Vierter Abschnitt.

Von der unfreiwilligen Versetzung auf eine andere Stelle.

§. 51.

Die Versetzung eines Richters von einer Stelle auf eine andere wider dessen Willen kann, außer dem Falle, wenn sie durch Veränderungen in der Organisation der Gerichte oder ihrer Bezirke nöthig wird, nur geschehen, wenn sie durch das Interesse der Rechtspflege dringend geboten ist.

§. 52.

Wenn zwischen Richtern, welche bei dem nämlichen Gerichte angestellt sind, ein Schwägerschafts-Verhältniß bis zum dritten Grade einschließlich entsteht, so muß sich derjenige, durch dessen Verheirathung ein solches Verhältniß eingetreten ist, die Versetzung auf eine andere Stelle gefallen lassen.

§. 53.

Die unfreiwillige Versetzung kann nur in ein anderes Richteramt von gleichem Range und Gehalte erfolgen; hat der Richter dazu nicht auf die im §. 52. bezeichnete Weise Veranlassung gegeben, so müssen ihm die vorschriftsmäßigen Versetzungskosten gewährt werden.

§. 54.

Die unfreiwillige Versetzung kann nur auf Grund eines von dem obersten Gerichtshofe in einer Plenarversammlung gefaßten Beschlusses erfolgen, welche erklärt, daß der Fall der Versetzung vorliege. Der Gerichtshof kann einen solchen Beschluß nur fassen, wenn die Staatsanwaltschaft bei demselben, unter Vorlegung eines ihr von dem Justizminister dazu ertheilten Befehles, ihren Antrag darauf richtet.

Handelt es sich um eine Versetzung aus dem Bereiche des Obertribunales in den des Rheinischen Revisions- und Kassationshofes, oder umgekehrt, so treten beide Gerichtshöfe zusammen.

§. 55.

Bevor dem Antrage der Staatsanwaltschaft stattgegeben werden kann, muß der betreffende Richter unter Mittheilung des Antrages mit einer vierwöchentlichen Frist zur schriftlichen Erklärung aufgefordert werden. Ein weiteres Verfahren findet nicht statt.

Fünfter Abschnitt.

Von der unfreiwilligen Versetzung in den Ruhestand.

§. 56.

Ein Richter, welcher durch Blindheit, Taubheit oder ein sonstiges körperliches Gebrechen, oder wegen Schwäche seiner körperlichen oder geistigen Kräfte zu der Erfüllung seiner Amtspflichten dauernd unfähig ist, muß in den Ruhestand versetzt werden.

§. 57.

Sucht der Richter in einem solchen Falle seine Versetzung in den Ruhestand nicht nach, so findet das in den nachstehenden Paragraphen vorgeschriebene Verfahren statt.

§. 58.

Der Richter oder sein nöthigenfalls hierzu besonders zu bestellender Kurator wird von dem Vorsitzenden des Gerichts, dessen Mitglied er ist, schriftlich unter Angabe der Gründe darauf aufmerksam gemacht, daß der Fall der Versetzung in den Ruhestand vorliege.

In Ansehung der Einzelrichter hat den Beruf hierzu der Präsident oder Direktor desjenigen Gerichts erster Instanz, in dessen Gerichtssprengel der Einzelrichter angestellt ist; in Ansehung der Präsidenten oder Direktoren der Gerichte erster Instanz der Erste Präsident des Appellationsgerichts; in Ansehung der Ersten Präsidenten der Appellationsgerichte der Erste Präsident des obersten Gerichtshofes.

§. 59.

Die in dem vorhergehenden Paragraphen vorgeschriebene Eröffnung geschieht durch den zuständigen Vorsitzenden von Amtswegen oder auf den Antrag der Staatsanwaltschaft.

Wird sie nicht vorgenommen, so beschließt das unmittelbar höhere Gericht, oder wenn es sich um den Ersten Präsidenten eines Appellationsgerichts oder ein Mitglied eines obersten Gerichtshofes handelt, dieser Gerichtshof in seiner Plenarversammlung, von Amtswegen oder auf den Antrag der Staatsanwaltschaft, daß sie stattfinden solle, und in diesem Falle muß sie von dem Ersten Präsidenten des beschließenden Gerichts vorgenommen werden.

Dem Ersten Präsidenten eines obersten Gerichtshofes kann die Eröffnung nur auf Grund eines Beschlusses dieses Gerichtshofes gemacht werden, welcher alsdann von dem gesetzlichen Stellvertreter des Ersten Präsidenten vollzogen wird.

§. 60.

Wenn der Richter oder dessen Kurator nicht innerhalb sechs Wochen von dem Tage der ihm in Gemäßheit der §§. 58. oder 59. gemachten Eröffnung seine Versetzung in den Ruhestand freiwillig nachsucht, so muß, wenn es sich um ein Mitglied eines obersten Gerichtshofes oder um den Ersten Präsidenten eines Appellationsgerichts handelt, oder wenn in Gemäßheit des §. 59. ein Beschluß des obersten Gerichtshofes ergangen ist, dieser Gerichtshof, in allen übrigen Fällen das Appellationsgericht, nachdem ihm die etwaige Gegenerklärung des betreffenden Richters vorgelegt worden ist, in einer Plenarversammlung darüber Beschluß fassen, ob dem Verfahren Fortgang zu geben sei oder nicht.

§. 61.

Beschließt das Gericht die Fortsetzung des Verfahrens, so ernennt dessen Erster Präsident einen Richter-Kommissar. Dieser hat die Thatsachen, durch welche die Versetzung in den Ruhestand begründet werden soll, zu erörtern, die erforderlichen Zeugen und Sachverständigen eidlich zu vernehmen, und zum Schlusse den Richter oder dessen Kurator mit seiner Erklärung über das Ergebniß der Erörterung zu hören.

§. 62.

Die geschlossenen Akten werden dem Gerichte vorgelegt, welches in seiner Plenarversammlung nach Anhörung der Staatsanwaltschaft darüber Beschluß faßt, ob der Fall der Versetzung in den Ruhestand vorliege. Das Gericht kann vor Abfassung dieses Beschlusses die Vorladung der Zeugen und der Sachverständigen zum Zwecke ihrer mündlichen Vernehmung in der Sitzung verordnen. Dem Gericht steht es jederzeit zu, das Erscheinen des betheiligten Richters unter der Warnung zu verordnen, daß bei seinem Ausbleiben ein Anwalt zu seiner Vertretung nicht zugelassen wird.

§. 63.

Der Beschluß ist einem Rechtsmittel nicht unterworfen. Er wird dem Justizminister übersandt, welcher, wenn derselbe dahin lautet, daß der Fall der Versetzung in den Ruhestand vorliege, das Weitere zu veranlassen hat.

§. 64.

Die Versetzung in den Ruhestand findet bei Richtern, welchen reglementsmäßig eine Pension zu bewilligen ist, nur unter Gewährung der reglementsmäßigen Pension statt. Es wird ihnen das volle Gehalt noch bis zum Ablaufe desjenigen Vierteljahres fortgezahlt, welches auf den Monat folgt, in dem ihnen die schließliche Verfügung über die erfolgte Versetzung in den Ruhestand mitgetheilt worden ist.

Sechster Abschnitt.

Nähere Bestimmungen, betreffend die Auseinandersetzungs-Behörden, das Generalauditoriat und die Auditeure.

§. 65.

Die Vorschriften dieser Verordnung sind mit den folgenden näheren Bestimmungen anwendbar:

1) auf die Präsidenten, Dirigenten und übrigen Mitglieder des Revisionskollegiums für Landeskultur-Sachen, der Generalkommissionen und landwirthschaftlichen Regierungsabtheilungen;

2) auf den Generalauditeur, die übrigen Mitglieder des Generalauditoriates und die Auditeure.

§. 66.

Die Bestimmungen, welche die Gerichte erster Instanz betreffen, finden auf die Generalkommissionen und landwirthschaftlichen Regierungsabtheilungen Anwendung.

Von dem Revisionskollegium werden die Verrichtungen wahrgenommen, welche den Appellationsgerichten zustehen.

Das Obertribunal und dessen Erster Präsident üben die ihnen beigelegten Befugnisse auch in Ansehung der genannten Auseinandersetzungs-Behörden aus.

§. 67.

In den Fällen des §. 21. verweiset das Obertribunal die Sache an ein Appellationsgericht.

§. 68.

Die unfreiwillige Versetzung eines Mitgliedes des Revisionskollegiums auf eine andere Stelle kann an eine Provinzialbehörde erfolgen, für die dasselbe die gesetzliche Qualifikation besitzt. Der in Gemäßheit des §. 54. vorzulegende Befehl wird von dem Justizminister und dem Minister für landwirthschaftliche Angelegenheiten erlassen.

An diese Minister wird auch im Falle des §. 63. der Beschluß eingesandt.

§. 69.

Die Verrichtungen der Staatsanwaltschaft bei dem Revisionskollegium werden von der Staatsanwaltschaft bei dem Appellationsgerichte wahrgenommen, in dessen Bezirke das Revisionskollegium seinen Sitz hat.

§. 70.

Das Generalauditoriat ist das zuständige Disziplinargericht für die Auditeure.

Es erledigt in derjenigen Zusammensetzung, welche für seine Entscheidungen überhaupt vorgeschrieben ist, auch die Disziplinarsachen.

Es ist befugt, ohne förmliches Disziplinarverfahren, Warnungen, Verweise und Geldbußen bis zu zehn Thalern gegen Auditeure endgültig zu verhängen.

§. 71.

Die in dem §. 13. dieses Gesetzes vorgeschriebene Verrichtung wird in Ansehung des Generalauditeurs von dem Ersten Präsidenten des Obertribunales, in Ansehung der übrigen Mitglieder des Generalauditoriates und der Auditeure von dem Generalauditeur wahrgenommen.

§. 72.

Das Obertribunal ist das zuständige Disziplinargericht für die Mitglieder des Generalauditoriates.

Die Beschwerde gegen Beschlüsse des Generalauditoriates und die Berufung von dessen Entscheidungen, soweit die eine oder die andere zulässig ist, geht an das Obertribunal.

§. 73.

Dem Obertribunale stehen die ihm in den §§. 21., 22. und 26. beigelegten Befugnisse auch in Ansehung des Generalauditoriates zu.

Die Verweisung (§. 21.) geschieht an ein Appellationsgericht.

§. 74.

Die unfreiwillige Versetzung eines Mitgliedes des Generalauditoriates kann an ein Appellationsgericht erfolgen. Der Beschluß darüber, ob der Fall der unfreiwilligen Versetzung vorliege, wird von dem Obertribunale erlassen.

In Ansehung der Auditeure steht dieser Beschluß dem Generalauditoriate zu.

Ist ein Divisionsauditeur zum Felddienst untauglich geworden, so kann die Versetzung in eine Auditeurstelle geschehen, zu deren Verwaltung die Felddienstfähigkeit nicht erforderlich ist.

Der in Gemäßheit des §. 54. vorzulegende Befehl wird von den Ministern der Justiz und des Krieges erlassen.

§. 75.

Ueber die unfreiwillige Versetzung in den Ruhestand wird hinsichtlich der Auditeure von dem Generalauditoriate, und in Ansehung der Mitglieder des Generalauditoriates von dem Obertribunale Beschluß gefaßt.

Die in dem §. 58. vorgeschriebene Eröffnung wird in Ansehung des Generalauditeurs von dem Ersten Präsidenten des Obertribunales, in Ansehung der übrigen Mitglieder des Generalauditoriates und der Auditeure von dem Generalauditeur vorgenommen.

Dem Obertribunale stehen die ihm durch die §§. 59. bis 61. beigelegten Befugnisse auch in Ansehung der Mitglieder des Generalauditoriates und der Auditeure zu.

Im Falle des §. 63. wird der Beschluß an die Minister der Justiz und des Krieges gesandt.

§. 76.

Die Verrichtungen der Staatsanwaltschaft bei dem Generalauditoriate werden von einem durch die Minister der Justiz und des Krieges zu bezeichnenden Beamten wahrgenommen, welcher die Qualifikation zum höheren Richteramte besitzt.

§. 77.

Hinsichtlich der Auditeure finden die §§. 43., 44. der Verordnung vom 21. Oktober 1841. (Gesetz-Sammlung Seite 325.) mit der Maaßgabe Anwendung, daß die Ordnungsstrafen nie in Arreststrafen bestehen dürfen.

Für die Zeit des Krieges sind die Bestimmungen der Verordnung vom 24. September 1826. Nr. 2. anwendbar.

§. 78.

In dem Bezirke des Rheinischen Appellationshofes zu Cöln findet wegen Dienstvergehen, welche Untersuchungsrichter oder Friedensrichter als Beamte der gerichtlichen Polizei begehen, lediglich eine Bestrafung und ein Verfahren nach den Bestimmungen dieser Verordnung statt.

§. 79.

Die Untersuchungen, welche zur Zeit der Verkündigung des gegenwärtigen Gesetzes im Wege des gewöhnlichen Strafverfahrens oder des Disziplinarverfahrens bereits eröffnet sind, werden in der bisherigen Weise zu Ende geführt. Die Untersuchung wird als eröffnet betrachtet, wenn der Beschuldigte als solcher vernommen oder Behufs seiner Vernehmung vorgeladen ist.

Die ergangenen Strafurtheile werden ohne Rücksicht auf die Bestimmungen dieses Gesetzes vollstreckt.

§. 80.

Handelt es sich um die Suspension vom Amte (§§. 44. ff.), so gelten die Bestimmungen dieses Gesetzes.

Ueber das Fortbestehen oder die Aufhebung einer Suspension, welche von einem anderen Gerichte, als dem nach den Vorschriften dieses Gesetzes zuständigen Disziplinargerichte bereits verfügt ist, geht die Beschwerde zunächst an dieses Disziplinargericht.

§. 81.

Alle diesem Gesetze entgegenstehenden Vorschriften werden aufgehoben. Dagegen wird durch dasselbe in der Befugniß der Aufsichtsbehörden, im Aufsichtswege Beschwerden Abhülfe zu verschaffen oder Richter zur Erfüllung ihrer Pflichten in einzelnen Sachen anzuhalten, und dabei alles zu thun, wozu sie nach den bestehenden Gesetzen ermächtigt sind, nichts geändert; ebensowenig in der Befugniß höherer Gerichte, in diesen Fällen Rügen auszusprechen, und Richter zum Ersatze von Kosten und unter Vorbehalt des Rechtsweges zum Ersatze von Schäden anzuhalten.

§. 82.

Dieses Gesetz tritt an die Stelle der vorläufigen Verordnung vom 10. Juli 1849.

Bis zur Verkündigung eines allgemeinen Strafgesetzbuchs bleiben aber die §§. 1 — 4. und 6. der gedachten Verordnung in Kraft.

Urkundlich unter Unserer Höchsteigenhändigen Unterschrift und beigedrucktem Königlichen Insiegel.

Gegeben Charlottenburg, den 7. Mai 1851.

(L. S.) Friedrich Wilhelm.

v. Manteuffel. v. d. Heydt. v. Rabe. Simons.
v. Stockhausen. v. Raumer. v. Westphalen.

I. 2026. O. 34. Vol. VII.

83.

Gesetz über die Presse. Vom 12. Mai 1851.

Wir Friedrich Wilhelm, von Gottes Gnaden, König von Preußen 2c. 2c.
verordnen, mit Zustimmung der Kammern, was folgt:

Abschnitt I.

Vom Gewerbebetriebe.

§. 1.

Zum Gewerbebetriebe eines Buch- oder Steindruckers, Buch- oder Kunsthändlers, Antiquars, Leihbibliothekars, Inhabers von Lesekabinetten, Verkäufers von Zeitungen, Flugschriften und Bildern ist die Genehmigung der Bezirks-Regierung erforderlich.

Diese darf nicht versagt werden, wenn derjenige, der das Gewerbe betreiben will, unbescholten ist; überdies müssen Buchhändler und Buchdrucker vor einer Prüfungs-Kommission, die nach Anleitung der allgemeinen Gewerbeordnung vom 17. Januar 1845 und der Verordnung, betreffend die Errichtung von Gewerberäthen 2c., vom 9. Februar 1849 zu bilden ist, den Nachweis ihrer Befähigung führen. Die näheren Bestimmungen über die Bildung der Prüfungs-Kommissionen und die abzulegende Prüfung erläßt der Minister des Innern im Einvernehmen mit dem Ministerium für Handel und Gewerbe.

Der §. 48. der Gewerbeordnung vom 17. Januar 1845 wird aufgehoben.

§. 2.

Denjenigen Personen, welche sich beim Erlaß dieses Gesetzes bereits im Besitz des Gewerbebetriebes ohne Genehmigung der Bezirks-Regierung befinden, soll die Erlaubniß zur Fortführung desselben, welche sie innerhalb dreier Monate, vom Tage des erlassenen Gesetzes ab, einzuholen haben, nicht versagt werden.

§. 3.

Die im §. 1. aufgeführten Gewerbe können durch Stellvertreter ausgeübt werden; diese müssen jedoch den daselbst für den selbstständigen Gewerbebetrieb vorgeschriebenen Erfordernissen genügen.

§. 4.

Nach dem Tode des Gewerbetreibenden darf das Gewerbe für Rechnung der Wittwe während des Wittwenstandes, oder, wenn minderjährige Erben vorhanden sind, für deren Rechnung durch einen nach §. 1. befähigten Stellvertreter betrieben werden.

Dasselbe gilt während der Dauer einer Kuratel, oder Nachlaß-Regulirung, oder während einer vom Gewerbetreibenden zu verbüßenden Haft.

Abschnitt II.

Ordnung der Presse.

I. Allgemeine Bestimmungen über die Ordnung der Presse.

§. 5.

Von jeder Nummer, jedem Hefte oder Stücke einer Zeitung, oder einer in monatlichen oder kürzeren Fristen erscheinenden Zeitschrift, welche im Inlande herauskommen, muß der Verleger, sobald die Austheilung oder Versendung beginnt, ein mit seiner Unterschrift, bei kautionspflichtigen Zeitungen mit der Unterschrift des verantwortlichen Redakteurs versehenes Exemplar gegen eine ihm zu ertheilende Bescheinigung bei der Ortspolizei-Behörde hinterlegen.

Die Austheilung und Versendung der Zeitung oder Zeitschrift soll durch die Hinterlegung nicht aufgehalten werden.

Von jeder anderen, die Presse verlassenden Druckschrift unter zwanzig Bogen, mit Ausnahme der nur zu den Bedürfnissen des Gewerbes und des Verkehrs, des häuslichen und geselligen Lebens dienenden Drucksachen, als: Formulare, Preiszettel, Visitenkarten u. dgl., ist der Drucker, oder, wenn von ihm die Ausgabe nicht erfolgt, der Verleger, Selbstverleger, Kommissionair verpflichtet, ein Exemplar vier und zwanzig Stunden vor ihrer Ausgabe oder Versendung der Ortspolizei-Behörde gegen Empfangsbescheinigung einzureichen. Das Exemplar ist, wenn inmittelst eine Beschlagnahme nicht verfügt worden, nach vierzehn Tagen zurückzugeben oder der Preis dafür zu entrichten.

§. 6.

An der bisherigen Verpflichtung des Verlegers, zwei Exemplare seiner Verlagsartikel, und zwar eines an die Königliche Bibliothek in Berlin, das andere an die Bibliothek der Universität derjenigen Provinz, in welcher er wohnt, unentgeltlich einzusenden, wird nichts geändert.

§. 7.

Auf jeder Druckschrift muß der Name und der Wohnort des Druckers genannt sein.

Ausgenommen hiervon sind die nur zu den Bedürfnissen des Gewerbes und Verkehrs, des häuslichen und geselligen Lebens dienenden Drucksachen (§. 5.).

Auf Druckschriften, welche für den Buchhandel oder sonst zur Verbreitung bestimmt sind, muß außer dem Namen und Wohnort des Druckers auch der Name und Wohnort desjenigen, bei dem die Druckschrift als Verlags- oder Kommissionsartikel erscheint, oder — beim Selbstvertriebe der Druckschrift — der Name des Verfassers oder Herausgebers genannt sein.

§. 8.

Druckschriften, welche den vorstehenden Vorschriften nicht entsprechen, dürfen von Niemandem verbreitet werden.

Diese Bestimmung findet auf Druckschriften keine Anwendung, wenn sie den Gesetzen über die Ordnung der Presse entsprechen, welche zu der Zeit ihres Erscheinens an dem Orte desselben in Kraft waren.

§. 9.

Anschlagezettel und Plakate, welche einen anderen Inhalt haben, als Ankündigungen über gesetzlich nicht verbotene Versammlungen, über öffentliche Vergnügungen, über gestohlene, verlorene oder gefundene Sachen, über Verkäufe oder andere Nachrichten für den gewerblichen Verkehr, dürfen nicht angeschlagen, angeheftet oder in sonstiger Weise öffentlich ausgestellt werden.

Auf die amtlichen Bekanntmachungen öffentlicher Behörden sind die vorstehenden Bestimmungen nicht anwendbar.

§. 10.

Niemand darf auf öffentlichen Wegen, Straßen, Plätzen oder an anderen öffentlichen Orten Druckschriften oder andere Schriften oder Bildwerke ausrufen, verkaufen, vertheilen, anheften oder anschlagen, ohne daß er dazu die Erlaubniß der Ortspolizei-Behörde erlangt hat, und ohne daß er den Erlaubnißschein, in welchem sein Name ausgedrückt sein muß, bei sich führt. Die Erlaubniß kann jederzeit zurückgenommen werden.

II. Besondere Bestimmungen über die periodische Presse.

§. 11.

Wer eine Zeitung oder Zeitschrift in monatlichen oder kürzeren, wenn auch unregelmäßigen Fristen herausgeben will, ist verpflichtet, vor der Herausgabe eine Kaution zu bestellen.

§. 12.

Diese Kaution beträgt:

a) in Städten, welche nach dem Gesetz vom 30. Mai 1820 wegen Entrichtung der Gewerbesteuer (Gesetz-Sammlung Seite 147) zur ersten Abtheilung gehören . 5000 Rthlr.
b) in Städten der zweiten Abtheilung . . . . . 3000 "
c) in Städten der dritten Abtheilung . . . . . 2000 "
d) an allen anderen Orten . . . . 1000 "

Vorstehende Kautionssätze gelten nicht blos für die betreffenden Städte, sondern auch für ihren zweimeiligen Umkreis.

§. 13.

Für Zeitungen oder Zeitschriften, welche dreimal oder weniger als dreimal in der Woche erscheinen, wird die Kaution auf die Hälfte der im §. 12. festgesetzten Summe bestimmt.

§. 14.

Den Zeitungen oder Zeitschriften stehen lithographirte oder auf irgend eine andere Art technisch vervielfältigte Schriften gleich, welche in monatlichen oder kürzeren, wenn auch unregelmäßigen Fristen erscheinen.

§. 15

Die Kaution muß bei der General-Staatskasse oder bei der Regierungskasse des Bezirks in baarem Gelde niedergelegt werden.

Die Kautionen werden gleich denen der Kassen- und Magazinbeamten der Hauptverwaltung der Staatsschulden zur Verwaltung nach Maaßgabe der Allerhöchsten Kabinetsorder vom 11. Februar 1832 (Gesetz-Sammlung Seite 61) überwiesen und mit vier Thalern vom Hundert auf das Jahr in halbjährigen Zahlungen verzinst.

§. 16.

Die Zurückgabe der Kaution, welche bei der betreffenden Bezirks-Regierung, beziehungsweise dem Polizei-Präsidium in Berlin, zu beantragen ist, darf nicht früher erfolgen, als nach Ablauf von sechs Monaten, von dem Tage an gerechnet, an welchem das letzte Blatt der betreffenden Zeitung oder Zeitschrift erschienen ist, und nicht anders, als gegen eine Bescheinigung der zuständigen Staatsanwaltschaft, daß eine gerichtliche Verfolgung wegen des Inhalts des Blattes nicht im Gange sei.

Cessionen, Verpfändungen oder Arrestschläge der Kautionen sind den betreffenden Bezirks-Regierungen, für Berlin dem Polizei-Präsidium daselbst, auf die gesetzlich vorgeschriebene Weise bekannt zu machen. Diese Behörden haben bei Zurückgabe der Kautionen nach Anleitung der Bestimmungen zu §. 2. der Allerhöchsten Kabinetsorder vom 15. April 1837 (Gesetz-Sammlung Seite 73) zu verfahren.

Die Bestimmung zu §. 3. ebendaselbst gilt auch in Betreff der für Zeitungen und Zeitschriften bestellten Kautionen.

§. 17.

Von der Kautionsbestellung befreit sind: periodische Druckschriften, welche

1) lediglich amtliche Bekanntmachungen, Familiennachrichten, Anzeigen aus dem Gewerbeverkehr, über öffentliche Vergnügungen, Verkäufe, gestohlene, verlorene oder gefundene Sachen oder ähnliche Nachrichten des täglichen Verkehrs enthalten, oder, unter Ausschluß aller politischen und sozialen Fragen, für rein wissenschaftliche, technische oder gewerbliche Gegenstände bestimmt sind;
2) von den Kammern oder Königlichen Behörden herausgegeben werden.

§. 18.

Der Verpflichtung zur Kautionsbestellung unterliegen auch die Herausgeber der beim Erlasse dieses Gesetzes bestehenden Blätter. Es wird ihnen jedoch zur Bestellung der Kaution ein Zeitraum von vier Wochen, vom Tage des erlassenen Gesetzes an gerechnet, bewilligt.

§. 19.

Wird gegen eines der nach §. 17. Nr. 1. von der Kautionspflicht befreiten Blätter ein Strafurtel wegen eines begangenen Preßvergehens oder Verbrechens erlassen, so verfällt dasselbe der Kautionspflicht, und es ist die Kaution innerhalb vier Wochen, vom Tage des rechtskräftigen Erkenntnisses ab, nach den Bestimmungen der §§. 11. ff. zu bestellen.

§. 20.

Ist wegen des Inhalts eines kautionspflichtigen Blattes auf Strafe erkannt, so haftet die bestellte Kaution vor allen anderen Forderungen für die Untersuchungskosten und für die Geldstrafe, ohne Rücksicht auf die Person des Verurtheilten.

Die Vollstreckung erfolgt, wenn Kosten und Strafe nicht innerhalb vierzehn Tagen nach der Rechtskraft des Erkenntnisses eingezahlt sind, in die niedergelegte Geldsumme.

§. 21.

Die durch Zahlung von Strafen oder Kosten verminderte Kaution muß innerhalb vierzehn Tagen nach der Vollstreckung des Erkenntnisses in die Kaution auf den gesetzlichen Betrag ergänzt werden, ohne daß es dazu einer besonderen Aufforderung bedarf.

§. 22.

Zeitungen und Zeitschriften, die kautionspflichtig sind, dürfen nur unter dem Namen und der Verantwortlichkeit eines bestimmten Redakteurs erscheinen.

Verantwortliche Redakteure dürfen nur solche einzelne Personen sein, die unbedingt dispositionsfähig sind, sich im Vollbesitze der bürgerlichen Rechte befinden und im Bereiche der Preußischen Gerichtsbarkeit ihren persönlichen Gerichtsstand haben.

Militairpersonen vom Dienststande bedürfen, wenn sie die Redaktion oder Herausgabe von Zeitungen und Zeitschriften übernehmen wollen, der Erlaubniß ihrer vorgesetzten Dienstbehörde.

Dieser Erlaubniß bedürfen auch die unmittelbaren und mittelbaren Staatsbeamten, auch solche, die ihr Amt unentgeltlich verwalten, wenn sie die Redaktion oder Herausgabe kautionspflichtiger Zeitungen oder Zeitschriften übernehmen wollen.

§. 23.

Oeffentliche Aufforderungen zur Aufbringung der wegen eines Preßvergehens oder Verbrechens verwirkten Strafen sind verboten.

§. 24.

Jede Nummer, jedes Stück oder Heft einer kautionspflichtigen Zeitung oder Zeitschrift muß, außer dem Namen und Wohnorte des Druckers und Verlegers, den Namen und Wohnort des verantwortlichen Redakteurs enthalten.

§. 25.

Der Herausgeber einer Zeitung oder einer in monatlichen oder kürzeren Fristen erscheinenden Zeitschrift, welche Anzeigen aufnimmt, ist gegen Zahlung der üblichen Einrückungsgebühren verpflichtet, jede ihm von einer öffentlichen Behörde mitgetheilte amtliche Bekanntmachung auf deren Verlangen in eines der beiden nächsten Stücke des Blattes aufzunehmen.

§. 26.

Der Herausgeber einer Zeitung oder einer in monatlichen oder kürzeren, wenn auch unregelmäßigen Fristen erscheinenden Zeitschrift ist verpflichtet, die Entgegnung zur Berichtigung der in ihr erwähnten Thatsachen, zu welcher sich die betheiligte öffentliche Behörde, die angegriffene Privatperson oder die Vorsteher einer mit Korporationsrechten versehenen Gesellschaft veranlaßt finden, in eine der beiden nächsten nach Eingang der

Entgegnung erscheinenden Nummern, und wenn die Zeitschrift in größeren Zwischenräumen, als dem einer Woche erscheint, in die nächste, der Entgegnung folgende Nummer, und zwar in denjenigen Theil der Zeitung oder Zeitschrift aufzunehmen, in welchem sich der Artikel, welcher zu der Entgegnung Veranlassung gab, befunden hat.

Die Entgegnung muß von dem Betheiligten unterschrieben sein.

Die Aufnahme muß kostenfrei geschehen, soweit der Umfang der Entgegnung die Länge des Artikels, welcher dazu Veranlassung gab, nicht übersteigt.

Für die über dieses Maaß hinausgehenden Zeilen sind die üblichen Einrückungsgebühren zu zahlen.

Abschnitt III.

Von dem Strafverfahren.

§. 27.

Die mittelst der Presse verübten Vergehen, welche mit Freiheitsstrafe von mehr als drei Jahren bedroht sind, gehören zur Kompetenz der Schwurgerichte. Im Uebrigen regelt sich die Kompetenz der Gerichte zur Aburtheilung der mittelst der Presse begangenen strafbaren Handlungen nach den Artikeln XIII. bis XV. des Gesetzes über die Einführung des Strafgesetzbuchs vom 14. April 1851.

Hinsichtlich des Militairgerichtsstandes verbleibt es bei den bestehenden Vorschriften.

§. 28.

Der Gerichtsstand, die Einleitung und Führung des Vorverfahrens oder der Voruntersuchung, sowie das Verfahren in der Hauptverhandlung wird durch die allgemeinen Strafprozeßvorschriften bestimmt.

§. 29.

Wenn eine zur Verbreitung bestimmte Druckschrift den Vorschriften der §§. 7. und 24. nicht entspricht, oder wenn sich der Inhalt einer zur Veröffentlichung gelangten Druckschrift als Thatbestand einer strafbaren Handlung darstellt, so sind die Staatsanwaltschaft und deren Organe berechtigt, die Druckschrift, wo sie solche zum Zweck der Verbreitung vorfinden, sowie die zur Vervielfältigung derselben bestimmten Platten und Formen vorläufig mit Beschlag zu belegen. Die Organe der Staatsanwaltschaft sind verpflichtet, innerhalb vier und zwanzig Stunden nach der Beschlagnahme der Staatsanwaltschaft die Verhandlungen vorzulegen, und diese ist, wenn sie die Beschlagnahme nicht selbst unmittelbar wieder aufhebt, gehalten, innerhalb vier und zwanzig Stunden nach erfolgter Vorlegung, ihre Anträge bei der zuständigen Gerichtsbehörde zu stellen, welche über die Fortdauer oder Aufhebung der verhängten vorläufigen Beschlagnahme innerhalb acht Tagen zu beschließen hat.

§. 30.

Auf Druckschriften, welche von den Kammern, oder von Königlichen Behörden ausgehen, finden die Vorschriften des vorhergehenden Paragraphen keine Anwendung.

§. 31.

Organe der Staatsanwaltschaft im Sinne dieses Gesetzes sind die Polizeibehörden und andere Sicherheitsbeamte, welchen die Pflicht obliegt, Verbrechen und Vergehen nachzuforschen.

Im Bezirke des Rheinischen Appellationsgerichtshofes zu Cöln sind es die Beamten und Hülfsbeamten der gerichtlichen Polizei, mit Ausnahme der Untersuchungsrichter.

Ueber die Aufhebung oder Fortdauer der Beschlagnahme hat der Untersuchungsrichter an die Rathskammer zu deren Beschlußnahme zu berichten.

An der Befugniß der Gerichte und der Untersuchungsrichter zum selbstständigen Einschreiten in den gesetzlich bestimmten Fällen wird nichts geändert.

Abschnitt. IV.

Von der Bestrafung der durch die Presse verübten Gesetzesübertretungen.

§. 32.

Die Strafbarkeit wegen eines durch die Presse begangenen Vergehens oder Verbrechens beginnt mit der Veröffentlichung des Preßerzeugnisses.

§. 33.

Die Veröffentlichung des Preßerzeugnisses ist erfolgt, sobald die Druckschrift verkauft, versendet, verbreitet, oder an Orten, welche dem Publikum zugänglich sind, ausgestellt oder angeschlagen worden ist.

§. 34.

Für das durch eine Druckschrift begangene Verbrechen oder Vergehen ist Jeder verantwortlich, welcher nach allgemeinen strafrechtlichen Grundsätzen als Urheber oder Theilnehmer strafbar erscheint.

§. 35.

Derjenige, welcher eine Druckschrift in Verlag oder Kommissions-Verlag übernommen, unterliegt wegen des strafbaren Inhalts derselben, in allen Fällen, wo er nicht in Gemäßheit des §. 34. als Urheber oder Theilnehmer strafbar erscheint, sofern die Druckschrift ein Preßvergehen erhält, einer Geldbuße bis zweihundert Thaler, insofern sie aber ein Preßverbrechen enthält, einer Geldbuße von funfzig bis fünfhundert Thalern, wenn entweder

a) er bei seiner ersten gerichtlichen Vernehmung den Verfasser oder Herausgeber nicht nachweist, oder
b) der nachgewiesene Verfasser oder Herausgeber zur Zeit der Uebernahme der Druckschrift in Verlag oder Kommissions-Verlag im Bereiche der Preußischen Gerichtsbarkeit keinen persönlichen Gerichtsstand hatte.

§. 36.

Der Drucker eines strafbaren Preßerzeugnisses, welcher nicht in Gemäßheit des §. 34. als Urheber oder Theilnehmer strafbar erscheint, soll außer der etwa nach §. 40. verwirkten Strafe, sofern die Druckschrift ein Preßvergehen enthält, mit einer Geldbuße bis Einhundert Thaler, sofern ein Preßverbrechen in ihr enthalten ist, mit einer Geldbuße von zehn bis zweihundert Thalern bestraft werden, wenn

a) die Vorschriften in den §§. 7. und 24. wegen Bezeichnung der Druckschriften nicht befolgt oder die Bezeichnungen mit seinem Wissen fälschlich angegeben sind, oder
b) wenn er bei seiner ersten gerichtlichen verantwortlichen Vernehmung weder den Verfasser, noch den Herausgeber, noch den Verleger nachweist, oder
c) wenn der nachgewiesene Verfasser oder Herausgeber oder Verleger zu der Zeit, wo der Druck erfolgt, im Bereiche der Preußischen Gerichtsbarkeit keinen persönlichen Gerichtsstand hatte, oder
d) wenn die Druckschrift sich als eine solche darstellt, welche zu Plakaten bestimmt ist.

§. 37.

Der Redakteur eines kautionspflichtigen Blattes unterliegt wegen des strafbaren Inhalts desselben in allen Fällen, wo er nicht in Gemäßheit des §. 34. als Urheber oder Theilnehmer strafbar erscheint, wenn in dem von ihm redigirten Blatte ein Preßvergehen begangen worden, einer Geldbuße bis fünfhundert Thaler, wenn ein Preßverbrechen begangen worden, einer Geldbuße von funfzig bis Eintausend Thalern.

Dieser Bestimmung bleibt der Redakteur auch dann unterworfen, wenn er durch Abwesenheit oder andere Gründe an der Besorgung der Redaktion gehindert ist, so lange nicht ein anderer verantwortlicher Stellvertreter nach den Bestimmungen des §. 22. bestellt worden. Es muß ein solcher bestellt werden, wenn und so lange der erstere eine Freiheitsstrafe zu verbüßen hat.

§. 38.

Berichte von den öffentlichen Sitzungen beider Kammern, insofern sie wahrheitsgetreu erstattet werden, bleiben von jeder Verantwortlichkeit frei.

§. 39.

Eine Geldbuße bis funfzig Thaler hat der Herausgeber einer Zeitung oder Zeitschrift verwirkt, welcher den Bestimmungen des §. 5. zuwiderhandelt. Ebenso der Buchdrucker, Steindrucker oder Inhaber einer anderen, zur mechanischen Vervielfältigung von Schriften oder Bildwerken bestimmten gewerblichen Anstalt, welcher den Bestimmungen des angeführten §. 5., sowie der §§. 7. und 24. zuwiderhandelt.

Derselben Strafe ist der Verleger, Selbstverleger, Kommissionair verfallen, welcher den Anforderungen des §. 5. nicht Genüge leistet.

§. 40.

Eine wissentlich falsche Angabe der in den §§. 7. und 24. vorgeschriebenen Vermerke zieht gegen den Zuwiderhandelnden eine Geldbuße von Einhundert bis dreihundert Thalern nach sich.

Diese Strafe wird im Rückfalle verdoppelt.

§. 41.

Wer den Vorschriften der §§. 8., 9. und 10. zuwiderhandelt, hat eine Strafe bis funfzig Thaler oder eine Gefängnißstrafe bis zu sechs Wochen verwirkt.

§. 42.

Wer eine Zeitung oder Zeitschrift redigirt oder verlegt, bevor die gesetzliche Kaution erlegt oder nach §. 21. rechtzeitig ergänzt ist, hat eine Strafe von zwanzig bis vierhundert Thalern oder eine Gefängnißstrafe von vier Wochen bis zu Einem Jahre verwirkt. Dieselbe Geld- oder Gefängnißstrafe trifft denjenigen, der eine Zeitung oder Zeitschrift redigirt oder herausgiebt, ohne nach den Bestimmungen dieses Gesetzes (§. 22.) dazu befugt zu sein, sowie den Verleger der kautionspflichtigen Zeitung, welche ohne vorgängige Bestellung eines verantwortlichen Redakteurs (§§. 22. und 37.) erschienen ist.

Diese Strafe wird im Rückfalle verdoppelt.

§. 43.

Wer eine Druckschrift verkauft oder verbreitet, deren Beschlagnahme verfügt worden, hat, wenn die Beschlagnahme öffentlich bekannt gemacht oder zu seiner besonderen Kenntniß gebracht worden ist, eine Geldbuße von fünf bis Einhundert Thalern oder eine Gefängnißstrafe von Einer Woche bis zu Einem Jahre, im Rückfalle das Doppelte dieser Strafe verwirkt.

Ist unter vorstehenden Voraussetzungen die Verbreitung gewerbsmäßig erfolgt, oder hat der Gewerbetreibende die in Beschlag genommene Schrift zum Verkauf ausgestellt, so trifft ihn eine im Rückfall zu verdoppelnde Strafe von funfzig bis fünfhundert Thalern oder eine Gefängnißstrafe von Einem bis achtzehn Monaten.

§. 44.

Der Herausgeber einer Zeitung oder Zeitschrift, welcher den Bestimmungen der §§. 25. und 26. zuwiderhandelt, hat eine Geldbuße bis zu funfzig Thalern oder eine Gefängnißstrafe bis zu sechs Wochen verwirkt.

Das Recht, den Zuwiderhandelnden im Wege der Exekution zur Erfüllung der ihm nach den §§. 25. und 26. obliegenden Verbindlichkeit zu zwingen, wird durch die Strafe nicht aufgehoben.

§. 45.

Zuwiderhandlungen gegen die Bestimmungen des §. 28. dieses Gesetzes werden mit einer Geldbuße von zehn bis fünfhundert Thalern oder einer Gefängnißstrafe von sechs Wochen bis zu Einem Jahre bestraft.

Diese Strafe wird im Rückfalle verdoppelt.

§. 46.

Die Strafe des Rückfalls tritt in den Fällen der §§. 40., 42., 43., 45., 53. nicht ein, wenn seit der letzten Verurtheilung fünf Jahre verstrichen sind.

§. 47.

Die wegen einer Preßpolizei-Uebertretung angedrohte Strafe ist, abgesehen von den durch den Inhalt der Druckschrift etwa sonst verwirkten Strafen, zu erkennen.

§. 48.

Die Namen der Geschworenen dürfen in Zeitungen nur bei der Mittheilung über die Bildung des Schwurgerichts genannt werden.

Zuwiderhandlungen gegen diese Bestimmung ziehen eine Gefängnißstrafe von Einer Woche bis zu Einem Jahre nach sich.

Gleiche Strafe trifft denjenigen, der eine Anklageschrift oder ein anderes Schriftstück eines Kriminal-Prozesses veröffentlicht, bevor die mündliche Verhandlung stattgefunden oder der Prozeß auf anderem Wege sein Ende erreicht hat.

§. 49.

Das Recht zur Verfolgung der in diesem Gesetze vorgesehenen, durch die Presse begangenen strafbaren Handlungen verjährt, insofern das Strafgesetzbuch keine kürzere Verjährungsfrist vorschreibt, in sechs Monaten, von dem Tage ab gerechnet, an welchem die Veröffentlichung stattgefunden hat. (§§. 32. und 33.)

Die Verjährung wird unterbrochen durch jeden Antrag der Staatsanwaltschaft, jeden Beschluß oder jede sonstige Handlung des Richters, welche die Eröffnung, Fortsetzung oder Beendigung der Untersuchung oder die Verhaftung des Beschuldigten betreffen.

Die Unterbrechung der Verjährung gegen eine der verantwortlichen oder mitschuldigen Personen gilt, als solche, auch denjenigen Verantwortlichen oder Mitschuldigen gegenüber, gegen welche der Antrag, Beschluß oder die sonstige unterbrechende Handlung nicht gerichtet war.

Von dem Tage der letzten unterbrechenden Handlung an beginnt eine neue Verjährung von sechs Monaten.

Diese Bestimmungen berühren nicht die Klagen auf Schadenersatz vor den Civilgerichten, noch die im Wege des Civilprozesses wegen Beleidigung anhängig gemachten Klagen.

§. 50.

Wird in einer Schrift der Thatbestand einer strafbaren Handlung erkannt, so ist durch das Strafurtel die Vernichtung aller vorfindlichen Exemplare und der dazu bestimmten Platten und Formen auszusprechen. Die Vernichtung ist auch dann in dem Urtel auszusprechen, wenn zwar der Angeklagte freigesprochen, in der Schrift jedoch der Thatbestand einer strafbaren Handlung von dem Richter erkannt worden ist. Ist die Schrift, Abbildung oder Darstellung ihrem Hauptinhalte nach eine erlaubte, so wird nur auf Vernichtung der gesetzwidrigen Stellen und desjenigen Theils der Platten und Formen erkannt, auf welchen sich diese Stellen befinden.

Diese Vernichtung bezieht sich auf alle, noch im Besitze des Verfassers, Druckers, Herausgebers, Verlegers, Buchhändlers befindlichen, oder an öffentlichen Orten ausgelegten Exemplare.

Hat wegen einer Schrift, welche den Thatbestand einer strafbaren Handlung darstellt, eine gerichtliche Verfolgung, weil es an einer verantwortlichen Person im Bereiche der richterlichen Gewalt fehlt, nicht eingeleitet werden können, so hat das im Bezirke der Beschlagnahme nach §§. 27. und 28. für das Kontumazialverfahren zuständige Gericht die Vernichtung zu erkennen.

Diejenigen Personen, bei welchen die Beschlagnahme erfolgt ist, müssen zur Sitzung vorgeladen und auf ihr Verlangen gehört werden.

§. 51.

Die Bestimmungen des vorstehenden Paragraphen finden keine Anwendung auf die im §. 38. gedachten Berichte von den Sitzungen beider Kammern.

§. 52.

Ist gegen eine Nummer, ein Stück oder Heft einer ausländischen Zeitung oder Zeitschrift auf dem Wege des im §. 50. bezeichneten Verfahrens und auf Grund der hierbei zur Anwendung kommenden inländischen Strafgesetze die Vernichtung erkannt worden, so kann das Ministerium des Innern gleichzeitig das Verbot der ferneren Verbreitung der betreffenden Zeitung oder Zeitschrift aussprechen.

§. 53.

Wer einem solchen, öffentlich oder ihm besonders bekannt gemachten Verbote entgegen, eine Druckschrift verkauft, ausstellt oder sonst gewerbsmäßig vertheilt oder verbreitet, wird mit Geldbuße von zehn bis Einhundert Thalern oder mit Gefängnißstrafe von vierzehn Tagen bis zu Einem Jahre bestraft.

Die Anwendung der durch die Verbreitung von Schriften strafbaren Inhalts etwa sonst verwirkten Strafen wird durch die Bestimmungen dieses Paragraphen nicht ausgeschlossen.

§. 54.

Gegen die im §. 1. dieses Gesetzes genannten Gewerbetreibenden kann von dem zuständigen Richter auf den Verlust der Befugniß zum Gewerbebetriebe erkannt werden, wenn

1) die zeitige Untersagung der Ausübung der bürgerlichen Ehrenrechte ausgesprochen wird,
2) wegen eines mittelst der Presse begangenen Verbrechens zum ersten Male, — oder wegen eines solchen Vergehens innerhalb eines Zeitraums von fünf Jahren zum zweiten Male eine Verurtheilung erfolgt;

es muß dagegen auf den Verlust der Befugniß zum Gewerbebetriebe erkannt werden, wenn

1) der Verlust der bürgerlichen Ehrenrechte ausgesprochen wird,
2) innerhalb eines Zeitraums von fünf Jahren, wegen eines mittelst der Presse begangenen Verbrechens zum zweiten Male, — oder wegen eines solchen Vergehens oder Verbrechens zum dritten Male eine Verurtheilung erfolgt.

§. 55.

Den Erzeugnissen der Presse im Sinne dieses Gesetzes stehen gleich: alle auf ähnlichem mechanischen Wege bewirkte und zur Verbreitung bestimmte Vervielfältigungen von Schriften, bildlichen Darstellungen mit oder ohne Schrift, Musikalien mit Text oder sonstigen Erläuterungen.

§. 56.

Alle diesem Gesetze entgegenstehende Bestimmungen sind aufgehoben. Dieses Gesetz tritt insbesondere an die Stelle der Verordnung vom 5. Juni 1850, betreffend die Ergänzung der Verordnung über die Presse, vom 30. Juni 1849 (Gesetz-Samml. S. 329 — 332), sowie der Verordnung vom 30. Juni 1849, betreffend die Vervielfältigung und Verbreitung von Schriften und verschiedene durch Wort, Schrift, Druck, Zeichen, bildliche und andere Darstellung begangene strafbare Handlungen (Gesetz-Samml. S. 226—236). Die §§. 13.—29., 31., 34—36. u. 39. der letzteren Verordnung kommen jedoch, insoweit sie diesem Gesetze nicht entgegenstehen, bis zum Eintritte der Gesetzeskraft des Strafgesetzbuchs für die Preußischen Staaten (Gesetz-Samml. 1851 S. 93 ff.) auch ferner zur Anwendung.

Urkundlich unter Unserer Höchsteigenhändigen Unterschrift und beigedrucktem Königlichen Insiegel.

Gegeben Bellevue, den 12. Mai 1851.

(L. S.) Friedrich Wilhelm.

v. Manteuffel. v. d. Heydt. v. Rabe. Simons.
v. Stockhausen. v. Raumer. v. Westphalen.

I. 2201. P. 50. Vol. II.

84.

Gemeinheitstheilungs-Ordnung für die Rheinprovinz, mit Ausnahme der Kreise Duisburg und Rees, sowie für Neu-Vorpommern und Rügen. Vom 19. Mai 1851.

Wir Friedrich Wilhelm, von Gottes Gnaden, König von Preußen ꝛc. ꝛc.

verordnen, mit Zustimmung beider Kammern, für die Rheinprovinz, mit Ausnahme der Kreise Duisburg und Rees, sowie für Neu-Vorpommern und Rügen, was folgt:

§. 1.

Nach den Vorschriften dieses Gesetzes findet Statt:

I. Die Ablösung der als Dienstbarkeit (Servitut) auf dem Grundeigenthum lastenden Nutzungsberechtigungen:

1) zur Weide;
2) zur Waldmast, zum Mitgenusse von Holz und zur Entnahme von Streu;
3) zum Plaggen-, Heide- und Bültenhieb;
4) zur Torfnutzung;
5) zum Grasschnitt und zur Nutzung von Schilf, Binsen oder Rohr auf Ländereien und Privatgewässern aller Art;
6) zum Pflücken des Grases und des Unkrauts in den bestellten Feldern (zum Krauten);
7) zum Nachrechen auf abgeerndteten Feldern und zum Stoppelharken;
8) zur Nutzung fremder Aecker gegen Hergebung des Düngers;
9) zum Fruchtgewinn von einzelnen Stücken fremder Aecker (zu Deputatbeeten);

10) zum Harzscharren und

11) zur Fischerei in stehenden oder fließenden Gewässern.

II. Die Theilung von Grundstücken, welche von mehreren Miteigenthümern ungetheilt besessen und durch gemeinsame Ausübung einer oder mehrerer der nachbenannten Nutzungen:

Weide, Waldmast, Holz- oder Streunutzungen, Plaggen-, Heide- und Bültenhieb, Torfnutzung,

benutzt werden, namentlich auch Marken, Erbenwaldungen und dgl.

§. 2.

Zu dem Antrage auf Theilung eines gemeinschaftlichen Eigenthums ist ein jeder Miteigenthümer, zu dem Antrage auf Ablösung einer Dienstbarkeit sowohl der Berechtigte, als der Eigenthümer des verpflichteten Grundstücks befugt.

Das Recht zum Antrage auf Theilung oder Servitut-Ablösung steht auch demjenigen zu, welcher den Antheil am Miteigenthum oder ein berechtigtes oder verpflichtetes Grundstück als nutzbarer Eigenthümer besitzt, nicht aber namentlich dem persönlichen Nießbraucher oder dem antichretischen Pfandbesitzer.

Gemeinschaftliche Besitzer desselben Antheils am Miteigenthum oder gemeinschaftliche Eigenthümer eines berechtigten oder verpflichteten Grundstücks können nur gemeinschaftlich die Ablösung einer Dienstbarkeit beantragen; die nach den Antheilen zu berechnende Minderzahl von ihnen muß sich aber dem in dieser Beziehung gefaßten Beschlusse der Mehrzahl unterwerfen.

§. 3.

Das zur Bestreitung der Lasten und Ausgaben der Gemeinden bestimmte Vermögen (in Städten Kämmerei-Vermögen genannt) kann durch eine Gemeinheitstheilung niemals in Privatvermögen der Gemeindeglieder verwandelt werden.

Ebensowenig darf derjenige Theil des Vermögens einer Gemeinde, dessen Nutzungen den einzelnen Gemeindemitgliedern oder Einwohnern vermöge dieser ihrer Eigenschaft zukommen (das Gemeindeglieder-Vermögen, in Städten Bürger-Vermögen genannt), durch eine Gemeinheitstheilung in Privatvermögen der Mitglieder oder Einwohner verwandelt werden. Diese Bestimmung findet auch dann Anwendung, wenn die den Mitgliedern oder Einwohnern als solchen zustehenden Nutzungsrechte noch außerdem durch den Besitz eines Grundstücks oder durch besondere persönliche Verhältnisse bedingt sind.

Die Abfindung für solche Nutzungsrechte fällt daher der Gemeinde als Korporation zu, während die berechtigten Gemeindemitglieder oder Einwohner die Benutzung dieser Abfindung für die Dauer ihrer Nutzungsrechte erhalten.

Dagegen gehören Nutzungsrechte der Gemeindemitglieder oder Einwohner am Gemeindeglieder-Vermögen, welche denselben nicht vermöge dieser ihrer Eigenschaft, sondern aus einem anderen Rechtstitel gebühren, nicht zum Gemeinde-Vermögen, sondern zum Privatvermögen der Nutzungsberechtigten, in welches daher auch die auf diese Rechte bei der Gemeinheitsthilung fallenden Abfindungen übergehen.

§. 4.

Andere als die im §. 1. genannten Nutzungsberechtigungen, welche als Dienstbarkeit auf dem Grundeigenthum lasten, sind auf einseitigen Antrag nicht selbstständig ablösbar, sondern die Ablösung derselben kann nur bei Gelegenheit einer anderen nach diesem Gesetze stattfindenden Theilung oder Ablösung auf Antrag eines im Verfahren Betheiligten gefordert werden, insofern sie der wirthschaftlich zweckmäßigen Benutzung des dem Verfahren unterworfenen Grundstücks hinderlich sind. Das Recht des Fiskus auf den dritten Fuß, dritten Pfennig (tertia marcalis), im Herzogthum Berg ist ohne Entschädigung aufgehoben.

§. 5.

Das einfache Recht der Stoppelweide oder des öden Weidgangs (vaine pâture) innerhalb einer Gemeinde, sofern es nicht auf einem besonderen Titel beruht, sondern nur nach unvordenklichem Ortsgebrauch den Gemeindegenossen zusteht, unterliegt in dem Bezirk des Appellationsgerichts zu Cöln nicht der Ablösung. Dasselbe kann jedoch durch einen Beschluß des Gemeinderaths mit Genehmigung des Bezirksraths resp. des Kreisausschusses (Gemeinde-Ordnung vom 11. März 1850, §§. 45. und 108.) aufgehoben werden. Die Aufhebung muß erfolgen, wenn die dem Flächeninhalt nach berechnete Mehrzahl der belasteten Grundbesitzer in der Gemeinde die Aufhebung der Stoppelweide schriftlich bei dem Gemeinderathe beantragt. Die Unterschriften müssen durch den Gemeindevorsteher beglaubigt sein.

Das öde Weidgangsrecht, welches in dem gedachten Gerichtsbezirk mehreren Gemeinden wechselseitig auf ihren Gebieten zusteht (Koppelweide), wird hierdurch ohne Entschädigung aufgehoben.

§. 6.

Das Recht, auf Theilung oder Ablösung anzutragen, wird durch entgegenstehende Verträge, Willenserklärungen oder Judikate nicht ausgeschlossen und erlischt nicht durch Verjährung. Verträge oder Willenserklärungen, welche eine Ausschliessung dieses Rechts festsetzen, sind auf keine längere Zeit als auf zehn Jahre verbindlich. Nach dem Ablaufe dieser Periode steht es jedem Betheiligten frei, sein Recht auf Theilung oder Ablösung geltend zu machen.

§. 7.

Ueber das Vorhandensein, die Beschaffenheit und den Umfang des Miteigenthums, sowie der abzulösenden Berechtigungen, ist lediglich nach den bestehenden Gesetzen zu entscheiden.

Die zur Weidetheilnahme berechtigte Viehzahl ist in Ermangelung rechtsbeständiger Willenserklärungen und rechtskräftiger Erkenntnisse, statutarischer Rechte oder Provinzialrechte:

1) bei den Interessenten, welche zur Erzeugung von Winterfutter geeignete Grundstücke besitzen, nach dem Futterertrage dieser Grundstücke und dem Strohertrage der bei denselben seit rechtsverjährter Zeit benutzten Zehnten;
2) bei anderen Interessenten und soweit die nach Nr. 1. festzustellende Viehzahl eine geringere ist, auf anderthalb Kühe festzusetzen.

§. 8.

Bei jeder Theilung und Ablösung bleibt die Bestimmung der Art und Größe der Abfindung, welche einem jeden Theilnehmer gebührt, sowie die Ausführung der Auseinandersetzung, zunächst dem freien Uebereinkommen der Parteien überlassen. Doch haben dieselben dabei die Vorschriften des §. 19. zu beachten; auch müssen die Theilungs- und Servitut-Ablösungs-Verträge in den Landestheilen des rechten Rheinufers, sowie in Neu-Vorpommern und Rügen, zur Prüfung und Bestätigung der Auseinandersetzungs-Behörde vorgelegt werden. In Bezug auf die Prüfung und Bestätigung, sowie die Wirkungen der bestätigten Verträge, gelten dieselben Bestimmungen, welche in den genannten Landestheilen für die Ablösungs-Verträge von Reallasten bestehen.

Kommt eine Uebereinkunft der Parteien nicht zu Stande, so finden folgende Regeln Anwendung.

§. 9.

Die Theilung und Ablösung wird dadurch bewirkt, daß jedem Theilnehmer an Stelle seines Miteigenthums- oder Nutzungsrechtes eine angemessene Abfindung an Geldrente, Kapital oder Grundstücken überwiesen wird.

§. 10.

Zu diesem Behufe ist der Werth der Theilnehmungsrechte durch Sachverständige abzuschätzen.

Dabei wird der Grund und Boden nach seinem gemeinen Werthe veranschlagt.

Die Schätzung der abzulösenden Berechtigungen erfolgt nach der landüblichen örtlich anwendbaren Art ihrer Benutzung und dem durchschnittlichen Ertrage derselben, mit Rücksicht auf die Theilnahme anderer Mitberechtigter. Der abgeschätzte Werth darf niemals den gesammten gemeinen Werth dieser Art von Nutzung des belasteten Grundstücks übersteigen.

Bei den auf Forsten haftenden, nach diesem Gesetze ablösbaren Dienstbarkeiten hat jedoch der Besitzer des belasteten Waldes, wenn er Provokat ist, die Wahl, ob er den Dienstbarkeitsberechtigten nach dem Nutzungsertrage der Dienstbarkeit, oder nach dem Vortheile, welcher dem Belasteten aus deren Aufhebung erwächst, entschädigen will. Im letzteren Falle darf aber die Höhe der Entschädigung den Nutzungswerth der Berechtigung nicht übersteigen.

§. 11.

Bei Ablösung der Weide- und Gräserei-Berechtigung in Forsten ist ein mittelmäßiger Holzbestand zum Grunde zu legen, wenn nicht der Forst zur Zeit der Auseinandersetzung besser als mittelmäßig bestanden, oder die Befugniß des Waldbesitzers, die Forstkultur bis zum mittelmäßigen Holzbestande zu treiben, durch Verträge, Verjährung oder Judikate verloren gegangen ist.

§. 12.

Bei Ermittelung und Feststellung des Werthes der Nutzungsrechte kommen die dem Berechtigten für diese Nutzungsrechte obliegenden Gegenleistungen in Abzug. Der Werth wechselseitiger Dienstbarkeiten wird insoweit, als dies möglich ist, durch Kompensation ausgeglichen.

§. 13.

Jeder Miteigenthümer kann in der Regel die Theilung des gemeinschaftlichen Grundstücks in Natur verlangen.

Die Naturaltheilung eines gemeinschaftlichen Waldes aber ist, soweit sich die Betheiligten nicht über dieselbe einigen, ganz oder theilweise nur dann zulässig, wenn die einzelnen Antheile entweder zur forstmäßigen Benutzung geeignet bleiben oder in anderer Kulturart mit größerem Vortheile, wie zur Holzzucht benutzt werden können. Außer diesen Fällen kann die Auseinandersetzung der Miteigenthümer eines Waldes nur durch öffentlichen Verkauf an den Meistbietenden bewirkt werden.

§. 14.

Die Abfindung für Dienstbarkeitsrechte zur Mast, zum Harzscharren oder zur Fischerei in Privatgewässern ist in fester Geldrente zu gewähren und anzunehmen.

Hat der Belastete auf die Ablösung angetragen, so ist der Berechtigte außerdem zu verlangen befugt, daß ihm seine noch brauchbaren Fischereigeräthe gegen Ersatz des Werthes derselben von dem Provokanten abgenommen werden.

§. 15.

Für andere als die vorstehend in dem §. 14. gedachten, nach den §§. 1. und 4. abzulösenden Dienstbarkeiten erfolgt die Abfindung in der Regel durch Abtretung von verhältnißmäßigen Theilen des belasteten Grundstücks.

Das abzutretende Grundstück muß einen Kapitalwerth haben, welcher dem zwanzigfachen Betrage der jährlichen nach §. 10. ff. zu berechnenden Entschädigung gleichkommt.

Wenn eine Landentschädigung dem wirthschaftlichen Interesse entweder des Berechtigten oder des Verpflichteten nach sachverständigem Ermessen nicht entspricht, so muß die Abfindung auch für diese Dienstbarkeiten ganz oder theilweise in fester Geldrente gegeben und angenommen werden. Das Letztere muß bei den auf Forsten haftenden Dienstbarkeitsrechten zur Weide, zur Gräserei, zum Mitgenusse von Holz, zum Streuholen und zum Plaggen-, Heide- und Bültenhiebe — vorbehaltlich der auch hier zulässigen anderweiten Einigung der Betheiligten — auch dann geschehen, wenn die Landabfindung bei ihrer Benutzung in anderer Kulturart nachhaltig keinen höheren Ertrag als bei der Benutzung zur Holzzucht zu gewähren vermag.

Ist dieses dagegen der Fall, so wird die Abfindung dem Berechtigten in solcher anderen Kulturart unter Berücksichtigung der erforderlichen Kulturkosten angerechnet. Die darauf befindlichen Holzbestände verbleiben dem Forsteigenthümer. Er muß dieselben vor der Uebergabe des Landes, im Mangel einer Einigung, nach der Bestimmung der Auseinandersetzungs-Behörde binnen einer Frist, welche drei Jahre nicht übersteigen darf, abräumen.

Bis zur vollständigen Abräumung und Uebergabe des Entschädigungslandes hat der Forsteigenthümer eine dem Ertragswerthe der noch nicht abgetretenen Fläche entsprechende Geldrente dem Berechtigten zu zahlen.

Für Dienstbarkeitsrechte zum Mitgenusse von Holz und zum Streuholen ist jedoch der belastete Grundbesitzer befugt, die Entschädigung des Berechtigten in auch nur zur Holzzucht geeignetem bestandenen Forstlande mit Anrechnung der darauf befindlichen Holzbestände zu gewähren, wenn letztere zu einer nachhaltigen forstmäßigen Benutzung geeignet sind. In diesem Falle muß aber die Abfindungsfläche, wenn sie einen nur zu Hochwaldwirthschaft geeigneten Holzbestand enthält, mindestens einen Umfang von dreißig Morgen haben.

§. 16.

Eine jede Landabfindung ist in derjenigen Lage auszuweisen, welche den gegen einander abzuwägenden wirthschaftlichen Interessen aller Betheiligten am meisten entspricht. Eine Verloosung findet nur insoweit statt, als die wirthschaftliche Lage der Abfindungen dadurch nicht beeinträchtigt wird.

Jedem Theilnehmer müssen die erforderlichen Wege und Triften zu seiner Abfindung verschafft werden, auch ist für die nöthigen Gräben zu sorgen, ohne welche der Boden denjenigen Ertrag, zu dem er abgeschätzt worden ist, nicht gewähren kann.

Desgleichen ist jeder Theilnehmer zu verlangen befugt, daß ihm die unentbehrliche Mitbenutzung der Tränkstätten auf den auseinandergesetzten Grundstücken vorbehalten und diese Stätten so ausgewiesen werden, wie es für alle Betheiligten am bequemsten ist.

Die vor der Auseinandersetzung schon gemeinschaftlich benutzten Lehm-, Sand-, Kalk- und Mergelgruben, Kalk- und andere Steinbrüche bleiben zur gemeinschaftlichen Benutzung auch ferner vorbehalten, insofern die Theilnehmer deshalb nicht durch Ueberweisung besonderer Vorräthe dieser Art ausgeglichen werden können.

Die zur Herstellung und Unterhaltung aller dieser Anlagen zu machenden Verwendungen sind von allen Betheiligten nach Verhältniß ihrer Theilnehmungsrechte aufzubringen.

§. 17.

Die über das zu theilende Grundstück führenden Wege können, insoweit es für die zweckmäßige Einrichtung des Theilungsplanes nöthig erscheint, verlegt und selbst aufgehoben werden, ohne daß den bei dem Gebrauche dieser Wege Betheiligten, sobald ihnen nicht ein erheblicher Nachtheil aus der Veränderung entsteht, ein Widerspruch dagegen gestattet ist.

Dasselbe gilt in Betreff der Verlegung von Gräben, Flüssen und Brücken.

§. 18.

Kein Besitzer kann genöthigt werden, sich einer Umlegung derjenigen seiner Grundstücke, welche er nicht zur Abfindung aufzuhebender Berechtigungen abtreten muß, behufs Erlangung einer wirthschaftlichen Lage zu unterwerfen.

In Neu-Vorpommern und Rügen bleibt die Umlegung vermischt unter einander liegender Grundstücke — agri intermixti — zulässig, insoweit die Verordnung vom 18. November 1775 solche gestattet.

§. 19.

Eine Vereinigung der Parteien über eine andere Rente als eine feste Geldrente ist unzulässig.

Alle Entschädigungsrenten für aufgehobene Nutzungsrechte sind auf den Antrag sowohl des Berechtigten als des Verpflichteten nach vorhergegangener sechsmonatlicher Kündigung durch Baarzahlung des zwanzigfachen Betrages derselben ablösbar. Dem Verpflichteten ist es gestattet, das Kapital in vier auf einander folgenden einjährigen Terminen, von dem Ablaufe der Kündigungsfrist an gerechnet, zu gleichen Theilen abzutragen; doch ist der Berechtigte nur solche Theilzahlungen anzunehmen verbunden, welche mindestens Einhundert Thaler betragen. Der jedesmalige Rückstand ist mit fünf Prozent jährlich zu verzinsen.

Den Parteien steht es frei, sich über andere Zahlungstermine und einen anderen Ablösungssatz zu vereinigen, jedoch darf der letztere nie den fünfundzwanzigfachen Betrag der Jahresrente übersteigen. Verabredungen, welche dieser Vorschrift zuwiderlaufen, haben die Wirkung, daß der Berechtigte auf Grund derselben nur den fünfundzwanzigfachen Betrag der Jahresrente zu fordern befugt ist.

§. 20.

Die Abfindung, welche jeder Theilnehmer durch die Auseinandersetzung erhält, tritt in die Stelle der dafür aufgehobenen Theilnahmerechte oder der dadurch abgelösten Berechtigungen und überkommt in rechtlicher Beziehung alle Eigenschaften derselben.

Das zur Ablösung eines Nutzungsrechts abgetretene Land wird von allen auf dem belasteten Grundstück lastenden Hypotheken frei und dagegen den auf dem Nutzungsrecht haftenden Hypotheken unterworfen.

Im Bezirke des Appellationsgerichtshofes zu Cöln sind überhaupt in Bezug auf die Wirkung der Theilung und das durch dieselbe begründete Privilegium die bestehenden gesetzlichen Bestimmungen maaßgebend und finden dieselben Bestimmungen auch in Bezug auf die Wirkung der Ablösung und die Sicherung der abgefundenen Nutzungsberechtigten Anwendung (Artikel 883. ff. 2103. Nr. 3. Artikel 2109. des bürgerlichen Gesetzbuchs).

Die Frist zur Wahrung des dem abgefundenen Miteigenthümer oder Nutzungsberechtigten zustehenden Privilegiums beginnt mit dem Tage des Theilungs- oder Ablösungs-Vertrages, beziehungsweise dem Tage des bestätigenden Beschlusses oder Urtheils.

In Neu-Vorpommern und Rügen und im ostrheinischen Theile des Regierungsbezirks Koblenz — mit Ausschluß der Herrschaft Wildenburg, Kreis Altenkirchen — haben Renten und Kapitalien, welche zur Abfindung im Theilungs- und Ablösungs-Verfahren übernommen werden, ein gesetzliches Hypothekenrecht gegen diejenigen Grundstücke der Schuldner, welche der aufgehobenen Gemeinheit unterworfen waren, und genießen vor allen hypothekarischen Forderungen dasselbe Vorzugsrecht, welches dem abgelösten Rechte zustand.

Die Minister der Justiz und der landwirthschaftlichen Angelegenheiten werden ermächtigt, mit Rücksicht auf die verschiedene Hypotheken-Verfassung der einzelnen Landestheile, den Behörden die näheren Anweisungen zu ertheilen, welche zur Sicherung der Rechte der Renten- und Kapitals-Empfänger und deren Realberechtigten erforderlich sind.

§. 21.

Die Grundsteuern und öffentlichen Lasten verbleiben auf

den Grundstücken, auf welchen sie vor der Auseinandersetzung gehaftet haben.

§. 22.

In den Landestheilen des linken Rheinufers gelten rücksichtlich der durch die Theilung oder Ablösung veränderten Verhältnisse der Nießbraucher und Pächter folgende Vorschriften:

Nießbraucher eines Miteigenthumsrechts oder einer abgelösten Nutzungsberechtigung müssen sich mit dem Genusse der Abfindung begnügen.

Pächter müssen sich, insofern ihnen die aufgehobene Nutzung überhaupt mitverpachtet war, mit der Nutzung der Landabfindung begnügen; ihnen fallen die Entschädigungen für vorübergehende Nachtheile zu, insoweit sie sich nicht über die Pachtzeit hinaus erstrecken; auch müssen die Verpächter die Anlegung der erforderlichen Wege, Gräben, Tränken und Einfriedigungen der Grundstücke bewirken oder den Pächtern die dafür gemachten Auslagen erstatten. Eine Rentenentschädigung bezieht während der Pachtzeit der Pächter und bei einer Kapitalentschädigung ist er berechtigt, deren Zinsbetrag zu fünf Prozent von der jährlichen Pachtzahlung nach Verhältniß der kontraktlichen Zahlungstermine abzuziehen. Will der Pächter sich mit diesen Entschädigungen nicht begnügen, so steht ihm frei, binnen drei Monaten, nachdem ihm der betreffende Auszug aus dem Theilungs- oder Ablösungsplane zugestellt worden, die Pacht zu kündigen. Die Pacht hört alsdann mit dem Ende des laufenden Pachtjahres auf; wenn aber seit dem Tage der Kündigung bis zu diesem Termine nicht mindestens drei Monate verstrichen sind, so währt das Pachtverhältniß noch für das nächste Jahr fort.

Der Nießbraucher desjenigen Grundstücks, welches die Abfindung gewährt, kann der Theilung und Ablösung gleichfalls nicht widersprechen. Er hat die Abfindungsrente während der Dauer des Nießbrauchs zu entrichten und muß im Falle einer Kapitalentschädigung dem Eigenthümer, welchem die Baarzahlung derselben obliegt, die Zinsen des Kapitals zu fünf Prozent gerechnet vom Zahlungstage ab vergüten.

Das Nämliche gilt von dem Pächter eines solchen Grundstücks. Doch steht es demselben auch in diesem Falle frei, die Pacht nach den obigen Bestimmungen zu kündigen.

Das dem Pächter in diesem Paragraphen eingeräumte Recht der Kündigung findet nicht statt, wenn das abgelöste Recht im Verhältniß zur ganzen Wirthschaft so unbedeutend ist, daß aus der Ablösung keine merkliche Veränderung der Wirthschaftsverhältnisse entstehen kann.

Sind für den Fall einer Theilung oder Ablösung zwischen dem Pächter und Verpächter in dem Pachtvertrage andere Abreden über die Auseinandersetzung auf rechtsverbindliche Weise getroffen worden, so behält es bei diesen sein Bewenden.

§. 23.

In den Landestheilen des linken Rheinufers erfolgt das Verfahren bei den Theilungen und Servitut-Ablösungen nach den Vorschriften des darüber ergehenden besonderen Gesetzes.

§. 24.

In den zum ehemaligen Großherzogthum Berg gehörig gewesenen Landestheilen des Bezirks des Rheinischen Appellationsgerichtshofes finden bei den Theilungen und Servitut-Ablösungen in Ansehung der Rechte und Verbindlichkeiten dritter Personen und in Ansehung des ganzen Auseinandersetzungs-Verfahrens, sowie der Kostenansätze, dieselben Vorschriften Anwendung, welche daselbst für die Ablösung der Reallasten gelten.

Die Ausführung der Geschäfte wird in den gedachten Landestheilen der Generalkommission zu Münster hierdurch übertragen.

§. 25.

In dem ostrheinischen Theile des Regierungsbezirks Koblenz, mit Ausschluß der Herrschaft Wildenburg, Kreis Altenkirchen, finden bei den Theilungen und Servitut-Ablösungen in Ansehung der Rechte und Verbindlichkeiten dritter Personen und in Ansehung des ganzen Auseinandersetzungs-Verfahrens, sowie der Kostenansätze, dieselben Vorschriften Anwendung, welche daselbst für die Ablösung der Reallasten durch die Ablösungsordnung vom 4. Juli 1840 und deren Ergänzungen ertheilt worden sind.

Die Ausführung der Geschäfte wird in den gedachten Landestheilen der Regierung zu Koblenz und dem dortigen Spruchkollegium hierdurch übertragen.

§. 26.

In Neu-Vorpommern und Rügen finden bei den Theilungen und Servitut-Ablösungen in Ansehung der Rechte und Verbindlichkeiten dritter Personen und in Ansehung des ganzen Auseinandersetzungs-Verfahrens, sowie der Kostenansätze, dieselben Vorschriften Anwendung, welche in diesen Beziehungen in den übrigen Theilen der Provinz Pommern bei Ablösungen und Gemeinheitstheilungen gelten.

Die Ausführung der Geschäfte in den genannten Landestheilen wird hierdurch der Generalkommission in Stargard übertragen.

§. 27.

Nutzungsberechtigungen, welche durch §. 1. des gegenwärtigen Gesetzes für ablösbar erklärt sind, können in Zukunft nur durch schriftlichen Titel errichtet werden. Der fortgesetzte Besitz und eine auf denselben gestützte Verjährung reicht in Zukunft zu ihrer Erwerbung nicht hin, auch da, wo eine solche bisher noch stattfinden konnte. Der Lauf der erwerbenden Verjährung wird in Ansehung solcher Nutzungsberechtigungen mit dem Tage, an welchem das gegenwärtige Gesetz in Kraft tritt, unterbrochen.

In Ansehung der Befugniß zur Ausschließung des Antrages auf Ablösung ist auch für Nutzungsrechte, welche in Zukunft errichtet werden, die Bestimmung des §. 6. maaßgebend.

Die nach §. 5. aufgehobenen Rechte können in Zukunft nicht wieder entstehen.

§. 28.

Gemeinschaftliches Eigenthum der im §. 1. bezeichneten Art, welches nach Verkündung des gegenwärtigen Gesetzes entsteht, kann nur nach Vorschrift der allgemeinen Gesetze getheilt werden.

§. 29.

Von den Kosten der Ablösung einseitiger Forstservituten werden die der Vermessung und Bonitirung des belasteten Waldes, insofern dieselben unvermeidlich sind, von allen Theilnehmern nach Verhältniß der Theilnehmungsrechte getragen. Die übrigen Auseinandersetzungs-Kosten tragen die Theilnehmer nach Verhältniß des Vortheils, welcher ihnen aus der Auseinandersetzung erwächst. Das ungefähre Verhältniß dieses Vortheils wird von dem Auseinandersetzungs-Kommissarius ermessen und der Kostenpunkt von der Auseinandersetzungs-Behörde festgesetzt.

In anderen Theilungs- und Ablösungssachen werden die Kosten der Vermessung und Bonitirung ebenso wie die übrigen Auseinandersetzungs-Kosten unter alle Theilnehmer nach Verhältniß des Vortheils vertheilt, welcher jedem Einzelnen aus der Auseinandersetzung erwächst. Ist dieser Vortheil nicht zu ermitteln, so soll statt seiner der Werth des Theilnehmungsrechts zum Grunde gelegt werden.

Die Kosten, welche durch Weiterungen einzelner Theilnehmer oder durch Prozesse entstanden sind, fallen nach den Regeln über die Prozeßkosten dem unterliegenden Theile zur Last.

§. 30.

Durch das gegenwärtige Gesetz werden die vor dem Eintritte seiner Rechtskraft in Theilungs- und Ablösungssachen auf rechtsbeständige Weise erfolgten Festsetzungen über die Art und Höhe der Entschädigung und über das Kostenbeitrags-Verhältniß nicht geändert.

Die dem Hauptgegenstande nach noch nicht zur Ausführung gebrachten Theilungen und Servitut-Ablösungen gehen in derjenigen Lage, in welcher sie sich befinden, in das neue Verfahren über.

Wegen der Landestheile des linken Rheinufers wird das Nähere darüber in dem besonderen Gesetze über das Verfahren in den nach dieser Gemeinheitstheilungs-Ordnung zu behandelnden Theilungen und Ablösungen bestimmt.

§. 31.

Alle bisherigen Vorschriften über Gegenstände, worüber diese Gemeinheitstheilungs-Ordnung Bestimmungen enthält, werden, insoweit sie mit derselben unvereinbar sind, außer Kraft gesetzt.

Die Polizei-Ordnung über die Bewirthschaftung der Hauberge in den Aemtern Freusberg und Friedewald, Kreis Altenkirchen, vom 21. November 1836. bleibt aber unverändert stehen.

Urkundlich unser Unserer Höchsteigenhändigen Unterschrift und beigedrucktem Königlichen Insiegel.

Gegeben Warschau, den 19. Mai 1851.

(L. S.) Friedrich Wilhelm.

v. Manteuffel. v. d. Heydt. v. Rabe. Simons.
v. Stockhausen. v. Raumer. v. Westphalen.

I. 2589. Rhein. Gener. 15. Vol. II.

85.

Gesetz, — betreffend das Verfahren in den nach der Gemeinheitstheilungs-Ordnung zu behandelnden Theilungen und Ablösungen in den Landestheilen des linken Rheinufers. Vom 19. Mai 1851.

Wir Friedrich Wilhelm von Gottes Gnaden, König von Preußen rc. rc.

verordnen, mit Zustimmung der Kammern, was folgt:

§. 1.

In den Landestheilen des linken Rheinufers soll für die nach der Gemeinheitstheilungs-Ordnung zu behandelnden Theilungen und Ablösungen folgendes Verfahren stattfinden.

Der Antrag auf Theilung oder Ablösung ist bei der Regierung, in deren Bezirk das zuständige Gericht seinen Sitz hat, schriftlich oder zu Protokoll anzubringen, unter möglichst genauer

Bezeichnung des Gegenstandes, der dem Antragsteller bekannten Betheiligten und der Arten ihrer Rechte.

§. 2.

Dem Antragsteller wird durch die Regierung schriftlicher Nachweis gegeben, daß er den Antrag angebracht hat. Die Regierung prüft, ob der Antrag nach der Gemeinheitstheilungs-Ordnung zulässig sei. Ist dies nicht der Fall, so weist sie den Antrag durch schriftlichen Bescheid zurück. Gegen diesen Bescheid steht dem Antragsteller Rekurs an das Landgericht zu, welches darüber durch Rathskammerbeschluß entscheidet.

§. 3.

Wird dem Antrage stattgegeben, so bestellt die Regierung einen Kommissar und einen Protokollführer für das den Einigungsversuch bezweckende Verfahren.

Diese Personen müssen, insofern sie nicht vereidete Beamte sind, durch den Präsidenten der Regierung oder durch einen von demselben beauftragten Verwaltungsbeamten für die gewissenhafte Ausführung der ihnen nach dem gegenwärtigen Gesetze obliegenden Verpflichtungen vereidet werden. Beschwerden gegen dieselben sind bei der Regierung und weiter bei dem Minister für landwirthschaftliche Angelegenheiten anzubringen.

§. 4.

Die von dem Kommissar unter Zuziehung des Protokollführers aufgenommenen Verhandlungen über alle die Theilung oder Ablösung betreffenden Gegenstände, mit Einschluß der vor ihnen ausgestellten Vollmachten zum Zwecke des Geschäfts, haben die Beweiskraft authentischer Urkunden.

§. 5.

Der Kommissar hat alle auf das Theilungs- oder Ablösungsgeschäft bezüglichen Verhältnisse, sämmtliche zum Verfahren gehörigen Betheiligten, sowie den Umfang ihrer Rechte, zu ermitteln. Er hat die Betheiligten zu Aeußerungen und Erklärungen über die Ausführung des Geschäfts zu veranlassen, auf gütliche Einigung möglichst hinzuwirken und dahin zielende sachgemäße Vorschläge zu machen. Er zieht, wo es nöthig ist, Sachverständige zu, um die Grundlagen für den Theilungs- oder Ablösungsplan zu beschaffen.

§. 6.

Die Verfügung, durch welche der Kommissar die Betheiligten zu Terminen vor sich beruft, muß enthalten:

1) Namen, Stand und Wohnort des Antragstellers, und wenn mehrere den Antrag gestellt haben, Namen, Stand und Wohnort eines derselben mit dem Zusatze: „und Genossen";
2) den Gegenstand des Antrages, unter möglichst genauer Bezeichnung der zu theilenden oder von Nutzungsberechti-

gungen zu befreienden Grundstücke und der abzulösenden Nutzungsberechtigungen;

3) Ort, Tag und Stunde der Termine;

4) die Aufforderung an jeden Betheiligten, im Termine zu erscheinen, um über den Antrag und dessen Ausführung seine Erklärungen abzugeben, unter der Verwarnung, daß gegen den Ausbleibenden angenommen werde, daß er die Theilnahmerechte und die Berechtigungen so anerkenne, wie die Erscheinenden solche angeben und in Bezug auf den Entwurf des Theilungs- oder Ablösungsplans keine Erklärungen abgeben wolle.

§. 7.

Wird vor dem Kommissar der Antrag gestellt, das Verfahren über den Umfang des ursprünglichen Antrags hinaus — in Ansehung des Gegenstandes oder der Personen — auszudehnen, so hat er diesem Verlangen Folge zu geben, soweit der neue Antrag nach der Gemeinheitstheilungs-Ordnung zulässig ist, und sodann in Bezug auf den erweiterten Antrag nach §§. 5. und 6. zu verfahren.

Werden Widersprüche gegen die Erweiterung des Antrags erhoben, so hat über dieselben zunächst die Regierung zu befinden. Gegen die Entscheidung der letzteren ist der im §. 2. vorgesehene Rekurs an das Landgericht zulässig.

§. 8.

Der Kommissar kann von Amtswegen die Antheile oder Berechtigungen solcher Personen, welche sich nicht vor ihm melden, bei dem Geschäfte berücksichtigen, sofern ihm solche unzweifelhaft erscheinen und die übrigen Betheiligten nicht widersprechen.

§. 9.

Wenn derselbe Antheil oder dasselbe Theilnehmungsrecht mehreren Personen in Gemeinschaft zusteht, so müssen letztere ihre Rechte gemeinschaftlich wahrnehmen. Tritt nur Einer von ihnen in dem Verfahren auf, so werden die übrigen durch ihn mitvertreten; wenn mehrere von ihnen oder alle an dem Verfahren Theil nehmen, so gilt der Wille der nach der Größe der Betheiligungsquoten zu berechnenden Mehrheit der Erschienenen als bindend für die übrigen.

§. 10.

Im Falle verschiedene Personen jede denselben Antheil oder dasselbe Theilnehmungsrecht ausschließlich für sich in Anspruch nehmen, so werden die Rechte bis dahin, daß der Streit unter ihnen anderweitig erledigt ist, durch denjenigen wahrgenommen, welcher den letzten Besitz und Genuß des Theilnehmungsrechts bescheinigt. Der Kommissar hat diesen Punkt zu regeln. Derjenige, welcher später die Erledigung des Streites zu seinen Gunsten nachweist, tritt alsdann in die Stelle des vorläufig Zugelassenen; auf die rechtliche Stellung der übrigen Interessenten ist dies jedoch ohne Einfluß. Derselbe muß daher eine Einigung, welche von dem vorläufig zugelassenen Inhaber eingegangen worden ist, auch gegen sich als verbindlich gelten lassen und kann den übrigen Betheiligten gegenüber aus der Ablösungs- oder Theilungsmasse nicht ein Mehreres oder Anderes fordern, als jenem zugewiesen worden ist.

§. 11.

Der Kommissar hat, wenn er die vorbereitenden Schritte für erledigt hält, einen Theilungs- oder Ablösungsplan zu entwerfen und denselben bei dem Vorsteher der Gemeinde, unter welcher die Grundstücke gelegen sind, zur Einsicht jedes Betheiligten niederzulegen.

Sind die Grundstücke in mehreren Gemeinden gelegen, so bestimmt der Kommissar diejenige Gemeinde, bei deren Vorsteher er den Plan niederlegt. Die Niederlegung wird durch den Gemeindevorsteher auf dem Plane bescheinigt. Der Kommissar erläßt sodann eine Verfügung, in welcher er unter Anzeige der Niederlegung des Plans Ort, Tag und Stunde zur Erklärung über den Plan anberaumt und jeden Betheiligten auffordert, in dem Termine vor ihm zu erscheinen, unter der Verwarnung, daß gegen die Ausbleibenden angenommen werde, sie genehmigen den Plan.

§. 12.

Wird in dem Termine Widerspruch gegen den Plan erhoben und nicht durch Einigung zurückgenommen, und ist es wahrscheinlich, daß auf eine Abänderung des Plans die Genehmigung aller Betheiligten erfolgen werde, so fertigt der Kommissar einen neuen Plan und legt denselben, nach Beobachtung der Vorschrift des vorhergehenden Paragraphen, den Betheiligten in einem anderweitigen Termine zur Erklärung vor.

§. 13.

Wenn nach den Erklärungen der im Termine erschienenen Betheiligten der Theilungs- oder Ablösungsplan genehmigt ist, so hat der Kommissar darüber eine Verhandlung aufzunehmen und von den Betheiligten unterschreiben zu lassen. Ist ein Betheiligter nicht im Stande, zu unterschreiben, oder der Vorladung ungeachtet ausgeblieben, so muß dies im Protokolle erwähnt werden. Der vereinbarte Theilungs- oder Ablösungsplan muß entweder in die Verhandlung vollständig aufgenommen, oder mit den Unterschriften der Betheiligten, sowie des Kommissars und des Protokollführers versehen, der Verhandlung als Anlage beigefügt werden.

§. 14.

Ist in dem Termine ein Betheiligter nicht erschienen, so hat der Kommissar demselben von der Genehmigung des Plans durch die Erschienenen Kenntniß zu geben. Derselbe ist befugt, innerhalb vierzehn Tagen nach Zustellung dieser Bekanntmachung beim Kommissar schriftlich oder zu Protokoll Einspruch gegen den Plan zu erheben.

Macht er von dieser Befugniß keinen Gebrauch, so hat der Kommissar solches nach Ablauf der Frist auf der Einigungs-Verhandlung zu vermerken und diese ist auch für den Ausgebliebenen wirksam.

Wird Einspruch erhoben, so hat der Kommissar die sämmtlichen Betheiligten unter Erwähnung des Einspruchs zu einem anderen Termine zum Zwecke des Versuchs der Einigung über den Einspruch einzuladen.

Wird in diesem Termine die Genehmigung des Plans von Seiten des Einsprechenden bewirkt oder erscheint derselbe wiederum nicht, so ist das Protokoll darüber der früheren Einigungs-Verhandlung als Anlage beizufügen. Das Nichterscheinen des Einsprechenden in dem Termine gilt als Zurücknahme des Einspruchs und ein fernerer Einspruch ist nicht zulässig. Wenn der Einsprechende im Termine auf dem Einspruch beharrt, so kann die Ausführung des Plans auch in Beziehung auf diejenigen Betheiligten, welche denselben bereits genehmigt haben, vor der richterlichen Entscheidung nicht stattfinden; eintretenden Falls kann nach §. 12. weiter verfahren werden.

§. 15.

Der Kommissar hat die Urkunde über die Einigung nebst sämmtlichen Vorverhandlungen auf dem Sekretariate des zuständigen Landgerichts kostenfrei zu hinterlegen und dem Ober-Prokurator davon schriftliche Mittheilung zu machen.

Das Landgericht erklärt auf schriftlichen Antrag des öffentlichen Ministeriums und auf den Vortrag eines Berichterstatters, wenn die Vorschriften des Gesetzes beobachtet und die Rechte der Minderjährigen, Interdizirten, Gemeinden oder öffentlicher Anstalten nicht verletzt sind, den Theilungs- oder Ablösungsvertrag durch Rathskammerbeschluß für bestätigt und für exekutorisch.

Ertheilt das Landgericht die Bestätigung nicht, so weist es unter Angabe des entgegenstehenden Hindernisses die Sache an den Kommissar zur nochmaligen Behandlung zurück.

§. 16.

Ist in dem Plane eine Veräußerung vorgesehen, so muß derselbe zugleich die Bedingungen des Verkaufs enthalten und den Notar bestimmen, vor welchem der Verkauf abgehalten werden soll.

Die etwa vorkommende Loose-Ziehung erfolgt vor dem Kommissar und das Protokoll über dieselbe muß durch den letzteren auf dem Sekretariate des Landgerichts hinterlegt und der Urkunde über die Einigung angeheftet werden.

Verkauf und Loose-Ziehung können erst nach Bestätigung des Plans vorgenommen werden.

§. 17.

Jeder Betheiligte ist befugt, eine Ausfertigung des für exekutorisch erklärten Theilungs- oder Ablösungsvertrags oder auch einen seine Rechte betreffenden Auszug desselben, mit der exekutorischen Klausel versehen, auf seine Kosten von dem Sekretariate zu verlangen.

§. 18.

Wenn die Einigung vor dem Regierungs-Kommissar nicht bewirkt wird, so hat derselbe dies durch eine Verhandlung festzustellen und die sämmtlichen Verhandlungen des Verfahrens sind durch die Regierung ohne Verzug auf dem Sekretariate des Landgerichts zu hinterlegen.

Alsdann ist jeder Betheiligte zur Anstellung der gerichtlichen Klage befugt.

Der Kommissar kann sein Verfahren schon vor Anlegung des Theilungs- oder Ablösungsplans schließen, wenn er keine Aussicht hat, die Parteien zu vergleichen.

§. 19.

Die Verfügungen, durch welche der Kommissar zu Terminen einladet, sowie die sonstigen Zustellungen, läßt derselbe durch Vermittelung der Lokal-Verwaltungs-Behörden, durch vereidete Boten oder durch die Post, insofern dadurch Kosten erspart werden, behändigen. Die Zustellung geschieht an den Vorzuladenden in Person oder in dessen Wohnung; wird in der Wohnung weder der Vorzuladende selbst, noch ein Verwandter oder Dienstbote desselben angetroffen, so geschieht die Behändigung an den Ortsvorsteher.

Die Zustellung einer Ladung muß so zeitig bewirkt werden, daß zwischen der Behändigung und dem Tage des Termins wenigstens vierzehn Tage frei bleiben.

Die amtlichen Bescheinigungen über die geschehenen Zustellungen und den Hergang bei denselben sind durch den Kommissar zu den Akten zu bringen.

§. 20.

Außer den besonderen Vorladungen veranlaßt der Kommissar eine öffentliche Bekanntmachung der zu Terminen einladenden Verfügungen, im Fall ein Betheiligter solches beantragt oder wenn der Kommissar wegen der Wahrscheinlichkeit unbekannter Betheiligten oder aus sonstigen Gründen es für angemessen erachtet.

Die Verfügung wird alsdann:

1) dem Vorsteher jeder Gemeinde, in welcher Grundstücke, die der Theilung oder Ablösung unterworfen werden sollen, gelegen sind, mit dem Auftrage übersendet, die Verfügung im Amtslokale zur Einsicht eines Jeden offen zu legen und durch Anschlag an der Thüre des Amtslokals, ferner durch öffentliche Verkündigung mit der Schelle oder in sonst ortsüblicher Weise im Hauptorte der Gemeinde an zwei Sonntagen bekannt zu machen, daß die Verfügung zur Einsicht offen liege.

Die Erfüllung dieser Vorschrift ist durch den Gemeinde-Vorsteher unter Angabe des Datums des Anschlags und der Verkündigung zu bescheinigen;

2) zweimal in den öffentlichen Anzeiger des Amtsblatts der Regierung und in eine Zeitung des Regierungs-Bezirks, ferner in das Kreisblatt, wenn ein solches in dem Kreise erscheint, wo dem Verfahren unterworfene Grundstücke gelegen sind, eingerückt. Die Einrückung wird durch ein Exemplar des Blattes nachgewiesen.

Zwischen der letzten Bekanntmachung und dem Termine muß eine Zwischenzeit von mindestens Einem Monate frei bleiben.

§. 21.

Die öffentliche Bekanntmachung hat die Wirkung, daß dadurch die etwaigen Mängel der besonderen Vorladungen gedeckt und alle, selbst die unbekannten Betheiligten, als zum Verfahren gehörig geladen betrachtet werden.

Ist sowohl zu einem Anmeldungs-Termine (§. 6.), als zu dem im §. 11. gedachten Termine durch öffentliche Bekanntmachung geladen, so gilt der vereinbarte Plan, sofern er die gerichtliche Bestätigung erlangt, auch gegen jeden nicht zum Verfahren gezogenen Betheiligten, selbst wenn er im Plane übergangen wäre. Derselbe verliert seine Rechte und ist mit seinen Einwendungen gegen die Auseinandersetzung ausgeschlossen. Er ist nur befugt, von demjenigen Einzelnen, welcher unrechtmäßig für das jenem zustehende Theilnahmerecht abgefunden ist, das demselben Zugewiesene herauszufordern.

Der Kommissar hat in der Verhandlung über die Einigung zu erwähnen, oder unter derselben zu vermerken, daß durch öffentliche Bekanntmachung zu den Terminen eingeladen worden.

§. 22.

Die Verhandlungen vor dem Kommissar sind in der Regel an Ort und Stelle, wo die Grundstücke liegen, vorzunehmen.

Wird die Verhandlung in einem Termine vertagt, so muß der Kommissar beim Schlusse des Termins den Anwesenden die Bestimmung des neuen Termins bekannt machen.

Die Vertretung der Betheiligten durch Bevollmächtigte ist zulässig; doch ist der Kommissar befugt, wenn er es zur Beförderung des Geschäfts angemessen findet, die Betheiligten zum persönlichen Erscheinen aufzufordern.

§. 23.

Die Regierung kann zur Deckung der Kosten des Verfahrens angemessene Vorschüsse von dem Antragsteller und sämmtlichen dem Antrage beitretenden Betheiligten einfordern.

§. 24.

Die Kosten des Vorverfahrens werden von der Regierung nach den für die Remuneration der Kommissarien, Protokollführer, Vermessungsbeamten und Sachverständigen bei Gemeinheitstheilungssachen in den anderen Provinzen bestehenden Vorschriften festgestellt und exekutorisch erklärt. Die Deckung der Kosten des Verfahrens und das Verhältniß, in welchem die Parteien zu derselben beizutragen haben, ist im Theilungs- oder Ablösungsplan dem §. 29. der Gemeinheitstheilungs-Ordnung entsprechend vorzusehen. Wird beim Mangel der Einigung das gerichtliche Verfahren eingeleitet, so muß letzteres zugleich über die Kosten des Vorverfahrens Festsetzung treffen; im Unterlassungsfalle werden dieselben von der Regierung nach Verhältniß des §. 29. der Gemeinheitstheilungs-Ordnung von allen Theilnehmern der Auseinandersetzung eingezogen.

Die Kosten des Verfahrens können gegen den Antragsteller und diejenigen, welche sich dem Antrage angeschlossen haben, nach Verhältniß ihrer Theilnehmungsrechte beigetrieben werden, wenn beim Mangel der Einigung die gerichtliche Klage binnen sechs Monaten nach Beendigung des Vorverfahrens nicht angestellt ist, ferner, wenn die Klage zwar angestellt, der Prozeß jedoch innerhalb drei Jahren nach dem Tage der Klage nicht zu Ende geführt ist.

Wenn ein Betheiligter erst nach Ablauf eines anberaumten Termins erschienen ist, und durch sein Ausbleiben nutzlose Kosten entstanden sind, so fallen ihm diese Kosten ausschließlich zur Last.

§. 25.

Die Geltendmachung eines Miteigenthums oder eines Nutzungsrechts in dem Antrage an die Regierung oder zu Protokoll des Regierungs-Kommissars hat in Bezug auf die Verjährung die Wirkung einer gerichtlichen Klage, sofern die letztere innerhalb drei Jahren nach Beendigung des Vorverfahrens erfolgt.

§. 26.

Die Klage auf Theilung oder Ablösung ist ohne vorherigen Sühneversuch am Friedensgerichte bei demjenigen Landgerichte anzubringen, in dessen Bezirke die gemeinschaftlichen oder belasteten Grundstücke oder der größere Theil derselben gelegen sind.

§. 27.

Die Klage kann nicht angestellt werden, bevor das Vorverfahren vor dem Kommissar der Regierung zu Ende geführt ist.

Sollte das Vorverfahren binnen drei Jahren nach Einbringen des Antrages an die Regierung nicht zu Ende geführt sein, so steht der Mangel der Durchführung des Vorverfahrens der Anstellung der Klage nicht entgegen.

Ist nach Beendigung des Vorverfahrens ein Zeitraum von drei Jahren verflossen, so muß der späteren Klage ein neues Vorverfahren vorhergehen.

§. 28.

Für die Vorladung gelten die gewöhnlichen Vorschriften für die Ladungen an das Landgericht.

Dieselbe muß als Gegenstand der Klage das Verlangen an den Beklagten enthalten, zur gerichtlichen Theilung oder zur Ablösung, oder zur Theilung und Ablösung zu schreiten, unter Bezeichnung der Grundstücke, auf welche sich das Verfahren erstrecken soll, nach dem Kataster und unter Angabe der abzulösenden Nutzungsberechtigungen. Der Anführung von Gründen der Klage bedarf es nicht. Der Beklagte ist aufzufordern, innerhalb eines Monats durch Anwalt zu erscheinen, um seine Rechte wahrzunehmen, widrigenfalls er das Verfahren der Theilung oder Ablösung, sowie dasselbe bei dem Gerichte vor sich gehen werde, gegen sich gelten lassen müsse.

§. 29.

Es steht in der Befugniß des Klägers, anstatt oder auch neben der gewöhnlichen Ladung nach dem vorhergehenden Paragraphen die Klage auf dem Wege der öffentlichen Bekanntmachung zu erheben.

Dieselbe muß enthalten:

1) Namen, Stand und Wohnung des Klägers oder der Kläger;
2) Bestellung des Anwalts, welcher für den Kläger oder die Kläger auftreten wird;
3) das Verlangen des Klägers, zur gerichtlichen Theilung oder zur Ablösung, oder zur Theilung und Ablösung zu schreiten, unter Bezeichnung der Grundstücke, auf welche sich das Verfahren erstrecken soll, nach dem Kataster und unter Angabe der abzulösenden Nutzungsberechtigungen;
4) die Bezeichnung des Gerichts, bei welchem die Klage erhoben wird;
5) die Aufforderung an Jeden, welcher als Miteigenthümer, beziehungsweise an Jeden, welcher als Berechtigter oder Verpflichteter betheiligt ist, innerhalb eines Monats durch

Anwalt zu erscheinen, um seine Rechte wahrzunehmen, widrigenfalls er das Verfahren der Theilung oder Ablösung, sowie dasselbe bei dem Gerichte vor sich gehen werde, gegen sich gelten lassen müsse.

§. 30.

An die Stelle der Zustellung durch Vorladung treten im Falle des vorhergehenden Paragraphen Bekanntmachungen und Anheftungen in folgender Weise:

1) die Klage muß dem Vorsteher jeder Gemeinde, in welcher gemeinschaftliche oder belastete Grundstücke liegen, durch Gerichtsvollzieherakt zugestellt werden; daß dies geschehen und daß die Klage beim Vorsteher der Gemeinde zur Einsicht eines Jeden auf dem Amtslokale offen liege, muß an zwei Sonntagen im Hauptort der Gemeinde öffentlich durch die Schelle oder in sonst ortsüblicher Weise verkündigt werden. Die Erfüllung dieser Vorschrift ist durch den Vorsteher der Gemeinde amtlich zu bescheinigen.
2) Abschrift der Klage muß an die Thüre des Amtslokals des Vorstehers der Gemeinde, ferner an die Thüre des Sitzungssaales des Friedensgerichts, in dessen Bezirk die Grundstücke gelegen sind, angeheftet werden; die Anheftung wird durch ein auf einer Abschrift aufgenommenes und von dem Gemeindevorsteher zu beglaubigendes Protokoll des Gerichtsvollziehers beurkundet.
3) Der Anwalt des Klägers muß die Klage zweimal in den öffentlichen Anzeiger des Amtsblatts der Regierung und in eine Zeitung des Regierungsbezirks, ferner in das Kreisblatt, wenn ein solches in dem Kreise erscheint, wo die Grundstücke gelegen sind, einrücken lassen. Das Exemplar der Zeitung ist mit der durch den Bürgermeister zu beglaubigenden Unterschrift des Herausgebers zu versehen.

Wenn mehrere Personen gemeinschaftlich die Klage erheben, so wird in den unter Nr. 2. und 3. vorgeschriebenen Bekanntmachungen und Anheftungen nur einer der Kläger mit dem Zusatze: „und Genossen" namhaft gemacht.

§. 31.

Nach Ablauf eines Monats seit der letzten der in §§. 28. und 30. gedachten Vorladungen, Zustellungen, Bekanntmachungen und Anheftungen hat der Anwalt des Klägers ohne Schriftenwechsel die Sache durch einfachen Anwaltsakt zur Sitzung zu bringen.

Das Landgericht hat im Verfahren für summarische Sachen auf den Vortrag der Anwalte und auf den Antrag des öffentlichen Ministeriums, selbst von Amtswegen seine Kompetenz und die Beobachtung der gesetzlichen Formen, insbesondere auch der Vorschrift des §. 27., zu prüfen, und wenn in dieser Beziehung nichts entgegensteht, die Parteien mit Vorbehalt aller ihrer Rechte vor einen Kommissar aus seiner Mitte zu verweisen.

Das Urtheil ist nur dann, wenn es sich von der Kompetenz des Gerichts handelt, der Berufung unterworfen und wird nur in diesem Falle zugestellt.

§. 32.

Der Anwalt des Klägers überreicht dem Kommissar Ausfertigung des Urtheils mit dem Gesuche, einen Termin zur Feststellung der Rechte der Parteien anzuberaumen.

§. 33.

Die Terminbestimmung muß wenigstens vierzehn Tage vor dem Termine von dem Anwalte des Klägers durch Anwaltsakte den übrigen Anwalten zur Kenntniß gebracht werden.

§. 34.

In dem anberaumten Termine wird über sämmtliche Einreden gegen die Klage, soweit nicht nach §. 31. über dieselben zu entscheiden ist, und über das Vorhandensein, die Beschaffenheit und den Umfang des Miteigenthums oder der Nutzungsberechtigungen sämmtlicher Parteien verhandelt. Der Kommissar hat die Erklärungen der Anwalte oder der Parteien, welche, nachdem sie einen Anwalt bestellt haben, persönlich oder durch Bevollmächtigte vor ihm erscheinen, zu Protokoll zu nehmen. Jede Erklärung ist öffentlich vor der Versammlung abzugeben.

§. 35.

Beim Schlusse der im vorigen Paragraphen gedachten Verhandlungen werden drei Sachverständige, insofern die Parteien sich nicht über die Wahl derselben einigen, durch den Kommissar ernannt, und der Termin zur Vereidung derselben bestimmt.

Es ist gestattet, den Regierungs-Kommissar, sofern er Sachverständiger ist, ebenso wie die von ihm im Vorverfahren zugezogenen Experten, zu Sachverständigen zu ernennen.

§. 36.

Erheben sich Streitigkeiten, so nimmt der Kommissar die wechselseitigen Erklärungen zu Protokoll, läßt sich die Beweisstücke, auf welche die Parteien ihre Rechte gründen, übergeben und verweist die streitenden Theile in eine von ihm zu bezeichnende Sitzung des Landgerichts, zu welcher die Anwalte durch Anwaltsakte einzuladen sind. Die Verhandlungen nebst den Beweisstücken werden auf dem Sekretariate des Landgerichts zur Einsicht der Anwalte und zum Gebrauche des Gerichts hinterlegt. Das Landgericht hat, ohne daß es einer sonstigen Prozedur bedarf, auf Bericht des Kommissars, Vortrag der Anwalte und Antrag des öffentlichen Ministeriums zu entscheiden.

§. 37.

Auch im Falle des vorhergehenden Paragraphen kann der Kommissar, insofern das Theilungs- oder Ablösungsverfahren ungeachtet der entstandenen Streitigkeiten füglich und ohne Verletzung der Rechte der Parteien fortzusetzen ist, mit Ernennung und Vereidigung der Sachverständigen und dem weiteren Verfahren vorgehen. Wird hiergegen Widerspruch erhoben, so findet auch in Bezug auf diesen Punkt der §. 36. Anwendung.

§. 38.

Wird durch die Streitigkeiten Einzelner das Verfahren aufgehalten, so ist jede Partei befugt, von den streitenden Theilen die unausgesetzte Betreibung ihres Rechtsstreites zu verlangen und eine angemessene Frist feststellen zu lassen, nach deren Ablauf derselbe zu Ende geführt sein oder ohne Rücksicht auf den säumigen Theil die Fortsetzung des Theilungs- oder Ablösungsverfahrens verordnet werden soll.

Dieser Antrag wird in einem bei dem Kommissar erwirkten Termine, von welchem die Anwalte der betreffenden Parteien in Kenntniß zu setzen sind, angebracht und alsdann nach §. 36. verfahren.

§. 39.

Wenn eine Verhandlung zur Fortsetzung vertagt wird, so hat der Kommissar beim Schlusse des Termins den Parteien die Bestimmung des neuen Termins bekannt zu machen. Es bedarf alsdann einer Ladung zu dem letzteren nicht.

Wenn das Verfahren vor dem Kommissar wegen entstandener Streitigkeiten oder aus sonstigen Gründen abgebrochen worden ist, so hat nach deren Erledigung der Anwalt des Klägers einen neuen Termin zur Fortsetzung zu erwirken und es ist weiter nach §§. 33. bis 36. zu verfahren.

§. 40.

Jeder Beklagte kann verlangen, daß die Klage durch öffentliche Bekanntmachung angestellt werde.

Wenn das Vorverfahren sich über den Inhalt der erhobenen gerichtlichen Klage hinaus — in Ansehung des Gegenstandes oder der Person — auf eine nach §§. 1. und 4. der Gemeinheitstheilungs-Ordnung zulässige Theilung oder Ablösung erstreckt hat, so ist jeder Beklagte befugt zu verlangen, daß die Klage auf jene Theilung oder Ablösung ausgedehnt werde; er muß dabei den Inhalt der anzustellenden neuen Klage vollständig bezeichnen. Beabsichtigt ein Beklagter, beide Verlangen zu stellen, so muß er dieselben gleichzeitig anbringen.

Die oben gedachten Verlangen sind vor Erwirkung des im §. 31. erwähnten Urtheils im Akte der Anwaltsbestellung oder durch besonderen Anwaltsakt anzubringen.

Wer dieselben später anbringt, muß sämmtliche durch diese Verspätung verursachten Kosten persönlich tragen. Nach Festsetzung des Termins zur Vereidigung der Sachverständigen sind die obigen Verlangen nicht mehr zulässig, und kann selbst auf

Grund des §. 4. der Gemeinheitstheilungs-Ordnung eine Ausdehnung des Verfahrens nicht mehr stattfinden.

Ist eins der obigen Verlangen vor Erwirkung des im §. 31. erwähnten Urtheils gestellt, so wird dadurch das Verfahren unterbrochen und der Kläger hat innerhalb einer Frist von sechs Wochen dem Verlangen zu entsprechen, widrigenfalls seine ursprünglich erhobene Klage auf Antrag eines jeden Beklagten in dem Verfahren des §. 31. angebrachtermaßen abzuweisen ist.

Glaubt ein Kläger dem Verfahren widersprechen zu können, so bildet der Streit einen Gegenstand des im §. 31. gedachten Verfahrens, und die Frist von sechs Wochen beginnt mit dem Tage des Urtheils, welches dem Verlangen des Beklagten stattgiebt.

Im Falle eines der obigen Verlangen nach Erwirkung des im §. 31. gedachten Urtheils gestellt wird, muß dasselbe im Termine vor dem Kommissar angebracht werden; das Verfahren vor demselben wird dadurch unterbrochen. Wenn ein Kläger dem Verlangen widerspricht, so hat der Kommissar die Parteien zur Sitzung des Landgerichts nach §. 36. zu verweisen; die Entscheidung ist in Ansehung dieses Punktes der Berufung nicht unterworfen. Im Uebrigen gilt für diesen Fall dasselbe, was für den Fall, wo das Verlangen vor Erwirkung des ersten Urtheils angebracht wurde, vorgeschrieben ist.

Nachdem die Klage von Neuem erhoben worden, ist nach der Vorschrift des §. 31. weiter zu verfahren. Wenn die neue Klage eine Ausdehnung der früheren enthält, so sind die auf letztere ergangenen Anwaltsbestellungen für nicht geschehen zu erachten.

§. 41.

Im Falle nach dem Termine zur Feststellung der Rechte der Parteien Jemand als Betheiligter in den Prozeß treten will, so hat derselbe durch Gesuch eines Anwalts, welches den übrigen Anwalten zuzustellen ist, seinen Anspruch bei dem Kommissar anzubringen. Dieser läßt in einem von ihm anberaumten Termine, welcher durch Anwaltsakt mindestens vierzehn Tage vor dem Termine zur Kenntniß sämmtlicher Anwalte gebracht wird, die Parteien sich erklären, und verweist dieselben im Falle von Streitigkeiten in eine Sitzung des Landgerichts. Der nachträglich Eintretende muß — eine öffentliche Bekanntmachung vorausgesetzt — die durch sein verspätetes Auftreten entstehenden Kosten tragen und die vorangegangenen Schritte der Prozedur werden in Ansehung seiner nicht wiederholt.

§. 42.

Wenn in Bezug auf die vorläufige Verwaltung der Grundstücke oder einen sonstigen Zwischenpunkt eine gerichtliche Verfügung oder Entscheidung von einer Partei beantragt werden soll, so ist der Antrag durch Gesuch des Anwalts beim Kommissar anzubringen, welcher in einem Termine, zu dem die übrigen Anwalte mindestens vierzehn Tage vor dem Termine, sofern diese Frist nicht durch Verfügung des Kommissars abgekürzt ist, durch Anwaltsakt einzuladen sind, die Erklärungen der Parteien vernimmt und den Zwischenpunkt zur Entscheidung in eine Sitzung des Landgerichts verweist.

§. 43.

In dem Vereidigungstermine (§. 35.), zu welchem die Sachverständigen auf Betreiben des Klägers vorgeladen werden, nimmt der Kommissar die Vereidigung derselben vor, bespricht mit ihnen die zu lösende Aufgabe und setzt in Gemeinschaft mit ihnen Ort und Zeit zum Beginn ihrer Verrichtungen fest.

§. 44.

Die Verrichtungen der Sachverständigen sind in der Regel an Ort und Stelle, wo die Grundstücke liegen, und in Gegenwart des Kommissars zu beginnen. Im weiteren Verlaufe haben die Sachverständigen beim Schlusse einer jedesmaligen Tagefahrt Ort und Zeit zur Fortsetzung ihres Geschäfts zu bestimmen und der Kommissar kann ihren Verrichtungen beiwohnen, sofern er solches für nöthig erachtet.

Jede Partei, welche einen Anwalt bestellt hat, kann den Verrichtungen persönlich beiwohnen, oder sich dabei durch ihren Anwalt oder ihren Bevollmächtigten vertreten lassen. Einer Berufung der Parteien oder ihrer Anwalte, um den Verrichtungen der Sachverständigen beizuwohnen, bedarf es nicht.

§. 45.

Der Kommissar kann zu jeder Zeit von den Sachverständigen Auskunft über den Fortgang ihrer Verrichtung erfordern und ihnen zu regelmäßigerem oder beschleunigterem Betriebe Anweisungen ertheilen.

Derselbe ist befugt, austretende Sachverständige durch andere zu ersetzen, auch aus erheblichen Gründen die Sachverständigen oder einzelne von ihnen ihres Auftrages zu entbinden und an ihre Stelle andere zu ernennen.

In diesem Falle setzt er zugleich Termin zur Vereidigung der neu ernannten Sachverständigen an und hinterlegt seine Verfügung auf dem Sekretariate zur Kenntniß der Anwalte.

Der Anwalt des Klägers hat die Verfügung den entlassenen Sachverständigen zustellen zu lassen und den übrigen Anwalten durch Anwaltsakt anzuzeigen, und es ist weiter nach §. 43. zu verfahren.

§. 46.

Nachdem die Sachverständigen ihr Gutachten auf dem Sekretariate des Landgerichts hinterlegt haben, fertigt der Kommissar unter ihrer Zuziehung den Theilungs- oder Ablösungsplan, läßt, insofern eine Landtheilung in Natur oder eine Landabfindung darin vorgesehen ist, diese nach dem Plane abstecken und legt den Plan auf dem Sekretariate nieder.

Der Anwalt des Klägers hat eine von dem Sekretariate beglaubigte Kopie des Planes, so wie der etwa dazu gehörigen Karte bei dem Vorsteher der Gemeinde, in deren Bezirk die Grundstücke liegen, zur Einsicht der Betheiligten zu hinterlegen; daß dies geschehen, wird von dem Gemeinde-Vorsteher auf der bei ihm hinterlegten Abschrift beglaubigt. Gehören die Grundstücke zu mehreren Gemeinden, so ist die Gemeinde, bei deren Vorsteher die Hinterlegung geschehen soll, von dem Kommissar bei Niederlegung des Planes auf dem Secretariate zu bestimmen.

§. 47.

Der Anwalt des Klägers hat die nach dem vorigen Paragraphen geschehenen Hinterlegungen den übrigen Anwalten durch Anwaltsakt, und den vorgeladenen Parteien, welche keinen Anwalt bestellt haben, durch Gerichtsvollzieherakt anzuzeigen, mit der Aufforderung an jeden Betheiligten, binnen einem Monate von dem Gutachten und dem Theilungs- oder Ablösungsplane Einsicht zu nehmen und, im Falle er gegen den Plan Einwendungen geltend machen wolle, in dieser Frist Einspruch zu erheben, widrigenfalls angenommen werde, er genehmige den Plan.

Im Falle eine öffentliche Ladung zum Verfahren stattgefunden hat, ist die obige Anzeige und Aufforderung in derselben Weise, wie nach §. 30. die Klage, zu veröffentlichen. Die Bekanntmachung muß alsdann die Bezeichnung der Grundstücke, auf welche sich das Verfahren erstreckt, nach dem Kataster enthalten.

§. 48.

Ein Einspruch gegen den Theilungs- und Ablösungsplan muß schriftlich und unter Angabe der Gründe und Beifügung der Beweisstücke durch den Anwalt auf dem Sekretariate angebracht werden.

§. 49.

Wenn nach Niederlegung des Plans ein Betheiligter, welcher bis dahin nicht im Verfahren vertreten war, Ansprüche und Einwendungen gegen den Plan erheben will, so kann dies nur auf dem Wege des Einspruchs gegen den Plan geschehen.

Dieser Einspruch muß zugleich die Anwaltsbestellung enthalten, und es wird über denselben in gleicher Weise, wie über sonstige Einsprüche gegen den Plan und gleichzeitig mit denselben entschieden. In Ansehung der durch das verspätete Beitreten entstehenden Kosten findet die Bestimmung des §. 41. Anwendung.

§. 50.

Im Falle der Kommissar der Ansicht ist, daß eine Theilung der gemeinschaftlichen Grundstücke in Natur vorzunehmen, oder daß eine Landabfindung zu gewähren sei, muß derselbe vor Hinterlegung des Theilungs- oder Ablösungsplans einen Termin bestimmen, in welchem er das Gutachten der Sachverständigen über Vermessung und Bonitirung und nach Befinden auch einen vorläufigen Ablösungs- oder Theilungsplan an Ort und Stelle den Parteien zur Aeußerung vorlegen werde. Diese Verfügung wird auf dem Sekretariate zur Kenntniß der Anwalte hinterlegt und von dem Anwalte des Klägers den übrigen Anwalten vierzehn Tage vor dem Termine angezeigt. Der Kommissar kann zu dem Termine, in welchem ein vorläufiger Plan vorgelegt werden soll, die Grenzen der Landabfindungen soweit abstecken lassen, als es ihm zum Verständniß der Betheiligten erforderlich scheint.

Auch in den Fällen, wo eine Theilung in Natur oder eine Landabfindung nicht eintritt, kann der Kommissar, wenn er es für zweckmäßig erachtet, einen vorläufigen Plan fertigen und den Betheiligten in obiger Weise zur Erklärung vorlegen.

Werden Einwendungen gegen die Vermessung und Bonitirung oder gegen den vorläufigen Plan erhoben, so nimmt der Kommissar darauf bei Fertigung des schließlichen Planes die ihm geeignet scheinende Rücksicht.

§. 51.

Wenn seit der letzten der im §. 47. vorgeschriebenen Zustellungen, Bekanntmachungen und Anheftungen ein Monat verstrichen ist, ohne daß Einspruch erhoben worden, so erstattet der Kommissar dem Landgericht in der Rathskammer Bericht. Dasselbe ertheilt, wenn die Vorschriften des Gesetzes erfüllt und die Rechte der Minderjährigen, Interdizirten, Gemeinden oder öffentlichen Anstalten nicht verletzt sind, nach Anhörung des öffentlichen Ministeriums dem Plane die Bestätigung und erklärt ihn für exekutorisch. Im entgegengesetzten Falle wird die Sache an den Kommissar zurückgewiesen.

§. 52.

Ist Einspruch erhoben, so verweist der Kommissar nach Ablauf der Fristen die Sache für sämmtliche Parteien in eine von ihm zu bestimmende Sitzung des Landgerichts, in welcher in dem Verfahren für summarische Sachen nach Vortrag der Anwalte und Antrag des öffentlichen Ministeriums zu entscheiden ist. Werden die Einsprüche verworfen und sind die Vorschriften des Gesetzes erfüllt und die Rechte der Minderjährigen, Interdizirten, Gemeinden und öffentlichen Anstalten nicht verletzt, so wird durch das Urtheil zugleich der Theilungsplan bestätigt und für exekutorisch erklärt.

Im entgegengesetzten Falle wird die Sache vor den Kommissar zurückverwiesen.

§. 53.

Ist nach dem Plane ein Verkauf erforderlich, so verordnet das Landgericht unter Bestätigung des Planes den Verkauf und ernennt einen Notar, vor welchem derselbe vorgenommen werden soll. Die Bedingungen des Verkaufs müssen in dem Plane enthalten sein und können Gegenstand des Einspruchs nach §. 48. bilden. Der Anwalt des Klägers hat die übrigen Anwalte zu dem vor dem Notar stattfindenden Geschäfte einzuladen. Hat der Verkauf stattgefunden, so fertigt der Kommissar den schließlichen Plan und es wird rücksichtlich desselben nach dem §. 46. u. s. w. verfahren.

Soll nach dem Plane eine Verloosung geschehen, so verweist das Landgericht die Parteien zur Vornahme der Loosung an den Kommissar. Der Anwalt des Klägers hat die übrigen Anwalte zu dem Termine, welchen der Kommissar anberaumt, wenigstens Einen Monat vorher einzuladen. Das Protokoll über die Loosung wird der Urschrift des bestätigten Theilungsplans beigeheftet.

§. 54.

Für den nach diesem Gesetze stattfindenden Verkauf (§§. 16. und 53.) und für dessen Ankündigungen sind die Vorschriften der Kabinetsorder vom 29. September 1835 maaßgebend. In den Ankündigungen wird nur eine betreibende Partei mit dem Zusatze „und Genossen“ namhaft gemacht. Ein Uebergebot nach dem Verkaufe findet nicht statt.

Bei der Loosung (§§. 16. und 53.) kann der Kommissar einen Anwalt oder Sekretär beauftragen, für diejenigen Parteien, welche nicht erscheinen und nicht durch Bevollmächtigte oder Anwalte vertreten sind, die Loosung vorzunehmen; er kann auch nöthigenfalls einen dritten Unbetheiligten dazu vereiden.

§. 55.

Die §§. 8. und 9. finden auch im gerichtlichen Verfahren Anwendung.

Die öffentliche Bekanntmachung im gerichtlichen Verfahren hat dieselbe Wirkung, wie im Vorverfahren (§. 21.). Wenn sowohl die Klage, als die im §. 47. gedachte Anzeige und Aufforderung auf dem Wege der öffentlichen Bekanntmachung erfolgt sind, so gilt der bestätigte Plan auch gegen jeden zum Verfahren nicht zugezogenen Betheiligten, selbst wenn er übergangen wäre, und derselbe ist ebenso, wie nach §. 21., präkludirt.

§. 56.

Wenn es nothwendig wird, den Kommissar oder den Notar durch einen anderen zu ersetzen, so geschieht dies auf Gesuch des Anwalts des Klägers durch Beschluß der Rathskammer.

§. 57.

Kontumazialurtheile gegen die Partei oder gegen den Anwalt und Kontumazial-Verbindungsurtheile werden nicht erlassen; jedes Urtheil wird als ein kontradiktorisches betrachtet.

§. 58.

Durch den Tod oder eine Veränderung in der Person einer Partei wird das Verfahren nicht aufgehalten.

Eine Zustellung deshalb und ein Wiederaufnahmeverfahren findet nicht statt. Wenn ein Anwalt stirbt oder außer Amt tritt, so muß die von ihm vertretene Partei innerhalb vierzehn Tagen einen neuen Anwalt bestellen; nach Ablauf dieser Frist hat das Verfahren ungehinderten Fortgang.

§. 59.

Ist der Anwalt des Klägers säumig, so kann der Anwalt jeder anderen Partei denselben zur Fortsetzung auffordern und, wenn dieser Aufforderung binnen acht Tagen nicht entsprochen wird, an dessen Stelle als der das Verfahren betreibende Anwalt treten.

§. 60.

Eine Einrede auf Grund des Art. 174. der Bürgerlichen Prozeßordnung kann nicht erhoben werden. Die Einlassung in das Verfahren zieht für den Verklagten, so lange er nicht als betreibender Theil auftritt, die Erbesqualität nicht nach sich.

§. 61.

Die Deckung der Kosten des Verfahrens, welche nicht durch Streitigkeiten Einzelner entstanden sind und diesen zur Last fallen (§. 29. der Gemeinheitstheilungs-Ordnung), sowie das Verhältniß, in welchem die Parteien zu den Kosten beizutragen haben, müssen in dem Theilungs- oder Ablösungsplan vor dessen Hinterlegung vorgesehen werden. Der Kostenpunkt kann Gegenstand des Einspruchs nach §. 48. bilden.

Diejenige Partei, welche vor dem Kommissar der Regierung im Vorverfahren zu dem Theilungs- oder Ablösungsplan ihre Zustimmung erklärt hat, kann ganz oder theilweise von den Kosten des gerichtlichen Verfahrens entbunden werden, sofern das Ergebniß des letzteren mit jenem Plane übereinstimmt oder nur unerheblich von ihm abweicht.

Wenn das Vorverfahren eingestellt worden ist, weil die Ansprüche einer oder mehrerer Personen von den übrigen bestritten wurden, so kann das Gericht jene Personen, wenn sie im gerichtlichen Verfahren nicht auftreten, oder wenn ihre Ansprüche grundlos befunden werden, auf Antrag jeder Partei in einen angemessenen Theil der Kosten verurtheilen. Die Partei, welche diese Verurtheilung erwirkt hat, ist zur Vollstreckung berechtigt und hat den Ertrag nach Abzug der aufgewendeten Kosten zur Masse zu bringen.

§. 62.

Eine Erstattung von Auslagen für Reisen der Partei oder des Anwalts, oder von Auslagen wegen Vertretung durch einen Bevollmächtigten, findet weder im Vorverfahren, noch im gerichtlichen Verfahren statt.

§. 63.

Alle Hinterlegungen auf dem Sekretariate geschehen kostenfrei; das Sekretariat hat das hinterlegte Schriftstück mit dem Datum der Hinterlegung zu versehen und auf Verlangen Bescheinigung darüber zu ertheilen. Eines förmlichen Hinterlegungsaktes bedarf es nicht.

§. 64.

Das Verfahren ist stempelfrei. Die Kosten und Gebühren für das gerichtliche Verfahren werden für jetzt nach den bestehenden Tarifen angesetzt und erhoben. Die Abänderung der letzteren bleibt vorbehalten.

§. 65.

Die Kosten und Gebühren werden durch den Kommissar exekutorisch erklärt.

§. 66.

Die Berufung von jedem Urtheil muß bei Verlust des Rechtsmittels innerhalb vierzehn Tagen nach der Zustellung an den Anwalt, oder, wenn kein Anwalt bestellt ist, nach der Zustellung an die Partei, eingelegt werden.

Die Zustellung eines Urtheils an den Anwalt hat in Ansehung der Rechtskraft alle Wirkungen, welche das Gesetz mit der Zustellung des Urtheils an die Partei verbindet. Gleichwohl wird jedem Anwalt nur eine Kopie des Urtheils zugestellt, auch wenn er mehrere Parteien vertritt.

Die Berufung wird im Domizil des Anwalts zugestellt.

Der Artikel 449. der Bürgerlichen Prozeß-Ordnung findet keine Anwendung.

§. 67.

Der Berufungsakt muß die Beschwerdepunkte enthalten. Die Sache wird nach Ablauf der Erscheinungsfrist, welche in keinem Falle mehr als einen Monat betragen soll, durch einfachen Anwaltsakt zur Sitzung gebracht, ohne daß es außer den motivirten Anträgen der Appellaten einer Zustellung oder sonstigen Prozedur bedarf.

Die §§. 57., 58., 62. und 64. finden auch in der Berufungs-Instanz Anwendung.

§. 68.

Vor jedem Beschlusse oder Urtheil des Gerichts muß das öffentliche Ministerium gehört werden.

§. 69.

Vormünder und emanzipirte Minderjährige bedürfen zu dem Antrage auf Theilung oder Ablösung bei der Regierung der Ermächtigung des Familienraths, Gemeinden oder öffentliche Anstalten der Ermächtigung des Bezirksraths, beziehungsweise des Kreisausschusses oder der betreffenden Aufsichtsbehörde. Dasselbe gilt in Bezug auf Anstellung der Klage bei Gericht, sofern nicht bereits die Ermächtigung zum Antrage bei der Regierung ertheilt war.

Die Ehefrauen werden sowohl im Vorverfahren als im gerichtlichen Verfahren durch die Ehemänner vertreten, wenn es sich von Grundstücken mit Eigenthumsantheilen oder Nutzungsberechtigungen handelt, welche nach den zwischen den betreffenden Eheleuten bestehenden Rechtsverhältnissen der Verwaltung der Ehemänner unterworfen sind. In den sonstigen Fällen haben die Ehefrauen selbst ihre Rechte auszuüben; sie bedürfen dabei der Ermächtigung der Ehemänner, insofern sie den Antrag zum Vorverfahren oder die Klage zum gerichtlichen Verfahren erheben wollen.

Sämmtliche oben gedachte Personen bedürfen einer Ermächtigung nicht, um sich auf den Antrag oder die Klage einzulassen und im Verfahren ihre Rechte geltend zu machen. Wenn die nöthige Ermächtigung mangelt, so ist der Antrag oder die Klage als unannehmbar zurückzuweisen.

§. 70.

Zu jeder Einigung vor dem Kommissar der Regierung oder des Gerichts bedarf es in Ansehung von Minderjährigen, Interdizirten, Ehefrauen, Gemeinden oder öffentlichen Anstalten der sonst zu Vergleichen gesetzlich erforderlichen Formen, Ermächtigungen oder Bestätigungen nicht, insofern die gerichtliche Bestätigung der Theilung oder Ablösung nach §§. 15., 51. und 52. erfolgt.

§. 71.

Wenn bei Verkündigung des gegenwärtigen Gesetzes eine Theilung oder Ablösung, auf welche dasselbe Anwendung findet, gerichtlich anhängig gemacht, jedoch ein Urtheil erster Instanz, welches den Verkauf oder die Loosziehung verordnet, oder das Resultat des Verfahrens anderweit festsetzt, noch nicht ergangen ist, so kann die Prozedur bei Gericht nicht fortgesetzt werden; der betreibende Theil muß den Antrag zum Versuch der Einigung an die Regierung stellen und, wenn das Vorverfahren nicht zur Einigung führt, eine neue Klage nach den Vorschriften dieses Gesetzes erheben.

Die durch Vergleich oder rechtskräftige Entscheidung in dem früheren Prozesse getroffenen Festsetzungen über die Theilnehmungsrechte bleiben gültig.

Ist bereits durch ein Urtheil erster Instanz der Verkauf oder die Loosеziehung verordnet, oder das Resultat des Verfahrens anderweit festgesetzt, so wird die Sache in den vor dem gegenwärtigen Gesetze geltenden Formen erledigt.

§. 72.

Die Bestimmungen des Rheinischen Prozeßverfahrens kommen zur Anwendung, soweit das gegenwärtige Gesetz eine Abänderung nicht enthält.

Urkundlich unter Unserer Höchsteigenhändigen Unterschrift und beigedrucktem Königlichen Insiegel.

Gegeben Warschau, den 19. Mai 1851.

(L. S.) Friedrich Wilhelm.

v. Manteuffel. v. d. Heydt. v. Rabe. Simons. v. Stockhausen. v. Raumer. v. Westphalen.

I. 2589. Rhein. Gen. 15. Vol. II.

86.

Gesetz, — betreffend die Versorgung der Militair-Invaliden vom Oberfeuerwerker, Feldwebel und Wachtmeister abwärts. Vom 4. Juni 1851.

Wir Friedrich Wilhelm, von Gottes Gnaden, König von Preußen rc. rc.

verordnen, mit Zustimmung der Kammern, was folgt:

§. 1.

Diejenigen Soldaten vom Oberfeuerwerker, Feldwebel und Wachtmeister abwärts, welche im aktiven Militairdienste oder in Folge desselben invalide geworden sind, sollen, nach den näheren Bestimmungen dieses Gesetzes, angemessen versorgt und alle Invaliden des Heeres, ohne Unterschied der Waffengattung oder des Truppentheils, nach gleichen Grundsätzen behandelt werden.

Abschnitt I.

Soldaten, welche unmittelbar aus dem aktiven Dienste als Invalide entlassen werden.

§. 2.

Die unmittelbar aus dem aktiven Dienste scheidenden Invaliden sind entweder:

A. Halbinvalide, d. h. solche, die noch zum Garnisondienste fähig, oder

B. Ganzinvalide, d. h. solche, die zu keinerlei Militairdiensten mehr tauglich sind.

A. Halbinvalide.

§. 3.

Soldaten, welche entweder
1) nach einer Dienstzeit von mindestens 12 Jahren, oder
2) bei dem Besitze eines im Kriege erworbenen Preußischen Militair-Ehrenzeichens, oder
3) durch
   a) Verwundung vor dem Feinde,
   b) Beschädigung bei unmittelbarer Ausübung des Dienstes, oder
   c) eine während des aktiven Militairdienstes überstandene kontagiöse Augenkrankheit

halbinvalide geworden sind, werden nach ihrer Wahl und unter Berücksichtigung ihrer Charge (§. 17.) entweder einem Garnison-Truppentheile überwiesen oder mit der Pension vierter Klasse für Ganzinvaliden (§. 6.) entlassen.

§. 4.

Halbinvalide, welche nach mindestens 12jähriger Dienstzeit ausscheiden und sich stets gut geführt haben, können auch lediglich durch Verleihung des Anspruchs auf eine Versorgung im Civildienst mittelst Ertheilung des Civil-Versorgungsscheins abgefunden werden, wenn sie diese Abfindung denjenigen Arten der Versorgung vorziehen, auf welche sie nach §. 3. Anspruch haben.

B. Ganzinvalide.

§. 5.

Ganzinvalide, denen ein Anrecht auf Versorgung zusteht, erhalten entweder eine Invalidenpension und daneben, Falls sie sich stets gut geführt haben, den Civilversorgungsschein, oder sie werden in eine Invalidenanstalt resp. eine Invalidenkompagnie aufgenommen.

§. 6.

Die Invalidenpensionen zerfallen in vier Klassen und betragen monatlich:

	in der 1. Klasse.		2. Klasse.		3. Klasse.		4. Klasse.	
	Rthlr.	Sgr.	Rthlr.	Sgr.	Rthlr.	Sgr.	Rthlr.	Sgr.
1) für Oberfeuerwerker, Feldwebel und Wachtmeister . .	8	—	6	—	5	—	3	—
2) für Vicefeldwebel und Sergeanten	6	—	5	—	4	—	2	15
3) für Feuerwerker und Unteroffiziere	5	—	4	—	3	—	2	—
4) für die übrigen Soldaten .	3	15	2	25	2	—	1	—

§. 7.

Die Invalidenpension erster Klasse darf nur solchen Ganzinvaliden, welche völlig erwerbsunfähig, diejenige zweiter Klasse nur solchen, welche größtentheils oder völlig erwerbsunfähig, und diejenige dritter Klasse nur solchen, welche mindestens theilweise erwerbsunfähig geworden sind, bewilligt werden.

Bei noch vorhandener vollständiger Erwerbsfähigkeit ist nur die Bewilligung der Pension vierter Klasse zulässig.

Mit dieser Maaßgabe wird der Anspruch auf eine Pension entweder:

1) durch eine gewisse Dienstzeit (§§. 8 — 11. unter Nr. 1.) oder
2) auch ohne Rücksicht auf die Dauer der Dienstzeit (§§. 8 bis 11. unter Nr. 2. und 3.)

erworben.

§. 8.

Die Invalidenpension erster Klasse erhalten Ganzinvalide, wenn sie entweder

1) nach einer Dienstzeit von mindestens 21 Jahren, oder
2) bei dem Besitze eines im Kriege erworbenen Preußischen Militair-Ehrenzeichens, oder
3) durch
   a) Verwundung vor dem Feinde,
   b) Beschädigung bei unmittelbarer Ausübung des eigentlichen Militairdienstes (also mit Ausschluß von Oekonomie- oder Aufwartediensten), oder
   c) gänzliche Erblindung in Folge einer während des aktiven Militairdienstes überstandenen kontagiösen Augenkrankheit

völlig erwerbsunfähig geworden sind.

§. 9.

Die Invalidenpension zweiter Klasse erhalten Ganzinvalide, wenn sie entweder

1) nach einer Dienstzeit von mindestens 15 Jahren, oder
2) bei dem Besitze eines im Kriege erworbenen Preußischen Militair-Ehrenzeichens, oder
3) durch
   a) Verwundung vor dem Feinde,
   b) Beschädigung bei unmittelbarer Ausübung des Dienstes, oder
   c) eine während des aktiven Dienstes überstandene kontagiöse Augenkrankheit

größtentheils erwerbsunfähig geworden sind.

§. 10.

Die Invalidenpension dritter Klasse erhalten Ganzinvalide, wenn sie entweder

1) nach einer Dienstzeit von mindestens 12 Jahren, oder
2) bei dem Besitze eines im Kriege erworbenen Preußischen Militair-Ehrenzeichens, oder

3) durch eine der im §. 9. unter Nr. 3. a. b. c. bezeichneten Ursachen

theilweise erwerbsunfähig geworden sind.

§. 11.

Die Invalidenpension vierter Klasse erhalten Ganzinvalide, wenn sie entweder

1) nach einer Dienstzeit von mindestens 8 Jahren, oder
2) bei dem Besitze eines im Kriege erworbenen Preußischen Militair-Ehrenzeichens, oder
3) durch eine der im §. 9. unter Nr. 3. a. b. c. bezeichneten Ursachen

Ganzinvalide geworden sind.

§. 12.

Invalide, welche verstümmelt oder ganz erblindet sind (§. 13.), werden unter allen Umständen als völlig erwerbsunfähig angesehen.

§. 13.

Invalide, denen die Pension erster Klasse zusteht, erhalten, wenn sie verstümmelt oder ganz erblindet sind, ohne Unterschied der Charge, eine Pensionszulage und zwar:

beim Verlust beider Arme	von	3 Rthlr.	15 Sgr.	monatl.
= = des rechten Armes	=	2 =	—	=	=
= = des linken Armes	=	1 =	15	=	=
= = beider Füße	=	2 =	15	=	=
= = eines Fußes	=	1 =	—	=	=
bei völliger Blindheit beider Augen	=	2 =	15	=	=

§. 14.

Tritt der Dienstzeit, welche den Anspruch auf eine der höheren Pensions-Klassen begründet (§§. 8—11. Nr. 1.), nicht der für diese Pensionsklasse erforderliche Grad der Erwerbsunfähigkeit (§. 7.) hinzu, so wird nach dem Maaße der letzteren die Pension einer geringeren Klasse bewilligt.

§. 15.

Diejenigen Oberfeuerwerker, Feldwebel und Wachtmeister, welche zur Pension erster Klasse berechtigt sind, erhalten statt derselben

nach 30jähriger Dienstzeit eine monatliche Pension von 10 Rthlrn.,
= 40 = = = = = = 12 =
= 50 = = = = = = 15 =

§. 16.

In die Invalidenhäuser und Invalidenkompagnieen werden nur solche Ganzinvalide aufgenommen, welche Anspruch auf die Pension erster Klasse haben. Vorzugsweise sind darunter diejenigen zu berücksichtigen, welche einen Arm oder Fuß, oder beide Arme oder Füße verloren haben, oder auf beiden Augen erblindet sind. Für die Aufnahme in ein Invalidenhaus ist maaßgebend, daß die Invaliden nur zum vierten Theile der etatsmäßigen Mannschaft des Hauses verheirathet sein und Kinder über 14 Jahre nicht bei sich haben dürfen.

C. Bestimmungen für Halb- und Ganzinvalide.

§. 17.

Neben der Erfüllung der in den §§. 3. und 8 — 11. unter Nr. 1. bestimmten Dienstzeit überhaupt, müssen die im §. 6. unter Nr. 1., 2. und 3. genannten Militairpersonen die von ihnen erdiente Charge beziehungsweise (§. 8. Nr. 1.) 10 Jahre, (§. 9. Nr. 1.) 6 Jahre, (§. 10. Nr. 1.) 4 Jahre und (§§. 3. und 11. Nr. 1.) 1 Jahr lang im Etat bekleidet haben. Bei Vicefeldwebeln und Sergeanten genügt es jedoch, wenn dieselben nur resp. 10, 6 und 4 Jahre lang als Avancirte und darunter 1 Jahr lang als Vicefeldwebel oder Sergeanten im Etat gedient haben. Wird die für die Charge bestimmte Dienstzeit nicht erreicht, so erfolgt die Bewilligung der Pension der nächstfolgenden geringeren Charge.

§. 18.

Auf Soldaten, welche bei den Uebungen der Landwehr durch Beschädigung bei unmittelbarer Ausübung des Dienstes halb- oder ganz invalide werden, finden die Bestimmungen der §§. 3. bis einschließlich 17. ebenfalls Anwendung, jedoch nur dann, wenn die Beschädigung während oder am Schlusse der Uebung festgestellt und die darauf zu gründenden Ansprüche innerhalb der nächsten sechs Monate nach beendigter Uebung angemeldet werden.

§. 19.

Soldaten, welche sich in der zweiten Klasse des Soldatenstandes befinden, haben, wenn sie invalide werden, keinen Anspruch auf die Wohlthaten dieses Gesetzes. Jedoch kann denselben, wenn bei ihnen eine der Voraussetzungen vorhanden ist, welche für andere Invaliden den Anspruch auf eine Pension der ersten oder zweiten Klasse begründen (§§. 8. und 9.), eine Unterstützung von Einem Thaler monatlich gewährt werden.

§. 20.

Die Versorgungsansprüche, welche ein Soldat nach den vorstehenden Bestimmungen (§§. 3. bis 17.) zu haben glaubt, muß derselbe vor seiner Entlassung zur Prüfung und Feststellung anmelden. Geschieht dies nicht, so können Ansprüche, welche später etwa erhoben werden möchten, nur nach den Bestimmungen des Abschnitts II. dieses Gesetzes beurtheilt und behandelt werden. Eine Verzichtleistung auf Invaliden-Wohlthaten darf bei der Entlassung aus dem Soldatenstande weder gefordert, noch angenommen werden.

Abschnitt II.

Soldaten, welche erst nach ihrer Entlassung ganz invalide werden.

§. 21.

Soldaten, welche erst nach ihrer Entlassung ganz invalide werden, erhalten die Invalidenpension vierter Klasse (§. 6.), jedoch nur dann, wenn sie entweder:

1) im Besitze eines im Kriege erworbenen Preußischen Militair-Ehrenzeichens sind, oder wenn
2) ihre Invalidität durch
   a. Verwundung vor dem Feinde,
   b. Beschädigung durch unmittelbare Ausübung des Dienstes im Kriege, oder
   c. eine während des aktiven Dienstes überstandene kontagiöse Augenkrankheit

verursacht ist.

Insofern dieselben entweder bei dem Besitze eines Militair-Ehrenzeichens (oben Nr. 1.) oder aus einer der vorstehend unter Nr. 2. a. b. c. bezeichneten Ursachen völlig erwerbsunfähig geworden sind, wird ihnen die Pension dritter Klasse gewährt.

Sind solche Ganzinvaliden in Folge einer der oben unter Nr. 2. a. b. c. genannten drei Ursachen verstümmelt oder ganz erblindet, so erhalten sie neben der Pension dritter Klasse die im §. 13. bestimmte Zulage.

§. 22.

Außer der Pension (§. 21.) kann diesen Invaliden, wenn sie sich stets gut geführt haben, auch der Civilversorgungsschein ertheilt werden.

§. 23.

Die Invalidenversorgungs-Ansprüche bereits entlassener Soldaten müssen entweder durch den Entlassungsschein, oder durch Auszüge aus den Lazareth-Krankenlisten, oder durch andere amtliche Urkunden, und in Beziehung auf erworbene Militair-Ehrenzeichen durch die von der General-Ordens-Kommission ertheilten Besitzzeugnisse begründet werden.

Abschnitt III.

Allgemeine Bestimmungen.

§. 24.

Diejenigen Personen des Soldatenstandes, welche beziehungsweise

1) mit den Oberfeuerwerkern, Feldwebeln und Wachtmeistern,
2) mit den Vicefeldwebeln und Sergeanten,

3) mit den Feuerwerkern und Unteroffizieren,
4) mit den übrigen Soldaten

in gleichem Range stehen, haben dieselben Invalidenversorgungs-Ansprüche, welche den Militairpersonen dieser vier Kategorien zustehen. Den ganz invalide gewordenen Regiments-, Bataillons- und Zeughausbüchsenmachern wird jedoch, auch wenn sie nicht völlig oder größtentheils erwerbsunfähig geworden sind: nach 21jähriger Dienstzeit eine monatliche Pension von 5 Rthlrn.
" 15 " " " " " " 3 "
bewilligt.

§. 25.

Der Civilversorgungsschein (§§. 4., 5., 22. u. 24.) darf solchen Halb- oder Ganzinvaliden nicht ertheilt werden, welche an der Epilepsie leiden.

§. 26.

Alle bisherigen Bestimmungen, welche nicht im Einklange mit dem gegenwärtigen Gesetze stehen, sind aufgehoben. Das letztere hat keine rückwirkende Kraft, und findet mithin nur auf diejenigen Soldaten Anwendung, welche von jetzt ab als invalide anerkannt werden.

§. 27.

Mit der Ausführung dieses Gesetzes ist der Kriegsminister beauftragt.

Urkundlich unter Unserer Höchsteigenhändigen Unterschrift und beigedrucktem Königlichen Insiegel.

Gegeben Potsdam-Magdeb. Eisenbahn, den 4. Juni 1851.

(L. S.) Friedrich Wilhelm.

v. Manteuffel. v. d. Heydt. v. Rabe. Simons.
v. Stockhausen. v. Raumer. v. Westphalen.

I. 2679. J. 26. Vol. III.

87.

Gesetz über den Belagerungszustand. Vom 4. Juni 1851.

Wir Friedrich Wilhelm, von Gottes Gnaden, König von Preußen 2c. 2c.

verordnen, mit Zustimmung der Kammern, was folgt:

§. 1.

Für den Fall eines Krieges ist in den, von dem Feinde bedrohten oder theilweise schon besetzten Provinzen jeder Festungskommandant befugt, die ihm anvertraute Festung mit ihrem

Rayonbezirke, der kommandirende General aber den Bezirk des Armeekorps oder einzelne Theile desselben zum Zweck der Vertheidigung in Belagerungszustand zu erklären.

§. 2.

Auch für den Fall eines Aufruhrs kann, bei dringender Gefahr für die öffentliche Sicherheit, der Belagerungszustand sowohl in Kriegs- als in Friedenszeiten erklärt werden.

Die Erklärung des Belagerungszustandes geht alsdann vom Staats-Ministerium aus, kann aber provisorisch und vorbehaltlich der sofortigen Bestätigung oder Beseitigung durch dasselbe, in dringenden Fällen, rücksichtlich einzelner Orte und Distrikte, durch den obersten Militairbefehlshaber in denselben, auf den Antrag des Verwaltungschefs des Regierungsbezirks, wenn aber Gefahr im Verzuge ist, auch ohne diesen Antrag erfolgen.

In Festungen geht die provisorische Erklärung des Belagerungszustandes von dem Festungskommandanten aus.

§. 3.

Die Erklärung des Belagerungszustandes ist bei Trommelschlag oder Trompetenschall zu verkünden, und außerdem durch Mittheilung an die Gemeindebehörde, durch Anschlag an öffentlichen Plätzen und durch öffentliche Blätter ohne Verzug zur allgemeinen Kenntniß zu bringen. — Die Aufhebung des Belagerungszustandes wird durch Anzeige an die Gemeindebehörde und durch die öffentlichen Blätter zur allgemeinen Kenntniß gebracht.

§. 4.

Mit der Bekanntmachung der Erklärung des Belagerungszustandes geht die vollziehende Gewalt an die Militairbefehlshaber über. Die Civilverwaltungs- und Gemeindebehörden haben den Anordnungen und Aufträgen der Militairbefehlshaber Folge zu leisten.

Für ihre Anordnungen sind die betreffenden Militairbefehlshaber persönlich verantwortlich.

§. 5.

Wird bei Erklärung des Belagerungszustandes für erforderlich erachtet, die Artikel 5., 6., 7., 27., 28., 29., 30. und 36. der Verfassungs-Urkunde, oder einzelne derselben, zeit- und distriktweise außer Kraft zu setzen, so müssen die Bestimmungen darüber ausdrücklich in die Bekanntmachung über die Erklärung des Belagerungszustandes aufgenommen, oder in einer besonderen, unter der nämlichen Form (§. 3.) bekannt zu machenden Verordnung verkündet werden.

Die Suspension der erwähnten Artikel oder eines derselben ist nur für den Bezirk zulässig, der in Belagerungszustand erklärt ist und nur für die Dauer des Belagerungszustandes.

§. 6.

Die Militairpersonen stehen während des Belagerungszustandes unter den Gesetzen, welche für den Kriegszustand ertheilt sind. — Auch finden auf dieselben die §§. 8. und 9. dieser Verordnung Anwendung.

§. 7.

In den, in Belagerungszustand erklärten Orten oder Distrikten hat der Befehlshaber der Besatzung (in den Festungen der Kommandant) die höhere Militairgerichtsbarkeit über sämmtliche zur Besatzung gehörende Militairpersonen.

Auch steht ihm das Recht zu, die wider diese Personen ergehenden kriegsrechtlichen Erkenntnisse zu bestätigen. Ausgenommen hiervon sind nur in Friedenszeiten die Todesurtheile; diese unterliegen der Bestätigung des kommandirenden Generals der Provinz.

Hinsichtlich der Ausübung der niederen Gerichtsbarkeit verbleibt es bei den Vorschriften des Militair-Strafgesetzbuches.

§. 8.

Wer in einem in Belagerungszustand erklärten Orte oder Distrikte der vorsätzlichen Brandstiftung, der vorsätzlichen Verursachung einer Ueberschwemmung, oder des Angriffs oder des Widerstandes gegen die bewaffnete Macht oder Abgeordnete der Civil- oder Militairbehörde in offener Gewalt und mit Waffen oder gefährlichen Werkzeugen versehen sich schuldig macht, wird mit dem Tode bestraft.

Sind mildernde Umstände vorhanden, so kann, statt der Todesstrafe, auf zehn- bis zwanzigjährige Zuchthausstrafe erkannt werden.

§. 9.

Wer in einem in Belagerungszustand erklärten Orte oder Distrikte

a) in Beziehung auf die Zahl, die Marschrichtung oder angeblichen Siege der Feinde oder Aufrührer wissentlich falsche Gerüchte ausstreut oder verbreitet, welche geeignet sind, die Civil- oder Militairbehörden hinsichtlich ihrer Maaßregeln irre zu führen, oder

b) ein bei Erklärung des Belagerungszustandes oder während desselben vom Militairbefehlshaber im Interesse der öffentlichen Sicherheit erlassenes Verbot übertritt, oder zu solcher Uebertretung auffordert oder anreizt, oder

c) zu dem Verbrechen des Aufruhrs, der thätlichen Widersetzlichkeit, der Befreiung eines Gefangenen, oder zu andern §. 8. vorgesehenen Verbrechen, wenn auch ohne Erfolg, auffordert oder anreizt, oder

d) Personen des Soldatenstandes zu Verbrechen gegen die

Subordination oder Vergehungen gegen die militairische Zucht und Ordnung zu verleiten sucht,

soll, wenn die bestehenden Gesetze keine höhere Freiheitsstrafe bestimmen, mit Gefängniß bis zu Einem Jahre bestraft werden.

§. 10.

Wird unter Suspension des Artikels 7. der Verfassungs-Urkunde zur Anordnung von Kriegsgerichten geschritten, so gehört vor dieselben die Untersuchung und Aburtheilung der Verbrechen des Hochverraths, des Landesverraths, des Mordes, des Aufruhrs, der thätlichen Widersetzung, der Zerstörung von Eisenbahnen und Telegraphen, der Befreiung von Gefangenen, der Meuterei, des Raubes, der Plünderung, der Erpressung, der Verleitung der Soldaten zur Untreue, und der in den §§. 8. und 9. mit Strafe bedrohten Verbrechen und Vergehen, insofern alle genannten Verbrechen und Vergehen nach der Erklärung und Bekanntmachung des Belagerungszustandes begangen oder fortgesetzte Verbrechen sind.

Als Hochverrath und Landesverrath sind, bis zur rechtlichen Geltung eines Strafgesetzbuches für die ganze Monarchie, in dem Bezirke des Rheinischen Appellationshofes zu Köln die Verbrechen und Vergehen wider die innere und äußere Sicherheit des Staats (Artikel 75. bis 108. des Rheinischen Strafgesetzbuchs) anzusehen.

Ist die Suspension des Art. 7. der Verfassungs-Urkunde nicht vom Staatsministerium erklärt, so bleibt in Friedenszeiten bei den von dem Kriegsgerichte eingeleiteten Untersuchungen die Vollstreckung des Urtheils ausgesetzt, bis die Suspension vom Staatsministerium genehmigt ist.

§. 11.

Die Kriegsgerichte bestehen aus fünf Mitgliedern, unter denen zwei von dem Vorstande des Civilgerichtes des Ortes zu bezeichnende richterliche Civilbeamte, und drei von dem Militairbefehlshaber, welcher am Orte den Befehl führt, zu ernennende Offiziere sein müssen. Die Offiziere sollen mindestens Hauptmannsrang haben; fehlt es an Offizieren dieses höheren Ranges, so ist die Zahl aus Offizieren des nächsten Grades zu ergänzen.

Sofern in einer vom Feinde eingeschlossenen Festung die erforderliche Zahl von richterlichen Civilbeamten nicht vorhanden ist, soll dieselbe von dem kommandirenden Militairbefehlshaber aus den Mitgliedern der Gemeindevertretung ergänzt werden. Ist kein richterlicher Civilbeamte in der Festung vorhanden, so ist stets ein Auditeur Civilmitglied des Kriegsgerichts.

Die Zahl der Kriegsgerichte richtet sich, wenn eine ganze Provinz oder ein Theil derselben in Belagerungszustand erklärt ist, nach dem Bedürfniß, und den Gerichtssprengel eines jeden dieser Gerichte bestimmt in derartigen Fällen der kommandirende General.

§. 12.

Den Vorsitz in den Sitzungen der Kriegsgerichte führt ein richterlicher Beamte.

Von dem Vorsitzenden werden, bevor das Gericht seine Geschäfte beginnt, die zu Mitgliedern desselben bestimmten Offiziere und eintretenden Falls diejenigen Civilmitglieder, welche dem Richterstande nicht angehören, dahin vereidigt,

daß sie die Obliegenheiten des ihnen übertragenen Richteramtes mit Gewissenhaftigkeit und Unparteilichkeit, den Gesetzen gemäß, erfüllen wollen.

Der Militairbefehlshaber, welcher die dem Offizierstande angehörigen Mitglieder des Kriegsgerichts ernennt, beauftragt als Berichterstatter einen Auditeur, oder in dessen Ermangelung einen Offizier. Dem Berichterstatter liegt ob, über die Anwendung und Handhabung des Gesetzes zu wachen, und durch Anträge die Ermittelung der Wahrheit zu fördern. Stimmrecht hat derselbe nicht.

Als Gerichtsschreiber wird zur Führung des Protokolls ein von dem Vorsitzenden des Kriegsgerichts zu bezeichnender und von ihm zu vereidigender Beamter der Civilverwaltung zugezogen.

§. 13.

Für das Verfahren vor den Kriegsgerichten gelten folgende Bestimmungen:

1) Das Verfahren ist mündlich und öffentlich; die Oeffentlichkeit kann vom Kriegsgerichte durch einen öffentlich zu verkündigenden Beschluß ausgeschlossen werden, wenn es dies aus Gründen des öffentlichen Wohls für angemessen erachtet.

2) Der Beschuldigte kann sich eines Vertheidigers bedienen. — Wählt er keinen Vertheidiger, so muß ihm ein solcher von Amtswegen von dem Vorsitzenden des Gerichts bestellt werden, insofern es sich um solche Verbrechen oder Vergehen handelt, bei welchen nach dem allgemeinen Strafrecht eine höhere Strafe, als Gefängniß bis zu Einem Jahre, eintritt.

3) Der Berichterstatter trägt in Anwesenheit des Beschuldigten die demselben zur Last gelegte Thatsache vor.

   Der Beschuldigte wird aufgefordert, sich darüber zu erklären, demnächst wird zur Erhebung der anderweiten Beweismittel geschritten.

   Sodann wird dem Berichterstatter zur Aeußerung über die Resultate der Vernehmungen und die Anwendung des Gesetzes, und zuletzt dem Beschuldigten und seinem Vertheidiger das Wort gestattet.

Das Urtheil wird bei sofortiger nicht öffentlicher Berathung des Gerichts nach Stimmenmehrheit gefaßt und unmittelbar darauf dem Beschuldigten verkündigt.

4) Das Gericht erkennt auf die gesetzliche Strafe, oder auf Freisprechung, oder Verweisung an den ordentlichen Richter.

Der Freigesprochene wird sofort der Haft entlassen. Die Verweisung an den ordentlichen Richter findet statt, wenn das Kriegsgericht sich für nicht kompetent erachtet; es erläßt in diesem Falle über die Fortdauer oder Aufhebung der Haft im Urtheile zugleich besondere Verfügung.

5) Das Urtheil, welches den Tag der Verhandlung, die Namen der Richter, die summarische Erklärung des Beschuldigten über die ihm vorgehaltene Beschuldigung, die Erwähnung der Beweisaufnahme und die Entscheidung über die Thatfrage und den Rechtspunkt, sowie das Gesetz, auf welches das Urtheil begründet ist, enthalten muß, wird von den sämmtlichen Richtern und dem Gerichtsschreiber unterzeichnet.

6) Gegen die Urtheile der Kriegsgerichte findet kein Rechtsmittel statt. Die auf Todesstrafe lautenden Erkenntnisse unterliegen jedoch der Bestätigung des im §. 7. bezeichneten Militairbefehlshabers, und zwar in Friedenszeiten der Bestätigung des kommandirenden Generals der Provinz.

7) Alle Strafen, mit Ausnahme der Todesstrafe, werden binnen 24 Stunden nach der Verkündigung des Erkenntnisses, Todesstrafen binnen gleicher Frist, nach Bekanntmachung der erfolgten Bestätigung an den Angeschuldigten zum Vollzug gebracht.

8) Die Todesstrafe wird durch Erschießen vollstreckt. Sind Erkenntnisse, welche auf Todesstrafe lauten, bei Aufhebung des Belagerungszustandes noch nicht vollzogen, so wird diese Strafe von den ordentlichen Gerichten in diejenige Strafe umgewandelt, welche, abgesehen von dem Belagerungszustande, die gesetzliche Folge der von dem Kriegsgerichte als erwiesen angenommenen That gewesen sein würde.

§. 14.

Die Wirksamkeit der Kriegsgerichte hört mit der Beendigung des Belagerungszustandes auf.

§. 15.

Nach aufgehobenem Belagerungszustande werden alle vom Kriegsgerichte erlassenen Urtheile sammt Belagstücken und dazu gehörenden Verhandlungen, sowie die noch schwebenden Untersuchungssachen an die ordentlichen Gerichte abgegeben; diese haben in den von dem Kriegsgerichte noch nicht abgeurtelten Sachen nach den ordentlichen Strafgesetzen, und nur in den Fällen des

§. 9. nach den in diesem getroffenen Strafbestimmungen zu erkennen.

§. 16.

Auch wenn der Belagerungszustand nicht erklärt ist, können im Falle des Krieges oder Aufruhrs, bei dringender Gefahr für die öffentliche Sicherheit die Artikel 5., 6., 27., 28., 29., 30. und 36. der Verfassungs-Urkunde oder einzelne derselben vom Staatsministerium zeit- und distriktweise außer Kraft gesetzt werden.

§. 17.

Ueber die Erklärung des Belagerungszustandes, sowie über jede, sei es neben derselben (§. 5.) oder in dem Falle des §. 16. erfolgte Suspension auch nur eines der §§. 5. und 16. genannten Artikel der Verfassungs-Urkunde, muß den Kammern sofort, beziehungsweise bei ihrem nächsten Zusammentreten, Rechenschaft gegeben werden.

§. 18.

Alle diesem Gesetze entgegenstehenden Vorschriften werden aufgehoben.

Das gegenwärtige Gesetz tritt an die Stelle der Verordnung vom 10. Mai 1849 und der Deklaration vom 4. Juli 1849 (Gesetzsammlung S. 165 und 250).

Urkundlich unter Unserer Höchsteigenhändigen Unterschrift und beigedrucktem Königlichen Insiegel.

Gegeben Potsd.-Magdeburg. Eisenbahn, den 4. Juni 1851.

(L. S.) Friedrich Wilhelm.

v. Manteuffel. v. d. Heydt. v. Rabe. Simons.
v. Stockhausen. v. Raumer. v. Westphalen.

I. 2829. B. 21.

88.

Allgemeine Verfügung vom 23. Juni 1851, — betreffend das von den Beamten der Staatsanwaltschaft zu beobachtende Verfahren bei Verfolgung der gegen das Staats-Ministerium oder gegen einzelne Staats-Minister verübten Beleidigungen.

Allgemeine Verfügung v. 14. August 1849. S. 64 dieses Bandes.

Das Strafgesetzbuch vom 14. April d. J. enthält in den §§. 102. und 103. die Bestimmung, daß es in Ansehung der gegen eine öffentliche Behörde oder einen öffentlichen Beamten verübten Beleidigungen zur Einleitung der Verfolgung eines Antrags des Verletzten nicht bedarf.

Demgemäß sind die Beamten der Staatsanwaltschaft in Bezug auf die dem Staats-Ministerium oder einzelnen Staats-Ministern zugefügten Beleidigungen zwar den Gerichten gegenüber von der Verpflichtung zur Vorlegung eines auf die Verfolgung gerichteten Beschlusses entbunden. Dieselben haben jedoch in derartigen Fällen auch in Zukunft nicht ohne Weiteres einzuschreiten, sondern in der durch die Allgemeine Verfügung vom 14. August 1849 (Justiz-Ministerial-Blatt S. 376) und §. 19. der Allgemeinen Verfügung vom 10. November 1849 (Justiz-Ministerial-Blatt S. 465) vorgeschriebenen Weise die nähere Anweisung des Justiz-Ministers einzuholen.

Berlin, den 23. Juni 1851.

Der Justiz-Minister
Simons.

An
die Beamten der Staatsanwaltschaft.

I. 2255. Crimin. 58. Vol. III.

89.

Allgemeine Verfügung vom 23. Juni 1851, — betreffend die Verstattung unvermögender Königl. Belgischer Unterthanen zum Armenrechte in Prozessen bei Preußischen Gerichten.

Uebereinkunft vom 21. August 1822 (Jahrbücher Bd. 20. S. 38 und 39 Rhein. Samml. Bd. 2. S. 312).

Nach einer Mittheilung des Königlichen Ministeriums der auswärtigen Angelegenheiten ist zwischen der Königlich Belgischen und der diesseitigen Staatsregierung im Wege amtlicher Erklärung festgestellt worden, daß das von Preußen mit dem Königlich Niederländischen Gouvernement wegen gegenseitiger Verstattung prozeßführender unvermögender Parteien zum Armenrechte geschlossene Uebereinkommen vom 21. August 1822 auf Königlich Belgische und diesseitige Unterthanen noch fortdauernd Anwendung finde.

Indem die Gerichtsbehörden hiervon Kenntniß erhalten, werden dieselben zugleich angewiesen, sich nach den Bestimmungen jenes Uebereinkommens in Prozessen, welche von Königlich Belgischen Unterthanen bei Preußischen Gerichten geführt werden, zu achten.

Berlin, den 23. Juni 1851.

Der Justiz-Minister
Simons.

An
sämmtliche Gerichtsbehörden.

I. 2386. A. 37.

90.

Verfügung vom 26. Juni 1851, — betreffend die Nachweisung der aus dem Kriminalfond fließenden Gebühren der Justizbeamten in den Emolumententabellen und deren veränderte Einrichtung.

Es ist in Anregung gebracht worden, daß die aus dem Kriminal-Kosten-Fond fließenden Gebühren der bei den Gerichten der Rheinprovinz angestellten Beamten, bei der bisherigen Einrichtung außer der stattfindenden Verrechnung bei dem Kriminal-Kosten-Fond auch in den Rechnungen über die Besoldungen der Beamten, unter den Emolumenten derselben, in Einnahme und Ausgabe in Ansatz kommen, mithin doppelt durch die Rechnungen gehen, wodurch in der Zusammeustellung der letzteren zur Hauptrechnung über die Justizverwaltungsfonds, die Summen der Einnahme und Ausgabe unrichtig erhöht werden. Zur Beseitigung dieses Uebelstandes sollen die in Rede stehenden Gebühren künftig in den Besoldungs-Etats und in deren Gemäßheit demnächst auch in den Besoldungsrechnungen nur nachrichtlich vor der Linie, nachgewiesen werden; dazu aber wird erfordert, daß dieselben vorgängig in den, als Grundlagen der Etats und Rechnungen von den Ober-Prokuratoren aufzustellenden Emolumenten-Tabellen besonders, d. h. von den durch die Gebühren-Empfänger unmittelbar von dem Interessenten erhobenen Gebühren g e t r e n n t, dargestellt werden.

Sie werden veranlaßt, Herr General-Prokurator, die Ober-Prokuratoren hiernach mit der Anweisung zu versehen, fortan, das Jahr 1851 eingeschlossen, statt der bisher in den Emolumenten-Tabellen nur erfolgten Angabe des Hauptbetrages der Gebühren-Emolumente der Beamten, vielmehr in denselben drei Rubriken mit folgenden Ueberschriften:

1. Gebühren aus dem Kriminalkosten-Fond;
2. Unmittelbar von den Interessenten erhobene Gebühren;
3. Summa;

in Anwendung zu bringen.

Dabei sind die Ober-Prokuratoren zugleich aufzufordern, die Mittheilung der jährlichen Emolumenten-Tabellen an die resp. Regierungen, zur Aufnahme der nachgewiesenen Beträge in die betreffenden Jahresrechnungen der Regierungs-Haupt-Kassen, jederzeit vor dem Ablauf des Monats Januar zu bewirken.

Was sodann schließlich die zum Behuf der Etatsaufstellung, auf desfallsiges Erfordern von Ihnen, Herr General-Prokurator, hierher einzureichenden, auf jene Jahrestabellen zu gründenden dreijährigen Emolumenten-Fraktionsberechnungen betrifft, so ist nur noch zu bemerken, daß der darin — nach dem zu den Fraktionsberechnungen durch die Verfügung vom 8. April 1838, E. 1000, mitgetheilten Formular — für Dienstunkosten auszuwerfende Theilbetrag der Emolumente, von dem vollen Betrage derselben — obige Rubrik 3. — zu berechnen ist und es auch ferner dabei bewendet, daß auch die nicht zu den eigentlichen Dienst-Emolumenten gehörenden Gebühren-Einnahmen der Beamten, in den Fraktionsberechnungen unter der, in dem erwähnten Formular dafür besonders vorgeschriebenen Rubrik, ersichtlich zu machen sind.

Berlin, den 26. Juni 1851.

Der Justiz-Minister
Simons.

An
den Herrn General-Prokurator
zu Cöln.

I. 4664. Rhein. Offiz. Sachen 59.

91.

Allgemeine Verfügung vom 2. Juli 1851, — betreffend die Gesuche der Rechtskandidaten um Dispensation vom triennium academicum.

Die in neuerer Zeit sich besonders häufenden Gesuche um Dispensation vom triennium academicum berechtigen zu der Annahme, daß viele Studirende nicht sowohl eine vollständige und gründliche wissenschaftliche Vorbildung zum praktischen Justizdienste sich anzueignen, als vielmehr blos den formellen, die Zulassung zur Prüfung bedingenden Vorschriften nothdürftig zu genügen bemüht sind.

Für die Zukunft wird daher bei der Regel, die Gesuche um Abkürzung des triennii academici zurückzuweisen, festgehalten, und eine Dispensation ausnahmsweise nur solchen Studirenden ertheilt werden, welche zwar einen dreijährigen akademischen Kursus zurückgelegt, jedoch während eines kleineren Theils desselben philosophische oder andere, dem Studium der Rechtswissenschaft förderliche Collegia gehört haben. Indeß muß auch in diesem Ausnahmefalle von dem Kandidaten der Nachweis geführt werden, daß er die vorgeschriebenen juristischen Vorlesungen sämmtlich fleißig gehört habe, so wie denn überhaupt die Dispensation nur unter der Bedingung ertheilt wird, daß der

Kandidat das Auskultator-Examen vollständig besteht; andernfalls ist dieselbe als erloschen zu betrachten.

Sämmtliche Gerichtsbehörden werden hiervon in Kenntniß gesetzt.

Berlin, den 2. Juli 1851.

Der Justiz-Minister
Simons.

An
sämmtliche Gerichtsbehörden.

I. 2641. U. 11. Vol. II.

92.

Uebereinkunft zwischen Preußen und den Niederlanden wegen Unterdrückung des Schleichhandels. Vom 11. Juli 1851.

Se. Majestät der König von Preußen einerseits, und Se. Majestät der König der Niederlande andererseits, haben, in der Absicht, gegenseitig Maaßregeln zu treffen, um die an den Nachbargrenzen Ihrer Staaten etwa stattfindenden Beeinträchtigungen der Eingangs-, Ausgangs- und Accise-Abgaben wirksam unterdrücken zu können, zu dem Ende zu Ihren Bevollmächtigten ernannt, nämlich:

Se. Majestät der König von Preußen:
den Herrn Georg Helmentag, Provinzial-Steuer-Direktor und Geheimer Ober-Finanzrath zu Köln, Ritter des Königlich Preußischen rothen Adlerordens zweiter Klasse mit Eichenlaub, Ritter des Königlich Sächsischen Civil-Verdienst-Ordens, Kommandeur des Königlich Belgischen Leopold-Ordens und des Königlich Großherzoglich Luxemburgischen Ordens der Eichenkrone,

und

Se. Majestät der König der Niederlande:
den Herrn Iman Boeye, Allerhöchst Ihren Staatsrath im außerordentlichen Dienst, Kommandeur Ihres Löwen-Ordens, Ritter des Kaiserlich Russischen St. Wladimir-Ordens dritter Klasse, Kommandeur des Königlich Neapolitanischen Konstantin-Ordens mit dem Stern,

welche, nachdem sie ihre Vollmachten sich mitgetheilt und solche in guter und gehöriger Form gefunden haben, über die folgenden Artikel übereingekommen sind.

Artikel 1.

Die kontrahirenden Regierungen verpflichten sich gegenseitig, auf die Verhinderung und Unterdrückung des Schleichhandels durch alle angemessenen, ihrer Verfassung und Gesetzgebung entsprechenden Maaßregeln gemeinschaftlich hinzuwirken.

Artikel 2.

Diese Verpflichtung erstreckt sich nicht allein auf die fremden unverzollten Waaren, welche direkt oder, nach erfolgter Lagerung, durch das Gebiet eines der kontrahirenden Theile transitiren, sondern auch auf die in freiem Verkehr befindlichen Waaren, für welche, bei ihrem Uebergange aus dem Gebiete des einen der kontrahirenden Theile in das Gebiet des anderen, eine Einfuhr-Abgabe zu entrichten, oder deren Einfuhr in den anderen Staat verboten ist.

Artikel 3.

Waaren-Niederlagen oder sonstige Anstalten, welche den Verdacht begründen, daß sie zum Zwecke haben, Waaren einzuschwärzen, die in dem Gebiete des anderen kontrahirenden Theiles verboten oder beim Eingang in denselben mit einer Abgabe belegt sind, sollen in den Grenzbezirken der kontrahirenden Theile nicht geduldet werden.

Innerhalb des Grenzbezirks sollen Niederlagen fremder unverzollter Waaren nur an solchen Orten, wo sich ein Zollamt befindet, gestattet und, in diesem Falle, unter Verschluß und Kontrole der Zollbehörde gestellt werden. Sollte in einzelnen Fällen der amtliche Verschluß nicht anwendbar sein, so sollen, statt desselben, anderweite möglichst sichernde Kontrole-Maaßregeln angeordnet werden.

Vorräthe von fremden verzollten und von inländischen Waaren innerhalb des Grenzbezirks sollen das Bedürfniß des erlaubten, d. h. nach dem örtlichen Verbrauche im eigenen Lande bemessenen, Verkehrs nicht überschreiten. Beim Kaffee soll keine Verpackung geduldet werden, welche offenbar auf den Schleichhandel berechnet ist.

Entsteht Verdacht, daß sich Vorräthe von Waaren der letztgedachten Art über das bezeichnete Bedürfniß und zum Zweck des Schleichhandels gebildet hätten, so sollen dergleichen Niederlagen, insoweit als es gesetzlich zulässig ist, unter specielle, zur Verhinderung des Schleichhandels geeignete Kontrole der Zollbehörde gestellt werden.

Artikel 4.

Beide kontrahirende Theile verpflichten sich wechselseitig, die dem anderen kontrahirenden Theile angehörigen Unterthanen, welche den Verdacht des Schleichhandels wider sich erregt haben, innerhalb ihrer resp. Gebiete überwachen zu lassen.

Demzufolge sollen Unterthanen des anderen kontrahirenden Theiles, wenn sie Waaren ohne gesetzlichen Ausweis transportiren, beim Betreffen durch die Zoll- und Steuer-Beamten angehalten und die Gesetze des Landes, wo sie betroffen worden sind, gegen sie in Anwendung gebracht werden. Wird der gesetzliche Ausweis in gültiger Form geführt, so sollen sie durch die Beamten so lange begleitet werden, bis die angemeldete Ausfuhr der Waaren unter Beobachtung der Bestimmungen dieser Uebereinkunft geschehen ist.

Wenn des Schleichhandels verdächtige Unterthanen des anderen kontrahirenden Theiles zwar keine Waaren bei sich führen, aber mit regelmäßigen Pässen nicht versehen sind, so sollen sie vor die zuständige Ortsobrigkeit gebracht und von derselben, den Landesgesetzen gemäß, an die Grenze zurückgeschafft werden.

Artikel 5.

Sämmtliche Waarentransporte, auch diejenigen des freien Verkehrs, welche aus dem Gebiete des einen der kontrahirenden Theile in dasjenige des anderen übergehen, dürfen nur nach Sonnenaufgang und vor Sonnenuntergang über die für den Ausgang bestimmten Zollämter und Straßen stattfinden, und müssen mit der für die Cirkulation im Grenzbezirk gesetzlich erforderlichen Bezettelung versehen sein, worin die Richtung des Transports auf das gegenüberliegende Zollamt des anderen Staates und die Dauer des Transports bis zur Landesgrenze, welche die nach der bestehenden Gesetzgebung erlaubte Transportzeit nicht überschreiten darf, anzugeben ist.

Artikel 6.

Mit Rücksicht darauf, daß nach der Preußischen Gesetzgebung jeder im Grenzbezirk stattfindende oder zur Ausfuhr bestimmte Waarentransport Behufs der Legitimation im Grenzbezirke mit einer Bezettelung versehen sein muß, nach der Niederländischen Zollgesetzgebung aber eine solche Bezettelung nicht allgemein vorgeschrieben ist, sind die hohen kontrahirenden Theile übereingekommen, daß in Erwiederung dessen die Bestimmungen der Artikel 143. und 161. des Niederländischen allgemeinen Gesetzes vom 26. August 1822. hinsichtlich des Kaffees dahin abgeändert werden sollen, daß dieser Handels-Artikel Behufs des Ausgangs über die Preußische Nachbargrenze, sowie Behufs der inneren Cirkulation desselben auf dem gedachten Gebiete, innerhalb der im Artikel 177. des eben erwähnten Gesetzes festgesetzten Grenzen, für Mengen über vier Niederländische Pfunde mit einem Begleitschein versehen sein muß, welcher auf Grund einer zufolge des Artikels 120. desselben Gesetzes erfolgten Deklaration von dem Orte der Entnahme zunächst befindlichen Erhebungs-Beamten ausgestellt werden und außer der Menge des Waarentransports, den inländischen Bestimmungsort oder das Ausgangs-Zollamt, die einzuhaltende Straße, sowie die Frist, innerhalb welcher der Transport oder die Ausfuhr stattzufinden hat, angeben soll. Alle in vorgedachter Art nicht legitimirte Transporte sollen von den Zoll-Beamten in Beschlag genommen und auf dieselben die in den Niederländischen Gesetzen gegen die unerlaubte Ausfuhr oder gegen deren Versuch ausgesprochenen Strafen zur Anwendung gebracht werden.

Artikel 7.

Der Ausgang fremder unverzollter oder solcher Waaren, für welche eine Zoll- oder Steuer-Abschreibung oder Rückvergütung gewährt wird, über die Nachbargrenze der Niederlande, wird Seitens der Preußischen Verwaltung nur über die in der Anlage A. aufgeführten Zollämter und auf den darin verzeichneten Zollstraßen gestattet werden.

Auf gleiche Weise wird der Ausgang fremder unverzollter oder solcher Waaren, für welche eine Zoll- oder Steuer-Abschreibung oder Rückvergütung gewährt wird, über die Grenze Preußens, Seitens der Niederländischen Verwaltung nur über die in der Anlage aufgeführten Zollämter und auf den darin verzeichneten Zollstraßen (heerebanen) gestattet werden.

Der Weitertransport dieser Waaren von den Ausgangsämtern ab bis zur Grenze in der Richtung nach den gegenüberliegenden Eingangsämtern soll gegenseitig nur auf den dazu erlaubten Straßen, welche in die Zollstraße (heerebanen) der Eingangsämter ausmünden, stattfinden.

Die Transporte der in den beiden ersten Absätzen dieses Artikels gedachten Waaren sollen durch einen oder mehrere Beamte des letzten Ausgangsamtes des Staates, aus welchem sie ausgehen, bis zum ersten Zollamte im anderen Staate begleitet werden. Die zu diesen Waaren gehörenden Bezettelungen werden dem begleitenden Beamten mitgegeben, welcher sie, mit dem Visa des jenseitigen Eingangsamtes versehen, sogleich dem Ausgangs-Zollamte zurückzubringen hat.

Diese Transporte dürfen, den Fall höherer Gewalt ausgenommen, zwischen dem letzten Ausgangsamte und dem fremden Gebiete nicht anhalten; vielmehr muß der Ausgang ohne Verzug geschehen, und es ist die Rückführung der Waaren nur dann zulässig, wenn, wegen unzureichender Abfertigungs-Befugniß des gegenüberliegenden Eingangs-Zollamtes, der Eintritt in den anderen Staat nicht stattfinden kann. In diesem Falle soll der gedachte Umstand vom Eingangs-Zollamte auf den bei dem Transporte befindlichen Bezettelungen selbst angemerkt und der Transport unmittelbar, unter Begleitung der mitkommenden Beamten des einen Staates, und eines oder mehrerer Beamten des anderen Staates — von Seite der letzteren blos bis zur Landesgrenze — unverweilt zurückgeführt werden.

Wenn der Transport auf dem Rhein erfolgt, so kann die Begleitung der Waaren von dem Ausgangs-Zollamt des einen bis zum Eingangs-Zollamt des anderen Staates durch die Verbleiung oder Versiegelung der Colli oder des Schiffes, — jedoch ohne, daß dem Handel dadurch Kosten erwachsen — oder auch durch die Beibehaltung der bereits angelegten Bleie oder Siegel ersetzt werden. Diese Bleie oder Siegel dürfen nur von den Beamten des Eingangs-Zollamtes des anderen Staates abgenommen werden, welche die Bezettelungen, mit ihrem Visa versehen, unverweilt an das Ausgangs-Zollamt zurückzusenden haben.

Artikel 8.

Die Zoll-Verwaltungen der beiderseits angrenzenden Staaten werden sich eine Uebersicht der Hebe- und Abfertigungs-Befugnisse, welche den einander gegenüberliegenden Ein- und Ausgangs-Aemtern eingeräumt sind, mittheilen.

Sollte eine Deklaration zum Ausgange für eine Waarenmenge oder Gattung abgegeben werden, welche die Befugniß des gegenüberliegenden Eingangs-Amtes übersteigt, so wird das Ausgangs-Amt hierauf den Deklaranten aufmerksam machen, und, wenn derselbe dennoch auf der begehrten Abfertigung bestehen möchte, davon dem Eingangs-Amte unverzüglich Nachricht geben.

Artikel 9.

Die Errichtung oder Beibehaltung der im Artikel 3. gedachten Waaren-Niederlagen und Vorräthe gegen das Verbot der Zoll-Behörde, sowie die Verletzung der angeordneten Kontrole-Maaßregeln, ferner der Transport der zum Ausgange aus dem einen Gebiet in das andere bestimmten Waaren, ohne die in den Artikeln 5. und 7. erwähnten Bezettelungen, nach Sonnenuntergang oder vor Sonnenaufgang, oder ohne Einhaltung der darin zum Transport bestimmten Straßen und Zeitfristen, sollen nach der in dem Staate, wo die Kontravention geschieht, bestehenden Gesetzgebung geahndet werden.

Wenn die Ausfuhr der im Artikel 7., Absatz 4., gedachten Waaren, abgesehen vom Eintritt einer höheren Gewalt, unerachtet der von Seiten der begleitenden Beamten ergehenden Aufforderung, verzögert wird, so muß deren vorläufige Beschlagnahme erklärt werden, und es kann ihre spätere Ausfuhr nur mit Genehmigung der dem Ausgangs-Amte vorgesetzten Behörde erfolgen.

Artikel 10.

Die Zoll- und Steuer-, sowie die sonst zuständigen Behörden und Beamten in den beiderseitigen Staaten werden sich wechselseitig und unter allen Umständen den verlangten Beistand zur Vollziehung derjenigen gesetzlichen Maaßregeln leisten, welche zur Verhütung, Entdeckung und Bestrafung von Zoll-Kontraventionen dienlich sind, die gegen einen dieser Staaten versucht oder begangen werden.

Unter Zoll-Kontraventionen werden nicht nur die Umgehungen der in den kontrahirenden Staaten bestehenden Eingangs-,

Ausgangs- und Durchgangs-Abgaben verstanden, sondern auch die Uebertretungen der erlassenen Ein-, Aus- und Durchfuhr-Verbote, und die verbotene Einbringung solcher Gegenstände, deren ausschließlichen Debit die Regierungen sich vorbehalten haben, wie z. B. von Salz und Spielkarten in Preußen. Hierbei versteht es sich von selbst, daß die Verbote der letztgedachten Gegenstände ohne Wirkung bleiben, wenn und soweit die Regierung des betheiligten Staats die Einbringung der gedachten Gegenstände unter gewissen Bedingungen gestattet.

Artikel 11.

Die im vorstehenden Artikel genannten Behörden und Beamten haben, auch ohne besondere Aufforderung, die Verbindlichkeit, alle gesetzlichen Mittel anzuwenden, welche zur Verhütung, Entdeckung oder Bestrafung der gegen einen der kontrahirenden Staaten versuchten oder ausgeführten Zoll-Kontraventionen dienen können, und sich gegenseitig von Demjenigen in Kenntniß zu setzen, was sie in der gedachten Beziehung in Erfahrung bringen.

Artikel 12.

Die vorgedachten Behörden und Beamten sollen insbesondere berechtigt sein, bei Verfolgung von Schleichhändlern oder von Spuren begangener Zoll-Umgehungen sich auf das angrenzende Gebiet des anderen kontrahirenden Theils zu begeben, um die dortigen Behörden und Beamten davon in Kenntniß zu setzen, wonach die letzteren sofort alle erforderlichen gesetzlichen Mittel anzuwenden haben, welche zur Feststellung und Bestrafung der versuchten oder begangenen Zoll-Umgehungen führen können.

Auch haben sie sich gegenseitig binnen der kürzesten Frist Mittheilung über die zu ihrer Kenntniß kommenden schleichhändlerischen Versuche und Unterschleife, welche gegen den anderen kontrahirenden Theil gerichtet sind, zu machen; es soll, zu diesem Zwecke, bei jeder einander gegenüberliegenden Aufsichtsstation ein Register geführt werden, in welches diese Mittheilungen einzutragen sind.

Betreffen die Anzeigen das Bestehen von Waaren-Niederlagen zum Zwecke des Schleichhandels, so sollen schleunige Nachforschungen angestellt und die Resultate derselben, sowie die angeordneten Maaßregeln sofort den Behörden oder Beamten des betheiligten Staates mitgetheilt werden.

Artikel 13.

Der im Artikel 10. erwähnte Beistand der Behörden beider Theile zur Entdeckung oder Unterdrückung der Zoll-Kontraventionen begreift namentlich das Sammeln aller Beweismittel bezüglich der vollbrachten oder versuchten Zoll-Umgehung zu dem Zwecke in sich, um deren Verfolgung durch die Gerichtsbehörde des Landes, in welchem sie begangen worden ist, zu erleichtern. In Folge dieses Grundsatzes können die Zoll- und Steuer-

Beamten des einen Theils durch Requisition ihrer vorgesetzten Behörde von Seiten der zuständigen Behörde des anderen Theils aufgefordert werden, entweder vor letzterer selbst oder vor der kompetenten Behörde ihres eigenen Landes die auf die Zoll-Umgehung bezüglichen Umstände auszusagen.

Artikel 14.

Die Grenz-Zollämter werden sich wechselseitig wöchentlich beglaubigte Uebersichten aus den Zoll-Registern mittheilen, welche die Gattung und Menge der zur Ausfuhr abgefertigten fremden unverzollten und solcher Waaren enthalten, für welche, bei der Ausfuhr, eine Zoll- oder Steuer-Abschreibung oder sonstige Rückvergütung gewährt ist.

In Beziehung auf die aus dem Gebiete des einen in dasjenige des anderen der beiden kontrahirenden Theile übergehenden Gegenstände des freien Verkehrs soll den Zoll-Behörden und Beamten gegenseitig die Befugniß zustehen, bei der gegenüberliegenden Abfertigungsstelle von dem daselbst geführten Register über die ertheilte Transport- und Ausgangs-Bezettelung Einsicht zu nehmen.

Artikel 15.

Die hohen kontrahirenden Theile verpflichten sich, sich über eine Behandlung der Waaren-Ein-, Aus- und Durchfuhr auf der zwischen den beiden Ländern herzustellenden Eisenbahn zu verständigen, welche alle erforderliche Sicherheit gegen den Schleichhandel darbietet, dergestalt, daß die Art. 5. und 7. (Absatz 4.) und 14. (Absatz 1.) auf die mittelst dieses Schienenweges erfolgende Waaren-Ein-, Aus- und Durchfuhr keine Anwendung finden, und welche dem internationalen Verkehr dieselben Erleichterungen gewährt, die für die Eisenbahn zwischen Preußen und Belgien bewilligt worden sind.

Artikel 16.

Um die Wirksamkeit der vorstehend verabredeten Maaßregeln noch mehr zu sichern, sollen die oberen Zoll-Beamten in den gegenseitig angrenzenden Verwaltungs-Bezirken angewiesen werden, ein freundnachbarliches Vernehmen zu unterhalten und von Zeit zur Zeit persönlich zusammentreten, um sich ihre Wahrnehmungen und Nachrichten über schleichhändlerische Bewegungen mitzutheilen, und sich über die dagegen zu ergreifenden Maaßregeln zu besprechen.

Artikel 17.

Es soll jedem der gegenwärtig oder in Zukunft an dem Deutschen Zollverein Theil nehmenden Staaten freistehen, sich den Abreden der gegenwärtigen Uebereinkunft anzuschließen.

Artikel 18.

Die gegenwärtige Uebereinkunft soll einen Monat nach dem Austausch der Ratifikationen zur Ausführung gebracht werden, und in Kraft bleiben bis zum Ende des Jahres Ein tausend acht hundert sechs und sechszig, und wenn sechs Monate vor dem Ablauf dieser Frist weder der eine noch der andere der hohen kontrahirenden Theile mittelst einer offiziellen Erklärung die Absicht angekündigt haben sollte, dieselbe außer Wirksamkeit zu setzen, soll die Uebereinkunft ein Jahr über diese Frist hinaus und so weiter von Jahr zu Jahr aufrecht erhalten werden.

Artikel 19.

Die gegenwärtige Uebereinkunft soll ratifizirt und die Ratifikationen derselben sollen im Haag innerhalb sechs Monate, vom Tage der Unterzeichnung ab gerechnet, oder, wo möglich, früher ausgewechselt werden.

Zur Urkunde dessen haben die beiderseitigen Bevollmächtigten diese Uebereinkunft unterzeichnet und derselben ihre Siegel beigedrückt.

So geschehen und doppelt ausgefertigt im Haag am 11. Juli 1851.

Helmentag.	Boetze.
(L. S.)	(L. S.)

Die vorstehende Uebereinkunft ist ratifizirt und die Auswechselung der Ratifikations-Urkunden bewirkt worden.

I. 2318. de 1852. Conventionen 11.

93.

Allgemeine Verfügung vom 13. Juli 1851, — betreffend die Ferien der Immediat-Justiz-Examinations-Kommission.

In den letzten Monaten des Jahres 1850 und in den fünf ersten Monaten des laufenden Jahres sind die Präsentationsberichte zur dritten juristischen Prüfung so sparsam eingegangen, daß vom 1. Januar bis 1. Juli d. J. viel weniger Prüfungs-Termine als in dem gleichen Zeitraume des vorhergehenden Jahres haben Statt finden können, wogegen im Juni und Juli des laufenden Jahres die Präsentationsberichte wieder mehr als gewöhnlich zahlreich eingegangen sind, und es hierdurch nothwendig geworden ist, die Ferien der Prüfungs-Kommission, welche sonst, in Uebereinstimmung mit den Ferien des Ober-Tribunals und des Revisions- und Kassationshofes, spätestens mit dem 15. Juli beginnen, dieses Jahr erst später eintreten zu lassen.

Ich nehme hiervon Veranlassung, die Präsidien sämmtlicher Obergerichte und den Herrn General-Prokurator in Cöln darauf aufmerksam zu machen, daß für die Folge die mündlichen Prüfungen vor der Immediat-Justiz-Examinations-Kommission blos in den zehn Monaten, vom 15. September eines jeden Jahres bis zum 15. Juli des folgenden Jahres Statt finden, in den zwei Monaten vom 15. Juli bis zum 15. September aber keine Prüfungs-Termine anberaumt werden, mit der Aufforderung, in Zukunft für diejenigen Kandidaten, welche noch vor den Ferien die mündliche Prüfung zurückzulegen wünschen, die Präsentationsberichte zeitig vorher zu erstatten.

Berlin, den 13. Juli 1851.

Der Justiz-Minister
Simons.

An
die Präsidien sämmtlicher Obergerichte
u. an den Herrn General-Prokurator
in Cöln.

I. 3054. F. 36. Vol. II.

94.

Verfügung vom 31. Juli 1851, — betreffend die vorläufige Beschlagnahme nachgedruckter Werke vor Einleitung der Untersuchung.

(Gesetz v. 11. Juni 1837 §. 15. Gesetz-Samml. S. 165. ff.)

Auf den Bericht vom 2. d. M.
die Beschlagnahme eines Nachdrucks von Wieland's Oberon betreffend,
wird Ihnen, Herr General-Prokurator, Folgendes eröffnet:

Die Frage, unter welchen Voraussetzungen und Bedingungen die vorläufige Beschlagnahme nachgedruckter Werke zulässig sei, ist allerdings nicht unzweifelhaft. Indessen dürfte sich aus einer näheren Erwägung ergeben, daß dieselbe gerechtfertigt erscheint, wenn in objectiver Beziehung der Thatbestand des Vergehens des Nachdrucks vorliegt, in subjectiver Hinsicht aber Seitens des Beschädigten überhaupt ein Antrag auf Verfolgung ergangen ist, auch wenn noch nicht bei dem betreffenden Gerichte auf die Bestrafung bestimmter Personen angetragen worden ist.

Was zuvörderst die erste Bedingung betrifft, so sind die fraglichen Abdrücke von dem Herrn Minister des Innern dem hiesigen literarischen Sachverständigen-Verein vorgelegt worden. Derselbe hat erklärt, daß ein Nachdruck vorhanden sei; auch ist dies bei einer Vergleichung mit dem Original in keiner Art zu bezweifeln.

In Ansehung des zweiten Erfordernisses aber liegt nach Inhalt des Ihnen abschriftlich mitgetheilten Schreibens des Herrn Ministers des Innern vom 13. Januar d. J. von Seiten der durch den Nachdruck Verletzten, nämlich der gegenwärtigen Eigenthümer der G.schen Buchhandlung, eine Denunciation nebst dem Antrage auf allgemeines Debitsverbot vor. Ein solcher allgemeiner Antrag muß aber nach der unverkennbaren Absicht des Gesetzgebers und der Natur der Sache für genügend erachtet werden, um die vorläufige Beschlagnahme der in den Buchhandlungen vorgefundenen Exemplare zu veranlassen. Die Gründe, aus welchen im §. 15. des Gesetzes vom 11. Juni 1837 der Antrag auf Bestrafung überhaupt erfordert worden ist, ergeben sich aus den von der Regierung vorgelegten Motiven des Gesetzentwurfs und dem Gutachten der Abtheilungen des Staatsraths. In den ersteren heißt es:

> Nach den bisher entwickelten Bestimmungen des vorliegenden Gesetzentwurfs ist ein Nachdruck oder eine ihm analoge Rechtsverletzung überall nur dann vorhanden, wenn der Abdruck oder die sonstige Vervielfältigung ohne Einwilligung des Berechtigten erfolgt. Es gehört also auch nothwendig zur Konstatirung des Vergehens, festzustellen, daß diese Einwilligung nicht ertheilt sei. Ob sie ertheilt worden oder **nicht**, kann die Behörde, wenn ihr von einer anderen Seite, als von dem Berechtigten, eine Anzeige über den unternommenen oder bereits beendigten Nachdruck u. s. w. zugeht, an sich nicht wissen und oft nur mit Schwierigkeit sofort ermitteln. Die Majorität der Kommission (von welcher die Ausarbeitung des Gesetzentwurfs erfolgte) hat daher sich der von einer Seite geäußerten Ansicht, daß die Behörde immer von Amtswegen einschreiten müsse, nicht anschließen können und vielmehr dafür gehalten, daß eine obrigkeitliche Einschreitung nur insofern zulässig sei, als Seitens des Verletzten hierauf angetragen und dadurch bescheinigt werde, daß eine vorherige Einigung zwischen dem Berechtigten und dem Vervielfältiger nicht stattgefunden hat.

In dem Gutachten der Abtheilungen des Staatsraths wird hiermit übereinstimmend Folgendes bemerkt:

> „Wiewohl nun durch den Gesetzentwurf die absolute Strafbarkeit des Nachdrucks und der Nachbildung anerkannt wird, so folgt daraus doch noch nicht, daß die Untersuchung der diesfälligen Vergehen von **Amtswegen** einzuleiten sei. Die Staatsbehörde kann bei Erscheinung einer neuen Ausgabe von Schriften oder von Abbildungen von Kunstwerken nicht wissen, ob der Urheber oder Eigenthümer nicht zu dieser Vervielfältigung seine Zustimmung

gegeben habe; sie muß deshalb eine Anzeige oder einen Antrag des Beschädigten erwarten.“

Hieraus ergiebt sich, daß man es nur für bedenklich erachtete, von Amtswegen, ohne allen Antrag einzuschreiten, weil dadurch möglicherweise in ein spezielles Vertragsverhältniß eingegriffen würde. Dagegen ist im Sinne des Gesetzgebers das Einschreiten gerechtfertigt, wenn, wie im vorliegenden Falle, durch eine ausdrückliche Erklärung des Beschädigten feststeht, daß ein solches Vertragsverhältniß nicht vorliegt und das Vergehen des Nachdrucks vorhanden ist.

Muß man nun auch mit Rücksicht auf die dem §. 15. a. a. O. gegebene Fassung mit Recht Bedenken tragen, auf Grund eines solchen allgemeinen Antrags des Beschädigten schon eine spezielle Untersuchung gegen den Nachdrucker oder Verbreiter behufs seiner Bestrafung eintreten zu lassen, so wird es doch nicht nur gerechtfertigt, sondern selbst durch die Natur der Sache geboten sein, allgemeine Maaßregeln zu treffen, durch welche einer späteren Verdunkelung des Thatbestandes und einer weiteren Rechtsverletzung vorgebeugt wird.

Demgemäß wird die Beschlagnahme der nachgedruckten Exemplare von der Staatsanwaltschaft zu veranlassen, gleichzeitig aber den Beschädigten hiervon Nachricht zu geben sein, unter der Aufforderung sich binnen einer zu bestimmenden kurzen Frist über die Einleitung der gerichtlichen Untersuchung zu erklären, widrigenfalls die Wiederfreigabe der Exemplare erfolgen müsse.

Hiernach haben Sie das Weitere an den dortigen Königl. Ober-Prokurator zu veranlassen.

Godesberg, den 31. Juli 1851.

Der Justiz-Minister
Simons.

An
den Königl. General-Prokurator
Herrn Geh. Ober-Justiz-Rath
Nicolovius zu Cöln.

I. 2753. N. 3. Vol. VII.

95.

Verfügung vom 8. August 1851, — betreffend die öffentliche Bekanntmachung der Zuchtpolizeilichen Urtheile, welche auf zeitige Untersagung der Ausübung der bürgerlichen Ehrenrechte lauten.

(Verfügung v. 31. März 1843. — Rhein. Samml. Bd. 8. S. 155)

Auf den Bericht vom 6. v. M. (Nr. 3614.) wird Ihnen, Herr General-Prokurator, hierdurch eröffnet, wie der Justiz-

Minister damit einverstanden ist, daß die allgemeine Verfügung vom 31. März 1843 (Rhein. Samml. Bd. 8. S. 155), betreffend die öffentliche Bekanntmachung der Zuchtpolizeilichen Urtheile, welche auf zeitige Untersagung der Ausübung der bürgerlichen Ehrenrechte lauten, auch ferner zur Ausführung zu bringen ist, da der §. 30. des neuen Strafgesetzbuchs eine derartige, den Zweck der Verurtheilung sichernde Bekanntmachung eben so wenig ausschließt, als derselben früher der Artikel 36. des Rheinischen Strafgesetzbuches entgegen gestanden hat.

Berlin, den 8. August 1851.

Der Justiz-Minister
Simons.

An
den Königl. General-Prokurator
Herrn Geh. Ober-Justiz-Rath
Nicolovius zu Cöln.

I. 2816. Rhein. Crim. 8. Vol. II.

96.

Verfügung vom 11. August 1851, — betreffend die unmittelbare Einsendung der Untersuchungsacten an den Minister des Innern in den Fällen, wo gegen eine Nummer einer ausländischen Zeitung oder Zeitschrift die Vernichtung gerichtlich ausgesprochen worden ist.

In der Anlage, Herr General-Prokurator, erhalten Sie Abschrift einer von mir an die Ober Staatsanwälte und die Rheinischen Ober-Prokuratoren am heutigen Tage erlassenen Verfügung zur Nachricht.

Berlin, den 11. August 1851.

Der Justiz-Minister
Simons.

An
den Königl. General-Prokurator,
Herrn Geh. Ober-Justiz-Rath
Nicolovius zu Cöln.

Anlage.

Im §. 52. des Gesetzes über die Presse vom 12. Mai d. J. (Gesetzsammlung S. 273 ff.) ist dem Ermessen des Herrn Ministers des Innern die Bestimmung darüber vorbehalten, ob eine ausländische Zeitung oder Zeitschrift, wenn gegen eine Nummer derselben die Vernichtung gerichtlich ausgesprochen worden ist, überhaupt in den diesseitigen Staaten noch zur ferneren Verbreitung zugelassen werden soll.

Um dem genannten Herrn Minister zu dergleichen Entscheidungen die volle Kenntniß der jedesmaligen Sachlage zu verschaffen, werden Sie, Herr Ober-Prokurator, hierdurch angewiesen, in allen innerhalb Ihres Geschäftsbereichs vorkommenden Fällen derartiger Verurtheilungen gegen einzelne Nummern einer ausländischen Zeitung oder Zeitschrift die betreffenden Akten des Königlichen Landgerichts dem Herrn Minister des Innern unmittelbar und ohne Verzug einzureichen.

Der gedachte Herr Minister ist von dieser Verfügung benachrichtigt worden.

Berlin, den 11. August 1851.

Der Justiz-Minister
Simons.

An
die sämmtlichen Ober-Prokuratoren
der Rheinprovinz.

I. 2835. P. 50. Vol. II.

97.

Allgemeine Verfügung vom 15. August 1851, — betreffend die Belassung, Einziehung und Wiedergewährung des Gnadengehalts der im Civildienste angestellten oder beschäftigten Militair-Invaliden.

Allgemeine Verfügung vom 9. Oktober 1844 (Justiz-Ministerial-Blatt S. 227),

Verfügung des Kriegs-Ministeriums vom 9. September 1844 (ebendaselbst).

a. Verfügung des Justiz-Ministers.

Das Königliche Kriegs-Ministerium hat die unter B. 3. I. a. enthaltene Bestimmung der den Gerichtsbehörden durch die allgemeine Verfügung vom 9. Oktober 1844 mitgetheilten Instruktion vom 9. September 1844 (Justiz-Ministerial-Blatt S. 227), wonach die Invaliden-Gnadengelder-Rechnungen durch ein am Schlusse des Jahres auszustellendes Attest der betreffenden Behörde, daß in den Dienst- und Einkommensverhältnissen der im Civil angestellten oder beschäftigten Militair-Invaliden nach der von ihrer Anstellung oder Beschäftigung zuerst gemachten Anzeige in dem abgelaufenen Jahre keine Veränderungen eingetreten seien, belegt werden sollten, nach näherer

Maaßgabe der nachfolgenden, an sämmtliche Regierungen gerichteten Verfügung vom 8. d. M. modificirt.

Die Gerichtsbehörden werden hierdurch angewiesen, diese Abänderung ebenfalls zu beachten und die gedachten Atteste künftig in der anderweit angeordneten Art auszustellen.

Berlin, den 15. August 1851.

Der Justiz-Minister
Simons.

An
sämmtliche Gerichtsbehörden.

I. 3373. J. 26. Vol. III.

b. Verfügung des Kriegs-Ministeriums.

Bei Revision der Invaliden-Pensions-Rechnungen sind die Atteste der Behörden, in welchen nach Vorschrift des Cirkular-Erlasses vom 9. September 1844 ad. I. a. nichts weiter anzugeben war, als: daß in den Dienst- und Einkommensverhältnissen der im Civil angestellten oder beschäftigten Militair-Invaliden nach der von ihrer Anstellung 2c. zuerst gemachten Anzeige in dem abgelaufenen Jahre keine Veränderungen eingetreten, mehrfach als nicht richtig befunden worden, weshalb in dieser Beziehung die Abstellung des bisherigen Verfahrens für angemessen und erforderlich erachtet ist.

Im Einverständnisse mit der Königlichen Ober-Rechnungs-Kammer wird daher die Bestimmung in dem obengedachten Erlasse ad. I. a. dahin modifizirt:

daß in allen Fällen, wo Militair-Invaliden im Civildienste — mag das Einkommen in fixirten oder unfixirten Hebungen bestehen — einen Pensions-Zuschuß beziehen, von den betreffenden Behörden in den zur Justifikation dieser Pensions-Zahlungen am Jahresschlusse auszustellenden Attesten ganz bestimmt die einzelnen Einkünfte des Angestellten, nach Zahl und Maaß, anzugeben sind,

und ersuchen wir die Königliche Regierung hiernach das weiter Erforderliche an die untergeordneten Verwaltungen gefälligst zu verfügen.

Berlin, den 8. August 1851.

Kriegs-Ministerium, Abtheilung für das Invaliden-Wesen.
Iffland.

An
sämmtliche Königl. Regierungen.

98.

Verfügung vom 3. September 1851, — betreffend die Zurücknahme der Concessionen zum Gewerbebetrieb.

(Gesetz vom 12. Mai 1851. über die Presse G.=S. S. 273. Gewerbeordnung vom 17. Januar 1845. §§. 71—74. G.=S. S. 41).

Nach Verkündigung des Gesetzes über die Presse vom 12. Mai d. J. (Gesetzsamml. S. 273) hat sich die Frage erhoben, ob die den Bezirksregierungen durch die §§. 71—74. der allgemeinen Gewerbeordnung vom 17. Januar 1845 (Gesetzsamml. S. 41) beigelegte Befugniß, ertheilte Konzessionen zum Gewerbebetriebe zurückzunehmen, in Ansehung der Gewerbe der Buch= und Steindrucker, Buch= und Kunsthändler, Antiquare, Leihbibliothekare, Inhaber von Lesekabinetten, Verkäufer von Zeitungen, Flugschriften und Bildern, noch fortbestehe.

Die Königlichen Ministerien des Innern und für Handel, Gewerbe und öffentliche Arbeiten, zu deren Ressort dieser Gegenstand insofern, als es sich um die Entziehung der Konzessionen handelt, allein gehört, haben sich für die fortdauernde Befugniß der Bezirksregierungen ausgesprochen. Wenn sich nun auch die Verwaltungsbehörden in der Lage befinden, die Wirksamkeit der von ihnen erlassenen Beschlüsse im administrativen Wege zu sichern, so liegt es doch in der Natur der Sache, daß die Organe der Staatsregierung in den verschiedenen Zweigen der öffentlichen Verwaltung in einheitlichem Sinne zu verfahren haben. Es ist daher in Fällen, wo Gewerbtreibende, welche der durch die Verwaltungsbehörden erfolgten Konzessionsentziehung ungeachtet, den Gewerbebetrieb fortsetzen, der Staatsanwaltschaft zur weiteren Verfolgung angezeigt werden, dieselbe nicht abzulehnen, sondern einzuleiten und die Entscheidung der Gerichte, nöthigenfalls derjenigen der höheren Instanz, herbeizuführen.

Die Gründe, welche die fortdauernde Befugniß der Bezirksregierungen zu den fraglichen Konzessionsentziehungen rechtfertigen, sind im Wesentlichen folgende:

Die Verfassungsurkunde vom 5. Dezember 1848., deren Art. 24. verbot, die Preßfreiheit durch Konzessionen zu beschränken, war, gemäß Art. 112. derselben, nur unter Vorbehalt einer Revision verkündigt, welche sofort nach dem Zusammentritt der Kammern erfolgen sollte. Die Gesetze, welche einem Artikel dieser Verfassung entgegenliefen, waren daher nicht definitiv aufgehoben, sondern nur suspendirt; sie traten endgültig nur in sofern außer Kraft, als sie mit der definitiv beschlossenen Verfassung in Widerspruch waren. Der Art. 27. dieser Ver=

fassung vom 31. Januar 1850. enthält aber ein Verbot der Konzessionen nicht und deshalb hörte mit ihrer Verkündigung die durch die Verfassung vom 5. Dezember 1848. eingetretene Suspension der §§. 71—74. der Gewerbeordnung wieder auf. Die Richtigkeit dieser Auffassung ergiebt sich auch aus dem Gesetze vom 12. Mai d. J., §. 1. im ersten Absatze, welcher lautet:

Der §. 48. der Gewerbeordnung vom 17. Januar 1845. wird aufgehoben —

eine Bestimmung, die nur in der Voraussetzung, daß die Konzessionen für die fraglichen Gewerbtreibenden nicht bereits verfassungsmäßig aufgehoben seien, erlassen werden konnte und welche eine um so größere Bedeutung hat, als sie die durch die provisorische Verordnung vom 5. Juni 1850. §. 2. gegebene Deklaration, daß die betreffenden Bestimmungen der Gewerbeordnung als aufgehoben nicht zu betrachten seien, bestätigte.

Der übrige Inhalt des Gesetzes über die Presse vom 12. Mai d. J. begründet die Annahme, daß die §§. 71—74. der Gewerbeordnung aufgehoben seien, in keiner Weise. Zwar bestimmt der §. 54. jenes Gesetzes, in welchen Fällen von dem zuständigen Richter auf den Verlust der Befugniß zum Gewerbebetriebe erkannt werden könne oder müsse. Allein hierin liegt nicht die Verfügung, daß der zuständige Richter ausschließlich befugt sei, eine Konzessionsentziehung auszusprechen, da die Gewerbeordnung ebenfalls die Entziehung der Befugniß zum Gewerbebetriebe als eine durch den Richter zu verhängende Strafe kennt (§§. 171 ff.), ohne dadurch die in den §§. 71—74. angeordnete Konzessionsentziehung im Verwaltungswege auszuschließen.

Auch daraus, daß der §. 48. der Gewerbeordnung durch den §. 1. des Gesetzes über die Presse aufgehoben ist, und daß der §. 71. der ersteren auf den §. 48. Bezug nimmt, kann nicht gefolgert werden, daß der §. 71. seine Bedeutung verloren habe. Denn der §. 71. sagt nur, daß die in den §§. 42 bis 52. und 55. erwähnten Konzessionen im Verwaltungswege zurückgenommen werden können. Die im §. 48. erwähnte Konzession der Buchdrucker u. s. w. ist aber im §. 1. des Gesetzes über die Presse, wenn auch unter Modifikation der früheren Bestimmungen beibehalten und so dem §. 71. der Gewerbeordnung seine Grundlage nicht entzogen worden.

Da die Gesetze wesentlich aus sich selbst und mit Rücksicht auf ihren inneren Zusammenhang zu interpretiren sind, so können die der Erlassung eines Gesetzes vorhergegangenen Diskussionen nur mit Vorsicht gebraucht werden. Die im Laufe derselben ausgesprochenen Ansichten über die Wirkung der Aufnahme oder Streichung einzelner Paragraphen können jedenfalls dann nicht entscheiden, wenn die verschiedenen Faktoren der Gesetzgebung sich darüber nicht in Uebereinstimmung befinden.

Allerdings lautete der von der Staatsregierung vorgelegte Entwurf des Preßgesetzes in dem §. 5. also:

„Ist einer der in diesen Paragraphen gedachten Gewerbetreibenden eines mittelst der Presse begangenen Verbrechens oder Vergehens schuldig erkannt worden, so ist die Bezirksregierung berechtigt, ihm die fernere Betreibung seines Gewerbes zu untersagen.“

Wäre dieser §. angenommen, so würde der §. 71. der Gewerbeordnung insofern eine Beschränkung erlitten haben, als eine administrative Konzessionsentziehung fernerhin nur unter der Voraussetzung zulässig gewesen wäre, daß der betreffende Gewerbetreibende vorher eine gerichtliche Verurtheilung erlitten hätte; er würde aber auf der anderen Seite die Befugnisse der Verwaltungsbehörden insofern erweitert haben, als die bloße Verurtheilung die Konzessionsentziehung begründete, ohne daß es auf die in dem §. 71. bezeichneten Voraussetzungen ankam.

Die Streichung dieses von der ersten Kammer im Wesentlichen angenommenen §. 5. konnte nur die Folge haben, daß es bei dem §. 71. der Gewerbeordnung verblieb, selbst wenn dieser Streichung durch einen einzelnen Faktor der Gesetzgebung die von den übrigen Faktoren derselben nicht getheilte Absicht zum Grunde lag, die administrative Konzessionsentziehung gänzlich auszuschließen.

Von den vorstehenden, für die richtige Beantwortung der im Eingange bezeichneten Frage erheblichen Momenten, haben Sie, Herr Ober-Staatsanwalt, vorkommenden Falles Gebrauch zu machen und soweit sich dazu Veranlassung darbietet, die Polizeianwalte darnach mit Anweisung zu versehen.

Berlin, den 3. September 1851.

Der Justiz-Minister.
Simons.

An
den Königlichen Ober-Staatsanwalt
Herrn Sethe, hier.

Abschrift vorstehender Verfügung erhalten Sie, Herr General-Prokurator, um darnach ebenfalls zu verfahren und die Ober-Prokuratoren mit Anweisung zu versehen.

Berlin, den 3. September 1851.

Der Justiz-Minister.
Simons.

An
den Kgl. Herrn General-Prokurator
zu Cöln.

I. 3536. G. 64. Vol. III.

99.

Verfügung vom 12. September 1851, — betreffend die Befugniß der Universitätsrichter zur selbstständigen Anwendung der gesetzlichen Zwangsmittel gegen ungehorsame Zeugen in den zu ihrer Kompetenz gehörigen Sachen.

In Veranlassung eines neuerlich vorgekommenen Falles ist die Frage, ob die Universitätsrichter befugt seien, in den zu ihrer Kompetenz gehörigen Sachen gegen widerspenstige ihrer Gerichtsbarkeit sonst nicht unterworfene Zeugen die gesetzlichen Zwangsmittel selbst anzuwenden, einer nochmaligen Prüfung unterworfen worden. Mit der diese Frage bejahenden Ansicht, welche in dem abschriftlich beiliegenden Schreiben vom 23. v. Mts. näher entwickelt worden ist, hat sich der Herr Minister der geistlichen, Unterrichts- und Medizinal-Angelegenheiten einverstanden erklärt und demgemäß den Universitäts-Richter zu Bonn mit Anweisung versehen.

Es erleidet daher die diesen Gegenstand betreffende Verfügung vom 8. März 1839. eine Modifikation, wovon Sie, Herr General-Prokurator, hierdurch in Kenntniß gesetzt werden.

Berlin, den 12. September 1851.

Der Justiz-Minister.
Simons.

An
den Kgl. Herrn General-Prokurator
zu Cöln.

Anlage.

Nach Inhalt Ew. Excellenz geehrten Schreibens vom 6. Juni d. J. Nr. 10376., und dessen Anlagen, welche ich ergebenst wieder beifüge, hatte der Universitätsrichter zu Bonn in einer Disciplinarsache gegen Studirende den N. als Zeugen vorgeladen. Dieser hatte sich zwar vernehmen lassen, jedoch die eidliche Erhärtung seiner Aussage verweigert. Der Ober-Prokurator zu Bonn, von dem Universitätsrichter um Einleitung des weiteren Verfahrens gegen N. ersucht, trug bei dem Instruktionsrichter darauf an, den N. wegen jener Weigerung in eine Geldbuße von 5 Thlr. subsidiarisch in eine Gefängnißstrafe von einer Woche zu verurtheilen. Der Instruktionsrichter erklärte sich für unzuständig, über diesen Antrag zu erkennen, und die gegen diese Verfügung von dem Ober-Prokurator eingelegte Opposition wurde durch den Anklagesenat des Appellations-Gerichtshofes verworfen.

Daß das beobachtete Verfahren an einem Fehler leiden muß, ist klar; denn es kann nicht richtig sein, daß auf der einen Seite einem Richter die Befugniß beiwohne, eine Entscheidung zu erlassen und folgerecht auch zur Gewinnung der nothwendigen Grundlage Zeugen eidlich zu vernehmen, und daß es dennoch auf der andern Seite an einem gesetzlichen Mittel fehle, den renitenten Zeugen zur Erfüllung seiner Pflicht zu zwingen. Die Frage kann nur die sein, ob der Universitätsrichter selbst die Befugniß hat, die gesetzlichen Zwangsmittel anzuwenden, oder ob es dazu einer Requisition des gewöhnlichen Richters bedarf, welcher alsdann von diesem nothwendig Folge zu geben wäre. Diese letztere Ansicht liegt der Verfügung vom 25. Februar 1839. zum Grunde, welche von Ew. Excellenz Herrn Amtsvorgänger im Einverständnisse mit dem Justiz-Ministerium erlassen ist. Dieselbe stützt sich auf den §. 312. der Krim. Ordn. vom 11. Dezember 1805., welcher bestimmt, daß, wenn Jemand sich weigere, sich als Zeuge vernehmen zu lassen, er dazu von seinem ordentlichen Richter durch Geld- oder Gefängnißstrafe angehalten werden soll. Inzwischen ist aber die Krim. Ordn., welche damals wenigstens in Ansehung mancher Arten von Verbrechen und rücksichtlich aller Verbrechen der Studirenden der Universität Bonn in der Rheinprovinz galt, in jenem Gebiete im Allgemeinen aufgehoben. Ist dieselbe nun auch für den Universitätsrichter in Disciplinarsachen der Studirenden noch ferner maaßgebend, so würde es doch jedenfalls bedenklich erscheinen, anzunehmen, daß durch die Krim.-Ordn. die allgemeinen Grundsätze des am Rheine geltenden Rechtes weiter modificirt seien, als die eigenthümliche Natur der Disciplinarsachen gegen Studirende unbedingt erfordert. Der §. 312. enthält aber keine besondere Bestimmung für derartige Sachen. Der darin gebrauchte Ausdruck: ordentlicher Richter bildet auch, soweit es irgend erkennbar ist, nicht einmal einen Gegensatz gegen ein forum speciale causae, sondern ist gleichbedeutend mit persönlichem Richter (§. 311.), das heißt demjenigen, welchem der Zeuge für seine Person unterworfen ist. Abgesehen davon, daß der §. 312. selbst für die älteren Provinzen durch den §. 20. der Verordnung vom 3. Januar 1849 modificirt ist, gemäß welchem der mit der Hauptsache befaßte Richter gegen den renitenten Zeugen die erforderlichen Zwangsmittel anzuwenden hat, ohne daß unterschieden wäre, ob dieser Zeuge für seine Person jenem Richter unterworfen sei oder nicht, so hatte der erwähnte Paragraph in der Rheinprovinz nie eine materielle Bedeutung, weil die Befugniß des Richters, gegen widerspenstige Zeugen mit Zwangsmitteln zu verfahren, weder durch einen eximirten Gerichtsstand noch durch die örtliche Begrenzung der Gerichtsbezirke beschränkt war.

Begründet aber der §. 312. der Krim.-Ordn. keine Ausnahme von den allgemeinen Grundsätzen, so wird man dem Instruktionsrichter zu Bonn und dem Appellationsgerichtshofe zu Cöln darin beitreten müssen, daß der Art. 80. der Rheinischen Straf-Proz.-Ordn. ersterem nicht das Recht giebt, gegen Zeugen, welche nicht vor ihn, sondern vor einen andern Richter geladen sind, mit Zwangsmitteln zu verfahren. Dagegen wird der Universitätsrichter für befugt zu erachten sein, in denjenigen Sachen, für welche ihn das Gesetz mit einer Gerichtsbarkeit bekleidet, auch die Mittel, welche das Gesetz den gewöhnlichen Gerichten zur Sicherung ihrer Wirksamkeit beilegt, selbst in Anwendung zu bringen. Der Satz, daß die Befugniß zur Anwendung der gesetzlichen Zwangsmittel gegen renitirende Zeugen die nothwendige Folge der Beilegung der Gerichtsbarkeit sei und zwar ohne Unterschied, ob dieselbe nur in Ansehung gewisser Sachen, oder in einem größeren Umfange verliehen worden, ist auch für das administrative Strafverfahren durch eine Verfügung der Minister des Innern und der Finanzen vom 12. Mai 1851 (Ministerial-Blatt für die innere Verwaltung S. 92), und in einem analogen Falle durch ein cassirendes Urtheil des Kassationshofes vom 16. November 1844 (Samml. v. Sirey Bd. 44. S. 857) anerkannt.

Für den Fall des geneigten Einverständnisses stelle Ew. Excellenz ich ganz ergebenst anheim, den Universitätsrichter zu Bonn hiernach mit Anweisung zu versehen und mich von dem Verfügten in Kenntniß zu setzen, damit ich meinerseits dem General-Prokurator zu Cöln das Erforderliche eröffne.

Der Aufnahme von Bestimmungen in der Straf-Proz.-Ordn., welche weder für Disciplinarsachen überhaupt, noch für die Disciplinarsachen der Studirenden insbesondere sedes materiae ist, scheint es hiernach nicht zu bedürfen.

Berlin, den 23. August 1851.

Simons.

An
des Königlichen Staats-Ministers der geistlichen, Unterrichts- und Medizinal-Angelegenheiten Herrn v. Raumer Excellenz.

I. 3773. Rhein. Gen. 184. Vol. II.

100.

Verfügung vom 27. September 1851, — betreffend die unmittelbare Correspondenz der Ober-Prokuratoren mit den Gesandtschaften zu Paris und im Haag, behufs Beförderung gerichtlicher Insinuationen und Requisitionen.

(Verfügung vom 9. Februar 1833 Rhein. Samml. Bd. 3. S. 576)

Der von Ihnen, Herr General-Prokurator, unter dem 1. d. M. erstattete Bericht hat dem Justiz-Minister Veranlassung gegeben, über den Gegenstand desselben mit dem Herrn Minister der auswärtigen Angelegenheiten in Kommunikation zu treten. Im Einverständniß mit demselben wird Ihnen hierdurch eröffnet, daß es auch zu der Correspondenz Behufs Beförderung gerichtlicher Insinuationen und Requisitionen mit den Gesandtschaften zu Paris und im Haag Ihrer Vermittelung nicht bedarf, diese Correspondenz vielmehr durch die Ober-Prokuratoren unmittelbar zu führen ist.

Sie haben hiernach die Ober-Prokuratoren mit Anweisung zu versehen.

Berlin, den 27. September 1851.

Der Justiz-Minister.
Simons.

An
den Königlichen Herrn General-Prokurator zu Cöln.

I. 3903. Rhein. Gen. 116. Vol. II.

101.

Allgemeine Verfügung vom 11. October 1851, — betreffend die besondere Remuneration der Forstrichter in Forstdefraudations-Sachen.

Allerhöchste Orders vom 15. August 1829 und vom 19. Juni 1848 (Justiz-Ministerial-Blatt S. 228).

Durch den Allerhöchsten Erlaß vom 19. Juni 1848, von welchem die Gerichtsbehörden durch die allgemeine Verfügung vom 30. Juni 1848 (Justiz-Ministerial-Blatt S. 228) Mittheilung erhalten haben, ist die bisher den Richtern in Holzdiebstahls- und Forstdefraudations-Sachen in Gemäßheit der Allerhöchsten Order vom 15. August 1829 zugestandene Remun ration von 2½ Sgr. für jede abgemachte Sache aufgehoben worden.

Nach der gedachten allgemeinen Verfügung hat die Erhebung der Remuneration für alle vom 1. Juli 1848 ab zur Kognition der Forstgerichte gelangenden Kontraventions-Sachen aufhören sollen.

Es ist zur Kenntniß des Justiz-Ministers gekommen, daß jener Anordnungen ungeachtet, bei einigen Gerichten die Remuneration für die Aburtheilung von Kontraventions-Fällen in Privat-Waldungen von den Eigenthümern der letzteren, seien es Kommunen oder andere Privatforstbesitzer, noch ferner erhoben wird. Diese Erhebung kann nicht für zulässig erachtet werden. Wenngleich der Allerhöchste Erlaß vom 19. Juni 1848 sich nach seinen Worten und nach Inhalt des demselben zum Grunde liegenden Immediat-Berichts des Königlichen Staats-Ministeriums nicht ausdrücklich auf Kontraventions-Fälle in Privat-Waldungen bezieht, so müssen die letzteren doch ohne Zweifel als darunter mit begriffen angesehen werden, da die Zahlung von Remunerationen durch Privatforstbesitzer an richterliche Beamte mit der Würde des richterlichen Amtes unvereinbar ist, und das in dem Allerhöchsten Erlasse angeführte Motiv, daß es bei dem anerkannten Diensteifer und der bewährten Amtstreue der Richter einer solchen äußeren Anregung zur Erfüllung ihrer Amtspflichten nicht bedarf, auf die Aburtheilung aller Forstfrevel, mithin ebensowohl auf die in Privat-Waldungen wie auf die in Staats-Waldungen verübten, Anwendung findet. Ueberdies dürfen nach dem neuen Sportelgesetze andere, als die den Richtern darin ausdrücklich zugebilligten Gebühren, nicht bezogen werden.

Sämmtliche Gerichte werden daher hierdurch angewiesen, die Remuneration für Forstdefraudations-Fälle in Privat-Waldungen nicht weiter erheben zu lassen.

Berlin, den 11. Oktober 1851.

Der Justiz-Minister
Simons.

An
sämmtliche Gerichtsbehörden.

I. 4256. F. 53.

102.

Genehmigungs-Urkunde des Zusatz-Artikels XX. zur Rheinschifffahrts-Akte vom 31. März 1831. Vom 17. November 1851.

Wir Friedrich Wilhelm, von Gottes Gnaden, König von Preußen ꝛc. ꝛc.

Urkunden und bekennen hiermit:

Nachdem die Rheinschifffahrts-Central-Kommission sich in ihrer am 8. September 1851 gehaltenen Sitzung anderweit über den nachfolgenden Zusatz-Artikel XX. zur Rheinschifffahrts-Akte vom 31. März 1831:

„Die durch den 59. Artikel der Konvention vom 31. März 1831 festgesetzte Ausnahme vom Lootsenzwange wird auf Segelschiffe jeder Ladungsfähigkeit ausgedehnt, welche unter sechshundert Zentner Ladung enthalten.“

vereinigt hat, so wollen Wir, auf den Uns darüber gehaltenen Vortrag, den vorstehenden Zusatz-Artikel hierdurch genehmigen, auch Unseren Behörden und Unterthanen, soweit es diese angeht, befehlen, sich genau danach zu richten.

Zu mehrerer Beglaubigung haben Wir gegenwärtige, zur Niederlegung in das gemeinschaftliche Archiv der Central-Kommission bestimmte Genehmigungs-Urkunde Allerhöchsteigenhändig unterschrieben und mit Unserem Königlichen Insiegel versehen lassen.

So geschehen u. gegeben zu Potsdam, den 17. November 1851.

(L. S.) Friedrich Wilhelm.

v. Manteuffel.

Vorstehende Genehmigungs-Urkunde ist am 7. September 1852 in das zu Mainz befindliche Archiv der Central-Kommission für die Rheinschiffahrt niedergelegt worden.

I. 5465. Rhein. Gen. 89. Vol. VII.

103.

Allgemeine Verfügung vom 20. November 1851, — betreffend das Verfahren in den Fällen, wo der Verlust von Orden und Ehrenzeichen die Folge eines Strafurtheils ist.

Der Verlust von Orden und Ehrenzeichen wird nach dem Strafgesetzbuche nicht besonders ausgesprochen, sondern tritt nach §§. 12. und 22 von Rechts wegen ein, und zwar in allen Fällen, wo den Inhaber der Verlust der bürgerlichen Ehre oder die zeitige Untersagung der Ausübung der bürgerlichen Ehrenrechte trifft.

In Folge dessen vereinfacht sich das Verfahren, welches hinsichtlich der Abforderung der Orden und Ehrenzeichen und der Besitzzeugnisse, so wie hinsichtlich der Einsendung derselben an die General-Ordens-Kommission zu beobachten ist. Es wird

daher unter Aufhebung sämmtlicher hierauf bezüglicher Bestimmungen, namentlich der Verfügungen
vom 21. Mai 1819 (Jahrbücher Bd. 13. S. 318),
vom 16. August 1819 (Jahrbücher Bd. 14. S. 67),
vom 13. Mai 1822 (Jahrbücher Bd. 19. S. 330),
vom 30. Juli 1827 (Jahrbücher Bd. 30. S. 391),
vom 7. Mai 1829 (Jahrbücher Bd. 33. S. 345),
vom 27. April 1841 (Justiz-Ministerial-Blatt S. 159) und
der Verfügung vom 25. Mai 1841 (Justiz-Ministerial-Blatt S. 186), soweit sich dieselbe auf diesen Gegenstand bezieht,
Folgendes angeordnet:

In allen Fällen, in welchen der Inhaber Preußischer oder fremder Orden und Ehrenzeichen oder Denkmünzen in Gemäßheit eines rechtskräftigen Strafurtheils der Verlust der bürgerlichen Ehre trifft, oder wo gegen denselben auf zeitige Untersagung der Ausübung der Ehrenrechte rechtskräftig erkannt ist, sind dem Verurtheilten im Wege der Strafvollstreckung die Orden, Ehrenzeichen und Denkmünzen nebst den darüber sprechenden Patenten und Besitzzeugnissen abzunehmen und an die General-Ordens-Kommission einzusenden.

Die den Beamten der Staatsanwaltschaft durch die allgemeine Verfügung vom 29. Juni d. J. (Justiz-Ministerial-Blatt S. 230) auferlegte Verpflichtung zur Mittheilung des Tenors der betreffenden Entscheidung an die General-Ordens-Kommission wird hierdurch nicht berührt.*)

Berlin, den 20. November 1851.

Der Justiz-Minister
Simons.

An
sämmtliche Gerichtsbehörden.

I. 4452. Crimin. 25.

---

*) Die betreffende Stelle der Verfügung vom 29. Juni d. J. lautet, wie folgt:

15. Wenn gegen einen Beschuldigten, welcher sich im Besitz von Preußischen oder andern Orden oder Ehrenzeichen befindet, eine rechtskräftige Verurtheilung ergangen ist, welche den Verlust der Orden und Ehrenzeichen zur Folge hat (Strafgesetzbuch §§. 11., 12. und 22.) so ist von dem Tenor der Entscheidung der General-Ordens-Commission Nachricht zu geben.

104.

Allgemeine Verfügung vom 30. November 1851, — betreffend das Verfahren in Untersuchungen gegen jugendliche Brandstifter.

Reskript vom 6. September 1824 (Jahrbücher Bd. XXIV. S. 155—158).

Die wissenschaftliche Deputation für das Medizinalwesen hat sich veranlaßt gefunden, das von derselben über den sogenannten Brandstiftungstrieb (Pyromanie) unterm 28. August 1824 erstattete, und durch das Reskript des Justiz-Ministers vom 6. September desselben Jahres sämmtlichen Gerichten zur Nachachtung mitgetheilte Gutachten von Neuem einer Prüfung zu unterwerfen. Diese hat nach Inhalt des von der gedachten Deputation an den Herrn Minister der geistlichen, Unterrichts- und Medizinal-Angelegenheiten erstatteten Berichts vom 8. v. M. das Ergebniß geliefert, daß die früher vertheidigte Annahme einer auf körperlichen Ursachen begründeten unwiderstehlichen Feuerlust als nicht haltbar zu verwerfen sei.

Sämmtlichen Gerichtsbehörden wird dieser Bericht hierdurch zur Kenntnißnahme und Nachachtung mit dem Bemerken mitgetheilt, daß es demgemäß künftig nicht weiter nöthig sein wird, bei jeder Untersuchung wider jugendliche Brandstifter in dem Alter von 12 bis 20 Jahren vor Abfassung des Erkenntnisses das Gutachten von Sachverständigen einzuholen, daß dies vielmehr lediglich dem Ermessen des Gerichts in jedem einzelnen Falle überlassen bleiben muß.

Berlin, den 30. November 1851.

Der Justiz-Minister
Simons.

An
sämmtliche Gerichtsbehörden.

I. 4775. Crimin. 90. Vol. II.

Anlage.

Bericht der wissenschaftlichen Deputation für das Medizinalwesen vom 8. Oktober 1851.

Unter dem 28. August 1824 erstattete die gehorsamst unterzeichnete wissenschaftliche Deputation für das Medizinalwesen ein Gutachten, betreffend die Zurechnungsfähigkeit jugendlicher Brandstifter, in welchem dieselbe, nach der damaligen Sachlage sich für die Annahme einer sogenannten Pyromanie entscheiden zu müssen glaubte. In Folge dessen erließ der Herr Justiz-Minister, unter abschriftlicher Mittheilung jenes Gutachtens das Reskript an das Königliche Kammergericht vom 6. September 1824 (Jahrbücher Bd. XXIV. S. 155), in welchem verordnet wurde, daß in den Untersuchungen gegen jugendliche Brandstifter auf das etwanige Vorhandensein einer in der körperlichen Entwickelung begründeten, krankhaften, folglich die Zurechnungsfähigkeit ausschließenden, Feuerlust Rücksicht zu nehmen. Es war unschwer vorauszusehen, daß von den gerichtlichen Aerzten, namentlich aber von den Vertheidigern solcher Angeschuldigten, von dieser Lehre resp. Vorschrift eine nur allzuhäufige Anwendung in foro gemacht werden würde, und diese Voraussetzung ist in dem Maaße eingetroffen, daß längst die Wissenschaft sich veranlaßt gesehen hat, eine Revision jener Lehre zu unternehmen und die Fälle von sogenannter Pyromanie einer tiefer eingehenden Kritik zu unterziehen.

Letztere hat das Ergebniß geliefert, daß die Annahme einer oben angedeuteten, auf körperlichen Ursachen begründeten unwiderstehlichen Feuerlust als nicht haltbar verworfen worden, und hat auch die unterzeichnete wissenschaftliche Deputation bereits seit langen Jahren ihre vor fast einem Menschenalter aufgestellte Ansicht verlassen, und in ihren betreffenden Superarbitriis aus Ueberzeugung und vielfacher Erfahrung jene Ansicht bekämpft, und sich der neuen Lehre angeschlossen. Mittlerweile, und da in den bestehenden Vorschriften bisher noch keine Aenderung eingetreten, hat das für die Strafrechtspflege gewiß nicht erwünschte Verschleppen solcher Fälle durch alle Instanzen, auch bis in die neueste Zeit nicht nachgelassen, und selbst jetzt noch, nachdem durch Einführung des Geschworenen-Instituts die ganze Sachlage, betreffend die Zurechnungsfähigkeit (von Angeschuldigten) im Allgemeinen eine durchaus veränderte Gestalt gewonnen, gelangen immer noch Fälle von behaupteter oder vermutheter sogenannter Pyromanie zu unserer Entscheidung.

Wenn hiernach die Erfahrung darüber sattsam belehrt hat, daß unsere Abweisung jener, als irrig erkannten Lehre in den **einzelnen** bezüglichen Fällen deren Verbannung aus dem forum nicht hat bewirken können, und es vielmehr einer geeigneten allgemeinen Erklärung der wissenschaftlichen Deputation, als obersten wissenschaftlichen Medizinalbehörde, zu bedürfen scheint, so ersuchen Ew. Exzellenz wir im Interesse der gerichtlichen Arzneiwissenschaft wie der Strafrechts-Praxis gehorsamst:

hochgeneigtest das weiter Geeignete zur Aufhebung des beregten Justiz-Ministerial-Reskripts veranlassen zu wollen, von dessen Außerkrafttreten bei den Bestimmungen der §§. 40. und 42. des Strafgesetzbuchs unseres Erachtens nicht der geringste Nachtheil zu besorgen steht.

Berlin, den 8. Oktober 1851.

Die wissenschaftliche Deputation für die Medizinal-Angelegenheiten.

gez. Klug. Casper. v. Stosch. Schmidt. Jüngken. Ideler. Horn. Busch.

An
den Königl. Staats- und Minister
der geistlichen rc. Angelegenheiten
Hrn. v. Raumer Exzellenz.

105.

Verfügung vom 5. Dezember 1851, — betreffend die Zustellung des Beschlusses der Verwaltungs-Behörde wegen Erhebung des Kompetenz-Konfliktes an die als Privatpartheien betheiligten Gemeinde-Behörden.

Gesetz vom 8. April 1847 (Rhein. Samml. Bd. 9. S. 189).

Auf die Anfrage im Einsendungsberichte vom 3. Juli d. J. wird Ihnen eröffnet, daß die Bestimmung des §. 5. Gesetz vom 8. April 1847 über die Zustellung des Beschlusses der Verwaltungs-Behörde an die bei der Sache betheiligten „Privatparteien“ die Absicht und den Zweck hat, denjenigen Partheien, welche möglicher Weise gegen den von der Verwaltung erhobenen Competenz-Conflikt Einwendung zu machen befugt sind, die Gelegenheit hierzu zu geben. Mit dem Zwecke der Zustellung muß daher auch die letztere selbst cessiren, wenn die im Prozesse befindliche Parthei eine solche Behörde ist, für deren Verhalten im Prozesse die Bestimmung der Verwaltungs-Behörde, welche den Competenz-Conflikt erhoben hat, maaßgebend und verbindlich ist. Es wird aber durch den Ausdruck: „Privatparthei“ die Zustellung an solche Behörden nicht ausgeschlossen, welche, wie dies bei den Rheinischen Gemeindebehörden der Fall ist, ihre Interessen im Prozeßwege selbstständig zu verfolgen befugt und daher auch zu verlangen berechtigt sind, daß ihnen bei der Frage, ob der erhobene Competenz-Conflikt begründet sei, das Gehör nicht versagt werde.

Demnach ist im vorliegenden Falle die Zustellung des Beschlusses der Regierung zu Trier in Betreff des erhobenen Competenz-Conflikts an die Gemeinde-Kasse zu Thalfang mit Recht von Ihnen angeordnet worden, da der Gemeinde-Kasse resp. Gemeinde nicht versagt werden kann, in dem Verfahren zur Erledigung des Competenz-Conflikts ihre eigene Ansicht für oder gegen den Conflikt selbstständig vorzutragen.

Berlin, den 5. Dezember 1851.

Der Justiz-Minister
Simons.

An
den Königl. Hrn. Ober-Prokurator
zu Trier.

I. 5238. Rhein. Gen. 132. Vol. II.

106.

Allgemeine Verfügung vom 6. Dezember 1851, — betreffend die Anfertigung der Akten-Auszüge in Untersuchungssachen.

Die von den Gerichten eingereichten, zur Vorlegung bei Seiner Majestät dem Könige bestimmten Akten-Auszüge in Untersuchungssachen sind in neuerer Zeit zum öftern mangelhaft befunden worden, indem sich viele derselben auf eine bloße Angabe der strafbaren Handlung, der ergangenen Entscheidung, resp. des Ausspruchs der Geschworenen, und der bezüglichen Gesetzesstellen beschränken.

Der Justiz-Minister nimmt deshalb Veranlassung, die Gerichte darauf aufmerksam zu machen, daß die Akten-Auszüge außer diesem Inhalte auch eine, wenngleich kurze, doch deutliche und möglichst vollständige Erzählung des Faktums, so wie die wesentlichsten Resultate der Beweisaufnahme enthalten müssen, wenn sie ihrem Zwecke entsprechen sollen. Das erforderliche Material dazu werden die schriftlichen Vorverhandlungen liefern, so wie die Ergänzungen und Berichtigungen ihres Inhalts, welche in den über die mündlichen Verhandlungen aufgenommenen Protokollen etwa enthalten sind. Das Bedenken, daß aus diesen Aufzeichnungen in manchen Fällen nicht alle diejenigen Gründe ersichtlich sind, welche auf die Ueberzeugung der Richter oder der Geschworenen Einfluß gehabt haben, ist hierbei nicht unerwogen geblieben. Es ist aber bei der Frage, ob in den geeigneten Fällen die Allerhöchste Bestätigung eines Urtheils, oder ob eine Strafmilderung oder Begnadigung zu beantragen sei, nicht nur erforderlich, den Thatbestand der strafbaren Handlung im Allgemeinen, sondern auch die in den Strafgesetzen nicht hervorgehobenen besonderen Umstände des einzelnen Falles, so weit sie sich aus den schriftlichen Materialien entnehmen lassen, zu übersehen.

Zugleich werden die Gerichte angewiesen, in den Fällen, wo sie Veranlassung zu einem Begnadigungs-Antrage finden, denselben nicht in dem Akten-Auszuge, sondern in dem Begleitungsberichte zu machen, und die dafür sprechenden Gründe dort näher auszuführen. In den Sachen, welche vor den Schwurgerichten verhandelt worden sind, wird hierbei auch von den in den Berichten der Vorsitzenden der letzteren etwa niedergelegten Bemerkungen (vergl. Allgemeine Verfügung vom 22. Oktober d. J., Justiz-Ministerial-Blatt S. 342) Gebrauch gemacht werden können.

Für den Bezirk des Appellationsgerichtshofes in Cöln behält es bei den bisherigen mit den obigen Vorschriften übereinstimmenden Anordnungen, namentlich bei den Reskripten vom 30. Juli 1821 und vom 4. November 1831 (Rhein. Samml. Bd. II. S. 154, Bd. III. S. 405) sein Bewenden.

Berlin, den 6. Dezember 1851.

Der Justiz-Minister
Simons.

An
sämmtliche Gerichtsbehörden.

I. 4806. Crim. 99. Vol. VIII.

107.

Allgemeine Verfügung vom 6. Dezember 1851, — betreffend das Verfahren bei Requisitionen an Königl. Sächsische Gerichtsbehörden.

Uebereinkunft vom $\frac{\text{14. Oktober.}}{\text{11. Dezember.}}$ 1839 (Ges.-Samml. S. 353).

Die Requisitionen der diesseitigen Gerichte an die Gerichtsbehörden im Königreiche Sachsen sind bisher häufig, statt direkt an die letzteren, durch Vermittelung des Ministeriums der auswärtigen Angelegenheiten, resp. der preußischen Gesandschaft in Dresden, befördert worden.

Zur Vereinfachung und Erleichterung des Geschäftsverkehrs in dergleichen Requisitionssachen wird im Einverständnisse mit dem Herrn Minister der auswärtigen Angelegenheiten, auf den Vorschlag der Königlich Sächsischen Regierung den sämmtlichen diesseitigen Gerichten und Beamten der Staatsanwaltschaft hierdurch die Anweisung ertheilt:

künftig in allen Requisitionssachen, welche durch die Königlich Sächsischen Gerichte, einschließlich der dortigen

Appellationsgerichte, erledigt werden können, sich direkt an dieselben zu wenden und die Vermittelung des Ministeriums der auswärtigen Angelegenheiten nur dann in Anspruch zu nehmen, wenn entweder besondere Bedenken bei dem einzelnen Requisitionsfalle obwalten, oder wenn die Erledigung einer Requisition von den Königlich Sächsischen Appellationsgerichten, an welche Beschwerden über die denselben untergeordneten Gerichte wegen etwa verweigerter Erfüllung der Requisition zu richten sind, abgelehnt werden sollte.

Die Königlich Sächsischen Gerichte sind in dieser Beziehung bereits mit der erforderlichen Anweisung von Seiten ihrer vorgesetzten Behörde versehen worden.

In gleicher Weise werden die diesseitigen Gerichte und Beamten der Staatsanwaltschaft hierdurch angewiesen, auch den in direktem Wege an sie gelangenden Requisitionen der Königlich Sächsischen Gerichte nach Maaßgabe der bestehenden gesetzlichen Vorschriften zu entsprechen. In zweifelhaften Fällen bleibt ihnen vorbehalten, an die vorgesetzte Dienstbehörde zu berichten.

Berlin, den 6. Dezember 1851.

Der Justiz-Minister
Simons.

An
sämmtliche Gerichte u. Beamte
der Staatsanwaltschaft.

I. 4795. G. 59. Vol. IV.

108.

Allgemeine Verfügung vom 29. December 1851, — betreffend die von den Beamten der Staats-Anwaltschaft in Untersuchungssachen gegen Militair-Invaliden, welche im Civildienst angestellt sind, zu machenden Mittheilungen.

Allgemeine Verfügung vom 29. Juni 1851 Nr. 14. (Justiz-Ministerial-Blatt S. 232).

Durch die allgemeine Verfügung vom 29. Juni d. J. sind die Beamten der Staatsanwaltschaft unter Nr. 14. angewiesen, von allen rechtskräftigen Entscheidungen, bei welchen Staatskassen interessiren, insbesondere von solchen Entscheidungen, in Folge deren Verpflichtungen gegen den Verurtheilten aufhören, den betreffenden Behörden Mittheilung zu machen.

Zu dieser Kategorie gehören in Gemäßheit der Allerhöchsten Order vom 17. März 1829 (Gesetz-Sammlung S. 42), welche als ein mit den militairischen Einrichtungen in engem Zusammenhange stehendes Spezialgesetz durch das Strafgesetzbuch nicht außer Wirksamkeit gesetzt worden ist, auch diejenigen Fälle, wo ein im Civil-Dienste angestellter Invalide eines Verbrechens, welches während seines Militairdienstes die Ausstoßung aus dem Soldatenstande zur Folge gehabt haben würde, überführt und dadurch seines Gnadengehalts verlustig wird, oder wo er, außer jenem Falle, wegen eines gemeinen oder Dienstverbrechens oder Vergehens neben der Dienstentlassung mit einer Freiheitsstrafe belegt wird und in Folge dessen das Gnadengehalt während der Strafzeit verliert. In letzterer Beziehung macht es keinen Unterschied, ob die Freiheitsstrafe eine prinzipale, oder nur eine für den Fall des Unvermögens eintretende eventuelle ist.

Da nach einer Mittheilung der Königlichen Ober-Rechnungs-Kammer die Regierungen die Zahlung des Gnadengehalts häufig deshalb nicht sistirt haben, weil sie von der Vollstreckung einer eventuell erkannten Gefängnißstrafe keine Kenntniß erhalten hatten, so werden die Beamten der Staatsanwaltschaft auf Fälle dieser Art hierdurch aufmerksam gemacht und angewiesen, den betreffenden Regierungen eine besondere Nachricht darüber zugehen zu lassen, wenn und sobald die eventuell erkannte Freiheitsstrafe wirklich zur Vollstreckung gelangt.

Berlin, den 29. December 1851.

Der Justiz-Minister
Simons.

An
die Beamten der Staatsanwaltschaft

I. 5187. J. 26. Vol. III.

XXXIX.

1852.

Gesetze, Verordnungen, Rescripte.

109.

Allgemeine Verfügung vom 6. Januar 1852, — betreffend die Beurlaubung der Referendarien behufs ihrer theoretischen Vorbereitung zur dritten Prüfung.

Allgemeine Verfügung vom 1. August 1840 (J.=M.=Bl. S. 270).
Allgemeine Verfügung vom 9. April 1846 (Rhein.=Sammlung Bd. 9. S. 77).
Regulativ vom 10. Dezember 1849 (S. 77 dieses Bandes).

Durch die allgemeinen Verfügungen vom 1. August 1840. (Justiz=Ministerial=Blatt S. 270) und vom 9. April 1846. (J.=M.=Bl. S. 79) ist die Anordnung getroffen, daß keinem Referendar gestattet werden soll, sich zur dritten Prüfung hierher nach Berlin zu begeben, so lange er nicht benachrichtigt ist, daß die Immediat=Justiz=Examinations=Commission den Auftrag zu seiner Prüfung erhalten habe.

Diese Anordnung ist durch keine spätere Verfügung aufgehoben. Nachdem indessen durch das Allerhöchst genehmigte Regulativ vom 10. Dezember 1849 (J.=M.=Bl. S. 492) unter D. Nr. 1 vorgeschrieben worden ist, daß den Referendarien vor ihrer Präsentation zur dritten Prüfung eine Dispensation von den Geschäften behufs ihrer theoretischen Vorbereitung auf zwei bis drei Monate nicht zu versagen sei, ist es vorgekommen, daß denselben statt einer solchen Dispensation ein Urlaub ertheilt und dieser ungehindert von ihnen benutzt worden ist, um sich jenen Vorschriften zuwider zu ihrer Vorbereitung hierher nach Berlin zu begeben.

Die Ertheilung eines solchen allgemeinen Urlaubs kann jedoch nicht gebilligt werden, und ist auch den bestehenden Vorschriften nicht entsprechend. Bei der gestatteten bloßen Dispensation von den gewöhnlichen Geschäften versteht es sich von selbst, daß dadurch der erforderliche Reiseurlaub nicht entbehrlich wird. Der von den gewöhnlichen Geschäften dispensirte

Referendar bleibt dem Gerichte behufs Uebertragung einzelner Arbeiten und Vertretungen in außerordentlichen Fällen zur Disposition und muß in der Regel auch angehalten werden, den Plenarsitzungen des Collegiums beizuwohnen. Eigenmächtige Entfernungen ohne vorher erhaltene Erlaubniß sind deshalb im geeigneten Wege zu ahnden.

Wenn in einzelnen Fällen Referendarien Urlaub nachsuchen, um sich an einem anderen Orte als am Sitze des Gerichts, z. B. am Wohnorte ihrer Eltern, zur dritten Prüfung vorzubereiten, so wird es zwar dem Ermessen der Appellationsgerichts-Präsidenten anheim gestellt, einem solchen Gesuche statt zu geben. Es muß jedoch den Bittstellern dabei eröffnet werden, daß sie sich alsdann ohne Genehmigung des Präsidenten von dem angezeigten Orte nicht entfernen dürfen, damit, falls außerordentliche Umstände ihre Einberufung nothwendig machen, diese sofort erfolgen könne.

Die Präsidien der Appellationsgerichte werden aufgefordert, diese Bestimmungen zu beachten. Sollten besondere Umstände vorliegen, welche ausnahmsweise die Beurlaubung eines Referendars nach Berlin vor dem oben angegebenen Zeitpunkt motiviren, so ist dazu vorher die Genehmigung des Justiz-Ministers einzuholen.

Berlin, den 6. Januar 1852.

Der Justiz-Minister.
Simons.

An
die Präsidien der Königl.
Appellationsgerichte.

I. 51. O. 146. Vol. V.

110.

Allgemeine Verfügung vom 7. Januar 1852, — betreffend die Führung von Gebäude-Inventarien bei den Gerichtsbehörden.

Da sich das Bedürfniß ergeben hat, über die der Justiz-Verwaltung gehörigen oder von derselben benutzten Lokalien und sonstigen Realitäten, sowie über die Dienstwohnungen der Justizbeamten vollständige Nachweisungen zu führen, so werden im Einverständniß mit der Königlichen Ober-Rechnungs-Kammer die Gerichtsbehörden angewiesen, ein Gebäude-Inventarium nach Anleitung des beigefügten, beispielsweise ausgefüllten Schema's *) in der Art aufzustellen, daß daraus die zur Zeit be-

*) Schema befindet sich am Schlusse des Bandes.

stehenden Verhältnisse vollständig zu ersehen sind. Insbesondere sind bei den Dienstwohnungen diejenigen, der Justizverwaltung gehörigen Gegenstände, welche dem Inhaber der Wohnung etwa zur Benutzung überwiesen worden sind, unter Angabe der betreffenden Nummern des Utensilien-Inventariums in der Kolonne „Bemerkungen" mit aufzuführen.

Ein Exemplar dieses Inventariums ist den über die Justiz-Verwaltungsfonds für das Jahr 1851 zu legenden Rechnungen beizufügen.

Für die folgenden Jahre genügt die Angabe der im Laufe des betreffenden Jahres vorgekommenen Veränderungen, oder die Bescheinigung, daß Veränderungen im Laufe des Jahres nicht stattgefunden haben. Diese Angabe oder Bescheinigung kann auf dem Titelblatte oder in einer besonderen Beilage der Rechnung erfolgen.

Diejenigen Gerichtsbehörden, welche über die für sie bestimmten Fonds zur Zeit nicht selbstständig Rechnung legen, namentlich der Königliche Appellationsgerichtshof zu Köln und die Landgerichte im Bezirke desselben, ferner der Königliche Justiz-Senat zu Ehrenbreitstein und das Königliche Appellationsgericht zu Greifswald nebst den Kreisgerichten in ihren Departements, haben ebenfalls vollständige Gebäude-Inventarien für das Jahr 1851 anzufertigen, welche von den genannten Obergerichten den betreffenden Königlichen Regierungen zur Beifügung bei den von den Regierungs-Hauptkassen über die Justiz-Verwaltungsfonds zu legenden Rechnungen schleunigst mitzutheilen sind.

Diejenigen Gerichtsbehörden, welche auch künftig über ihre Fonds nicht selbstständig Rechnung legen, haben von den eintretenden Veränderungen den Regierungen nach dem Schlusse eines jeden Jahres Kenntniß zu geben.

Ein Duplikat der hiernach aufzustellenden Gebäude-Inventarien ist von den sämmtlichen Königlichen Appellationsgerichten mit dem Generalberichte der Präsidenten über den Zustand der Justizverwaltung für das Jahr 1851 einzureichen.

Berlin, den 7. Januar 1852.

Der Justiz-Minister.
Simons.

An
sämmtliche Gerichtsbehörden.

I. 3548. O. 2. Vol. II.

111.

Gesetz, — betreffend die Vereinigung der beiden obersten Gerichtshöfe. Vom 17. März 1852.

Wir Friedrich Wilhelm, von Gottes Gnaden, König von Preußen rc. rc.

verordnen, mit Zustimmung der Kammern, was folgt:

§. 1.

Das Ober-Tribunal und der Rheinische Revisions- und Kassationshof werden zu Einem obersten Gerichtshofe für die ganze Monarchie vereinigt, welcher die Benennung „Ober-Tribunal" führt.

§. 2.

In den Civilsachen und den Disciplinarsachen gegen nicht richterliche Justizbeamte aus dem Bezirke des Appellationsgerichtshofes zu Köln übt ein besonderer Senat des Ober-Tribunals die Gerichtsbarkeit aus, welche das Rheinische Recht dem obersten Gerichtshofe beilegt. Dieser Rheinische Senat soll aus einem Präsidenten oder Vice-Präsidenten des Ober-Tribunals und wenigstens acht Räthen bestehen. Zur Abfassung gültiger Beschlüsse ist die Anwesenheit von sieben Mitgliedern, den Vorsitzenden eingeschlossen, erforderlich.

§. 3.

Niemand kann die Stelle eines Präsidenten oder anderen Mitgliedes des Rheinischen Senates bekleiden, welcher nicht mindestens vier Jahre als Präsident oder Rath bei dem Appellationsgerichtshofe zu Köln, als vortragender Rath im Justiz-Ministerium für das Departement dieses Gerichtshofes, als Präsident oder Kammer-Präsident bei einem Rheinischen Landgerichte oder als General-Prokurator, General-Advokat oder Ober-Prokurator angestellt gewesen ist.

Zum Mitgliede des Ober-Tribunals für die übrigen Senate kann außer den im §. 37. der Verordnung vom 2. Januar 1849. (Gesetzsamml. S. 12) zur Anstellung als Mitglieder des Ober-Tribunals befähigt erklärten Beamten auch derjenige ernannt werden, welcher mindestens vier Jahre als vortragender Rath im Justiz-Ministerium für die älteren Provinzen oder als Direktor eines Stadt- oder Kreisgerichts angestellt gewesen ist.

Hinsichtlich der ordentlichen Professoren der juristischen Fakultät bei einer inländischen Universität kommen jedoch die Bestimmungen des Artikels XV. Nr. 3. des Gesetzes vom 26. April 1851. (Gesetzsamml. S. 181) zur Anwendung.

§. 4.

Außer den im §. 2. bezeichneten Sachen können die Mitglieder des Rheinischen Senats nur in Sachen bei welchen für den ganzen Umfang der Monarchie dieselbe Gesetzgebung zur Anwendung kommt, in Civilsachen aus denjenigen Landestheilen, wo das gemeine Recht gilt und in allen Strafsachen mitwirken.

§. 5.

Wenn jedoch irgend ein Senat des Ober-Tribunals in Folge von Krankheit, Tod oder Abwesenheit einzelner Mitglieder die zur Abfassung gültiger Beschlüsse erforderliche Zahl nicht enthält, so kann dieselbe aus jedem der anderen Senate ergänzt werden.

§. 6.

Die Verrichtungen der Staatsanwaltschaft bei dem Ober-Tribunale werden durch einen General-Staatsanwalt und eine dem Bedürfnisse entsprechende Zahl von Vertretern desselben wahrgenommen. Die letzteren führen den Titel „Ober-Staatsanwalt."

§. 7.

Es soll bei dem Ober-Tribunale eine dem Bedürfnisse entsprechende Anzahl solcher Rechtsanwalte angestellt werden, welche die Befähigung zu den höheren Richterstellen im Bezirke des Appellationsgerichtshofes zu Köln besitzen.

§. 8.

An den in den verschiedenen Landestheilen geltenden Bestimmungen über das bei dem obersten Gerichtshofe zu beobachtende Verfahren wird durch das gegenwärtige Gesetz nichts geändert.

Uebergangs-Bestimmungen.

§. 9.

Die Mitglieder des Revisions- und Kassationshofes treten als Ober-Tribunals-Räthe in das Ober-Tribunal ein; sie rangiren mit den übrigen Räthen desselben nach dem Datum ihrer Bestallungen.

Der General-Prokurator und die übrigen bei dem Revisions- und Kassationshofe angestellten Beamten sollen mit Beibehaltung ihres Ranges und bisherigen Diensteinkommens bei dem Ober-Tribunal oder anderweit angestellt werden.

§. 10.

Die Advokat-Anwalte bei dem Revisions- und Kassationshofe üben in denjenigen Sachen, welche bisher an diesen Gerichtshof gelangten, ihre Verrichtungen in Zukunft auch bei dem Ober-Tribunal aus. Inwiefern ihnen in den übrigen an das Ober-Tribunal gelangenden Sachen, und inwiefern den bei diesem Gerichtshofe angestellten Rechtsanwalten in den Sachen aus dem Bezirke des Appellationsgerichtshofes zu Köln und in den Civilsachen aus dem Bezirke des Justiz-Senats zu Ehrenbreitstein die Praxis zu verstatten sei, bleibt mit Rücksicht auf das Bedürfniß den Bestimmungen des Justiz-Ministers vorbehalten.

§. 11.

Die bei dem Revisions- und Kassationshofe anhängigen Sachen gehen in der Lage, in welcher sie sich befinden, an das Ober-Tribunal über, ohne daß es einer neuen Vorladung oder einer sonstigen Förmlichkeit bedarf.

§. 12.

Unser Justiz-Minister wird mit der Ausführung dieses Gesetzes beauftragt.

Urkundlich unter Unserer Höchsteigenhändigen Unterschrift und beigedrucktem Königlichen Insiegel.

Gegeben Charlottenburg, den 17. März 1852.

(L. S.) Friedrich Wilhelm.

v. Manteuffel. v. d. Heydt. Simons. v. Raumer. v. Westphalen. v. Bodelschwingh. v. Bonin.

II^c. 4248. Ober-Tribunal 1. Vol. XVII.

112.

Gesetz, — betreffend die Abänderung mehrerer Bestimmungen in den Militair-Straf-Gesetzen. Vom 15. April 1852.

Wir Friedrich Wilhelm, von Gottes Gnaden, König von Preußen 2c. 2c.

verordnen, mit Zustimmung der Kammern, was folgt:

§. 1.

Wenn die Militair-Strafgesetze hinsichtlich der Beurtheilung strafbarer Handlungen auf die Allgemeinen Landesgesetze oder die Allgemeinen Strafgesetze verweisen, so treten die Vorschriften des Allgemeinen Strafgesetzbuchs für die Preußischen Staaten nach Maaßgabe der Bestimmungen des Gesetzes über die Einführung desselben vom 14. April 1851. (Ges.-Samml. S. 93. ff.) an deren Stelle.

§. 2.

Militairpersonen, welche im Auslande, während sie dort in einer dienstlichen Stellung sich befinden, strafbare Handlungen begehen, werden ebenso, als ob die Handlungen in Preußen selbst begangen wären, nach Preußischen Strafgesetzen verfolgt und bestraft.

§. 3.

Wird nach der Bestimmung des Allgemeinen Strafgesetzbuchs gegen eine Person des Soldatenstandes neben der Todesstrafe der Verlust der bürgerlichen Ehre ausgesprochen, so ist damit die Ausstoßung aus dem Soldatenstande von Rechtswegen verbunden.

§. 4.

Die Verurtheilung zur Zuchthausstrafe hat die Ausstoßung aus dem Soldatenstande von Rechtswegen zur Folge.

Eine Umwandlung der Zuchthausstrafe in eine militairische Freiheitsstrafe findet in der Folge nicht mehr Statt.

§. 5.

Wird gegen eine Person des Soldatenstandes die Untersagung der Ausübung der bürgerlichen Ehrenrechte auf eine längere als dreijährige Dauer ausgesprochen, so ist damit die Entlassung aus dem Soldatenstande von Rechtswegen verbunden. Wird dagegen die Dauer dieser Strafe vom Richter nur auf drei Jahre oder weniger bemessen, so gehört der Verurtheilte während dieser Zeit zur zweiten Klasse des Soldatenstandes.

§. 6.

Mit der Verurtheilung zur Zuchthausstrafe, sowie mit der zeitigen Untersagung der Ausübung der bürgerlichen Ehrenrechte, ist die Degradation von Rechtswegen verbunden; eine Abkürzung der verwirkten Freiheitsstrafen wegen gleichzeitig eintretender Degradation findet in diesen Fällen nicht Statt.

§. 7.

Eine Umwandlung der Gefängnißstrafe und der Einschließung in eine militairische Freiheitsstrafe ist nicht zulässig, wenn der Angeschuldigte zum Stande der Beurlaubten gehört.

§. 8.

Wenn nach den gesetzlichen Bestimmungen eine bürgerliche Freiheitsstrafe in eine militairische zu verwandeln ist, oder umgekehrt, so soll folgendes Verhältniß maaßgebend sein:

1) die Zuchthausstrafe steht gleich der Baugefangenschaft;
2) die Einschließung dem Festungsarrest;
3) die Gefängnißstrafe der Festungsstrafe; es kann jedoch anstatt der Gefängnißstrafe auch auf mittlern oder gelinden Arrest, ingleichen auf Stubenarrest oder Festungsarrest erkannt werden.

§. 9.

Weder bei dem Zusammentreffen mehrerer Verbrechen, noch beim Rückfalle, noch wenn sonst in den Militair-Strafgesetzen eine Verlängerung oder Verschärfung der Strafe vorgeschrieben ist, darf die Dauer der zeitigen militairischen Freiheitsstrafe den Zeitraum von zwanzig Jahren übersteigen.

§. 10.

Anstatt der durch den Erlaß vom 6. Mai 1848. (Gesetz-Sammlung Seite 123.) bereits aufgehobenen Strafe der körperlichen Züchtigung soll eine Strafe nicht mehr erkannt werden.

§. 11.

Bei Verwandlung einer Geldbuße in eine militairische Freiheitsstrafe ist nach den in dem Allgemeinen Strafgesetzbuche aufgestellten Grundsätzen (§§. 17. und 335.) zu verfahren.

Die statt einer Geldbuße eintretende militairische Freiheitsstrafe besteht mindestens in eintägigem gelinden Arrest und höchstens vierjähriger Festungsstrafe.

§. 12.

Die Strafe des Rückfalls tritt nur dann ein, wenn dasselbe Verbrechen oder Vergehen, sei es mit oder ohne erschwerende Umstände, begangen wird, und die frühere Strafe von einem Preußischen Gerichte erkannt ist. Bei Anwendung der Strafe des Rückfalls macht es keinen Unterschied, ob die frühere von einem Preußischen Gerichte erkannte Strafe eine ordentliche oder außerordentliche war, ob die Strafe vollstreckt worden ist oder nicht.

§. 13.

An die Stelle der in den Militair-Strafgesetzen enthaltenen besonderen Vorschriften über die Bestrafung des Landesverraths, der Körperverletzung, des Diebstahls, der Fälschung von Legitimations-Urkunden und des gewerbmäßigen Betriebes des Hazardspiels, treten die für diese Verbrechen und Vergehen ertheilten Bestimmungen des Allgemeinen Strafgesetzbuchs. Jedoch werden die §. 88. Nr. 2. und 3. und §. 89. Theil I. des Militair-Strafgesetzbuchs (Ges.-Samml. von 1845. S. 296.), sowie der Kriegsartikel 61. (Ges-Samml. von 1844. S. 284.), hierdurch nicht geändert.

§. 14.

Mit der Strafe des Diebstahls nach den Bestimmungen des §. 217. des Allgemeinen Strafgesetzbuchs ist zu belegen:

1) wer Sachen des Offiziers entwendet, zu welchem er als Ordonnanz oder Bursche kommandirt ist;
2) wer seinen Kameraden, dem mit ihm aus dienstlicher Veranlassung ein gemeinschaftlicher Aufenthaltsort angewiesen ist, bestiehlt;
3) wer Gegenstände aus Lazarethen, Montirungs-Kammern, Magazinen oder Werkstätten der Truppen entwendet;
4) wer seinen Quartierwirth oder zu dessen Hausstande gehörige Personen bestiehlt;

5) wer einen Diebstahl an der Habe des Gefangenen verübt, dessen Aufbewahrung, Begleitung oder Bewachung ihm anvertraut ist;
6) wer im Wachtdienst die seiner Bewachung anvertrauten Sachen entwendet.

§. 15.

Der auf Beleidigungen von Unteroffizieren oder von Soldaten untereinander bezügliche §. 174. Theil I. des Militair-Strafgesetzbuchs findet nur auf solche Vergehungen Anwendung, welche im Sinne des §. 343. des Allgemeinen Strafgesetzbuchs als einfache Beleidigungen zu betrachten sind.

§. 16.

Die Civilgerichte haben gegen die zum Beurlaubtenstande gehörigen Militairpersonen nicht mehr auf Militairstrafen zu erkennen.

§. 17.

Alle diesem Gesetze entgegenstehenden gesetzlichen Bestimmungen sind aufgehoben.

Urkundlich unter Unserer Höchsteigenhändigen Unterschrift und beigedrucktem Königlichen Insiegel.

Gegeben Potsdam, den 15. April 1852.

(L. S.) Friedrich Wilhelm.

v. Manteuffel. v. d. Heydt. Simons. v. Raumer.
v. Westphalen. v. Bodelschwingh. v. Bonin.

I. 2063. Militair-Justiz-Depart. Gen. 5. Vol. III.

113.

Gesetz, — betreffend die Kosten des gerichtlichen Verfahrens in den nach der Gemeinheitstheilungs-Ordnung zu behandelnden Theilungen und Ablösungen in den Landestheilen des linken Rheinufers. Vom 21. April 1852.

Wir Friedrich Wilhelm von Gottes Gnaden, König von Preußen zc. zc.

verordnen, mit Zustimmung der Kammern, was folgt:

Die Kosten und Gebühren für das gerichtliche Verfahren in den nach der Gemeinheitstheilungs-Ordnung vom 19. Mai 1851 zu behandelnden Theilungen und Ablösungen in den Landestheilen des linken Rheinufers sollen nach folgenden Bestimmungen angesetzt und erhoben werden.

Artikel 1.

Die Gerichtsvollzieher erhalten:

		Sgr.	Pf.
1)	für die Zustellung der Klage an den Gemeinde-Vorsteher (§. 30. Nr. 1. des Gesetzes vom 19. Mai 1851), ingleichen für die Zustellung der Anzeige und Aufforderung, betreffend den angefertigten Theilungs- oder Ablösungsplan an den Gemeinde-Vorsteher (§. 47. Absatz 2.) :	16 Sgr.	— Pf.
	für die Abschrift	4 =	— =
2)	für Einholung der Bescheinigung des Gemeinde-Vorstehers über die durch ihn veranlaßte Verkündigung der Klage (§. 30. Nr. 1.) oder der Anzeige und Aufforderung (§. 47.)	4 =	— =
3)	für das Protokoll über Anheftung der Klage (§. 30. Nr. 2.), ingleichen für das Protokoll über Anheftung der Anzeige und Aufforderung, betreffend den angefertigten Plan (§. 47.)	16 =	— =
	für Einholung der Beglaubigung des Protokolls durch den Gemeinde-Vorsteher	4 =	— =
	für jede angeheftete Abschrift	4 =	— =
4)	für die Anzeige über Hinterlegung des Planes mit Aufforderung an die Parteien, welche keinen Anwalt bestellt haben (§. 47. Absatz 1.)	10 =	— =
	für jede Abschrift	2 =	6 =

Hinsichtlich der Reisekosten, sowie aller vorstehend nicht aufgeführten Akte der Gerichtsvollzieher, kommt die Gebührentaxe vom 29. März 1851 zur Anwendung.

Bei der Klage (§§. 28. — 30.) wird weder Abschrift von Beweisstücken, auf welche sich dieselbe gründet, noch Abschrift des Protokolls über den Mangel der Einigung im Vorverfahren zugestellt.

Artikel 2.

Die Gerichtsschreiber-Gebühren sind, wie in ordinairen Sachen, jedoch nur insoweit zu entrichten, als sie Emolumente der Gerichtsschreiber sind.

Der für den Staat bestimmte Antheil der Gerichtsschreiber-Gebühren wird nicht erhoben.

Die Gerichtsschreiber erhalten:

für die Protokolle in den Terminen vor dem Kommissar (§. 34. und folgende des Gesetzes vom 19. Mai 1851) und für den Theilungs- oder Ablösungsplan des Kommissars (§. 46.) eine Einschreibungs-Gebühr von 1 Groschen für jedes Blatt von 30 Zeilen auf der Seite.

In dem Theilungs- oder Ablösungsplan müssen Namen, Stand und Wohnort aller Parteien aufgenommen werden. Wenn das Verfahren auf dem Wege der öffentlichen Bekanntmachungen stattgefunden hat (§. 55.), so muß dies in dem Theilungs- oder Ablösungsplane erwähnt werden.

Bei Hinterlegungen dürfen Gerichtsschreiber-Gebühren nicht erhoben werden.

Artikel 3.

Die Akte, Vakationen und Bemühungen der Anwälte, welche in dem durch das Gesetz vom 19. Mai 1851 vorgeschriebenen Verfahren erforderlich sind, werden nach dem gegenwärtig geltenden Kostentarif für ordinaire Sachen in Gemäßheit der Dekrete vom 16. Februar 1807 berechnet, insofern sie in diesem Tarif ausdrücklich bezeichnet und taxirt sind und in dem Folgenden keine Abänderung festgesetzt ist.

Artikel 4.

Der Anwalt erhält:

1) für die Rekursschrift von einem abweisenden Bescheide der Regierung an die Rathskammer (§§. 2. und 7. des Gesetzes vom 19. Mai 1851): die Gebühr des Artikels 78. des Tarifs vom 16. Februar 1807;
2) für die Veröffentlichung der Klage (§. 30. Nr. 3.) im Ganzen, — ingleichen für die Veröffentlichung der Anzeige und Aufforderung, betreffend die Hinterlegung des Planes (§. 47.), im Ganzen, — die Gebühr des Art. 92. Nr. 28. des gedachten Tarifs.

   Die Einrückungskosten werden als baare Auslagen vergütet;
3) für jeden gemäß Artikel 70., 71. und 33. des Dekrets vom 30. März 1808. den übrigen Anwälten zugestellten und hinterlegten Antrag: die Gebühr des Artikels 72. des gedachten Tarifs.

   Der Antrag wird niemals höher als zu drei Blättern gerechnet;
4) für den mündlichen Vortrag vor dem Urtheile: die Gebühr des Art. 80. des gedachten Tarifs;
5) für das Gesuch an den Kommissar oder an den Notar um Termin-Bestimmung (§§. 32., 38. und folgende, §. 53.): die Gebühr des Art. 76. des gedachten Tarifs;
6) für die Mittheilung einer Termin-Bestimmung des Kommissars oder des Notars (§§. 33., 38. und folgende, §§. 41., 42., 45., 50. und 53.), oder einer Verfügung des Kommissars (§§. 45. und 50.) durch Akt von Anwalt zu Anwalt: die Gebühr des Art. 70. des gedachten Tarifs;

7) für die Vakationen in den Terminen vor dem Kommissar oder vor dem Notar oder bei den Verrichtungen des Sachverständigen (§§. 34., 35., 36., 41., 42., 44. und 53.): die Gebühr des Art. 92. Nr. 37. des gedachten Tarifs;

8) für die Vakation, um bei der Vereidung der Sachverständigen zugegen zu sein (§. 43.): die Gebühr des Art. 91. des gedachten Tarifs.

Die in den beiden vorigen Nummern 7. und 8. aufgeführten Vakationen werden von der Partei bezahlt, welche den Beistand des Anwaltes in den Terminen begehrt hat;

9) für die Einsicht der Akten auf dem Sekretariate, wenn die streitenden Theile in die Sitzung verwiesen sind (§. 36.): die Gebühr des Art. 91. des gedachten Tarifs;

10) für das Gesuch, durch welches nach dem Schlusse des Termins zur Feststellung der Rechte der Parteien ein Betheiligter in den Prozeß tritt (§. 41.), oder ein Zwischenpunkt beantragt wird (§. 42.): die Gebühr des Art. 75. des gedachten Tarifs.

In beiden Fällen (§§. 41. und 42.) muß das Gesuch den übrigen Anwälten zugestellt werden. Das Gesuch wird niemals höher als zu drei Blättern gerechnet;

11) für die Entnehmung der Kopie des Plans und der Karte vom Sekretariate, die Hinterlegung derselben bei dem Vorsteher der Gemeinde und die Zurücknahme der Kopie, auf welcher die Hinterlegung und deren Dauer von dem Gemeinde-Vorsteher bescheinigt ist (§. 46.): alles zusammen die Gebühr des Art. 92. Nr. 28. des gedachten Tarifs;

12) für die Anzeige über Hinterlegung des Plans an die übrigen Anwälte, mit Aufforderung, Einsicht zu nehmen (§. 47.): die Gebühr des Art. 134. Nr. 1., 2. des gedachten Tarifs;

13) für die Einsicht des Plans (§. 47.): die Gebühr des Art. 91. des gedachten Tarifs; wenn Einspruch gemacht wird, für Einsicht des Plans und Einspruchs-Akt (§§. 48. und 49.): im Ganzen das Doppelte dieser Gebühr;

14) für die Vakation, um statt der nicht erschienenen Parteien die Loosung vorzunehmen (§. 54.): die Gebühr des Art. 92. Nr. 37. des gedachten Tarifs.

Dieselbe Gebühr erhält ein beauftragter Sekretair oder dritter Unbetheiligter. Die Gebühr gehört zu den Kosten der Betreibung;

15) für das Gesuch an die Rathskammer um Ersetzung des Kommissars oder Notars (§. 56.): die Gebühr des Art. 76. des gedachten Tarifs;

16) für die Aufforderung des säumigen Anwalts des Klägers (§. 59.): die Gebühr des Art. 70. des gedachten Tarifs;

17) für das Gesuch, um in das Recht zur Betreibung eingesetzt zu werden, nebst Einreichung desselben an die Rathskammer (§. 59.): die Gebühr des Art. 138. des gedachten Tarifs;

für die Zustellung des Gesuchs an den betreibenden Theil durch Akt von Anwalt zu Anwalt: die Gebühr des Art. 139. Nr. 2., 3.;

für den Akt, die Antwort enthaltend, welcher innerhalb drei Tagen nach Zustellung des Gesuches der Rathskammer eingereicht und dem Gegner in Abschrift mitgetheilt werden muß: die Gebühr des Art. 139. Nr. 4., 5. des gedachten Tarifs.

Artikel 5.

Es kommen nicht in Rechnung:

1) Honorar von Advokaten;
2) Mittheilung an das öffentliche Ministerium;
3) Mittheilung oder Rücknahme von Prozeß-Stücken von Anwalt zu Anwalt unmittelbar oder durch das Sekretariat (Art. 91. des Tarifs vom 16. Februar 1807);
4) der Anwalts-Akt, durch welchen das in §. 40. des Gesetzes vom 19. Mai 1851. vorgesehene Verlangen eines Beklagten außer dem Akt der Anwalts-Bestellung angebracht wird;
5) Bittschriften oder Denkschriften zur Rechtfertigung, Beantwortung oder Widerlegung;
6) das Pauschquantum des Art. 145. des Tarifs vom 16. Februar 1807. für Porto.

   Das verlegte Porto, sowie die sonstigen baaren Auslagen, werden auf Nachweisung liquidirt;
7) die Protokolle in den Terminen vor dem Kommissar, die Protokolle und das Gutachten der Sachverständigen, sowie der Theilungs- und Ablösungsplan, werden nicht zugestellt. Wenn eine Partei Ausfertigungen derselben oder Auszüge aus ihnen verlangt, so werden ihr solche von dem Sekretariate auf ihre Kosten ertheilt.

Artikel 6.

Die Sachverständigen erhalten für jede Vakation bei ihren Verrichtungen 24 Sgr. Außerdem wird ihnen für die Eidesleistung eine Vakation und für die Hinterlegung des Gutachtens auf dem Sekretariate des Landgerichts ebenfalls eine Vakation zugebilligt.

Die Vakation wird zu drei Stunden und jede angefangene Vakation für eine vollendete gerechnet. An einem Tage dürfen nicht mehr als drei Vakationen gerechnet werden.

Wenn der Wohnort der Sachverständigen über eine halbe Meile von dem Orte der Verrichtungen entfernt ist, so erhalten sie ferner Reise- und Zehrungskosten zu 20 Silbergroschen für jede Meile der Hinreise sowohl als der Rückreise.

Sind die Sachverständigen öffentliche Beamte oder auf besondere Remuneration angewiesene Techniker, so müssen ihnen, wenn sie dies statt obiger Taxe verlangen, die nach ihren Dienst-Instruktionen oder den sonstigen besonderen Festsetzungen zuständigen Vergütigungen, in deren Ermangelung aber Diäten und Reisekosten nach den im Regulativ vom 28. Juni 1825. und dem Erlasse vom 10. Juni 1848. bestimmten, auf ihr Dienstverhältniß anwendbaren Sätzen angewiesen werden. Wenn sich unter den Sachverständigen ein Feldmesser befindet, so erhält derselbe seine Remuneration nach dem Kosten-Regulativ vom 25. April 1836. und der dazu gehörigen Instruktion vom 16. Juni 1836. (Gesetz-Sammlung 1836. Seite 181.); es müssen ihm aber auf sein Verlangen die auf Diäten auszuführenden Arbeiten gleich anderen Sachverständigen nach Vakationen vergütet werden.

Artikel 7.

Die drei Sachverständigen (§. 35. des Gesetzes vom 19. März 1851.) bestehen in der Regel aus zwei Taxatoren und einem Feldmesser. Wenn es in außergewöhnlichen Fällen angemessen erscheint, daß drei Taxatoren ernannt werden, so kann der Kommissar, außer diesen drei Sachverständigen, einen oder mehrere vereidete Feldmesser zur Vornahme der Vermessungen besonders bestimmen und denselben die Gebühren nach den bestehenden Taxen anweisen.

Der Kommissar hat die Entschädigung der Sachverständigen festzustellen und die Ansätze herabzusetzen, wenn sie übermäßig erscheinen.

Die Liquidationen der Feldmesser über geometrische Arbeiten sind vor der Festsetzung von der Bezirks-Regierung zu revidiren.

Artikel 8.

Wenn die Termine vor dem Kommissar an einem Orte stattfinden, welcher über eine Viertelmeile von dem Sitze des Gerichts entfernt ist, so erhalten der Kommissar und der Gerichtsschreiber Diäten und Reisekosten nach den Bestimmungen des Regulativs vom 28. Juni 1825. und des Erlasses vom 10. Juni 1848.

Wenn für Termine Diäten und Reisekosten bezogen werden, so erhält der Gerichtsschreiber für die in demselben aufgenommenen Protokolle keine Einschreibungs-Gebühr.

Artikel 9.

Der Kommissar kann vor Anberaumung des Termins zur Feststellung der Rechte der Parteien (§. 32.) einen angemessenen Vorschuß zur Deckung der Diäten und Reisekosten des Kommissars und des Gerichtsschreibers, der Entschädigungen der Sachverständigen und Feldmesser und der Gerichtsschreiber-Gebühren, soweit sie zur Betreibung des Verfahrens erforderlich erscheinen, arbitriren und die Hinterlegung des Vorschusses durch den betreibenden Theil in einer von dem Sekretariate dem Anwalte desselben mitzutheilenden Verfügung verordnen.

Der Kommissar kann bis dahin, daß der Verfügung nachgekommen ist, mit der Termin-Bestimmung anstehen. Er kann auch im Laufe des Verfahrens die Hinterlegung eines Vorschusses, oder, wenn derselbe erschöpft ist, die Erneuerung desselben verordnen, und bis dahin, daß solche geschehen, das Verfahren abbrechen.

Die Hinterlegung des Vorschusses geschieht bei der Regierungs-Hauptkasse, oder, wenn solche sich am Sitze des Gerichtes nicht befindet, bei einer von der Regierung dazu bestimmten Steuer-Kasse. Die Kasse hat den Kommissar von der Hinterlegung zu benachrichtigen, und nur auf Anweisungen des Kommissars oder des Präsidenten des Landgerichts Zahlungen zu machen und den Rest des Vorschusses zurück zu erstatten.

Die Regierungs-Hauptkassen besorgen das Geschäft kostenfrei, die Steuer-Empfänger gegen Bezug von zwei Prozent der eingezahlten Summe.

Artikel 10.

Die Diäten und Reisekosten des Kommissars und des Gerichtsschreibers werden von dem Präsidenten des Landgerichts, die Gerichtsschreiber-Gebühren, wenn sie zu den Kosten der Betreibung des Verfahrens gehören und nicht unmittelbar zu entnehmen sind, sowie die Entschädigung der Sachverständigen und Feldmesser durch den Kommissar festgestellt, und auf den Kostenvorschuß angewiesen, oder gegen den betreibenden Theil exekutorisch erklärt.

Artikel 11.

Nach Bestätigung des Plans (§§. 51., 52., 53.) kommen die Bestimmungen des Dekrets vom 16. Februar 1807. über die Liquidation der Kosten und der demselben beigefügte Tarif der Taxkosten wie in ordinairen Sachen zur Anwendung.

Die an die Regierung im Vorverfahren eingezahlten Kosten, über welche im gerichtlichen Verfahren Festsetzung getroffen ist (§. 24.), werden in die Rechnungen der Anwälte als baare Auslagen aufgenommen.

Die Liquidation geschieht durch den Kommissar, und der Gerichtsschreiber liefert Exekutorien gegen die Parteien aus.

Wenn es wegen Erheblichkeit der Betreibungskosten, oder der Anzahl der Betheiligten, oder aus anderen Gründen sachgemäß erscheint, so ist in dem Theilungs- und Ablösungsplane die Deckung der Betreibungskosten mit Einschluß der verlegten Kosten des Vorverfahrens durch Verkauf eines entsprechenden Theiles der Grundstücke vorzusehen, so daß der betreibende Theil auf den Ertrag des Verkaufs bis zum Belaufe der Betreibungskosten angewiesen wird. Gegen diese Bestimmung des Plans kann jede Partei Einspruch erheben, und die Abänderung insbesondere dadurch bewirken, daß sie selber die bis dahin verlegten Betreibungskosten bezahlt und einen von dem Kommissar zu arbitrirenden entsprechenden weiteren Kostenvorschuß hinterlegt, wogegen nach Beendigung des Verfahrens die Betreibungskosten in die Exekutorien zu ihren Gunsten aufgenommen werden.

Artikel 12.

Wenn über Streitigkeiten Einzelner Entscheidungen ergehen, so wird mit der Liquidation der Kosten nach den bestehenden Vorschriften verfahren. Für Zeugenverhöre, welche verordnet werden, bleibt es, wie hinsichtlich des Verfahrens, so auch hinsichtlich der Entschädigung der Zeugen, der Gebühren der Anwälte und aller sonstigen Gebühren und Kosten, mit Ausnahme des Stempels und des für den Staat bestimmten Antheils an den Gerichtsschreiberei-Gebühren, welcher nicht erhoben wird, bei den gegenwärtig geltenden Bestimmungen.

Artikel 13.

Die Transskriptionen, sowie die Einschreibungen und Löschungen von Privilegien und Hypotheken, welche auf Grund des Theilungs- oder Ablösungsplans in den Hypothekenbüchern vorgenommen werden, sind stempel- und kostenfrei.

Auf Sukkumbenz-Strafen wird nicht erkannt.

Urkundlich unter Unserer Höchsteigenhändigen Unterschrift und beigedrucktem Königlichen Insiegel.

Gegeben Charlottenburg, den 21. April 1852.

(L. S.) Friedrich Wilhelm.

v. Manteuffel. v. d. Heydt. Simons. v. Raumer.
v. Westphalen. v. Bodelschwingh. v. Bonin.

I. 2064. Rhein. Gen. 55.

114.

Allerhöchste Verordnung vom 18. Mai 1852, — betreffend die Ausführung des Gesetzes vom 15. April 1852 (Gesetz-Sammlung S. 115) wegen Abänderung mehrerer Bestimmungen in den Militair-Strafgesetzen.

Zur Ausführung des Gesetzes vom 15. April d. J. (Gesetz-Sammlung S. 115) bestimme Ich nach Ihrem Antrage was folgt:

Zu §. 4.

1. Wird von einem Kriegsgerichte auf Zuchthausstrafe erkannt, so kommen hinsichtlich der Bestätigung des Erkenntnisses die Bestimmungen der §§. 152. — 154. Thl. II. des Militair-Strafgesetzbuchs zur Anwendung.

Dagegen bedürfen die bei Civilgerichten gegen Militair-Personen ergehenden, auf Zuchthausstrafe lautenden Erkenntnisse nicht der Bestätigung.

2. Sowohl in der öffentlichen Bekanntmachung des gegen eine Militair-Person Zuchthausstrafe verhängenden Erkenntnisses (Allgemeines Strafgesetzbuch §. 30.), als auch bei der Publikation desselben in dem Bereiche des Truppentheils, zu welchem der Verurtheilte gehört, ist der mit dieser Strafe verbundenen Ausstoßung aus dem Soldatenstande ausdrücklich zu erwähnen.

Ist das Erkenntniß von einem Kriegsgerichte gesprochen, so erfolgt die öffentliche Bekanntmachung durch das im §. 193. Thl. II. des Militair-Strafgesetzbuchs bezeichnete Amtsblatt.

Zu §. 5.

3. Die Untersagung der Ausübung der bürgerlichen Ehrenrechte auf Zeit hat für Offiziere stets die Entfernung aus dem Offizierstande zur unmittelbaren Folge.

4. Die Untersagung der Ausübung der bürgerlichen Ehrenrechte auf eine längere als dreijährige Dauer darf gegen Personen des Dienststandes nur von einem Kriegsgericht erkannt werden. Die Bestätigung des Erkenntnisses erfolgt in diesen Fällen durch den Kriegs-Minister, insoweit es nicht nach §. 154. Thl. II. des Militair-Strafgesetzbuchs Meiner Bestätigung bedarf.

5. Ist von einem Civilgerichte gegen einen Offizier des Beurlaubtenstandes auf zeitige Untersagung der Ausübung der bürgerlichen Ehrenrechte oder auf eine härtere Strafe rechtskräftig erkannt worden, so ist das Erkenntniß Mir vor der Vollstreckung durch das General-Auditoriat einzureichen.

6. Bei der Publikation der auf zeitige Untersagung der Ausübung der bürgerlichen Ehrenrechte lautenden Erkenntnisse

im Bereiche des Truppentheils, zu welchem der Verurtheilte gehört, ist der im §. 5. des Gesetzes vom 15. April 1852 erwähnten Folgen dieser Strafe ausdrücklich zu gedenken.

7. Verbleibt der mit zeitiger Untersagung der Ausübung der bürgerlichen Ehrenrechte Bestrafte in der Armee, so tritt derselbe mit dem Tage der vollendeten Verbüßung dieser Strafe ohne weitere besondere Bestimmung in die erste Klasse des Soldatenstandes zurück.

Soll dagegen der zu dieser Strafe Verurtheilte aus dem Soldatenstande ausscheiden, so erfolgt die Entlassung, sobald das Erkenntniß die Rechtskraft erlangt hat. — Die Kriegsgerichte haben in diesen Fällen nicht auf militairische, sondern auf bürgerliche Freiheitsstrafen zu erkennen.

8. Trifft mit der zeitigen Untersagung der Ausübung der bürgerlichen Ehrenrechte die Bestrafung wegen eines militairischen Verbrechens oder Vergehens zusammen, welches die Militair-Strafgesetze mit Versetzung in die zweite Klasse des Soldatenstandes bedrohen, so ist auf diese Strafe und auf den stets damit verbundenen Verlust der Nationalkokarde und des National-Militair-Abzeichens (§. 38. Thl. I. des Militair-Strafgesetzbuchs) ausdrücklich zu erkennen.

Hinsichtlich der Wiederaufnahme des Verurtheilten in die erste Klasse des Soldatenstandes behält es in diesen Fällen bei den Bestimmungen des §. 39. Thl. I. des Militair-Strafgesetzbuchs und Meiner Order vom 8. September 1845 sein Bewenden.

9. Mit Pension aus dem aktiven Dienste entlassene Offiziere werden durch den Verlust der bürgerlichen Ehre und durch die Verurtheilung zur zeitigen Untersagung der Ausübung der bürgerlichen Ehrenrechte der ihnen aus der Staatskasse zu zahlenden Pension verlustig.

Zu §. 6.

10. Die Verurtheilung wegen eines Vergehens, welches außer einer Freiheitsstrafe mit Untersagung der Ausübung der bürgerlichen Ehrenrechte auf Zeit bedroht ist, gestattet nicht das Verbleiben im Verhältniß eines militairischen Vorgesetzten, selbst wenn wegen mildernder Umstände nur auf eine Freiheitsstrafe erkannt wird.

Gehört in einem solchen Falle der Verurtheilte zum Stande der Unteroffiziere, so verliert er die Unteroffizier-Charge und tritt, auch in Betreff der Besoldung, in den Stand der Gemeinen zurück. — Eine Abkürzung der verwirkten Freiheitsstrafe hat dies nicht zur Folge.

Zu §. 8.

11. Bei der Umwandlung der Gefängnißstrafe in eine militairische Freiheitsstrafe bleibt das im §. 63. Thl. I. des

Militair-Strafgesetzbuchs festgestellte Verhältniß zwischen den verschiedenen Arten der militairischen Freiheitsstrafen zu beachten.

Zu §. 17.

12. Die Bestimmungen der §§. 35 — 53. Thl. I. des Militair-Strafgesetzbuchs werden, insoweit es sich um die Bestrafung wegen militairischer Verbrechen oder Vergehen handelt, durch das Gesetz vom 15. April 1852 nicht berührt.

Ich beauftrage Sie, diese Bestimmungen der Armee bekannt zu machen.

Potsdam, den 18. Mai 1852.

Friedrich Wilhelm.

An
den Kriegs-Minister.

gegengez. v. Bonin.

Vorstehende Allerhöchste Verordnung wird hierdurch zur Kenntniß sämmtlicher Gerichtsbehörden gebracht.

Berlin, den 13. Juni 1852.

Der Justiz-Minister
Simons.

An
sämmtliche Gerichtsbehörden.

I. 2816. Mil.-Just.-Dep. Gen. 5. Vol. III.

115.

Verfügung vom 18. Mai 1852, — betreffend die Requisitionen französischer Behörden um Vernehmung von Zeugen.

Allgemeine Verfügung vom 16. September 1844. (Justiz-Ministerial-Blatt. S. 207. Rhein. Samml. Bd. 8. S. 357).

Das Königliche Ministerium der auswärtigen Angelegenheiten hat mir die mit Ihrem Begleitschreiben vom 10. Januar d. J. an den Prokureur des Tribunals zu Amiens unmittelbar gesandte Requisition des Instructionsrichters bei dem dortigen Landgerichte, betreffend die Vernehmung von Zeugen in der Untersuchungssache wider die Dienstmagd J. aus H., mit dem Bemerken zugehen lassen, daß das Französische Ministerium der auswärtigen Angelegenheiten den Wunsch ausgesprochen hat, daß die Uebermachung derartiger an Französische Justiz-Behörden gerichteter Requisitionen stets auf diplomatischem Wege geschehen möge.

Indem Ihnen die vorgedachten Schriftstücke hierbei zugefertigt werden, haben Sie bei Requisitionen nach dem Auslande die Bestimmungen der allgemeinen Verfügung vom 16. September 1844 (Justiz-Ministerial-Blatt Seite 207 ff.) zu beachten und demgemäß Requisitionen nach Frankreich in Zukunft nur auf diplomatischem Wege zu befördern.

Es ist zwar bereits diesseits in Erwägung genommen, mit Frankreich und Belgien Verhandlungen einzuleiten, ob und in welchen Fällen eine directe Requisition zwischen den beiderseitigen Behörden eintreten könne, jedoch ist bis dahin, wo diese Verhandlungen zu einem Resultate geführt und dies zur Kenntniß der Gerichtsbehörden gebracht worden ist, die allgemeine Verfügung vom 16. September 1844 zu befolgen.

Berlin, den 18. Mai 1852.

Der Justiz-Minister.
Simons.

An
den Königlichen Herrn Ober-Prokurator
zu Aachen.

I. 1943. Requisitionen Nr. 48. Vol. III.

116.

Gesetz, — betreffend die Abänderung der Art. 94. und 95. der Verfassungs-Urkunde vom 31. Januar 1850. Vom 21. Mai 1852.

Wir Friedrich Wilhelm, von Gottes Gnaden, König von Preußen 2c. 2c.

verordnen, mit Zustimmung der Kammern, was folgt:

Artikel 1.

Die Artikel 94. und 95. der Verfassungs-Urkunde vom 31. Januar 1850 sind aufgehoben.

An deren Stelle treten folgende Bestimmungen:

Artikel 2.

Bei Verbrechen erfolgt die Entscheidung über die Schuld des Angeklagten durch Geschworene, insoweit ein mit vorheriger Zustimmung der Kammern erlassenes Gesetz nicht Ausnahmen bestimmt. Die Bildung des Geschworenengerichts regelt das Gesetz.

Artikel 3.

Es kann durch ein mit vorheriger Zustimmung der Kammern zu erlassendes Gesetz ein besonderer Gerichtshof errichtet werden, dessen Zuständigkeit die Verbrechen des Hochverraths und diejenigen Verbrechen gegen die innere und äußere Sicherheit des Staats, welche ihm durch das Gesetz überwiesen werden, begreift.

Urkundlich unter Unserer Höchsteigenhändigen Unterschrift und beigedrucktem Königlichen Insiegel.

Gegeben Berlin, den 21. Mai 1852.

(L. S.) Friedrich Wilhelm.

v. Manteuffel. v. d. Heydt. Simons. v. Raumer.
v. Westphalen. v. Bodelschwingh. v. Bonin.

I. 2431. Crim. 17.

117.

Gesetz, — betreffend einige Ergänzungen des Einführungs-Gesetzes zum Strafgesetzbuche. Vom 22. Mai 1852.

(s. den Anhang zu diesem Bande.)

I. 2432. Crim. 37.

118.

Allerhöchster Erlaß vom 29. Mai 1852, — betreffend die Bestrafung derjenigen Militairpersonen, welche die vorschriftsmäßige An- und Abmeldung bei Aufenthalts-Veränderungen unterlassen haben.

Auf Ihren Bericht vom 28. Mai d. J. bestimme Ich hiermit, daß gegen Militairpersonen des Beurlaubtenstandes, welche bei Aufenthalts-Veränderungen die vorgeschriebene Ab- und Anmeldung unterlassen, die nach §. 39. der Verordnung über die Disziplinarbestrafung in der Armee vom 21. Oktober 1841 verwirkte Disziplinarstrafe fortan von dem Kommandeur des Landwehrbataillons, dem die Kontrolirung des zu Bestrafenden obliegt, festzusetzen ist. Die Strafvollstreckung erfolgt auf Requisition des Bataillonskommandeurs durch den Kreislandrath.

Dieser Erlaß ist durch die Gesetz-Sammlung zur öffentlichen Kenntniß zu bringen und von Ihnen, dem Kriegsminister, der Armee noch besonders bekannt zu machen.

Sanssouci, den 29. Mai 1852.

Friedrich Wilhelm.

Simons. v. Westphalen. v. Bonin.

An
die Minister der Justiz, des Innern und des Krieges.

I. 2586. L. 10. Vol. XV.

119.

Gesetz, — betreffend den Diebstahl an Holz und anderen Waldprodukten. Vom 2. Juni 1852.

Wir Friedrich Wilhelm, von Gottes Gnaden, König von Preußen ꝛc. ꝛc.
verordnen, unter Zustimmung der Kammern, was folgt:

Erster Abschnitt.

Strafbestimmungen.

§. 1.

Gegenstand des Holzdiebstahls.

Holzdiebstahl im Sinne dieses Gesetzes ist der Diebstahl an Holz in Forsten oder auf anderen Grundstücken, auf welchen dasselbe hauptsächlich der Holznutzung wegen gezogen wird, wenn es entweder:

1) noch nicht vom Stamme oder Boden getrennt, oder
2) durch Zufall abgebrochen oder umgeworfen, und mit dessen Zurichtung noch nicht der Anfang gemacht worden ist, oder
3) in Spähnen, Abraum oder Borke besteht, auch dann, wenn sich dieselben bereits in Holzablagen, welche jedoch nicht umschlossen sind, befinden.

§. 2.

Dem Holzdiebstahl wird gleichgeachtet der Diebstahl an Waldprodukten anderer Art, insbesondere an Gras, Kräutern, Haide, Moos, Laub, anderem Streuwerk, an Kienäpfeln, Waldsämereien und Harz, welche sich in Forsten oder auf anderen hauptsächlich zur Holznutzung bestimmten Grundstücken befinden und nicht bereits eingesammelt sind.

Die über den Holzdiebstahl gegebenen Vorschriften finden auf die Diebstähle an solchen Waldprodukten Anwendung, sofern nicht ausnahmsweise ein Anderes bestimmt ist (§§. 7. und 8.).

§. 3.

Holzdiebstahl ohne erschwerende Umstände.

Der Holzdiebstahl wird, unabhängig von dem Ersatze des Werthes des Entwendeten und des etwaigen sonstigen Schadens, mit einer Geldbuße bestraft, welche dem vierfachen Werthe des Entwendeten gleichkommt und niemals unter zehn Silbergroschen betragen darf.

§. 4.

Holzdiebstahl mit erschwerenden Umständen.

Die Geldbuße soll dem sechsfachen Werthe des Entwendeten gleichkommen und niemals unter funfzehn Silbergroschen sein:

1) wenn der Diebstahl zur Nachtzeit (Strafgesetzbuch §. 28.) oder an einem Sonn- oder Festtage begangen wird;
2) wenn der Thäter sich vermummt, das Gesicht gefärbt, oder andere Mittel angewendet hat, um sich unkenntlich zu machen;
3) wenn derselbe auf Befragen des Bestohlenen oder des Forstbeamten seinen Namen oder Wohnort anzugeben verweigert, oder falsche Angaben über seinen Namen oder Wohnort gemacht hat;
4) wenn er sich zur Verübung des Diebstahls der Säge oder des Messers bedient hat.

§. 5.

Versuch, Theilnahme, Begünstigung.

Der Versuch des Holzdiebstahls, die Theilnahme an einem Holzdiebstahle oder an einem Versuche desselben, die Begünstigung im Falle des §. 38. des Strafgesetzbuchs wird mit der vollen Strafe des Holzdiebstahls belegt.

Die Begünstigung eines Holzdiebstahls im Falle des §. 37. des Strafgesetzbuchs wird mit einer Geldbuße bestraft, deren Betrag den doppelten Werth des Entwendeten erreichen kann, jedoch niemals unter zehn Silbergroschen sein soll.

§. 6.

Hehlerei.

Wer sich in Beziehung auf einen Holzdiebstahl der Hehlerei schuldig macht, wird mit einer Geldbuße bestraft, welche dem vierfachen Werthe des Entwendeten gleichkommt, jedoch nicht unter zehn Silbergroschen sein soll.

§. 7.

Rückfall.

Befindet sich der Schuldige im ersten oder zweiten Rückfalle, so soll die Geldbuße dem sechsfachen Werthe des Entwendeten gleichkommen und nicht unter funfzehn Silbergroschen sein; im Falle des §. 4. soll sie dem achtfachen Werthe des Entwendeten gleichkommen und nicht unter zwanzig Silbergroschen sein.

Diese Bestimmung findet bei Diebstählen von Raff- und Leseholz und anderen Waldprodukten außer dem Holze und Harze auch im dritten und ferneren Rückfalle Anwendung.

§. 8.

Im Rückfalle befindet sich derjenige, welcher, nachdem er wegen Holz- und Harzdiebstahls von einem Preußischen Gerichte rechtskräftig verurtheilt worden, innerhalb der nächsten zwei Jahre nach der Verurtheilung einen Holzdiebstahl begeht.

In Beziehung auf den Rückfall macht es keinen Unterschied, ob die That in dem früheren oder späteren Falle oder in beiden Fällen Diebstahl, Versuch des Diebstahls, Theilnahme, Begünstigung oder Hehlerei darstellt.

Die Verurtheilung wegen Holz- und Harzdiebstahls begründet bei Diebstählen von Raff- und Leseholz und anderen Waldprodukten keinen Rückfall, und umgekehrt.

Diebstähle an Holz oder anderen Waldproducten, welche nicht Holzdiebstähle im Sinne dieses Gesetzes sind, kommen nicht in Anrechnung.

§. 9.

Zusätzliche Strafe in gewissen Fällen.

In allen Fällen (§§. 3 — 8.) kann neben der Geldbuße eine Gefängnißstrafe bis zu vierzehn Tagen verhängt werden, wenn entweder

1) drei oder mehrere Personen mit einander Holzdiebstahl verübt haben, oder
2) der Holzdiebstahl zum Zwecke des Verkaufs des Entwendeten verübt worden ist, oder
3) durch Ausführung des Holzdiebstahls dem Bestohlenen ein Schaden zugefügt worden ist, welcher nach Abrechnung des Werthes des Entwendeten mehr als fünf Thaler beträgt, oder
4) der Gegenstand des Diebstahls in Harz besteht.

§. 10.

Haftbarkeit dritter Personen.

Für die Geldbuße, den Werthersatz und die Kosten, zu denen Personen verurtheilt werden, welche unter der Gewalt oder Aufsicht oder in Diensten eines Anderen stehen und zu dessen Hausgenossenschaft gehören, ist dieser im Falle ihres Unvermögens für verhaftet zu erklären, und zwar unabhängig von der ihn etwa selbst treffenden Strafe.

Die Haftbarkeit wird nicht ausgesprochen, wenn derselbe den Beweis führt, daß der Diebstahl nicht mit seinem Wissen verübt ist.

§. 11.

Der Schuldige, welcher noch nicht das sechzehnte Lebensjahr vollendet hatte, wird, wenn er mit Unterscheidungsvermögen gehandelt hat, zur vollen gesetzlichen Strafe verurtheilt. Hat er ohne Unterscheidungsvermögen gehandelt, so wird er freigesprochen, und derjenige, welcher in Gemäßheit des §. 10. dieses Gesetzes haftet, zur Zahlung der Geldbuße, des Werthersatzes und der Kosten, welche den Thäter getroffen haben würden, falls er das sechszehnte Lebensjahr vollendet gehabt hätte, unmittelbar als haftbar verurtheilt.

§. 12.

Verwandlung der Geldbuße in Gefängnißstrafe.

An die Stelle einer Geldbuße, welche wegen Unvermögens des Verurtheilten und des etwa für haftbar Erklärten nicht beigetrieben werden kann, soll Gefängnißstrafe nach Maaßgabe der Bestimmungen in §. 14. des Strafgesetzbuchs treten. Die Dauer derselben soll vom Richter so bestimmt werden, daß der Betrag von zehn Silbergroschen bis zu zwei Thalern einer Gefängnißstrafe von Einem Tage gleichgeachtet wird. Sie beträgt mindestens einen Tag und darf sechs Monate nicht übersteigen.

Kann nur ein Theil der Geldbuße beigetrieben werden, so tritt für den Rest derselben nach dem in dem Urtheile festgesetzten Verhältnisse die Gefängnißstrafe ein.

Gegen die in Gemäßheit der §§. 10. und 11. als haftbar Verurtheilten tritt an die Stelle der Geldbuße eine Gefängnißstrafe nicht ein.

§. 13.

Arbeiten statt der Gefängnißstrafe.

Statt der Gefängnißstrafe (§§. 9., 12.) kann während der für dieselbe bestimmten Dauer der Verurtheilte, auch ohne in einer Gefangenen-Anstalt eingeschlossen zu werden, zu Arbeiten, welche seinen Fähigkeiten und Verhältnissen angemessen sind, angehalten werden (§. 42.).

§. 14.

Die näheren Bestimmungen wegen der zu leistenden Arbeiten werden mit Rücksicht auf die vorwaltenden provinziellen Verhältnisse von den Bezirksregierungen in Gemeinschaft mit den Appellationsgerichten und in der Rheinprovinz in Gemeinschaft mit dem Generalprokurator erlassen. Diese Behörden sind ermächtigt, gewisse Tagewerke dergestalt zu bestimmen, daß die Verurtheilten, wenn sie durch angestrengte Thätigkeit mit der ihnen zugewiesenen Arbeit früher zu Stande kommen, auch früher entlassen werden können.

§. 15.

Militairpersonen.

Gegen Militairpersonen des Dienststandes ist von den zuständigen Militairgerichten nicht auf Geldbuße, sondern in Gemäßheit des Militairstrafgesetzbuchs auf entsprechende Freiheitsstrafe zu erkennen. Die Dauer derselben beträgt wenigstens Einen Tag und darf das einer sechsmonatlichen Gefängnißstrafe entsprechende Maaß nicht übersteigen.

Hinsichtlich des Militairgerichtsstandes verbleibt es bei den bestehenden Vorschriften.

§. 16.

Holzdiebstahl im dritten Rückfalle.

Wenn sich der eines im §. 1. bezeichneten Holz- oder eines Harzdiebstahls (§. 2.) Schuldige im dritten oder ferneren Rückfalle (§. 8.) befindet, so kommen die Bestimmungen des §. 216. des Strafgesetzbuchs zur Anwendung; jedoch soll die Dauer des Gefängnisses nicht über zwei Jahre betragen.

Bei Anwendung des §. 219. des Strafgesetzbuchs werden Holzdiebstähle nicht in Betracht gezogen.

§. 17.

Konfiskation.

Aexte, Sägen, Beile und andere Werkzeuge, welche zur Begehung des Holzdiebstahls gebraucht worden sind, sollen, ohne Unterschied, ob sie dem Schuldigen gehören oder ihm von Anderen überlassen sind, für konfiszirt erklärt werden. Die Konfiskation erstreckt sich nicht auf die zur Wegschaffung des Entwendeten gebrauchten Thiere oder anderen Gegenstände.

§. 18.

Werthersatz.

Die Verpflichtung des Schuldigen zum Ersatze des Werthes des Entwendeten an den Bestohlenen wird neben der Strafe von Amtswegen ausgesprochen. Der Ersatz des Schadens, welcher außer dem Werthe des Entwendeten durch den Diebstahl verursacht ist, kann nur im Civilverfahren eingeklagt werden.

§. 19.

Der Werth des Entwendeten wird sowohl hinsichtlich der Geldstrafe, als des Ersatzes, wenn die Entwendung in einem Königlichen Forste verübt worden, nach der für das betreffende Forstrevier bestehenden Forsttaxe, in anderen Fällen nach den bestehenden Lokalpreisen abgeschätzt.

§. 20.

Verjährung.

Der Holzdiebstahl, welcher nicht unter die Bestimmungen des §. 16. fällt, verjährt in drei Monaten.

Zweiter Abschnitt.

Von dem Verfahren.

§. 21.

Verfahren bei der Ermittelung und Verfolgung.

Hinsichtlich der Befugnisse der Forstbeamten bei Ermittelung und Verfolgung der Holzdiebstähle kommen die bestehenden gesetzlichen Vorschriften, insbesondere auch das Gesetz vom 12. Februar 1850 zur Anwendung.

§. 22.

Wird Jemand bei Ausführung eines Holzdiebstahls oder gleich nach derselben betroffen oder verfolgt, so sind die zur Begehung des Diebstahls gebrauchten Werkzeuge, welche er bei sich führt, in Beschlag zu nehmen.

In den nämlichen Fällen können die zur Wegschaffung des Entwendeten gebrauchten Thiere oder anderen Gegenstände gepfändet werden.

§. 23.

Die gepfändeten Transportmittel werden dem nächsten Ortsvorstande auf Gefahr und Kosten des Eigenthümers zur Aufbewahrung überliefert, bis eine der Höhe nach vom Ortsvorstande zu bestimmende baare Summe, welche dem Geldbetrage der etwa erfolgenden Verurtheilung nebst den Kosten der Aufbewahrung, oder dem Werthe der Transportmittel gleichkommt, in die Hände des Ortsvorstandes oder gerichtlich niedergelegt wird.

Geschieht die Niederlegung nicht innerhalb acht Tagen, so kann der gepfändete Gegenstand auf Verfügung des Richters öffentlich versteigert werden.

§. 24.

Zuständigkeit und Verfahren.

Die Zuständigkeit der Gerichte und das Verfahren wegen der in dem §. 16. vorgesehenen Holzdiebstähle richtet sich nach den für Vergehen bestehenden allgemeinen Vorschriften. Bei Kontumazial-Urtheilen ist jedoch nur der Tenor derselben den Verurtheilten zuzustellen.

Hinsichtlich der übrigen durch dieses Gesetz vorgesehenen strafbaren Handlungen kommen die Vorschriften über die Zuständigkeit der Gerichte und das Verfahren bei Uebertretungen mit nachstehenden Abänderungen und näheren Bestimmungen zur Anwendung.

§. 25.

Der Gerichtsstand ist begründet bei den Gerichten des Sprengels, in dessen Bezirke der Diebstahl verübt worden ist.

§. 26.

Die gerichtliche Verfolgung steht dem Polizei-Anwalte zu. Die Verrichtungen desselben können verwaltenden Forstbeamten übertragen werden.

§. 27.

Die Anschuldigung muß enthalten:

1) den Namen, das Gewerbe, den Wohn- und Aufenthaltsort des Angeschuldigten und der etwa sonst haftbaren Personen (§§. 10. u. 11.);
2) die Bezeichnung des entwendeten Gegenstandes und dessen taxmäßigen Werthes (§. 19.);
3) die Angabe der näheren Umstände, als: der Zeit und des Ortes der Entwendung und des Betreffens; ob die Entwendung unter erschwerenden Umständen (§§. 4. u. 9.) geschehen; ob sie mit einem Angriffe oder einer Widersetzlichkeit bei dem Betreffen verbunden gewesen sei; ob der Thäter sich im Rückfalle befinde u. s. w.;
4) die Angaben, welche Thatsachen der Forstbeamte selbst wahrgenommen habe; hinsichtlich der übrigen Thatsachen müssen die Zeugen benannt und die sonstigen Beweismittel angegeben werden.

Die etwa in Beschlag genommenen oder gepfändeten Sachen werden verzeichnet.

§. 28.

Die Forstbeamten haben die in ihren Revieren vorgefallenen Entwendungen, welche vor das nämliche Polizeigericht gehören, unter fortlaufenden Nummern in ein Verzeichniß zu bringen, welches in tabellarischer Form die im §. 27. erwähnten Kolumnen enthält und mit einer fünften Kolumne zu den unten (§§. 29., 39. und 40.) bemerkten Zwecken zu versehen ist.

Das Verzeichniß muß von demjenigen Forstbeamten, welcher es aufgestellt hat, und in Ansehung der Entwendungen, welche von einem Forstbeamten entdeckt worden sind, von diesem unterschrieben werden. Es wird in zwei Exemplaren geführt, deren eines der Polizei-Anwalt dem Gerichte zu übergeben hat. Das in der Hand des Polizei-Anwalts verbleibende Exemplar kann so gefertigt werden, daß jeder Anzeigefall mit der Unterschrift des Forstbeamten sich auf einem besonderen Blatte befindet.

§. 29.

Zu der bestimmten Gerichtssitzung werden die Angeschuldigten und die etwa sonst haftbaren Personen mittelst Zufertigung eines Auszuges aus dem Verzeichnisse unter der Verwarnung vorgeladen, daß sie bei ihrem Ausbleiben der ihnen zur Last gelegten Thatsachen für geständig werden erachtet werden. Der Beamte, welcher die Insinuation bewirkt hat, bescheinigt in der fünften Kolumne des bei dem Gerichte verbleibenden Verzeichnisses die gehörig geschehene Vorladung mit Angabe der Personen, welchen der Auszug zugestellt worden, und des Tages, an welchem dies geschehen ist. Wenn die Insinuation durch einen nicht bei dem Gerichte angestellten Beamten bewirkt wird, so geschieht die Bescheinigung auf einer demselben übergebenen

Abschrift des Auszuges. Die Behändigung der Ladung darf nicht in den letzten acht Tagen vor der Gerichtssitzung geschehen, widrigenfalls darauf kein Kontumazialerkenntniß ergehen kann, oder dem erscheinenden Angeschuldigten auf dessen Antrag die Vertagung bis zur nächsten Sitzung zu gestatten ist.

Das Mandatsverfahren ist ausgeschlossen.

§. 30.

Die Forstbeamten, welche die Diebstähle entdeckt haben, sind durch ihre Dienstbehörde zu veranlassen, an dem bestimmten Tage in der Sitzung zu erscheinen. Die etwaigen sonstigen Belastungszeugen sind zu derselben vorzuladen.

Die Beschuldigten müssen ihre etwaigen Vertheidigungszeugen entweder freiwillig in derselben Sitzung gestellen, oder deren Vorladung zu dieser Sitzung in dem gesetzlichen Wege rechtzeitig erwirken.

§. 31.

Beweisführung durch vereidete Forstbeamte.

Die Angaben der zur Ermittelung der Holzdiebstähle gerichtlich vereideten Forstschutz-Beamten haben in Ansehung derjenigen Thatsachen, welche auf deren eigener dienstlicher Wahrnehmung beruhen, Beweiskraft bis zum Gegenbeweise. Dasselbe gilt von der durch einen solchen Forstschutz-Beamten vorgenommenen Abschätzung des Werths des Entwendeten.

§. 32.

Die mit dem Forstschutze beauftragten Personen dürfen zur Ermittelung der Holzdiebstähle nur vereidet werden:

1) wenn sie Königliche Beamte sind;
2) wenn sie von Gemeinden oder anderen Waldeigenthümern auf Lebenszeit, oder nach einer vom Landrath bescheinigten dreijährigen tadellosen Forstdienstzeit auf mindestens drei Jahre mittelst schriftlichen Kontrakts angestellt sind;
3) wenn sie zu den für den Forstdienst bestimmten oder mit Forst-Versorgungsschein entlassenen Militairpersonen gehören, in Gemäßheit der darüber ergangenen oder ergehenden Verordnungen.

In den Fällen zu 2. und 3. ist eine ausdrückliche Genehmigung der Bezirksregierung zu der Vereidung erforderlich.

§. 33.

Die Vereidung erfolgt vor dem Gerichte, bei welchem der Forstschutz-Beamte in dieser Eigenschaft seine Verrichtungen auszuüben hat, oder falls sein Revier in mehrere Gerichtsbezirke fällt, bei dem Gerichte seines Wohnorts ein- für allemal dahin:

daß er die Diebstähle an Holz und anderen Waldprodukten, welche in dem seinem Schutze gegenwärtig anvertrauten oder künftig anzuvertrauenden Bezirke vorfallen und zu seiner Kenntniß kommen, mit aller Treue, Wahrheit und Gewissenhaftigkeit anzeigen, was er über die Thatumstände der strafbaren Handlung und über die Urheber und Theilnehmer entweder aus eigener Sinneswahrnehmung oder durch fremde Mittheilung erfahren habe, mit genauer Beachtung dieses Unterschiedes angeben, auch den Werth des entwendeten Gegenstandes gewissenhaft und der Vorschrift gemäß abschätzen wolle.

Eine Ausfertigung des Vereidungsprotokolls wird den übrigen Gerichten, bei welchen der Forstschutz-Beamte etwa dienstlich aufzutreten hat, mitgetheilt.

§. 34.

Wenn der Forstschutz-Beamte eine Denunziantenbelohnung empfängt, so tritt die im §. 31. bestimmte Beweiskraft nicht ein, und die im §. 33. vorgeschriebene Vereidung soll nicht stattfinden.

§. 35.

Die Bezirksregierung ist befugt, die in Gemäßheit des §. 32. ertheilte Genehmigung zurückzuziehen. In diesem Falle erlischt die Wirkung der stattgehabten Vereidung für die Zukunft. Sie erlischt von Rechtswegen, wenn gegen den Forstschutz-Beamten eine Verurtheilung ergeht, welche die Amtsentsetzung eines Königlichen Beamten von Rechtswegen nach sich ziehen würde. In beiden Fällen ist die Dienstherrschaft befugt, den lebenslänglich angestellten Forstbeamten aus dem Dienste zu entlassen.

§. 36.

Sitzungs-Protokoll.

Das Sitzungsprotokoll wird mit Bezug auf die Nummern des Verzeichnisses (§. 28.) geführt.

§. 37.

Zustellung des Kontumazial-Urtheils.

Von dem ergehenden Kontumazialurtheile wird dem Verurtheilten nur der Tenor insinuirt, und zwar durch Zustellung einer von dem Gerichtsschreiber beglaubigten Abschrift.

Die Zustellung wird von dem Beamten, welcher sie bewirkt hat, am Rande des Sitzungsprotokolls vermerkt, oder, wenn er nicht bei dem Gerichte angestellt ist, auf einer ihm übergebenen Abschrift des Auszuges bescheinigt.

§. 38.

Rechtsmittel.

Das Rechtsmittel des Rekurses steht dem Beschuldigten nur zu, wenn er zu einer Geldbuße von wenigstens fünf Thalern oder unmittelbar zu einer Gefängnißstrafe (§. 9.) verurtheilt worden ist; dem Polizei-Anwalte, wenn auf Freisprechung erkannt, oder wenn das Strafgesetz verletzt oder unrichtig angewendet worden ist.

Hat der Polizeirichter sich mit Unrecht für zuständig oder für unzuständig erkärt, so ist das Rechtsmittel in allen Fällen zulässig.

Im Bezirke des Appellationsgerichtshofes zu Köln findet die Appellation nach den vorstehenden Bestimmungen Statt; der Einspruch gegen Kontumazial-Urtheile ist nicht zulässig.

§. 39.

Nachdem das Urtheil rechtskräftig geworden ist, wird der Tenor desselben von dem Gerichtsschreiber in die fünfte Kolumne des dem Polizei-Anwalte übergebenen Verzeichnisses eingetragen.

Dieser Vermerk wird auf dieselbe Weise beglaubigt, wie die Ausfertigungen der Urtheile.

§. 40.

Wird ein Rechtsmittel eingelegt, so hat der Gerichtsschreiber eine Abschrift der auf dem Exemplar des Gerichts befindlichen Insinuations-Bescheinigungen, sowie den Vermerk über den Tenor des Urtheils (§. 39.), in das dem Polizei-Anwalte übergebene Verzeichniß einzutragen.

Dieses Verzeichniß und ein Auszug des Sitzungsprotokolls, soweit sie den Fall betreffen, werden an das Gericht der höheren Instanz befördert.

Der Gerichtsschreiber bei diesem Gerichte hat den Tenor des hier ergehenden Urtheils in der fünften Kolumne des Verzeichnisses zu vermerken, welches sodann an den Polizei-Anwalt zurückgelangt.

§. 41.

Vollstreckung.

Die Vollstreckung des Urtheils geschieht von Amtswegen, wie bei anderen Straferkenntnissen. Sie kann auf Grund des mit dem beglaubigten Urtheils-Vermerke versehenen Verzeichnisses erfolgen. Die Ertheilung besonderer Urtheils-Auszüge in den geeigneten Fällen ist nicht ausgeschlossen.

Im Bezirke des Appellationsgerichtshofes zu Köln bedarf es auch zur Vollstreckung des Urtheils in Beziehung auf den zu Gunsten von Gemeinden, Korporationen oder Privaten ausgesprochenen Werthersatz nur eines beglaubigten Urtheils-Auszuges. Diese Bestimmung gilt auch in den Fällen, wo in Gemäßheit des §. 24. das für Vergehen vorgeschriebene Verfahren eintritt.

§. 42.

Die Geldbußen, welche wegen Diebstahls an Gemeinde- oder Privat-Eigenthum ausgesprochen und eingezogen sind, sollen den Bestohlenen zufließen und denselben nach einem vierteljährlich aufzustellenden Verzeichnisse überwiesen werden.

Weiset der Bestohlene im Falle der Nichteinziehbarkeit der Geldbuße, der Behörde, welche die Leistung der Arbeiten (§. 13.) zu überwachen hat, geeignete, zu seinem Vortheil gereichende Arbeiten an, so soll der Verurtheilte zu deren Leistung angehalten werden. Diese Anweisung muß jedoch erfolgen, bevor die anderweite Vollstreckung der Strafe begonnen hat.

§. 43.

Die Gerichte sind befugt, wenn der Verurtheilte zu der Gemeinde gehört, welcher die erkannte Entschädigung und Geldbuße zufällt, die Beitreibung dieser Entschädigung und Geldstrafe nebst den Kosten, der betreffenden Gemeinde-Behörde in der Art aufzutragen, daß sie die Einziehung durch ihre Gemeinde-Kasse auf die nämliche Weise zu bewirken hat, wie die Einziehung der Gemeinde-Gefälle. Es dürfen jedoch den Verurtheilten keine Mehrkosten erwachsen.

Inwiefern die Vollstreckung des Urtheils auch anderen Behörden von den Gerichten aufgetragen werden könne, ist im Verwaltungswege zu bestimmen.

Dritter Abschnitt.

Bestimmungen zur Verhütung der Holzdiebstähle.

§. 44.

Wer in fremden Waldungen (Forsten oder Büschen) außer dem zu gemeinem Gebrauche bestimmten öffentlichen Wege oder einem anderen Wege, zu dessen Benutzung er berechtigt ist, mit Aexten, Beilen, Sägen, oder anderen zum Fällen, Sammeln oder Wegschaffen des Holzes gebräuchlichen Werkzeugen betroffen wird, ohne sich durch Genehmigung des Waldeigenthümers oder des sonst zu deren Ertheilung Ermächtigten darüber rechtfertigen zu können, wird mit Geldbuße bis zu Einem Thaler und im Unvermögensfalle mit verhältnißmäßiger polizeilicher Gefängnißstrafe bestraft.

§. 45.

Wer gestohlenes Holz (§. 1.) oder Harz, von welchem er wegen der Beschaffenheit desselben in Rücksicht auf die Person dessen, der es ihm anbot, und auf die Umstände, unter denen es geschah, vermuthen konnte, daß solches gestohlen war, erwirbt oder annimmt, wird mit einer Geldbuße bestraft, deren Betrag den doppelten Werth des Holzes oder Harzes erreichen kann, jedoch niemals unter zehn Silbergroschen und über funfzig Thaler sein soll.

Im Falle des Unvermögens tritt an die Stelle der Geldbuße verhältnißmäßige polizeiliche Gefängnißstrafe.

§. 46.

Holzhändlern, welche wegen Ankaufs gestohlenen Holzes (§. 45.) oder wegen Holzdiebstahls unter erschwerenden Umständen (§. 9.) bereits einmal verurtheilt sind, ist beim ersten Rückfall zugleich der gewerbliche Fortbetrieb des Holzhandels durch richterlichen Ausspruch zu untersagen.

Dieselbe Untersagung ist vom Richter auszusprechen gegen Holzhändler, die wegen Holzdiebstahls im dritten oder ferneren Rückfall verurtheilt werden.

§. 47.

Ein wegen Holzdiebstahls innerhalb der letzten zwei Jahre Verurtheilter, in dessen Gewahrsam frisch gefälltes, nicht forstmäßig zugerichtetes Holz gefunden wird, soll, wenn er sich über den redlichen Erwerb nicht ausweisen kann, des Holzes, auch ohne daß eine daran verübte Entwendung festgestellt worden ist, zu Gunsten des Armenfonds seines Wohnortes verlustig sein.

§. 48.

Wegen der in den §§. 44., 45. und 47. vorgesehenen Fälle kommt das Verfahren bei Uebertretungen mit den in dem zweiten Abschnitte dieses Gesetzes bestimmten Abänderungen und näheren Bestimmungen zur Anwendung.

Schluß- und Uebergangs-Bestimmungen.

§. 49.

Wenn der Angeschuldigte die Einrede vorbringt, daß er zu der ihm zur Last gelegten Handlung berechtigt gewesen sei, so kommen die Bestimmungen des Gesetzes über das Verfahren in Wald-, Feld- und Jagdfrevel-Sachen bei Civileinreden vom 31. Januar 1845 (Gesetz-Sammlung Seite 95) für den ganzen Umfang der Monarchie zur Anwendung.

§. 50.

Die in der Feldpolizei-Ordnung vom 1. November 1847 (Gesetz-Sammlung Seite 376) mit Strafe bedrohten Uebertretungen werden, soweit sie nicht nach §. 1. unter die Bestimmungen des gegenwärtigen Gesetzes fallen, durch dasselbe nicht berührt.

§. 51.

Pfandgelder sollen beim Holzdiebstahl, auch wenn sie bisher observanzmäßig stattfanden, nicht mehr erhoben werden.

§. 52.

Bei Anwendung der Strafe des Rückfalles macht es keinen Unterschied, ob die früheren Straffälle vor oder nach dem Eintritte der Gesetzeskraft des gegenwärtigen Gesetzes vorgekommen sind, ob die frühere Strafe eine ordentliche oder außerordentliche war, ob die Strafe vollstreckt worden ist oder nicht.

§. 53.

Die Fälle, wegen welcher bei dem Eintritte der Gesetzeskraft des gegenwärtigen Gesetzes die Untersuchung eingeleitet, über welche aber noch nicht rechtskräftig erkannt ist, sind in dem bisherigen Verfahren zu erledigen.

§. 54.

Alle dem gegenwärtigen Gesetze entgegenstehenden Bestimmungen sind aufgehoben.

Insbesondere treten außer Kraft das Gesetz vom 7. Juni 1821 wegen Untersuchung und Bestrafung des Holzdiebstahls, und die dasselbe ergänzenden und erläuternden Bestimmungen, sowie alle seitherigen allgemeinen und besonderen Forst-Ordnungen, soweit sie sich auf den Gegenstand des gegenwärtigen Gesetzes beziehen.

Wo in irgend einem Gesetze auf die bisherigen Bestimmungen über den Holzdiebstahl verwiesen wird, treten die Vorschriften des gegenwärtigen Gesetzes an deren Stelle.

Urkundlich unter Unserer Höchsteigenhändigen Unterschrift und beigedrucktem Königlichen Insiegel.

Gegeben Sanssouci, den 2. Juni 1852.

(L. S.) Friedrich Wilhelm.

v. Manteuffel. v. d. Heydt. Simons. v. Raumer.
v. Westphalen. v. Bodelschwingh. v. Bonin.

I. 2773. F. 58. Vol. III.

120.

Allgemeine Verfügung vom 4. Juni 1852, — betreffend die Zeitschrift: „Mittheilungen des Königl. Polizei-Präsidii zu Berlin zur Beförderung der Sicherheitspflege.“

Allgemeine Verfügung vom 30. März 1850 (Justiz-Ministerial-Blatt S. 118).

Als Fortsetzung des von dem Polizeirathe Merker begründeten und später von „Baurath“ redigirt gewesenen Blattes: „Mittheilungen zur Beförderung der Sicherheitspflege,“

dessen Haltung den Stadt- und Kreisgerichten, sowie den Ober-Staatsanwalten durch die allgemeine Verfügung vom 30. März 1850 (Justiz-Ministerial-Blatt S. 118) anempfohlen worden ist, erscheint gegenwärtig seit dem Monat April d. J. eine von dem Polizei-Direktor Schultz und dem Polizeirathe Dr. Stieber hieselbst in amtlichem Auftrage redigirte periodische Zeitschrift unter dem Titel: „Mittheilungen des Königlichen Polizei-Präsidii zu Berlin zur Beförderung der Sicherheitspflege."

Sämmtliche Königliche Appellationsgerichte, desgleichen die Stadt- und resp. Kreisgerichte, sowie die Herren Ober-Prokuratoren werden hierdurch angewiesen, je ein Exemplar dieser Zeitschrift auf Druckpapier, und zwar, was die genannten Gerichte anlangt, zum Mitgebrauch für die Staatsanwaltschaft, zu halten und den jährlichen Abonnementspreis mit 3. Thlr. 10 Sgr. aus den zu derartigen Zwecken zu ihrer Disposition gestellten Fonds zu entnehmen.

Ueber die Art des Bezuges der abonnirten Exemplare werden sich die vorgenannten beiden Redakteure der Zeitschrift mit den betreffenden Justizbehörden in Korrespondenz setzen.

Berlin, den 4. Juni 1852.

Der Justiz-Minister
Simons.

An
sämmtliche Appellationsgerichte, Stadt- und resp. Kreisgerichte, sowie an die Herren Ober-Prokuratoren.

I. 2459. Crim. 59. Vol. II.

121.

Gesetz über das Postwesen. Vom 5. Juni 1852.

Wir Friedrich Wilhelm, von Gottes Gnaden, König von Preußen ꝛc. ꝛc.

verordnen, mit Zustimmung der Kammern, was folgt:

Abschnitt I.

Vom Umfange des Postregals und des Postzwangs.

§. 1.

Die Befugniß, Personen oder Sachen gegen Bezahlung mit unterweges gewechselten Transportmitteln oder zwischen bestimmten Orten mit regelmäßig festgesetzter Abgangs- oder Ankunftszeit zu befördern, steht ausschließlich dem Staate zu und macht das Postregal aus.

§. 2.

Es ist jedoch einem Jeden gestattet, dergleichen Transportanstalten anzulegen:

1) auf Wasserstraßen, und zwar sowohl zur Beförderung von Personen, als zur Beförderung aller dem Postzwange nicht unterworfenen Gegenstände;
2) auf Landstraßen, entweder:
   a) zur Beförderung von Personen zwischen bestimmten Orten, insofern bei derselben zwar eine regelmäßige Abgangs- und Ankunftszeit eingehalten wird, aber ein Wechsel der Transportmittel unterweges nicht stattfindet und das von den Reisenden, einschließlich der Fracht für dreißig Pfund Freigepäck, zu erlegende Personengeld den Satz von $2\frac{1}{2}$ Sgr. für die Meile nicht übersteigt, oder
   b) zur Beförderung von Packeten, deren Gewicht Einhundert Pfund übersteigt, wie auch solcher Sachen, welche die Posten reglementsmäßig (§. 50.) mitzunehmen nicht verpflichtet sind. Das Gewicht von mehr als Einhundert Pfund darf nicht dadurch hervorgebracht sein, daß mehrere Packete von geringerem Gewichte unter Einer Adresse aufgegeben werden, oder daß mehrere an verschiedene Empfänger oder von verschiedenen Versendern an Einen Empfänger bestimmte Packete zum Gewicht von Einhundert Pfund und darunter in ein Gebind zusammengepackt oder dem Gegenstande der Sendung andere Gegenstände lediglich zu dem Zwecke beigepackt werden, um für ein Packet das Gewicht von mehr als Einhundert Pfund zu erreichen.

§. 3.

Die Unternehmer der in §. 2. Nr. 1. bezeichneten Transportanstalten sind verpflichtet, Briefe, Zeitungen, Gelder und alle andere dem Postzwange unterworfenen Gegenstände, sowie die zur Begleitung dieser Gegenstände etwa nöthigen Postbeamten, unentgeltlich mitzunehmen. Die Unternehmer der im §. 2. Nr. 2. lit. a. bezeichneten Fuhrgelegenheiten sind verpflichtet, Briefe und Zeitungen unentgeltlich und die zur Begleitung dieser Gegenstände etwa nöthigen Postbeamten gegen Zahlung des gewöhnlichen Personengeldes mitzunehmen.

§. 4.

Fuhrgelegenheiten zwischen bestimmten Orten mit regelmäßig festgesetzter Abgangs- und Ankunftszeit, bei welchen das von den Reisenden einschließlich der Fracht von dreißig Pfund Freigepäck zu erlegende Personengeld auf mehr als $2\frac{1}{2}$ Sgr. für die Meile festgestellt wird, dürfen nur mit Genehmigung der Postverwaltung und unter den von derselben zu bestimmenden Bedingungen errichtet werden.

§. 5.

Dem Postzwange sind unterworfen und dürfen daher ausschließlich nur durch die Post versendet werden:

1) alle versiegelte, zugenähte oder sonst verschlossene Briefe;
2) alle nach dem Gesetze vom 2. Juni d. J. einer Stempelsteuer unterliegenden Zeitungen und Anzeigeblätter;
3) gemünztes Geld und Papiergeld, ungemünztes Gold und Silber, Juwelen und Pretiosen, ohne Unterschied des Gewichts;
4) alle Packete bis zum Gewichte von zwanzig Pfund einschließlich, jedoch mit Ausnahme solcher Sachen, welche die Posten reglementsmäßig anzunehmen nicht verpflichtet sind.

Die Postzwangspflichtigkeit einer Sendung wird dadurch nicht ausgeschlossen, daß mehrere Packete von postzwangspflichtigem Gewichte unter Einer Adresse aufgegeben werden, oder daß mehrere an verschiedene Empfänger oder von verschiedenen Versendern an Einen Empfänger bestimmte Packete von postzwangspflichtigem Gewichte in ein Gebind zusammengepackt, oder dem Gegenstande der Sendung andere Gegenstände lediglich zu dem Zwecke beigepackt werden, um für ein Packet das Gewicht von mehr als zwanzig Pfund zu erreichen.

Die Annahme und Beförderung eines postzwangspflichtigen Gegenstandes darf von der Post, sofern die Vorschriften über Adressirung, Verpackung u. s. w. beobachtet sind, nicht verweigert, insbesondere darf keine postzwangspflichtige inländische Zeitung, so lange überhaupt der Vertrieb der Zeitungen im Wege des Postdebits erfolgt, von demselben ausgeschlossen und eben so wenig darf bei der Normirung der für die Beförderung und Debitirung der verschiedenen inländischen Zeitungen zu erhebenden Provision nach verschiedenen Grundsätzen verfahren werden.

§. 6.

Postzwangspflichtige Gegenstände (§. 5.) vom Auslande, welche im Inlande bleiben, oder durch das Preußische Gebiet transitiren sollen, müssen bei der nächsten inländischen Postanstalt zur Weiterbeförderung mit der Post eingeliefert werden. Jedoch sind Gelder und Päckereien (§. 5. Nr. 3. und 4.), die durch das Preußische Gebiet ohne Umladung und auf einer Strecke, die nicht mehr als fünf Meilen beträgt, transitiren sollen, als postzwangspflichtig nicht zu betrachten.

§. 7.

Postzwangspflichtige Gegenstände können durch expresse Boten oder Fuhren versandt werden. Doch darf ein solcher Expresser von nur Einem Absender abgeschickt sein und Gegenstände für Andere weder mitnehmen, noch zurückbringen.

§. 8.

Bei Versendungen und Reisen von Orten, von wo ab, und nach Orten, wohin keine Postbeförderung stattfindet, bleiben die Beschränkungen aus dem Postregale und dem Postzwange bis zur nächsten auf dem Wege nach dem Bestimmungsorte belegenen Postanstalt ausgeschlossen.

§. 9.

Hinsichts der Eisenbahn-Unternehmungen verbleibt es bei den besonderen gesetzlichen Vorschriften. Für die Verbindlichkeit der bereits konzessionirten Eisenbahn-Gesellschaften zum unentgeltlichen Transport von Postsendungen (§. 36. Nr. 2. des Gesetzes vom 3. November 1838, Gesetz-Samml. S. 505) bleiben die bisherigen Bestimmungen über den Umfang des Postzwanges maaßgebend.

Abschnitt II.

Von der Garantie.

§. 10.

Die Postverwaltung leistet dem Absender Ersatz für den Verlust und die Beschädigung folgender ihr zur Beförderung reglementsmäßig eingelieferter Gegenstände:

1) der Geldsendungen (§. 5. Nr. 3.),
2) der Packete mit oder ohne Werthsdeklaration,
3) der Briefe mit deklarirtem Werthe, und
4) der rekommandirten Sendungen, denen in dieser Beziehung Sendungen gleichgestellt werden, welche zur Beförderung durch Estafette eingeliefert worden sind.

Für einen durch verzögerte Beförderung oder Bestellung dieser Gegenstände entstandenen Schaden leistet die Postverwaltung nur dann Ersatz, wenn die Sache durch verzögerte Beförderung oder Bestellung verdorben ist, oder ihren Werth bleibend, ganz oder theilweise verloren hat. Auf eine Veränderung des Kurses oder marktgängigen Preises wird jedoch hierbei keine Rücksicht genommen.

Die Verbindlichkeit der Postverwaltung zur Ersatzleistung bleibt ausgeschlossen, wenn der Verlust, die Beschädigung oder die verzögerte Beförderung oder Bestellung

a) durch die eigne Fahrlässigkeit des Absenders, oder
b) durch die unabwendbaren Folgen eines Naturereignisses, oder durch einen Zufall, wohin jedoch Raub und Diebstahl niemals gerechnet werden sollen, herbeigeführt worden ist, oder

c) auf einer auswärtigen Postanstalt sich ereignet hat, für welche die Preußische Postverwaltung nicht durch Konvention die Ersatzleistung ausdrücklich übernommen hat; ist jedoch in diesem Falle die Einlieferung bei einer Preußischen Postanstalt erfolgt und will der Absender seine Ansprüche gegen die auswärtige Postbehörde geltend machen, so hat die Preußische Postverwaltung ihm Beistand zu leisten.

Für andere, als die unter Nr. 1. bis 4. bezeichneten Gegenstände und insbesondere für gewöhnliche Briefe wird weder für Verlust oder Beschädigung, noch für verzögerte Beförderung oder Bestellung Ersatz geleistet.

§. 11.

Wenn der Verschluß und die Emballage der zur Post gegebenen Gegenstände bei der Aushändigung an den Empfänger äußerlich unverletzt und zugleich das bei der Einlieferung ausgemittelte Gewicht übereinstimmend befunden wird, so darf dasjenige, was bei der Eröffnung an dem angegebenen Inhalte fehlt, von der Postverwaltung nicht vertreten werden. Die ohne Erinnerung geschehene Annahme einer Sendung begründet die Vermuthung, daß bei der Aushändigung Verschluß und Emballage unverletzt, und das bei der Einlieferung ausgemittelte Gewicht übereinstimmend befunden worden sind.

§. 12.

Ist eine Werthsdeklaration geschehen, so wird dieselbe bei der Feststellung des Betrages des von der Postverwaltung zu leistenden Schadenersatzes zum Grunde gelegt. Beweist jedoch die Postverwaltung, daß der deklarirte Werth den gemeinen Werth der Sache übersteigt, so hat sie nur diesen zu ersetzen. Ist in betrüglicher Absicht zu hoch deklarirt worden, so verliert der Absender nicht nur jeden Anspruch auf Schadenersatz, sondern ist auch nach den Vorschriften der Strafgesetze zu bestrafen.

§. 13.

Ist bei Packeten die Deklaration des Werthes unterblieben, so vergütet die Postverwaltung im Falle eines Verlustes ohne Rücksicht auf den wirklichen Werth des verlorenen Gegenstandes zehn Silbergroschen für jedes Pfund der Sendung. Dabei werden Packete, welche weniger als Ein Pfund wiegen, den Packeten zum Gewichte von Einem Pfunde gleichgestellt und überschießende Pfundtheile für Ein Pfund gerechnet. Bei bloßen Beschädigungen kann die Postverwaltung nur bis zum Belaufe des wirklich erlittenen Schadens und niemals über den angegebenen Normalsatz von zehn Silbergroschen für das Pfund hinaus in Anspruch genommen werden.

§. 14.

Für einen rekommandirten Brief oder eine andere rekommandirte Sendung, sowie für einen zur Beförderung durch Estafette eingelieferten Brief oder anderen Gegenstand (§. 10. Nr. 4.) wird dem Absender im Falle des Verlustes, ohne Rücksicht auf den Werth der Sendung, ein Ersatz von vierzehn Thalern gezahlt. Eine Werthsdeklaration ist bei diesen Gegenständen nicht zulässig.

§. 15.

Bei Reisen mit den ordentlichen Posten leistet die Postverwaltung

1) für den Verlust oder die Beschädigung des reglementsmäßig eingelieferten Passagierguts mit Einem Thaler für jedes Pfund, im Uebrigen nach Maaßgabe der §§. 12. und 13., und
2) wenn ein Reisender körperlich beschädigt wird und die Beschädigung nicht erweislich durch einen Zufall oder die Folgen eines unabwendbaren Naturereignisses oder durch die Schuld des Reisenden herbeigeführt ist, für die erforderlichen Kurkosten,

Ersatz.

Eine weitere Verbindlichkeit zur Entschädigung hat die Postverwaltung nicht. Insbesondere leistet sie bei der Extrapostbeförderung weder für den Verlust oder die Beschädigung an Sachen, welche der Reisende bei sich führt, noch bei einer körperlichen Beschädigung des Reisenden Entschädigung.

§. 16.

Eine weitere, als die in den §§. 12., 13., 14. und 15. nach Verschiedenheit der Fälle bestimmte Entschädigung wird von der Postverwaltung nicht geleistet; insbesondere findet gegen dieselbe ein Anspruch wegen eines durch den Verlust oder die Beschädigung einer Sendung entstandenen mittelbaren Schadens oder entgangenen Gewinnes nicht Statt.

§. 17.

Der Anspruch auf Schadloshaltung gegen die Postverwaltung muß in allen Fällen gegen die Ober-Postdirektion gerichtet werden, in deren Bezirke der Ort der Einlieferung der Sendung oder der Ort der Einschreibung des Reisenden liegt.

§. 18.

Der Anspruch auf Entschädigung an die Postverwaltung erlischt mit Ablauf von sechs Monaten, vom Tage der Einlieferung der Sendung oder vom Tage der Beschädigung des Reisenden an gerechnet. Diese Verjährung wird nicht allein durch Anmeldung der Klage, sondern auch durch Anbringung der Reklamation bei der kompetenten Ober-Postdirektion unterbrochen. Ergeht hierauf eine abschlägige Bescheidung, so beginnt vom Empfange derselben eine neue Verjährung, welche durch eine Reklamation gegen jenen Bescheid nicht unterbrochen wird.

§. 19.

In Fällen des Krieges und gemeiner Gefahr sind die Postanstalten befugt, durch öffentliche Bekanntmachung jede Vertretung abzulehnen und Briefe, sowie andere Sachen, nur auf Gefahr des Absenders zur Beförderung zu übernehmen. In solchem Falle steht jedoch dem Absender frei, sich ohne Rücksicht auf den Postzwang jeder anderen Transportgelegenheit zu bedienen.

Abschnitt III.

Besondere Vorrechte der Posten.

§. 20.

Die ordentlichen Posten nebst deren Beiwagen, sowie die auf Kosten des Staats beförderten Kuriere und Estafetten, imgleichen die von Postbeförderungen ledig zurückkommenden Postfuhrwerke und Postpferde, sowie endlich die Briefträger und Postboten, sind von Entrichtung der Chaussee-, Wege-, Brücken-, Damm-, Pflaster-, Prahm- und Fährgelder und anderer Kommunikations-Abgaben befreit. Diese Befreiung findet auch, jedoch unbeschadet bestehender Rechte, gegen die zur Erhebung solcher Abgaben berechtigten Korporationen, Gemeinden oder Privatpersonen Statt.

§. 21.

In besonderen Fällen, wo die gewöhnlichen Postwege gar nicht oder schwer zu passiren sind, können die ordentlichen Posten, sowie die Extraposten und Estafetten sich der Neben- und Feldwege bedienen, auch über ungehegte Wiesen und Aecker fahren, unbeschadet jedoch des Rechtes der Eigenthümer auf Schadenersatz.

§. 22.

Gegen die ordentlichen Posten, Extraposten und Estafetten ist keine Pfändung erlaubt, auch darf dieselbe gegen einen Postillon nicht geübt werden, welcher mit dem ledigen Gespann zurückkehrt.

§. 23.

Jedes Fuhrwerk muß den ordentlichen Posten, sowie den Extraposten und Estafetten auf das übliche Signal ausweichen.

§. 24.

Das Inventarium der Posthaltereien darf im Wege des Arrestes oder der Exekution nicht mit Beschlag belegt werden.

§. 25.

Wenn die auf einer Poststation kontraktlich zu haltende Pferdezahl in Folge ungewöhnlicher Frequenz nicht ausreicht, so sind die Besitzer von Ackerpferden und die Lohnfuhrleute, und zwar zunächst die am Stationsorte und sodann jene der benachbarten Ortschaften, der Post die erforderlichen Hülfspferde gegen die volle und unverkürzte Zahlung der Extrapostgebühren zu stellen verpflichtet.

§. 26.

Wenn den ordentlichen Posten, Extraposten oder Estafetten unterweges ein Unfall begegnet, so sind die Anwohner der Straße verbunden, denselben die zu ihrem Weiterkommen erforderliche Hülfe gegen vollständige Entschädigung schleunigst zu gewähren.

§. 27.

Die vorschriftsmäßig zu haltenden Postpferde und Postillone dürfen zu den Behufs der Staats- und Kommunalbedürfnisse zu leistenden Spanndiensten nicht herangezogen werden.

§. 28.

Die Thorwachen, Thor-, Brücken- und Barrierebeamten sind verbunden, die Thore und Schlagbäume schleunigst zu öffnen, sobald der Postillon das übliche Signal giebt. Ebenso müssen auf dasselbe die Fährleute die Ueberfahrt unverzüglich bewirken.

§. 29.

Auf Requisition der Postbehörden haben die Polizei- und Steuerbeamten zur Verhütung und Entdeckung von Postübertretungen mitzuwirken.

§. 30.

Die Postanstalten sind berechtigt, unbezahlt gebliebene Portobeträge und Gebühren nach den für die Beitreibung öffentlicher Abgaben bestehenden Vorschriften im Verwaltungswege exekutivisch einziehen zu lassen.

§. 31.

Die Beträge, welche in einer Sendung enthalten sind, die weder an den Adressaten bestellt, noch an den Absender zurückgegeben werden kann, oder welche aus dem Verkaufe der vorgefundenen Gegenstände gelöst werden, fließen nach Abzug des Porto und der sonstigen Kosten zur Postarmenkasse. Meldet sich der Absender oder der Adressat später, so zahlt ihm die Postarmenkasse die ihr zugeflossenen Summen, jedoch ohne Zinsen, zurück.

Abschnitt IV.

Strafbestimmungen bei Post- und Porto-Uebertretungen.

§. 32.

Mit Geldbuße von fünf bis funfzig Thalern wird bestraft:

1) wer mit unterweges gewechselten Transportmitteln oder zwischen bestimmten Orten mit regelmäßig festgesetzter Abgangs- oder Ankunftszeit — wobei einzelne Unterbrechungen der sonst regelmäßig stattfindenden Fahrten nicht in Betracht kommen — Personen oder Sachen gegen Bezahlung befördert, ohne nach einer der in den §§. 2., 4., 8. und 9. enthaltenen Bestimmungen dazu ermächtigt zu sein;
2) wer von den Bedingungen, unter denen er von der Postverwaltung zur Beförderung von Personen (§. 4.) ermächtigt worden, abweicht;
3) wer außer den in den §§. 6. bis 8. nachgelassenen Fällen Briefe oder andere postzwangspflichtige Gegenstände (§. 5.) befördert.

§. 33.

Wird durch mehrere von verschiedenen Unternehmern einzeln eingerichtete nicht regelmäßige Fuhrgelegenheiten im Ganzen eine Regelmäßigkeit in den Fahrten im Sinne des §. 32. Nr. 1. hergestellt, oder wird das eben daselbst ausgesprochene Verbot des Wechsels der Transportmittel durch den Anschluß mehrerer für sich nach §. 2. Nr. 2. lit. a. erlaubter Fuhrgelegenheiten umgangen, so hat jeder Unternehmer, wenn er auf geschehene Aufforderung der Postverwaltung die Regelmäßigkeit oder den Anschluß der Fahrten nicht einstellt, die Strafe des §. 32. verwirkt.

§. 34.

Im ersten Rückfall wird die Strafe (§§. 32. und 33.) verdoppelt, im zweiten Rückfalle kann der Schuldige zugleich seiner Befugniß zur Treibung des Fuhrgewerbes für immer oder auf Zeit verlustig erklärt werden.

Im Rückfalle befindet sich derjenige, welcher, nachdem er wegen einer der in den §§. 32. und 33. bezeichneten Uebertretungen vom Gerichte oder im Verwaltungswege zur Strafe rechtskräftig verurtheilt worden ist, innerhalb der nächsten fünf Jahre nach der Verurtheilung eine dieser Uebertretungen verübt.

§. 35.

Mit dem vierfachen Betrage des Porto, jedoch niemals unter einer Geldbuße von fünf Thalern, wird bestraft:
1) wer außer den in den §§. 6. bis 8. nachgelassenen Fällen Briefe oder andere postzwangspflichtige Gegenstände (§. 5.) auf andere Weise, als durch die Post verschickt;
2) wer bei Versendungen durch die in §. 2. Nr. 2. lit. b. nachgelassenen Transportanstalten, um das daselbst vorgeschriebene Packetgewicht von mehr als Einhundert Pfund

zu erreichen, mehrere an verschiedene Empfänger oder von verschiedenen Versendern an Einen Empfänger bestimmte Packete in ein Gebind zusammenpackt oder dem Gegenstande einer Sendung andere Gegenstände lediglich zu dem angegebenen Zwecke beipackt;

3) wer Briefe oder andere Gegenstände, für welche ein höheres Porto zu entrichten ist, unter andere Sachen, welche nach einer geringeren Taxe befördert werden, verpackt;

4) wer Gegenstände unter Streifband oder Kreuzband zur Versendung mit der Post einliefert, welche überhaupt oder wegen verbotener Zusätze unter Streifband nicht versandt werden dürfen;

5) wer sich zu einem portopflichtigen Schreiben einer, von der Entrichtung des Porto befreienden Bezeichnung bedient oder ein solches Schreiben in einen Brief oder in ein Packet verpackt, welches gesetzlich unter einer portofreien Rubrik befördert wird;

6) wer Postfreimarken oder gestempelte Briefkouverts nach ihrer Entwerthung zur Frankirung einer Sendung benutzt. Inwiefern in diesem Falle wegen hinzugetretener Vertilgung des Entwerthungszeichens eine härtere Strafe verwirkt ist, wird nach den allgemeinen Strafgesetzen beurtheilt;

7) wer Briefe oder andere Sachen zur Umgehung der Portogefälle einem Kondukteur, Schirrmeister oder Postillon zur Mitnahme übergiebt.

§. 36.

Im ersten Rückfall wird die Strafe (§. 35.) verdoppelt, und bei ferneren Rückfällen auf das Vierfache erhöht.

Im Rückfall befindet sich derjenige, welcher, nachdem er wegen einer der in dem §. 35. bezeichneten Uebertretungen vom Gerichte oder im Verwaltungswege zur Strafe rechtskräftig verurtheilt worden ist, innerhalb der nächsten fünf Jahre nach der Verurtheilung eine dieser Uebertretungen verübt.

§. 37.

Wer wissentlich, um der Postkasse das Personengeld zu entziehen, uneingetragen mit der Post reist, hat außer dem Personengelde eine Geldbuße von fünf Thalern zu erlegen.

§. 38.

In den §. 35. unter Nr. 3. bis 6. bestimmten Fällen ist die Strafe mit der Einlieferung der Sendung zur Post verwirkt.

§. 39.

Außer der Strafe muß in den Fällen des §. 35. das Porto, welches für die Beförderung der Gegenstände der Post zu entrichten gewesen wäre, gezahlt werden. In dem §. 32. unter Nr. 3. und §. 35. unter Nr. 1. bestimmten Falle haften der Absender und der Beförderer für das Porto solidarisch.

§. 40.

Kann die verwirkte Geldbuße nicht beigetrieben werden, so tritt eine verhältnißmäßige Gefängnißstrafe ein.

§. 41.

Die Postbehörden und Postbeamten, welche eine Uebertretung entdecken, sind befugt, die dabei vorgefundenen Briefe oder andere Sachen, welche Gegenstand der Uebertretung sind, in Beschlag zu nehmen und so lange ganz oder theilweise zurückzuhalten, bis entweder die defraudirten Postgefälle, die Geldstrafe und die Kosten gezahlt, oder durch Kaution sicher gestellt sind. Diese Vorschrift findet auch Anwendung auf die Pferde und Wagen, mit welchen ein Fuhrmann bei der Verübung einer der in dem §. 32. bezeichneten Uebertretungen betroffen wird.

§. 42.

Die in den §§. 32. bis 39. bestimmten Geldbußen fließen zur Post-Armenkasse.

§. 43.

Die Untersuchung und Entscheidung in Post- und Porto-Uebertretungssachen steht in den Fällen, wo nach §. 34. Verlust der Befugniß zur Treibung des Fuhrgewerbes eintritt, den Gerichten zu. In allen übrigen Fällen wird die Untersuchung summarisch von den Postämtern und Postexpeditionen oder von den Bezirks-Aufsichtsbeamten geführt, und darauf im Verwaltungswege von den Ober-Postdirektionen entschieden. Diese können jedoch, so lange noch kein Strafbescheid erlassen worden ist, die Verweisung der Sache zum gerichtlichen Verfahren verfügen nud ebenso kann der Beschuldigte während der Untersuchung bei der Postbehörde, und binnen zehn Tagen präklusivischer Frist, nach Eröffnung des von letzterer abgefaßten Strafbescheides, auf rechtliches Gehör antragen. Der Strafbescheid wird alsdann als nicht ergangen angesehen.

Das hinsichtlich der Zuwiderhandlungen gegen die Vorschriften über die Erhebung der Zölle vorgeschriebene Verfahren bei der Untersuchung und Entscheidung im Verwaltungswege tritt auch bei Post- und Porto-Uebertretungen ein.

Auf den eingelegten Rekurs hat das General-Postamt zu entscheiden.

Die Vorladung des Beschuldigten zu seiner Verantwortung im Verwaltungswege unterbricht die Verjährung.

Abschnitt V.

Strafbestimmungen für andere in Beziehung auf das Postwesen verübte Uebertretungen.

§. 44.

Wer den Anstand, die Sicherheit oder die Ordnung auf den Posten und in den Passagierstuben verletzt, wird mit Geldbuße bis zu fünf Thalern bestraft.

§. 45.

Wer der Vorschrift des §. 23. zuwider den Posten nicht ausweicht, wird mit einer Geldbuße bis zu zehn Thalern bestraft. Mit derselben Strafe werden Zuwiderhandlungen gegen die Vorschriften des §. 28. belegt.

§. 46.

Wer es unternimmt, der Bestimmung des §. 22. zuwider, eine Post oder einen Postillon zu pfänden, wird mit Geldbuße bis zu zwanzig Thalern bestraft.

Abschnitt VI.

Allgemeine Bestimmungen.

§. 47.

Was ein Briefträger oder Postbote über die von ihm geschehene Bestellung auf seinen Diensteid anzeigt, ist so lange für wahr und richtig anzunehmen, bis das Gegentheil überzeugend nachgewiesen wird.

§. 48.

Die Postverwaltung ist für die richtige Bestellung nicht verantwortlich, wenn der Adressat erklärt hat, seine Briefe, Begleitbriefe und Formulare zu den Ablieferungsscheinen oder einzelne Kategorien dieser Gegenstände selbst abzuholen oder abholen zu lassen. Auch liegt in diesem Falle der Postanstalt eine Prüfung der Legitimation desjenigen, welcher sich zur Abholung meldet, nicht ob, sofern nicht auf den Antrag des Adressaten zwischen diesem und der Postanstalt ein desfallsiges besonderes Abkommen getroffen worden ist.

§. 49.

Die Postverwaltung ist, nachdem sie das Formular zum Ablieferungsschein dem Adressaten hat ausliefern lassen, nicht verpflichtet, die Aechtheit der Unterschrift und des Siegels unter dem mit dem Namen des Adressaten unterschriebenen und untersiegelten Ablieferungsscheine zu untersuchen, und die Legitimation desjenigen zu prüfen, welcher unter Vorlegung des vollzogenen Ablieferungsscheines oder bei nicht deklarirten Sendungen unter Vorlegung des Begleitbriefes die Aushändigung der Sendung verlangt.

§. 50.

Die Postverwaltung ist ermächtigt, durch ein von ihr zu erlassendes und durch die Amtsblätter zur öffentlichen Kenntniß zu bringendes Reglement, dessen Bestimmungen als ein Bestandtheil des zwischen dem Absender oder Reisenden einerseits und der Postverwaltung andererseits eingegangenen Vertrages erachtet werden sollen, die weiteren bei Benutzung der Posten zu Versendungen und Reisen zu beobachtenden Vorschriften zu treffen, insbesondere

1) die Einlieferung der abzusendenden Gegenstände an die Post, deren Rückforderung von Seiten des Absenders und die Bestellung der durch die Post beförderten Gegenstände, sowie die Behandlung nicht bestellbarer Sendungen zu regeln;
2) die Gegenstände zu bezeichnen, welche als zur Beförderung mit der Post nicht geeignet zurückgewiesen werden dürfen, oder zurückgewiesen werden müssen;
3) die Bedingungen und Gebühren für baare Einzahlungen, Vorschußsendungen, Streif- oder Kreuzbandsendungen, Sendungen mit Waarenproben oder Mustern und rekommandirte Sendungen, ferner für Bestellung der Expreßbriefe, der Stadtbriefe und der Packete durch Faktage-Boten, sowie für die Landbriefbestellung zu bestimmen;
4) die Stafettenbeförderung zu ordnen;
5) die Bedingungen festzusetzen, unter denen Reisende mit den ordentlichen Posten oder mit Extrapost befördert werden und zu bestimmen, was auf den einzelnen Kursen an Personengeld zu entrichten ist; auch
6) die zur Aufrechthaltung der Ordnung, der Sicherheit und des Anstandes auf den Posten und in den Passagierstuben nöthigen polizeilichen Anordnungen zu treffen.

§. 51.

Alle bisherigen allgemeinen und besonderen Bestimmungen über Gegenstände, worüber das gegenwärtige Gesetz verfügt, soweit jene Bestimmungen nicht auf Staatsverträgen und Konventionen mit dem Auslande beruhen, werden hierdurch aufgehoben.

§. 52.

Mit Ausführung dieses Gesetzes und Ertheilung der Instruktionen ist der Minister für Handel, Gewerbe und öffentliche Arbeiten beauftragt.

Urkundlich unter Unserer Höchsteigenhändigen Unterschrift und beigedrucktem Königlichen Insiegel.

Gegeben Bellevue, den 5. Juni 1852.

(L. S.) Friedrich Wilhelm.

v. Manteuffel. v. d. Heydt. Simons. v. Raumer. v. Westphalen. v. Bodelschwingh. v. Bonin.

I. 2901. P. 20. Vol. V.

122.

Verfügung vom 23. Juni 1852, — betreffend die Frage: ob der Criminalfond die Kosten der Alimentation eines verhafteten Falliten zu tragen habe.

Verfügung v. 10. Mai 1844 (Rhein. Samml. Bd. 8. S. 266).

Auf den Bericht vom 8. April d. J. wird Ihnen, Herr General-Prokurator, eröffnet, daß das Reskript vom 10. Mai 1844 zwar aus Veranlassung der Frage, wer die durch die Verhaftung der Falliten entstehenden Gerichtsvollzieherkosten zu tragen habe, erlassen ist, jedoch ganz unzweifelhaft nicht nur diese Frage, sondern durch die Begründung der Entscheidung auch die Frage, wer die Alimentationskosten zu bezahlen habe, dahin beantwortet hat, daß die Verbindlichkeit zu deren Entrichtung dem Criminalfond nur dann obliege, wenn die Verhaftung des Falliten auf Betreiben der Staatsanwaltschaft stattgefunden hat.

Hierbei muß es auch ferner bewenden, und haben Sie da, wo nach Ihrem Berichte eine andere mißbräuchliche Praxis besteht, deren Beseitigung zu veranlassen.

Dem Antrage des Landgerichts-Präsidenten in N. im Berichte vom 26. Februar d. J., dem öffentlichen Ministerium unbedingt die Vollstreckung der handelsgerichtlichen Urtheile, bezüglich der Verhaftung der Falliten zur Pflicht zu machen, kann nicht stattgegeben werden, da dies allerdings eine Modifikation des Reskripts vom 10. Mai 1844 voraussetzen würde, es zu einer solchen Abänderung aber an ausreichendem Grunde gebricht. Wenn auch in einzelnen Fällen die Nichtvollstreckung der Haft des Falliten zu Inconvenienzen führen sollte, so sind diese ganz gewiß geringer als die Uebelstände, welche darin gefunden werden müßten, wenn in jedem, selbst dem leichtesten Falle, das öffentliche Ministerium, ohne daß ihm irgend eine eigene Beurtheilung der Sachlage zustände, zu der vom Handelsgerichte verfügten Haft des Falliten zu schreiten hätte.

Das vom Landgerichts-Präsidenten in N. beantragte Verfahren schließt sich an das Cirkulare des Französischen Justiz-Ministers vom 30. April 1827 an. Sie bemerken indeß in Ihrem Berichte vom 8. April d. J. mit Recht, daß auch in Frankreich das Verfahren nach der neueren Französischen Gesetzgebung wieder Modificationen erlitten hat, nach welchen weder überhaupt stets die Verhaftung der Falliten stattfindet, noch die Berechtigung zur Haftvollstreckung ausschließlich dem öffentlichen Ministerium gegeben ist. Diesem Zustande der Gesetzgebung in Frankreich nähert sich die Praxis der Rheinprovinz in sofern thatsächlich, als einerseits nicht nur der Staatsanwaltschaft, sondern auch den Agenten und Syndiken die Befugniß zur Vollstreckung der Haftverfügung zuerkannt ist, andererseits der letzteren weniger die Natur eines Decrets, das unbedingte Execution verlangt, als die Natur eines Titels beigelegt wird, der, sofern es das Interesse der Masse erheischt und deren Mittel es erlauben, von dem Vertreter der Masse, sofern es das Interesse des Staats erfordert, von der Staatsanwaltschaft zur Vollstreckung gebracht werden kann.

Diese Praxis zu ändern erscheint zur Zeit nicht angemessen, die Erörterung und Entscheidung der in Rede stehenden Fragen ist vielmehr der Revision der Gesetzgebung vorzubehalten.

Den Landgerichts-Präsidenten in N. haben Sie hiervon auf seinen Bericht vom 26. Februar d. J., welcher Ihnen hierbei abschriftlich, dessen Anlagen aber in Urschrift, mitgetheilt wird, in Kenntniß zu setzen.

Berlin, den 23. Juni 1852.

Der Justiz-Minister.
Simons.

An
den Königlichen Herrn General-Prokurator zu Cöln.

I. 1788. Rhein. Gen. 101. Vol. II.

123.

Beschluß der Deutschen Bundesversammlung vom 24. Juni 1852, — über den Gerichtsstand der in Friedenszeiten zusammengezogenen Bundestruppen in Strafsachen.

a. Beschluß.

Sobald Bundestruppen zu Bundeszwecken zusammengezogen sind, finden in Ansehung der nicht militairischen Verbrechen und Vergehen der Militairpersonen die Bestimmungen des §. 94.

der Grundzüge der Kriegsverfassung des Deutschen Bundes vom 11. Juli 1822*) Anwendung, jedoch unter nachstehenden näheren Vorschriften wegen des Verfahrens:

§. 1. Die Militairpersonen haben den militairischen Gerichtsstand in Strafsachen jeder Art nach den in den Staaten, welchen sie angehören, bestehenden Gesetzen.

Hierher sind auch Injurien- und Polizeisachen, sowie Zoll- und Steuer-Kontraventionen zu rechnen.

§. 2. Alle bürgerlichen Gerichts- und Polizeibehörden sind angewiesen, von den innerhalb ihres Amtsbezirks vorkommenden strafbaren Handlungen, wobei Militairpersonen als der Urheberschaft oder Theilnahme verdächtig sind, der vorgesetzten Militairbehörde schleunige Anzeige über den Vorfall zugehen zu lassen, auch derselben und dem betreffenden Militairgerichte jede zur Einleitung und Durchführung der strafrechtlichen Untersuchung nöthige Mittheilung zu machen.

§. 3. Obgleich den bürgerlichen Gerichten und Polizeibehörden über diejenigen Personen, die den militairischen Gerichtsstand in Strafsachen haben, in Ansehung dieser Sachen keine Gerichtsbarkeit zusteht, so sind sie doch zur Ergreifung eilender, zur Sicherung dienender Maaßregeln gegen die gedachten Militairpersonen in allen den Fällen befugt und verpflichtet, bei denen Gefahr auf dem Verzuge haftet, d. h. wo kein militairischer Vorgesetzter an Ort und Stelle gegenwärtig ist, und eine dringende Besorgniß obwaltet, daß, falls erst eine Militairbehörde requirirt oder auch nur der nächste militairische Vorgesetzte um seinen Beistand ersucht werden sollte, die den Umständen nach zu ergreifenden Maaßregeln zu spät kommen und ihr Ziel verfehlen würden.

§. 4. Unter dieser Voraussetzung müssen die bürgerlichen Gerichte und Polizeibehörden, wenn Militairpersonen Aufläufe, Unruhen, Schlägereien oder andere Exzesse erregen, oder daran Theil nehmen, oder Jemanden mit unerlaubten Gewaltthätigkeiten bedrohen, oder sonst irgend ein Verbrechen zu begehen im Begriff sein möchten, denselben nachdrücklich Einhalt thun und nöthigen Falls dieselben in Verhaft nehmen und mit einer Anzeige desfalls an ihre vorgesetzte Militairbehörde, längstens binnen vier und zwanzig Stunden nach der Verhaftung, abliefern lassen.

*) Der §. 94. der Bundes-Kriegsverfassung lautet: Die in den Kriegsartikeln nicht genannten Verbrechen und Vergehen werden nach den bei den Kontingenten der einzelnen Staaten gültigen Gesetzen beurtheilt.

§. 5. Ferner müssen unter dergleichen Voraussetzung die bürgerlichen Gerichte und Polizeibehörden, wenn eine Militairperson in ihrem Amtsbezirke ein Verbrechen begangen, oder sich dessen dringend verdächtig gemacht hat, in den geeigneten Fällen die schleunige Verhaftung des Thäters oder dessen schleunige Verfolgung veranstalten. Auch müssen in diesen Fällen die bürgerlichen Gerichte und Polizeibehörden diejenigen Schritte thun, welche zur Ausmittelung der Wahrheit und Aufrechthaltung der Beweise gereichen, und welche sich nicht ohne Nachtheil bis zur Dazwischenkunft der zuständigen Militairbehörde aufschieben lassen.

Die Civilbehörde, welche solche vorläufige Maaßregel ergriffen hat, ist jedoch verpflichtet, hiervon und von der Veranlassung dieser Maaßregel der Militairbehörde unverzüglich Nachricht zu ertheilen. Hat eine Verhaftung von Militairpersonen statt gefunden, so müssen die bürgerlichen Gerichte und Polizeibehörden dafür sorgen, daß dieselben, sobald als den Umständen nach irgend geschehen kann, jedenfalls innerhalb der nächsten vier und zwanzig Stunden nach der Verhaftung, an die zuständige Militairbehörde abgeliefert werden.

§. 6. Wenn eine Militairperson wegen eines gemeinen (nicht militairischen) Verbrechens in Untersuchung geräth, welches anscheinend eine schwere Strafe nach sich ziehen würde, so ist die zuständige Militairbehörde — jedoch nur nach Maaßgabe der Gesetze des eigenen Landes — befugt, den Angeschuldigten zur Fortsetzung der Untersuchung und Bestrafung an das bürgerliche Gericht abzuliefern.

§. 7. Diese Vorschriften gelten nur in Friedenszeiten, und so lange nicht die Aufstellung des Bundesheeres, bei bevorstehendem Kriege, vom Bunde beschlossen wird. In letzterem Falle hat es bei den Vorschriften der Bundes-Kriegsverfassung das Bewenden.

So beschlossen in der 16. Bundestags-Sitzung vom 24. Juni 1852.

b. Verfügung des Justiz-Ministers.

Vorstehender Beschluß der Deutschen Bundesversammlung wird hierdurch den Gerichtsbehörden und den Beamten der Staatsanwaltschaft zur Kenntnißnahme und Beachtung mitgetheilt.

Berlin, den 16. August 1852.

Der Justiz-Minister.
Simons.

An
sämmtliche Gerichtsbehörden und an
die Beamten der Staatsanwaltschaft.

I. 3543. M. 107. Vol. IV.

124.

Verfügung vom 7. Juli 1852, — betreffend die gerichtliche Verfolgung von Beamten wegen der in Ausübung oder aus Veranlassung der Ausübung ihres Amtes vorgenommenen Handlungen. *)

In verschiedenen, zur Kenntniß des Justiz-Ministers gekommenen Fällen sind gegen Beamte wegen solcher Handlungen, welche sie in Ausübung oder in Veranlassung der Ausübung ihres Amtes vorgenommen hatten, Anklagen erhoben worden, ohne daß der dem Angeklagten vorgesetzten Dienstbehörde vorher Gelegenheit gegeben worden ist, sich über die Einleitung einer strafgerichtlichen Verfolgung zu äußern.

Dieses Verfahren entspricht nicht der Stellung der Strafgerichte zu den Dienstbehörden; es entzieht den letzteren diejenige Mitwirkung, welche sie im öffentlichen Interesse in Anspruch nehmen müssen.

Wenn einem Beamten eine Ueberschreitung seiner Amtsbefugnisse zur Last gelegt wird, so kommt es zunächst darauf an, ob die Behörde, als deren Organ derselbe zu handeln hatte, das Vorhandensein einer Ueberschreitung anerkennt, oder ob sie nicht etwa der Ansicht ist, daß der Beamte innerhalb seiner Amtsbefugnisse geblieben sei. In letzterer Unterstellung muß der Einleitung einer strafgerichtlichen Verfolgung jedenfalls so lange Anstand gegeben werden, als nicht die Vorfrage über die Grenzen der Amtsbefugnisse des Beamten entschieden ist, eine Frage, welche das Interesse der betreffenden Verwaltung wesentlich berührt und nicht einseitig von den Gerichten entschieden werden kann.

In Fällen, wo von einer Meinungsverschiedenheit der bezeichneten Art nicht die Rede sein kann, wo die dem Beamten vorgeworfene Handlung sich unzweifelhaft als eine Verletzung seiner Amtspflichten darstellt, bleibt immer noch die Frage von Erheblichkeit, ob die Handlung mit demjenigen Vorsatze verübt sei, den das gemeine Strafgesetz in der Regel voraussetzt, ob nicht Momente vorliegen, welche nicht eine strafgerichtliche, sondern nur eine disziplinarische Verfolgung als gerechtfertigt erscheinen lassen.

Die Auskunft hierüber kann am besten von der Dienstbehörde ertheilt und muß um so mehr erfordert werden, als das öffentliche Interesse wesentlich dabei betheiligt ist, daß die Or-

*) In Folge des Gesetzes vom 13. Februar 1854 (Ges.-Samml. S. 86), betreffend die Konflikte bei gerichtlichen Verfolgungen wegen Amts- und Diensthandlungen durch Verfügung vom 12. Mai 1854 abgeändert.

gane der Behörden nicht ohne hinreichenden Grund strafgerichtlich verfolgt werden.

Mit Rücksicht auf die vorstehend entwickelten Gesichtspunkte und zur Herbeiführung eines gleichmäßigen Verfahrens wird daher Nachstehendes angeordnet:

Wenn ein Ober-Prokurator der Ansicht ist, daß gegen einen Beamten wegen einer in Ausübung oder in Veranlassung der Ausübung seines Amtes vorgenommenen Handlung, dieselbe sei als Amtsverbrechen oder Amtsvergehen in dem gemeinen Strafgesetze vorgesehen oder nicht, eine gerichtliche Verfolgung einzuleiten sei, so hat er, wenn nicht etwa ein hierauf gerichteter Antrag der dem Beamten vorgesetzten Dienstbehörde vorliegt, die Aeußerung derselben, und zwar der Provinzialbehörde, oder wenn der Beamte einer solchen nicht untergeordnet ist, der Centralbehörde, einzuholen. Erhebt diese Behörde keinen Widerspruch, so kann die Verfolgung stattfinden. Im entgegengesetzten Falle hat der Ober-Prokurator, wenn er auf seiner Ansicht beharrt, an den General-Prokurator zu berichten. Ist der General-Prokurator der Ansicht, daß die Verfolgung einzuleiten sei, so hat er hiervon die Dienstbehörde zu benachrichtigen und sodann die Anweisung des Justiz-Ministers einzuholen.

Die vorstehenden Bestimmungen schließen solche vorläufige Ermittelungen, welche ohne gerichtliche Voruntersuchung statt finden können, sowie die Ergreifung derjenigen Maaßregeln, welche durch eine obwaltende Gefahr im Verzuge geboten werden, nicht aus. Dieselben finden keine Anwendung auf Handlungen, welche von Beamten ohne Beziehung auf ihr Amt vorgenommen sind.

Ausgeschlossen von der gegenwärtigen Verfügung sind die Fälle, in welchen es sich um eine Verfolgung

1) gegen richterliche und andere Justizbeamte,
2) gegen Hypothekenbewahrer und Civilstandsbeamte

handelt.

Beamte der gerichtlichen Polizei, auf welche die Allerhöchste Ordre vom 17. Juli 1832 Anwendung findet, sind nur mit Genehmigung des General-Prokurators zu verfolgen.

Sie haben hiernach die Ober-Prokuratoren mit Anweisung zu versehen.

Berlin, den 7. Juli 1852.

Der Justiz-Minister.
Simons.

An
den Herrn General-Prokurator bei
dem Königl. Appellationsgerichtshofe
zu Cöln.

I. 3068. Crim. 130. Vol. III.

125.

Allgemeine Verfügung vom 8. Juli 1852, — betreffend das Verfahren bei Requisitionen nach dem Auslande.

Allgemeine Verfügung vom 16. September 1844 (Rhein. Samml. Bd. 8. S. 346).

Von dem Herrn Minister der auswärtigen Angelegenheiten ist dem Justiz-Minister mitgetheilt worden, daß die bestehenden Vorschriften über das Verfahren bei Requisitionen nach dem Auslande von den Gerichten mehrfach außer Acht gelassen, und daß namentlich Requisitionen nach Frankreich, Belgien und den Niederlanden unmittelbar an die dortigen Justizbehörden abgesandt worden, während sie nach den bestehenden Vorschriften auf diplomatischem Wege hätten befördert werden müssen.

Der Justiz-Minister nimmt deshalb Veranlassung, sämmtlichen Gerichten und Beamten der Staatsanwaltschaft die sorgfältige Beachtung der hierüber ergangenen Bestimmungen und namentlich der in der Allgemeinen Verfügung vom 16. September 1844 (Justiz-Ministerial-Blatt S. 207 ff.) zusammengestellten Vorschriften hierdurch von Neuem zur Pflicht zu machen, damit die durch die Nichtbeachtung derselben entstehenden Verzögerungen und Reklamationen für die Folge vermieden werden.

Berlin, den 8. Juli 1852.

Der Justiz-Minister
Simons.

An
sämmtliche Gerichtsbehörden.

I. 2712. Requisitionen 48. Vol. III.

126.

Allgemeine Verfügung vom 12. Juli 1852, — betreffend die Mittheilungen in Untersuchungssachen gegen Eisenbahn-Polizeibeamte.

Auf den Antrag des Herrn Ministers für Handel, Gewerbe und öffentliche Arbeiten werden die Beamten der Staatsanwaltschaft hierdurch angewiesen, in Untersuchungen gegen Eisenbahn-Polizeibeamte diejenigen Mittheilungen, welche bei Untersuchungen gegen Beamte der vorgesetzten Dienstbehörde zu machen sind, an die Königlichen Eisenbahn-Kommissariate zu richten.

Berlin, den 12. Juli 1852.

Der Justiz-Minister
Simons.

An
die Beamten der Staatsanwaltschaft.

I. 2958. S. 24. Vol. V.

127.

Gesetz, betreffend die Dienstvergehen der nicht richterlichen Beamten, die Versetzung derselben auf eine andere Stelle oder in den Ruhestand. Vom 21. Juli 1852.

Wir Friedrich Wilhelm, von Gottes Gnaden, König von Preußen 2c. 2c.

verordnen, mit Zustimmung der Kammern, was folgt:

§. 1.

Das gegenwärtige Gesetz findet unter den darin ausdrücklich gemachten Beschränkungen auf alle in unmittelbarem oder mittelbarem Staatsdienste stehenden Beamten Anwendung, die nicht unter die Bestimmungen des die Richter betreffenden Gesetzes vom 7. Mai 1851 fallen.

Erster Abschnitt.

Allgemeine Bestimmungen über Dienstvergehen und deren Bestrafung.

§. 2.

Ein Beamter, welcher

1) die Pflichten verletzt, die ihm sein Amt auferlegt, oder

2) sich durch sein Verhalten in oder außer dem Amte der Achtung, des Ansehens oder des Vertrauens, die sein Beruf erfordert, unwürdig zeigt,

unterliegt den Vorschriften dieses Gesetzes.

§. 3.

Ist eine der unter §. 2. fallenden Handlungen (Dienstvergehen) zugleich in den gemeinen Strafgesetzen vorgesehen, so können die durch dieselben angedrohten Strafen nur auf Grund des gewöhnlichen Strafverfahrens von denjenigen Gerichten ausgesprochen werden, welche für die gewöhnlichen Strafsachen zuständig sind.

§. 4.

Im Laufe einer gerichtlichen Untersuchung darf gegen den Angeschuldigten ein Disziplinarverfahren wegen der nämlichen Thatsachen nicht eingeleitet werden.

Wenn im Laufe eines Disziplinarverfahrens wegen der nämlichen Thatsachen eine gerichtliche Untersuchung gegen den Angeschuldigten eröffnet wird, so muß das Disziplinarverfahren bis zur rechtskräftigen Erledigung des gerichtlichen Verfahrens ausgesetzt werden.

§. 5.

Wenn von den gewöhnlichen Strafgerichten auf Freisprechung erkannt ist, so findet wegen derjenigen Thatsachen, welche in der gerichtlichen Untersuchung zur Erörterung gekommen sind, ein Disziplinarverfahren nur noch insofern statt, als dieselben an sich und ohne ihre Beziehung zu dem gesetzlichen Thatbestande der Uebertretung, des Vergehens oder des Verbrechens, welche den Gegenstand der Untersuchung bildeten, ein Dienstvergehen enthalten.

Ist in einer gerichtlichen Untersuchung eine Verurtheilung ergangen, welche den Verlust des Amtes nicht zur Folge gehabt hat, so bleibt derjenigen Behörde, welche über die Einleitung des Disziplinarverfahrens zu verfügen hat, die Entscheidung darüber vorbehalten, ob außerdem ein Disziplinarverfahren einzuleiten oder fortzusetzen sei.

§. 6.

Spricht das Gesetz bei Dienstvergehen, welche Gegenstand eines Disziplinarverfahrens werden, die Verpflichtung zur Wiedererstattung oder zum Schadenersatze, oder eine sonstige civilrechtliche Verpflichtung aus, so gehört die Klage der Betheiligten vor das Civilgericht, jedoch vorbehaltlich der Bestimmung des §. 100.

§. 7.

Ist von dem gewöhnlichen Strafrichter auf eine Freiheitsstrafe von längerer als einjähriger Dauer, auf eine schwerere Strafe, auf Verlust der bürgerlichen Ehre, auf zeitige Untersagung der Ausübung der bürgerlichen Ehrenrechte, auf immerwährende oder zeitige Unfähigkeit zu öffentlichen Aemtern oder auf Stellung unter Polizeiaufsicht erkannt, so zieht das Straferkenntniß den Verlust des Amtes von selbst nach sich, ohne daß darauf besonders erkannt wird.

§. 8.

Ein Beamter, welcher sich ohne den vorschriftsmäßigen Urlaub von seinem Amte entfernt hält, oder den ertheilten Urlaub überschreitet, ist, wenn ihm nicht besondere Entschuldigungsgründe zur Seite stehen, für die Zeit der unerlaubten Entfernung seines Diensteinkommens verlustig.

§. 9.

Dauert die unerlaubte Entfernung länger als acht Wochen, so hat der Beamte die Dienstentlassung verwirkt.

Ist der Beamte dienstlich aufgefordert worden, sein Amt anzutreten oder zu demselben zurückzukehren, so tritt die Strafe der Dienstentlassung schon nach fruchtlosem Ablauf von vier Wochen seit der ergangenen Aufforderung ein.

§. 10.

Die Entziehung des Diensteinkommens (§. 8.) wird von derjenigen Behörde verfügt, welche den Urlaub zu ertheilen hat. Im Falle des Widerspruchs findet das förmliche Disziplinarverfahren statt.

§. 11.

Die Dienstentlassung kann nur im Wege des förmlichen Disziplinarverfahrens ausgesprochen werden. Sie wird nicht verhängt, wenn sich ergiebt, daß der Beamte ohne seine Schuld von seinem Amte fern gewesen ist.

§. 12.

Die Einleitung eines Disziplinarverfahrens wegen unerlaubter Entfernung vom Amte und die Dienstentlassung vor Ablauf der Fristen (§. 9.) ist nicht ausgeschlossen, wenn sie durch besonders erschwerende Umstände als gerechtfertigt erscheint.

§. 13.

Die in dem §. 9. erwähnte Aufforderung, sowie alle anderen Aufforderungen, Mittheilungen, Zustellungen und Vorladungen, welche nach den Bestimmungen dieses Gesetzes erfolgen, sind gültig und bewirken den Lauf der Fristen, wenn sie demjenigen, an den sie ergehen, unter Beobachtung der für gerichtliche Insinuationen vorgeschriebenen Formen in Person zugestellt oder wenn sie in seiner letzten Wohnung an dem Orte insinuirt werden, wo er seinen letzten Wohnsitz im Inlande hatte. Die vereideten Verwaltungsbeamten haben dabei den Glauben der Gerichtsboten.

§. 14.

Die Disziplinarstrafen bestehen in
Ordnungsstrafen,
Entfernung aus dem Amte.

§. 15.

Ordnungsstrafen sind:

1) Warnung,
2) Verweis,
3) Geldbuße,
4) gegen untere Beamte auch Arreststrafe auf die Dauer von höchstens acht Tagen, welche jedoch nur in solchen Räu-

men zu vollstrecken ist, die den Verhältnissen der zu bestrafenden Beamten angemessen sind.

Zu dieser Beamtenklasse werden im Allgemeinen nur gerechnet: Exekutoren, Boten, Kastellane, Diener und die zu ähnlichen, sowie die zu blos mechanischen Funktionen bestimmten Beamten. Außerdem ist das Staatsministerium ermächtigt, in der Steuer-, Post-, Polizei- und Eisenbahn-Verwaltung diejenigen Beamten-Kategorien speziell zu bezeichnen, gegen welche Arreststrafen verhängt werden können.

§. 16.

Die Entfernung aus dem Amte kann bestehen:

1) in Versetzung in ein anderes Amt von gleichem Range, jedoch mit Verminderung des Diensteinkommens und Verlust des Anspruches auf Umzugskosten, oder mit einem von beiden Nachtheilen.

Diese Strafe findet nur auf Beamte im unmittelbaren Staatsdienste Anwendung;

2) in Dienstentlassung.

Diese Strafe zieht den Verlust des Titels und Pensions-Anspruches von selbst nach sich; es wird darauf nicht besonders erkannt, es sei denn, daß vor Beendigung des Disziplinarverfahrens aus irgend einem von dessen Ergebniß unabhängigem Grunde das Amtsverhältniß bereits aufgehört hat und daher auf Dienstentlassung nicht mehr zu erkennen ist.

Gehört der Angeschuldigte zu den Beamten, welche einen Anspruch auf Pension haben, und lassen besondere Umstände eine mildere Beurtheilung zu, so ist die Disziplinarbehörde ermächtigt, in ihrer Entscheidung zugleich festzusetzen, daß dem Angeschuldigten ein Theil des reglementsmäßigen Pensionsbetrages auf Lebenszeit oder auf gewisse Jahre als Unterstützung zu verabreichen sei.

§. 17.

Welche der in den §§. 14. bis 16. bestimmten Strafen anzuwenden sei, ist nach der größeren oder geringeren Erheblichkeit des Dienstvergehens mit Rücksicht auf die sonstige Führung des Angeschuldigten zu ermessen, unbeschadet der besonderen Bestimmungen der §§. 8. und 9.

Zweiter Abschnitt.

Von dem Disziplinarverfahren.

§. 18.

Jeder Dienstvorgesetzte ist zu Warnungen und Verweisen gegen seine Untergebenen befugt.

§. 19.

In Beziehung auf die Verhängung von Geldbußen ist die Befugniß der Dienstvorgesetzten begrenzt, wie folgt:

Die Vorsteher derjenigen Behörden, welche unter den Provinzialbehörden stehen, einschließlich die Landräthe, können gegen die ihnen selbst untergebenen Beamten, sowie gegen die Beamten der ihnen untergeordneten Behörden Geldbußen bis zu drei Thalern verfügen. Gleiche Befugniß haben die Vorsteher der Postanstalten in Bezug auf ihre Untergebenen und die Postinspektoren in Bezug auf die Unterbeamten ihres Bezirks.

Andere Vorgesetzte der unteren Beamten dürfen solche Geldbußen nur insofern verfügen, als ihnen die Befugniß zur Verhängung von Geldbußen durch besondere Gesetze oder auf Grund solcher Gesetze erlassene Instruktionen beigelegt ist.

Den Ober-Postdirektoren, dem Telegraphendirektor, sowie den von der Staatsregierung eingesetzten Behörden der Eisenbahnverwaltung steht die Befugniß zu, gegen alle ihnen untergebenen Beamten Geldbußen bis zu zehn Thalern zu verhängen.

Die Provinzialbehörden sind ermächtigt, die ihnen untergeordneten Beamten mit Geldbuße bis zu dreißig Thalern zu belegen, besoldete Beamte jedoch nicht über den Betrag des einmonatlichen Diensteinkommens hinaus.

Gleiche Befugniß haben die Vorsteher der Provinzialbehörden in Ansehung der bei letzteren angestellten unteren Beamten.

Die Minister haben die Befugniß, allen ihnen unmittelbar oder mittelbar untergebenen Beamten Geldbußen bis zum Betrage des monatlichen Diensteinkommens, unbesoldeten Beamten aber bis zur Summe von dreißig Thalern aufzuerlegen.

Welche Beamten im Sinne dieses Paragraphen zu den unteren zu rechnen sind, wird durch das Staatsministerium bestimmt.

§. 20.

Nur diejenigen Dienstvorgesetzten, welche gegen die, in §. 15. Nr. 4. bezeichneten Beamten Geldbuße verhängen können, sind ermächtigt, gegen dieselben Arreststrafen zu verfügen.

Diejenigen Vorgesetzten, deren Strafgewalt auf Geldbuße bis zu drei Thalern beschränkt ist, dürfen bei den Arreststrafen das Maaß von drei Tagen nicht überschreiten.

§. 21.

Gegen die Verfügung von Ordnungsstrafen findet nur Beschwerde im vorgeschriebenen Instanzenzuge statt.

§. 22.

Der Entfernung aus dem Amte muß ein förmliches Disziplinarverfahren vorhergehen. Dasselbe besteht in der von einem Kommissar zu führenden schriftlichen Voruntersuchung und in einer mündlichen Verhandlung nach den folgenden näheren Bestimmungen.

§. 23.

Die Einleitung des Disziplinarverfahrens wird verfügt und der Untersuchungs-Kommissar ernannt:

1) wenn die Entscheidung der Sache vor den Disziplinarhof gehört (§. 24. Nr. 1.), von dem Minister, welcher dem Angeschuldigten vorgesetzt ist.

Ist jedoch Gefahr im Verzuge, so kann diese Verfügung und Ernennung vorläufig von dem Vorsteher der Provinzialbehörde des Ressorts ausgehen. Es ist alsdann die Genehmigung des Ministers einzuholen und, sofern dieselbe versagt wird, das Verfahren einzustellen;

2) in allen anderen Fällen von dem Vorsteher der Behörde, welche die entscheidende Disziplinarbehörde bildet (§. 24. Nr. 2.), oder von dem vorgesetzten Minister.

§. 24.

Die entscheidenden Disziplinarbehörden erster Instanz sind:

1) der Disziplinarhof zu Berlin (§. 29.) in Ansehung derjenigen Beamten, zu deren Anstellung nach den Bestimmungen, welche zur Zeit der verfügten Einleitung der Untersuchung gelten, eine von dem Könige oder von den Ministern ausgehende Ernennung, Bestätigung oder Genehmigung erforderlich ist;

2) die Provinzialbehörden, als:
   die Regierungen,
   die Provinzial-Schulkollegien,
   die Provinzial-Steuerdirektionen,
   die Oberbergämter,
   die Generalkommissionen,
   die Militairintendanturen,
   das Polizeipräsidium zu Berlin,
   die Eisenbahnkommissariate,

   in Ansehung aller Beamten, die bei ihnen angestellt oder ihnen untergeordnet und nicht vorstehend unter 1. begriffen sind.

Den Provinzialbehörden werden in dieser Beziehung gleichgestellt die unter den Ministern stehenden Central-Verwaltungsbehörden in Dienstzweigen, für welche keine Provinzialbehörden bestehen, sowie die Generallandschafts- und Hauptritterschafts-Direktionen.

§. 25.

Für diejenigen Kategorien von Beamten, welche nicht unter den im §. 24. bezeichneten begriffen sind, ist die entscheidende Disziplinarbehörde die Regierung, in deren Bezirk sie fungiren, und für die in Berlin oder im Auslande fungirenden die Regierung in Potsdam.

§. 26.

Die Zuständigkeit der Provinzialbehörden kann von dem Staatsministerium auf einzelne Kategorien solcher Beamten ausgedehnt werden, welche von den Ministern ernannt oder bestätigt werden, aber nicht zu den etatsmäßigen Mitgliedern einer Provinzialbehörde gehören.

§. 27.

Für den Fall, daß bei der zuständigen Disziplinarbehörde die beschlußfähige Anzahl von Mitgliedern nicht vorhanden ist, oder wenn auf den Antrag des Beamten der Staatsanwaltschaft oder des Angeschuldigten der Disziplinarhof das Vorhandensein von Gründen anerkennt, aus welchen die Unbefangenheit der zuständigen Disziplinarbehörde bezweifelt werden kann, tritt eine andere durch das Staatsministerium substituirte Disziplinarbehörde an deren Stelle.

§. 28.

Streitigkeiten über die Kompetenz der Disziplinarbehörden als solcher werden von dem Staatsministerium, nach Vernehmung des Gutachtens des Disziplinarhofes, entschieden.

§. 29.

Der Disziplinarhof besteht aus einem Präsidenten und zehn anderen Mitgliedern, von denen wenigstens vier zu den Mitgliedern des Obertribunals gehören müssen.

Die Mitglieder des Disziplinarhofes werden von dem Könige auf drei Jahre ernannt.

Ein Mitglied, welches im Laufe dieser Periode ernannt wird, bleibt nur bis zum Ende derselben in Thätigkeit.

Die ausscheidenden Mitglieder können wieder ernannt werden.

§. 30.

Zur Erledigung der Disziplinarsachen ist bei dem Disziplinarhofe die Theilnahme von wenigstens sieben Mitgliedern mit Einschluß des Vorsitzenden erforderlich, von denen wenigstens zwei zu den Mitgliedern des Obertribunals gehören müssen.

§. 31.

Bei den Provinzialbehörden werden die Disziplinarsachen in besonderen Plenarsitzungen erledigt, an welchen mindestens drei stimmberechtigte Mitglieder Theil nehmen müssen. In diesen Plenarsitzungen steht, bei den Regierungen, den Mitgliedern derselben nur dasjenige Stimmrecht zu, welches ihnen durch die allgemeinen Vorschriften für Verhandlung im Plenum beigelegt ist. Bei den übrigen Provinzialbehörden nehmen an den zur Erledigung der Disziplinarsachen bestimmten Plenarsitzungen nur die etatsmäßigen Mitglieder und diejenigen Theil, welche eine etatsmäßige Stelle versehen. Bei den Eisenbahnkommissariaten tritt zur Erledigung der Disziplinarsachen der, ein- für allemal hierzu bestimmte Kommissarius der Regierung, in deren Bezirk das Eisenbahnkommissariat seinen Sitz hat, in Berlin der Justitiarius des Polizeipräsidiums ein. Alle in dieser Weise zur Theilnahme Berufenen haben ein volles Stimmrecht, auch wenn die Behörde sonst keine kollegialische Einrichtung hat.

§. 32.

In der Voruntersuchung wird der Angeschuldigte unter Mittheilung der Anschuldigungspunkte vorgeladen und, wenn er erscheint, gehört; es werden die Zeugen eidlich vernommen und die zur Aufklärung der Sache dienenden sonstigen Beweise herbeigeschafft.

Die Verrichtungen der Staatsanwaltschaft werden durch einen Beamten wahrgenommen, welchen die Behörde ernennt, von der die Einleitung des Disziplinarverfahrens verfügt wird.

Bei der Vernehmung des Angeschuldigten und dem Verhöre der Zeugen ist ein vereideter Protokollführer zuzuziehen.

§. 33.

Der dem Angeschuldigten vorgesetzte Minister ist ermächtigt, mit Rücksicht auf den Ausfall der Voruntersuchung, das fernere Verfahren einzustellen und geeigneten Falles nur eine Ordnungsstrafe zu verhängen.

Ist eine sonstige Behörde, welche die Einleitung der Untersuchung verfügt hat, der Ansicht, daß das fernere Verfahren einzustellen sei, so muß sie darüber an den Minister zu dessen Beschlußnahme berichten.

In beiden Fällen erhält der Angeschuldigte Ausfertigung des darauf bezüglichen, mit Gründen zu unterstützenden Beschlusses.

§. 34.

Wird das Verfahren nicht eingestellt, so wird nach Eingang einer von dem Beamten der Staatsanwaltschaft anzufertigenden Anschuldigungsschrift der Angeschuldigte unter abschriftlicher Mittheilung dieser Anschuldigungsschrift zu einer, von dem Vorsitzenden der Disziplinarbehörde zu bestimmenden Sitzung zur mündlichen Verhandlung vorgeladen.

§. 35.

Bei der mündlichen Verhandlung, welche in nicht öffentlicher Sitzung stattfindet, giebt zuerst ein von dem Vorsitzenden der Behörde aus der Zahl ihrer Mitglieder ernannter Referent eine Darstellung der Sache, wie sie aus den bisherigen Verhandlungen hervorgeht.

Der Angeschuldigte wird vernommen.

Es wird darauf der Beamte der Staatsanwaltschaft mit seinem Vor- und Antrage, und der Angeschuldigte in seiner Vertheidigung gehört.

Dem Angeschuldigten steht das letzte Wort zu.

§. 36.

Wenn die Behörde auf den Antrag des Angeschuldigten oder des Beamten der Staatsanwaltschaft, oder auch von Amtswegen die Vernehmung eines oder mehrerer Zeugen, sei es durch einen Kommissar, oder mündlich vor der Behörde selbst, oder die Herbeischaffung anderer Mittel zur Aufklärung der Sache für angemessen erachtet, so erläßt sie die erforderliche Verfügung und verlegt nöthigenfalls die Fortsetzung der Sache auf einen anderen Tag, welcher dem Angeschuldigten bekannt zu machen ist.

§. 37.

Der Angeschuldigte, welcher erscheint, kann sich des Beistandes eines Advokaten oder Rechtsanwaltes als Vertheidigers bedienen. Der nicht erscheinende Angeschuldigte kann sich durch einen Advokaten oder Rechtsanwalt vertreten lassen. Der Disziplinarbehörde steht es jedoch jederzeit zu, das persönliche Erscheinen des Angeschuldigten unter der Warnung zu verordnen, daß, bei seinem Ausbleiben, ein Vertheidiger zu seiner Vertretung nicht werde zugelassen werden.

§. 38.

Bei der Entscheidung hat die Disziplinarbehörde, ohne an positive Beweisregeln gebunden zu sein, nach ihrer freien, aus dem ganzen Inbegriffe der Verhandlungen und Beweise geschöpften Ueberzeugung zu beurtheilen, in wieweit die Anschuldigung für begründet zu erachten.

Die Entscheidung kann auch auf eine bloße Ordnungsstrafe lauten.

Die Entscheidung, welche mit Gründen versehen sein muß, wird in der Sitzung, in welcher die mündliche Verhandlung beendigt worden ist, oder in einer der nächsten Sitzungen verkündigt und eine Ausfertigung derselben dem Angeschuldigten auf sein Verlangen ertheilt.

§. 39.

Ueber die mündliche Verhandlung wird ein Protokoll aufgenommen, welches die Namen der Anwesenden und die wesentlichen Momente der Verhandlung enthalten muß. Das Protokoll wird von dem Vorsitzenden und dem Protokollführer unterzeichnet.

§. 40.

Das Rechtsmittel des Einspruches (Restitution oder Opposition) findet nicht statt.

§. 41.

Gegen die Entscheidung steht die Berufung an das Staatsministerium, sowohl dem Beamten der Staatsanwaltschaft, als dem Angeschuldigten offen.

§. 42.

Die Anmeldung der Berufung geschieht zu Protokoll oder schriftlich bei der Behörde, welche die anzugreifende Entscheidung erlassen hat. Von Seiten des Angeschuldigten kann sie auch durch einen Bevollmächtigten geschehen.

Die Frist zu dieser Anmeldung ist eine vierwöchentliche, welche mit dem Ablaufe des Tages, an welchem die Entscheidung verkündigt worden ist, und für den Angeschuldigten, welcher hierbei nicht zugegen war, mit dem Ablaufe des Tages beginnt, an welchem ihm die Entscheidung zugestellt worden ist.

§. 43.

Zur schriftlichen Rechtfertigung der Berufung steht demjenigen, der dieselbe rechtzeitig angemeldet hat, eine fernere vierzehntägige Frist offen.

Diese Frist kann auf den Antrag des Appellanten angemessen verlängert werden.

Neue Thatsachen, welche die Grundlagen einer andern Beschuldigung bilden, dürfen in zweiter Instanz nicht vorgebracht werden.

§. 44.

Die Anmeldung der Berufung und die etwa eingegangene Appellationsschrift wird dem Appellaten in Abschrift zugestellt, oder dem Beamten der Staatsanwaltschaft, falls er Appellat ist, in Urschrift vorgelegt.

Innerhalb vierzehn Tagen nach erfolgter Zustellung oder Vorlegung kann der Appellat eine Gegenschrift einreichen.

Diese Frist kann auf den Antrag des Appellaten angemessen verlängert werden.

§. 45.

Nach Ablauf der in dem §. 44. bestimmten Frist werden die Akten an das Staatsministerium eingesandt.

Das Staatsministerium beschließt auf den Vortrag eines von dem Vorsitzenden ernannten Referenten; in Sachen jedoch, in welchen der Disziplinarhof in erster Instanz geurtheilt hat, auf den Vortrag zweier von dem Vorsitzenden ernannten Referenten, von denen einer dem Justizministerium angehören muß.

Ist die Berufung von der Entscheidung einer Provinzialbehörde eingelegt, so kann das Staatsministerium keinen Beschluß fassen, bevor das Gutachten des Disziplinarhofes eingeholt worden ist.

Der Disziplinarhof kann die zur Aufklärung der Sache etwa erforderlichen Verfügungen erlassen. Er kann auch eine mündliche Verhandlung anordnen, zu welcher der Angeschuldigte vorzuladen und ein Beamter der Staatsanwaltschaft zuzuziehen ist. Der Letztere wird in diesem Falle vom Minister des Ressorts bezeichnet.

§. 46.

Lautet die Entscheidung oder das Gutachten des Disziplinarhofes auf Freisprechung des Angeschuldigten, oder nur auf Warnung oder Verweis, so kann das Staatsministerium, wenn es den Angeschuldigten strafbar findet, nicht die Strafe der Dienstentlassung, sondern nur eine geringere Disziplinarstrafe verhängen, oder die einstweilige Versetzung in den Ruhestand mit Wartegeld verfügen.

§. 47.

Eine jede Entscheidung der Disziplinarbehörde, gegen die kein Rechtsmittel mehr stattfindet und durch welche die Dienstentlassung ausgesprochen ist, bedarf der Bestätigung des Königs, wenn der Beamte vom Könige ernannt oder bestätigt worden ist.

Dritter Abschnitt.

Vorläufige Dienstenthebung.

§. 48.

Die Suspension eines Beamten vom Amte tritt kraft des Gesetzes ein:

1) wenn in dem gerichtlichen Strafverfahren seine Verhaftung beschlossen, oder gegen ihn ein noch nicht rechtskräftig gewordenes Urtheil erlassen ist, welches auf den Verlust des Amtes lautet, oder diesen kraft des Gesetzes nach sich zieht;
2) wenn im Disziplinarverfahren eine noch nicht rechtskräftige Entscheidung ergangen ist, welche auf Dienstentlassung lautet.

§. 49.

In dem im vorhergehenden Paragraphen unter Nr. 1. vorgesehenen Falle dauert die Suspension bis zum Ablauf des zehnten Tages nach Wiederaufhebung des Verhaftungsbeschlusses oder nach eingetretener Rechtskraft desjenigen Urtheils höherer Instanz, durch welches der angeschuldigte Beamte zu einer anderen Strafe als der bezeichneten verurtheilt wird.

Lautet das rechtskräftige Urtheil auf Freiheitsstrafe, so dauert die Suspension bis das Urtheil vollstreckt ist. Wird die Vollstreckung des Urtheils, ohne Schuld des Verurtheilten, aufgehalten oder unterbrochen, so tritt für die Zeit des Aufenthaltes oder der Unterbrechung eine Gehaltsverkürzung (§. 51.) nicht ein. Dasselbe gilt für die im ersten Absatze dieses Paragraphen erwähnte Zeit von zehn Tagen, wenn nicht vor Ablauf derselben die Suspension vom Amte im Wege des Disziplinarverfahrens beschlossen wird.

In dem §. 48. unter Nr. 2. erwälmten Falle dauert die Suspension bis zur Rechtskraft der in der Disziplinarsache ergehenden Entscheidung.

§. 50.

Die zur Einleitung der Disziplinaruntersuchung ermächtigte Behörde kann die Suspension, sobald gegen den Beamten ein gerichtliches Strafverfahren eingeleitet, oder die Einleitung einer Disziplinaruntersuchung verfügt wird, oder auch demnächst im ganzen Laufe des Verfahrens bis zur rechtskräftigen Entscheidung verfügen.

§. 51.

Der suspendirte Beamte behält während der Suspension die Hälfte seines Diensteinkommens.

Auf die für Dienstunkosten besonders angesetzten Beträge ist bei Berechnung der Hälfte des Diensteinkommens keine Rücksicht zu nehmen.

Der innebehaltene Theil des Diensteinkommens ist zu den Kosten, welche durch die Stellvertretung des Angeschuldigten verursacht werden, der etwaige Rest zu den Untersuchungskosten zu verwenden. Einen weiteren Beitrag zu den Stellvertretungskosten zu leisten, ist der Beamte nicht verpflichtet.

§. 52.

Der zu den Kosten (§. 51.) nicht verwendete Theil des Einkommens wird dem Beamten nicht nachgezahlt, wenn das Verfahren die Entfernung aus dem Amte zur Folge gehabt hat.

Erinnerungen über die Verwendung des Einkommens stehen dem Beamten nicht zu; wohl aber ist ihm auf Verlangen eine Nachweisung über diese Verwendung zu ertheilen.

§. 53.

Wird der Beamte freigesprochen, so muß ihm der innebehaltene Theil des Diensteinkommens vollständig nachgezahlt werden.

Wird er nur mit einer Ordnungsstrafe belegt, so ist ihm der innebehaltene Theil, ohne Abzug der Stellvertretungskosten, nachzuzahlen, soweit derselbe nicht zur Deckung der Untersuchungskosten und der Ordnungsstrafe erforderlich ist.

§. 54.

Wenn Gefahr im Verzuge ist, kann einem Beamten auch von solchen Vorgesetzten, die seine Suspension zu verfügen nicht ermächtigt sind, die Ausübung der Amtsverrichtungen vorläufig untersagt werden; es ist aber darüber sofort an die höhere Behörde zu berichten.

Vierter Abschnitt.

Nähere und besondere Bestimmungen in Betreff der Beamten der Justizverwaltung.

§. 55.

Hinsichtlich der Beamten der Justizverwaltung, welche kein Richteramt bekleiden, gelten die nachfolgenden näheren Bestimmungen.

§. 56.

Der Justizminister kann gegen alle Beamte Ordnungsstrafen jeder Art (§§. 15., 19.) verhängen, vorbehaltlich der in den §§. 66. bis 68 enthaltenen Einschränkungen.

§. 57.

Der Staatsanwalt bei einem Appellationsgerichte (Oberstaatsanwalt, Generalprokurator) ist befugt, gegen alle im Bezirke des Appellationsgerichts angestellten Beamten der Staatsanwaltschaft Warnungen und Verweise gegen die Beamten der Staatsanwaltschaft bei den Polizeigerichten (Polizeianwalte) und gegen die Beamten der gerichtlichen Polizei Warnungen, Verweise und Geldbuße bis zu zehn Thalern zu verhängen.

Die Artikel 280., 281., 282. der Rheinischen Strafprozeßordnung sind aufgehoben.

§. 58.

Der Staatsanwalt bei einem Gerichte erster Instanz (Oberprokurator) ist befugt, allen Beamten der Staatsanwaltschaft und der gerichtlichen Polizei im Bezirke dieses Gerichtes Warnungen zu ertheilen.

§. 59.

Die Vorgesetzten, welche außer dem Justizminister befugt sind, von Amtswegen oder auf den Antrag der Staatsanwaltschaft gegen Büreau- und Unterbeamte der Gerichte Ordnungsstrafen zu verhängen, sind, vorbehaltlich der Bestimmungen der §§. 60. und 61.:

1) Der Erste Präsident des Obertribunals in Ansehung der bei demselben angestellten Beamten. Die Geldbuße darf die Summe von dreißig Thalern nicht übersteigen.
2) Der Erste Präsident eines Appellationsgerichts, in Ansehung der Beamten innerhalb des Appellationsgerichtsbezirks, mit der nämlichen Beschränkung in Betreff der Geldbußen.
3) Der Präsident oder Direktor eines Gerichts erster Instanz in Ansehung der Beamten innerhalb des Bezirks dieses Gerichts. Die Geldbuße darf die Summe von zehn Thalern nicht übersteigen.
4) Der Dirigent einer Kreisgerichtsdeputation in Ansehung

der bei derselben angestellten Beamten. Die Geldbuße darf die Summe von drei Thalern nicht übersteigen.

5) Der Einzelrichter in Ansehung der bei dem Gerichte (der Gerichtskommission) angestellten Beamten mit der nämlichen Beschränkung in Betreff der Geldbuße.
6) Der Präsident des Revisionskollegiums in Ansehung der bei dieser Behörde angestellten Beamten. Die Geldbuße darf die Summe von dreißig Thalern nicht übersteigen.
7) Der Generalauditeur in Ansehung der bei dem Generalauditoriate angestellten oder dieser Behörde untergeordneten Beamten. Die Geldbuße darf die Summe von dreißig Thalern nicht übersteigen.

§. 60.

In Ansehung der Gerichtsvollzieher, welche für das Gebiet des Rheinischen Rechtsverfahrens angestellt sind, finden die Bestimmungen des §. 59. mit der Modifikation Anwendung, daß Arreststrafen gegen sie nicht zu verhängen sind, und die Befugniß, Warnungen, Verweise und Geldbuße auszusprechen, nur den Beamten der Staatsanwaltschaft zusteht, und zwar:

1) Dem Generalstaatsanwalt bei dem Obertribunal in Ansehung der bei diesem Gerichtshofe angestellten Gerichtsvollzieher. Die Geldbuße darf die Summe von dreißig Thalern nicht übersteigen.
2) Dem Generalprokurator bei dem Appellationsgerichtshofe in Ansehung derjenigen, welche in dem Appellationsgerichtsbezirke angestellt sind, mit der nämlichen Beschränkung in Ansehung der Geldbuße.
3) Dem Oberprokurator eines Landgerichts in Ansehung derjenigen, welche in dem Bezirke dieses Gerichts angestellt sind. Die Geldbuße darf die Summe von zehn Thalern nicht übersteigen.

§. 61.

Die Befugniß, Ordnungsstrafen gegen Parketsekretaire auszusprechen, steht zu:

1) Dem Generalstaatsanwalt bei dem Obertribunal und dem Generalprokurator bei dem Appellationsgerichte zu Cöln gegen diejenigen, welche in deren Parket angestellt sind. Die Geldbuße darf die Summe von dreißig Thalern nicht übersteigen.
2) Dem Oberprokurator bei einem Landgerichte gegen diejenigen, welche in seinem Parket angestellt sind. Die Geldbuße darf die Summe von zehn Thalern nicht übersteigen.

§. 62.

Die Beschwerde gegen Ordnungsstrafen geht:

1) in den Fällen des §. 59. Nr. 1. und 2. an den Justizminister;
2) in den Fällen des §. 59. Nr. 3., 4. und 5. an den Ersten Präsidenten des Appellationsgerichts, und von dessen Verfügung an den Justizminister;
3) von den Verfügungen eines Beamten der Staatsanwaltschaft an den höheren Beamten derselben, und von dessen Verfügung an den Justizminister;
4) in den Fällen des §. 59. Nr. 6. an den Minister für die landwirthschaftlichen Angelegenheiten;
5) in den Fällen des §. 59. Nr. 7. an den Kriegsminister.

§. 63.

Die Bestimmungen über die Entfernung aus dem Amte (§. 23. Nr. 1., §§. 24 ff.) finden auf die Beamten der Staatsanwaltschaft Anwendung. In Ansehung der Polizeianwalte und der Beamten der gerichtlichen Polizei ist deren sonstige amtliche Eigenschaft für die Zuständigkeit der Disziplinarbehörde maaßgebend.

§. 64.

Hinsichtlich der Büreau- und Unterbeamten bei den Gerichten (§. 59.) treten folgende Modifikationen ein:

1) Die Verfügung wegen Einleitung des Disziplinarverfahrens steht, auch bei den von dem Justizminister ernannten Beamten, dem Appellationsgerichte, und die Ernennung des Untersuchungskommissars dem Ersten Präsidenten des Gerichts zu, unbeschadet der Befugniß des Justizministers zu dieser Verfügung und Ernennung;
2) die entscheidende Disziplinarbehörde erster Instanz ist das Appellationsgericht, und zwar in derjenigen Abtheilung, in welcher der Erste Präsident gewöhnlich den Vorsitz führt;
3) der Staatsanwalt bei dem Appellationsgerichte kann die Einleitung des Disziplinarverfahrens beantragen. Es werden demselben vor dem Abschlusse der Voruntersuchung die Akten zur Stellung seines Antrages vorgelegt;
4) wenn der Beamte bei dem Revisionskollegium angestellt ist, so werden die den Appellationsgerichten und deren Ersten Präsidenten unter Nr. 1. und 2. beigelegten Befugnisse von dieser Behörde und deren Präsidenten wahrgenommen, unbeschadet der Befugniß des Ministers für die landwirthschaftlichen Angelegenheiten, die Einleitung der Untersuchung zu verfügen und den Kommissar zu ernennen;
5) ist der Beamte bei dem Generalauditoriate angestellt oder demselben untergeordnet, so werden die unter Nr. 1. und 2. bezeichneten Befugnisse von dem Generalauditoriate und

dem Generalauditeur wahrgenommen, unbeschadet der Befugniß des Kriegsministers, die Einleitung der Untersuchung zu verfügen und den Kommissar zu ernennen.

§. 65.

Wenn ein Gerichtsschreiber oder Gerichtsvollzieher im Bezirke des Rheinischen Appellationsgerichtshofes zu Köln ein Dienstvergehen begangen hat, welches mit schwererer Strafe als Verweis oder Geldbuße zu ahnden ist, so findet das durch die Verordnung vom 21. Juli 1826. vorgeschriebene Verfahren statt.

An der Befugniß der Gerichte, jede der im §. 3. jener Verordnung bestimmten Strafen zu verhängen, sowie über die in der Sitzung stattfindenden Dienstvergehen zu erkennen, wird nichts geändert.

Die §§. 2. bis 7., 48. bis 50. des gegenwärtigen Gesetzes finden ebenfalls Anwendung; in Ansehung der Gerichtsschreiber auch die §§. 8 bis 13. und 51 bis 53. Jedoch steht die Verfügung der Amtssuspension (§. 50.), welche auf den schriftlichen Antrag des Staatsanwalts erfolgen kann, nur dem Gerichte zu, welches in der Disziplinarsache zu erkennen hat, vorbehaltlich der von einer Verfügung des Landgerichtes zulässigen Beschwerde an den Appellationsgerichtshof.

§. 66.

Auf die Advokaten, Rechtsanwalte und Notarien finden nur die Bestimmungen der §§. 2. bis 7. und der §§. 48. bis 50. dieses Gesetzes Anwendung.

Im Uebrigen gelten die nachstehenden Vorschriften (§§. 67. bis 77.).

§. 67.

Hinsichtlich der Notarien im Bezirke des Rheinischen Appellationsgerichtshofes zu Köln verbleibt es bei der Verordnung vom 25. April 1822.

Wegen der Amtssuspension gelten die Bestimmungen des letzten Absatzes des §. 65.

§. 68.

Die Verordnung vom 7. Juni 1844., betreffend die Ausübung der Disziplin über Advokaten und Anwalte, und die Verordnung vom 30. April 1847., über die Bildung eines Ehrenrathes, bleiben mit den nachstehenden Modifikationen in Kraft.

§. 69.

Die von einem Disziplinarrathe in Gemäßheit des §. 50. des gegenwärtigen Gesetzes verfügte Amtssuspension bedarf der Bestätigung des Disziplinarsenats, wegen welcher auf den schriftlichen Antrag des Generalprokurators Beschluß gefaßt wird. Der Disziplinarsenat kann auch auf den schriftlichen Antrag des Generalprokurators die Amtssuspension verfügen.

§. 70.

Wenn

1) auf den Antrag der Staatsanwaltschaft oder des Angeschuldigten, das betreffende Appellationsgericht das Vorhandensein von Gründen anerkennt, aus welchen die Unbefangenheit des zuständigen Ehrenrathes oder Disziplinarrathes bezweifelt werden kann, oder
2) ein Ehrenrath oder Disziplinarrath eine Disziplinaruntersuchung in Fällen, wo sie stattfinden sollte, nicht einleitet, oder die Erledigung einer eingeleiteten Disziplinaruntersuchung in einer dem Dienste nachtheiligen Weise verzögert,

so kann das Appellationsgericht — in den Fällen zu 2. nach fruchtlos erlassener Aufforderung zur Einleitung, beziehungsweise zur Beschleunigung der Untersuchung — durch einen in einer Plenarsitzung gefaßten Beschluß, die Sache zur Untersuchung und Entscheidung an sich ziehen.

§. 71.

Wenn das Appellationsgericht die Sache an sich zieht, so beauftragt dessen Erster Präsident einen Richter mit der Voruntersuchung, und es kommen die Bestimmungen des zweiten und dritten Abschnittes des die Richter betreffenden Gesetzes vom 7. Mai 1851. zur Anwendung.

Die Berufung steht der Staatsanwaltschaft bei dem Appellationsgerichte und dem Angeschuldigten gegen jedes Endurtheil zu.

§. 72.

So lange für die Rechtsanwalte bei dem Obertribunale ein Ehrenrath oder Disziplinarrath nicht besteht, werden die Disziplinarsachen von dem Gerichtshofe nach den Bestimmungen des zweiten und dritten Abschnittes des die Richter betreffenden Gesetzes vom 7. Mai 1851. erledigt.

§. 73.

Hinsichtlich der Disziplinarstrafen kommt in Fällen der §§. 71., 72. und 75. die Verordnung vom 30. April 1847. und für das Gebiet des Rheinischen Rechtsverfahrens die Verordnung vom 7. Juni 1844. zur Anwendung.

§. 74.

Die §§. 15., 16. und 17. der Verordnung vom 30. April 1847. werden aufgehoben. Gegen jede definitive Entscheidung des Ehrenrathes steht sowohl der Staatsanwaltschaft, als dem Angeschuldigten, die Berufung an das Obertribunal offen. Die Anmeldung erfolgt bei dem Ehrenrathe, der die angefochtene Entscheidung erlassen hat. Im Uebrigen kommen für das Verfahren die Vorschriften der §§. 37. bis 43. des die Richter betreffenden Gesetzes vom 7. Mai 1851. zur Anwendung.

§. 75.

Wenn Dienstvergehen eines Advokaten oder Rechtsanwalts in der Sitzung des Obertribunals, eines Appellationsgerichtshofes, eines Schwurgerichtshofes, eines Landgerichtes, Kreisgerichtes oder Stadtgerichtes vorfallen, so ist das Gericht, welches die Sitzung hält, selbst wenn es nur eine Abtheilung des ganzen Gerichts bildet, befugt, über diese Vergehen sofort oder in einer fortgesetzten Sitzung zu erkennen. Dieselbe Befugniß hat das Gericht oder die Abtheilung desselben in Ansehung der in der Sitzung ermittelten Dienstvergehen, wenn darüber sofort erkannt werden kann.

§. 76.

Gegen die von einem andern Gerichte, als dem Obertribunale erlassenen Urtheile findet die Berufung an dieses letztere Gericht statt.

Im Uebrigen kommen die §§. 37 ff. des zweiten und dritten Abschnittes des die Richter betreffenden Gesetzes vom 7. Mai 1851. zur Anwendung. Der §. 1. der Verordnung vom 7. Juni 1844. ist aufgehoben.

§. 77.

Wenn ein Rechtsanwalt, ein Notar oder ein Gerichtsvollzieher durch Blindheit, Taubheit oder ein sonstiges körperliches Gebrechen, oder wegen Schwäche seiner körperlichen oder geistigen Kräfte zu der Erfüllung seiner Amtspflichten dauernd unfähig ist, so hat der Staatsanwalt bei dem Appellationsgerichte ihn oder seinen nöthigenfalls zu bestellenden Kurator schriftlich unter Angabe der Gründe zur Niederlegung des Amtes aufzufordern.

Tritt innerhalb sechs Wochen nach dieser Aufforderung die freiwillige Niederlegung des Amtes nicht ein, so beschließt das Appellationsgericht in seiner Plenarversammlung, nachdem das im §. 61. des die Richter betreffenden Gesetzes vom 7. Mai 1851. vorgeschriebene und geeigneten Falls das im §. 62. daselbst zugelassene Verfahren stattgefunden hat, nach Anhörung der Staatsanwaltschaft endgültig darüber, ob der Fall der Niederlegung des Amtes vorliege.

Beschließt das Gericht, daß dieser Fall vorhanden sei, so kann der Justizminister die Stelle für erledigt erklären.

Fünfter Abschnitt.

Besondere Bestimmungen in Betreff der Gemeindebeamten.

§. 78.

In Bezug auf solche Gemeindebeamte, die weder von dem Könige, noch von der Bezirksregierung oder deren Präsidenten ernannt oder bestätigt werden, gilt die nachstehende besondere Vorschrift:

Außer dem Präsidenten der Bezirksregierung kann auch diejenige Behörde, welcher die Ernennung oder Bestätigung der Beamten zusteht, wenn Veranlassung zu einem förmlichen Disziplinarverfahren vorliegt, die Einleitung desselben verfügen und den Untersuchungs-Kommissar ernennen.

Nach geschlossener Voruntersuchung werden die Akten dem Präsidenten der Bezirksregierung übersandt.

Sechster Abschnitt.

Besondere Bestimmungen in Betreff der Beamten der Militairverwaltung.

§. 79.

Gegen Beamte der Militairverwaltung, welche nicht zu den im §. 24. bezeichneten Kategorien gehören, verfügt der kommandirende General des Armeekorps die Einleitung der Untersuchung und ernennt den Kommissar. Die entscheidende Disziplinarbehörde erster Instanz ist die Militair-Disziplinarkommission.

§. 80.

Die Militair-Disziplinarkommission hat ihren Sitz am Garnisonorte des Generalkommandos und besteht für jedes Armeekorps aus einem Obersten als Vorsitzenden und sechs andern Mitgliedern, von welchen drei zu den Stabsoffizieren, Hauptleuten oder Rittmeistern, die übrigen zu den obern Beamten der Militairverwaltung gehören müssen. Ist der Angeschuldigte ein Militairarzt, so müssen die drei letztgenannten Mitglieder der Kommission stets Militair-Oberärzte sein.

Die Mitglieder der Kommission werden von dem Kriegsminister ernannt.

§. 81.

Die Verrichtungen der Staatsanwaltschaft bei den Militairintendanturen und Militair-Disziplinarkommissionen werden von dem Korpsauditeur oder einem anderen durch den Kriegsminister bezeichneten Auditeur wahrgenommen.

§. 82.

In Betreff der Verfügung von Disziplinarstrafen, die nicht in der Entfernung aus dem Amte bestehen, gegen Militairbeamte kommen die auf diese Beamten bezüglichen besonderen Bestimmungen zur Anwendung.

Dasselbe gilt von der Amtssuspension aller Beamten der Militairverwaltung im Falle des Krieges.

Siebenter Abschnitt.

Besondere Bestimmungen in Betreff der Entlassung von Beamten, welche auf Widerruf angestellt sind, der Referendarien u. s. w.

§. 83.

Beamten, welche auf Probe, auf Kündigung, oder sonst auf Widerruf angestellt sind, können ohne ein förmliches Disziplinarverfahren von der Behörde, welche ihre Anstellung verfügt hat, entlassen werden.

Dem auf Grund der Kündigung entlassenen Beamten ist in allen Fällen bis zum Ablaufe der Kündigung sein volles Diensteinkommen zu gewähren.

§. 84.

Referendarien oder Auskultatoren, welche durch eine tadelhafte Führung zu der Belassung im Dienste sich unwürdig zeigen, oder in ihrer Ausbildung nicht gehörig fortschreiten, können von dem vorgesetzten Minister, nach Anhörung der Vorsteher der Provinzial-Dienstbehörde, ohne weiteres Verfahren aus dem Dienste entlassen werden.

§. 85.

In Ansehung der Entlassung der Supernumerarien und der sonst zur Erlernung des Dienstes bei den Behörden beschäftigten Personen kommen die darauf bezüglichen besonderen Bestimmungen zur Anwendung.

§. 86.

In Bezug auf Kanzleidiener, Boten, Kastellane und andere in gleicher Kategorie stehende oder blos zu mechanischen Dienstleistungen bestimmte Diener, welche bei den obersten Verwaltungsbehörden oder in solchen Verwaltungszweigen angestellt sind, in welchen keine Provinzialdienstbehörden bestehen, entscheidet endgültig der Minister, nach Anhörung des Angeschuldigten und auf den Vortrag zweier Referenten, zu denen stets ein Justitiar, oder, wenn ein solcher bei der Verwaltungsbehörde nicht angestellt ist, ein Rath des Justizministeriums gehören muß.

Achter Abschnitt.

Verfügungen im Interesse des Dienstes, welche nicht Gegenstand eines Disziplinarverfahrens sind.

§. 87.

Die nachbenannten Verfügungen, welche im Interesse des Dienstes getroffen werden können, sind nicht Gegenstand des Disziplinarverfahrens, vorbehaltlich des im §. 46. vorgesehenen Falles:

1) Versetzung in ein anderes Amt von nicht geringerem Range und etatsmäßigem Diensteinkommen, mit Vergütung der reglementsmäßigen Umzugskosten.

Als eine Verkürzung im Einkommen ist es nicht anzusehen, wenn die Gelegenheit zur Verwaltung von Nebenämtern entzogen wird, oder die Beziehung der für die Dienstunkosten besonders ausgesetzten Einnahmen mit diesen Unkosten selbst fortfällt.

Landräthe, welche für einen bestimmten Kreis auf Grund ihrer Ansässigkeit und in Folge vorgängiger Wahl ernannt worden, können außer im Wege des Disziplinarverfahrens wider ihren Willen in ein anderes Amt nicht versetzt werden, so lange die Erfordernisse erfüllt bleiben, durch welche ihre Wahl bedingt war.

2) Einstweilige Versetzung in den Ruhestand mit Gewährung von Wartegeld nach Maaßgabe der Vorschriften der Verordnungen vom 14. Juni und 24. Oktober 1848.

Außer dem daselbst vorgesehenen Falle können durch Königliche Verfügung jederzeit die nachbenannten Beamten mit Gewährung des vorschriftsmäßigen Wartegeldes einstweilig in den Ruhestand versetzt werden:

Unterstaatssekretaire,
Ministerialdirektoren,
Oberpräsidenten,
Regierungspräsidenten und Vicepräsidenten,
Militairintendanten,
Beamte der Staatsanwaltschaft bei den Gerichten,
Vorsteher Königlicher Polizeibehörden,
Landräthe,
die Gesandten und andere diplomatische Agenten.

Wartegeldempfänger sollen bei Wiederbesetzung erledigter Stellen, für welche sie sich eignen, vorzugsweise berücksichtigt werden.

3) Gänzliche Versetzung in den Ruhestand mit Gewährung der vorschriftsmäßigen Pension, nach Maaßgabe der §§. 88. ff. dieses Gesetzes.

§. 88.

Ein Beamter, welcher durch Blindheit, Taubheit oder ein sonstiges körperliches Gebrechen oder wegen Schwäche seiner körperlichen oder geistigen Kräfte zu der Erfüllung seiner Amtspflichten dauernd unfähig ist, soll in den Ruhestand versetzt werden.

§. 89.

Sucht der Beamte in einem solchen Falle seine Versetzung in den Ruhestand nicht nach, so wird ihm oder seinem nöthigenfalls hierzu besonders zu bestellenden Kurator von der vorgesetzten Dienstbehörde unter Angabe des zu gewährenden Pensionsbetrages und der Gründe der Pensionirung eröffnet, daß der Fall seiner Versetzung in den Ruhestand vorliege.

§. 90.

Innerhalb sechs Wochen nach einer solchen Eröffnung (§. 89.) kann der Beamte seine Einwendungen bei der vorgesetzten Dienstbehörde anbringen. Ist dies geschehen, so werden die Verhandlungen an den vorgesetzten Minister eingereicht, welcher, sofern nicht der Beamte von dem Könige ernannt ist, über die Pensionirung entscheidet.

Gegen diese Entscheidung steht dem Beamten der Rekurs an das Staatsministerium binnen einer Frist von vier Wochen nach Empfang der Entscheidung zu.

Des Rekursrechtes ungeachtet kann der Beamte von dem Minister sofort der weiteren Amtsverwaltung vorläufig enthoben werden.

Ist der Beamte von dem Könige ernannt, so erfolgt die Entscheidung von dem Könige auf den Antrag des Staatsministeriums.

§. 91.

Dem Beamten, dessen Versetzung in den Ruhestand verfügt ist, wird das volle Gehalt noch bis zum Ablaufe desjenigen Vierteljahres fortgezahlt, welches auf den Monat folgt, in dem ihm die schließliche Verfügung über die erfolgte Versetzung in den Ruhestand mitgetheilt worden ist.

§. 92.

Wenn der Beamte gegen die ihm gemachte Eröffnung (§. 89.) innerhalb sechs Wochen keine Einwendungen erhoben hat, so wird in derselben Weise verfügt, als wenn er seine Pensionirung selbst nachgesucht hätte.

Die Zahlung des vollen Gehaltes dauert bis zu dem im §. 91. bestimmten Zeitpunkte.

§. 93.

Ist ein Beamter vor dem Zeitpunkte, mit welchem die Pensionsberechtigung für ihn eingetreten sein würde, dienstunfähig geworden, so kann er gegen seinen Willen nur unter Beobachtung derjenigen Formen, welche für die Disziplinaruntersuchung vorgeschrieben sind, in den Ruhestand versetzt werden.

Wird es jedoch für angemessen befunden, dem Beamten eine Pension zu dem Betrage zu bewilligen, welcher ihm bei Erreichung des vorgedachten Zeitpunktes zustehen würde, so kann die Pensionirung desselben nach den Vorschriften der §§. 88. bis 92. erfolgen.

§. 94.

Die vorstehenden Bestimmungen über einstweilige und gänzliche Versetzung in den Ruhestand finden nur auf Beamte in unmittelbarem Staatsdienste Anwendung.

§. 95.

In Bezug auf die mittelbaren Staatsdiener bleiben die wegen Pensionirung derselben bestehenden Vorschriften in Kraft.

Wenn jedoch mittelbare Staatsdiener vor dem Zeitpunkte, mit welchem eine Pensionsberechtigung für sie eingetreten sein würde, dienstunfähig geworden, so können auch sie gegen ihren Willen nur unter den für Beamte im unmittelbaren Staatsdienste vorgeschriebenen Formen (§. 93.) in den Ruhestand versetzt werden.

§. 96.

Auf Universitätslehrer finden die Bestimmungen der §§. 87. bis 95. keine Anwendung.

Neunter Abschnitt.

Allgemeine- und Uebergangs-Bestimmungen.

§. 97.

Die Vorschriften des gegenwärtigen Gesetzes gelten auch in Ansehung der zur Disposition gestellten oder einstweilen in Ruhestand versetzten Beamten.

§. 98.

Rücksichtlich der Vergehen der Civilstandsbeamten im Bezirke des Rheinischen Appellationsgerichtshofes zu Cöln gegen die Gesetze über den Civilstand wird an den Bestimmungen der bisherigen Gesetzgebung durch dieses Gesetz nichts geändert.

§. 99.

Die gerichtlichen Untersuchungen, welche zur Zeit der Verkündigung der Verordnung vom 11. Juli 1849 bereits eröffnet waren, werden in der bisherigen Weise zu Ende geführt. Die Untersuchung wird als eröffnet betrachtet, wenn der Beschuldigte als solcher vernommen oder behufs seiner Vernehmung vorgeladen ist. Die ergangenen oder ergehenden Strafurtheile werden ohne Rücksicht auf die Bestimmungen dieser Verordnung vollstreckt.

Die bereits eingeleiteten Disziplinaruntersuchungen werden bis zum Abschlusse der Voruntersuchung nach den zur Zeit der Einleitung gültig gewesenen Vorschriften zu Ende geführt. Im Uebrigen finden auf das Verfahren die Bestimmungen dieses Gesetzes Anwendung.

§. 100.

Alle diesem Gesetze entgegenstehenden Bestimmungen sind aufgehoben. Dagegen wird durch dasselbe in der Befugniß der Aufsichtsbehörden, im Aufsichtswege Beschwerden Abhülfe zu verschaffen, oder Beamten zur Erfüllung ihrer Pflichten in einzelnen Sachen anzuhalten, und dabei Alles zu thun, wozu sie nach den bestehenden Gesetzen ermächtigt sind, nichts geändert.

§. 101.

Insofern bei Verkündigung dieses Gesetzes die verfassungsmäßige Vereinigung der beiden obersten Gerichtshöfe, des Obertribunals und des Rheinischen Revisions- und Kassationshofes, noch nicht ausgeführt ist, gelten alle in diesem Gesetze für ein Obertribunal gegebenen Bestimmungen für die oben genannten beiden Gerichtshöfe in ihren Ressorts.

§. 102.

Dieses Gesetz tritt an die Stelle der vorläufigen Verordnung vom 11. Juli 1849.

Urkundlich unter Unserer Höchsteigenhändigen Unterschrift und beigedrucktem Königlichen Insiegel.

Gegeben Sanssouci, den 21. Juli 1852.

(L. S.) Friedrich Wilhelm.

v. Manteuffel. v. d. Heydt. Simons. v. Raumer.
v. Westphalen. v. Bodelschwingh. v. Bonin.

P. 34. Vol. V.

128.

Allgemeine Verfügung vom 18. August 1852, — betreffend die Mittheilungen in Untersuchungssachen gegen Eisenbahn-Polizeibeamte.

Allgem. Verfügung v. 12. Juli 1852 (S. 454 dieses Bandes).

Durch die auf den Antrag des Herrn Ministers für Handel, Gewerbe und öffentliche Arbeiten erlassene Verfügung vom 12. Juli d. J. sind die Beamten der Staatsanwaltschaft angewiesen worden, diejenigen Mittheilungen, welche bei Untersuchungen gegen Beamte der vorgesetzten Dienstbehörde zu machen sind, in den Untersuchungen gegen Eisenbahn-Polizeibeamte an die Königlichen Eisenbahn-Kommissariate zu richten.

Da nach einem ferneren Schreiben des Herrn Handels-Ministers die Beamten der Staats-Eisenbahnen, sowie der unter Staatsverwaltung stehenden Privat-Eisenbahnen von den Königlichen Eisenbahn-Direktionen ressortiren, so wird die obige Anweisung näher dahin bestimmt, daß die bezüglichen Mittheilungen nur hinsichtlich der Bahn-Polizeibeamten der Privat-Eisenbahn-Gesellschaften den Eisenbahn-Kommissariaten, dagegen hinsichtlich der Bahn-Polizeibeamten der Staats-Eisenbahnen, sowie der unter Staatsverwaltung stehenden Privat-Eisenbahnen den betreffenden Königlichen Direktionen zu machen sind.

Die zur Zeit bestehenden Königlichen Eisenbahn-Direktionen sind:

1. die Königliche Direktion der Aachen-Düsseldorf-Ruhrorter Eisenbahn zu Aachen für die Aachen-Düsseldorfer und die Ruhrort-Krefeld-Kreis-Gladbacher Eisenbahn;
2. die Königliche Direktion der Bergisch-Märkischen Eisenbahn zu Elberfeld;
3. die Königliche Direktion der Westphälischen Eisenbahn zu Paderborn;
4. die Königliche Verwaltung der Niederschlesisch-Märkischen Eisenbahn hierselbst;
5. die Königliche Eisenbahn-Direktion zu Stettin für die Stargard-Posener Eisenbahn und für die in Betrieb befindliche Strecke der Ostbahn, und
6. die Königliche Direktion der Ostbahn zu Bromberg für den Bau der Ostbahn.

Berlin, den 18. August 1852.

Der Justiz-Minister
Simons.

An
sämmtliche Beamte der Staatsanwaltschaft.

I. 3710. S. 24. Vol. V.

129.

Allgemeine Verfügung vom 24. August 1852, — betreffend die von den Beamten der Staatsanwaltschaft zu machenden Mittheilungen.

Allgemeine Verfügung vom 29. Juni 1851 (Justiz-Ministerial-Blatt S. 230).

Durch das Gesetz, betreffend die Abänderung mehrerer Bestimmungen in den Militairstrafgesetzen vom 15. April d. J. (Gesetz-Sammlung S. 115), durch die zur Ausführung desselben erlassene Allerhöchste Verordnung vom 18. Mai d. J. (Justiz-Ministerial-Blatt S. 218), sowie durch den Allerhöchsten Erlaß, die Bestrafung der Militairpersonen wegen unterlassener An- und Abmeldung betreffend, vom 29. Mai d. J. (Gesetz-Sammlung S. 442) sind in Ansehung derjenigen Mittheilungen, welche die Beamten der Staatsanwaltschaft in Untersuchungssachen mit Rücksicht auf die Militairverhältnisse zu machen haben, nachstehende Aenderungen der Verfügung vom 29. Juni 1851 *) uothwendig geworden:

---

*) Diese Verfügung lautet in Nr. 3. dahin:
In Ansehung der Militairpflichtigen ist von der Einleitung einer

1. Wenn gegen eine Person des Beurlaubtenstandes auf Zuchthausstrafe, auf Verlust der bürgerlichen Ehre oder auf zeitige Untersagung der Ausübung der Ehrenrechte rechtskräftig erkannt worden ist, so ist eine beglaubigte Abschrift des Urtheilstenors mitzutheilen.
2. Lautet das rechtskräftige Urtheil gegen eine Person des Beurlaubtenstandes auf zeitige Untersagung der Ausübung der Ehrenrechte für eine den Zeitraum von drei Jahren nicht übersteigende Dauer, so ist außerdem von dem Tage des Antritts der Freiheitsstrafe Nachricht zu geben.
3. Die unter Nr. 4. der allgemeinen Verfügung vom 29. Juni 1851 enthaltene Bestimmung fällt weg.

Endlich wird dem Antrage des Herrn Kriegs-Ministers gemäß

4. bestimmt, daß die durch die Nr. 3 b. der allgemeinen Verfügung vom 29. Juni 1851 und durch Nr. 1. und 2. der gegenwärtigen Verfügung vorgeschriebenen Mittheilungen nicht an die betreffende Brigade, sondern an das Landwehr-Bataillons-Kommando zu machen sind.

Berlin, den 24. August 1852.

Der Justiz-Minister
Simons.

An die Beamten der Staatsanwaltschaft.

I. 4093. S. 24. Vol. V.

130.

Revidirtes Reglement für die Provinzial-Feuersozietät der Rheinprovinz, welches an Stelle des Reglements vom 5. Januar 1836 tritt. Vom 1. Septbr. 1852.

Wir Friedrich Wilhelm, von Gottes Gnaden, König von Preußen ꝛc. ꝛc.

haben in Folge der Anträge der Provinziallandtags-Versammlung der Rheinprovinz auf mehrere Abänderungen und Er-

jeden Untersuchung wegen Verbrechen oder Vergehen und demnächst von dem Tenor des rechtskräftigen Erkenntnisses Nachricht zu geben:

a. wenn der Beschuldigte das militairpflichtige Alter erreicht hat, aber zum Militairdienst noch nicht herangezogen ist, dem betreffenden Landrathe, und in denjenigen Städten, welche einem landräthlichen Kreise nicht angehören, der Behörde, durch welche die Aushebung der Militairpflichtigen bewirkt wird;
b. wenn der Beschuldigte zum Stande der Beurlaubten gehört, dem vorgesetzten Landwehr-Brigade-Kommandeur.

In Betreff der zum Beurlaubtenstande gehörigen Offziere kommt die Bestimmung unter Nr. 5. (wie bei Beamten) zur Anwendung.

gänzungen des Reglements für die Provinzial-Feuersozietät der Rheinprovinz vom 5. Januar 1836. das letztere einer Revision unterworfen und an Stelle desselben das gegenwärtige revidirte Reglement zu erlassen beschlossen, und verordnen demnach, auf den Antrag Unseres Ministers des Innern, was folgt:

I. Allgemeine Bestimmungen.

§. 1.

Es soll für die ganze Rheinprovinz in derjenigen Begrenzung, welche dieselbe als Oberpräsidialbezirk hat, fortan nur Eine öffentliche Sozietät bestehen, deren Zweck auf gegenseitige Versicherung von Gebäuden gegen Feuersgefahr gerichtet, und in welcher also die Gefahr dergestalt gemeinschaftlich übernommen ist, daß sich jeder Theilnehmer zugleich in dem Rechtsverhältniß eines Versicherers und eines Versicherten befindet, als Versicherer jedoch nur mit den ihm nach dem gegenwärtigen Gesetze pro rata seiner Versicherungssumme obliegenden Beiträgen verhaftet ist.

§. 2.

Die Verhandlungen Behufs Verwaltung der Provinzial-Feuersozietäts-Angelegenheiten in der Rheinprovinz, die darauf bezügliche Korrespondenz zwischen den Behörden und Mitgliedern der Sozietät, die amtlichen Atteste für die Versicherungen und die Quittungen über empfangene Brandentschädigungs-Zahlung aus der Sozietätskasse sind vom tarifmäßigen Stempel und von Sporteln entbunden. Bei Prozessen Namens der Sozietät sind diejenigen Stempel, deren Bezahlung ihr obliegt, außer Ansatz zu lassen.

Zu Verträgen mit einer stempelpflichtigen Partei ist der tarifmäßige Stempel in dem halben Betrage, zu den Nebenexemplaren der Stempel beglaubigter Abschriften zu verwenden.

§. 3.

Ebenso soll ihr die Portofreiheit in Betreff aller mit dem Vermerk: „Feuersozietäts-Sache“ versehenen und mit öffentlichem Siegel verschlossenen Berichte, Gelder und Packete zustehen, die in Feuersozietäts-Angelegenheiten zwischen den Behörden hin- und hergesandt werden. Privatpersonen und einzelne Interessenten aber müssen ihre Briefe an die Feuersozietäts-Behörden frankiren, und kommt ihnen und den an sie ergehenden unfrankirten Antworten die Portofreiheit nicht zu Statten.

II. Aufnahmefähigkeit der Theilnehmer.

§. 4.

Die Sozietät darf zur Versicherung gegen Feuersgefahr nur Gebäude, und zwar nur solche Gebäude aufnehmen, die innerhalb derjenigen Territorial-Grenzen, auf welche sich ihre Verbindung bezieht, belegen sind.

§. 5.

In dieser Beschränkung gilt zwar die Regel, daß Gebäude aller Art, ohne Unterschied ihrer Einrichtung und Bestimmung, zur Aufnahme geeignet sind.

§. 6.

Folgende Gebäude jedoch, als: Pulvermühlen und Pulvermagazine, Glas- und Schmelzhütten, Eisen- und Kupferhämmer, Stückgießereien und Münzgebäude, Zuckersiedereien und Cichorienfabriken und Schwefelraffinerien, Terpentin-, Firniß- und Holzsäurefabriken, Anstalten zur Fabrikation von Aether, Gas, Phosphor, Knallsilber, Knallgold und Erdöl, Spiegelgießereien, Spinnereien in Schaaf- und Baumwolle und in Flachs und überhaupt Gebäude, worin Dampfkessel befindlich sind, Theeröfen, Ziegel- und Potaschbrennereien, Vitriol- und Salmiakfabriken, Theater und öffentliche Arbeitsanstalten, Brau- und Brennereien, Malzdarren, Destillirgebäude, Laboratorien, Loh-, Wind- und Oelmühlen, sowie Gebäude, in welchen sich Trocknungsanstalten befinden, können nur gegen einen Beitragssatz aufgenommen werden, worüber die Provinzial-Feuersozietäts-Direktion außer den sonstigen üblichen Klassensätzen mit ihren Besitzern übereinkommt, und immer nur mit dem Vorbehalte, daß dieser Direktion von Jahr zu Jahr freistehe, ein solches Vertragsverhältniß drei Monate vor Ablauf des Jahres aufzukündigen, um eventuell über neue Beitragssätze anderweitig übereinzukommen.

§. 7.

Die Direktion ist jedoch auch rücksichtlich der im §. 6. genannten Gebäude nicht verpflichtet, in jedem Falle über die sonst üblichen Klassensätze (§. 33.) hinauszugehen, sondern kann nach Umständen die Vereinbarung auch innerhalb der Grenzen der letzteren treffen.

§. 8.

Jedes Gebäude muß einzeln, und also jedes abgesonderte Neben- oder Hintergebäude besonders, versichert werden.

§. 9.

Ein und dasselbe Gebäude, sowie mehrere Gebäude, welche innerhalb eines Gehöftes liegen, darf resp. dürfen nur bei Einer Sozietät versichert werden. Diese Bestimmung bezieht sich jedoch nicht auf diejenigen in einzelnen Landestheilen bestehenden oder noch zu errichtenden kleineren Privatvereine, in welchen sich die Nachbarn untereinander bei einem Brandschaden durch Natural-Prästationen gegen Bezahlung derselben unterstützen. Ausnahmsweise soll eine Versicherung besonders werthvoller und feuergefährlicher Gebäude in zwei oder mehreren Sozietäten, jedoch nur mit Genehmigung des Verwaltungs-Ausschusses, zulässig sein.

Der Gesammtbetrag sämmtlicher Versicherungssummen darf aber die nach §. 13. zulässige Höhe nicht übersteigen.

Findet sich zu irgend einer Zeit, daß ein Gebäude, dieser Bestimmung entgegen, noch anderswo versichert ist, so wird dasselbe nicht allein in den Katastern der Provinzial-Feuersozietät sofort gelöscht, sondern es ist auch der Eigenthümer im Falle eines Brandunglücks der ihm sonst aus derselben zukommenden Brandvergütung verlustig, ohne daß gleichwohl seine Verbindlichkeit zu allen Feuerkassenbeiträgen bis zum Ablauf des Jahres, in welchem die Ausschließung erfolgt, eine Abänderung erleidet, und die Sozietät ist überdem verpflichtet, den Fall zur näheren Bestimmung darüber, ob Grund zur Kriminal-Untersuchung wegen intendirten Betruges vorhanden ist, dem kompetenten Gerichte von Amtswegen anzuzeigen.

III. Beitragspflichtigkeit der Theilnehmer.

§. 10.

Im Allgemeinen besteht für die Besitzer von Gebäuden keine Zwangspflicht, ihre Gebäude gegen Feuersgefahr zu versichern, sondern es hängt solches von ihrem freien Entschlusse ab.

§. 11.

Indessen soll fortan jeder Hypothekgläubiger, für dessen Forderung ein bei der Provinzial-Feuerversicherungssozietät versichertes Gebäude verhaftet ist, berechtigt sein, sein Hypothekenrecht im Feuersozietäts-Kataster vermerken zu lassen, und es ist alsdann die das Kataster führende Behörde nicht allein zu diesem Vermerk, sondern auch dazu verpflichtet, die geschehene Eintragung desselben auf dem Schuldinstrumente selbst zu bescheinigen.

Ein solcher Vermerk kann alsdann nicht anders gelöscht werden, als wenn der Beweis über geschehene Tilgung der Schuld, oder die ausdrückliche Einwilligung des Gläubigers beigebracht wird, und bis dahin ist in Beziehung auf ein solches verpfändetes Gebäude kein Austritt aus der Provinzial-Feuerversicherungssozietät zulässig. Vermerke dieser Art sollen zugleich sekretirt, und die Kataster dürfen demnach nur solchen Personen vorgelegt werden, welche ein Interesse zur Einsicht nachweisen können.

IV. Zeit des Ein- und Austritts.

§. 12.

Der Eintritt in die Sozietät mit den davon abhängenden rechtlichen Wirkungen, sowie eine Erhöhung der Versicherungssumme, soweit solche sonst zulässig ist (§. 26.), findet regelmäßig, und wenn nicht ein Anderes ausdrücklich in Antrag gebracht wird, nur einmal jährlich, nämlich mit dem Tagesbeginn des 1. Januar jeden Jahres statt; doch ist Beides auch zu jeder anderen Zeit, Sonn- und Feiertage ausgenommen, verstattet, wenn darum unter der Verpflichtung, alle Beiträge, sowohl die ordentlichen als die außerordentlichen, von dem Anfange desjenigen Monats ab, in welchem die Versicherung eintreten soll, zu zahlen, nachgesucht wird.

Die rechtliche Wirkung des Vertrages beginnt in diesem Falle nach den darüber im §. 86. enthaltenen Bestimmungen.

Auch der Austritt aus der Sozietät oder die Ermäßigung der Versicherungssumme, soweit solches sonst zulässig (§§. 11. und 26.), kann zu jeder Zeit, Sonn- und Feiertage ausgenommen, stattfinden und hört dann, im Falle des Austritts, die rechtliche Wirkung des Vertrages mit dem Tage auf, welchen der Abmeldende beantragt hat und in dem Genehmigungsreskripte der Direktion zu bezeichnen ist, im Falle der bloßen Ermäßigung der Versicherungssumme aber erst mit Ablauf des letzten Dezembertages des laufenden Jahres.

Die Beiträge, sowohl die ordentlichen als außerordentlichen, müssen in beiden Fällen unverkürzt für das ganze Jahr entrichtet werden.

Für alle nach dem 1. Dezember für den Jahresschluß angemeldeten Austritte oder Ermäßigungen bleibt aber die Verpflichtung, den Beitrag auch noch für das nächste Jahr vollaus zu entrichten.

V. Höhe der Versicherungssumme.

§. 13.

Die Versicherungssumme darf den gemeinen Werth derjenigen Theile des versicherten Gebäudes, welche durch Feuer zerstört oder beschädigt werden können, niemals übersteigen.

§. 14.

Mit Beobachtung dieser Beschränkung (§. 13.) hängt aber die Bestimmung der Summe, auf welche ein Gebäudebesitzer bei der Sozietät Versicherung nehmen will, von ihm selbst ab; nur muß diese Summe in Beträgen, die durch die Zahl „zehn" theilbar sind, abgerundet und in Preußisch Kurantwerth ausgedrückt sein.

§. 15.

Der im §. 13. angeordneten Beschränkung ist fortan auch Jeder, der seine Gebäude anderswo als bei der Provinzial-Feuersozietät versichern läßt, unterworfen, dergestalt, daß jede höhere Versicherung unzulässig ist. Die Feststellung der höchsten zulässigen Versicherungssumme muß eventuell nach denselben

Grundsätzen und in derselben Form, wie im Falle einer Assoziation bei der Provinzial-Feuerversicherungssozietät, erfolgen.

§. 16.

Eine förmliche Taxe des durch Feuer zerstörbaren Theils der zu versichernden Gebäude wird in der Regel nicht erfordert, sondern es genügt an einer möglichst genauen und getreuen Beschreibung eines jeden einzelnen Gebäudes,. welches versichert werden soll.

§. 17.

Damit aber diese Beschreibungen zweckmäßig und gleichförmig werden, müssen sie in die vorgeschriebenen Schemata eingetragen, und diese Formulare durch den Bürgermeister jedem Interessenten auf Begehr, nebst so vielen leer gelassenen und zur Ausfüllung geeigneten Schematen, als er bedarf, auf Kosten der Sozietät gratis zugestellt, oder aber darnach auf Antrag des Interessenten und nach dessen Angaben die nöthigen Schemata durch den Bürgermeister selbst ausgefüllt werden.

§. 18.

Die Beschreibung jedes Gebäudes muß in zwei Exemplaren von dem Besitzer in gesetzlicher Form vollzogen, diese Vollziehung von dem Bürgermeister beglaubigt und zugleich von letzterem das pflichtmäßige Attest beigefügt sein, daß die Beschreibung nichts enthalte, was ihm als wahrheitswidrig bekannt wäre, auch die in der letzten Kolumne derselben begehrte Versicherungssumme den muthmaßlichen Werth des Gebäudes nach den im §. 20. aufgestellten Begriffen nicht übersteige.

§. 19.

Nur wenn der Bürgermeister dieses Attest zu ertheilen Bedenken trägt, und der Eigenthümer des Gebäudes auf dessen Vorhaltung die Versicherungssumme nicht soweit, daß demselben kein Bedenken weiter übrig bleibt, herabzusetzen gemeint ist, tritt die Nothwendigkeit einer Taxirung des Gebäudes ein.

§. 20.

In solchem Falle muß auf Kosten des Eigenthümers von einem vereideten Baubeamten mit kunstmäßiger Genauigkeit unter Zuziehung des Bürgermeisters eine förmliche Taxe zu dem Zwecke und aus dem Gesichtspunkte aufgenommen werden, daß dadurch, mit Rücksicht auf die örtlichen Materialienpreise und billiger Berücksichtigung des geringeren Preises derjenigen Fuhren, Handreichungen und anderer, keine technische Kunstfertigkeit erfordernden, baulichen Arbeiten, die der Eigenthümer mit seinem Hauswesen selbst bestreiten kann, der dermalige Werth derjenigen in dem Gebäude enthaltenen Baumaterialien und Bauarbeiten festgestellt werden, welche verbrennlich oder sonst der Zerstörung oder Beschädigung durch Feuer ausgesetzt sind, also mit Ausschluß alles dessen, was nicht durch Feuer verletzt werden kann.

Der dermalige Werth der Bauarbeiten ergiebt sich bei Gebäuden, die nicht mehr völlig in baulichem Zustande sind, dadurch, daß deren nach vorstehenden Bestimmungen festgestellter Werth in demselben Verhältniß reduzirt wird, in welchem der Materialienwerth in dem vorgefundenen Zustande zu demjenigen Werthe steht, den die Baumaterialien im völlig guten Zustande haben würden.

§. 21.

Die Taxe muß in einer runden, d. h. durch zehn theilbaren Summe Preußischen Silberkurants abgeschlossen und in doppelter Ausfertigung von dem taxirenden Baubeamten selbst vollzogen werden; über die dadurch festgestellte Werthsumme hinaus ist schlechterdings keine Feuerversicherung statthaft.

§. 22.

Sowohl bei der von dem Eigenthümer selbst nach §§. 13. bis 17. bestimmten Versicherungssumme, als bei der Taxirung ist auch noch darauf zu achten, daß, wenn der Eigenthümer des Gebäudes etwa freies Bauholz zu fordern Befugniß hat, der Werth desselben außer Anschlag bleibe.

Dagegen ist derjenige, welcher das freie Bauholz zu liefern verpflichtet ist, zu jeder Zeit berechtigt, solches besonders zu versichern; dies darf jedoch nur bei derselben Versicherungsanstalt geschehen, bei welcher das Gebäude selbst assoziirt ist.

§. 23.

Uebrigens können so wenig die auf den Grund bloßer Gebäudebeschreibungen gewählten Versicherungssummen, als die blos zum Zweck der Feuerversicherung aufgenommenen Taxen jemals zur Grundlage bei öffentlichen oder Gemeindeabgaben und Lasten angewendet und überhaupt wider den Willen der Gebäudebesitzer jemals zu andern fremdartigen Zwecken benutzt werden.

§. 24.

Regelmäßige periodische Revisionen der Versicherungssummen oder Taxen, um die durch den Verlauf der Zeit erfolgende Verminderung des Werths der versicherten Gebäude im Auge zu behalten, sind nicht erforderlich; die Sozietät hat aber jederzeit das Recht, Revisionen auf ihre Kosten vornehmen, von dem Eigenthümer neue Beschreibungen beibringen, und falls sich der Eigenthümer der von der Sozietät für nöthig erachteten Herabsetzung der Versicherungssumme weigert, eine Taxe aufnehmen und dadurch das Maximum der versicherungsfähig bleibenden Summe feststellen zu lassen. Die Kosten der Taxe zahlt der unterliegende Theil.

Alle mit den Feuersozietäts-Angelegenheiten beauftragten Beamten sind verpflichtet, beim Verfalle der Gebäude, zumal solcher, deren Werth nach der Erfahrung schnell abzunehmen pflegt, ihr besonderes Augenmerk darauf zu richten, daß die Versicherungssumme niemals den wirklich noch vorhandenen Werth der versicherten Gegenstände merklich übersteige.

Alle auf diese Weise als nöthig ermittelten Verminderungen treten in dem Augenblicke in Kraft, wo dieselben reglementsmäßig festgestellt worden sind. Gebäude, die auf den Abbruch verkauft worden, sind in ihrer Versicherung auf den Werth der übrig bleibenden Materialien zu beschränken.

Gebäude, welche sich dem Zustande des gänzlichen Verfalles, der Unbewohnbarkeit, nähern, sind von der Versicherung sogleich auszuschließen, und bei noch nicht eingetretener Versicherung ist ihre Aufnahme in die Sozietät überhaupt so lange zu versagen, bis eine hinlängliche Reparatur den gedachten Mängeln abgeholfen haben wird.

Die Versicherung solcher Gebäude, an denen polizeiwidrige Mängel, z. B. schadhafte Kamine, unsichere Feuerungsanlagen &c. entdeckt werden, ist so lange zu suspendiren, bis diese Mängel von dem Eigenthümer beseitigt worden.

§. 25.

Bei Feuervisitationen ist besonderes Augenmerk auf feuerpolizeiwidrige Bauart zu richten, und in jedem Falle, wo eine feuergefährliche Kontravention in baupolizeilicher Hinsicht zur Anzeige gebracht und erkannt wird, stets die sofortige Suspension der Versicherung auszusprechen, bis der gerügte Mangel abgestellt und dessen Beseitigung konstatirt ist, ohne daß dieserhalb auf eine Erstattung von gezahlten oder zu zahlenden Prämiengeldern Anspruch gemacht werden kann, oder die bestehenden Strafbestimmungen geändert würden.

Die Ortspolizei hat eine kurze Verhandlung aufzunehmen, aus welcher der Grund der ausgesprochenen Suspension ersichtlich ist, sowie auch, daß dieselbe dem Eigenthümer insinuirt worden.

Von dieser Verhandlung ist der versichernden Direktion und dem eingetragenen Hypothekgläubiger Kenntniß zu geben.

VI. Erhöhung und Heruntersetzung der Versicherungssumme.

§. 26.

In der Regel kann Jeder die bisherige Versicherungssumme bis zu dem zulässigen Maximum erhöhen, oder auch bis zu einem willkürlichen Minderbetrage heruntersetzen lassen. Jedoch findet in den Fällen des §. 11. auch die Heruntersetzung der Versicherungssumme ohne die ausdrückliche Einwilligung der dort bezeichneten Hypothekgläubiger oder den Nachweis der geschehenen Tilgung ihrer Forderungen nicht statt.

Derjenigen nothwendigen Heruntersetzung der Versicherungssumme, welche daraus folgt, daß etwa der Werth des durch Feuer zerstörbaren oder unbrauchbar zu machenden Theiles des versicherten Gebäudes, oder das darnach oder sonst zulässige Maximum nicht mehr die Höhe der bisherigen Versicherungssumme erreicht, muß sich aber ein Jeder unterwerfen, und es steht dagegen also auch den Hypothekgläubigern und sonstigen Interessenten kein Widerspruchsrecht zu; jedoch soll davon denjenigen Hypothekgläubigern, die im Kataster vermerkt sind, von Amtswegen Kenntniß gegeben werden.

VII. Beiträge der Interessenten und deren Klassifikation.

§. 27.

Die von den Theilnehmern der Sozietät zu leistenden Beiträge werden in ordentliche und außerordentliche unterschieden, die beide gleichmäßig zur Bestreitung aller Ausgaben der Provinzial-Feuersozietätskasse bestimmt sind.

Die ordentlichen Beiträge werden nach gewissen Prozenten der für denjenigen Zeitraum, auf welchen die Beiträge sich beziehen, katastrirten Versicherungssummen (§§. 28. u. ff.) dem muthmaaßlichen alljährlichen Bedarf gemäß abgemessen und ein- für allemal festgestellt. Die außerordentlichen Beiträge, welche nur von Zeit zu Zeit eintreten können, um zu decken, was etwa an dem wirklichen Bedarf der Provinzial-Feuersozietätskasse zur Bestreitung der vorgekommenen Brandentschädigungen und sonstigen Obliegenheiten, nach Abrechnung der Summe der ordentlichen Beiträge, noch fehlen möchte, werden nach einem leicht zu berechnenden Verhältniß des ordentlichen Beitrages (z. B. die Hälfte, ein Drittheil oder aber das Anderthalbfache, Doppelte desselben) je nach dem Bedürfnisse ausgeschrieben. Der ordentliche wie der außerordentliche Beitrag wird den Interessenten durch von den Steuererhebern auszugebende Steuerzettel bekannt gemacht.

§. 28.

Der ordentliche Beitrag ist praenumerando im Laufe des Monats Januar verfallen und gleich nach erhaltenem Steuerzettel (§. 27.) zu zahlen. Zur Zahlung des außerordentlichen Beitrages bleibt dem Pflichtigen drei Monate Frist vom Tage der Zustellung seines Steuerzettels. Gegen die Säumigen erfolgt die Beitreibung durch dieselben exekutivischen Mittel, welche für die öffentlichen Abgaben vorgeschrieben sind.

§. 29.

Die Summe des ordentlichen Beitrages bestimmt sich für jedes versicherte Gebäude nach der Klasse, zu welcher es nach seiner Beschaffenheit, Lage und Benutzung und dem daraus hervorgehenden Grade seiner Feuergefährlichkeit gehört.

Es sollen nämlich in der Provinzial-Feuerversicherungs-sozietät der Rheinprovinz, zunächst nach der Beschaffenheit der Gebäude, sieben Klassen stattfinden, und es gehören:

Zur I. Klasse.

Ganz massive Gebäude, deren Bauart, Dachdeckung, Lage und Benutzungsweise den geringsten Grad der Feuersgefahr darbietet.

Zur II. Klasse.

Massive Gebäude, welche nicht zur I. Klasse gehören; Gebäude in Pisébau und Gebäude von getrockneten Lehmsteinen ohne Fachwerk; Gebäude in Fachwerk mit Steinen ausgemauert.

Dachbedeckung von Ziegel, Schiefer oder in sonstiger feuerfesten Art.

Zur III. Klasse.

Gebäude in Steinfachwerk mit Schieferbekleidung; Gebäude ganz oder theils in Lehmfachwerk mit vollständiger Schieferbekleidung oder vollständigem Mörtelbewurf; Gebäude in Fachwerk mit getrockneten Lehmsteinen ausgemauert.

Dachbedeckung wie bei der vorhergehenden Klasse.

Zur IV. Klasse.

Theils massive, theils in Lehmfachwerk gebaute Gebäude, an welchen dieses Fachwerk keinen vollständigen äußeren Mörtelbewurf oder keine vollständige Schieferbekleidung hat.

Dachbedeckung wie bei der vorhergehenden Klasse.

Zur V. Klasse.

Gebäude von Holz oder von Holz und Lehm ohne allen oder mit nur unvollständigem äußeren Mörtelbewurf oder Schieferbekleidung, mit Dachbedeckung wie in den vorhergehenden Klassen; Gebäude in der Bauart II. und III. Klasse mit Holz oder Leinewand gedeckt; massive Gebäude, mit Stroh oder Holz oder Leinewand gedeckt.

Zur VI. Klasse.

Gebäude in meist massiver äußerer Bauart mit Strohdächern; Fachwerkgebäude, bei welchen das Dach aus vorschriftsmäßigen Lehmschindeln, oder der größere Theil des Daches aus Ziegel, der kleinere Theil aber aus Stroh besteht.

Zur VII. Klasse.

Alle übrigen Gebäude mit Stroh-, Holz- oder Rohrdächern.

Jede dieser Klassen zerfällt aber noch in zwei Unterabtheilungen, A. und B., und tritt die Abtheilung B. dann ein, wenn eine über das gewöhnliche Maaß reichende Feuersgefahr entweder durch die Lage oder Benutzung eines Gebäudes oder dessen innere und äußere bauliche Beschaffenheit, nach dem Ermessen der Sozietätsdirektion, erkennbar ist. Auch können ausnahmsweise Gebäude, welche durch innere Bauart und Benutzungsweise eine außergewöhnlich geringe Feuersgefahr darbieten, in die nächstvorhergehende Klasse aufgenommen werden, wenn auf den Antrag des Versicherten und nach Anhörung der Direktion der Verwaltungsausschuß solches genehmigt.

§. 30.

Hiernach hat über die Klasse, in welche ein zur Versicherung angemeldetes Gebäude gestellt werden soll, auf das Gutachten des Bürgermeisters die Provinzial-Feuersozietät zu bestimmen. Der Bürgermeister hat dem Eigenthümer das Resultat seines Gutachtens sogleich, damit der letztere, wenn er es nöthig findet, seine Rechte bei der Provinzialdirektion vor deren Entscheidung näher ausführen könne, hiernächst aber auch die Entscheidung der Provinzialdirektion bekannt zu machen. Bei dieser Begutachtung und resp. Entscheidung dient die von dem Gebäude beigebrachte Beschreibung zur Grundlage, und wenn etwa diese wider Vermuthen über irgend einen wesentlichen Umstand nicht hinlängliche Auskunft gäbe, so kann solche von dem Eigenthümer selbst, oder von dem Bürgermeister, oder sonst nach Gutfinden auf dem kürzesten Wege erfordert werden.

§. 31.

Ist der Eigenthümer mit der Bestimmung der Provinzialdirektion zufrieden, so hat es dabei sein Bewenden; will er sich derselben aber nicht unterwerfen, so steht ihm der Weg des Rekurses an den Verwaltungsausschuß zu.

§. 32.

Die Bestimmung der Provinzialdirektion gilt aber jedenfalls einstweilen dergestalt, daß ein davon abweichendes Resultat des Rekursverfahrens erst von dem nächsten nach Beendigung desselben eintretenden ordentlichen Eintrittstermin ab (§. 12.) in Wirksamkeit tritt. Dem Eigenthümer bleibt jedoch unbenommen, bis zu eben diesem Zeitpunkte von der Versicherung ganz abzustehen.

§. 33.

Der ordentliche Beitrag wird hiermit für jede Jahresrate

in der I. Klassenabtheilung		A.	auf	15	Pfennige,
		B.	=	30	=
= = II.	=	A.	=	30	=
		B.	=	45	=
= = III.	=	A.	=	45	=
		B.	=	60	=

in der IV. Klassenabtheilung	A.	auf 60	Pfennige,
	B.	= 90	=
= = V. =	A.	= 90	=
	B.	= 120	=
= = VI. =	A.	= 120	=
	B.	= 150	=
= = VII. =	A.	= 150	=
	B.	= 210	=

von jedem Einhundert Thaler Versicherungswerth bestimmt.

§. 34.

Die vorbestimmte Klasseneintheilung und das Beitragsverhältniß der verschiedenen Klassen sollen von Zeit zu Zeit, mit Hülfe der inzwischen gesammelten Erfahrungen, einer neuen Prüfung durch die Provinzialvertretung, resp. deren Ausschuß, und das Resultat derselben Unserer Genehmigung unterworfen werden.

§. 35.

Es soll aus den Ueberschüssen der ordentlichen Beiträge ein eiserner Bestand bis auf die Höhe von 150,000 Thalern angesammelt werden, und eine Herabsetzung der Beitragssätze nach Maaßgabe der Erfahrung nicht eher stattfinden, als bis der eiserne Bestand angesammelt ist.

VIII. Bauliche Veränderungen während der Versicherungszeit.

§. 36.

Wenn während der Versicherungszeit in oder an dem Gebäude eine Veränderung oder Anlage gemacht wird, welche die Feuersgefahr in dem Maaße erhöhet, daß solche grundsätzlich die Versetzung des versicherten Gebäudes in eine andere, zu höheren Beiträgen verpflichtete Klasse nach sich ziehen würde, so ist der Versicherte verpflichtet, dem Bürgermeister binnen Monatsfrist davon Anzeige zu machen und sich der aus den getroffenen baulichen Abänderungen reglementsmäßig etwa folgenden Beitragserhöhung zu unterwerfen. Der Bürgermeister hat über diese Anzeige eine Bescheinigung zu ertheilen.

§. 37.

Wird die Anzeige nicht in Monatsfrist geleistet, so muß der Versicherte den vierfachen Betrag der Differenz zwischen den geringeren Beiträgen, welche er entrichtet hat, und den höheren, welche er hätte entrichten müssen, als Strafe zur Provinzial-Feuersozietätskasse einzahlen.

§. 38.

Dieser Strafbeitrag wird von dem Anfange des Jahres

an, in welchem die Anzeige hätte gemacht werden sollen, bis zu Ende des Jahres, in welchem dieselbe nachträglich gemacht oder anderweitig die Entdeckung der vorgenommenen Veränderung erfolgt ist, jedoch nicht über den Zeitraum von fünf Jahren hinaus, berechnet.

§. 39.

Dagegen wird zwar die durch die Veränderung erhöhete Feuersgefahr von der Sozietät von Anfang an mit übernommen; es muß aber, wo eine Versetzung des Gebäudes in eine andere zu höheren Beiträgen verpflichtete Klasse eintritt, der höhere Beitrag vom Anfange des Jahres an, in welchem die Veränderung stattgefunden hat, noch außer den Strafbeiträgen (§§. 37. und 38.) geleistet werden.

IX. Brandschadentaxe.

§. 40.

Bei jedem Brande ist die Entschädigung durch ein kontradiktorisches Verfahren festzustellen.

§. 41.

Diese Feststellung hat den Zweck, sowohl den Werth der unbeschädigt gebliebenen Theile des Gebäudes, als den Betrag derjenigen Kosten zu ermitteln, welcher erforderlich ist, um die vernichteten oder beschädigten Theile desselben in den Zustand vor dem Brande wieder herzustellen.

§. 42.

So wie ein Feuerschaden eingetreten ist, muß baldmöglichst und längstens innerhalb acht Tagen nach der vom Brande erhaltenen Nachricht eine Besichtigung des Schadens durch den Bürgermeister, unter Zuziehung des Beschädigten und eines von der Sozietät und eines vom Brandbeschädigten gewählten Sachverständigen, vorgenommen werden. Sind die beiden Sachverständigen, welche allein die Ermittelung des Schadens vorzunehmen haben, einer Meinung, so hat es bei ihrer Berechnung über den Werth der verbrannten und der erhaltenen Theile sein Bewenden; bei verschiedener Meinung wählen sie einen Obmann, und falls sie sich über die Person desselben nicht einigen, ernennt denselben der Oberpräsident der Provinz. Der Obmann entscheidet nur über die streitigen Punkte, nicht über die ganze Abschätzung. Gegen die also festgesetzte Schadenberechnung ist ein weiterer Rekurs nicht zulässig.

Den Obmann bezahlt der unterliegende Theil, von den Experten jede Parthei den ihrigen.

§. 43.

In einem Separatprotokolle muß zugleich Alles, was über die Entstehung und erste Entdeckung des Feuers, dessen Ausbreitung, die Dämpfung desselben, die zuerst angekommenen Spritzen und andere Löschungshülfen und über sonstige, die Sozietät nach Inhalt des gegenwärtigen Reglements angehende Gegenstände bekannt, und durch Zeugen oder sonst zu ermitteln ist, geschichtlich verzeichnet, und Jeder, der durch den Brand beschädigt ist, darüber, ob, wo und wie hoch er — sei es sein Immobiliar- oder Mobiliarvermögen — gegen Feuer versichert habe, umständlich vernommen werden.

§. 44.

Diese Verhandlungen (§. 43.) werden mit der Anzeige des stattgehabten Brandes sofort an die Provinzial-Feuersozietäts-Direktion eingesandt, und bis zur Rückäußerung derselben, insofern diese in acht Tagen nach der Schadenbesichtigung erfolgt, darf der Zustand der Brandstätte, außer wenn solches auf polizeiliche Anordnung geschieht, nicht verändert werden.

§. 45.

Auch wird eine Abschrift beider Verhandlungen (§§. 42. und 43.) acht Tage lang auf der Bürgermeisterei zu Jedermanns Einsicht ausgelegt und dies durch den Bürgermeister öffentlich bekannt gemacht. Erfolgen Einsprüche oder sonst auf den Brand oder die Schadenabschätzung sich beziehende Aeußerungen, so hat der Bürgermeister darüber eine Verhandlung aufzunehmen und diese, oder in deren Ermangelung die Anzeige von der geschehenen Bekanntmachung, nach Verlauf der acht Tage an die Provinzial-Feuersozietäts-Direktion einzusenden, alsdann auch die Liquidation derjenigen vorgekommenen Kosten, welche die Sozietät zu tragen hat, sogleich beizufügen.

X. Auszahlung der Brandvergütungsgelder.

§. 46.

Die Brandschadenvergütung wird für alle Beschädigung des versicherten Gebäudes durch Feuer geleistet, ohne daß die Art und der Grund der Entstehung des Feuers, er beruhe in höherer Macht, Zufall, Bosheit oder Muthwillen, darin einen Unterschied macht.

§. 47.

Wenn jedoch das Feuer von dem Versicherten selbst vorsätzlich verursacht, oder mit seinem Wissen und Willen, oder auf sein Geheiß von einem Dritten angelegt wird, so fällt die Verbindlichkeit der Sozietät zur Zahlung der Brandschadenvergütung fort.

Wegen bloßen Verdachts, daß der Versicherte das Feuer vorsätzlich verursacht habe, kann diese Zahlung nur dann vorenthalten werden, wenn der Verdacht so dringend ist, daß auf den Grund desselben wider ihn die Kriminal-Untersuchung eröffnet worden. In diesem Falle hängt es von dem Ausfall des Urtheils ab, ob die Brandschadenvergütung definitiv wegfällt, oder nach rechtskräftig entschiedener Sache nachzuholen ist. Wird nämlich der Versicherte freigesprochen, so muß die Nachzahlung erfolgen; im Falle einer Verurtheilung aber ist die Sozietät dazu nur dann verpflichtet, wenn das Gebäude hypothekarisch verpfändet ist, nachdem und insofern der Verkauf des sonstigen zur Hypothek mit verpfändeten Immobiliars zur Deckung der Schuld nicht hinreicht.

§. 48.

Ist der Brand entweder durch ein bloßes Versehen des Versicherten selbst, oder aber von seinem Ehegatten, Kindern oder Enkeln, oder von seinem Gesinde, oder von seinen Hausgenossen verursacht worden, so darf deshalb die Zahlung der Brandschadengelder von Seiten der Sozietät nicht verweigert oder vorenthalten werden. Der Sozietät bleibt aber in solchen Fällen der Civil=Anspruch auf Rückgewähr nach den allgemeinen Sätzen insoweit vorbehalten, als dem Versicherten, ersten Falls in seinen eigenen Handlungen, anderen Falls in der hausväterlichen Beaufsichtigung der vorgedachten Personen, eine grobe Verschuldung (culpa lata) zur Last fällt.

§. 49.

Ob und wie weit sonst die Sozietät gegen jeden Dritten, welcher den Ausbruch des Feuers verschuldet hat, im Wege des Civilprozesses auf Entschädigung klagen könne, wird nach den allgemeinen gesetzlichen Bestimmungen beurtheilt.

Alle Rechte und Ansprüche auf Schadenersatz aber, welche dem Versicherten selbst gegen einen Dritten zustehen möchten, gehen bis auf den Betrag der von der Sozietät geleisteten Brandschadenvergütung, kraft der Versicherung, auf die Sozietät über.

§. 50.

Derjenige Schaden, welcher im Kriege durch ein Feuer entsteht, welches, gleichviel ob von freundlichen oder feindlichen Truppen, nach Kriegsgebrauch, d. h. zu Kriegsoperationen oder zur Erreichung militairischer Zwecke, auf Befehl eines Heerführers oder Offiziers vorsätzlich erregt worden, wird von der Sozietät nicht vergütet.

§. 51.

Daß ein von Krieg führenden Truppen vorsätzlich erregtes Feuer zu militairischen Zwecken und also mit kriegsrechtmäßigem Vorsatz erregt worden, wird im zweifelhaften Falle vermuthet, wenn der Befehl dazu oder zu solchen Operationen, wovon der entstandene Brand eine nothwendige oder mit gewöhnlichem Verstande als wahrscheinlich vorauszusehende Folge gewesen, wirklich ertheilt worden ist.

§. 52.

Ein solcher Befehl selbst aber kann in Fällen, wo dessen Wirklichkeit, sei es geradezu, oder auch nur aus den erwiesenen begleitenden Umständen, nicht zu erweisen ist, nur dann vermuthet werden, wenn die Anzündung eines Gebäudes durch Truppen während eines Gefechts, oder auf einem Rückzuge im Angesichte des Gegners, oder während einer Belagerung, oder vor einer Belagerung bei Armirung des Platzes geschehen ist.

§. 53.

Feuerschäden, die im Kriege durch Ruchlosigkeit, Muthwillen oder Bosheit des Militairs und Armeegefolges, oder gar nur auf Veranlassung des Kriegszustandes entstehen, sind von der Brandvergütung durch die Sozietät keineswegs ausgeschlossen.

§. 54.

Eben so wenig sind von dieser Vergütung solche Beschädigungen der Gebäude ausgeschlossen, welche durch den Blitz, wenn solcher nicht gezündet, sondern blos zertrümmert hat, hervorgebracht worden, noch auch solche, welche einem assoziirten Gebäude zwar nicht durch das Feuer selbst, aber durch die Löschung des Feuers und zum Behuf derselben, oder um die weitere Verbreitung des Feuers zu verhüten, z. B. durch ein von der Ortspolizeibehörde unter Zuziehung von zwei achtbaren Männern angeordnetes oder doch nachher als nöthig oder nützlich zur Feuerlöschung nachgewiesenes Einreißen oder Abwerfen von Wänden, Dächern u. s. w. an den in der Versicherung begriffenen Theilen desselben zugefügt sind. Schäden aber, welche durch Erdbeben, Pulver- oder andere Explosionen oder ähnliche Naturereignisse verursacht sind, werden nur dann vergütet, wenn ein solches Ereigniß Feuer veranlaßt hat und die Schäden selbst also Brandschäden sind.

§. 55.

Bei Brandschäden wird, wenn die Versicherungssumme den Betrag der beiden nach §. 41. ermittelten Werthe,

a) der unbeschädigt gebliebenen Theile des Gebäudes, und

b) der Herstellungskosten rücksichtlich der beschädigten Theile

zusammengenommen erreicht, der dadurch festgestellte Betrag der Herstellungskosten als Brandschadenvergütung gewährt; ist aber die Versicherungssumme geringer, so wird diese Vergütung nur nach dem Verhältniß der Versicherungssumme zu der Hauptsumme der beiden nach §. 41. ermittelten Werthe geleistet.

Sollte gegen die Bestimmung des §. 13. die Versicherungssumme größer sein, so wird dennoch nur die von Sachverständigen resp. dem Obmann (§. 42.) festgestellte Werthsumme vergütet.

§. 56.

Die Zahlung der Vergütungsgelder an den Beschädigten geschieht, sofern er den Anspruch auf den Empfang derselben nicht verloren haben möchte, auf seine Erklärung, daß er das beschädigte Gebäude wieder herstellen wolle, in Viertelraten, und zwar der ersten Rate gleich nach stattgehabter Feststellung des Schadens zur Anschaffung des erforderlichen Baumaterials, und der folgenden Raten nach Maaßgabe der Wiederherstellung des Gebäudes, in allen Fällen auf Atteste des Bürgermeisters.

Leistet der Beschädigte für die genügende Verwendung der Vergütung eine von der Direktion als annehmbar erkannte Bürgschaft, so erlangt er dadurch auf die sofortige Zahlung des ganzen Betrages denselben Anspruch.

Auch wird ihm diese ganze Summe gleich gewährt, wenn er von der Wiederherstellung des beschädigten Gebäudes in dem unten näher angegebenen Wege dispensirt worden ist und keine hypothekarischen Verpflichtungen entgegenstehen.

§. 57.

Die Zahlung geschieht in der Regel (§. 59.) an den Versicherten, und darunter ist allemal der Eigenthümer des versicherten Gebäudes zu verstehen, dergestalt, daß in dem Falle, wenn das Eigenthum des Grundstücks, worauf das versicherte Gebäude steht oder gestanden hat, durch Veräußerung oder Vererbung u. s. w. auf einen Anderen übergeht, dann zugleich alle aus dem Versicherungs-Vertrage entspringenden Rechte und Pflichten für übertragen geachtet werden.

§. 58.

Wird der Wiederaufbau — falls nicht von demselben in vorgeschriebenem Wege dispensirt worden ist — innerhalb zehn Jahren nicht vollführt, so verliert der Beschädigte sein Anspruchsrecht an die noch nicht gezahlten Entschädigungsgelder, und fallen dieselben alsdann der Sozietät zu. Im Falle ein nachgewiesenes gesetzliches Hinderniß dem Wiederaufbau entgegensteht, soll diese Frist von zehn Jahren mit dem Tage anfangen, wo jenes Hinderniß gehoben wird. Die Sozietät hat jedoch in keinem Falle Zinsen zu zahlen.

§. 59.

Im Falle der Beschädigte wieder zu bauen erklärt, werden die Brandvergütungsgelder lediglich zur Wiederherstellung der Gebäude gezahlt und hat daher kein Realgläubiger das Recht, daraus wider den Willen des Versicherten seine Befriedigung zu verlangen, und findet also auch kein Arrestschlag auf dieselben statt.

Wird aber von der Wiederherstellung überhaupt oder auf der nämlichen Baustelle dispensirt (§. 62. und 63.), so muß den im §. 11. bezeichneten Hypothekgläubigern gleichzeitig davon

Nachricht ertheilt, und kann eine Zahlung an den Versicherten keinesfalls eher als vier Wochen nach Abgang dieser Benachrichtigung geleistet werden. Seine Rechte demgemäß wahrzunehmen, bleibt jedem solchen Gläubiger selbst überlassen.

XI. Folge des Brandunglücks in Bezug auf den Austritt des Versicherten aus der Sozietät und auf die Wiederherstellung des Gebäudes.

§. 60.

Wer ein Gebäude durch Brand gänzlich verliert, wird in Ansehung desselben, ohne daß es dazu seiner Erklärung bedarf, als ein solcher angesehen, der mit dem Eintritt des Brandes aus der Sozietät ausgetreten und nur noch zu allen Beiträgen des laufenden Jahres, in welchem der Brand Statt hatte, verpflichtet ist. Wenn er also mit dem wieder hergestellten Gebäude ferner versichert bleiben will, so muß er sich von Neuem in die Sozietät aufnehmen lassen.

§. 61.

Ist aber der Brandschaden nur partiell gewesen, so wird durch das Ereigniß des Brandes an sich, der aus §. 26. folgenden Befugnisse unbeschadet, der Versicherungsvertrag in keiner Rücksicht unterbrochen, und es muß nur nach Wiederherstellung des Gebäudes den Erfordernissen der §§. 16. bis 22. von Neuem Genüge geleistet und das Kataster erforderlichen Falls darnach berichtigt werden.

§. 62.

In der Regel hat jeder Assoziirte, welcher ein Gebäude durch Brand verliert, gegen die Gesellschaft die Verpflichtung, das abgebrannte Gebäude auf demselben Grundstücke wieder herzustellen, und nur unter dieser Bedingung auf die Auszahlung der Vergütungsgelder Anspruch. Wünscht er von dieser Verpflichtung oder überhaupt vom Wiederaufbau entbunden zu werden, so hat er solches unter Anführung der dafür sprechenden Gründe dem Bürgermeister zu erklären, die Zustimmung der etwanigen Hypothekgläubiger oder nöthigenfalls den Nachweis der Hypothekenfreiheit beizubringen, worauf der Bürgermeister das Gesuch mit seinem und dem Gutachten des Sammtgemeinderaths der Regierung vorzulegen hat, welcher die schließliche Entscheidung über dasselbe zusteht.

§. 63.

Auch sind Unsere Regierungen befugt, die Wiederherstellung eines abgebrannten Gebäudes entweder überhaupt oder auf der alten Baustelle aus polizeilichen Rücksichten zu untersagen, und in diesem Falle darf dem Beschädigten die Vergütung, soweit sie ihm sonst gebührt, nicht vorenthalten werden.

XII. Beamte der Sozietät.

§. 64.

Zur Führung der Feuersozietäts-Geschäfte besteht eine Provinzial-Feuersozietäts-Direktion, welche ihren permanenten Sitz an dem Orte hat, wo der Oberpräsident der Provinz residirt.

§. 65.

Diese Direktion besteht aus einem Direktor, einem Inspektor und einem Rendanten, nebst den noch sonst nöthigen Büreaubeamten und Dienern, nach dem für die Provinzial-Feuersozietäts-Direktion in deren Etat näher zu bestimmenden Bedürfniß.

§. 66.

Unmittelbar unter der Provinzial-Feuersozietäts-Direktion werden die Angelegenheiten der Gesellschaft von den Kreislandräthen und Bürgermeistern, sowie von den mit der Beitragsrezeptur beauftragten Elementar-Steuererhebern besorgt.

§. 67.

Der Direktor führt die ganze Verwaltung der Gesellschaft und ist für die Sicherheit der Kasse mit verantwortlich. Alle Verhandlungen werden unter der Rubrik:

„Rheinische Provinzial-Feuersozietäts-Direktion"

von ihm vollzogen.

§. 68.

Der Inspektor ist der Geschäftsgehülfe des Direktors und vertritt in Fällen kürzerer Abwesenheit, Krankheit und dergleichen die Stelle desselben.

Insonderheit aber liegt ihm die Führung der Katasterbücher und die Verantwortlichkeit dafür ob, daß in denselben jede Veränderung zu gehöriger Zeit vermerkt und überhaupt solche stets in Ordnung erhalten werden; desgleichen ist die Beaufsichtigung des Geschäftsbetriebes der Lokalbehörden seine besondere Pflicht.

§. 69.

Der Rendant ist Einnehmer und Ausgeber, Kassen- und Rechnungsführer, und für die Sicherheit der Kasse zunächst verantwortlich, auch übrigens den nämlichen Vorschriften und Verpflichtungen unterworfen, welche allen öffentlichen Kassenbeamten auferlegt sind.

§. 70.

Den Bürgermeistern liegt, als den eigentlichen Lokalagenten der Sozietät, alles dasjenige ob, was das gegenwärtige Reglement ihnen auferlegt, und die Elementar-Steuererheber haben außer der Einhebung der Beiträge auch noch die Pflicht, wegen der daraus zu leistenden Zahlungen die ihnen zugehenden Anweisungen zu befolgen.

§. 71.

Die sämmtlichen Beamten der Provinzial-Feuersozietäts-Direktion (§. 65.) beziehen ein fixirtes Gehalt nach einem Etat, welcher für eine bestimmte Reihe von Jahren von der Provinzial-Feuersozietäts-Direktion entworfen, von dem Provinziallandtage festgestellt und auf den Antrag Unseres Oberpräsidenten von Unserem Ministerium des Innern genehmigt wird.

§. 72.

Die Landräthe fungiren unentgeltlich; die Bürgermeister sowohl als die Elementar-Steuererheber aber erhalten eine Vergütung von zwei Prozent von der Einnahme.

§. 73.

Reisekosten und Reisediäten werden nach Maaßgabe der Verordnung vom 10. Juni 1848 liquidirt.

§. 74.

Außerdem erhält in der Regel kein Beamter der Sozietät für etwanige Sozietätsgeschäfte, ohne Unterschied, ob solche auf Rechnung der Sozietätskasse oder eines einzelnen Privatinteressenten zu besorgen wären, irgend eine Remuneration.

§. 75.

Der Provinzial-Feuersozietäts-Kassenrendant muß eine Kaution von dreitausend Thalern Preußisch Kurant in öffentlichen inländischen Effekten, welche außer Kurs gesetzt worden, bestellen, und ist das Kautionsinstrument nebst den Effekten entweder bei dem Provinzialdirektor oder bei Unserem Oberpräsidenten aufzubewahren.

Die Kaution der Elementar-Steuererheber soll so abgemessen und regulirt werden, daß sie für sämmtliche ihnen anvertrauten Nebenfonds und also auch für die Feuersozietäts-Beiträge mithaftet.

§. 76.

Die Anstellung des Provinzial-Feuersozietäts-Direktors geschieht in der Art, daß der Provinziallandtag denselben entweder auf eine gewisse Reihe von Jahren (nicht unter sechs Jahre) oder nach Gutfinden auf Lebenszeit wählt; diese Wahl unterliegt aber Unserer Allerhöchsten Genehmigung.

§. 77.

Die Anstellung des Provinzial-Feuersozietäts-Inspektors und des Provinzial-Kassenrendanten geschieht dergestalt, daß der Provinzial-Feuersozietäts-Direktor dem Provinziallandtage für jede dieser Stellen mehrere geeignete Kandidaten präsentirt, und letzterer dann aus ihnen entweder auf eine gewisse Reihe von Jahren (nicht unter sechs Jahre) oder nach Befinden auf Lebenszeit wählt; diese Wahl unterliegt alsdann, auf den Antrag des Oberpräsidenten, der Genehmigung Unseres Ministers des Innern.

§. 78.

Die Anstellung der Büreaubeamten und Diener (§. 65.) bleibt innerhalb der durch den Etat festgestellten Schranken dem Provinzial-Direktor überlassen.

§. 79.

Der Provinzialdirektor, Inspektor und Rendant sind in Beziehung auf die mit ihrem Amtsverhältniß verbundenen allgemeinen Rechte und Pflichten nach den für Unsere unmittelbaren Staatsbeamten vorhandenen gesetzlichen Vorschriften zu beurtheilen; alle anderen Büreaubeamten und Diener werden auf Kündigung angestellt, so daß sie der Provinzial-Feuersozietäts-Direktor nach gehörig geschehener Kündigung beliebig wieder entlassen kann.

§. 80.

Blos die Bestallung für den Provinzial-Feuersozietäts-Direktor wird von Unserem Minister des Innern unmittelbar ausgefertigt und kontrasignirt, und von Uns höchstselbst vollzogen. Die Bestallung des Provinzial-Inspektors und Provinzial-Kassenrendanten werden von dem Provinzial-Feuersozietäts-Direktor ausgefertigt und kontrasignirt, und von Unserem Minister des Innern vollzogen.

Die Bestallungen der übrigen Beamten werden lediglich von dem Provinzial-Feuersozietäts-Direktor ausgefertigt und vollzogen.

§. 81.

Mit der Verpflichtung der Sozietätsbeamten wird es überall in ähnlicher Art, wie bei Unseren landesherrlichen Beamten gehalten.

Dem Provinzialdirektor wird der Eid durch den Oberpräsidenten, allen übrigen Sozietätsbeamten hingegen durch den Provinzialdirektor abgenommen.

XIII. Geschäftsführung der Sozietät.

§. 82.

Bei der Provinzial-Feuersozietäts-Direktion wird ein Kataster und für jede Bürgermeisterei ein Duplikat desselben geführt, welches alle, das Feuerversicherungsgeschäft betreffende Haupthandlungen nachweisen muß.

§. 83.

Damit aus den Katasterbüchern in Zusammenstellung mit den Provinzial-Feuersozietäts-Kassenrechnungen zu jeder Zeit alle, das Feuersozietätswesen betreffende Data und Zusammenstellungen mit Leichtigkeit und Gleichförmigkeit entnommen werden können, so ist das Bürgermeisterei-Kataster in zweifacher Ausfertigung, für jede Gemeinde oder Ortschaft besonders, und zwar geordnet nach der Reihenfolge der einzelnen darin belegenen Gehöfte nach dem vorgeschriebenen Formulare anzulegen und weiter durchzuführen.

§. 84.

Die vorfallenden Veränderungen (Eintreten neuer oder Austreten bisheriger Theilnehmer, Erhöhung oder Herabsetzung der Versicherungssummen und Versetzungen aus einer Klasse in die andere) werden, sobald solche als statthaft anerkannt sind, in die dazu besonders bestimmten Kolonnen und ebenso die Vermerke für Hypothekgläubiger, so lange die Uebersichtlichkeit des Ganzen es gestattet, nachgetragen; wenn aber dergleichen Veränderungen und Vermerke sich in einem Ortskataster zu sehr häufen, so ist dann ein neues Ortskataster in duplo anzufertigen, um an die Stelle des alten gebracht zu werden; das alte wird alsdann aus den Büchern entfernt und zu den Akten gebracht.

§. 85.

Damit aber immer vollkommene Uebereinstimmung zwischen dem Katasterexemplar der Direktion und dem des Bürgermeisters erhalten werde, muß letzterer alljährlich, sogleich nach Berichtigung der Eintragungen und Vermerke, die mit dem Anfange des neuen Jahres in Wirkung treten, eine getreue und von ihm beglaubigte Abschrift aller Veränderungs- und hypothekarischen Vermerke, welche seit dem Zeitpunkte der vorjährigen gleichartigen Berichtserstattung stattgefunden haben, in duplo berichtlich an die Provinzial-Feuersozietäts-Direktion einsenden, und letztere hat demselben das Duplikat, mit den Attesten der Richtigkeit und geschehenen Eintragung in das bei der Direktion beruhende Kataster versehen, binnen längstens drei Monaten zurückzusenden.

§. 86.

Solche Anträge auf sofortigen Eintritt in die Sozietät, welche mit der in §. 12. bezeichneten Verpflichtung angebracht werden, können zu jeder Zeit an den Bürgermeister gelangen; dieser hat alsdann die Zulässigkeit zu prüfen, und wenn er dagegen nichts zu erinnern findet, sie sofort an die Sozietäts-Direktion einzusenden.

Wird der Antrag auch bei der letzteren als annehmbar erkannt, so tritt er gleich an dem Tage in Kraft, an welchem er von dem Bürgermeister als zulässig erachtet worden ist, worüber derselbe dem Anmeldenden eine vorläufige Bescheinigung zu ertheilen hat; in diesem Falle datirt die Genehmigung der Direktion von demselben Tage, im Falle der Nichtannehmbarkeit aber sendet sie den Antrag mit den nöthigen Bemerkungen zurück.

Bei der Genehmigung wird ein Quittungsbuch über die Versicherung ertheilt.

§. 87.

Zur Einhebung der Feuersozietätsbeiträge erhält jeder Elementar-Steuererheber eine besondere Heberolle.

Diese wird bei der Direktion für jeden Hebebezirk angefertigt und durch die Vermittelung der Landräthe und Bürgermeister den resp. Erhebern zugestellt.

§. 88.

Uebrigens sind die Kassengeschäfte so zu betreiben, daß alle Geldversendungen zwischen der Provinzial-Feuersozietätskasse und den einzelnen Feuerkassen-Rezepturen, unter Vermittelung der Regierungs-Hauptkassen, möglichst vermieden, die der ersteren obliegenden Zahlungen auf die letzteren angewiesen und demnach von den letzteren an die erstere, soviel irgend thunlich, nur Quittungen über die auf Anweisung geleisteten Zahlungen eingesandt werden.

§. 89.

Zu diesem Zwecke kann, wiewohl die Provinzial-Feuersozietäts-Direktion ihrerseits alle Zahlungsanweisungen an die Provinzial-Feuersozietätskasse ergehen läßt, der Rendant der letzteren alle vorkommenden Zahlungen, unter Beobachtung der ihm dieserhalb zu ertheilenden Vorschriften, auf die einzelnen Feuerkassen-Rezepturen anweisen.

§. 90.

Die einzelnen Feuerkassen-Rezepturen leisten aber alle Auszahlungen ihrerseits nur im Namen und für Rechnung der Provinzial-Feuersozietätskasse auf deren allgemeine oder besondere Anweisung, und dürfen keine Auszahlung ohne solche Anweisung leisten.

§. 91.

Alle Zahlungen ohne Unterschied müssen also bei der Provinzialdirektion nachgesucht und justifizirt, und von ihr festgesetzt und angewiesen werden.

§. 92.

Daß und wie bei den von der Provinzialdirektion und dem Rendanten der Haupt-Feuersozietätskasse ausgehenden Dispositionen und der dabei eintretenden Vermittelung der Regierungs-Hauptkassen die Einrichtung so zu treffen, daß bei jedem Elementar-Steuererheber in den festzusetzenden Fristen aller und jeder Bestand aufgeräumt werde, wird besonderen Instruktionen vorbehalten.

§. 93.

Was die Rechnungsabnahme betrifft, so findet solche bei den einzelnen Feuerkassen-Rezepturen nicht eigentlich statt; es hat vielmehr nur alljährlich längstens bis drei Monate nach Neujahr jeder Elementar-Steuererheber seine völlig erledigte Original-Heberolle an die Provinzialdirektion einzusenden.

§. 94.

Darauf zu halten, daß die Ablieferung der Heberollen und der Beiträge selbst resp. baar und in Quittungen über die auf Anweisung geleisteten Zahlungen prompt erfolge, und zu dem Zwecke bei der Provinzial-Feuersozietäts-Kasse für jeden Elementar-Steuererheber ein besonderes Konto führen zu lassen, liegt der Provinzialdirektion bei eigener Verhaftung ob.

§. 95.

Die Provinzial-Feuersozietätskasse hingegen legt alljährlich eine förmliche und vollständige Rechnung ab.

§. 96.

Diese wird zunächst von dem Provinzial-Feuersozietäts-Direktor revidirt und muß mit dessen Gutachten (oder Revisionsprotokoll) binnen längstens sechs Monaten nach dem Schluß des betreffenden Jahres an den Oberpräsidenten eingereicht werden, welcher darauf die vorläufige Decharge ertheilt, jede solche Rechnung aber dem nächsten Provinziallandtage vorlegt. Dem letzteren steht die Superrevision und die Ertheilung der endlichen Decharge zu. Auch muß alljährlich zugleich bei Ertheilung der vorläufigen Decharge der summarische Inhalt der Rechnung selbst, so daß daraus die Versicherungssummen, nach den Klassen gesondert, die Summen der ordentlichen und resp. außerordentlichen Beiträge, die Summe der gezahlten Brandvergütungsgelder, nach Klassen gesondert, die Summe der Gehalte u. s. w. zu entnehmen sind, durch die Amtsblätter zur öffentlichen Kenntniß gebracht und eine Ausfertigung dieser Bekanntmachung an das Ministerium des Innern eingesandt werden.

§. 97.

Die Justifikation der Kasseneinnahmen erfolgt auf folgende Weise:

a) Das Soll der ordentlichen Beiträge wird durch ein, das Resultat der Heberollen darstellendes Attest der Direktion belegt;
b) von denjenigen Theilnehmern, welche im Laufe des Jahres eintreten und resp. ihre Versicherungssumme erhöhen lassen, oder welche eine nothwendige Heruntersetzung der letzteren erleiden, oder Strafbeiträge zu entrichten, oder Beitrags-Erhöhungen nachzuzahlen verpflichtet sind (§§. 12., 26., 32., 37. bis 39.), hat die Provinzialdirektion eine be-

sondere Designation, oder aber ein Attest, daß Zu- und Abgang dieser Art nicht stattgefunden habe, zum Rechnungsbelage auszufertigen.

c) ein etwaniger außerordentlicher Beitrag wird durch das Ausschreiben der Provinzial-Feuersozietäts-Direktion (§. 27.) in beglaubigter Ausfertigung und eine etwanige andere außerordentliche Einnahme (z. B. aus §§. 48. und 49.) durch die ausgefertigte Vereinnahmungsordre derselben belegt; und

d) wenn wider Erwarten Beiträge in Rückstand bleiben, so sind solche Reste durch besondere Atteste, und wenn sie gar unbeibringlich werden sollten, durch besondere Niederschlagungsordres der Provinzialdirektion nachzuweisen.

§. 98.

Bei der Ausgabe ist die Hauptpost „an bezahlten Brandvergütungs-Geldern" durch förmlich ausgefertigte Festsetzungsdekrete und resp. Zahlungs-Ordres der Provinzialdirektion, imgleichen durch gehörige Quittungen der Empfänger zu justifiziren. Die feststehenden Verwaltungsausgaben, als Gehalte u. dgl., werden durch die gehörig genehmigten Etats und durch kassenmäßige Quittungen, und die Tantiemen der Elementar-Erheber durch die Summen der von ihnen eingehobenen Gelder justifizirt.

§. 99.

Andere Generalkosten, dergleichen z. B. bei den Schadenaufnahmen, bei den von Amtswegen stattfindenden Revisionen und ähnlichen Gelegenheiten vorfallen, oder auch auf Prämien und dergleichen verwandt werden, kann die Provinzialdirektion insoweit, als sich solche auf die Bestimmungen des gegenwärtigen Reglements gründen, selbst approbiren, und gilt hierbei als Regel, daß Staats- oder Kommunalbeamte, soweit sie nicht unentgeltlich zu fungiren und zu reisen verpflichtet sind, Handwerksmeister u. s. w. an Diäten, Versäumniß- und Zehrungskosten, Reisegelder u. s. w. nach eben denjenigen Sätzen remunerirt werden, die ihnen bei ähnlichen Geschäften für öffentliche Rechnung aus Unseren Staatskassen zukommen würden.

§. 100.

Um in Uebereinstimmung mit §. 83. die künftige Uebersicht aller das Feuersozietätswesen betreffenden Daten zu erleichtern, müssen alle Jahresrechnungen nach folgender Form angelegt werden:

1) Bei der Einnahme sind die ordentlichen Beiträge in dem ersten Einnahmetitel für jede Klasse abgesondert, und bei jeder mit Angabe der Generalsumme der die betreffende Klasse konstituirenden Versicherungs-Kapitalien und des für die Abtheilung reglementsmäßig stattfindenden Pro-

zentsatzes, in Rechnung zu stellen, wogegen dann die außerordentlichen Beiträge, da sie schon von selbst nach den ordentlichen proportioniren, in dem zweiten Einnahmetitel ohne diese Unterscheidungen in folle verrechnet werden können, und

2) bei der Ausgabe muß in dem ersten Ausgabetitel an bezahlten Brandvergütungsgeldern jeder einzelne Brandunfall namentlich aufgeführt und in besonderen Kolonnen vorn die Versicherungssumme des Gebäudes nachgewiesen, die Beitragsklasse, zu der es gehört, bezeichnet und die Summe der stattgefundenen Beschädigung (§. 55.) vermerkt werden.

§. 101.

Die Provinzial-Feuersozietätskasse muß regelmäßig in jedem Monat revidirt, außerdem aber von Zeit zu Zeit, jedoch wenigstens einmal jährlich, einer außerordentlichen Revision nnterworfen werden.

Die ordentlichen Revisionen liegen dem Provinzial-Feuersozietäts-Direktor ob; außerordentliche Revisionen kann aber sowohl derselbe, als Unser Oberpräsident veranlassen.

§. 102.

Was die Elementar-Steuererheber anlangt, so liegt die Revision ihrer Rezepturen den resp. Steuerkontroleurs ob, die auch ihrerseits darauf zu achten und zu halten haben, daß die Feuersozietäts-Beiträge gehörig eingezogen und die darauf angewiesenen Zahlungen gehörig geleistet werden.

Die Bürgermeister an dem Wohnorte des Erhebers haben sich bei diesen Revisionen regelmäßig einzufinden und in Bezug auf die Feuersozietäts-Angelegenheiten daran Theil zu nehmen.

Auch die Landräthe, imgleichen der Feuersozietäts-Inspektor, haben darauf zu wachen, daß diesem allen gehörig genügt werde.

XIV. Verfahren in Rekurs- und Streitfällen.

§. 103.

Beschwerden über das Verfahren der Ortsbehörden oder Anfragen der letzteren sind zunächst bei der Provinzial-Feuersozietäts-Direktion und weiterhin bei dem Oberpräsidenten der Provinz, in höchster Instanz aber bei Unserem Ministerium des Innern anzubringen; die Beschwerden, welche über die Provinzial-Feuersozietäts-Direktion selbst anzubringen, und die Anfragen, welche von dieser zu machen sein möchten, gelangen zunächst an den Oberpräsidenten, und weiterhin gleichfalls an Unser Ministerium des Innern.

§. 104.

Es muß jedoch auch jedem Provinziallandtage durch den Oberpräsidenten ein zu diesem Zweck abgefaßter allgemeiner Bericht der Provinzial-Feuersozietäts-Direktion über den Zustand der Sozietät vorgelegt werden, welchem dann zugleich die noch nicht dechargirten Rechnungen (§. 96.) anzuschließen sind, nicht minder jederzeit der dermalen geltende Verwaltungskosten-Etat beizufügen ist.

Dem Provinziallandtage steht frei, sich bei dieser Gelegenheit alle Verhandlungen der Provinzialdirektion vorlegen zu lassen, und wenn sich darin Anlaß zu Bemerkungen findet, solche in Form der Petitionen zur Sprache zu bringen.

§. 105.

Für Streitigkeiten, welche über gegenseitige Rechte und Verbindlichkeiten zwischen der Sozietät und einem oder mehreren Assoziirten entstehen, verbleibt es bei dem ordentlichen Wege Rechtens, wenn der Streit sich auf die Frage bezieht, ob der (angeblich) Assoziirte rücksichtlich eines ihn betreffenden Brandschadens überhaupt als zur Sozietät gehörig zu betrachten, oder aber ihm überhaupt eine Brandschadenvergütung zu versagen sei oder nicht.

Doch versteht sich von selbst, daß auch in diesen Fällen ein Kompromiß auf schiedsrichterliche Entscheidung nach Vorschrift der Gesetze zulässig ist.

XV. Beistand, auf welchen die Feuersozietät Anspruch zu machen hat.

§. 106.

Jeder angestellte Baubeamte ist schuldig, innerhalb seines Geschäftskreises den Requisitionen der Direktion zu Tax- und Brandschaden-Aufnahmen zu genügen, und die vorgesetzte Regierung wird ihn nöthigenfalls dazu anhalten. Sind dabei Reisen nöthig, so bezieht der Baubeamte die reglementsmäßigen Diäten und Fuhrkosten, wie solche der Staat vergütet, in seinem Wohnorte oder im Umkreise einer Meile von demselben aber nur die Diäten seines Grades.

§. 107.

Jeder sachverständige Bauhandwerker ist verpflichtet, auf die Aufforderung der Direktion, der für solche handelnden Ortsbehörde oder auch des kompetenten Baubeamten, in den Tax- oder Schadens-Aufnahmeterminen sich einzufinden und als Sachverständiger zu fungiren, wofür er die gesetzlichen oder ortsherkömmlichen Tagegelder bezieht.

§. 108.

Jede öffentliche Behörde soll verpflichtet sein, der Feuersozietäts-Direktion jede von derselben erbetene und zu ihrem (der requirirten Behörde) Geschäftskreise gehörige Auskunft, so weit nicht besondere gesetzliche Bedenken entgegenstehen, zu ertheilen.

XVI. Prämien und Entschädigungen, welche die Sozietät gewährt.

§. 109.

Zu Prämien und Belohnungen für vorzüglich wirksam gewordene Brandhülfeleistungen oder zum Ersatz außerordentlicher Beschädigungen, soweit hierbei das gegenwärtige Reglement nicht entgegensteht, soll alljährlich im Etat eine bestimmte Summe ausgesetzt werden, über welche zu den gedachten Zwecken die Provinzial-Feuersozietäts-Direktion zu disponiren hat.

Gegeben Sanssouci, den 1. September 1852.

(L. S.) Friedrich Wilhelm.

Für den Minister des Innern:
v. Manteuffel.

I. 4623. Rhein. Gen. 85.

131.

Bekanntmachung vom 28. Sept. 1852, — betreffend die Territorial-Eintheilung der Friedensgerichte in der Rheinprovinz.

Verfügung vom 25. Juli 1821 (Rhein. Sammlung Bd. II. S. 136—152).

Die vielfachen Veränderungen, welche in der Territorial-Eintheilung der Rheinischen Friedensgerichte seit der Veröffentlichung der in der Rheinischen Sammlung Bd. II. S. 140—152 abgedruckten Tabelle eingetreten sind, haben den Justiz-Minister veranlaßt, eine neue, den gegenwärtigen Territorial-Zustand der Friedensgerichte nachweisende Uebersicht anfertigen zu lassen, welche den Gerichtsbehörden und Justiz-Beamten hierdurch zur Kenntniß mitgetheilt wird.

Berlin, den 28. September 1852.

Der Justiz-Minister
Simons.

An
sämmtliche Gerichtsbehörden.

I. 4366. Rh. Gen. 47. Vol. III.

Territorial-Eintheilung der Friedensgerichte in der Rheinprovinz.

Friedensgerichte.	Bürgermeistereien.		Verwaltungskreis.
	I. Landgerichts-Bezirk Aachen.		
1. Aachen Nr. I.	1. Aachen		Aachen Stadtkreis.
2. Aachen Nr. II.	1. Alsdorf	6. Würselen	Aachen Landkreis.
	2. Herzogenrath	7. Laurensberg	
	3. Merkstein	8. Weiden	
	4. Rimburg	9. Haaren	
	5. Bardenberg	10. Heiden	
3. Burtscheid	1. Brand	4. Forst	
	2. Burtscheid	5. Büsbach	
	3. Cornelymünster	6. Walheim	
4. Eschweiler	1. Broich	4. Stolberg	
	2. Gressenich	5. Eschweiler	
	3. Höngen		
5. Geilenkirchen	1. Bäsweiler	9. Randerath	Geilenkirchen.
	2. Birgden	10. Scherpenseel	
	3. Brachelen	11. Schummerquartier	
	4. Frelenberg		
	5. Gangelt	12. Teveren	
	6. Geilenkirchen	13. Uebach	
	7. Immendorf	14. Wurm	
	8. Puffendorf		
6. Heinsberg	1. Aphoven	12. Millen	Heinsberg.
	2. Birgelen	13. Myhl	
	3. Braunsrath	14. Oberbruch	
	4. Breberen	15. Ratheim	
	5. Dremmen	16. Säffelen	
	6. Haaren	17. Tüdderen	
	7. Havert	18. Waldenrath	
	8. Heinsberg	19. Waldfeucht	
	9. Hilfarth	20. Wassenberg	
	10. Karken	21. Wehr	
	11. Kirchhoven		
7. Erkelenz	1. Doveren	5. Kl. Gladbach	Erkelenz.
	2. Erkelenz	6. Körrenzig	
	3. Immerath	7. Lövenich	
	4. Keyenberg		
8. Wegberg *)	1. Beck	4. Elmpt	
	2. Schwanenberg	5. Niederkrüchten	
	3. Gerderath	6. Wegberg	

*) In Niederkrüchten werden periodische Gerichtssitzungen abgehalten.

Friedensgerichte.	Bürgermeistereien.		Verwaltungskreis.
9. Jülich	1. Hambach	4. Rödingen	Jülich
	2. Hottorf	5. Steinstraß	
	3. Jülich	6. Titz	
10. Aldenhoven	1. Aldenhoven	7. Inden	
	2. Barmen	8. Kirchberg	
	3. Coslar	9. Linnich	
	4. Dürwiß	10. Rördorf	
	5. Ederen	11. Setterich	
	6. Freyaldenhoven	12. Siersdorf	
		13. Weltz	
11. Düren	1. Arnoldsweiler	10. Niederzier	Düren
	2. Birgel	11. Nothberg	
	3. Birkesdorf	12. Pier	
	4. Düren	13. Weißweiler	
	5. Echtz	14. Binsfeld	
	6. Lamersdorf	15. Nörvenich	
	7. Langerwehe	16. Olsheim	
	8. Merken	17. Straaß (Straß)	
	9. Merzenich		
12. Niedeggen	1. Stockheim	6. Froitzheim	
	2. Keltz	7. Füßenich	
	3. Bergstein	8. Niedeggen	
	4. Bürvenich	9. Sievernich	
	5. Drove	10. Wollersheim	
13. Montjoie	1. Dedenborn	7. Lammersdorf	Montjoie
	2. Eicherscheid	8. Montjoie	
	3. Höfen	9. Rötgen	
	4. Imgenbroich	10. Ruhrberg	
	5. Kalterherberg	11. Schmidt	
	6. Kesternich	12. Simmerath	
14. Eupen *)	1. Eupen	5. Lontzen	Eupen
	2. Eynatten	6. Raeren	
	3. Hergenrath	7. Walhorn	
	4. Kettenis	8. Moresnet	
15. Malmedy	1. Bellevaux	4. Malmedy	Malmedy
	2. Büllingen	5. Weismes	
	3. Büttgenbach		
16. St. Vieth	1. Amel	3. Lommersweiler	
	2. Crombach	4. Manderfeld	

*) Der Ort Moresnet, dessen Namen die Bürgermeisterei führt, liegt nicht in derselben, sondern in Belgien 1/3 Meile von der Grenze entfernt. Das Terrain der Bürgermeisterei liegt zwischen der Belgischen Grenze und der Bürgermeisterei Hergenrath.

Friedensgerichte.	Bürgermeistereien.		Verwaltungskreis.
16. St. Vieth	5. Meirode	8. St. Vieth	Malmedy
	6. Reche	9. Schönberg	
	7. Reuland	10. Thommen	
17. Gemünd	1. Bleibuir	8. Keldenich	Schleiden
	2. Dreiborn	9. Hellenthal	
	3. Eicks	10. Call	
	4. Gemünd	11. Schleiden	
	5. Heimbach	12. Bußem	
	6. Wallenthal	13. Weyer	
	7. Wolseiffen	14. Nöthen	
18. Blankenheim	1. Blankenheim	6. Udenbreth	
	2. Dollendorf	7. Cronenburg	
	3. Hollerath	8. Marmagen	
	4. Lommersdorf	9. Wahlen	
	5. Tondorf	10. Holzmühlheim	
	II. **Landgerichts-Bezirk Bonn.**		
1. Bonn Nr. I.	1. Bonn	3. Vilich	Bonn
	2. Poppelsdorf		
2. Bonn Nr. II.	1. Hersel	4. Oedekoven	
	2. Sechtem	5. Godesberg	
	3. Walldorf	6. Vilip	
3. Lechenich	1. Erp	5. Lommersum	Euskirchen
	2. Friesheim	6. Liblar	
	3. Gimnich	7. Weilerswist	
	4. Lechenich		
4. Zülpich *)	1. Commern	6. Satzvey	
	2. Enzen	7. Sinzenich	
	3. Euskirchen	8. Wachendorf	
	4. Frauenberg	9. Wichterich	
	5. Nemmenich	10. Zülpich	
5. Rheinbach **)	1. Adendorf	4. Cuchenheim	Rheinbach
	2. Ollheim	5. Münstereiffel	
	3. Rheinbach		
6. Eitorf	1. Ruppichteroth	3. Herchen	Sieg
	2. Eitorf	4. Much	
7. Hennef	1. Hennef	4. Uckerath	
	2. Lauthausen	5. Oberpleis	
	3. Neunkirchen		
8. Königswinter	1. Königswinter	3. Menden	
	2. Obercassel		

*) In Euskirchen werden periodische Gerichtssitzungen abgehalten.
**) Desgl. in Münstereiffel.

Friedensgerichte.	Bürgermeistereien.		Verwaltungs-kreis.
9. Siegburg	1. Lohmar 2. Niedercassel 3. Siegburg	4. Sieglahr (Sieglar) 5. Wahlscheid	Sieg
10. Waldbröl	1. Waldbröl 2. Dattenfeld	3. Morsbach 4. Wissen *)	Waldbröl
11. Eckenhagen	1. Eckenhagen 2. Denklingen	3. Friesen-hagen **)	Waldbröl
III. Landgerichts-Bezirk Cleve.			
1. Cleve	1. Cleve 2. Keeken 3. Griethausen 4. Materborn	5. Cranenburg 6. Niel 7. Grieth 8. Till	Cleve
2. Goch	1. Keppelen 2. Goch 3. Pfalzdorf 4. Asperden	5. Kessel 6. Uedem 7. Calcar 8. Appeldorn	Cleve
3. Geldern	1. Geldern 2. Kevelär 3. Weeze 4. Kervenheim 5. Capellen	6. Issum 7. Sevelen 8. Walbeck 9. Pont	Geldern
4. Wachtendonk	1. Wankum 2. Strälen 3. Nieukerk 4. Aldekerk	5. Wachtendonk 6. Hinsbeck 7. Leuth	Geldern
5. Rheinberg	1. Rheinberg 2. Budberg 3. Orsoy 4. Vierquartieren	5. Camp (Kl. Camp) 6. Hörstgen 7. Alpen 8. Ossenberg	Geldern
6. Meurs	1. Meurs 2. Bärl 3. Homberg 4. Hohenemmerich 5. Capellen	6. Bluyn 7. Schäphuysen 8. Rheurdt 9. Neukirchen 10. Repelen	Geldern
7. Xanten	1. Neubüderich 2. Veen 3. Sonsbeck 4. Labbeck	5. Marienbaum 6. Wardt 7. Xanten	Geldern
8. Kempen	1. Kempen 2. Vorst	3. Oedt 4. St. Hubert	Kempen

*) Der Theil rechts der Sieg. (Reg.-Bez. Coblenz, Kr. Altenkirchen.)
**) (Reg.-Bez. Coblenz, Kr. Altenkirchen.)

Friedensgerichte.	Bürgermeistereien.	Verwaltungs-kreis.
8. Kempen	5. Thönisberg 7. St. Thönis 6. Hüls 8. Schmalbroich	Kempen
9. Dülken	1. Dülken 5. Amern 2. Kirchsp. Waldniel St. Anton 3. Burg Waldniel 6. Süchteln 4. Amern St. Georg 7. Brüggen	
10. Lobberich	1. Grefrath 4. Bracht 2. Lobberich 5. Kaldenkirchen 3. Boisheim 6. Breyell	
	IV. Landgerichts-Bezirk Coblenz.	
1. Ahrweiler	1. Ahrweiler 3. Altenahr 2. Gelsdorf	Ahrweiler
2. Sinzig	1. Sinzig 3. Remagen 2. Niederbreisig 4. Königsfeld	
3. Adenau	1. Adenau 4. Kelberg 2. Aremberg 5. Kempenich 3. Virneburg 6. Brück	Adenau
4. Coblenz I.	1. Coblenz	Coblenz
5. Coblenz II.	1. Bassenheim 3. Rhens 2. Winningen 4. St. Sebastian	
6. Cochem	1. Cochem 3. Kaisersesch 2. Eller	Cochem
7. Treis	1. Treis 3. Pommern 2. Carden	
8. Lützerath	1. Lützerath	
9. Creuznach	1. Creuznach 3. Langenlonsheim 2. Hüffelsheim 4. Mandel	Creuznach
10. Stromberg	1. Stromberg 3. Windesheim 2. Waldalgesheim 4. Wallhausen	
11. Kirn	1. Kirn 2. Monzingen	
12. Sobernheim	1. Sobernheim 2. Winterburg	
13. St. Goar	1. St. Goar 3. Pfalzfeld 2. Oberwesel 4. Wiebelsheim	St. Goar
14. Bacharach	1. Bacharach 2. Niederheimbach	
15. Boppard	1. Boppard 3. Obergondershausen 2. Halsenbach 4. Brodenbach	
16. Mayen	1. Mayen 2. St. Johann	Mayen
17. Münstermay-feld	1. Münstermayfeld 2. Polch	

Friedensgerichte.	Bürgermeistereien.	Verwaltungs-kreis.
18. Andernach	1. Andernach 2. Burgbrohl	Mayen
19. Simmern	1. Simmern *) 3. Ohlweiler 2. Rheinböllen	Simmern
20. Castellaun	1. Castellaun 2. Die frühere Bürgermeisterei Laubach **)	
21. Kirchberg	1. Kirchberg 2. Gemünden	
22. Zell	1. Zell 3. Blankenrath 2. Senheim	Zell
23. Trarbach	1. Trarbach 2. Sohren	
	V. Landgerichts-Bezirk Cöln.	
1. Cöln Nr. I.	1. Cöln Polizeibezirk 1 Theil v. „ 2 „ „ „ 5 Polizeibezirk 6	Cöln Stadtkreis
2. Cöln Nr. II.	1. Cöln Polizeibezirk 3 „ „ „ 4 Theil v. „ 2 „ „ „ 5	
3. Cöln Nr. III.	1. Brühl 4. Rondorf 2. Effern 5. Hürth 3. Frechen	Cöln Landkreis
4. Cöln Nr. IV.	1. Freimersdorf 6. Worringen 2. Lövenich 7. Stommeln 3. Longerich 8. Deutz 4. Müngersdorf 5. Pulheim (Poulheim)	
5. Bergheim ***)	1. Königshoven 5. Hüchelhoven 2. Pütz 6. Paffendorf 3. Caster 7. Esch 4. Bedburg 8. Bergheim	Bergheim
6. Kerpen	1. Kerpen 4. Buir 2. Türnich 5. Syndorf 3. Blatzheim 6. Heppendorf	

*) Mit Ausnahme des kleinern Theils derselben, der früheren Bürgermeisterei Laubach, welcher jetzt zu Castellaun gehört.

**) Jetzt ein Theil der Bürgermeisterei Simmern.

***) In Bedburg werden periodische Gerichtssitzungen abgehalten.

Friedensgerichte.	Bürgermeistereien.	Verwaltungs-kreis.
7. Gummersbach	1. Gimborn 4. Neustadt 2. Gummersbach 5. Ründeroth 3. Marienheide	Gummersbach
8. Wiehl	1. Drabenderhöh 3. Nümbrecht 2. Marienberghausen 4. Wiehl	
9. Mühlheim	1. Mühlheim 3. Merheim 2. Heumar 4. Wahn	Mühlheim
10. Bensberg	1. Bensberg 4. Odendahl 2. Gladbach 5. Overath 3. Rösrath	
11. Wipperfürth	1. Kürten 3. Wipperfürth 2. Klüppelberg 4. Olpe	Wipperfürth
12. Lindlar	1. Lindlar 2. Engelskirchen	
	VI. Landgerichts-Bezirk Düsseldorf.	
1. Düsseldorf	1. Düsseldorf	Düsseldorf Stadtkreis
2. Gerresheim	1. Hilden 3. Gerresheim 2. Hubbelrath 4. Benrath	Düsseldorf Landkreis
3. Ratingen	1. Kaiserswerth 4. Mintard 2. Angermund 5. Ratingen 3. Eckamp	
4. Krefeld	1. Krefeld 3. Willich 2. Anrath	Krefeld
5. Uerdingen	1. Bockum 5. Linn 2. Fischeln 6. Osterrath 3. Friemersheim 7. Uerdingen 4. Lanck	
6. Gladbach	1. Gladbach 4. Hardt 2. Korschenbroich 5. Neuwerk 3. Kleinenbroich	Gladbach
7. Odenkirchen	1. Odenkirchen 4. Schelsen 2. Dahlen 5. Liedberg 3. Rheydt	
8. Viersen	1. Viersen 3. Schiefbahn 2. Neersen	
9. Grevenbroich	1. Elsen 6. Hemmerden 2. Ehringhoven 7. Hülchrath 3. Frimmersdorf 8. Wevelinghoven 4. Grevenbroich 9. Evinghoven 5. Gusdorf	Grevenbroich

Friedensgerichte.	Bürgermeistereien.		Verwaltungskreis.
10. Jüchen	1. Bedburdick	5. Neukirchen	Grevenbroich
	2. Garzweiler	6. Wanlo	
	3. Jüchen	7. Wickerath	
	4. Kelzenberg		
11. Dormagen	1. Zons	4. Nettesheim	Neuß
	2. Dormagen	5. Rommerskirchen	
	3. Nievenheim		
12. Neuß	1. Neuß	7. Büderich	
	2. Holzheim	8. Heerdt	
	3. Grefrath	9. Grimlinghausen mit Uedesheim	
	4. Glehn	10. Norff mit Rosellen	
	5. Büttgen		
	6. Karst		
13. Opladen	1. Opladen	5. Richrath	Theil des Kreises Solingen
	2. Burscheid	6. Monheim	
	3. Schlebusch	7. Witzhelden	
	4. Leichlingen		
VII. Landgerichts-Bezirk Elberfeld.			
1. Elberfeld	1. Elberfeld, Stadt		Elberfeld
	2. Elberfeld, sämmtliche zur Bürgermeisterei gehörige Außenorte.		
	3. Kronenberg		
2. Barmen	1. Barmen		
3. Mettmann	1. Mettmann	3. Haan	
	2. Wulfrath		
4. Velbert	1. Velbert	2. Hardenberg	
5. Lennep	1. Lennep	3. Hückeswagen	Lennep
	2. Rade vorm Wald		
6. Wermelskirchen	1. Wermelskirchen	3. Burg	
	2. Dabringhausen		
7. Ronsdorf	1. Ronsdorf	2. Lüttringhausen	
8. Remscheid	1. Remscheid		
9. Solingen	1. Solingen	4. Wald	Theil des Kreises Solingen
	2. Dorp	5. Gräfrath	
	3. Merscheid	6. Höhscheid	
VIII. Landgerichts-Bezirk Saarbrücken.			
1. Saarlouis	1. Saarlouis	5. Ueberherrn	Saarlouis
	2. Lisdorf	6. Differten	
	3. Fraulautern	7. Schwalbach	
	4. Berus		

Friedensgerichte.	Bürgermeistereien.	Verwaltungskreis.
2. Lebach	1. Nalbach 3. Bettingen 2. Saarwellingen 4. Lebach	Saarlouis
3. Wallerfangen	1. Oberesch 4. Ittersdorf 2. Rehlingen 5. Wallerfangen 3. Ihn	Saarlouis
4. Ottweiler	1. Neunkirchen 3. Stennweiler 2. Ottweiler 4. Uchtelfangen	Ottweiler
5. Tholey	1. Tholey 3. Dirmingen 2. Eppelborn	Ottweiler
6. St. Johann	1. Saarbrücken 6. Gersweiler 2. Ludweiler 7. Duttweiler 3. St. Arnual 8. Sellerbach 4. Völklingen 9. Heusweiler 5. Kleinblittersdorf 10. Bischmisheim	Saarbrücken
7. St. Wendel	1. St. Wendel 3. Alsweiler 2. Oberkirchen	St. Wendel
8. Baumholder	1. Baumholder 2. Burg Lichtenberg	St. Wendel
9. Grumbach	1. Grumbach 2. Sien	St. Wendel
	IX. Landgerichts-Bezirk Trier.	
1. Bernkastel	1. Bernkastel 4. Zeltingen 2. Lieser 5. Gemeinde Horbruch *) 3. Mülheim	Bernkastel
2. Rhaunen **)	1. Rhaunen ***) 3. Wirschweiler 2. Morbach †)	Bernkastel
3. Neumagen	1. Neumagen 3. Thalfang 2. Talling 4. Die Gemeinden ††) Merscheid, Elzenrath, Heinzerath, Weiperath, Hunolstein, Haag, Merschbach	Bernkastel
4. Bitburg	1. Bickendorf 4. Rittersdorf 2. Biersdorf 5. Fließem 3. Wiesmannsdorf 6. Bitburg	Bitburg

*) Zur Bürgermeisterei Rhaunen gehörig.

**) In Morbach werden periodische Gerichtssitzungen abgehalten.

***) Mit Ausschluß der Gemeinde Horbruch.

†) Mit Ausschluß der Gemeinden Merscheid, Elzenrath, Heinzerath, Weiperath, Hunolstein, Haag und Merschbach, welche zum Friedensgericht Neumagen gehören.

††) Zur Bürgermeisterei Morbach gehörig.

Friedensgerichte.	Bürgermeistereien.	Verwaltungs-kreis.
4. Bitburg	7. Oberweis 13. Alsdorf 8. Bettingen 14. Meckel 9. Messerich 15. Schankweiler 10. Dockendorf 16. Bollendorf 11. Stockem 17. Ernzen 12. Peffingen 18. Irrel	Bitburg
5. Dudeldorf *)	1. Seffern 6. Dudeldorf 2. Malberg 7. Speicher 3. Kyllburg 8. Auw 4. Metterich 9. Idenheim 5. Ordorf	
6. Neuerburg	1. Ammeldingen 9. Weidingen 2. Carlshausen 10. Cruchten 3. Koxhausen 11. Nusbaum 4. Lahr 12. Wallendorf 5. Neuerburg 13. Geichlingen 6. Outscheid 14. Körperich 7. Baustert 15. Roth 8. Mettendorf	
7. Daun	1. Daun 4. Weidenbach 2. Gillenfeld 5. Sarmersbach 3. Uedersdorf 6. Dockweiler	Daun
8. Hillesheim	1. Gerolstein 4. Lissendorf 2. Rockeskyll 5. Kerpen 3. Hillesheim	
9. Merzig	1. Hilbringen 5. Die Gemeinden **) 2. Merzig Hausbach 3. Mettlach Bachem 4. Haustadt Rimlingen Wahlen Oppen	Merzig
10. Wadern	1. Wadern 2. Weiskirchen 3. aus d. Bürgermeisterei Losheim †) Die Gemeinden Losheim Niederlosheim Waldhölzbach Scheiden Bergen	
11. Prüm	1. Prüm 3. Olzheim 2. Niederprüm 4. Büdesheim	Prüm

*) In Kyllburg werden periodische Gerichtssitzungen gehalten.
**) Zur Bürgermeisterei Losheim (Wadern) gehörig.
†) Der Rest der Bürgermeisterei gehört zu Merzig.

Friedensgerichte.	Bürgermeistereien.		Verwaltungskreis.
11. Prüm	5. Rommersheim	10. Auw	Prüm
	6. Wallersheim	11. Mürlenbach	
	7. Schönecken	12. Steffelen	
	8. Bleialff	13. Hallschlag	
	9. Winterscheid	14. Stadtkyll	
12. Waxweiler	1. Harspelt	9. Lichtenborn	
	2. Dasburg	10. Ringhuscheid	
	3. Daleiden	11. Waxweiler	
	4. Eschfeld	12. Lünebach	
	5. Leidenborn	13. Pronsfeld	
	6. Habscheid	14. Dingdorf	
	7. Olmscheid	15. Burbach	
	8. Artzfeld		
13. Saarburg	1. Saarburg	5. Nittel	Saarburg
	2. Canzem	6. Freudenburg	
	3. Zerff	7. Meurich	
	4. Irsch		
14. Perl	1. Sinz	3. Perl	
	2. Nennig	4. Orscholz	
15. Trier Nr. I.	1. Trier		Trier Stadtkreis
	2. Die Landgemeinden des Stadtkreises Trier		
16. Trier Nr. II.	1. Schöndorf	7. Wasserlisch	Trier Landkreis
	2. Pfalzel	8. Igel	
	3. Ruwer	9. Ralingen	
	4. Irsch	10. Welschbillig	
	5. Oberemmel	11. Trierweiler	
	6. Conz	12. Aach	
17. Hermeskeil	1. Hermeskeil	4. Farschweiler	
	2. Otzenhausen	5. Beuren	
	3. Kell		
18. Schweich	1. Heidenburg	5. Leiwen	
	2. Schweich	6. Longuich	
	3. Schleidweiler	7. Mehring	
	4. Trittenheim		
19. Wittlich	1. Wittlich	6. Heidweiler	Wittlich
	2. Neuerburg	7. Cröff	
	3. Salmrohr	8. Bengel	
	4. Hetzerath	9. Osann	
	5. Sehlem		
20. Manderscheid	1. Landscheid	5. Seinsfeld	
	2. Spang-Dahlem	6. Gransdorf	
		7. Oberkayl	
	3. Manderscheid	8. Niederöfflingen	
	4. Eisenschmitt	9. Laufeld	

132.

Allgemeine Verfügung vom 1. Oktober 1852, — betreffend die Einsendung der Acten in Disciplinaruntersuchungen wider nichtrichterliche Justizbeamte.

Gesetz vom 21. Juli 1852 §. 45. (Gesetz-Samml. S. 474).

In Disziplinar-Untersuchungen wider nichtrichterliche Justiz-Beamte, in denen von Seiten des Angeschuldigten gegen die Entscheidung erster Instanz die Berufung an das Staats-Ministerium eingelegt worden ist, sind die betreffenden Untersuchungs-Akten nach Maaßgabe des Gesetzes vom 21. Juli d. J. §. 45. von einigen Gerichten unmittelbar an das Staats-Ministerium, von anderen an den Justiz-Minister eingesandt worden.

Zur Herbeiführung eines gleichmäßigen Verfahrens werden die Gerichte hierdurch angewiesen, in Fällen der gedachten Art die Untersuchungs-Akten stets an den Justiz-Minister einzureichen. Vor Absendung derselben ist zur Vermeidung von Weiterungen sorgfältig zu prüfen, ob die in den §§. 41.—44. des Disziplinargesetzes enthaltenen Vorschriften beobachtet worden sind.

Die Uebersendung der Akten an das Staats-Ministerium wird demnächst durch den Justiz-Minister veranlaßt werden.

Berlin, den 1. Oktober 1852.

Der Justiz-Minister
Simons.

An
sämmtliche Gerichtsbehörden.

I. 4431. O. 34. Vol. VIII.

133.

Allerhöchster Erlaß vom 27. Oktober 1852, — betreffend die Befähigung zu dem Amte eines Notars im Bezirke des Appellationsgerichtshofes zu Cöln.

Auf Ihren Antrag in dem Berichte vom 18. Oktober d. J. bestimme Ich, daß Diejenigen, welche sich zu dem Amte eines Notars im Bezirke des Appellationsgerichtshofes zu Cöln befähigen wollen, zu der durch Artikel 6. der Rheinischen Notariats-Ordnung vom 25. April 1822 (Gesetz-Sammlung S. 109) vorgeschriebenen praktischen Vorbereitung erst nach bestandener Referendariats-Prüfung zuzulassen sind. Ich will Sie jedoch zugleich ermächtigen, solchen Aspiranten, welche in dem praktischen Kursus gegenwärtig begriffen sind, dessen gänzliche oder theilweise Zurücklegung vor bestandener Referendariats-Prüfung zu gestatten.

Dieser Mein Erlaß ist durch die Gesetz-Sammlung bekannt zu machen.

Sanssouci, den 27. Oktober 1852.

Friedrich Wilhelm.
Simons.

An den Justiz-Minister.

I. 5184. Rhein. Offiz.-Sachen. 30. Vol. III.

134.

Statut des Verbandes der Wiesenbesitzer in der Gemeinde Salm, Kreises Daun, Regierungsbezirks Trier. Vom 8. November 1852.

I. 5464. L. 12. Ges.-Samml. 1852 S. 712.

135.

Verfügung vom 15. November 1852, — betreffend die Befähigung zu dem Amte eines Notars im Bezirk des Appellationsgerichtshofes zu Cöln.

Notariats-Ordnung vom 25. April 1822 Artikel 6. (Ges.-Samml. S. 110, Rhein. Samml. Bd. II. S. 246).
Reskript vom 26. August 1822 Nr. III. (Rhein. Samml. Bd. III. S. 446).
Regulativ vom 16. Februar 1832 §. 41. (Rhein. Samml. Bd. III. S. 445).
Allerhöchster Erlaß vom 27. Oktober 1852 (Gesetz-S. S. 701).

Nachdem Seine Majestät der König durch den Allerhöchsten Erlaß vom 27. Oktober d. J. zu bestimmen geruht haben, daß diejenigen, welche sich zu dem Amte eines Notars im Bezirk des Appellationsgerichtshofes zu Cöln befähigen wollen, erst nach bestandener Referendariats-Prüfung zu der durch Artikel 6. der Notariats-Ordnung vom 25. April 1822 vorgeschriebenen praktischen Vorbereitung zuzulassen sind, die Notariatsamts-Aspiranten sich demnach, bevor sie zur Notariats-Prüfung gelangen, über das erforderliche Maaß theoretischer Kenntnisse bereits ausgewiesen haben müssen, werden die Bestimmungen des §. 41. des Regulativs vom 16. Februar 1832 und Nr. III. des Reskripts vom 26. August 1822 hierdurch dahin modifizirt, daß, wie es bisher schon bei der schriftlichen Notariats-Prüfung der Fall gewesen ist, auch das mündliche Notariats-Examen vorzugsweise auf den Nachweis der praktischen Befähigung des Kandidaten zu dem Amte eines Notars zu richten ist.

Diejenigen Notariatsamts-Aspiranten, welche gegenwärtig bereits in der Advokaten- oder Notariats-Stage begriffen sind und die Erlaubniß nachsuchen wollen, dieselbe ganz oder theilweise vor der Referendariats-Prüfung zu beendigen, müssen ihre Gesuche bei den Herren Ober-Prokuratoren einreichen, welche solche mit ihrer gutachtlichen Aeußerung Ihnen, dem Herrn General-Prokurator, vorzulegen haben, und ist sodann Ihrerseits unter Beifügung der Gesuche an den Justiz-Minister zu berichten.

Aspiranten, welche die im Artikel 6. der Notariats-Ordnung vorgeschriebenen Stagen schon jetzt vollständig zurückgelegt haben, können noch nach den bisherigen Vorschriften zur Notariats-Prüfung zugelassen werden.

Berlin, den 15. November 1852.

Der Justiz-Minister
Simons.

An
den Königl. Hrn. Ersten Präsidenten des Appellationsgerichtshofes und den Königl. Hrn. General-Prokurator zu Cöln.

I. 5086. Rhein. Offiz.-S. 30. Vol. III.

136.

Verfügung vom 16. November 1852, — betreffend die Portopflichtigkeit der Beförderung der Eheverkündigungen in der Rheinprovinz.

Rheinisches Civil-Gesetzbuch Art. 63.

Nach einer Mittheilung des Herrn Ministers für Handel, Gewerbe und öffentliche Arbeiten werden in der Rheinprovinz die Eheverkündigungen, welche der Artikel 63. des Rheinischen Civilgesetzbuches vorschreibt, zwischen den Civilstands-Beamten sehr häufig unter dem Rubrum „Herrschaftliche Civilstands-Sache" portofrei versendet.

Diese lediglich im Interesse der betheiligten Privatpersonen erfolgenden Sendungen können jedoch zur portofreien Beförderung nicht als geeignet angesehen werden.

Sie werden daher veranlaßt, den Civilstands-Beamten im Bezirke des Appellationsgerichtshofes zu Cöln dahin Anweisung zu ertheilen, daß sie für die Versendung von Eheverkündigungen die Portofreiheit nicht ferner in Anspruch zu nehmen haben.

Berlin, den 16. November 1852.

Der Justiz-Minister
Simons.

An
den Königl. Herrn General-Prokurator.

I. 5004. Rhein. Gen. 10. Vol. III.

137.

Vertrag zwischen Preußen und anderen Staaten des Deutschen Bundes einerseits und den Vereinigten Staaten von Nord-Amerika andererseits wegen der in gewissen Fällen zu gewährenden Auslieferung der vor der Justiz flüchtigen Verbrecher. Vom 16. Juni 1852. Nebst Additional-Artikel vom 16. November 1852.

Da es Behufs besserer Verwaltung der Rechtspflege und zur Verhütnug von Verbrechen innerhalb des Gebietes und der Gerichtsbarkeit der kontrahirenden Theile zweckmäßig befunden worden ist, daß Individuen, welche gewisse schwere Verbrechen begehen, und vor der Justiz flüchtig geworden sind, unter Umständen gegenseitig ausgeliefert werden, auch daß die betreffenden Verbrechen namentlich aufgezählt werden; und da die Gesetze und Verfassungen Preußens und der anderen Deutschen Staaten, welche diesen Vertrag kontrahiren, ihnen nicht gestatten, ihre eigenen Unterthanen einer auswärtigen Jurisdiction zu überliefern, also die Regierung der Vereinigten Staaten mit Rücksicht darauf, daß der Vertrag unter strenger Reziprozität geschlossen wird, gleicherweise von jeder Verpflichtung frei sein soll, Bürger der Vereinigten Staaten auszuliefern: so haben einerseits Seine Majestät der König von Preußen, sowohl für Sich, als im Namen Seiner Majestät des Königs von Sachsen, Seiner Königlichen Hoheit des Kurfürsten von Hessen, Seiner Königlichen Hoheit des Großherzogs von Hessen und bei Rhein, Seiner Königlichen Hoheit des Großherzogs von Sachsen-Weimar-Eisenach, Seiner Hoheit des Herzogs von Sachsen-Meiningen, Seiner Hoheit des Herzogs von Sachsen-Altenburg, Seiner Hoheit des Herzogs von Sachsen-Koburg-Gotha, Seiner Hoheit des Herzogs von Braunschweig, Seiner Hoheit des Herzogs von Anhalt-Dessau, Seiner Hoheit des Herzogs von Anhalt-Bernburg, Seiner Hoheit des Herzogs von Nassau, Seiner

Durchlaucht des Fürsten von Schwarzburg-Rudolstadt, Seiner Durchlaucht des Fürsten von Schwarzburg-Sondershausen, Ihrer Durchlaucht der Fürstin und Regentin von Waldeck, Seiner Durchlaucht des Fürsten von Reuß älterer Linie, Seiner Durchlaucht des Fürsten von Reuß jüngerer Linie, Seiner Durchlaucht des Fürsten zu Lippe, Seiner Durchlaucht des Landgrafen von Hessen-Homburg, sowie der freien Stadt Frankfurt, und andererseits die Vereinigten Staaten von Nord-Amerika, beschlossen, über diesen Gegenstand zu verhandeln, und zu diesem Behufe ihre respektiven Bevollmächtigten ernannt, um eine Uebereinkunft zu verhandeln und abzuschließen, nämlich:

> Seine Majestät der König von Preußen in Seinem eigenen Namen sowohl, als Namens der anderen, oben aufgezählten Deutschen Souveräne und der freien Stadt Frankfurt, Allerhöchst Ihren Minister-Residenten bei der Regierung der Vereinigten Staaten, Friedrich Carl Joseph von Gerolt, und der Präsident der Vereinigten Staaten von Nord-Amerika den Staats-Sekretair Daniel Webster,

welche nach gegenseitiger Mittheilung ihrer respektiven Vollmachten, die folgenden Artikel vereinbart und unterzeichnet haben:

Artikel I.

Man ist dahin übereingekommen, daß Preußen nebst den anderen Staaten des Deutschen Bundes, die in diese Uebereinkunft mit eingeschlossen sind oder die derselben später beitreten mögen, und die Vereinigten Staaten, auf gegenseitige Requisitionen, welche resp. sie selbst oder ihre Gesandten, Beamten oder Behörden erlassen, alle Individuen der Justiz ausliefern sollen, welche beschuldigt, das Verbrechen des Mordes, oder eines Angriffs in mörderischer Absicht, oder des Seeraubes, oder der Brandstiftung, oder des Raubes, oder der Fälschung, oder des Ausgebens falscher Dokumente, oder der Verfertigung oder Verbreitung falschen Geldes, — sei es gemünztes oder Papiergeld — oder des Defekts oder der Unterschlagung öffentlicher Gelder, innerhalb der Gerichtsbarkeit eines der beiden Theile begangen zu haben — in dem Gebiete des andern Theils eine Zuflucht suchen oder dort aufgefunden werden: mit der Beschränkung jedoch, daß dies nur auf solche Beweise für die Strafbarkeit geschehen soll, welche nach den Gesetzen des Orts, wo der Flüchtling oder das so beschuldigte Individuum aufgefunden wird, dessen Verhaftung und Stellung vor Gericht rechtfertigen würden, wenn das Verbrechen oder Vergehen dort begangen wäre; und die respektiven Richter und andere Behörden der beiden Regierungen sollen Macht, Befugniß und Autorität haben, auf eidlich erhärtete Angabe einen Befehl zur

Verhaftung des Flüchtlings oder so beschuldigten Individuums zu erlassen, damit er vor die gedachten Richter oder anderen Behörden zu dem Zwecke gestellt werde, daß der Beweis für die Strafbarkeit gehört und in Erwägung gezogen werde; und wenn bei dieser Vernehmung der Beweis für ausreichend zur Aufrechthaltung der Beschuldigung erkannt wird, so soll es die Pflicht des prüfenden Richters oder der Behörde sein, selbigen für die betreffende exekutive Behörde festzustellen, damit ein Befehl zur Auslieferung eines solchen Flüchtlings erlassen werden könne. Die Kosten einer solchen Verhaftung und Auslieferung sollen von dem Theil getragen und erstattet werden, welcher die Requisition erläßt und den Flüchtling in Empfang nimmt.

Artikel II.

Die Bestimmungen dieser Uebereinkunft sollen auf jeden andern Staat des Deutschen Bundes Anwendung finden, der später seinen Beitritt zu derselben erklärt.

Artikel III.

Keiner der kontrahirenden Theile soll gehalten sein, in Gemäßheit der Bestimmungen dieser Uebereinkunft seine eigenen Bürger oder Unterthanen auszuliefern.

Artikel IV.

Wenn ein Individuum, das eines der in dieser Uebereinkunft aufgezählten Verbrechen angeklagt ist, ein neues Verbrechen in dem Gebiete des Staates begangen haben sollte, wo es eine Zuflucht gesucht hat oder aufgefunden wird, so soll ein solches Individuum nicht eher in Gemäßheit der Bestimmungen dieser Uebereinkunft ausgeliefert werden, als bis dasselbe vor Gericht gestellt worden sein und die auf ein solches neues Verbrechen gesetzte Strafe erlitten haben oder freigesprochen worden sein wird.

Artikel V.

Die gegenwärtige Uebereinkunft soll bis zum 1. Januar 1858 in Kraft bleiben, und wenn kein Theil dem andern sechs Monate vorher Mittheilung von seiner Absicht macht, dieselbe dann aufzuheben, so soll sie ferner in Kraft bleiben bis zu dem Ablauf von zwölf Monaten, nachdem einer der hohen kontrahirenden Theile dem andern von einer solchen Absicht Kenntniß gegeben; wobei jeder der hohen kontrahirenden Theile sich das Recht vorbehält, dem andern eine solche Mittheilung zu jeder Zeit nach dem Ablauf des gedachten ersten Januar 1858 zugehen zu lassen.

Artikel VI.

Die gegenwärtige Uebereinkunft soll ratifizirt werden von der Preußischen Regierung und von dem Präsidenten unter und mit der Genehmigung und Zustimmung des Senates der Vereinigten Staaten und die Ratifikationen sollen zu Washington innerhalb sechs Monaten von dem heutigen Datum, oder wo möglich früher, ausgewechselt werden.

Zu Urkund dessen haben wir, die respektiven Bevollmächtigten, diese Uebereinkunft unterzeichnet und hierunter unsere Siegel beigedrückt.

In dreifacher Ausfertigung geschehen zu Washington, den sechszehnten Juni 1852, im 76sten Jahre der Unabhängigkeit der Vereinigten Staaten.

Fr. von Gerolt. Dan. Webster.
(L. S.) (L. S.)

Additional=Artikel
zu dem
am 16. Juni Eintausend acht hundert und zwei und funfzig zu Washington zwischen Preußen und anderen Staaten des Deutschen Bundes einerseits, und den Vereinigten Staaten von Nord-Amerika andererseits, abgeschlossenen Vertrage wegen der in gewissen Fällen gegenseitig zu gewährenden Auslieferung der vor der Justiz flüchtigen Verbrecher.

Da es nicht thunlich sein möchte, daß die Ratifikationen des am 16. Juni 1852 zu Washington unterzeichneten Vertrages zwischen Preußen und anderen Staaten des Deutschen Bundes einerseits, und den Vereinigten Staaten andererseits, wegen der in gewissen Fällen zu gewährenden gegenseitigen Auslieferung der vor der Justiz flüchtigen Verbrecher, innerhalb der im genannten Vertrage verabredeten Frist ausgewechselt werden, und da beide Theile wünschen, daß derselbe zur vollständigen Ausführung gelange, so hat zu dem Ende Seine Majestät der König von Preußen in Seinem eigenen Namen sowohl, als Namens der anderen in dem vorgenannten Vertrage erwähnten Deutschen Souveräne, Allerhöchst Ihren Minister=Residenten bei der Regierung der Vereinigten Staaten, Friedrich Carl Joseph von Gerolt, und der Präsident der Vereinigten Staaten von Nord=Amerika seinerseits den Staats=Sekretair der Vereinigten Staaten, Edward Everett, mit der nöthigen Vollmacht versehen, welche den folgenden Artikel vereinbart und unterzeichnet haben:

Die Ratifikationen des am 16. Juni 1852 abgeschlossenen Vertrages wegen der in gewissen Fällen zu gewährenden gegenseitigen Auslieferung der vor der Justiz flüchtigen Verbrecher sollen zu Washington innerhalb eines Jahres von dem Datum dieser Uebereinkunft an gerechnet, oder wo möglich früher, ausgewechselt werden.

Der gegenwärtige Additional-Artikel soll dieselbe Kraft und Wirkung haben, als ob er Wort für Wort im vorgenannten Vertrag vom 16. Juni 1852 mit aufgenommen worden wäre und soll in der in demselben vorgeschriebenen Weise genehmigt und ratifizirt werden.

Zu Urkund dessen haben wir, die respektiven Bevollmächtigten, diese Uebereinkunft gezeichnet und unsere Siegel hier beigedrückt.

Geschehen zu Washington, den sechzehnten November Eintausend acht hundert zwei und funfzig und im sieben und siebenzigsten Jahre der Unabhängigkeit der Vereinigten Staaten.

Fr. von Gerolt.	Edward Everett.
(L. S.)	(L. S.)

Vorstehender Vertrag nebst dem dazu gehörigen Additional-Artikel ist ratifizirt worden, und hat die Auswechselung der Ratifikations-Urkunden am 30. Mai d. J. zu Washington stattgefunden.

Berlin, den 12. August 1853.

Der Ministerpräsident, Minister der auswärtigen Angelegenheiten.
v. Manteuffel.

I. 3779. Conventionen 26.

138.

Statut des Riehl-Worringer Deichverbandes. Vom 29. November 1852.

I. 5952. Rhein. Gen. 167. Ges.-Samml. 1852 S. 731.

139.

Allgemeine Verfügung vom 13. December 1852, — betreffend die Requisitionen der Gerichte wegen Abfassung von gerichtsärztlichen oder veterinärärztlichen Gutachten.

Allgemeine Verfügung vom 23. Juli 1839 (Justiz-Ministerial-Blatt S. 267).

Durch die allgemeine Verfügung vom 23. Juli 1839 sind die Gerichtsbehörden angewiesen worden, alle Anträge wegen der von der Königlichen wissenschaftlichen Deputation für das Medizinalwesen zu erstattenden Gutachten nicht an diese Deputation, sondern an das derselben vorgesetzte Ministerium der geistlichen, Unterrichts- und Medizinal-Angelegenheiten zu richten.

Da nach einer Mittheilung des gedachten Ministeriums gegen diese Anordnung in neuerer Zeit zum öftern gefehlt worden ist, und Requisitionen wegen Abfassung gerichtsärztlicher oder veterinärärztlicher Gutachten und Superarbitria theils an die wissenschaftliche Deputation für das Medizinalwesen, theils an die Direktion der Thierarzneischule, theils an das längst nicht mehr bestehende Ober-Medizinal-Kollegium adressirt worden sind, so werden die Gerichtsbehörden hierdurch veranlaßt, dergleichen Requisitionen in allen Fällen stets an den Herrn Minister der geistlichen, Unterrichts- und Medizinal-Angelegenheiten zu richten.

Berlin, den 13. December 1852.

Der Justiz-Minister
Simons.

An
sämmtliche Gerichtsbehörden.

I. 5302. M. 105.

140.

Verfügung vom 14. December 1852, — betreffend die Concessionirung der bei den Handelsgerichten und bei den Friedensgerichten gewerbmäßig als Vertreter der Parteien auftretenden Personen.

Gewerbeordnung vom 17. Januar 1845. §§. 49., 71., 177.

Auf den Bericht, welchen Sie in der Angelegenheit, betreffend die bei den Rheinischen Handels- und Friedensgerichten gewerbmäßig als Vertreter der Parteien auftretenden Personen, die s. g. Winkelconsulenten, unter dem 23. v. M. erstattet haben, wird Ihnen Nachstehendes eröffnet.

Da nach den gemachten Erfahrungen die den Gerichten zu Gebote stehenden indirecten Mittel nicht ausreichen, um den schädlichen Einfluß zu beseitigen, welchen die Winkelconsulenten, namentlich auch bei dem Entstehen von Prozessen, bei der Vollstreckung der Urtheile, bei Einsprüchen gegen Executionen, bei dem Betreiben der Subhastationen u. s. w. ausüben, so ist es unerläßlich, die directen Mittel in Anwendung zu bringen, welche auch nach Ihrer Ansicht, die bestehende Gesetzgebung in den §§. 49., 71. und 177. der allgemeinen Gewerbeordnung vom 17. Januar 1845 an die Hand giebt.

Der §. 49. der Gewerbeordnung bestimmt, daß denjenigen, welche aus der Uebernahme von Aufträgen, namentlich aus der Abfassung schriftlicher Aufsätze für Andere ein Gewerbe machen, der Gewerbebetrieb erst dann zu gestatten sei, wenn sich die Behörden von ihrer Unbescholtenheit und Zuverlässigkeit überzeugt haben.

Die Uebernahme des Auftrages, für Andere bei Gericht aufzutreten, um in schriftlichem oder mündlichem Vortrage deren Rechte zur Geltung zu bringen, ist bei der allgemeinen Fassung des §. 49. von der Bestimmung desselben nicht ausgeschlossen, vorbehaltlich selbstredend der in Ansehung der Rechtsanwalte und Advokaten geltenden besonderen Vorschriften. Es verfallen daher diejenigen, welche, ohne die Concession zur Uebernahme von Aufträgen für Andere erhalten zu haben, gewerbmäßig als Vertreter der Parteien auftreten, der Strafbestimmung des §. 177. der Gewerbeordnung. Hieraus folgt jedoch nicht umgekehrt, daß diejenigen, welche jene Concession erhalten haben, dadurch das Recht erlangt haben, als gewerbmäßige Vertreter der Parteien zugelassen zu werden. Es liegt vielmehr im Sinne der Rheinischen Gesetzgebung, welche bei den Handels- und Friedensgerichten offizielle Vertreter der Parteien nicht kennt, daß das zur Einfachheit, Raschheit und Wohlfeilheit des Verfahrens wesentlich beitragende persönliche Erscheinen der Parteien möglichst befördert werde. Insoweit das Gesetz dem Richter die Mittel an die Hand giebt, hierauf, namentlich durch Anordnung des persönlichen Erscheinens der Parteien hinzuwirken, würde die Anwendung dieser Mittel einer in Gemäßheit des §. 49. der Gewerbeordnung ertheilten Concession in keiner Weise entgegenstehen.

Wenn der §. 49. der Gewerbeordnung in dem vorstehend näher bezeichneten Sinne auf die gewerbmäßigen Vertreter der Parteien anwendbar ist, so sind die Handelsgerichte und Friedensgerichte so befugt, als verpflichtet, solche gewerbmäßigen Vertreter, welche sich nicht im Besitze einer Concession befinden, nicht zuzulassen; außerdem ist es Sache der Staatsanwaltschaft, durch Einleitung der Strafverfolgung auf Grund des §. 177. der Gewerbeordnung dem Gesetze Nachdruck zu verschaffen.

In Fällen, wo unwürdige oder ungeeignete Personen eine Concession erlangt haben möchten, bietet der §. 71. der Gewerbeordnung Abhilfe dar, nach welchem die ertheilte Concession von der Verwaltungsbehörde zurückgenommen werden kann, wenn die Unrichtigkeit der Nachweise dargethan wird, auf deren Grund solche ertheilt worden, oder wenn aus Handlungen oder Unterlassungen des Inhabers der Mangel der erforderlichen und bei Ertheilung der Concession vorausgesetzten Eigenschaften klar erhellet. In Fällen dieser Art wird es am geeignetsten sein, wenn die Handels- und Friedensgerichte die Vermittelung der Staatsanwaltschaft in Anspruch nehmen, um auf Zurücknahme der Concession hinzuwirken.

Hiernach ist das Weitere an die Handels- und Friedensgerichte und an die Beamten der Staatsanwaltschaft zu erlassen, auch der Inhalt dieser Verfügung durch die Amtsblätter der Rheinprovinz zur öffentlichen Kenntniß zu bringen.

Es versteht sich von selbst, daß denjenigen Personen, welche bisher als gewerbmäßige Vertreter der Parteien ohne Concession zugelassen worden, eine angemessene Frist zu belassen ist, um sich die erforderliche Concession zu verschaffen.

Berlin, den 14. December 1852.

Der Justiz-Minister
Simons.

An
den Herrn Ersten Präsidenten des
Königl. Appellationsgerichtshofes
und
den Herrn General-Procurator
zu Cöln.

I. 5524. Rh. Gener. 80.

141.

Allgemeine Verfügung vom 20. December 1852, — betreffend die Vereinigung der beiden obersten Gerichtshöfe.

Durch das Gesetz vom 17. März 1852 (Gesetz-Sammlung S. 73) ist die Vereinigung des Ober-Tribunals und des Rheinischen Revisions- und Kassationshofes zu Einem obersten Gerichtshofe für die ganze Monarchie angeordnet worden.

Auf Grund des §. 12. dieses Gesetzes, welcher den Justiz-Minister mit dessen Ausführung beauftragt, wird der Zeitpunkt, von welchem ab dasselbe in Wirksamkeit tritt, auf den 1. Januar 1853 hierdurch festgesetzt, so daß das Ober-Tribunal von diesem Zeitpunkte ab den obersten Gerichtshof für die ganze Monarchie bildet.

Berlin, den 20. December 1852.

Der Justiz-Minister
Simons.

I. 5921. O. 41. Vol. V.

142.

Verfügung vom 22. Dezember 1852, — betreffend die Unzulässigkeit des öffentlichen gerichtlichen Verkaufs verbotener Waffen und anderer Sachen, mit denen gesetzlich kein Handel getrieben werden darf.

Strafgesetzbuch §. 345.

Der Ober-Staatsanwalt daselbst hat dem Justiz-Minister die Anzeige gemacht, daß in einer bei dem Kreisgericht zu W. schwebenden polizeilichen Untersuchungssache wegen Führung verbotener Waffen die in Beschlag genommenen Waffen demnächst nicht vernichtet, sondern öffentlich verkauft worden sind.

Der Justiz-Minister muß dem Ober-Staatsanwalt darin beitreten, daß dies Verfahren nicht angemessen erscheint. Wenn die Gesetzgebung bestimmte Sachen wegen ihrer Gemeingefährlichkeit vom Verkehr überhaupt ausschließt und den Privatpersonen den Handel mit denselben bei Strafe verbietet, so kann es nicht für geeignet erachtet werden, daß die gerichtlichen Behörden, nachdem die Beschlagnahme erfolgt ist, sie nunmehr durch öffentlichen Verkauf in den Verkehr zurückbringen.

Der öffentliche Verkauf in Beschlag genommener Sachen kann nur dann stattfinden, wenn dieselben, wie z. B. Sägen, Beile und Aexte, welche zur Begehung des Holzdiebstahls gebraucht, oder Waaren, die bei Steuerkontraventionen konfiszirt worden, im Allgemeinen vom Verkehr nicht ausgeschlossen sind. Ist der Handel mit gewissen Gegenständen nicht unbedingt untersagt, jedoch nur einzelnen dazu besonders autorisirten Personen gestatten, wie z. B. der Handel mit Giften oder mit an sich untadelhaften und unschädlichen Arzeneien (§. 345. Nr. 2. des Strafgesetzbuchs), so können Gegenstände dieser Art, wenn sie in Beschlag genommen sind, von den Gerichtsbehörden verkauft werden, aber nur an Personen, welchen der Handel mit solchen Gegenständen polizeilich gestattet ist.

Dagegen darf ein Verkauf von Sachen, mit denen gesetzlich überhaupt nicht Handel getrieben werden soll, unter keinen Umständen stattfinden, vielmehr sind Gegenstände der Art zu vernichten.

Berlin, den 22. Dezember 1852.

Der Justiz-Minister
Simons.

An
das Königliche Appellationsgericht zu N.

Vorstehende Verfügung wird den Gerichten und Beamten der Staatsanwaltschaft hierdurch zur Nachachtung mitgetheilt.

Berlin, den 22. Dezember 1852.

Der Justiz-Minister
Simons.

An
sämmtliche Gerichte und an die Beamten der Staatsanwaltschaft.

I. 5600. W. 25.

143.

Allerhöchster Erlaß vom 29. Dezember 1852, — betreffend die Bedingungen der Arrestanlegungen gegen Bayerische Unterthanen.

Aus Ihrem Berichte vom 8. Dezember d. J. habe Ich ersehen, daß im Königreich Bayern nach der dortigen Gesetzgebung und gerichtlichen Praxis, abweichend von der diesseitigen Gesetzgebung, welche die Unterthanen der Deutschen Bundesstaaten den Inländern gleichstellt, eine Arrestklage schon dann als begründet erachtet wird, wenn nur die Forderung als solche bescheinigt, und der Umstand, daß der Verklagte ein Ausländer ist, dargethan wird. Da die Unterhandlungen zur Herbeiführung eines mit der diesseitigen Gesetzgebung übereinstimmenden Verfahrens von keinem Erfolg gewesen sind, so bestimme Ich hierdurch, mit Bezug auf den §. 43. der Einleitung zum Allgemeinen Landrechte, daß gegen Bayerische Unterthanen das Wiedervergeltungsrecht ausgeübt werden soll. Demgemäß soll gegen jeden Bayerischen Unterthan bei diesseitigen Gerichten die Arrestanlegung schon dann eintreten, sobald nur die Forderung selbst bescheinigt und zugleich dargethan ist, daß ohne Anlegung des Arrestes der Kläger seine Forderung vor Bayerischen Gerichten würde einzuklagen haben. Hiernach soll auch in denjenigen Provinzen verfahren werden, in welchen das Allgemeine Landrecht nicht eingeführt ist.

Diese Meine Anordnung ist durch die Gesetz-Sammlung zur öffentlichen Kenntniß zu bringen.

Charlottenburg, den 29. Dezember 1852.

Friedrich Wilhelm.
v. Manteuffel. Simons.

An
den Ministerpräsidenten u. Minister der auswärtigen Angelegenheiten u. den Justizminister.

I. 171. F. 5. Vol. IV.

144.

Verfügung vom 31. December 1852, — betreffend die Gesetzeskraft des Strafgesetzbuchs für die Preußischen Staaten in dem an den Regierungsbezirk Aachen angränzenden sogenannten neutralen Gebiete.

In der Anlage erhalten Sie, Herr General-Procurator, Abschrift der Bemerkungen, welche der Assisen-Präsident N. zur Untersuchungssache wider N. in seinem unter dem 19. October d. J. erstatteten Berichte gemacht hat. Die dort geäußerte Ansicht, daß das Strafgesetzbuch für die Preußischen Staaten in dem an den Regierungsbezirk Aachen angränzenden sogenannten „neutralen Gebiete" keine Gesetzeskraft habe, ist nach dem gegenwärtigen staatsrechtlichen Verhältnisse dieses Landestheils als richtig anzuerkennen, es folgt daraus aber auch, daß in Untersuchungen, welche sich auf strafbare, im „neutralen Gebiete" begangene Handlungen beziehen, die Formulirung der Anklagen und Beschuldigungen nach Maaßgabe der Bestimmungen des früheren Rheinischen Strafgesetzbuches erfolgen muß.

Sie haben hierauf die Staats-Procuratoren Ihres Parkets und den Oberprocurator in Aachen aufmerksam zu machen.

Berlin, den 31. December 1852.

Der Justiz-Minister
Simons.

An
den Königl. Herrn General-Procurator
in Cöln.

I. 380. de 1853. Rh. Gen. 82.

XL.

1853.

Gesetze, Verordnungen, Rescripte.

145.

Allgemeine Verfügung vom 12. Januar 1853, — betreffend den Begriff der „Krankheit" oder „Arbeitsunfähigkeit" im Sinne des §. 193. des Strafgesetzbuchs.

Die Königliche wissenschaftliche Deputation für das Medizinalwesen hat vor Kurzem Veranlassung gehabt, über die Frage:

> was unter Krankheit oder Arbeitsunfähigkeit von einer längeren als zwanzigtägigen Dauer im Sinne des §. 193. des Strafgesetzbuchs zu verstehen sei,

ein Superarbitrium abzugeben. Da der Inhalt desselben für die Gerichtsbehörden und für die Beamten der Staatsanwaltschaft von Interesse ist, so wird das gedachte Gutachten nachstehend zur Kenntnißnahme mitgetheilt.

Berlin, den 12. Januar 1853.

Der Justiz-Minister
Simons.

An
sämmtliche Gerichte u. die Beamten
der Staatsanwaltschaft.

I. 69. Crim. 118.

Anlage.

Superarbitrium der wissenschaftlichen Deputation für das Medizinalwesen.

In der Untersuchungssache wider den Häusler T. hat das Königliche Kreisgericht zu B. unter dem 27. September c. durch das hohe vorgeordnete Ministerium ein Superarbitrium von uns requirirt, das wir hier folgen lassen.

Am 27. Juni c. gerieth der Häusler T. mit seiner Ehefrau in Streit, der folgende Mißhandlung zur Folge hatte. Er schleppte sie bei den Haaren zur Stube hinaus und wieder herein, schlug sie mit einem dicken Stock über Achsel, Hände, Arme, Rücken und wo er nur hintraf, nahm dann einen Besen und schlug sie auch damit wieder, namentlich ins Gesicht, und endlich noch mit einem sogenannten Hackeisen. Am folgenden Tage, den 28. ejd., fing er abermals Streit an, und schlug sie mit einem daumdicken Stock und mit den Fäusten.

Am 2. Juli stellte, nach vorangegangener Untersuchung, der Königliche Kreisphysikus Dr. M. ein Attest aus, wonach bei der ꝛc. T. am 29. Juni gefunden worden waren: braunblaue Streifen auf den Schulterblättern bei starker Geschwulst und Schmerzhaftigkeit, thalergroße schwarzblaue Geschwulst auf der rechten Schulter, Querstreifen von blaubrauner Farbe am rechten Oberarm, der geschwollen und schmerzhaft war, und eben solche an beiden Vorderarmen, im Gesichte mehrere lineare, wie gekratzte Hautwunden und zwei achtgroschenstückgroße Beulen, die blauroth, teigicht und schmerzhaft waren, auf der rechten Hälfte des Hinterkopfes. Explorata klagte, anscheinend ganz wahrheitsgemäß, über heftige Schmerzen im Körper, hatte einen frequenten kleinen und schwachen Puls, beschleunigte erschwerte Respiration, und Fieber und allgemeine Schwäche waren nicht zu verkennen.

Am 28. Juli c., also vier Wochen nach den Mißhandlungen, untersuchte der genannte Arzt die T. aufs Neue. Die blutrünstigen Stellen auf Extremitäten und Gesicht waren jetzt gänzlich geschwunden, und von den beiden Beulen am Hinterkopfe war „nur noch Eine, und zwar ansehnlich verkleinert, aber noch schmerzhaft, vorhanden.“ Das Allgemeinbefinden hatte sich auch gebessert, doch „bestand noch eine allgemeine Schwäche in ansehnlichem Grade, wie der schwache, leere Puls, der matte Blick, der Gesichtsausdruck, die langsame und halblaute Sprache und der unsichere Gang bewiesen.“ Ihre häuslichen Geschäfte konnte sie jetzt, jedoch „mit großer Anstrengung“ verrichten. Der ꝛc. Dr. M. erklärte nach diesem Befunde die erlittenen Mißhandlungen nicht für s c h w e r e im Sinne des §. 193. des Strafgesetzbuchs.

Nachdem der Königliche Staatsanwalt sich nicht mit dieser Ansicht hatte einverstanden erklären können, der ꝛc. Dr. M. aber in einer nachträglichen Vernehmung vom 10. August bei seiner Annahme stehen bleiben zu müssen erklärt hatte, beantragte Ersterer die Einholung eines anderweiten Gutachtens durch das Königliche Medizinal-Kollegium zu P. und motivirte diesen Antrag namentlich durch die Worte: „bei der T. ist nach Ablauf von zwanzig Tagen nicht nur noch eine Beule am Hinterkopf, sondern auch eine allgemeine Körperschwäche, als Folge der erlittenen Mißhandlung, vorhanden gewesen. Das nenne ich krank sein."

Das genannte Kollegium hat sein Gutachten am 2. September c. erstattet. Dasselbe nimmt zunächst an, daß die T. bis zur Zeit der erlittenen Mißhandlungen gesund gewesen. Sie habe zwar ein Kind an der Brust gehabt, sei aber am Tage der ersten Mißhandlung von S. nach L. zum Jahrmarkt gegangen und habe Einkäufe gemacht. Diese Voraussetzung muß die unterzeichnete Deputation um so mehr theilen, als in den Akten nirgends von einer vor den Mißhandlungen bestandenen Krankheit oder Körperschwäche der ꝛc. T. die Rede ist. Um nun aber zu beurtheilen, ob der §. 193. auf den vorliegenden Fall Anwendung finde? wirft das Medizinal-Kollegium die Frage auf: wie die Fassung des Paragraphen "Krankheit oder Arbeitsunfähigkeit von längerer als zwanzigtägiger Dauer" zu verstehen sei? und fährt fort:

"das Königliche Kreisgericht nimmt an, daß die Krankheit der T., welche in Folge der Mißhandlungen vom 27. u. 28. Juni entstanden, am 28. Juli noch nicht aufgehört hatte, weil noch eine Beule am Hinterkopfe zu erkennen und allgemeine Schwäche vorhanden war. Wir können jedoch dieser Auffassung nicht beitreten. Es waren nicht allein die kleineren linearen Gesichtswunden, sondern auch die meisten Entzündungen einzelner Hautstellen verschwunden. Selbst die noch erkennbare Beule am Hinterkopf war verkleinert, und das Fieber hatte aufgehört. Die T. war nicht mehr krank, sondern offenbar rekonvalescent. Scharfe Grenzen zwischen Unpäßlichkeit, Krankheit, Rekonvalescenz und Gesundheit lassen sich nicht ziehen, und wir können im vorliegenden Falle nicht bestimmt angeben, an welchem Tage die Rekonvalescenz begonnen habe. Wir müssen zugeben, daß sie am 21. Tage nach den Mißhandlungen eingetreten gewesen sein kann. Deshalb finden wir in dem von dem ꝛc. Dr. M. abgegebenen Gutachten und dessen Gründen keinen Widerspruch und können der Ansicht des Königlichen Kreisgerichts nicht beitreten, nach welcher die der T. zugefügten Verletzungen zu denen gehören würden, welche das im §. 193. festgesetzte Strafmaaß nach sich ziehen."

Dies Gutachten wurde gleichfalls nicht maaßgebend befunden.

"Die Unterschiede"

sagt das Königliche Kreisgericht im Einverständniß mit dem Staatsanwalt,

"zwischen Unpäßlichkeit, Krankheit, Rekonvalescenz und

Gesundheit dürften vielleicht vom rein medizinischen Standpunkte von einiger Bedeutung, vom Standpunkt der forensischen Wissenschaft dagegen ohne Frage ganz irrelevant sein. Im Sinne des §. 193. des Strafgesetzbuchs muß es eine scharfe Grenze zwischen Krankheit und Arbeitsunfähigkeit, welche Folgen einer Mißhandlung sind, und demjenigen Zustande relativer Gesundheit und Arbeitsfähigkeit, welcher vor der Mißhandlung bestanden hat, geben. So lange dieser letztere Zustand nicht hergestellt ist, besteht die Folge der Verletzung noch fort, mag man sie Rekonvalescenz oder Unpäßlichkeit oder sonst wie nennen. Der Unpäßliche ist aber nicht gesund und der Rekonvalescent noch nicht wiederhergestellt."

Die unterzeichnete wissenschaftliche Deputation muß zunächst zugeben, daß die Unterschiede, die das Königliche Medizinal-Kollegium in den Gesundheitsstörungen aufstellt, vom rein medizinischen Standpunkte vollkommen gerechtfertigt sind. Aber sie sind es keineswegs vom gerichtlich-medizinischen. Im Sinne der fraglichen Gesetzesstelle schließen sich Krankheit und Gesundheit absolut und streng abgegrenzt aus. Es muß Jemand am 21. Tage nach erlittener Verletzung krank oder gesund sein. Ein Drittes giebt es nach der Fassung des §. 193. nicht. Es giebt aber fast niemals und nirgends eine absolute Gesundheit. Es kann also auch nicht gefragt werden: ob das Individuum absolut gesund sei? sondern nur: ob es sich desjenigen Zustandes, wenn auch nur relativer Gesundheit, erfreue, welcher vor der Verletzung bestanden. Dann nur, wenn dies nicht der Fall, kann dem Beschädiger, vorausgesetzt, daß die Gesundheitsstörung im unmittelbaren und nachweisbaren Zusammenhange mit der Verletzung steht, die weitere nachtheilige Folge seiner Handlung zugerechnet werden. In diesem Sinne also kann gefragt, aber auch beantwortet werden: ob Jemand am 21. Tage noch krank, d. h. noch leidend an den Folgen der Beschädigung, oder gesund, d. h. in den vorigen Gesundheitszustand zurückversetzt, gleichsam wieder hingestellt — oder "hergestellt" — sei?

Aber nothwendig erleidet diese Interpretation noch eine Beschränkung. Unmöglich kann der Gesetzgeber gemeint gewesen sein, so schwere Strafen, wie sie §. 193. androht, festsetzen zu wollen, wenn z. B. gerade nach Stockschlägen, wie im vorliegenden Falle, nach 22, 23, 30 Tagen bei einem Verletzten, bei übrigens und im Allgemeinen völlig wiederhergestellter Gesundheit, an einer Körperstelle noch ein silbergroschengroßer gelbgrünlicher Fleck sichtbar ist. Kein Arzt, aber auch kein Laie, wird einen solchen Menschen krank nennen, obgleich die Folgen der Beschädigung unzweifelhaft noch fortdauern. Es muß demnach eine so zu sagen forensische Definition des Begriffes „Krankheit“ gefunden werden, die von der medizinisch-wissenschaftlichen ganz zu abstrahiren hat. Und in jenem Sinne muß Krankheit eine Gesundheitsstörung genannt werden, durch welche entweder ein Allgemeinleiden bedingt wird, wie Fieber, heftige, das ganze System ergreifende Schmerzen, allgemeiner Schwächezustand u. s. w. oder, wenn auch dies nicht der Fall, durch welche irgend eine Verrichtung des Körpers wesentlich gestört ist, z. B. Beweglichkeit einzelner Glieder oder des ganzen Körpers, Verdauung, Athmung u. s. w.

Diese von uns aufgestellte, gesetzliche Definition des Begriffes Krankheit im Sinne des §. 193. des Strafgesetzbuchs trifft zugleich, was wir nicht ganz unwesentlich erachten, mit der allgemeinen populären Auffassung zusammen. Ein Mensch, der Fieber oder eine entzündliche Krankheit, oder heftige und andauernde Schmerzen, kurz irgend ein Allgemeinleiden hat, oder aber, der kein Glied rühren oder nichts essen oder verdauen kann, oder der Athembeschwerden hat, oder der seinen Harn nicht lassen kann u. s. w., kurz, bei welchem irgend eine körperliche Verrichtung wesentlich gestört ist, ein solcher Mensch wird allgemein „krank“ genannt werden; nicht aber ein Mensch, der vollkommen gesund und rüstig seinen Geschäften nachgeht, aber eine blutrünstige Stelle an den Augenliedern, oder blaue Striemen auf dem Rücken hat.

Aehnliches, wie vom Begriff: Krankheit, muß auch von dem Begriff: „Arbeitsfähigkeit“ im Sinne des §. 193. cit. gelten. Es giebt nämlich auch keine absolute Arbeitsfähigkeit, sondern nur eine relative. Die verschiedenen Lebensalter, Geschlechter, Stände haben eine verschiedene Arbeitsfähigkeit. Es kann folglich bei der Frage von der Arbeitsfähigkeit eines Beschädigten nur allein diejenige relative Arbeitsfähigkeit gemeint sein, welche und insoweit sie vor der Verletzung bestanden hatte, in Beziehung auf das Subjekt sowohl, wie auf das Objekt. Der Gelehrte, der durch eine Kopfverletzung geistesschwach, halb blödsinnig geworden, seinen literarischen oder Dozenten-Erwerb aufgeben muß; der Violinspieler, der einen Finger der linken Hand eingebüßt hat, das Instrument, das ihn ernährte, nicht mehr spielen kann; der Flötenbläser von Profession, den wegen einer Verletzung der Zunge dasselbe Loos getroffen, sind arbeitsunfähig geworden, und das Gegentheil annehmen, weil etwa diese drei Menschen noch Stroh flechten oder Federn schleißen können, hieße dem Gesetzgeber eine Widersinnigkeit zutrauen. Ebensowenig kann angenommen werden, daß der Begriff Arbeitsfähigkeit sich nur auf den reinen Erwerb, die Lebensnothdurft beziehe, weil in diesem Falle angenommen werden müßte, daß der Gesetzgeber gemeint habe, daß z. B. Kinder,

Rentiers u. s. w. niemals eine schwere Verletzung erleiden könnten. Vielmehr ist Arbeitsfähigkeit zu definiren als: die Fähigkeit, die gewohnte körperliche oder geistige Thätigkeit in gewohntem Maaße auszuüben. In diesem Sinne kann auch das Kind unfähig werden, seine „Arbeiten" zu verrichten, in die Schule zu gehen u. s. w., und sich dadurch zu seiner künftigen Stellung vorzubereiten, auch der Rentner, und wenn seine gewohnte „Arbeit" auch nur in der Verwaltung seines Vermögens, in täglichen Spaziergängen zur Erhaltung seiner Gesundheit, in den gewohnten geistigen Beschäftigungen u. s. w. bestände. Wo diese hier definirte relative Fähigkeit zwanzig Tage nach einer Verletzung und durch dieselbe aufgehoben, nicht wie vor zwanzig Tagen besteht, da muß eine schwere Verletzung, im Sinne des §. 193. cit. angenommen werden.

Man hat gesagt und mit Scharfsinn ausgeführt: Krankheit sei Negation der Gesundheit, Arbeitsunfähigkeit Negation der Arbeitsfähigkeit. Wer also nicht ganz und vollkommen gesund, der sei krank, wer nur noch irgend Etwas zu verrichten im Stande, der sei immerhin nicht arbeitsunfähig. Zu welchen Konsequenzen eine solche ultralogische Auslegung des Gesetzes führt, ist leicht zu ermessen. Wenn Jemand mit einem Schlüssel oder ähnlichen Instrument, das ein Anderer zufällig in der Hand hatte, einen Schlag in's Gesicht bekommen, so kann sehr füglich am einundzwanzigsten Tage noch eine Erosion der Haut, ein Hautschorf, eine kleine Blutunterlaufung u. dgl. vorhanden sein, Abnormitäten, die einen völlig gesunden Körperzustand negiren. In einem andern Falle, wo einem Menschen durch eine Mißhandlung die rechte Hand ohne eigentliche Verstümmelung dauernd lahm oder unbrauchbar geworden, würde derselbe nach dieser Ansicht immer noch durch Unterrichtgeben, Botenlaufen, Arbeiten mit der linken Hand u. s. w. arbeits- und erwerbsfähig sein, da keine Negation der Arbeitsfähigkeit vorliegt. Jener Schlag ins Gesicht würde hiernach mit einer funfzehnjährigen Zuchthausstrafe, diese Zerstörung der rechten Hand mit einer höchstens zweijährigen Gefängnißstrafe (nach §. 187. des Strafgesetzbuchs) gebüßt werden müssen. Daß eine solche widersinnige Ansicht nicht die des Strafgesetzgebers gewesen sein könne, ist selbstredend klar.

Wenden wir das vorstehend Ausgeführte auf den vorliegenden Fall an, so ist einleuchtend, daß wir der Ansicht der beiden früheren technischen Instanzen nicht beitreten können. Nach vier Wochen nach erlittenen Mißhandlungen war, nach dem oben allegirten Atteste des rc. Dr. M., bei der T. eine Beule am Hinterkopfe vorfindlich, welche noch schmerzhaft war. Ferner bestand noch eine „allgemeine Schwäche in ansehnlichem Grade, wie der schwache, leere Puls, der matte Blick, der Gesichtsausdruck, die langsame und halblaute Sprache und der unsichere Gang beweisen.“ Endlich setzt der Arzt hinzu: daß die Frau wieder ihre häuslichen Geschäfte, „wenn auch nur mit großer Anstrengung“ verrichten könne. Bei der Erwägung dieses, also länger als zwanzig Tage nach der Mißhandlung vorgefundenen krankhaften Zustandes wird zunächst um so mehr jeder Verdacht einer bloßen Simulation zu beseitigen sein, als die tägliche forensische Erfahrung lehrt, wie häufig gerade in solchen Fällen aus nahe liegenden egoistischen Gründen Krankheiten, die gar nicht vorhanden, simulirt, oder unbedeutende Uebel in der Schilderung auf Höchste übertrieben werden. Wenn nun in dieser Beziehung auch nicht in Abrede zu stellen, daß mehrere vom Dr. M. geschilderte Symptome, wie die langsame halblaute Sprache, der unsichere Gang, der Gesichtsausdruck, einem bloßen Verdachte einer absichtlichen Produktion derselben vor dem Arzte allerdings Raum geben, was von der schmerzhaften Beule gewiß nicht gilt, so ist doch nicht zu verkennen, daß in der ganzen geschilderten Symptomengruppe eine vollkommen innere Wahrheit ist, und daß der rc. Dr. M. eben in der Schilderung dieser Symptome bewiesen hat, daß es ihm daran lag, nicht blos sein subjektives Urtheil, daß die Explorata noch schwach und angegriffen sei, abzugeben, sondern dies durch die Angabe wirklicher Befunde zu motiviren. Hiernach ist ihm zuzutrauen, daß er von einem blos simulirten Krankheitszustande sich nicht würde haben blenden lassen, und anzunehmen, daß die geschilderte Gesundheitsstörung thatsächlich noch am 28. Juli bestanden habe.

Sodann wird nachzuweisen sein, daß dieser krankhafte Zustand auch wirklich eine unmittelbare Folge der Mißhandlungen gewesen und nicht etwa auf andere Weise entstanden sei. Das Erstere kann aber nicht bestritten werden. Denn nicht nur, daß die Beule am Hinterkopfe, dergleichen früher zwei vorhanden gewesen, noch ein handgreiflicher Ueberrest der augenblicklichen Einwirkung der Stockschläge war, so ist auch aus dem ganzen geschilderten Verlaufe der Einwirkungen der Mißhandlungen offenbar, daß keine andere Ursache, als eben die rohen Beschädigungen, die die T. erlitten hatte, als Veranlassung dazu angenommen werden kann, daß dieselbe noch achtundzwanzig Tage nachher schwach, angegriffen und kraftlos war.

Indem wir nun, zurückgehend auf unsere obigen Ausführungen, bewiesen haben, daß in Folge der, der T. zugefügten Verletzungen, bei ihr noch nach Ablauf von zwanzig Tagen ein Allgemeinleiden, allgemeiner Schwächezustand, d. h. eine Krankheit vorhanden, und daß sie in derselben Zeit noch nicht wieder im Stande gewesen, in demselben Maaße, wie vor zwanzig Tagen, sondern nur „mit großer Anstrengung“ zu arbeiten, d. h., daß sie noch arbeitsunfähig gewesen, geben wir schließlich unser Superarbitrium dahin ab:

daß die der rc. T. am 27. und 28. Juni d. J. zugefügten Verletzungen für schwere im Sinne des §. 193. des Strafgesetzbuchs zu erachten seien.

Berlin, den 17. November 1852.

Königliche wissenschaftliche Deputation für das Medizinalwesen.
(Unterschriften.)

146.

Verfügung vom 20. Januar 1853, — betreffend die Vollstreckung der Strafe der Einschließung in Festungen.

Beigehend wird Ihnen, Herr General-Prokurator, mit Bezugnahme auf die Verfügung vom 11. Juni v. J.

die Vollstreckung der Strafe der Einschließung in Festungen betreffend,

Abschrift des auf diesen Gegenstand bezüglichen Schreibens des Herrn Kriegs-Ministers vom 8. d. M. zur Kenntnißnahme mitgetheilt.

Berlin, den 20. Januar 1853.

Der Justiz-Minister
Simons.

An
den Königlichen Herrn General-Prokurator in Cöln.

I. 149. Crim. 34. Vol. V.

Anlage.

Euer Excellenz beehre ich mich unter Bezugnahme auf mein Schreiben vom 31. Mai v. J. ganz ergebenst zu benachrichtigen, daß zur Verhütung von Fluchtversuchen und unerlaubter Correspondenz auf meinen Befehl die Kommandanturen zu Graudenz, Danzig, Stettin, Cosel, Glatz, Silberberg, Magdeburg, Coblenz und Wesel dato angewiesen worden sind, die ihnen von den Civilgerichten überwiesenen Personen, gegen welche nicht blos auf Einschließung, sondern auch auf Untersagung der Ausübung bürgerlicher Ehrenrechte erkannt ist, nach Maaßgabe der Instruktion vom 6. März 1826 als Festungs-Stubengefangene der ersten (geschärften) Gattung zu behandeln.

Berlin, den 8. Januar 1853.

gez. v. Bonin.

An
den Königl. Staats- u. Justiz-Minister
Herrn Simons Excellenz.

No. 488. 12. A. III.

147.

Allgemeine Verfügung vom 3. Februar 1853, — betreffend die Form und Beweiskraft der ärztlichen Atteste in gerichtlichen Angelegenheiten.

Um den Mißbräuchen entgegenzutreten, welche bisher in vielen Fällen bei der Ausstellung ärztlicher Atteste eingetreten sind, und um eine größere Zuverlässigkeit der letzteren herbeizuführen, hat sich der Herr Minister der geistlichen, Unterrichts- und Medizinal-Angelegenheiten, im Einverständnisse mit dem Justiz-Minister veranlaßt gefunden, in der nachstehend abgedruckten, an sämmtliche Regierungen erlassenen Cirkular-Verfügung vom 20. v. M. eine bestimmte Form vorzuschreiben, in welcher künftig die von den Medizinalbeamten auszustellenden amtlichen Atteste und Gutachten abgefaßt werden sollen.

Indem diese Verfügung sämmtlichen Gerichten und Beamten der Staatsanwaltschaft zur Kenntnißnahme mitgetheilt wird, werden dieselben hierdurch angewiesen:

von allen denjenigen bei ihnen eingehenden Attesten und Gutachten der Medizinalbeamten, gegen welche von der Gegenpartei Ausstellungen gemacht werden, oder in welchen die Gerichte resp. die Beamten der Staatsanwaltschaft Unvollständigkeit oder Oberflächlichkeit wahrnehmen, oder einen der in der gedachten Cirkular-Verfügung angegebenen Punkte vermissen, oder endlich Unrichtigkeiten vermuthen — der betreffenden Königlichen Regierung resp. dem Königlichen Polizei-Präsidium hierselbst beglaubigte Abschrift mitzutheilen.

Zugleich werden die Gerichtsbehörden veranlaßt, in solchen Fällen, in denen es sich um die Vollstreckung einer Freiheitsstrafe oder einer Schuldhaft handelt, und zu diesem Behuf eine ärztliche Prüfung erforderlich ist, den Medizinalbeamten jedesmal die bestimmte Frage vorzulegen:

ob und event. aus welchen Gründen eine nahe, bedeutende und nicht wieder gut zu machende Gefahr für das Leben oder die Gesundheit des zu Inhaftirenden von der Haft zu befürchten sei.

Schließlich werden die Gerichtsbehörden noch darauf aufmerksam gemacht, daß nur auf die Atteste der Medizinalbeamten Rücksicht genommen werden kann, wenn in der Vollstreckung von Freiheitsstrafen oder der Schuldhaft ein Aufschub nachgesucht wird.

Berlin, den 3. Februar 1853.

Der Justiz-Minister
Simons.

An
sämmtliche Gerichte und Beamte
der Staatsanwaltschaft.

I. 391. M. 17. Vol. VII.

Anlage.

Cirkular-Verfügung des Herrn Ministers der geistlichen, Unterrichts- und Medizinal-Angelegenheiten vom 20. Januar 1853.

Mittelst Erlasses vom 9. Januar v. J. habe ich die Königlichen Regierungen und das Königliche Polizei-Präsidium hierselbst veranlaßt, sich gutachtlich über Maaßregeln zu äußern, durch welche eine größere Zuverlässigkeit ärztlicher Atteste zu erzielen sein möchte.

Nach genauer Erwägung des Inhalts dieser, sowie der über denselben Gegenstand von dem Herrn Justiz-Minister eingeforderten Berichte der Appellationsgerichte, des Kammergerichts und des General-Prokurators zu Cöln, erachte ich im Einverständnisse mit dem Herrn Justiz-Minister für nothwendig, für die ärztlichen Atteste der Medizinalbeamten eine Form vorzuschreiben, durch welche der Aussteller einerseits genöthigt wird, sich über die thatsächlichen Unterlagen des abzugebenden sachverständigen Urtheils klar zu werden und letzteres mit Sorgfalt zu begründen, andererseits aber jedesmal an seine Amtspflicht und an seine Verantwortlichkeit für die Wahrheit und Zuverlässigkeit des Attestes erinnert wird.

Zu diesem Zwecke bestimme ich hierdurch, daß fortan die amtlichen Atteste und Gutachten der Medizinalbeamten jedesmal enthalten sollen:

1) die bestimmte Angabe der Veranlassung zur Ausstellung des Attestes, des Zweckes, zu welchem dasselbe gebraucht und der Behörde, welcher es vorgelegt werden soll;

2) die etwaigen Angaben des Kranken oder der Angehörigen desselben über seinen Zustand;
3) bestimmt gesondert von den Angaben zu 2. die **eigenen** thatsächlichen Wahrnehmungen des Beamten über den Zustand des Kranken;
4) die aufgefundenen wirklichen Krankheitserscheinungen;
5) das thatsächlich und wissenschaftlich motivirte Urtheil über die Krankheit, über die Zulässigkeit eines Transports oder einer Haft, oder über die sonst gestellten Fragen;
6) die diensteidliche Versicherung, daß die Mittheilungen des Kranken oder seiner Angehörigen (ad 2) richtig in das Attest aufgenommen sind, daß die eigenen Wahrnehmungen des Ausstellers (ad 3 und 4) überall der Wahrheit gemäß sind, und daß das Gutachten auf Grund der eigenen Wahrnehmungen des Ausstellers nach dessen bestem Wissen abgegeben ist.

Außerdem müssen die Atteste mit vollständigem Datum, vollständiger Namensunterschrift, insbesondere mit dem Amtskarakter des Ausstellers, und mit einem Abdruck des Dienstsiegels versehen sein.

Die Königliche Regierung hat dies sämmtlichen Medizinalbeamten in ihrem Bezirk zur Nachachtung bekannt zu machen, diese Bekanntmachung jährlich zu wiederholen und ihrerseits mit Strenge und Nachdruck darauf zu halten, daß der Vorschrift vollständig genügt werde.

Um die Königlichen Regierungen hierzu in den Stand zu setzen, wird der Herr Justiz-Minister die Gerichtsbehörden anweisen, von allen denjenigen bei ihnen eingehenden ärztlichen Attesten, gegen welche von der Gegenpartei Ausstellungen gemacht werden, oder in welchen die Gerichte resp. die Staatsanwaltschaften Unvollständigkeit oder Oberflächlichkeit wahrnehmen, oder einen der vorstehend angegebenen Punkte vermissen, oder endlich Unrichtigkeiten vermuthen — der betreffenden Königlichen Regierung resp. dem Königlichen Polizei-Präsidium hierselbst beglaubigte Abschrift mitzutheilen. Die Königliche Regierung hat alsdann diese, sowie die auf anderem Wege bei ihr eingehenden ärztlichen Atteste sorgfältig zu prüfen, jeden Verstoß gegen die vorstehend getroffene Anordnung im Disziplinarwege ernstlich zu rügen, nach Befinden der Umstände ein Gutachten des Medizinal-Kollegiums der Provinz zu extrahiren, resp. wegen Einleitung der Disziplinar-Untersuchung an mich zu berichten.

Da über die Unzuverlässigkeit ärztlicher Atteste vorzugsweise in solchen Fällen geklagt worden, in denen es auf die ärztliche Prüfung der Statthaftigkeit der Vollstreckung einer **Freiheitsstrafe** oder einer **Schuldhaft** ankam, und auch ich mehrfach wahrgenommen habe, daß in solchen Fällen die betreffenden Medizinalbeamten sich von einem unzulässigen Mitleid leiten lassen oder sich auf den Standpunkt eines Hausarztes stellen, welcher seinem in Freiheit befindlichen Patienten die angemessenste Lebensordnung vorzuschreiben hat, so veranlasse ich die Königliche Regierung, bei dieser Gelegenheit die Medizinalbeamten in ihrem Bezirk vor dergleichen Mißgriffen zu warnen. Nicht selten ist in solchen Fällen von dem Medizinalbeamten angenommen worden, daß schon die Wahrscheinlichkeit einer Verschlimmerung des Zustandes eines Arrestaten bei sofortiger Entziehung der Freiheit ein genügender Grund sei, die einstweilige Aussetzung der Strafvollstreckung oder der Schuldhaft als nothwendig zu bezeichnen. Dies ist eine ganz unrichtige Annahme. Eine Freiheitsstrafe wird fast in allen Fällen einen deprimirenden Eindruck auf die Gemüthsstimmung, und bei nicht besonders kräftiger und nicht vollkommen gesunder Körperbeschaffenheit, auch auf das leibliche Befinden des Bestraften ausüben, mithin schon vorhandene Krankheitszustände fast jedesmal verschlimmern. Deshalb kann aber die Vollstreckung einer Freiheitsstrafe oder einer Schuldhaft, während welcher ohnehin es dem Gefangenen an ärztlicher Fürsorge niemals fehlt, nicht ausgesetzt resp. nicht für unstatthaft erklärt werden. Der Medizinalbeamte kann die Aussetzung 2c. vielmehr nur beantragen, wenn er sich nach gewissenhafter Untersuchung des Zustandes eines zu Inhaftirenden für überzeugt hält, daß von der Haftvollstrekkung eine nahe, bedeutende und nicht wieder gut zu machende Gefahr für Leben und Gesundheit des zur Haft zu Bringenden zu besorgen ist, und wenn er diese Ueberzeugung durch die von ihm selbst wahrgenommenen Krankheitserscheinungen und nach den Grundsätzen der Wissenschaft zu motiviren im Stande ist. Eine andere Auffassung der Aufgabe des Medizinalbeamten gefährdet den Ernst der Strafe und lähmt den Arm der Gerechtigkeit, und ist daher nicht zu rechtfertigen. Dies ist den Medizinalbeamten zur Beherzigung dringend zu empfehlen.

Berlin, den 20. Januar 1853.

Der Minister der geistlichen, Unterrichts- und Medizinal-Angelegenheiten.

An
sämmtliche Königliche Regierungen.

148.

Allgemeine Verfügung vom 19. Februar 1853, — betreffend die Beschlagnahme und Vernichtung verbotener Loose auswärtiger Lotterien durch die Polizeibehörden.

Allerhöchste Verordnung vom 7. Dezember 1816 §. 1. (Ges.-Samml. 1817. S. 4).
Verordnung vom 5. Juli 1847 (Ges.-Samml. S. 261).

Der §. 1. der Allerhöchsten Verordnung vom 7. Dezember 1816 wegen erneuerten Verbotes des Spielens in auswärtigen Lotterien rc. bestimmt:

> daß, wer die ihm auf irgend eine Weise zugekommenen Loose auswärtiger Lotterien nicht 24 Stunden nach dem Empfange der Polizeibehörde seines Wohnortes zur Kassation überreicht, die Vermuthung gegen sich hat, daß er in fremden Lotterien habe spielen wollen.

Hierdurch ist der Polizeibehörde die Befugniß eingeräumt, derartige, an sie abgegebene Loose auswärtiger Lotterien zu vernichten und demgemäß ist auch bisher diese Befugniß ausgeübt worden.

Es ist jetzt in Frage gekommen, ob in dieser Befugniß durch die neuere Gesetzgebung etwas geändert worden ist, und ob namentlich in den Fällen, in welchen verbotene Loose auswärtiger Lotterien zum Vorschein gekommen und mit Beschlag belegt sind, ohne daß eine deshalb verantwortliche Person im Inlande zur Untersuchung gezogen werden kann, auf Grund des §. 31. des Preßgesetzes vom 12. Mai 1851 die Bestätigung der Beschlagnahme bei den Gerichten beantragt, und sodann auf Grund der Verordnung vom 5. Juli 1847 wegen des Spielens in auswärtigen Lotterien rc., der §§. 34. und 36. des Strafgesetzbuches, und der §§. 32., 33., 50., 27. und 28. des Preßgesetzes, Anklage auf Vernichtung erhoben werden muß. Nach näherer Verständigung mit den Herren Ministern des Innern und der Finanzen ist indessen angenommen worden, daß in Beziehung auf die vorgedachten Fälle das Preßgesetz keine Veränderungen herbeigeführt hat, und daß demgemäß die Polizeibehörden die Beschlagnahme und Vernichtung verbotener Loose auswärtiger Lotterien und der darauf sich beziehenden Schriftstücke in Fällen, wo eine für die Verbreitung verantwortliche Person im Inlande nicht vorhanden ist, in demselben Umfange, wie vor Einführung des Preßgesetzes vom 12. Mai 1851 auszuüben befugt sind.

Nachdem die Verwaltungsbehörden demgemäß mit Anweisung versehen worden sind, werden Sie, Herr General-Prokurator, hierdurch veranlaßt, die Ober-Prokuratoren hiervon mit der

Anweisung in Kenntniß zu setzen, fortan in den oben genannten Fällen, falls ihnen derartige Loose und die darauf bezüglichen Schriftstücke zugehen sollten und eine verantwortliche Person im Inlande nicht zur Untersuchung zu ziehen ist, dieselben ohne weiteres Verfahren der betreffenden Polizeibehörde zur Kassation zu übersenden.

Berlin, den 19. Februar 1853.

Der Justiz-Minister
Simons.

An sämmtliche Königl. Herren Ober-Staatsanwälte und den Königlichen Herrn General-Prokurator in Cöln.

I. 585. L 9. Vol. II.

149.

Allgemeine Verfügung vom 23. Februar 1853, — betreffend die Vereidung der zur Feststellung der Invaliden-Versorgungs-Ansprüche ehemaliger Militairpersonen abgehörten Zeugen.

Verordnung vom 2. Januar 1849. §. 38. (Ges.-Samml. S. 12).

Von einigen Gerichtsbehörden ist in Zweifel gezogen worden: ob die Gerichte, wenn sie von einer Militairbehörde um eidliche Abhörung von Zeugen behufs Feststellung der Invaliden-Versorgungs-Ansprüche ehemaliger Militairpersonen requirirt werden, verpflichtet seien, dieser Requisition auch in Betreff der Vereidung der vernommenen Zeugen Statt zu geben.

Der Justiz-Minister findet sich dadurch veranlaßt, den Gerichtsbehörden zu eröffnen, daß solchen Requisitionen ohne Anstand zu genügen ist.

Nach §. 38. der Verordnung vom 2. Januar 1849 haben die Gerichts- und die Verwaltungsbehörden sich gegenseitig bei Erledigung der ihnen obliegenden Geschäfte innerhalb ihres Ressorts Unterstützung zu leisten. Bedürfen daher die Militairbehörden zu der ihnen obliegenden Feststellung der Versorgungs-Ansprüche von Militairpersonen der eidlichen Abhörung von Zeugen, so sind die Gerichte verpflichtet, dem deshalb von Seiten jener Behörden an sie gerichteten Ersuchen nachzukommen.

Berlin, den 23. Februar 1853.

Der Justiz-Minister
Simons.

An sämmtliche Gerichtsbehörden.

I. 566. Z. 6. Vol. II.

150.

Allerhöchster Erlaß vom 24. Februar 1853, — betreffend die von den Gehältern der Hauptleute und Rittmeister 3ter Klasse zur Befriedigung der Gläubiger zu machenden Abzüge.

Mit Rücksicht auf die in dem §. 165. des Anhanges zur Allgemeinen Gerichtsordnung enthaltenen Vorschriften über die von den Gehältern der Offiziere zur Befriedigung der Gläubiger zu machenden Abzüge bestimme Ich, daß bei der Infanterie einem Hauptmann 3ter Klasse monatlich vier Thaler, und bei der Kavallerie, der Artillerie und dem Ingenieur-Korps einem Rittmeister resp. Hauptmann dritter Klasse monatlich fünf Thaler in Abzug gebracht werden dürfen.

Diese Meine Order ist durch die Gesetz-Sammlung bekannt zu machen.

Charlottenburg, den 24. Februar 1853.

Friedrich Wilhelm.
v. Bonin.

An
den Kriegsminister.

I. 1248. M. 53. Vol. VI.

151.

Verfügung vom 24. Februar 1853, — betreffend die Erstattung des Berichts und die Anfertigung des Aktenauszugs in Kriminalsachen, in welchen das Strafurtheil der Allerhöchsten Bestätigung bedarf.

(Verfügungen vom 30. Juli 1819 und vom 27. Dezember 1838 Rhein. Samml. Bd. 1. S. 585 und Bd. 6. S. 669.)

Nachdem die Vereinigung des Rheinischen Revisions- und Cassationshofes mit dem Ober-Tribunal stattgefunden hat, ist es wegen der Gleichmäßigkeit des Verfahrens angemessen, daß in Kriminalsachen, in welchen das Strafurtheil der Allerhöchsten Bestätigung bedarf, die Erstattung des erforderlichen Berichts und die Anfertigung des Aktenauszuges nicht mehr durch den obersten Gerichtshof, sondern in allen Fällen durch den betreffenden Ober-Prokurator erfolge.

Demnach wird unter Abänderung der Verfügungen vom 30. Juli 1819 und vom 27. Dezember 1838 (Rhein. Samml.

Bd. 1. S. 585. und Bd. 6. S. 669) hiermit angeordnet, daß in solchen Strafsachen auch alsdann, wenn das Rechtsmittel der Kassation eingelegt und verworfen worden ist, das von dem obersten Gerichtshofe erlassene Erkenntniß nebst den Akten durch den General-Staats-Anwalt unmittelbar an den betreffenden Ober-Prokurator zu senden, und von diesem die Sache in derselben Weise zu behandeln ist, wie in denjenigen Fällen, in welchen ein Kassationsrekurs nicht eingelegt worden.

Berlin, den 24. Februar 1853.

Der Justiz-Minister
Simons.

An
das Königliche Ober-Tribunal, den Königl. Hrn. General-Staatsanwalt bei dem Obertribunal u. an sämmtliche Königliche Ober-Prokuratoren in der Rheinprovinz.

Abschrift der vorstehenden Verfügung erhalten Sie, Herr General-Prokurator, zur Nachricht.

Berlin, den 24. Februar 1853.

Der Justiz-Minister
Simons.

An
den Königl. Hrn. General-Prokurator bei dem Appellationsgerichtshofe zu Cöln.

I. 502. Rh. Crim. 8. Vol. III.

152.

Allgemeine Verfügung vom 28. Februar 1853, — betreffend den Umfang der den Mitgliedern der Fürstlich Hohenzollernschen Häuser bei Rechtsangelegenheiten zustehenden Stempelfreiheit.

Staatsvertrag vom 7. Dezember 1849 (Ges.-Samml. v. 1850 S. 289 ff.).
Gesetz vom 12. März 1850 (Gesetz-Samml. S. 289).
Allerhöchster Erlaß v. 14. August 1852 (Ges.-Samml. S. 771).

Seine Majestät der König haben mittelst Allerhöchsten Erlasses vom 14. August 1852 Nr. 3. (Gesetz-Sammlung S. 771) zu bestimmen geruht,

daß die Mitglieder der Fürstlichen Häuser Hohenzollern-Hechingen und Sigmaringen in Beziehung auf Steuer-

und Abgaben-Befreiungen den Mitgliedern des Königlichen Hauses gleichgestellt sein sollen.

Dieser Allerhöchsten Anordnung gemäß tritt die Stempelfreiheit ein:

1. bei Verträgen und sonstigen Rechtsgeschäften, welche von Mitgliedern der Fürstlich Hohenzollernschen Häuser unter sich abgeschlossen werden, sowie bei allen Verhandlungen in Bezug auf innere Verhältnisse dieser Fürstlichen Häuser;
2. für die Mitglieder derselben hinsichtlich ihrer Person auch bei solchen Verträgen und Verhandlungen, welche von ihnen mit dritten Personen über ein persönliches Verhältniß abgeschlossen werden;
3. bei allen Verhandlungen, Verträgen oder sonstigen Rechtsgeschäften, die sich auf das eigentliche Hausvermögen der Fürstlich Hohenzollernschen Häuser beziehen;
4. bei Erbschaften oder Legaten, welche einem Mitgliede dieser Fürstlichen Häuser von einem anderen Mitgliede derselben vermacht werden.

Sämmtliche Gerichtsbehörden und Notarien werden angewiesen, sich in vorkommenden Fällen nach diesen Grundsätzen, welche von des Königs Majestät auf den Vortrag des Staats-Ministeriums Allerhöchst gebilligt worden sind, zu achten.

Berlin, den 28. Februar 1853.

Der Justiz-Minister
Simons.

An
sämmtliche Gerichtsbehörden und
die Notarien.

I. 5809. Hohenzollern Nr. 5.

153.

Allgemeine Verfügung vom 8. März 1853, — betreffend die in die Regierungs-Amtsblätter gebührenfrei aufzunehmenden Bekanntmachungen der Gerichte und der Beamten der Staatsanwaltschaft.

Zur Vermeidung unnöthiger Kosten für die in die Regierungs-Amtsblätter gebührenfrei aufzunehmenden Bekanntmachungen der Gerichte und der Beamten der Staatsanwaltschaft werden auf den Wunsch des Herrn Ministers des Innern hierdurch folgende Bestimmungen getroffen:

1) die Benennung des Gerichts und die Bezeichnung des Beamten der Staatsanwaltschaft ist in derartigen Be-

kanntmachungen möglichst kurz und ohne Beifügung der Namensunterschrift anzugeben;

2) in denjenigen Landestheilen, in welchen die Verordnung vom 3. Januar 1849 über das Verfahren in Untersuchungssachen zur Anwendung kommt, sind die nach §. 30. des Strafgesetzbuchs durch die Amtsblätter zu veröffentlichenden Bekanntmachungen der wegen Verbrechen rechtskräftig verurtheilten Personen in Zukunft nicht von jedem Stadt- und resp. Kreisgericht besonders, sondern für sämmtliche in demselben Obergerichts-Departement befindliche Schwurgerichte eines Regierungsbezirks durch das betreffende Obergericht zu erlassen.

Die Stadt- und resp. Kreisgerichte haben zu diesem Behuf die zur Bekanntmachung bestimmten Strafurtheile, sobald dieselben die Rechtskraft beschritten haben, in ein Verzeichniß zu bringen und das letztere am Schlusse eines jeden Monats oder Vierteljahrs den vorgesetzten Obergerichten einzureichen, welchen in dieser Beziehung die nähere Bestimmung überlassen bleibt.

Berlin, den 8. März 1853.

Der Justiz-Minister
Simons.

An
sämmtliche Gerichte und Beamte
der Staatsanwaltschaft.

I. 5903. A. 46. Vol. III.

154.

Allgemeine Verfügung vom 8. März 1853, — betreffend das bei Rehabilitation nicht in Militairverhältnissen stehender Personen zu beobachtende Verfahren.

(Vergleiche Allgemeine Verfügung vom 7. Juni 1839 (Rhein. Samml. Bd. 7. S. 69).

Se. Majestät der König haben mittelst Allerhöchsten Erlasses vom 30. Dezember v. J. zu bestimmen geruht, welches Verfahren künftig in Betreff der Wiederverleihung der Nationalkokarde, resp. der Kriegsdenkmünze und der Dienstauszeichnung an nicht in Militairverhältnissen stehende Personen beobachtet werden soll. Auf Grund dieses Allerhöchsten Erlasses sind von Seiten des Herrn Ministers des Innern sämmtliche Regierungen und das Königliche Polizei-Präsidium hierselbst mit der erforderlichen Instruktion versehen worden.

Indem der Justiz-Minister nachstehend sowohl die Allerhöchste Ordre vom 30. Dezember v. J. als die Cirkular-Verfügung des Herrn Ministers des Innern vom 18. Januar d. J. zur Kenntniß der Gerichtsbehörden bringt, werden die letzteren hierdurch veranlaßt, sich in vorkommenden Fällen nach den darin aufgestellten Grundsätzen zu achten.

Berlin, den 8. März 1853.

Der Justiz-Minister
Simons.

An
sämmtliche Gerichtsbehörden.

I. 365. N. 4. Vol. IV.

a.

Auf Ihren Bericht vom 30. November c. bin Ich damit einverstanden, daß das bisher beobachtete Verfahren in Betreff der Wiederverleihung der Nationalkokarde — resp. der Kriegsdenkmünze und der Dienstauszeichnung — an nicht in Militairverhältnissen stehende Personen, mit Rücksicht auf die veränderte Gesetzgebung für die gegenwärtigen Verhältnisse nicht mehr vollständig anwendbar erscheint. In Betracht dessen setze Ich hierdurch fest:

1) daß diejenigen Rehabilitationsfälle, in denen die zu Rehabilitirenden auf Grund des Strafgesetzbuchs mit Verlust der bürgerlichen Ehrenrechte bestraft sind, nur ausnahmsweise wie alle andern Begnadigungsgesuche mittelst besonderer von Ihnen gemeinschaftlich zu erstattender Berichte zu Meiner Entscheidung gebracht werden, falls Sie dieselben zur Befürwortung für angethan erachten;
2) daß alle andern, auf Verurtheilungen nach der früheren Strafgesetzgebung beruhenden Rehabilitationsfälle, insoweit der zu Rehabilitirende wegen Staatsverbrechen, also wegen Hochverraths, Landesverraths oder Beleidigung der Majestät und der Mitglieder des Königlichen Hauses bestraft ist, einer abgesonderten Prüfung unterworfen und zum Gegenstande besonderer Separatberichte, in welchen zugleich das politische Verhalten des zu Rehabilitirenden näher erörtert wird, gemacht werden;
3) daß abgesehen hiervon in allen auf Verurtheilungen nach der früheren Strafgesetzgebung beruhenden Rehabilitationsfällen hinsichtlich des Zeitraums für die Rehabilitation geprüft wird, ob die Bestraften nach dem Strafgesetzbuch mit dem Verluste der bürgerlichen Ehrenrechte, und auf wie lange würden bestraft worden sein, und daß ferner vor Befürwortung des Rehabilitationsgesuchs der Ablauf desjenigen Zeitraums abgewartet wird, welcher

nach dem Strafgesetzbuch für den Verlust der bürgerlichen Ehrenrechte wahrscheinlich würde festgesetzt worden sein.

Berlin, den 30. Dezember 1852.

(gez.) Friedrich Wilhelm.

(gegengez.) Simons. v. Westphalen.

An
die Minister der Justiz und
des Innern.

b.

In der abschriftlichen Anlage wird der Königlichen Regierung eine unter dem 30. Dezember v. J. ergangene Allerhöchste Kabinetsordre, betreffend das in Rehabilitationsfällen der nicht in Militairverhältnissen stehenden Personen künftighin zu beobachtende Verfahren, zur Kenntnißnahme und Nachachtung zugefertigt.

Zur näheren Erläuterung der darin enthaltenen Bestimmungen bemerke ich Folgendes:

ad 1. Hinsichtlich derjenigen Rehabilitationsfälle, in denen die zu Rehabilitirenden auf Grund des neuen Strafgesetzbuchs mit Verlust der bürgerlichen Ehrenrechte, sei es lebenslänglich oder zeitweise, bestraft sind, kann die Wiederverleihung derselben, insofern sie nicht von selbst eintritt, nur ausnahmsweise erfolgen, und es wird daher von Seiten der Minister des Innern und der Justiz jedesmal eines besonderen Immediatberichts bedürfen, welcher das Vorhandensein besonderer Begnadigungsgründe voraussetzt. Hieraus ergiebt sich von selbst, daß derartige Rehabilitationsfälle niemals in die bisherigen vierteljährlich an das Ministerium des Innern einzureichenden Vorschlagslisten aufgenommen werden können, und daß vielmehr wegen jedes einzelnen derartigen Falles, wenn er nach der Ansicht der Königlichen Regierung überhaupt zur Befürwortung geeignet ist, besonders berichtet werden muß, gleichviel ob der Verlust der bürgerlichen Ehrenrechte ohne Beschränkung auf Zeit, oder nur auf eine bestimmte, noch nicht abgelaufene Frist im Urtheil festgesetzt ist. In Fällen der ersteren Art wird jedoch der Antrag auf Wiederverleihung der bürgerlichen Ehrenrechte nur aus den erheblichsten und dringendsten Gründen befürwortet werden können, falls nicht bereits der längste Zeitraum der zeitweisen Verlustigerklärung derselben, nämlich ein zehnjähriger Zeitraum, verflossen ist. Das in allen Fällen dieser Kategorie zu beobachtende Verfahren regelt sich von selbst dahin, daß die

Königliche Regierung, wenn Anträge solcher Rehabilitanden zu ihrer Kognition kommen, mit denjenigen Gerichtsbehörden, denen die Kompetenz für die Begnadigungs-Instanz kompetirt, über das Vorhandensein ausreichender, die Rehabilitation motivirender, Begnadigungsgründe in Kommunikation tritt, und, falls entweder eine Verschiedenheit der Meinungen zwischen der Königlichen Regierung und der betreffenden Gerichtsbehörde obwaltet, oder falls die Königliche Regierung mit dieser über die Befürwortung einverstanden ist, jedesmal unter Vorlegung der erforderlichen Schriftstücke, namentlich der Erkenntnisse und der Atteste über das Wohlverhalten des Rehabilitanden rc. hierher berichtet, andernfalls aber, falls sie ebenso, wie die betreffende Gerichtsbehörde, das Rehabilitationsgesuch zur Befürwortung nicht für geeignet erachtet, die Beförderung und Befürwortung desselben ablehnt, ohne erst Bericht hierüber zu erstatten.

ad 2. Die ad 2. gegebene Bestimmung, wegen Behandlung derjenigen Rehabilitationsfälle, in denen die Rehabilitanden nach der früheren Strafgesetzgebung wegen Staatsverbrechen, also wegen Hochverraths, Landesverraths und Beleidigung Sr. Majestät, resp. der Mitglieder des Königlichen Hauses, bestraft sind, ist durch die frühere diesseitige Verfügung vom 3. März 1852 bereits provisorisch eingeführt, und es bedarf daher keiner weiteren Anordnungen zur Ausführung derselben, als einer Verweisung auf das seitdem innegehaltene und auch ferner zu beobachtende Verfahren.

ad 3. Die ad 3. bezeichnete Kategorie von Rehabilitanden umfaßt diejenigen Verurtheilten, welche einerseits wegen anderer Verbrechen, als der zu 2. bezeichneten, und andererseits auf Grund der früheren Strafgesetzgebung bestraft worden sind. Da sie die einzigen sind, welche auch fernerhin in die vierteljährlichen Vorschlagslisten aufzunehmen sind, so wird die Zahl derselben sich nothwendig von Vierteljahr zu Vierteljahr vermindern, und voraussichtlich binnen wenigen Jahren gänzlich aufhören. Daß in Bezug auf diese Rehabilitanden jedesmal eine Erörterung und Prüfung darüber verlangt wird, ob die Bestraften, falls ihre Verurtheilung nach dem neuen Strafgesetzbuch erfolgt wäre, nach diesem mit Verlust der bürgerlichen Ehrenrechte und auf wie lange würden bestraft worden sein, und daß die Befürwortung solcher Rehabilitationsgesuche nicht vor Ablauf desjenigen Zeitraums erfolgen soll, welcher nach dem neuen Strafgesetzbuch für den Verlust der bürgerlichen Ehrenrechte wahrscheinlich würde festgesetzt worden sein, hat seinen Grund darin, daß zwischen den Rehabilitationsfällen der auf Grund des neuen Strafgesetzbuchs Bestraften und der auf Grund der früheren Strafgesetzgebung Bestraften nothwendig ein angemessenes und ausgleichendes Verhältniß festgestellt werden muß, wenn nicht unausweislich Härten und Unbilligkeiten mit dem Verfahren in Rehabilitationssachen verbunden sein sollen.

Was das Verfahren bei dieser Prüfung betrifft, so ist dabei der Gesichtspunkt festzuhalten, daß es nur darauf ankommt, erhebliche Ungleichheiten in der Behandlung der beiden verschiedenen Kategorien von Rehabilitanden zu vermeiden, und daß daher eine arbiträre Beurtheilung in Beantwortung der Frage: ob der Rehabilitande, wenn er nach dem neuen Strafgesetzbuch bestraft worden wäre, auf seine Rehabilitation erheblich länger würde haben warten müssen, vollkommen genügend erscheint, um die Voraussetzung ad 3. zu erfüllen.

Die Königliche Regierung wird zur gutachtlichen Beantwortung dieser Frage in der Regel durch den Inhalt des Erkenntnisses völlig ausreichend in Stand gesetzt sein, und es wird daher der Einholung eines Gutachtens der Gerichtsbehörden niemals, der Einforderung und Prüfung der Untersuchungs-Akten aber nur in sehr seltenen Fällen bedürfen. Sollten jedoch in solchen einzelnen Fällen so wesentliche und für den vorliegenden Fall maaßgebende Zweifel sich herausstellen, daß solche nur durch eine Prüfung der Untersuchungs-Akten sich beseitigen lassen, so wird Nichts entgegenstehen, die letzteren einzusehen. Die dadurch veranlaßte Mehrarbeit ist, da derartige Fälle gewiß nur höchst selten eintreten und binnen Kurzem immer mehr sich vermindern werden, nicht von Belang, und hat daher der oben bezeichneten Rücksicht gegenüber nicht ins Gewicht fallen können.

Nach vorstehenden Gesichtspunkten wolle die Königliche Regierung nunmehr, unter Zugrundelegung der Allerhöchsten Ordre vom 30. Dezember 1852, in allen Rehabilitationsfällen verfahren und die Landräthe, resp. die zur Instruktion der Rehabilitations-Anträge kompetenten Polizei-Behörden demgemäß mit entsprechender Anweisung versehen, die Bestimmungen selbst aber durch das Amtsblatt zur öffentlichen Kenntniß bringen.

Berlin, den 18. Januar 1853.

Der Minister des Innern
v. Westphalen.

An sämmtliche Königl. Regierungen u.
das Königl. Polizei-Präsidium hieselbst.

I. A. 128.

155.

Gesetz, — betreffend die Abänderung der §§. 56., 219., 240. und 250. des Strafgesetzbuches. Vom 9. März 1853.

(Gesetz-Sammlung 1853 S. 78.)

I. 1313. Landrecht 38. Vol. X.

156.

Gesetz, — betreffend die Anwendung der für den Verkehr auf den Kunststraßen bestehenden Vorschriften über die Breite der Radfelgen auf andere Straßen und Wege. Vom 12. März 1853.

Wir Friedrich Wilhelm, von Gottes Gnaden, König von Preußen ꝛc. ꝛc.

verordnen, mit Zustimmung der Kammern, was folgt:

Einziger Paragraph.

Der Minister für Handel, Gewerbe und öffentliche Arbeiten ist ermächtigt, die in den §§. 1—8., §§. 14., 15., 16., 18. und 19. der Verordnung vom 17. März 1839 (Gesetz-Sammlung 1839 Seite 80) und in der Order vom 12. April 1840 (Gesetz-Sammlung 1840 Seite 108) enthaltenen Vorschriften über die Breite der Radfelgen bei dem Verkehr auf den Kunststraßen, sowie die darauf bezüglichen Bestimmungen des Regulativs, das Verfahren bei Chausseegeld- und Chausseepolizei-Kontraventionen betreffend, vom 7. Juni 1844 (Gesetz-Sammlung 1844 Seite 167), nebst den späteren abändernden gesetzlichen Vorschriften auf den Antrag einer Provinzial- oder einer Kreisvertretung auch auf andere Straßen und Wege als die im §. 1. der gedachten Verordnung vom 17. März 1839 erwähnten zusammenhängenden Kunststraßen für anwendbar zu erklären.

Die demgemäß erlassenen besonderen Bekanntmachungen sind durch die Amtsblätter derjenigen Regierungen zu veröffentlichen, in deren Bezirken die bezüglichen Straßen und Wege belegen sind.

Urkundlich unter Unserer Höchsteigenhändigen Unterschrift und beigedrucktem Königlichen Insiegel.

Gegeben Charlottenburg, den 12. März 1853.

(L. S.) Friedrich Wilhelm.

v. Manteuffel. v. d. Heydt. Simons. v. Raumer.
v. Westphalen. v. Bodelschwingh. v. Bonin.

I. 1434. W. 11. Vol. VI.

157.

Allgemeine Verfügung vom 31. März 1853, — betreffend die Reisekosten der Kreis-Medizinalbeamten in gerichtlichen Partei- und Untersuchungssachen.

Edikt vom 21. Juni 1815 (Ges.-Samml. S. 109 ff.).
Allerhöchste Verordnung vom 28. Juni 1825 (Ges.-Sammlung S. 163 ff.).
Allerhöchster Erlaß v. 10. Juni 1848 (Ges.-Samml. S. 151 ff.).

a.

Verfügung des Justiz-Ministers.

Nachstehende Cirkular-Verfügung, welche der Herr Minister der geistlichen, Unterrichts- und Medizinal-Angelegenheiten hinsichtlich der Festsetzung der den Kreis-Medizinal-Beamten bei dienstlichen Reisen in gerichtlichen Partei- und Untersuchungssachen zu gewährenden Fuhrkosten an sämmtliche Königliche Regierungen und an das hiesige Königliche Polizei-Präsidium unterm 11. d. M. erlassen hat,*) wird den Gerichtsbehörden hierdurch zur Kenntnißnahme und Beachtung mit dem Bemerken mitgetheilt, daß es in Betreff der den Kreis-Medizinal-Beamten bei Reisen der vorgedachten Art zustehenden Diäten bei den Bestimmungen der Medizinal-Taxe vom 21. Juni 1815 Abschnitt V. sein Bewenden behält.

Berlin, den 31. März 1853.

Der Justiz-Minister
Simons.

An
sämmtliche Gerichtsbehörden.

I. 1299. D. 18. Vol. XIII.

b.

Cirkular-Verfügung des Herrn Ministers der geistlichen, Unterrichts- und Medizinal-Angelegenheiten.

Im Anschluß an die Cirkular-Verfügung vom 12. Juni 1851 (Ministerial-Blatt der inneren Verwaltung S. 131),**)

*) Diese Verfügung findet gemäß einem Schreiben des Justiz-Ministers an den Herrn Minister der geistlichen rc. Angelegenheiten vom 12. Juli 1854 (I. 2835. Rhein. Gen. 37. Vol. III.) keine Anwendung, wenn im Bezirk des Appellationsgerichtshofs zu Cöln Medizinalbeamte als Sachverständige in Civilprozessen vernommen werden.

**) Die Cirkular Verfügung vom 12. Juni 1851 lautet wie folgt:
Zur Beseitigung der Zweifel, welche hinsichtlich der Diätensätze bei Reisen der Medizinal-Beamten mehrfach entstanden sind, bin ich mit der

betreffend die Diäten der Kreis-Medizinal-Beamten bei Reisen in Königlichen Dienstangelegenheiten und bei Reisen in gerichtlichen Partei- und Untersuchungssachen,

finde ich mich veranlaßt, im Einverständnisse mit dem Herrn Justiz-Minister und der Königlichen Ober-Rechnungs-Kammer, darauf aufmerksam zu machen, daß in gerichtlichen Partei- und Untersuchungssachen die Reisekosten der Kreis-Medizinal-Beamten nicht mehr, wie in einzelnen Fällen noch geschehen, nach der Verordnung vom 28. Juni 1825, sondern, ebenso wie die Reisekosten bei Reisen in Königlichen Dienstangelegenheiten, nach den Bestimmungen des, die zuletzt genannte Verordnung abändernden Allerhöchsten Erlasses vom 10. Juni 1848 (Gesetz-Sammlung S. 151 ff.) zu liquidiren sind.

Nach den Bestimmungen in den §§. 1., 2. und 3. dieses Allerhöchsten Erlasses haben zu erhalten:

Königlichen Oberrechnungs-Kammer in Schriftwechsel getreten und eröffne nunmehr, im Einverständniß mit derselben, den Königlichen Regierungen, daß bei den Diäten der Medizinal-Beamten zwischen Reisen in Königlichen Dienst-Angelegenheiten, für deren Vergütung die Verordnung vom 28. Juni 1825 früher maaßgebend war, und jetzt der Allerhöchste Erlaß vom 10. Juni 1848 gilt, und zwischen Reisen in gerichtlichen Partei- und Untersuchungssachen zu unterscheiden ist, für welche die Medizinal-Gebühren-Taxe vom 21. Juni 1815, insofern diese nicht ausdrücklich abgeändert worden ist, zur Anwendung kommt. Nach diesen Bestimmungen haben zu erhalten an Diäten:

I. bei Reisen in Königlichen Dienst-Angelegenheiten:

		Rthlr.	Sgr.
1)	die Kreis-Physiker	2	15
2)	die Departements-Thierärzte außerhalb des denselben zur speziellen Verwaltung überwiesenen kreisthierärztlichen Bezirks	2	15
3)	die Kreis-Chirurgen	1	10
4)	die Kreis-Thierärzte	1	10

II. bei Reisen in gerichtlichen Partei- und Untersuchungssachen:

		Rthlr.	Sgr.
1)	die Kreis-Physiker	2	—
2)	die Departements-Thierärzte in ihrer Eigenschaft als solche (I. 2.)	2	—
3)	die Kreis-Chirurgen	1	10
4)	die Kreis-Thierärzte	1	10

Bei Reisen der Medizinal-Beamten in Angelegenheiten ihrer Privat-Praxis verbleibt es dagegen, wie schon in der Cirkular-Verfügung vom 7. Oktober 1849 ausgesprochen worden, bei den Bestimmungen der Taxe für die Medizinalpersonen vom 21. Juni 1815.

Berlin, den 12. Juni 1851.

Der Minister der geistlichen, Unterrichts- und Medizinal-Angelegenheiten.

I. bei Reisen, welche auf Eisenbahnen oder Dampfschiffen zurückgelegt werden:

Reisekosten auf die Meile	Nebenkosten beim Zugang zu der und beim Abgang von der Eisenbahn, zusammen
1. die Kreis-Physiker . . . 10 Sgr. - Pf.	20 Sgr.
2. die Departements-Thierärzte als solche . 10 „ - „	20 „
3. die Kreis-Wundärzte . 7 „ 6 „	15 „
4. die Kreis-Thierärzte . 7 „ 6 „	15 „

II. bei Reisen, welche nicht auf der Eisenbahn zurückgelegt werden können:

	Reisekosten auf die Meile
1. die Kreis-Physiker	1 Thlr. — Sgr.
2. die Departements-Thierärzte als solche	1 „ — „
3. die Kreis-Wundärzte	— „ 15 „
4. die Kreis-Thierärzte	— „ 15 „

Geht die Dienstreise eines Kreis-Physikus oder Departements-Thierarztes über den Ort, wo derselbe die Eisenbahn verläßt, mehr als zwei Poststationen hinaus, so kann derselbe, wenn er zu der Weiterreise einen Wagen auf der Eisenbahn mitgenommen hat, die Kosten für den Transport desselben nach den Sätzen des Eisenbahn-Tarifs und außerdem für das Hin- und Zurückschaffen des Wagens zusammen, nach der Bestimmung ad 3. des §. 1. des erwähnten Allerhöchsten Erlasses 1 Rthlr. 15 Sgr berechnen.

Die Königliche Regierung hat diese Verfügung, sowie die Cirkular-Verfügung vom 12. Juni 1851 zur Kenntniß der Medizinal-Beamten zu bringen.

Berlin, den 11. März 1853.

Der Minister der geistlichen, Unterrichts- und Medizinal-Angelegenheiten.

An sämmtliche Königl. Regierungen.

158.

Allgemeine Verfügung vom 14. April 1853, — betreffend die Einreichung der Straferkenntnisse gegen Personen adlichen Standes in den Fällen, wo die Verurtheilung den Verlust des Adels zur Folge hat.

Allgemeine Verfügung vom 29. Juni 1851 (Just.-Minist.-Bl. S. 230).

Im Anschluß an die allgemeine Verfügung vom 29. Juni 1851, betreffend die von den Beamten der Staatsanwaltschaft in Untersuchungssachen zu machenden Mittheilungen, werden die Herrn Ober-Staatsanwalte und Ober-Prokuratoren hierdurch angewiesen, künftig in den Fällen, wo gegen eine Person adlichen Standes eine rechtskräftige Verurtheilung ergangen ist, welche nach den Bestimmungen des Strafgesetzbuchs §§. 11., 12. und 22. den Verlust des Adels zur Folge hat, beglaubigte Abschrift des Erkenntnisses dem Justiz-Minister einzureichen.

Berlin, den 14. April 1853.

Der Justiz-Minister
Simons.

An die Königl. Hrn. Ober-Staatsanwalte und Ober-Prokuratoren.

I. 579. A. 14. Vol. III.

159.

Gesetz, — betreffend die Competenz des Kammergerichts zur Untersuchung und Entscheidung wegen der Staatsverbrechen und das dabei zu beobachtende Verfahren. Vom 25. April 1853.

Wir Friedrich Wilhelm, von Gottes Gnaden, König von Preußen ꝛc. ꝛc.

verordnen, unter Zustimmung der Kammern, was folgt:

Erster Abschnitt.

Kompetenz des Kammergerichts und Bildung der Senate desselben.

§. 1.

Die Untersuchung und Entscheidung wegen der in dem ersten Titel des zweiten Theils und in den §§. 74., 76. und 78. des Strafgesetzbuchs vorgesehenen Verbrechen, mit Einschluß des Versuchs und der Theilnahme, erfolgt für den ganzen Umfang der Monarchie durch das Kammergericht.

§. 2.

Strafbare Handlungen, welche mit den im §. 1. bezeichneten Verbrechen konnex sind, können mit diesen zur gleichzeitigen Untersuchung und Entscheidung vor das Kammergericht gebracht werden.

§. 3.

Es werden im Kammergerichte zwei Senate gebildet, deren einer über die Versetzung in den Anklagestand zu beschließen, der andere auf Grund mündlicher, öffentlicher Verhandlung, jedoch ohne Mitwirkung von Geschworenen, über die Schuld des Angeklagten und über die Anwendung des Gesetzes zu erkennen hat.

Die Zusammensetzung derselben erfolgt bei der jedesmaligen Bildung der übrigen Senate des Gerichtshofes.

§. 4.

Der Anklagesenat besteht aus sieben, der Urtheilssenat aus zehn Mitgliedern.

Zweiter Abschnitt.

Vorverfahren.

§. 5.

Das Verfahren, welches der definitiven Versetzung in den Anklagestand vorhergeht, findet vor denjenigen Gerichten, welche, abgesehen von den Bestimmungen dieses Gesetzes, zuständig sein würden, in den für sie vorgeschriebenen Formen Statt. Es werden jedoch die Befugnisse, welche dem Anklagesenate des Appellationsgerichts zustehen, von dem Anklagesenate des Kammergerichts (§. 3.) ausgeübt.

Die Zulässigkeit der Beschwerde gegen Verfügungen und Beschlüsse richtet sich nach den für das Kammergericht geltenden Strafprozeß-Gesetzen.

§. 6.

Der Anklagesenat des Kammergerichts (§. 3.) hat die Befugniß, auf den Antrag der Staatsanwaltschaft bei demselben eine jede zur Zuständigkeit des Gerichtshofes gehörige Sache zur Einleitung oder Fortsetzung der Voruntersuchung an sich zu ziehen.

§. 7.

Wenn der Anklagesenat des Kammergerichts von der ihm durch den §. 6. beigelegten Befugniß Gebrauch macht, so beauftragt der Vorsitzende mit der Führung der Voruntersuchung einen oder mehrere Richter, welche aus den Mitgliedern des Kammergerichts oder aus den Richtern erster Instanz seines Departements zu entnehmen sind. Erscheint es als angemessen, daß die Voruntersuchung durch einen oder mehrere Richter eines andern Appellationsgerichts-Bezirks, in welchem die Handlungen der Voruntersuchung vorzunehmen sind, geführt werde, so wird der Auftrag hierzu, auf Ersuchen des Vorsitzenden, von dem Präsidio des betreffenden Appellationsgerichts ertheilt.

Eine Einwirkung der Rathskammer findet in den Fällen des §. 6. nicht Statt; die Verrichtungen derselben werden unmittelbar von dem Anklagesenate des Kammergerichts wahrgenommen.

§. 8.

Wenn nach geschlossener Voruntersuchung die Staatsanwaltschaft bei dem Kammergerichte darauf anträgt, daß die Aburtheilung der Sache in dem gewöhnlichen Verfahren erfolge, so ist der Anklagesenat des Kammergerichts (§. 3.) befugt, durch den Beschluß über die Versetzung in den Anklagestand die Verweisung der Sache zur Aburtheilung vor dasjenige Gericht auszusprechen, welches, abgesehen von den Bestimmungen dieses Gesetzes, zuständig sein würde. Dieses Gericht kann sich alsdann nicht aus dem Grunde für inkompetent erklären, weil die Sache zur Kompetenz des Kammergerichts gehöre.

Dritter Abschnitt.

Hauptverhandlungen.

§. 9.

Bei der Hauptverhandlung kommen die für das Verfahren wegen **Verbrechen** bestehenden Vorschriften insoweit zur Anwendung, als dieselben sich nicht auf die Mitwirkung von Geschworenen beziehen.

Das Kontumazial-Verfahren richtet sich nach den in den Artikeln 34 — 45. und 50. des Gesetzes vom 3. Mai 1852 (Gesetz-Sammlung S. 209 u. f.) enthaltenen Vorschriften, mit der Maaßgabe:

1) daß an die Stelle des Untersuchungsrichters des Gerichts, wo das Schwurgericht zusammen tritt (Art. 37. c.), ein von dem Vorsitzenden des Anklagesenats des Kammergerichts (§. 3.) zu bezeichnender Untersuchungsrichter tritt;
2) daß der öffentliche Aushang der Vorladung (Art. 38.) statt am Sitze des Schwurgerichts am Sitze des Kammergerichts erfolgt, und
3) daß an die Stelle der nächsten Sitzungsperiode des Schwurgerichts (Art. 39., 40.) ein anzuberaumender Termin tritt, zu welchem eine neue Vorladung nicht stattfindet.

§. 10.

Die Erlassung des Urtheils über die Schuld des Angeklagten und über die Anwendung des Gesetzes erfolgt nach den für die Urtheile der Gerichtsabtheilungen bestehenden Vorschriften.

Im Falle der Stimmengleichheit hat die dem Angeklagten günstigere Meinung den Vorzug.

§. 11.

Wenn der Urtheilssenat seine Inkompetenz durch Erkenntniß ausgesprochen hat, so kann, nachdem dasselbe rechtskräftig geworden ist, kein Gericht sich aus dem Grunde inkompetent erklären, weil die That zur Kompetenz des Kammergerichts gehöre.

§. 12.

Die Erkenntnisse des Urtheilssenats sind der Appellation nicht unterworfen; es findet gegen dieselben die Nichtigkeitsbeschwerde Statt.

§. 13.

An den Bestimmungen über den Militairgerichtsstand wird durch das gegenwärtige Gesetz nichts geändert.

Urkundlich unter Unserer Höchsteigenhändigen Unterschrift und beigedrucktem Königlichen Insiegel.

Gegeben Potsdam, den 25. April 1853.

(L. S.) Friedrich Wilhelm.

v. Manteuffel. v. d. Heydt. Simons. v. Raumer.
v. Westphalen. v. Bodelschwingh. v. Bonin.

I. 2098. Crim. 17.

160.

Verfügung vom 26. April 1853, — betreffend die Stempelrevision bei dem Landgerichte zu Aachen.

Unter Mittheilung einer Abschrift des Berichts des Provinzial-Steuer-Direktors in Cöln an den General-Direktor der Steuern vom 26. Oktober v. J. betreffend die Defecten-Tabelle des Stempelfiscalats zu Aachen vom 29. März 1851 wird Ihnen, im Einverständniß mit dem Herrn Finanz-Minister, Folgendes eröffnet:

Das unter Nr. 36. der Tabelle aufgeführte Urtheil des Königlichen Landgerichts vom 15. November 1849, durch welches die von F. gegen P. bei dem Friedensgerichte zu Düren betriebene Subhastation in Folge Einspruchs des Subhastaten vernichtet und der Zuschlag der Grundstücke aufgehoben worden ist, stellt im eigentlichen Sinne das über den Subhastations-Prozeß entscheidende Haupt-Erkenntniß dar und ist auch in Bezug auf den Stempel für ein nach Pos. A. 6. des Tarifs zu besteuerndes Nebenerkenntniß nicht zu erachten, da der Adjudication beim Friedensgericht zu Düren wegen des erfolgten Einspruchs der Character eines wirksam bestehenden Haupterkenntnisses nicht beigelegt und der Prozeßstempel dazu nicht verwendet worden ist, auch nach der von dem Herrn Finanz-Minister genehmigten Erklärung der Steuerbehörde nicht beabsichtigt wird, nachträglich einen Stempel dazu in Anwendung zu bringen.

Es ist daher zu dem Urtheile vom 15. November 1849 statt des Stempels von 15 Sgr. der Prozent-Sempel und zwar auf 10 Thlr. festzustellen, da der Betrag von 1000 Thlr., für welchen die fraglichen Grundstücke in einer bald nachher durchgeführten Subhastation angesteigert worden sind, als der Werth derselben anzunehmen ist.

Hiernach hat das Königliche Landgericht wegen Erledigung des Monitums zu 36. der Defectentabelle das Weitere zu veranlassen.

Berlin, den 26. April 1853.

Der Justiz-Minister
Simons.

An den Königl. Herrn Landgerichts-Präsidenten und den Königl. Herrn Ober-Prokurator in Aachen.

I. 1274. Rhein. Gen. 62. Vol. VIII.

161.

Verfügung vom 29. April 1853, — betreffend das Strafmaaß bei Erkenntnissen auf Geldstrafe gegen ausgetretene Militairpflichtige.

(§. 110. des Straf-Gesetzbuchs.)

Bei mehreren Landgerichten ist seither die gegen ausgetretene Militairpflichtige auf Grund des §. 110. des Strafgesetzbuchs auszusprechende Strafe ohne Unterschied der Fälle stets in dem geringsten gesetzlichen Maaße auf 50 Thlr. Geldstrafe festgesetzt worden. Dies erscheint dem Willen des Gesetzes nicht entsprechend. Dasselbe hat durch den sehr ausgedehnten Spielraum, welchen der §. 110. in Abmessung der Geldstrafe läßt, unzweideutig zu erkennen gegeben, daß keineswegs regelmäßig nur das geringste Strafmaaß eintreten und etwa blos bei ganz besonderen Momenten überschritten werden, sondern daß die Strafe nach den vielen möglich gelassenen Gradationen den Verhältnissen jedes einzelnen Falles angepaßt werden soll. Bei der Natur des in Rede stehenden Vergehens, welches nur sehr selten eine Prüfung der besonderen Moralität des Falles zuläßt, hat das Gesetz dabei als nächsten und sehr gewichtigen Anhaltspunkt für die Bemessung der Strafe die Vermögenslage des Schuldigen im Auge gehabt. Auch wird schon durch den Grundsatz: daß bei gleicher Schuld eine möglichst gleichmäßige Strafe an der Stelle sei, gegen den Wohlhabenden eine höhere Geldstrafe, als gegen den Unbemittelten bedingt, und insbesondere bei dem Vergehen des Austritts Militairpflichtiger wird die Wirksamkeit des Strafgesetzes in hohem Maaße beeinträchtigt, wenn der Wohlhabende nach einem unangemessenen Gerichtsgebrauche nur eine Geldbuße zu gewärtigen hat, die für ihn und bei seinem Vermögen ein von dem Vergehen abschreckendes Strafübel nicht darstellt. Als die früher geltende Strafbestimmung so bedeutend gemildert wurde, besorgte man nicht, daß die Gerichte durch unverhältnißmäßige Anwendung die Zwecke des Gesetzes vereiteln würden; ein Bestehen bei solchem Verfahren würde zu einer Aenderung des Gesetzes nöthigen, so daß das Strafmaaß für alle Fälle bedeutend erhöht, und eine Ausgleichung der im einzelnen etwa sich ergebenden Härten der Begnadigung anheimgegeben würde.

Der Justiz-Minister kann jedoch erwarten, daß eine dem Sinne des Gesetzes entsprechende, angemessene Anwendung des §. 110. des Strafgesetzbuchs allgemein bei den Gerichten Eingang finden werde. Sie, Herr Ober-Prokurator, werden aufgefordert, mit Nachdruck darauf hinzuwirken. Die Verwaltungsbehörden sind angewiesen, bei Veranlassung von Strafverfahren gegen ausgetretene Militairpflichtige jederzeit sowohl eine Darlegung der vorgängig ermittelten Vermögenslage des Beschuldigten, beziehungsweise seiner noch lebenden Eltern, als auch motivirte Anträge in Betreff des Strafmaaßes beizufügen. Von Ihnen ist sorgfältig und nachhaltig darauf zu achten, daß in dieser Weise das Gericht in allen einzelnen Fällen möglichst in Stand gesetzt werde, über die Vermögensverhältnisse des ausgetretenen Militairpflichtigen ein Urtheil zu gewinnen, daß die Anträge der Staatsanwaltschaft dem entsprechend sind, und daß in denjenigen Fällen, in welchen nicht nach diesen Anträgen erkannt werden sollte, die Berufung eingelegt werde.

Berlin, den 29. April 1853.

Der Justiz-Minister
Simons.

An
sämmtliche Königl. Ober-Prokuratoren
in der Rheinprovinz.

Abschrift der vorstehenden Verfügung erhalten Sie, Herr General-Prokurator, zur Kenntnißnahme.

Berlin, den 29. April 1853.

Der Justiz-Minister
Simons.

An
den Königlichen Herrn General-Prokurator in Cöln.

I. 1895. Rh. Crim. 3. Vol. III.

162.

Gesetz, — betreffend einige Bestimmungen zur Beseitigung von Kompetenz-Streitigkeiten unter verschiedenen Gerichten. Vom 2. Mai 1853.

Wir Friedrich Wilhelm, von Gottes Gnaden, König von Preußen ꝛc. ꝛc.

verordnen, unter Zustimmung der Kammern, was folgt:

§. 1.

Die Insinuation einer Vorladung vor ein Königliches Gericht, sowie die Vollstreckung eines von einem Königlichen Gerichte erlassenen Urtheils, darf von anderen Königlichen Gerichten oder Beamten nicht aus dem Grunde verweigert werden, weil jenes Gericht nicht das kompetente sei.

§. 2.

Wenn zwischen einem Gerichte im Gebiete des Rheinischen Rechtsverfahrens und einem anderen Königlichen Gerichte ein positiver oder negativer Kompetenz-Konflikt vorhanden ist, imgleichen, wenn nach den gesetzlichen Bestimmungen die Nothwendigkeit eintritt, eine Sache von einem Gerichte im Gebiete des Rheinischen Rechtsverfahrens an ein anderes Königliches Gericht außerhalb dieses Gebiets, oder umgekehrt, zu verweisen, oder wenn es sich darum handelt, für Personen in beiden Rechtsgebieten einen gemeinschaftlichen Gerichtsstand zu bestimmen (Allgemeine Gerichts-Ordnung Th. I. Tit. 2. §§. 136. ff.), so steht die erforderliche Bestimmung dem Ober-Tribunal zu.

In Civilsachen treten dabei der Rheinische Senat und einer der übrigen Senate, in Straffachen die Abtheilungen des Senats für Straffachen zusammen.

Diese letztere Vorschrift findet auch alsdann Anwendung, wenn die Frage: ob ein Gericht im Gebiete des Rheinischen Rechts oder ein anderes Königliches Gericht kompetent sei, durch die Nichtigkeits-Beschwerde, den Kassations-Rekurs, oder in einem sonstigen gesetzlichen Wege zur Entscheidung des Ober-Tribunals gelangt.

§. 3.

Personen, welche außerhalb des Gebietes des Rheinischen Rechtsverfahrens in Preußen ihren Wohnsitz haben, können auf Grund des Artikels 59. Absatz 2. der Rheinischen Civilprozeß-Ordnung nur kraft einer Ermächtigung des Ober-Tribunals bei einem Rheinischen Gerichte belangt werden, bei Strafe der Nichtigkeit der Vorladung.

Bei Ertheilung der Ermächtigung kommt die im zweiten Satze des vorigen Paragraphen enthaltene Vorschrift zur Anwendung.

§. 4.

Personen, welche außerhalb des Gebietes des Rheinischen Rechtsverfahrens in Preußen ihren Wohnsitz haben, können nicht auf Grund des Artikel 420. der Rheinischen Civilprozeß-Ordnung bei einem Rheinischen Gerichte auf Zahlung belangt werden, wenn durch die Uebereinkunft der Parteien ein in Preußen außerhalb des Gebiets des Rheinischen Rechtsverfahrens belegener Ort der Zahlung bestimmt worden ist.

§. 5.

Die gegenseitigen Verhältnisse zwischen den Militair- und Civilgerichten werden durch die Bestimmungen des gegenwärtigen Gesetzes nicht berührt.

Urkundlich unter Unserer Höchsteigenhändigen Unterschrift und beigedrucktem Königlichen Insiegel.

Gegeben Potsdam, den 2. Mai 1853.

(L. S.) Friedrich Wilhelm.

v. Manteuffel. v. d. Heydt. Simons. v. Raumer.
v. Westphalen. v. Bodelschwingh. v. Bonin.

I. 2302. Rhein. Gen. 172. Vol. II.

163.

Gesetz, — betreffend das Verfahren wegen einfachen Diebstahls und einfacher Hehlerei im wiederholten Rückfalle, im Bezirke des Rheinischen Appellationsgerichtshofes zu Cöln. Vom 4. Mai 1853.

Wir Friedrich Wilhelm, von Gottes Gnaden, König von Preußen rc. rc.

verordnen, unter Zustimmung der Kammern, was folgt:

Im Bezirke des Rheinischen Appellationsgerichtshofes zu Cöln ist das Hauptverfahren wegen einfachen Diebstahls und einfacher Hehlerei im wiederholten Rückfalle (§. 219. Nr. I. und §. 240. Nr. I. des Strafgesetzbuchs), sofern mildernde Umstände vorhanden sind, durch den Anklagesenat an das Zuchtpolizeigericht zu verweisen, welches sich blos aus dem Grunde, daß keine mildernde Umstände vorhanden seien, nicht inkompetent erklären darf.

Es tritt alsdann Gefängnißstrafe nicht unter sechs Monate ein und ist zugleich auf zeitige Untersagung der Ausübung der bürgerlichen Ehrenrechte, sowie auf Stellung unter Polizeiaufsicht zu erkennen.

Urkundlich unter Unserer Höchsteigenhändigen Unterschrift und beigedrucktem Königlichen Insiegel.

Gegeben Potsdam, den 4. Mai 1853.

(L. S.) Friedrich Wilhelm.

v. Manteuffel. v. d. Heydt. Simons. v. Raumer. v. Westphalen. v. Bodelschwingh. v. Bonin.

I. 2304. Rhein. Crim. 100.

164.

Gesetz, — betreffend die Bildung der Ersten Kammer. Vom 7. Mai 1853.

Wir Friedrich Wilhelm, von Gottes Gnaden, König von Preußen rc. rc.

verordnen, mit Zustimmung der Kammern, was folgt:

Artikel 1.

Die Erste Kammer wird durch Königliche Anordnung gebildet, welche nur durch ein mit Zustimmung der Kammern zu erlassendes Gesetz abgeändert werden kann.

Die Erste Kammer wird zusammengesetzt aus Mitgliedern, welche der König mit erblicher Berechtigung oder auf Lebenszeit beruft.

Artikel 2.

Mit der Publikation dieser Königlichen Anordnung treten die Artikel 65., 66., 67. und 68. der Verfassungs-Urkunde vom 31. Januar 1850, und das interimistische Wahlgesetz für die Wahlen zur Ersten Kammer in den Fürstenthümern Hohenzollern vom 30. April 1851, außer Wirksamkeit und der vorstehende Artikel 1. dieses Gesetzes an deren Stelle.

Artikel 3.

Bis zu der Publikation der Artikel 1. genannten Königlichen Anordnung bleibt die Verordnung vom 4. August v. J. in Wirksamkeit für die Wahlen zur Ersten Kammer.

Urkundlich unter Unserer Höchsteigenhändigen Unterschrift und beigedrucktem Königlichen Insiegel.

Gegeben Potsdam, den 7. Mai 1853.

(L. S.) Friedrich Wilhelm.

v. Manteuffel. v. d. Heydt. Simons. v. Raumer. v. Westphalen. v. Bodelschwingh. v. Bonin.

I. 2486. K. 37.

165.

Gesetz, — betreffend die Beförderung von Auswanderern. Vom 7. Mai 1853.

Wir Friedrich Wilhelm von Gottes Gnaden, König von Preußen rc. rc.

verordnen, unter Zustimmung der Kammern, was folgt:

§. 1.

Verträge mit Auswanderern, welche deren Beförderung nach außerdeutschen Ländern zum Zwecke haben, dürfen nur von solchen Personen abgeschlossen oder vermittelt werden, welche hierzu von der Bezirksregierung ihres Wohnortes eine Konzession erhalten haben.

Es macht hierbei keinen Unterschied, ob die Verträge in eigenem Namen oder im Namen und Auftrage dritter Personen abgeschlossen oder vermittelt werden.

§. 2.

Die Regierung darf die Konzession (§. 1.) nur an Inländer, und erst dann ertheilen, wenn sie sich von deren Unbescholtenheit und Zuverlässigkeit überzeugt hat; sie kann dieselbe jedoch nach ihrem Ermessen auch dann versagen, wenn der Bewerber dieser Bedingung entspricht.

Agenten oder Unteragenten müssen vor Ertheilung der Konzession nachweisen, daß ihre Vollmachtsgeber konzessionirt sind.

§. 3.

Die ertheilte Konzession hat nur für das laufende Kalenderjahr Gültigkeit. Die Verlängerung derselben muß von Jahr zu Jahr nachgesucht werden.

§. 4.

Ueber die Gründe zur Versagung der Konzession oder der Verlängerung derselben ist die Regierung nur den vorgesetzten Behörden Auskunft zu geben schuldig.

§. 5.

Die Ertheilung oder Verlängerung der Konzession kann von der vorgängigen Bestellung einer Kaution abhängig gemacht werden.

Die näheren Bestimmungen darüber, namentlich:

in welchen Fällen und bis zu welcher Höhe diese Kaution zu leisten und wieder zu ergänzen ist,

und

welche Bedingungen über deren Haftbarkeit in das Kautions-Instrument aufzunehmen sind,

werden durch ein von dem Minister für Handel, Gewerbe und öffentliche Arbeiten zu erlassendes Reglement getroffen.

§. 6.

Das zu erlassende Reglement (§. 5.) wird diejenigen Kontrolen vorschreiben, denen die konzessionirten Personen (§. 1.) rücksichtlich ihrer Geschäftsführung unterworfen sind.

§. 7.

Die Ertheilung der Konzession an Agenten auswärtiger Auswanderungs-Unternehmer ist nur zulässig, wenn die Unternehmer die Erlaubniß des Ministers für Handel, Gewerbe und öffentliche Arbeiten zur Bestellung von Agenten in Unseren Staaten erhalten haben (Allgemeine Gewerbe-Ordnung vom 17. Januar 1845 §. 18.).

Der Minister für Handel, Gewerbe und öffentliche Arbeiten kann die Ertheilung dieser Erlaubniß von der vorgängigen Bestellung einer Kaution abhängig machen, auch kann die Erlaubniß von ihm jederzeit widerrufen werden.

§. 8.

Die allgemeinen gesetzlichen Bestimmungen über die Zurücknahme der gewerblichen Konzessionen und das dabei zu beobachtende Verfahren (Allgemeine Gewerbe-Ordnung vom 17. Januar 1845, §§. 71 — 74.) finden auch auf die, nach Inhalt des gegenwärtigen Gesetzes zu ertheilenden Konzessionen Anwendung.

§. 9.

Die Konzessionen der Agenten und Unteragenten erlöschen, wenn die Vollmacht von dem Machtgeber zurückgenommen ist, oder wenn die dem Vollmachtgeber ertheilte Konzession (§. 1.) oder Erlaubniß (§. 7.) außer Kraft tritt.

§. 10.

Wer ohne Konzession (§. 1.) Verträge mit Auswanderern zum Zwecke deren Beförderung nach außerdeutschen Ländern abschließt oder vermittelt, oder wer ohne Konzession seine Vermittelung zur Abschließung solcher Verträge oder die Ertheilung von Auskunft über die Beförderung von Auswanderern anbietet, hat Geldbuße bis zu zweihundert Thalern oder Gefängniß bis zu drei Monaten verwirkt.

Urkundlich unter Unserer Höchsteigenhändigen Unterschrift und beigedrucktem Königlichen Insiegel.

Gegeben Potsdam, den 7. Mai 1853.

(L. S.) Friedrich Wilhelm.

v. Manteuffel. v. d. Heydt. Simons. v. Raumer.
v. Westphalen. v. Bodelschwingh. v. Bonin.

I. 4280. A. 38. Vol. II.

166.

Gesetz, — betreffend die Einführung des dritten Abschnitts des Gesetzes über die Benutzung der Privatflüsse vom 28. Februar 1843 in den Hohenzollernschen Landen, die Bildung von Genossenschaften zu Entwässerungsanlagen, und die Anwendung der Vorfluthsgesetze auf unterirdische Wasserableitungen. Vom 11. Mai 1853.

(Gesetz vom 28. Februar 1843 Ges.-Samml. 1843 S. 41. Verordnung vom 9. Januar 1845 Rhein. Samml. Bd. 9. S. 4.)

Wir Friedrich Wilhelm, von Gottes Gnaden, König von Preußen 2c. 2c.

verordnen, unter Zustimmung der Kammern, was folgt:

Artikel 1.

Der dritte Abschnitt des Gesetzes über die Benutzung der Privatflüsse vom 28. Februar 1843, also lautend:

Dritter Abschnitt.

Genossenschaften zu Bewässerungsanlagen.

§. 56.

Wenn Unternehmungen zur Benutzung des Wassers, deren Vortheile einer ganzen Gegend zu Gute kommen, nur durch ein gemeinsames Wirken zu Stande zu bringen und fortzuführen sind, so können die Betheiligten zu gemeinsamer Anlegung und Unterhaltung der erforderlichen Wasserwerke durch landesherrliche Verordnung verpflichtet und zu besonderen Genossenschaften vereinigt werden.

§. 57.

Für jede solche Genossenschaft sollen, nachdem die Betheiligten mit ihren Anträgen und Erinnerungen gehört worden, folgende Punkte durch ein landesherrlich vollzogenes Statut näher bestimmt werden:

a) der Umfang der gemeinsamen Zwecke und der Plan, nach welchem verfahren werden soll;
b) die Vertheilung der zur Anlegung und Unterhaltung der Anstalten erforderlichen Beiträge und Leistungen nach dem Verhältnisse der hieraus erwachsenden Vortheile;
c) die innere Verfassung des Verbandes.

Ist eine Genossenschaft unter freiwilliger Zustimmung aller Betheiligten zu Stande gekommen, so ist der Minister des Innern (jetzt der für die landwirthschaftlichen Angelegenheiten) ermächtigt, das vereinbarte Statut zu genehmigen und zur Ausführung bringen zu lassen.

§. 58.

Der Minister des Innern (jetzt der für die landwirthschaftlichen Angelegenheiten) wird die Regierung wegen Bildung solcher Genossenschaften und wegen Vorbereitung der Statute mit näherer Anweisung versehen.

§. 59.

Wo dergleichen Genossenschaften unter obrigkeitlicher Autorität bereits vorhanden sind, verbleibt es bei den für sie bestehenden Statuten oder Reglements bis zu deren Revision und Abänderung in verfassungsmäßigem Wege.
soll fortan auch in den Hohenzollernschen Landen Anwendung finden.

Artikel 2.

Die Artikel 1. angeführten Vorschriften des Gesetzes über die Benutzung der Privatflüsse vom 28. Februar 1843, welche die Bildung von Genossenschaften zu Bewässerungsanlagen betreffen, werden hiermit auch auf Genossenschaften zu Entwässerungsanlagen ausgedehnt, doch sollen Genossenschaften für Drainanlagen für jetzt nur bei freiwilliger Zustimmung aller Betheiligten gebildet werden.

Artikel 3.

Die bestehenden gesetzlichen Vorschriften über Anlegung von Entwässerungsgräben durch fremde Grundstücke finden auch Anwendung auf Ableitungen des Wassers unter der Erde in bedeckten Kanälen oder in Röhren (Drains).

Urkundlich unter Unserer Höchsteigenhändigen Unterschrift und beigedrucktem Königlichen Insiegel.

Gegeben Berlin, den 11. Mai 1853.

(L. S.) Friedrich Wilhelm.

v. Manteuffel. v. d. Heydt. Simons. v. Raumer.
v. Westphalen. v. Bodelschwingh. v. Bonin.

I. 2487. V. 5. Vol. VIII.

167.

Allgemeine Verfügung vom 12. Mai 1853, — betreffend das Verfahren in Untersuchungssachen wegen Steuer-Defraudation.

Reskript vom 4. Februar 1835 (Jahrb. Bd. 48. S. 280).

Nach einer Mittheilung des Herrn Finanz-Ministers ist es in neuerer Zeit mehrfach vorgekommen, daß die Gerichte in Untersuchungssachen wegen Steuer-Defraudation, den bestehenden

Bestimmungen zuwider, neben der Strafe auch auf Zahlung der defraudirten Steuer erkannt haben.

Der Justiz-Minister findet sich dadurch veranlaßt, die Gerichtsbehörden auf das Reskript vom 4. Februar 1835 hinzuweisen, welches die Gründe enthält, aus denen die von der gesetzlichen Strafe der Steuer-Kontravention unabhängige Verpflichtung zur Zahlung der Steuer selbst, kein Gegenstand des Erkenntnisses sein kann.

Berlin, den 12. Mai 1853.

Der Justiz-Minister
Simons.

An
die Gerichtsbehörden.

I. 1948. Steuer-Sachen 30. Vol. II.

168.

Gesetz, — betreffend einige Abänderungen des Regulativs vom 9. März 1839 über die Beschäftigung jugendlicher Arbeiter in Fabriken. Vom 16. Mai 1853.

Wir Friedrich Wilhelm, von Gottes Gnaden, König von Preußen rc. rc.

verordnen, unter Zustimmung der Kammern, was folgt:

§. 1.

Die im §. 1. des Regulativs vom 9. März 1839 (Gesetz-Sammlung 1839 Seite 156) erwähnte Beschäftigung jugendlicher Arbeiter ist vom 1. Juli 1853 an nur nach zurückgelegtem zehnten, vom 1. Juli 1854 an nur nach zurückgelegtem elften, und vom 1. Juli 1855 an nur nach zurückgelegtem zwölften Lebensjahre gestattet.

§. 2.

Vom 1. Oktober 1853 ab dürfen junge Leute unter sechszehn Jahren bei den im §. 1. des Regulativs gedachten Anstalten nicht weiter beschäftigt werden, wenn ihr Vater oder Vormund dem Arbeitgeber nicht das im §. 3. erwähnte Arbeitsbuch einhändigt.

§. 3.

Das Arbeitsbuch, welchem eine Zusammenstellung der, die Beschäftigung jugendlicher Arbeiter betreffenden Bestimmungen vorzudrucken ist, wird auf den Antrag des Vaters oder Vormundes des jugendlichen Arbeiters von der Ortspolizeibehörde ertheilt und enthält:

1) Namen, Tag und Jahr der Geburt, Religion des Arbeiters,
2) Namen, Stand und Wohnort des Vaters oder Vormundes,
3) das im §. 2. des Regulativs erwähnte Schulzeugniß,
4) eine Rubrik für die bestehenden Schulverhältnisse,
5) eine Rubrik für die Bezeichnung des Eintrittes in die Anstalt,
6) eine Rubrik für den Austritt aus derselben,
7) eine Rubrik für die Revisionen.

Der Arbeitgeber hat dieses Arbeitsbuch zu verwahren, der Behörde auf Verlangen jederzeit vorzulegen und bei Beendigung des Arbeitsverhältnisses dem Vater oder Vormunde des Arbeiters wieder auszuhändigen.

§. 4.

Jugendliche Arbeiter dürfen bis zum vollendeten vierzehnten Lebensjahre täglich nur sechs Stunden bei den im §. 1. des Regulativs gedachten Anstalten beschäftigt werden; für dieselben genügt ein, in diese Arbeitszeit nicht einzurechnender dreistündiger Schulunterricht.

Sollte durch die Ausführung dieser Bestimmung bereits bestehenden Anstalten die nöthige Arbeitskraft entzogen werden, so ist der Minister für Handel, Gewerbe und öffentliche Arbeiten ermächtigt, im Einvernehmen mit dem Minister der Unterrichtsangelegenheiten auf bestimmte Zeit Ausnahmevorschriften zu erlassen.

§. 5.

Die nach §. 4. des Regulativs den jugendlichen Arbeitern zu gewährende Muße von einer Viertelstunde Vor- und Nachmittags wird auf je eine halbe Stunde festgestellt.

§. 6.

Die im §. 5. des Regulativs auf 5 Uhr Morgens bis 9 Uhr Abends festgestellten Grenzen der Tagesarbeit werden auf 5½ Uhr Morgens und 8½ Uhr Abends bestimmt.

§. 7.

Jede unter vorstehende Bestimmungen fallende Beschäftigung jugendlicher Arbeiter muß von dem Arbeitgeber zuvor der Ortspolizeibehörde angemeldet werden. In Betreff der, beim Erlaß dieses Gesetzes bereits beschäftigten Arbeiter ist diese Anmeldung binnen vier Wochen zu bewirken.

§. 8.

Außerdem ist der Arbeitgeber verpflichtet, halbjährlich der Ortspolizeibehörde die Zahl der beschäftigten Arbeiter unter sechszehn Jahren anzuzeigen.

§. 9.

Zuwiderhandlungen gegen die Vorschriften der §§. 1., 2., 4., 5. und 6. dieses Gesetzes werden nach dem ersten, Zuwiderhandlungen gegen die Vorschriften der §§. 3., 7., und 8. dieses Gesetzes nach dem zweiten Absatz des §. 8. des Regulativs vom 9. März 1839 bestraft.

Außerdem kann der Richter Demjenigen, der binnen fünf Jahren für drei Uebertretungsfälle zu drei verschiedenen Malen, sei es nach den Bestimmungen dieses Gesetzes oder nach denen des Regulativs vom 9. März 1839 bestraft worden ist, bei einer ferneren Uebertretung der Vorschriften dieses Gesetzes oder des gedachten Regulativs die Beschäftigung junger Leute unter sechszehn Jahren auf eine bestimmte Zeit oder für immer untersagen. Sind in fünf Jahren sechs Uebertretungsfälle bestraft worden, so muß auf diese Untersagung, und zwar mindestens für die Zeit von drei Monaten, erkannt werden. Zuwiderhandlungen gegen ein derartiges gerichtliches Verbot werden mit Einem bis fünf Thaler für jedes Kind und für jeden Kontraventionsfall bestraft.

§. 10.

Soweit das Regulativ vom 9. März 1839 in Vorstehendem nicht abgeändert worden, bleibt dasselbe in Kraft.

§. 11.

Die Ausführung dieser Bestimmungen soll, wo sich dazu ein Bedürfniß ergiebt, durch Fabrikinspektoren als Organe der Staatsbehörden beaufsichtigt werden.

Diesen Inspektoren kommen, soweit es sich um Ausführung der Vorschriften dieses Gesetzes und des Regulativs vom 9. März 1839 handelt, alle amtliche Befugnisse der Ortspolizeibehörden zu.

In welcher Weise sie eine stehende örtliche Aufsicht zu bilden, dieselbe zu unterstützen und zu leiten und mit der vorgesetzten Behörde einen fortgehenden Verkehr zu erhalten haben, werden die Minister für Handel, Gewerbe und öffentliche Arbeiten, der Unterrichtsangelegenheiten und des Innern bestimmen.

Die Besitzer gewerblicher Anstalten sind verpflichtet, die auf Grund dieses Gesetzes auszuführenden amtlichen Revisionen derselben zu jeder Zeit, namentlich auch in der Nacht, zu gestatten.

§. 12.

Die im §. 11. erwähnten Departementschefs sind mit der Ausführung des Gesetzes beauftragt.

Urkundlich unter Unserer Höchsteigenhändigen Unterschrift und beigedrucktem Königlichen Insiegel.

Gegeben Charlottenburg, den 16. Mai 1853.

(L. S.) Friedrich Wilhelm.

v. Manteuffel. v. d. Heydt. Simons. v. Raumer. v. Westphalen. v. Bodelschwingh. v. Bonin.

I. 2570. F. 54.

169.

Verordnung, — betreffend die Revision der Verfassung der Deichschau Friemersheim, im Regierungsbezirke Düsseldorf. Vom 16. Mai 1853.

I. 2529. Rhein. Gen. 167. Ges.-Samml. 1853 S. 218.

170.

Gesetz, — betreffend den Geschäftsverkehr der Versicherungsanstalten. Vom 17. Mai 1853.

Wir Friedrich Wilhelm, von Gottes Gnaden, König von Preußen rc. rc.

verordnen, unter Zustimmung der Kammern, was folgt:

§. 1.

Die Vorschrift des §. 340. Nr. 6. des Strafgesetzbuches vom 14. April 1851 findet auf Unternehmer von Versicherungsanstalten jeder Art, und eben so auch auf diejenigen Anwendung, welche den Geschäftsbetrieb der vor dem 1. Juli 1851 errichteten, noch nicht genehmigten Anstalten fortsetzen. Die danach erforderliche Genehmigung der Staatsbehörde ist bei der Bezirksregierung des Wohnortes des Unternehmers nachzusuchen und darf nur ertheilt werden, wenn die Regierung sich von der Unbescholtenheit und Zuverlässigkeit des Unternehmers überzeugt hat.

§. 2.

Ausländische Unternehmer von Versicherungsanstalten (§. 1.) bedürfen, wenn sie im Inlande Agenten bestellen wollen (§. 3.), dazu, sofern nicht durch Staatsverträge ein Anderes bestimmt ist, der Erlaubniß der Ministerien (§. 18. Allgemeine Gewerbeordnung vom 17. Januar 1845).

§. 3.

Wer Versicherungen für eine Versicherungsanstalt (§§. 1. und 2.) vermitteln (§. 7.) will (Agent), muß dazu die Konzession der Regierung desjenigen Bezirks nachsuchen, in welchem er das Geschäft zu betreiben beabsichtigt. Die Konzession darf nur ertheilt werden, wenn die Regierung sich von der Unbescholtenheit und Zuverlässigkeit des Bewerbers überzeugt hat.

§. 4.

Auf Ausländer, welche diese Konzession nachsuchen, findet außerdem §. 2. Anwendung.

§. 5.

Die allgemeinen gesetzlichen Bestimmungen über die Zurücknahme gewerblicher Konzessionen und das dabei zu beobachtende Verfahren (Allgemeine Gewerbeordnung §§. 71. bis 74.) finden auch auf die nach §§. 1. und 3. ertheilten Konzessionen Anwendung. Die an Ausländer ertheilte Erlaubniß (§§. 2. und 4.) kann zu jeder Zeit ohne Angabe von Gründen widerrufen werden.

§. 6.

Die Vorschriften der §§. 3. und 5. finden auch auf Unteragenten, jedoch mit der Maaßgabe Anwendung, daß die denselben ertheilte Konzession von selbst erlischt, sobald ihr Machtgeber (der Agent) die Konzession verliert.

Ein Gleiches findet hinsichts aller Agenten und Unteragenten einer solchen Anstalt Anwendung, welcher die Genehmigung nach §§. 1., 2. und 5. entzogen ist.

Agenten und Unteragenten müssen vor Ertheilung der Konzession nachweisen, daß ihre Vollmachtgeber konzessionirt sind.

§. 7.

Wer für nicht konzessionirte Unternehmer von Versicherungsanstalten, oder für konzessionirte Unternehmer, aber ohne eigene Konzession, selbst oder durch Andere, gewerbweise oder doch gegen irgend einen Vortheil Versicherungsgeschäfte abschließt oder vermittelt, oder seine Vermittelung zur Abschließung solcher Geschäfte oder die Ertheilung von Auskunft über dieselben anbietet, hat Geldbuße bis zu zweihundert Thalern oder Gefängniß bis zu drei Monaten verwirkt.

§. 8.

Wer vor Erlaß dieses Gesetzes auf Grund des §. 49. der Allgemeinen Gewerbeordnung eine Konzession als Agent oder Unteragent einer Versicherungsanstalt erhalten hat, bedarf, sofern der Unternehmer der Anstalt selbst nach Vorschrift der §§. 1. und 2. konzessionirt ist, keiner neuen Konzession.

§. 9.

Die von inländischen Aktiengesellschaften errichteten oder zu errichtenden Versicherungsanstalten sind den vorstehenden Bestimmungen (§§. 1. bis 8.) mit der Maaßgabe unterworfen, daß es in Betreff der Ertheilung und Entziehung der, im §. 1. gedachten Genehmigung bei den, dieserhalb bestehenden besonderen Vorschriften, namentlich den Bestimmungen des Gesetzes vom 9. November 1843 (Gesetz-Sammlung 1843 Seite 341) bewendet.

§. 10.

Das gegenwärtige Gesetz findet auch auf das Feuerversicherungswesen, jedoch nur in soweit Anwendung, als das Gesetz vom 8. Mai 1837 (Gesetz-Sammlung 1837 Seite 102) und die Order vom 30. Mai 1841 (Gesetz-Sammlung 1841 Seite 122) nicht abweichende Bestimmungen enthalten.

Urkundlich unter Unserer Höchsteigenhändigen Unterschrift und beigedrucktem Königlichen Insiegel.

Gegeben Charlottenburg, den 17. Mai 1853.

(L. S.) Friedrich Wilhelm.

v. Manteuffel. v. d. Heydt. Simons. v. Raumer.
v. Westphalen. v. Bodelschwingh. v. Bonin.

I. 2847. V. 26.

171.

Gesetz, — betreffend die Aufhebung des Art. 105. der Verfassungs-Urkunde vom 31. Januar 1850. Vom 24. Mai 1853.

Wir Friedrich Wilhelm, von Gottes Gnaden, König von Preußen 2c. 2c.

verordnen, unter Zustimmung beider Kammern, was folgt:

Der Artikel 105. der Verfassungs-Urkunde vom 31. Januar 1850 ist aufgehoben und tritt an die Stelle desselben folgende Bestimmung:

„Die Vertretung und Verwaltung der Gemeinden, Kreise und Provinzen des Preußischen Staats wird durch besondere Gesetze näher bestimmt.“

Urkundlich unter Unserer Höchsteigenhändigen Unterschrift und beigedrucktem Königlichen Insiegel.

Gegeben Charlottenburg, den 24. Mai 1853.

(L. S.) Friedrich Wilhelm.

v. Manteuffel. v. d. Heydt. Simons. v. Raumer.
v. Westphalen. v. Bodelschwingh. v. Bonin.

I. 2571. C. 23.

172.

Gesetz, — betreffend die Stempelung und Beaufsichtigung der Waagen im öffentlichen Verkehr. Vom 24. Mai 1853.

Wir Friedrich Wilhelm, von Gottes Gnaden, König von Preußen rc. rc.

verordnen, mit Zustimmung der Kammern, was folgt:

§. 1.

In allen Fällen, wo nach den Bestimmungen der Maaß- und Gewichts-Ordnung vom 16. Mai 1816 (Gesetz-Sammlung S. 142) und der Verordnung vom 13. Mai 1840 (Gesetz-Sammlung S. 127) gestempelte Gewichte angewendet werden müssen, soll die Verwiegung auch nur mittelst gestempelter Waagen geschehen.

§. 2.

Zur Stempelung sollen nur zugelassen werden:

1) gleicharmige Balkenwaagen;
2) die unter dem Namen: „römische Waagen" bekannten Schnellwaagen;
3) solche Brückenwaagen, bei denen das Gegengewicht zum Gewichte der Last, im Zustande des Gleichgewichts, sich wie Eins zu Zehn, oder wie Eins zu Hundert verhält.

§. 3.

In den Fällen, wo es nach Inhalt des gegenwärtigen Gesetzes (§. 1.) der Anwendung einer gestempelten Waage bedarf, ist die Anwendung von Brückenwaagen nur beim Verwiegen solcher Lasten zulässig, deren Gewicht zwanzig Pfund oder mehr beträgt.

Der Minister für Handel, Gewerbe und öffentliche Arbeiten ist ermächtigt, die Anwendung von Brückenwaagen auch für Lasten von geringerem Gewichte zu gestatten, wenn dies nach den Umständen ohne Gefährdung der Betheiligten sich als zulässig ergiebt.

§. 4.

An jeder Brückenwaage muß auf einem Schilde das zum Grunde liegende Verhältniß durch die Bezeichnung: Dezimalwaage oder Centesimalwaage, sowie die Tragfähigkeit derselben, imgleichen der Name und Wohnort des Verfertigers angegeben sein.

§. 5.

Die zu Verwiegungen auf Brückenwaagen bestimmten Gewichtsstücke können nach der, dem Dezimalsysteme der Verwiegung entsprechenden Theilung, bis auf das geringste Gewicht von 0,1 Loth, und zwar sowohl im Preußischen Handelsgewichte, als für den gesetzlich nach Zollgewicht zulässigen Verkehr, im Zollgewichte getheilt werden.

§. 6.

Die erste amtliche Prüfung und Stempelung der Brückenwaagen muß bei einer Provinzial-Eichungskommission oder bei dem Eichungsamte zu Berlin oder einem von diesen Behörden ermächtigten Sachverständigen erfolgen. Ueber die geschehene Prüfung und Stempelung ist dem Besitzer eine Bescheinigung zu ertheilen.

§. 7.

Die Bestimmungen der Maaß- und Gewichtsordnung vom 16. Mai 1816 und der Verordnung vom 13. Mai 1840

über das Verbot des Besitzes ungestempelter Maaße und Gewichte, über die Erhaltung der fortdauernden Richtigkeit der gestempelten Maaße und Gewichte,

finden auch auf die Waagen Anwendung.

Dem Minister für Handel, Gewerbe und öffentliche Arbeiten steht die Befugniß zu, die in Gemäßheit des §. 18. der Maaß- und Gewichtsordnung vom 16. Mai 1816 auch auf die gestempelten Waagen Anwendung findende jährliche Frist zur erneuerten Prüfung der Richtigkeit bis auf drei Jahre zu verlängern.

§. 8.

Der Minister für Handel, Gewerbe und öffentliche Arbeiten ist ermächtigt, den Gebrauch anderer, als der nach §. 2. stempelfähigen Wiegevorrichtungen im öffentlichen Verkehre ausnahmsweise in solchen Fällen zu gestatten, wo es nach der Beschaffenheit der Wiegevorrichtung und nach dem Zwecke der Verwiegung ohne Gefährdung der Betheiligten sich als zulässig ergiebt.

Die Genehmigung einer solchen Ausnahme ist, unter Darlegung der Konstruktionsverhältnisse durch Zeichnung und Beschreibung oder durch ein Modell der anzuwendenden Vorrichtung, besonders nachzusuchen und nöthigenfalls nur mit den geeigneten Einschränkungen und Bedingungen zu ertheilen.

§. 9.

Die wegen Revision der Maaße und Gewichte bestehenden Vorschriften finden auch auf die Waagen und auf die sonstigen nach §. 8. zugelassenen Wiegevorrichtungen Anwendung.

§. 10.

Die Uebertretung der in den §§. 1., 3., 4. und 7. enthaltenen Bestimmungen, sowie der nach §. 8. von dem Minister für Handel, Gewerbe und öffentliche Arbeiten etwa für besondere Wiegevorrichtungen angeordneten Einschränkungen und Bedingungen zieht, wenn sie Gewerbetreibenden zur Last fällt, die im §. 348. des Strafgesetzbuchs bestimmte Strafe, wenn sie dagegen den in den §§. 13. und 14. der Maaß- und Gewichtsordnung vom 16. Mai 1816 bezeichneten Behörden und Personen zur Last fällt, die in den §§. 13. und 18. derselben bestimmte Ordnungsstrafe nach sich.

Die in dem genannten §. 348. des Strafgesetzbuchs für den Besitz einer unrichtigen Waage angedrohte Strafe findet auf gestempelte Waagen nicht Anwendung.

§. 11.

Der Minister für Handel, Gewerbe und öffentliche Arbeiten ist beauftragt, die zur Ausführung dieses Gesetzes erforderliche nähere Instruktion zu erlassen, auch die Gebührentaxe der Eichungsbehörden für die ihnen danach obliegenden Verrichtungen festzustellen.

§. 12.

Das gegenwärtige Gesetz tritt am 1. Januar 1855 in Kraft.

Urkundlich unter Unserer Höchsteigenhändigen Unterschrift und beigedrucktem Königlichen Insiegel.

Gegeben Charlottenburg, den 24. Mai 1853.

(L. S.) Friedrich Wilhelm.

v. Manteuffel. v. d. Heydt. Simons. v. Raumer.
v. Westphalen. v. Bodelschwingh. v. Bonin.

I. 3707. M. 29.

173.

Verfügung vom 24. Mai 1853, — betreffend die Zahlung und Ueberweisung der Kosten in einfachen Holzdiebstahlssachen, sowie in Forstentwendungs-, Jagd- und Fischerei-Contraventionssachen.

(Verfügung v. 8. Januar, 22. Mai u. 22. Juli 1847 Rhein. Samml. Bd. 9. S. 148, 197, 209.)

Da nach Inhalt des §. 42. des Gesetzes vom 2. Juni 1852 (Gesetz-Sammlung S. 315) die Geldbußen, welche wegen Diebstahls an Holz- oder andern Waldprodukten in Staatswaldungen erkannt sind, dem Forstfiskus nicht zufließen, so ist der Grund, welcher zu den Verfügungen vom 8. Januar, 22. Mai und 22. Juli 1847 (Rhein. Samml. Bd. 9. S. 148, 197, 209) die Veranlassung gegeben hat, nicht mehr vorhanden. Im Einverständniß mit dem Herrn Finanz-Minister werden daher die erwähnten Verfügungen hiermit aufgehoben und die Kosten, welche durch das Verfahren wegen der dort bezeichneten Diebstähle und Contraventionen entstehen, sind in Zukunft gleich den Kosten in sonstigen Untersuchungssachen auf den Criminalfonds anzuweisen und die auf dieselben eingehenden Beträge zu diesem Fonds wieder einzuziehen.

Berlin, den 24. Mai 1853.

Der Justiz-Minister
Simons.

An
den Königl. Herrn General-Prokurator.
in Cöln.

I. 2060. Rhein. Crim. 7. Vol. VI.

174.

Verordnung wegen Sistirung der Verwandlungen der den Kirchen, Pfarren, Küstereien und Schulen zustehenden Reallasten in Geldrenten. Vom 13. Juni 1853.

Wir Friedrich Wilhelm, von Gottes Gnaden, König von Preußen 2c. 2c.

verordnen für diejenigen Landestheile, in welchen das Gesetz, betreffend die Ablösung der Reallasten und die Regulirung der gutsherrlichen und bäuerlichen Verhältnisse, vom 2. März 1850, eingeführt ist, unter Vorbehalt der Zustimmung der Kammern, was folgt:

Alle noch nicht durch Abschluß des Rezesses rechtsverbindlich erfolgten Verwandlungen von Reallasten, welche Kirchen, Pfarren, Küstereien und Schulen zustehen, in Geldrenten, sowie alle noch nicht rechtskräftig entschiedenen Prozesse darüber, ob eine Reallast zu denjenigen gehört, wegen deren definitiver Ablösung im §. 65. des Gesetzes, betreffend die Ablösung der Reallasten 2c., vom 2. März 1850, ein besonderes Gesetz vorbehalten worden ist, werden bis zum Erlasse dieses vorbehaltenen Gesetzes hiermit sistirt.

Urkundlich unter Unserer Höchsteigenhändigen Unterschrift und beigedrucktem Königlichen Insiegel.

Gegeben Sanssouci, den 13. Juni 1853.

(L. S.) Friedrich Wilhelm.

v. Manteuffel. v. d. Heydt. Simons. v. Raumer.
v. Westphalen. v. Bodelschwingh.

In Vertretung:
von Wangenheim.

I. 2849. Gutsherrl. Verhältn. 43.

175.

Verfügung vom 18. Juni 1853, — betreffend die Einziehung von Kriminalkosten und Geldbußen, welche an die Salarien- und Sportel-Kassen der Gerichte außerhalb des Bezirks des Appellationsgerichtshofs zu Cöln zu zahlen sind.

(Verfügung v. 2. September 1841 Rhein. Samml. Bd. 7. S. 342.)

Der Königliche Justizsenat zu Ehrenbreitstein hat Abschrift Ihres an denselben gerichteten Schreibens vom 20. Januar d. J. eingereicht, in welchem Sie die Ansicht aussprechen, daß das Reskript vom 27. September 1841 sich auf Kriminalkosten nicht beziehe, diese daher in Ihrem Amtsbezirke auch alsdann von den Regierungen einzuziehen seien, wenn das inländische Gericht, bei welchem die Untersuchung geschwebt habe, zu den Gerichten im Sprengel des Appellationsgerichtshofes zu Cöln nicht gehöre.

Dies ist indeß bei Erlaß der Verfügung vom 27. September 1841 nicht beabsichtigt, auch wird in dem abschriftlich beigefügten Berichte des Justiz-Senats vom 3. Februar d. J. mit Recht ausgeführt, daß zu einer solchen Unterscheidung zwischen Kriminal- und Civilprozeß-Kosten ebensowenig der Wortlaut jenes Reskripts Veranlassung gebe. Hiernach wird in Zukunft umsomehr zu verfahren sein, als bei Einziehung durch die Regierungen Remisen von 8 Prozent für die Erhebungs-Kosten zur Verrechnung kommen, die Salarienkassen daher nicht unbeträchtlich verkürzt werden würden.

Mit Einziehung der Gerichtskosten muß aber auch die Beitreibung der Geldbußen gleichen Schritt halten, da es für den Schuldner drückend und für den Geschäftsgang erschwerend sein würde, die Einziehung dieser auf dem nämlichen oder auf gleichartigem Titel beruhenden Beträge verschiedenen Behörden zu überweisen.

Demgemäß haben Sie die Ober-Prokuratoren mit Anweisung zu versehen, und dieselben zugleich zur Vermeidung fruchtloser Exekutionen und vergeblicher Kosten auf die Bestimmung der Verfügung vom 27. September 1841 aufmerksam zu machen, wonach zunächst durch Communication mit dem betreffenden Bürgermeister die Zahlungsfähigkeit des Schuldners zu ermitteln und im Falle des Unvermögens hiervon das requirirende Gericht unter portofreier Rubrik in Kenntniß zu setzen ist.

Berlin, den 18. Juni 1853.

Der Justiz-Minister
Simons.

An den Königl. Hrn. General-Procurator
zu Cöln.

I. 2440. Rh. Gen. 76. Vol. II.

176.

Verfügung vom 20. Juli 1853, — betreffend die Ueberwachung der Geschäftsführung der Gerichtsvollzieher hinsichtlich des Stempelverbrauchs.

Bei einer erheblichen Anzahl von Untersuchungen, welche in neuerer Zeit gegen Gerichtsvollzieher geführt worden sind, haben sich Stempelunterschlagungen in einem so ausgedehnten Maaße ergeben, daß die sorgfältigste Ueberwachung der Geschäftsführung der Gerichtsvollzieher in Betreff des zu ihren Urkunden erforderlichen Stempelverbrauchs dringend nothwendig erscheint. Zu den Unterschleifen haben die Gerichtsvollzieher sich vornehmlich des Mittels bedient, solche Akten, welche sie nicht sofort an die Requirenten abzugeben haben, oder welche nur ausnahmsweise zu einer Vorlegung bei Gerichte gelangen, insbesondere Exekutionsakten, im Original auf ungestempeltem Papier niederzuschreiben und nur alsdann, wenn sie später in den Fall gekommen, dieselben abgeben zu müssen, auf gestempeltem Papier von Neuem auszufertigen. Bei dem großen Interesse, welches der Steuerfiscus an Unterdrückung dieser Vergehen hat, und bei der Schwierigkeit ihrer Entdeckung sind alle Mittel der Aufsicht und der Disciplin dagegen in Anwendung zu bringen. Der Justiz-Minister fordert Sie, Herr Ober-Prokurator, auf, dieser Angelegenheit unausgesetzt und namentlich bei den Local-Revisionen Ihre besondere Aufmerksamkeit zu widmen und nicht allein nach der Entdeckung von Stempel-Unterschlagungen durch angemessene Anträge, erforderlichenfalls durch Einlegung von Rechtsmitteln eine nachdrückliche Bestrafung der Gerichtsvollzieher herbeizuführen, sondern auch von der Ihnen vermöge §. 60. des Gesetzes vom 21. Juli 1852 zustehenden Strafgewalt in Rücksicht auf diesen Gegenstand vollen Gebrauch zu machen, und jede Uebertretung bestehender Vorschriften, sowie jede dienstliche Unregelmäßigkeit der Gerichtsvollzieher, welche auf Stempelunterschlagung hindeutet, oder zur Verdeckung einer solchen dienen kann, strenge zu ahnden oder Behufs Verhängung einer höhern Geldbuße nach §. 60. Nr. 2. zur Kenntniß des Herrn General-Prokurators zu bringen.

Berlin, den 20. Juli 1853.

Der Justiz-Minister
Simons.

An
sämmtliche Ober-Prokuratoren
in der Rheinprovinz.

Sie erhalten hierbei Abschrift der wegen Stempelunterschlagungen der Gerichtsvollzieher am heutigen Tage an die sämmtlichen Ober-Prokuratoren in der Rheinprovinz erlassenen Verfügung zur Kenntnißnahme.

Berlin, den 20. Juli 1853.

Der Justiz-Minister
Simons.

An
den Königl. Hrn. General-Procurator
zu Cöln.

I. 3072. Rh. Gener. 62. Vol. VIII.

177.

Allgemeine Verfügung vom 9. August 1853, — betreffend die Gehaltszahlung an suspendirte Beamte.

Gesetz vom 7. Mai 1851 §. 48. (Ges.-Samml. S. 218).
Gesetz vom 21. Juli 1852 §. 51. (Ges.-Samml. S. 465).
Allerhöchste Ordre vom 10. Mai 1828 (Jahrb. Bd. 32. S. 96).

Der §. 48. des Gesetzes vom 7. Mai 1851, betreffend die Dienstvergehen der Richter rc. bestimmt:

Der suspendirte Richter behält während der Suspension die Hälfte seines Diensteinkommens.

Dieselbe Bestimmung enthält in Betreff der nichtrichterlichen Beamten der §. 51. des Gesetzes vom 21. Juli 1852.

Zur Beseitigung der bei der Ausführung dieser Vorschriften entstandenen Bedenken wird im Einverständnisse mit der Königlichen Ober-Rechnungskammer Folgendes angeordnet:

1) die den suspendirten Beamten gesetzlich zu gewährende Hälfte des Gehalts ist ihnen von dem auf den Zeitpunkt der Suspension folgenden Zahlungstermine ab in monatlichen Raten praenumerando zu zahlen.

Die auf die Allerhöchste Order vom 10. Mai 1828 gestützte Ansicht, daß auch an suspendirte Beamte die Zahlung der frei bleibenden Hälfte des Gehalts in vierteljährlichen Raten vorauszubezahlen sei, ist irrig, weil die gedachte Allerhöchste Order nur die Modalitäten festsetzt, unter welchen den Beamten das Gehalt während ihrer Amtsführung zu zahlen ist, und deshalb auf suspendirte Beamte keine Anwendung finden kann.

2) Wenn die Suspension im Laufe eines Monats eintritt, so ist der Zeitpunkt, von welchem ab die Hälfte des Diensteinkommens des suspendirten Beamten einbehalten wird, auf den ersten Tag des nächstfolgenden Monats zu bestimmen. Hat der Beamte vor dem Eintritt der Suspension bereits das volle Gehalt für die folgenden Monate

erhoben, so ist er zwar zur Erstattung des überhobenen Gehaltstheiles verpflichtet; jedoch ist die Wiedereinziehung desselben nicht durch Anrechnung auf die dem Beamten zu seinem nothdürftigen Unterhalt ausgesetzte Hälfte des Gehalts zu bewirken, sondern unabhängig davon zu betreiben.

Hiernach ist auch dann zu verfahren, wenn die Suspension als Folge eines gegen den Beamten ergangenen, noch nicht rechtskräftig gewordenen Urtheils eingetreten ist, welches auf den Verlust des Amtes lautet oder diesen kraft des Gesetzes nach sich zieht.

3) Die Frage, bis zu welchem Zeitpunkte dem suspendirten Beamten ein Anspruch auf den zu seinem Unterhalte bestimmten Gehaltstheil zusteht, wenn demnächst auf Verlust des Amts rechtskräftig gegen ihn erkannt wird, beantwortet sich dahin, daß von dem Ablaufe des Monats ab, in welchem das Erkenntniß die Rechtskraft erlangt, eine fernere Gehaltszahlung nicht zu leisten ist.

Den vorstehenden Bestimmungen gemäß haben die Gerichtsbehörden in vorkommenden Fällen das Erforderliche zu veranlassen.

Berlin, den 9. August 1853.

Der Justiz-Minister
Simons.

An
sämmtliche Gerichtsbehörden.

I. 3379. O. 29. Vol. II.

178.

Allgemeine Verfügung vom 10. August 1853, — betreffend die Ressortverhältnisse der Militairbehörden bei einer gerichtlichen Beschlagnahme von Gehältern oder Pensionen der Offiziere und Militairbeamten.

Allgemeine Verfügung vom 22. Januar 1841 (Just.-Minist.-Bl. S. 94).

Das von Seiner Majestät dem Könige Allerhöchst genehmigte Reglement des Königlichen Kriegs-Ministeriums über die Geldverpflegung der Truppen im Frieden vom 7. April d. J., welches den Obergerichten durch die Cirkular-Verfügung des Justiz-Ministers vom 4. Juni c. zur Kenntnißnahme mitgetheilt worden ist, enthält im §. 141. folgende Bestimmungen:

„Die Gerichtsbehörden richten die Anträge auf Abzüge vom Gehalt

a) der Generalität und der nicht zu einem Korpsverbande gehörigen, nicht regimentirten Offiziere und Militair-Aerzte

an das Kriegs-Ministerium,

b) aller übrigen Stabsoffiziere, der zum Korpsverbande gehörigen, nicht regimentirten Offiziere und Militair-Aerzte, sowie aller Kommandeure von Truppen-Abtheilungen mit eigener selbstständiger Kassenverwaltung

an die Intendantur,

c) der sonstigen regimentirten Offiziere und Militair-Aerzte

an den Kommandeur des Truppentheils.

Das Kriegs-Ministerium, die Intendantur und resp. der Truppentheil stellen den Betrag des gesetzlichen Abzugs fest, welcher der Gerichtsbehörde durch die betreffende Kasse zur weiteren Befriedigung der Gläubiger überwiesen wird.

Wo es sich nur um einen Gläubiger handelt, kann an diesen nach der Requisition der Gerichtsbehörde die Aushändigung oder Uebersendung der Gehaltsabzüge unmittelbar erfolgen."

Da hierdurch die von dem Kriegs-Ministerium früher angefertigte und den Gerichten durch die Allg. Verfügung vom 22. Januar 1841 mitgetheilte „Nachweisung derjenigen Behörden und Personen, an welche die Requisitionen wegen Vollstreckung der Exekution gegen Offiziere und Beamte der Militair-Verwaltung auf Gehalts- und Pensions-Abzüge zu richten sind" mehrfache erhebliche Aenderungen erlitten, überdies auch im Innern des Königlichen Kriegs-Ministeriums selbst ein Ressortwechsel stattgefunden hat, welcher auf die Bearbeitung der Gehalts- und Abzugs-Angelegenheiten der Offiziere und der Beamten der Militair-Verwaltung durch die einzelnen Departements und Abtheilungen von Einfluß ist, so hat der Herr Kriegs-Minister Veranlassung genommen, eine anderweitige Nachweisung der betreffenden Militairbehörden und Militairpersonen, an welche dergleichen Requisitionen zu richten sind, anfertigen zu lassen.

Dieselbe wird nachstehend sämmtlichen Gerichtsbehörden mit der Anweisung mitgetheilt, bei Stellung ihrer Anträge auf Vollstreckung der Exekution in die Gehälter und Pensionen der Offiziere und der Beamten der Militair-Verwaltung, von jetzt ab diese neue Nachweisung sich zur Richtschnur dienen zu lassen.

Berlin, den 9. August 1853.

Der Justiz-Minister
Simons.

An sämmtliche Gerichtsbehörden.

I. 3409. M. 53. Vol. VI.

Anlage.

Nachweisung

derjenigen Behörden und Personen, an welche die Requisitionen wegen Vollstreckung der Exekution gegen Offiziere und Beamte der Militair-Verwaltung auf Gehalts- und Pensions-Abzüge vom ersten Juli 1853 an zu richten sind.

Die Requisitionen sind zu richten:

Nr.	an		A. Wegen der Abzüge von den Gehältern.	Bemerkungen.
I.	das Allgemeine Kriegs-Depart. des Kriegs-Ministeriums.	1.	des General-Inspekteurs des Militair-Erziehungs- und Bildungswesens, und des Sekretairs desselben,	
		2.	des Direktors und der Beamten der Ober-Militair-Examinations-Kommission,	
		3.	der Beamten der Militair-Studien-Kommission,	
		4.	des General-Stabs-Arztes der Armee,	
		5.	des katholischen und evangelischen Feldprobstes,	
		6.	der Beamten des General-Auditoriats,	
		7.	der Zeug-Offiziere, Zeugschreiber und Zeughaus-Büchsenmacher,	
		8.	der nicht regimentirten Mitglieder der Artillerie-Prüfungs-Kommission,	
		9.	des Inspekteurs der Artillerie-Werkstätten,	
		10.	der Direktoren, Assistenten, Rendanten, Betriebs-Inspektoren und Materialienschreiber der Pulverfabriken,	
		11.	des Militair-Direktors, Direktions-Assistenten und Gieß-Direktors der Geschützgießerei,	
		12.	der Direktoren, resp. Präsides der Gewehr-Fabriken und Gewehr-Revisions-Kommissionen, der bei diesen Behörden als Mitglieder angestellten Offiziere, Fabriken-Kommissarien, Betriebsführer, Ober-Büchsen-	

Nr.	an		A. Wegen der Abzüge von den Gehältern.	Bemerkungen.
			macher, Munitions-Revisoren und Materialien-Verwalter,	
		13.	des Aufsehers der Festungs-Modelle in Berlin.	
II.	das Militair-Oekonomie-Departement des Kriegs-Ministeriums.	1.	der sämmtlichen Generale mit alleiniger Ausnahme des General-Inspekteurs des Militair-Erziehungs- und Bildungswesens, der Inspekteure der Remonten und der Artillerie-Werkstätten und des Direktors der Ober-Militair-Examinations-Kommission,	Zu A. II. 1. Wegen der Ausnahmen siehe A. I. 1. A. IV. I. A. I. 9. und A. I. 2.
		2.	derjenigen Obersten, welche Brigade-Kommandeure oder Artillerie- und Ingenieur-Inspekteure sind,	
		3.	des Kommandeurs des reitenden Feldjäger-Corps,	
		4.	der Flügel-Adjutanten Sr. Majestät des Königs,	
		5.	der Offiziere des großen Generalstabes mit Einschluß des Plankammer-Inspektors, sowie des Chefs des Generalstabes bei der General-Inspektion der Artillerie,	
		6.	der Adjutanten Ihrer Königlichen Hoheiten der Prinzen des Königlichen Hauses, des Kriegs-Ministers, der General-Inspekteure der Artillerie, des Ingenieur-Corps und des Militair-Erziehungs u. Bildungswesens, des Chefs des Generalstabes der Armee und der Ingenieur-Inspekteure, insoweit sie nicht zu den regimentirten Offizieren gehören,	
		7.	der Offiziere und Beamten des Kriegs-Ministeriums.	
		8.	der Beamten der General-Militair-Kasse,	
		9.	der Ingenieur-Geographen,	
		10.	der Metallographen,	
		11.	des Militair-Polizei-Inspektors in Luxemburg.	

Nr.	an		A. Wegen der Abzüge von den Gehältern	Bemerkungen.
III.	die Central-Abtheilung des Kriegs-Ministeriums.	1.	der Militair-Intendanten.	
IV.	die Abtheilung des Kriegs-Ministeriums für die Remonte-Angelegenheiten.	1. 2.	des Remonte-Inspekteurs und des Direktors der Remonte-Depots, der Beamten der Remonte-Depots.	
V.	den Chef des Generalstabes der Armee.	1.	des Direktors und der Beamten des Königlichen lithographischen Instituts zu Berlin.	
VI.	die Kommandantur der Residenz Berlin.	1.	der Beamten der Garnisonkirche zu Berlin, mit Ausnahme jedoch a) des Garnisonpredigers.	Zu A. VI. 1. a. siehe XIV. 20.
VII.	die Kommandanturen in den Festungen.	1. 2.	der Festungs-Bauschreiber, der Fortifikations-Unterbeamten, als Materialien-Schreiber, Wall- und Schleusenmeister Gefangenen-Ober- und Unter-Aufseher.	
VIII.	die Kommandeure der betreffenden Truppentheile.	1.	der regimentirten Offiziere und Militair-Beamten der Infanterie, Kavallerie und Artillerie, sowie der Invaliden-Kompagnieen, mit Ausnahme jedoch a) der Regiments-Kommandeure, b) der Bataillons-Kommandeure, c) des Direktors der Militair-Reitschule, d) des Kommandeurs der Reserve-Festungs-Artillerie-Kompagnien in Mainz, e) des Kommandeurs der derartigen Kompagnieen in Saarlouis und Luxemburg, f) des Kommandeurs der Feuerwerks-Abtheilung,	Zu A. VIII. a. bis i. siehe A. II. 3. und A. XIV. 1 bis 8.

Nr.	an		A. Wegen der Abzüge von den Gehältern	Bemerkungen.
			g) der Chefs der Artillerie-Handwerkskompagnieen, h) der Chefs der Invaliden-Kompagnieen, i) des Kommandeurs des reitenden Feldjäger-Korps.	
IX.	die Kommandanten der Invalidenhäuser.	1.	der Offiziere, Prediger und Beamten der Invalidenhäuser in Berlin und Stolpe, mit Ausnahme jedoch a) der Kommandanten dieser Häuser.	Zu A. IX. 1. a. siehe A. XIV. 14.
X.	die Direktoren der Allgemeinen Kriegsschule und der Artillerie- u. Ingenieurschule.	1.	der Offiziere, Lehrer und Beamten der Allgemeinen Kriegsschule, mit Ausnahme des Direktors und der dahin kommandirten Offiziere,	Zu A. X. 1 u. 2. Wegen der Abzüge von den Gehältern der kommandirten Offiziere sind die Anträge an die Kommando's der Truppentheile zu richten, denen die Kommandirten angehören. Wegen der Abzüge von den Gehältern der Direktoren, siehe A. XIV. 31.
		2.	der Offiziere, Lehrer und Beamten der Artillerie- und Ingenieurschule, mit Ausnahme des Direktors und der dahin kommandirten Offiziere.	
XI.	den Kommandeurs des Kadetten-Korps u. an die Direktoren der Provinzial-Kadettenhäuser.	1.	der Offiziere, Lehrer und Beamten sämmtlicher Kadetten-Anstalten, mit Ausnahme des Kommandeurs und der Direktoren.	Zu A. XI. 1. siehe A. XIV. 30.
XII.	den General-Stabsarzt der Armee.	1.	der Aerzte, Lehrer und Beamten des medizinisch-chirurgischen Friedrich-Wilhelms-Instituts und der Akademie für das Mi-	Zu XII. Wegen der Abzüge von den Gehältern

Nr.	an		A. Wegen der Abzüge von den Gehältern	Bemerkungen.
			litair, mit Ausnahme der von den Truppen dahin kommandirten Unterärzte.	der kommandirten Unterärzte sind die Anträge an die Kommando's der Truppentheile zu richten, denen die Kommandirten angehören.
XIII.	den Kommandeur der Militair-Kurschmieds-Eleven.	1.	der Unterbeamten bei den Militair-Kurschmieds-Eleven, und der letzteren selbst.	
XIV.	die Militair-Intendanturen der betreffenden Armee-Korps.	1.	der Regiments-Kommandeure,	
		2.	der Bataillons-Kommandeure,	
		3.	des Direktors der Militair-Reitschule,	
		4.	des Kommandeurs der Reserve-Festungs-Artill.-Kompagnieen in Mainz,	
		5.	des Kommandeurs der derartigen Kompagnieen in Saarlouis und Luxemburg,	
		6.	des Kommandeurs der Feuerwerks-Abtheilung,	
		7.	der Chefs der Artillerie-Handwerks-Kompagnieen,	
		8.	der Chefs der Invaliden-Kompagnieen,	
		9.	der General-Stabs-Offiziere bei den General- und bei den Divisions-Kommando's,	
		10.	der Offiziere des Ingenieur-Korps, mit Ausnahme jedoch a) des General-Inspekteurs dieses Korps, b) der Ingenieur-Inspekteure, und c) der Adjutanten bei der General-Inspektion des Ingenieur-Korps und bei den Ingenieur-Inspektionen,	Zu A. XIV. 10. siehe A. II. 1. 2. und 6.
		11.	der Artillerie-Offiziere der Plätze,	

Nr.	an		A. Wegen der Abzuge von den Gehältern	Bemerkungen.
XIV.	die Militair-Intendanturen der betr. Armee-Korps.	12.	derjenigen Kommandanten in den großen Städten und Festungen, welche nicht Generale sind,	Zu A. XIV. 12. Wegen der Kommandanten, welche Generale sind, siehe A. II. 1.
		13.	der Platzmajore in den großen Städten und Festungen,	
		14.	der Kommandanten der Invalidenhäuser,	
		15.	der Etappen-Inspektoren,	
		16.	der Train-Offiziere,	
		17.	der Militair-Intendantur-Beamten, mit Ausnahme jedoch a) der Militair-Intendanten,	Zu A. XIV. 17. siehe A. III. 1.
		18.	der Generalärzte und der bei denselben fungirenden Assistenz- und Unterärzte,	
		19.	der Ober-Stabs- und Stabsärzte in den Garnisonen und Festungen,	
		20.	der Militair-Ober-, Divisions- und Garnison-Prediger, ingleichen der Divisions- und Garnison-Küster,	
		21.	der sämmtlichen Auditeure und Militiar-Gerichts-Aktuarien,	
		22.	der Beamten der Proviant-Aemter und Magazin-Verwaltungen,	
		23.	der Beamten der Montirungs-Depots,	
		24.	der Beamten der Garnison-Verwaltungen,	
		25.	der Beamten der Garnison-Lazarethe,	
		26.	der Beamten der Administration der militairfiskalischen Ländereien in Tempelhof bei Berlin,	
		27.	der Militair-Baubeamten für Berlin, Charlottenburg, Potsdam, und Cöln,	
		28.	der Lehrer und Beamten bei den Garnisonschulen,	
		29.	des Direktors, der Lehrer und der Beamten des Militair-Knaben-Erziehungs-Instituts zu Annaburg, mit Ausnahme der dahin kommandirten Offiziere und Militairs,	Zu A. XIV. 29. Wegen der Kommandirten gilt die Anmerkung zu A. X.

Nr.	an		A. Wegen der Abzüge von den Gehältern	Bemerkungen.
XIV.	die Militair-Intendanturen der betr. Armee-Korps.	30.	der Direktoren der Kadettenhäuser zu Berlin, Potsdam, Kulm, Wahlstatt und Bensberg incl. des Kommandeurs des Kadetten-Korps,	
		31.	der Direktoren der Allgemeinen Kriegsschule und der vereinigten Artillerie- und Ingenieurschule,	
		32.	der Offiziere, Lehrer und Beamten der Central-Turnanstalt, mit Ausnahme der zur Ausbildung dahin kommandirten Offiziere,	Zu A. XIV. 32. Wegen der kommandirten Offiziere gilt die Anmerkung zu A. X.
		33.	der Aerzte, Pharmaceuten und Beamten des Militair-Medizinal-Stabes,	
		34.	des Kommandeurs der Militair-Kurschmieds-Eleven.	
			B. Wegen der Abzüge von dem Einkommen	
I.	die Abtheilung des Kriegs-Ministeriums für das Invalidenwesen.	1.	der mit Pension zur Allerhöchsten Disposition gestellten Offiziere,	
		2.	der mit halbem Gehalte ausgeschiedenen Offiziere und Militair-Beamten,	
		3.	der auf Inaktivitäts-Gehalt oder Wartegeld gesetzten Offiziere u. Beamten der Militair-Verwaltung,	
		4.	der mit Pension gänzlich verabschiedeten Offiziere und Beamten der Militair-Verwaltung.	

179.

Gesetz über die Bestrafung der Zollvergehen gegen fremde Staaten, in welchen durch Handelsverträge die Gegenseitigkeit verbürgt ist. Vom 22. August 1853.

Wir Friedrich Wilhelm, von Gottes Gnaden, König von Preußen ꝛc. ꝛc.

verordnen, unter Zustimmung der Kammern, was folgt:

Artikel I.

Wenn von einem fremden Staate, in Erfüllung eines die Gegenseitigkeit bedingenden Handelsvertrages, die Vergehen wider die Preußischen Zollgesetze unter Strafe gestellt sind, so sollen zu Gunsten dieses fremden Staats die nachstehenden Strafbestimmungen eintreten.

§. 1.

Wer es unternimmt, Gegenstände, deren Ein-, Aus- oder Durchfuhr in dem fremden Staate verboten ist, diesem Verbote zuwider, ein-, aus- oder durchzuführen, hat die Konfiskation der Gegenstände, in Bezug auf welche das Vergehen (die Kontrebande) verübt worden ist, und zugleich eine Geldbuße verwirkt, welche dem doppelten Werthe jener Gegenstände, und wenn solcher nicht zehn Thaler beträgt, dieser Summe gleichkommen soll.

§. 2.

Wer es unternimmt, dem fremden Staate die Ein-, Aus- oder Durchgangsabgaben zu entziehen, hat die Konfiskation der Gegenstände, in Bezug auf welche das Vergehen (die Zolldefraudation) verübt worden ist, und zugleich eine, dem vierfachen Betrage der vorenthaltenen Abgaben gleichkommende Geldbuße, welche jedoch niemals unter Einem Thaler betragen soll, verwirkt.

§. 3.

In allen Fällen, in welchen die Konfiskation der Gegenstände, in Bezug auf welche die Kontrebande oder Zolldefraudation verübt worden ist, nicht vollzogen werden kann, ist statt derselben auf Erlegung des Werths der Gegenstände und, wenn dieser nicht zu ermitteln ist, auf Zahlung einer Geldsumme von fünf und zwanzig bis zu Eintausend Thalern zu erkennen.

§. 4.

Wer in anderer, als der in §§. 1. und 2. erwähnten Art die Zollgesetze des fremden Staats übertritt, hat wegen dieser Kontravention eine Ordnungsstrafe von Einem bis zu zehn Thalern verwirkt.

§. 5.

Wenn eine Geldbuße von dem Verurtheilten wegen seines Unvermögens nicht beizutreiben ist, tritt an deren Stelle nach den Bestimmungen des Strafgesetzbuches eine verhältnißmäßige Gefängnißstrafe, welche jedoch die Dauer von Einem Jahre nicht übersteigen darf.

Artikel II.

Die Untersuchung und Bestrafung der Vergehen und Uebertretungen wider die Zollgesetze des fremden Staats erfolgt durch dieselben Behörden und in denselben Formen, wie die Untersuchung und Bestrafung der Vergehen und Uebertretungen wider die Zollgesetze des Preußischen Staats.

Artikel III.

Die Maaßgaben, unter welchen dieses Gesetz zu Gunsten eines fremden Staats zur Anwendung kommen soll, werden nach jedesmaligem Abschluß eines Handelsvertrages von Uns im Wege der Verordnung besonders bestimmt werden.

Urkundlich unter Unserer Höchsteigenhändigen Unterschrift und beigedrucktem Königlichen Insiegel.

Gegeben Putbus, den 22. August 1853.

(L. S.) Friedrich Wilhelm.

v. Manteuffel. v. d. Heydt. Simons. v. Raumer.
v. Bodelschwingh. v. Bonin.

Für den Minister des Innern:
v. Manteuffel.

I. 5754. Steuersachen 43.

180.

Verordnung wegen Anwendung des Gesetzes vom 22. August 1853 auf die Vergehen gegen die Kaiserlich Oesterreichischen Zollgesetze. Vom 22. August 1853.

Wir Friedrich Wilhelm, von Gottes Gnaden, König von Preußen 2c. 2c.

verordnen auf Grund des Vorbehalts in dem Artikel III. des Gesetzes vom 22. August 1853 über die Bestrafung der Zollvergehen gegen fremde Staaten, in welchen durch Handelsverträge die Gegenseitigkeit verbürgt ist, was folgt:

§. 1.

Die Vorschriften, welche in den Artikeln I. und II. des Gesetzes vom 22. August 1853 in Bezug auf die Verfolgung und Bestrafung der Uebertretungen von Ein-, Aus- und Durchgangs-Abgabengesetzen anderer Staaten erlassen worden sind, finden nach Maaßgabe der Verabredungen in den §§. 12. und folgenden des Zollkartels mit Oesterreich (Gesetz-Sammlung von 1853 S. 390) vom 1. Januar 1854 ab für die Dauer des Zollkartels auf die Uebertretungen der Kaiserlich Oesterreichischen Ein-, Aus- und Durchgangs-Abgabengesetze Anwendung.

§. 2.

Unsere Minister der Justiz und der Finanzen sind mit der Ausführung dieser Verordnung beauftragt.

Urkundlich unter Unserer Höchsteigenhändigen Unterschrift nud beigedrucktem Königlichen Insiegel.

Gegeben Putbus, den 22. August 1853.

(L. S.) Friedrich Wilhelm.

v. Manteuffel. v. d. Heydt. Simons. v. Raumer.
v. Bodelschwingh. v. Bonin.

Für den Minister des Innern:
v. Manteuffel.

I. 5754. Steuersachen 43.

181.

Allgemeine Verfügung vom 3. September 1853, — betreffend die Abfassung der telegraphischen Dienst-Depeschen.

Die Bestimmung des Telegraphen-Instituts bringt es mit sich, daß dasselbe für einzelne Mittheilungen nicht in einem höheren Maaße in Anspruch genommen werden darf, als die zu befördernde Mittheilung nothwendig erfordert.

Diese Mittheilungen müssen daher so kurz gefaßt sein, als es, unbeschadet der Deutlichkeit, nur irgend möglich ist. Jedes aus diesem Gesichtspunkte entbehrliche Wort ist als ein für die telegraphische Korrespondenz ungeeignetes zu betrachten, und es müssen namentlich bei amtlichen Depeschen die sonst üblichen Kurialien gänzlich vermieden werden.

Da nach einer dem Justiz-Minister von Seiten des Herrn Ministers für Handel, Gewerbe und öffentliche Arbeiten zugegangenen Benachrichtigung diesen Erfordernissen von Seiten der Behörden bei Aufgabe telegraphischer Dienst-Depeschen nicht überall entsprochen wird, so werden die Gerichte und die Beamten der Staatsanwaltschaft, sofern sie in die Lage kommen, zur Beförderung von Depeschen sich der Telegraphen zu bedienen, darauf aufmerksam gemacht, daß sie sich bei Abfassung solcher Depeschen der äußersten Kürze zu befleißigen haben.

Berlin, den 3. September 1853.

Der Justiz-Minister
Simons.

An
sämmtliche Gerichte und die Beamten
der Staatsanwaltschaft.

I. 3903. T. 20.

182.

Allgemeine Verfügung vom 17. September 1853, — betreffend die Exekutionsvollstreckung gegen Militair-Beamte in Civilsachen.

Allg. Gerichtsord. §. 155. des Anhanges zu Th. I. Tit. 24. §. 70.
Allerh. Orders vom 4. Juni 1822 (Ges.-Samml. S. 209), vom 8. November 1831 (Ges.-Samml. S. 250) und vom 4. Januar 1833 (Ges.-Samml. S. 3).
Rescript vom 29. August 1834 (Rhein. Samml. Bd. 4. S. 151).

Aus Veranlassung eines Spezialfalles ist die Frage:

ob die Allerhöchste Order vom 4. Januar 1833, welche bestimmt,

daß exekutivische Maaßregeln gegen die in Kasernen wohnenden Militair-Personen, soweit sie nach §. 155. des Anhangs zur Allgemeinen Gerichtsordnung und nach Inhalt der Allerhöchsten Order vom 8. November 1831 überhaupt zulässig sind und in der Kaserne oder dem Dienstgebäude vollstreckt werden müssen, nicht durch die Civilgerichte, sondern nur durch Requisition der Militairgerichte vollstreckt werden sollen,

blos auf Personen des Soldatenstandes, oder auch auf die, in dergleichen Dienstgebäuden wohnenden Militair-Beamten zu beziehen sei?

einer anderweiten Prüfung unterworfen worden.

Nach Einsicht der Verhandlungen, welche die Allerhöchste Order vom 4. Januar 1833 zur Folge gehabt haben, ist es als unzweifelhaft anzunehmen, daß es sich bei der gedachten Verordnung lediglich darum gehandelt hat, von den allgemeinen Vorschriften der Allerhöchsten Order vom 4. Juni 1822 im Interesse der Militairdisziplin eine Ausnahme hinsichtlich der Personen des Soldatenstandes zu machen, und daß mithin

die Allerhöchste Order vom 4. Januar 1833 nur auf Personen des Soldatenstandes zu beziehen ist, dagegen Exekutionen aus Civil-Erkenntnissen in das Mobiliar der in Kasernen und ähnlichen Dienstgebäuden wohnenden Militair-Beamten unter Beachtung der Allerhöchsten Erlasse vom 4. Juni 1822 und 8. November 1831 durch die Civilgerichte zu vollstrecken sind.

Im Einverständnisse mit dem Herrn Kriegs-Minister wird dies sämmtlichen Gerichtsbehörden zur Nachachtung hierdurch bekannt gemacht.

Berlin, den 17. September 1853. Der Justiz-Minister
Simons.

An sämmtliche Gerichtsbehörden.

I. 3096. M. 53. Vol. VI.

183.

Verfügung vom 8. Oktober 1853, — betreffend die Mittheilungen der Straferkenntnisse, welche den Verlust von Pensionen oder Gnadengehalten zur Folge haben, so wie die Benachrichtigungen und Mittheilungen an die vorgesetzte Dienstbehörde bei Untersuchungen gegen Beamte.

In neuerlichen Fällen ist die nach Vorschrift der Verfügung vom 29. Juni 1851 Absatz 14. den betreffenden Behörden zuzufertigende Mittheilung der Strafurtheile, welche den Verlust von Pensionen oder Gnadengehalten zur Folge haben, verspätet und dadurch die Ueberhebung zum Nachtheil der Kasse herbeigeführt worden.

Obwohl eine bestimmte Frist, innerhalb welcher jene Mittheilung erfolgen soll, nicht festgesetzt ist, so liegt doch die Dringlichkeit in der Natur der Sache. Sie werden angewiesen, die vorgeschriebenen Mittheilungen der gedachten Straferkenntnisse unmittelbar nach Eintritt der Rechtskraft zu bewirken, imgleichen die Benachrichtigungen und Mittheilungen, welche nach Absatz 5. der Verfügung vom 29. Juni 1851 bei Untersuchungen gegen Beamte an die vorgesetzte Dienstbehörde gemacht werden sollen*), zu beschleunigen. Sie haben die Einrichtungen zu treffen, welche erforderlich sind, um Zuverlässigkeit und Beschleunigung in dieser Angelegenheit herbeizuführen und es darf insbesondere die Sorge dafür nicht ausschließlich den Parket-Sekretairen überlassen werden.

Berlin, den 8. Oktober 1853.

Der Justiz-Minister
Simons.

An
sämmtliche Königl. Ober-Prokuratoren
in der Rheinprovinz.

Abschrift dem Königl. Herrn General-Prokurator zur Kenntnißnahme.

Berlin, den 8. Oktober 1853.

Der Justiz-Minister
Simons.

An
den Königl. Hrn. General-Prokurator
zu Cöln.

I. 4119. Rh. Offiz. Sachen 52.

---

*) Der Absatz 5. der Verfügung vom 29. Juni 1851 lautet:

Wenn ein im unmittelbaren oder mittelbaren Staatsdienst stehender Beamter wegen eines Verbrechens oder Vergehens zur Unter-

184.

Verfügung vom 10. October 1853, — betreffend die Verantwortlichkeit der Beamten, welche öffentliche Versteigerungen abhalten, für das angemessene Verhalten der von ihnen zugezogenen Ausrufer.

Es ist wahrgenommen worden, daß nicht selten bei öffentlichen Versteigerungen die Ausrufer, deren sich die Beamten bedienen, in Ausübung ihrer Function sich unanständige oder politisch ungeeignete Anspielungen und Witzworte erlauben, welche auf den Beifall oder die Lachlust der Ungebildeten berechnet, nicht nur die Mißbilligung des bessern Theils des Publikums erregen, sondern auch an sich insbesondere den unter der Autorität von Beamten vorgenommenen Geschäften durchaus fern gehalten werden müssen. Die Beamten, welchen die Abhaltung öffentlicher Versteigerungen gesetzlich zusteht, sind für die Leitung derselben verantwortlich und verletzen ihre Amtspflicht, wenn sie dergleichen Unfug durch die von ihnen zugezogenen Ausrufer dulden. Sie, Herr Ober-Prokurator werden angewiesen, den betreffenden Beamten ihre desfallsige Verpflichtung bei Vermeidung der disziplinarischen Bestrafung einzuschärfen und in vorkommenden Fällen diese Bestrafung in nachdrücklicher Weise herbeizuführen.

Berlin, den 10. Oktober 1853.

Der Justiz-Minister
Simons.

An die Königl. Ober-Prokuratoren
in der Rheinprovinz.

I. 2854. Rh. Gen. 65. Vol. 2.

185.

Allerhöchster Erlaß vom 7. November 1853, — betreffend die Rangverhältnisse der Vizepräsidenten des Obertribunals, sowie des General-Staatsanwalts und der Ober-Staatsanwalte bei demselben.

Auf Ihren Bericht vom 20. September d. J. will Ich, wenn es hierzu noch einer ausdrücklichen Festsetzung bedarf, hier-

suchung gezogen wird, so ist sofort nach erfolgter Einleitung von derselben, unter kurzer Angabe der Veranlassung, oder unter Mittheilung der Anklageschrift, der vorgesetzten Dienstbehörde des Angeschuldigten Nachricht zu geben und derselben demnächst auch der Tenor der ergangenen Entscheidungen mitzutheilen.

durch bestimmen, daß die Vizepräsidenten des Obertribunals, sowie der General-Staatsanwalt bei demselben, vor den übrigen Räthen der zweiten Klasse jederzeit den Vortritt haben sollen, und den Ober-Staatsanwalten bei dem Obertribunal den Rang der Räthe zweiter Klasse hierdurch beilegen.

Sanssouci, den 7. November 1853.

Friedrich Wilhelm.
Simons.

An
den Justizminister.

I. 5484. O. 83. Vol. IV.

186.

Allgemeine Verfügung vom 8. November 1853, — betreffend die Bestreitung der Unterhaltungskosten in den Dienstwohnungen der Staatsbeamten.

(Regulativ vom 18. Oktober 1822 §. 2. b. Rhein. Sammlung Bd. 2. S. 337.)

Beigehend wird Ihnen, Herr Erster Präsident und Herr General-Prokurator, Abschrift der von den Herrn Ministern für Handel, Gewerbe und öffentliche Arbeiten und der Finanzen an die Regierungen, die Ministerial-Bau-Commission hierselbst und das hiesige Polizei-Präsidium unterm 19. Oktober d. J. erlassenen Verfügung zugefertigt, um von der nach Inhalt derselben erfolgten Modification des §. 2. b. des mittelst Rescripts vom 15. Januar 1823 — Rhein. Samml. Bd. 2. S. 337 — dem damaligen dortigen ersten General-Advocaten mitgetheilten Regulativs über die Bestreitung der Unterhaltungs-Kosten in den, den Staatsbeamten angewiesenen Dienstwohnungen vom 18. Oktober 1822 zur Nachachtung Kenntniß zu nehmen.

Berlin, den 8. November 1853.

Der Justiz-Minister
Simons.

An
sämmtliche Obergerichte, den Königl. Justiz-Senat zu Ehrenbreitenstein
und an
den Königl. Ersten Herrn Präsidenten des Appellationsgerichtshofes u. den Königl. Herrn General-Prokurator zu Cöln.

I. 4894. O. 116. Vol. II.

Anlage.

Nach der Bestimmung im §. 2. b. des Allerhöchst genehmigten Regulativs über die Bestreitung der Unterhaltungskosten in den, den Staatsbeamten angewiesenen Dienstwohnungen vom 18. Oktober 1822 ist bisher die Unterhaltung des gesammten Anstrichs an den Thüren und Fenstern der Dienstwohnungen von den Nutznießern verlangt worden. Da diese Maaßregel sich nicht als zweckentsprechend bewährt hat, so haben des Königs Majestät auf den diesfälligen Antrag des Staats-Ministeriums mittelst Allerhöchsten Erlasses vom 19. Juli d. J. zu genehmigen geruht, daß der fragliche §. 2. b. durch die folgende Bestimmung modificirt werde:

„Hiervon wird die Unterhaltung des Anstrichs der in den Außenflächen und auf den Dächern der Dienstwohngebäude dem Einfluß der Witterung ausgesetzten Thüren und Fenster ausgenommen, deren Anstrich sowohl auf der äußern als auf der inneren Seite vom Staate unterhalten wird. Dazu gehören auch die äußern Vor- oder Doppelfenster."

Die Königliche Regierung wird, Behufs der Nachachtung, von dieser Modification hierdurch in Kenntniß gesetzt.

Berlin, den 19. Oktober 1853.

Der Minister für Handel, Gewerbe und öffentliche Arbeiten
gez. v. d. Heydt.

Der Finanz-Minister
v. Bodelschwingh.

An
sämmtliche Königl. Regierungen, die Königl. Ministerial-Bau-Commission und das Königl. Polizei-Präsidium hierselbst.

III. 9874. M. f. H.
I. 2452.
II. 16009. } F. M.
III. 24009.

187.

Allerhöchster Erlaß vom 14. November 1853, — betreffend die allgemeinen Bestimmungen für künftig zu erlassende Deichstatute.

Um die häufige Wiederholung der gleichförmigen Bestimmungen der Deichstatute in der Gesetz-Sammlung zu vermeiden, auch die Redaktion und Prüfung der Statuten den Beamten und Interessenten zu erleichtern, genehmige Ich auf Ihren Bericht vom 5. d. M., daß die beifolgenden Allgemeinen Bestimmungen für künftig zu erlassende Deichstatute in der Gesetz-Sammlung veröffentlicht und fortan in den neuen Deichstatuten in Bezug genommen werden. Die einzelnen Deichstatuten werden nunmehr nur noch die lokalen Bestimmungen über die auszuführenden Anlagen, das Deichkataster, die Wahl der Repräsentanten u. s. w., sowie die etwa erforderlichen Abänderungen der Allgemeinen Bestimmungen enthalten.

Diese Order ist in der Gesetz-Sammlung zu veröffentlichen.

Sanssouci, den 14. November 1853.

Friedrich Wilhelm.

v. d. Heydt. Simons. v. Westphalen.

An den Minister für Handel, Gewerbe und öffentliche Arbeiten, den Justiz-Minister und den Minister für die landwirthschaftlichen Angelegenheiten.

Allgemeine Bestimmungen
für
künftig zu erlassende Deichstatute.

§. 1.

Der Deichverband bildet eine Korporation. Der Gerichtsstand desselben wird im Deichstatut bestimmt.

§. 2.

Ueber die vom Verbande zu unterhaltenden Deichstrecken, Hauptgräben, Schleusen, Brücken ꝛc. und über die sonstigen Grundstücke des Verbandes ist ein Lagerbuch vom Deichhauptmann zu führen und vom Deichamte festzustellen. Die darin vorkommenden Veränderungen werden dem Deichamte bei der jährlichen Rechnungsabnahme zur Erklärung vorgelegt.

§. 3.

Die Höhe des gewöhnlichen jährlichen Deichkassenbeitrages zur Unterhaltung der Verbandsanlagen wird im Deichstatut festgesetzt.

Wenn die Erfüllung der Sozietätszwecke einen größeren Aufwand erfordert, so muß dieser Mehrbetrag als außerordentlicher Beitrag ausgeschrieben und von den Deichgenossen aufgebracht werden. Namentlich gilt dies auch für die Kosten der ersten normalmäßigen Herstellung der Sozietätsanlagen; bis zur Tilgung dieser Kosten ist in der Regel jährlich mindestens der vierfache Betrag der gewöhnlichen Deichkassenbeiträge einzuziehen.

§. 4.

Wenn die gewöhnlichen Deichkassenbeiträge, nachdem daraus für die Sozietätszwecke bestimmungsmäßig gesorgt worden, Ueberschüsse ergeben, so sollen diese zu einem Reservefonds, dessen Höhe das Deichstatut bestimmt, gesammelt und mit guter Sicherheit zinsbar belegt werden. Der Reservefonds darf nicht zu den laufenden und gewöhnlichen Ausgaben des Verbandes, sondern allein für folgende Zwecke verwandt werden:

a) für die Herstellung der durch Eisgang oder Hochwasser zerstörten oder ungewöhnlich beschädigten Deiche, soweit die Herstellungskosten aus den gewöhnlichen Einnahmen nicht bestritten werden können;
b) für den Neubau der vorhandenen Auslaßschleusen;
c) für Ausführung von Meliorationsanlagen.

§. 5.

Die gewöhnlichen Deichkassenbeiträge sind zu ermäßigen, wenn sie nach vollständiger Bildung des Reservefonds Ueberschüsse über das jährliche Bedürfniß des Verbandes ergeben.

§. 6.

Die Deichgenossen sind bei Vermeidung der administrativen Exekution gehalten, die gewöhnlichen Deichkassenbeiträge in halbjährigen Terminen, am 2. Januar und 1. Juli jeden Jahres, unerinnert zur Deichkasse abzuführen. Ebenso müssen die außerordentlichen Beiträge in den durch das Ausschreiben des Deichhauptmanns bestimmten Terminen abgeführt werden.

§. 7.

Die Verbindlichkeit zur Entrichtung der Deichkassenbeiträge ruht, gleich der sonstigen Deichpflicht, als Reallast unablöslich auf den Grundstücken; sie ist den öffentlichen Lasten gleich zu achten und hat in Kollisionsfällen vor denselben den Vorzug.

Die Erfüllung der Deichpflicht kann von dem Deichhauptmann in eben der Art, wie dies bei den öffentlichen Lasten zulässig ist, durch Exekution erzwungen werden.

Die Exekution findet auch statt gegen Pächter, Nutznießer oder andere Besitzer des verpflichteten Grundstücks, vorbehaltlich ihres Regresses an den eigentlich Verpflichteten.

Bei Besitzveränderungen kann sich die Deichverwaltung auch an den im Deichkataster genannten Eigenthümer so lange halten, bis ihr die Besitzveränderung zur Berichtigung des Deichkatasters angezeigt und so nachgewiesen ist, daß auf Grund dieser Nachweise die Berichtigung erfolgen kann.

Bei vorkommenden Parzellirungen müssen die Deichlasten auf die Trennstücke verhältnißmäßig repartirt werden. Auch die kleinste Parzelle zahlt mindestens Einen Pfennig jährlich.

§. 8.

Eine Berichtigung des Deichkatasters kann, abgesehen von dem Falle der Parzellirung und Besitzveränderung, zu jeder Zeit gefordert werden:

a) wenn erhebliche, fünf Prozent übersteigende Fehler in der der Aufstellung des Deichkatasters zum Grunde gelegten Vermessung nachgewiesen werden;
b) wenn die Zwecke der Deichverwaltung eine Verlegung des Deiches nothwendig machen, wodurch bisher eingedeichte Grundstücke künftig außerhalb der Verwallung, oder außerhalb der Verwallung gelegene Grundstücke innerhalb der Verwallung zu liegen kommen;
c) wenn eingedeichte Grundstücke dem Deichverbande als Eigenthum abgetreten werden;
d) wenn in Folge von Durchbrüchen eingedeichte Grundstücke dergestalt ausgetieft oder versandet sind, daß sich deren bisherige Ertragsfähigkeit um mehr als die Hälfte verringert hat und die Wiederherstellung in den früheren Zustand unverhältnißmäßige Kosten veranlassen würde.

Ueber die Anträge auf Berichtigung des Deichkatasters aus den vorgedachten Gründen entscheidet das Deichamt.

§. 9.

Wegen angeblicher Irrthümer im Deichkataster und wegen Veränderung in der Kulturart oder im Ertragswerthe der Grundstücke kann außer den im §. 8. gedachten Fällen eine Berichtigung des Deichkatasters im Laufe der gewöhnlichen Verwaltung nicht gefordert, sondern nur von der Landespolizei-Behörde bei erheblichen Veränderungen der Grundstücke nach dem Antrage oder nach vorher eingeholtem Gutachten des Deichamtes angeordnet werden.

Nach Ablauf eines zehnjährigen Zeitraumes kann auf Antrag des Deichamtes eine allgemeine Revision des Deichkatasters von der Regierung angeordnet werden; dabei ist zu verfahren, wie bei der ersten Aufstellung des Katasters.

Erlaß und Stundung von Deichkassenbeiträgen.

§. 10.

Ueber die Anträge auf Erlaß und Stundung von Deichkassenbeiträgen entscheidet das Deichamt.

§. 11.

Für Grundstücke, welche in Folge eines Deichbruches ausgetieft oder versandet worden, kann der Besitzer die Stundung aller nach dem Durchbruch fällig werdenden Deichkassenbeiträge von den beschädigten Flächen bis dahin fordern, daß über seinen

Antrag, die Deichrolle nach §. 8. abzuändern, schließlich entschieden sein wird. Wird diesem Antrage Folge gegeben, so sind die rückständigen Beiträge nur nach der berichtigten Veranlagung zu berechnen und einzuziehen; auch darf die Einzahlung des gestundeten Rückstandes nur in vier halbjährigen Terminen exekutivisch beigetrieben werden.

§. 12.

Ist der Antrag auf Abänderung des Deichkatasters von dem beschädigten Grundbesitzer nicht angebracht, aufgegeben, oder schließlich zurückgewiesen worden, so kann der Beschädigte einen Ein- bis fünfjährigen Erlaß der gewöhnlichen Deichkassenbeiträge von den beschädigten Flächen und eine gleichzeitige Stundung der außerordentlichen Beiträge von denselben fordern, wenn die Vorkehrungen zur Herstellung der Ertragsfähigkeit des ausgetieften oder versandeten Grundstücks durch Ausfüllung der Vertiefungen, Abkarren oder Unterpflügen des Sandes (Rajolen) einen Kostenaufwaud erfordern, welcher dem Werthe des ungefähren Ein- bis fünfjährigen Reinertrages des Grundstücks nach dem Ermessen des Deichamtes gleichkommt. Die Einzahlung der gestundeten Beiträge darf nach Ablauf dieser Frist nur in vier halbjährigen Terminen exekutivisch beigetrieben werden.

Naturhülfsleistungen.

§. 13.

Sobald der Eisgang nahe bevorsteht, oder das Wasser an den Fuß des Deiches tritt, müssen die Dämme des Verbandes, so lange der Wasserstand nicht unter dieses Maaß gefallen ist, durch Wachmannschaften unausgesetzt bewacht werden. Die erforderlichen Wächter können vom Deichhauptmann gegen Tagelohn angenommen und aus der Deichkasse bezahlt, oder aus den betheiligten Ortschaften requirirt werden.

§. 14.

Wenn die den Deichen durch Eisgang oder Hochwasser drohende Gefahr so dringend wird, daß nach dem Ermessen des Deichhauptmanns die gewöhnliche Bewachung durch eine geringere Zahl gedungener Wächter nicht mehr ausreicht, so sind die Mitglieder des Deichverbandes verbunden, nach Anweisung des Deichhauptmanns die zur Bewachung und Schützung der Deiche erforderlichen Mannschaften, Fuhrwerke und reitenden Boten zu gestellen und die zum Schutze dienenden Materialien herbeizuschaffen.

Der Deichhauptmann ist im Falle der Noth befugt, die erforderlichen Materialien überall, wo sich solche finden, zu nehmen und diese müssen — mit Vorbehalt der Ausgleichung unter den Verpflichteten und der Erstattung des Schadens, wobei jedoch der außerordentliche Werth nicht in Anrechnung kommt — von den Besitzern verabfolgt werden.

§. 15.

Jedem Orte ist die Deichstrecke, welche er bewachen und vertheidigen muß, im Voraus zu bestimmen und durch Steine oder Pfähle abzugrenzen, uubeschadet des Rechts der Deichbeamten, die Mannschaften nach anderen gefährdeten Punkten zu beordern.

Der Deichhauptmann kann einen Theil der Deichvertheidigungs-Materialien schon vor Beginn des Eingangs oder Hochwassers auf die Deiche schaffen lassen.

§. 16.

Bretter, Faschinen und Pfähle werden aus der Deichkasse bezahlt; die übrigen Materialien (Mist, Stroh) uud die Dienste werden soweit als möglich auf die Deichgenossen ausgeschrieben nach ungefährem Verhältniß der Deichkassenbeiträge der einzelnen Ortschaften.

Die Materialien werden Eigenthum des Deichverbandes.

Im Nothfalle muß auf Verlangen des Deichhauptmanns der Dienst von allen männlichen Einwohnern der bedrohten Gegend, soweit solche arbeitsfähig sind, persönlich und unentgeltlich geleistet werden. Die betreffenden Polizeibehörden sind nach §. 25. des Deichgesetzes vom 28. Januar 1848 verpflichtet, auf Antrag des Deichhauptmanns kräftig dafür zu sorgen, daß dessen Anordnungen schleunigst Folge geleistet werde.

Schwächliche oder kränkliche Personen, Weiber und Kinder unter sechzehn Jahren dürfen zum Wachdienste nicht aufgeboten oder abgesendet werden.

Jeder Deichwächter muß sich mit einem Spaten und einem Beile selbst versehen. Die sonst erforderlichen Geräthschaften an Karren, Aexten, Laternen u. s. w. müssen, soweit sie nicht in den Magazinen des Verbandes vorhanden sind, von den Gemeinden uud den Gutsbesitzern, deren Güter einen besonderen Gemeindebezirk bilden, mitgegeben werden.

§. 17.

Die aufgebotenen Mannschaften haben bis zu ihrer Entlassung die Anordnungen der Deichbeamten und ihrer Stellvertreter genau zu befolgen. Unfolgsamkeit und Fahrlässigkeit oder Widersetzlichkeit der Wächter und Arbeiter wird — insofern nach den allgemeinen Gesetzen nicht härtere Strafen verwirkt sind — durch Geldstrafen von fünf Silbergroschen bis zu drei Thalern oder verhältnißmäßige Gefängnißstrafe geahndet.

Der Versuch, sich dem Dienste durch Nichtbefolgung des Aufgebots oder eigenmächtiges Verlassen der Wachtposten zu entziehen, wird durch eine Geldstrafe von fünf Thalern oder verhältnißmäßige Gefängnißstrafe geahndet.

Für gar nicht oder unvollständig gelieferte Materialien und nicht geleistete Fuhren oder nicht gestellte reitende Boten sind von dem Schuldigen folgende Geldstrafen zur Deichkasse zu entrichten:

1) für ein Fuder Mist . . . . 5 Rthlr. — Sgr.
2) für ein Bund Stroh . . . . — „ 6 „
3) für eine Fuhre . . . . 5 „ — „
4) für einen reitenden Boten . . . . 3 „ — „
5) für unvollständig oder schlecht gelieferte Materialien ad 1. und 2. die Hälfte der oben bestimmten Strafen.

Außerdem ist der Säumige zur Nachlieferung, event. zum Ersatze der Kosten der für seine Rechnung anzuschaffenden Materialien verpflichtet.

Beschränkungen des Eigenthumsrechts an den Grundstücken.

§. 18.

Die schon bestehenden Deiche, deren Unterhaltung der Deichverband übernimmt, gehen in dessen Eigenthum und Nutzung über; das Deichamt kann indeß die Grasnutzung den angrenzenden Grundbesitzern überlassen, wenn dieselben angemessene Leistungen wegen Unterhaltung und Beschützung der Dossirungen und wegen unentgeltlicher Hergabe von Erde zu Reparaturen übernehmen.

Hecken, Bäume und Sträucher sind auf den Deichen nicht zu dulden.

Die eingehenden Privatdeiche bleiben Eigenthum derjenigen Interessenten, welchen sie bisher gehört haben.

§. 19.

Im Binnenlande gelten folgende Nutzungsbeschränkungen:

a) die Grundstücke am inneren Rande des Deiches dürfen drei Fuß breit vom Deichfuße ab weder beackert, noch bepflanzt, sondern nur als Gräserei benutzt werden;
b) Stein-, Sand-, Torf- und Lehmgruben, Teiche, Brunnen, Gräben oder sonstige künstliche Vertiefungen des Erdreichs dürfen innerhalb zwanzig Ruthen vom inneren Fuße des Deiches nicht angelegt, auch Fundamente zu neuen Gebäuden innerhalb fünf Ruthen vom Deiche nicht eingegraben werden;
c) an jedem Borde der unter Schau gestellten Hauptgräben müssen zwei Fuß unbeackert und mit dem Weidevieh verschont bleiben;
d) innerhalb drei Fuß von jedem solchen Grabenborde dürfen Bäume und Hecken nicht gepflanzt oder geduldet werden;
e) die Eigenthümer der Grundstücke an den Hauptgräben müssen bei deren Räumung den Auswurf auf ihre Grund-

stücke aufnehmen und müssen den Auswurf, dessen Eigenthum ihnen dagegen zufällt, binnen vier Wochen nach der Räumung, wenn aber die Räumung vor der Erndte erfolgt, binnen vier Wochen nach der Erndte, bis auf Eine Ruthe Entfernung vom Graben fortschaffen. Aus besonderen Gründen kann der Deichhauptmann die Frist zur Fortschaffung des Grabenauswurfs abändern;

f) Binnenverwallungen, Quelldämme, dürfen in der Niederung ohne Genehmigung des Deichhauptmanns nicht angelegt oder verändert werden.

§. 20.

Im Vorlande gelten folgende Beschränkungen:

a) jeder Vorlandsbesitzer muß sich in der Entfernung von zehn Ruthen vom Stromufer und eben so weit vorlängs des Deichfußes das Aufsetzen und Lagern der Baumaterialien des Verbandes, wenn geeignete, dem Verbande gehörige Lagerstellen nicht vorhanden sind, sowie den Transport der Materialien über das Vorland unentgeltlich gefallen lassen; auch darf das Vorland Eine Ruthe breit vorlängs des Deichfußes nicht geackert oder sonst von der Rasendecke entblößt werden;

b) Flügeldeiche, hochstämmige Bäume und sonstige Anlagen sind im Vorlande insoweit nicht zu dulden, als sie nach dem Ermessen der Königlichen Strompolizeibehörde das Hochwasserprofil und den Eisgang auf schädliche Weise beschränken;

c) auch Pflanzungen von Weiden und anderem Unterholz auf vorspringenden Landecken, welche die Irregularität des Flußbettes befördern würden, können von der Strompolizeibehörde untersagt werden.

Ausnahmen von den in den §§. 19. und 20. gegebenen Regeln können in einzelnen Fällen vom Deichamte mit Genehmigung der Regierung gestattet werden.

§. 21.

Die Eigenthümer der eingedeichten Grundstücke und Vorländer sind verpflichtet, auf Anordnung des Deichhauptmanns dem Verbande den zu den Schutz- und Meliorationsanlagen erforderlichen Grund und Boden gegen Vergütung abzutreten, desgleichen die zu jenen Anlagen erforderlichen Materialien an Sand, Lehm, Rasen ꝛc. gegen Ersatz des durch die Fortnahme derselben ihnen entstandenen Schadens zu überlassen. Für den alten Deichkörper ist an den bisherigen Besitzer eine Entschädigung nicht zu zahlen.

§. 22.

Wird innerhalb einer Entfernung von zehn Ruthen vom Stromufer oder vom Deichfuße eine Pflanzung im Vorlande von der Deichverwaltung als nothwendig erachtet, so muß der Eigenthümer auf Anordnung des Deichhauptmanns entweder diese Pflanzung binnen vorgeschriebener Frist selbst anlegen und unterhalten, oder den dazu erforderlichen Grund und Boden dem Verbande gegen Entschädigung überlassen.

§. 23.

Bei Feststellung der nach den §§. 21. und 22. zu gewährenden Vergütung ist der außerordentliche Werth nicht in Anrechnung zu bringen (§. 20. des Deichgesetzes).

Der Betrag wird nach vorgängiger, unter Zuziehung des Besitzers zu bewirkender Abschätzung von dem Deichamte, oder in eiligen Fällen von dem Deichhauptmann, vorbehaltlich der Genehmigung des Deichamtes, interimistisch festgesetzt und ausgezahlt.

Ueber die Höhe der Vergütung ist innerhalb vier Wochen nach erfolgter Bekanntmachung des festgesetzten Betrages der Rechtsweg zulässig.

Wer auf diesen verzichten will, kann binnen gleicher Frist Rekurs an die Regierung einlegen.

Die Fortnahme der Materialien und die Ausführung der Bauten wird durch die Einwendungen gegen die vorläufig festgesetzte Entschädigung nicht aufgehalten.

Aufsichtsrecht der Staatsbehörden.

§. 24.

Der Deichverband ist dem Oberaufsichtsrecht des Staates unterworfen.

Dasselbe wird von der Bezirksregierung als Landespolizei-Behörde und in höherer Instanz von dem Minister für landwirthschaftliche Angelegenheiten gehandhabt nach Maaßgabe des Statuts, übrigens in dem Umfange und mit den Befugnissen, welche den Aufsichtsbehörden der Gemeinden zustehen.

Die Regierung hat darauf zu halten, daß die Bestimmungen des Statuts überall beobachtet, die Anlagen gut ausgeführt und ordentlich erhalten, die Grundstücke des Verbandes sorgfältig genutzt und die etwanigen Schulden regelmäßig verzinst und getilgt werden.

Die Regierung entscheidet über alle Beschwerden gegen die Beschlüsse des Deichamtes und des Deichhauptmanns, sofern der Rechtsweg nicht zulässig und eingeschlagen ist, und setzt ihre Entscheidungen nöthigenfalls exekutivisch in Vollzug.

Die Beschwerden an die Regierung können nur

a) über Straffestsetzungen des Deichhauptmanns gegen die Unterbeamten des Verbandes binnen zehn Tagen,

b) gegen Beschlüsse über den Beitragsfuß (cfr. §. 8.), über Erlaß und Stundung von Deichkassenbeiträgen, sowie über Entschädigungen, binnen vier Wochen nach erfolgter Bekanntmachung des Beschlusses erhoben werden. Dieselben sind bei der Regierung oder bei dem Deichhauptmann einzureichen, welcher solche alsdann, begleitet mit seinen Bemerkungen, ungesäumt an die Regierung zu befördern hat.

Sonstige Beschwerden sind an eine bestimmte Frist nicht gebunden.

§. 25.

Der Regierung muß, damit sie in Kenntniß von dem Gange der Deichverwaltung erhalten werde, jährlich Abschrift des Etats, der Deichschau- und Deichamts-Konferenzprotokolle und ein Finalabschluß der Deichkasse überreicht werden. Die Regierung ist befugt, außerordentliche Revisionen der Deichkasse sowohl, als der gesammten Deichverwaltung zu veranlassen, Kommissarien zur Beiwohnung der Deichschauen und der Deichamtsversammlungen abzuordnen, eine Geschäftsanweisung für die Deichbeamten nach Anhörung des Deichamtes zu ertheilen und auf Grund des Gesetzes vom 11. März 1850 über die Polizeiverwaltung (Gesetz-Sammlung vom Jahre 1850 Seite 265) die erforderlichen Polizeiverordnungen zu erlassen zum Schutze des Deiches, des Deichgebietes, der Gräben, Pflanzungen und sonstigen Anlagen des Verbandes.

§. 26.

Bei Wassergefahr ist der Kreislandrath — ebenso wie der etwa abgesendete besondere Regierungskommissarius — berechtigt, sich persönlich die Ueberzeugung zu verschaffen, ob und wieweit die erforderlichen Sicherheitsmaaßregeln getroffen sind. Findet Gefahr im Verzuge statt, so kann derselbe die ihm nöthig scheinenden Anordnungen an Ort und Stelle selbst treffen. Die Deichbeamten haben in diesem Falle seinen Befehlen unweigerlich Folge zu leisten.

§. 27.

Wenn das Deichamt es unterläßt oder verweigert, die dem Deichverbande nach dem Statut oder sonst gesetzlich obliegenden Leistungen auf den Haushaltsetat zu bringen oder außerordentlich zu genehmigen, so läßt die Regierung nach Anhörung des Deichamtes die Eintragung in den Etat von Amtswegen bewirken, oder stellt beziehungsweise die außerordentliche Ausgabe fest und verfügt die Einziehung der erforderlichen Beiträge.

Gegen diese Entscheidung steht dem Deichamte innerhalb zehn Tagen die Berufung an den Minister für landwirthschaftliche Angelegenheiten zu.

§. 28.

Die Regierung hat auch darauf zu halten, daß den Deichbeamten die ihnen zukommenden Besoldungen unverkürzt zu Theil werden und etwanige Beschwerden darüber zu entscheiden, vorbehaltlich des Rechtsweges.

Von den Deichbehörden. 1. Deichhauptmann.

§. 29.

Der Deichhauptmann steht an der Spitze der Deichverwaltung und handhabt die örtliche Deichpolizei. Er wird von denjenigen Mitgliedern des Deichamtes, welche die Vertretung der Deichgenossen bei demselben bilden, durch absolute Stimmenmehrheit auf sechs Jahre gewählt.

Die Wahl bedarf der Bestätigung der Regierung. Wird die Bestätigung versagt, so schreitet das Deichamt zu einer neuen Wahl. Wird auch diese Wahl nicht bestätigt, oder die Wahl verweigert, so steht der Regierung die Ernennung auf höchstens drei Jahre zu.

In derselben Weise ist gleichzeitig ein Stellvertreter zu wählen, welcher die Geschäftsführung übernimmt, wenn der Deichhauptmann auf längere Zeit behindert ist.

In einzelnen Fällen kann der Deichhauptmann sich durch den Deichinspektor oder ein anderes Mitglied des Deichamtes vertreten lassen.

Der Deichhauptmann und dessen Stellvertreter werden von einem Kommissarius der Regierung in öffentlicher Sitzung des Deichamtes vereidet.

Der Deichhauptmann seinerseits verpflichtet den Deichinspektor, die übrigen Mitglieder des Deichamtes, sowie die sonstigen Deichbeamten in gewöhnlicher Sitzung des Deichamtes durch Handschlag an Eidesstatt.

§. 30.

Der Deichhauptmann hat als Verwaltungsbehörde des Deichverbandes folgende Geschäfte:

a) die Gesetze, die Verordnungen und Beschlüsse der vorgesetzten Behörden auszuführen;

b) die Beschlüsse des Deichamtes vorzubereiten und auszuführen.

Der Deichhauptmann hat die Ausführung solcher Beschlüsse des Deichamtes, die er für gesetzwidrig oder für das Gemeinwohl nachtheilig erachtet, zu beanstanden und die Entscheidung der Regierung einzuholen. Gestatten es die Umstände, so ist zuvor in der nächsten Sitzung des Deichamtes nochmals eine Verständigung zu versuchen;

c) die Grundstücke und Einkünfte des Verbandes zu verwalten, die auf dem Etat oder besonderen Deichamtsbeschlüssen beruhenden Einnahmen und Ausgaben anzuweisen und das Rechnungs- und Kassenwesen zu überwachen. Die Termine der regelmäßigen Kassenrevisionen sind dem Deichamte mitzutheilen, damit dasselbe ein Mitglied oder mehrere abordnen kann, um diesem Geschäfte beizuwohnen; bei außerordentlichen Kassenrevisionen ist ein vom Deichamte ein- für allemal bezeichnetes Mitglied zuzuziehen;

d) den Deichverband in Prozessen, sowie überhaupt nach Außen zu vertreten, im Namen desselben mit Behörden und Privatpersonen zu verhandeln, den Schriftwechsel zu führen und die Urkunden des Verbandes in der Urschrift zu vollziehen. Die Ausfertigungen der Urkunden werden Namens des Verbandes von dem Deichhauptmann oder seinem Stellvertreter gültig unterzeichnet; indeß ist zu Verträgen und Vergleichen über Gegenstände von funfzig Thalern und mehr der genehmigende Beschluß oder Vollmacht des Deichamtes beizubringen. Verträge und Vergleiche unter funfzig Thaler schließt der Deichhauptmann allein rechtsverbindlich ab und hat nur die Verhandlungen nachträglich dem Deichamte zur Kenntnißnahme vorzulegen;

e) die Urkunden und Akten des Verbandes aufzubewahren;

f) die Deichkassenbeiträge und Naturalleistungen nach der Deichrolle und den Beschlüssen des Deichamtes auszuschreiben, die Deichrollen und sonstigen Hebelisten auf Grund des Deichkatasters aufzustellen und vollstreckbar zu erklären und die Beitreibung aller Beiträge und Strafgelder von den Säumigen im Wege der administrativen Exekution zu bewirken durch die Unterbeamten des Verbandes oder durch Requisition der gewöhnlichen Ortspolizei-Behörden. Die Hebelisten (Rollen) müssen, bevor sie vollstreckbar erklärt werden, vierzehn Tage offen gelegt sein;

g) die Deichbeamten zu beaufsichtigen, von dem Gange der technischen Verwaltung Kenntniß zu nehmen, die halbjährige Deich- und Grabenschau im Mai und Oktober nach Verabredung mit dem Deichinspektor auszuschreiben und jedesmal selbst in Gemeinschaft mit dem Deichinspektor abzuhalten. Ueber den Befund und die dabei gefaßten Beschlüsse ist ein Protokoll zu führen;

h) nach dem Jahresschluß dem Deichamte einen Jahresbericht über die Resultate der Verwaltung vorzulegen.

§. 31.

Die Etatsentwürfe und Jahresrechnungen sind vom Deichrentmeister dem Deichhauptmann vor dem 15. Mai zur Vorprüfung einzureichen und werden von diesem mit seinen Bemerkungen dem Deichamte in der Juniversammlung zur Feststellung vorgelegt.

Der Etat ist vor der Feststellung und die Rechnung nach der Feststellung vierzehn Tage lang in einem von dem Deichamte zu bestimmenden Lokale zur Einsicht der Deichgenossen offen zu legen.

Der Deichhauptmann vollzieht alle Zahlungsanweisungen auf die Deichkasse. Die Anweisungen, welche von dem Deichinspektor innerhalb der ihm zur Disposition gestellten Summen an die Deichkasse erlassen werden, sind dem Deichhauptmann nachträglich zur Einsicht vorzulegen.

§. 32.

Berichtigungen des Deichkatasters finden nur statt auf Grund eines Dekrets des Deichhauptmanns, welchem beglaubigte Abschrift von dem betreffenden Beschluß des Deichamtes oder der Regierung beigefügt sein muß.

§. 33.

Gegen die Unterbeamten (§. 43.) kann der Deichhauptmann Disziplinarstrafen bis zur Höhe von drei Thalern Geldbuße verfügen, sowie nöthigenfalls ihnen die Ausübung der Amtsverrichtungen vorläufig untersagen.

§. 34.

Der Deichhauptmann ist befugt, wegen der deichpolizeilichen Uebertretungen die Strafe — bis zu fünf Thalern Geldbuße oder drei Tagen Gefängniß — vorläufig festzusetzen nach dem Gesetz vom 14. Mai 1852 (Gesetz-Sammlung vom Jahre 1852 Seite 245).

Die vom Deichhauptmann allein, nicht vom Polizeirichter, festgesetzten Geldstrafen fließen zur Deichkasse.*)

§. 35.

Der Deichhauptmann ist stimmberechtigter Vorsitzender des Deichamtes; er beruft dessen Versammlungen, leitet die Verhandlungen, eröffnet und schließt die Sitzungen und handhabt die Ordnung in denselben.

2. Deichinspektor.

§. 36.

Der Deichinspektor leitet die technische Verwaltung des Deichverbandes, mit Einschluß der zur Abwehrung der Gefahr bei Hochwasser und Eisgang erforderlichen Maaßregeln. Er muß die Qualifikation eines geprüften Baumeisters besitzen. Seine Wahl und Bestätigung erfolgt in der für den Deichhauptmann vorgeschriebenen Weise.

---

*) Dieser §. betrifft den Bezirk des Appellationsgerichtshofes zu Cöln nicht, da das Gesetz vom 14. Mai 1852 für diesen Bezirk nicht erlassen ist.

§. 37.

Der Deichinspektor entwirft die Anschläge zur Unterhaltung und Herstellung der Sozietätsanlagen und legt solche dem Deichhauptmann zur Prüfung und Einholung der Genehmigung des Deichamtes vor.

Die Projekte über den Bau neuer Deiche und Schleusen, über die Erhöhung oder Abtragung von Deichen und über den Verschluß von Deichbrüchen sind der Regierung zur Genehmigung vorzulegen.

§. 38.

Wird von dem Deichamte die Genehmigung zur Ausführung einer Arbeit versagt, welche nach der Erklärung des Deichinspektors ohne Gefährdung der Sozietätszwecke weder unterlassen, noch aufgeschoben werden darf, so muß die Entscheidung der Regierung (cfr. §. 27.) von dem Deichinspektor eingeholt und demnächst zur Ausführung gebracht werden.

§. 39.

Die Ausführung der von dem Deichamte oder von der Regierung beschlossenen Bauten ist von dem Deichinspektor zu leiten.

Auch die laufende Beaufsichtigung und Unterhaltung der Deiche, Gräben, Schleusen, Uferdeckwerke und Pflanzungen erfolgt unter der Leitung des Deichinspektors.

Die Unterbeamten, Deichschöppen, Wach- und Hülfsmannschaften haben dabei und insbesondere bei der Vertheidigung gegen Wassergefahr die Anweisungen des Deichinspektors pünktlich zu befolgen.

Innerhalb der etatsmäßigen Unterhaltungsfonds und der genehmigten Anschläge kann der Deichhauptmann zur Vereinfachung des Geschäfts bestimmte Summen dem Deichinspektor zur Disposition stellen, bis zu deren Höhe die Deichkasse auf Anweisung des Deichinspektors Zahlung zu leisten hat.

Die Auszahlung der Gelder darf in keinem Fall durch den Deichinspektor erfolgen.

Der halbjährigen Schau muß der Deichinspektor beiwohnen.

§. 40.

In dringenden Fällen, wenn unvorhergesehene Umstände Arbeiten nothwendig machen, deren Ausführung ohne Gefährdung der Sozietätszwecke nicht aufgeschoben werden kann, ist der Deichinspektor befugt und verpflichtet, die Arbeiten unter seiner Verantwortlichkeit anzuordnen. Er muß aber die getroffenen Anordnungen und die Gründe, welche die unverzügliche Ausführung nothwendig machen, gleichzeitig dem Deichhauptmann und, wenn letzterer sich nicht einverstanden erklären sollte, der Regierung anzeigen.

Dieselbe Anzeige ist der nächsten gewöhnlichen Versammlung des Deichamtes zu machen.

Können die Ausgaben aber aus den laufenden Jahreseinnahmen der Deichkasse nicht bestritten werden, so muß das Deichamt in kürzester Frist außerordentlich berufen werden, um von der Sache Kenntniß zu erhalten und über die Beschaffung der erforderlichen Geldmittel zu beschließen.

3. Deichrentmeister.

§. 41.

Der Deichrentmeister, welcher zugleich die Stelle eines Deichsekretairs versehen kann, wird von dem Deichamte im Wege eines kündbaren Vertrages gegen Bewilligung einer Prozenteinnahme von den gewöhnlichen Deichkassen-Beiträgen, sowie unter der Verpflichtung zur Kautionsbestellung angenommen.

§. 42.

Der Deichrentmeister verwaltet die Deichkasse und führt das Deichkataster.

Er hat insbesondere:

a) die Etatsentwürfe nach den Anweisungen des Deichhauptmanns aufzustellen;
b) die sämmtlichen Einnahmen der Deichkasse einzuziehen, die Restantenlisten zu fertigen und dem Deichhauptmann vorzulegen;
c) die gewöhnlichen und außerordentlichen Zahlungen aus der Deichkasse nach den Anweisungen des Etats und des Deichhauptmanns zu bewirken; er hat namentlich auch die Gelder an die Lohnarbeiter auf den Baustellen zu zahlen und darf sich hierbei nur mit Genehmigung des Deichhauptmanns durch die Deichschöppen vertreten lassen;
d) die jährliche Deichkassenrechnung zu legen;
e) das Deichkataster nach den Dekreten des Deichhauptmanns (§. 32.) zu berichtigen.
f) wenn er zugleich Deichsekretair ist, die Expeditions-, Kanzlei- und Registratur-Geschäfte zu besorgen und die Protokolle bei den Deichschauen und Deichamtsversammlungen zu führen.

4. Unterbeamte.

§. 43.

Die erforderlichen Unterbeamten — als Damm- oder Wallmeister — für die spezielle Beaufsichtigung der Arbeiter, der Deiche, Gräben, Schleusen und Grundstücke des Verbandes werden von dem Deichhauptmann nach Anhörung des Deichamtes gewählt und angestellt. Das Deichamt bestimmt die Zahl und den Geschäftskreis dieser Beamten und beschließt, ob die Anstellung auf Kündigung, auf eine bestimmte Reihe von Jahren, oder auf Lebenszeit erfolgen soll.

§. 44.

Zu diesen Posten sollen nur solche Personen berufen werden, von deren hinreichender technischer Kenntniß und Uebung sich der Deichinspektor versichert hat, die vollkommen körperlich rüstig sind und die gewöhnlichen Elementar-Kenntnisse insoweit besitzen, daß sie eine verständliche schriftliche Anzeige erstatten und eine einfache Verhandlung aufnehmen, auch eine gewöhnliche Lohnrechnung führen können.

5. Deichschöppen (oder Deichschulzen, Deichgeschworene).

§. 45.

Der Deichhauptmann theilt nach Anhörung des Deichamtes die Deiche in mehrere Aufsichtsbezirke. Für jeden Bezirk werden zwei Deichschöppen aus der Zahl der Deichgenossen auf sechs Jahre vom Deichamte erwählt und vom Deichhauptmann bestätigt. Mitglieder des Deichamtes — mit Ausschluß des Deichhauptmanns und Deichinspektors — können auch zu Deichschöppen ernannt werden. Die Deichschöppen sind Organe des Deichhauptmanns und Deichinspektors und verpflichtet, ihren Anordnungen Folge zu leisten, dieselben namentlich in den örtlichen Geschäften des Bezirks zu unterstützen.

§. 46.

Die Deichschöppen haben in ihren Bezirken im gewöhnlichen Laufe der Verwaltung eine Mitaufsicht über den Zustand der Deiche und sonstigen Sozietätsanlagen zu führen; sie haben von deren Zustande fortwährend Kenntniß zu nehmen, den Deich- und Grabenschauen in ihrem Bezirk und den benachbarten Bezirken beizuwohnen und die bemerkten Mängel, sowie auch Anträge und Beschwerden von Deichgenossen ihres Bezirks, dem Deichhauptmann oder Inspektor anzuzeigen. Sie können von dem Deichhauptmann und resp. dem Deichinspektor mit Führung und Aufnahme einfacher Untersuchungen und Verhandlungen, und bei vorkommenden Bauten mit der Kontrolle der Unterbeamten und Arbeiter, mit der Abnahme der zu liefernden Baumaterialien, sowie mit der Ablohnung der Arbeiter auf der Baustelle beauftragt werden.

Bei den Lohnzahlungen erhalten sie als Remuneration sechs Pfennige pro Thaler der ausgezahlten Summe.

§. 47.

Sobald die Größe der Gefahr bei Eisgang oder Hochwasser die Bewachung der Dämme oder das Aufbieten der Naturalleistungen nothwendig macht, sind die Deichschöppen unter Leitung des Deichinspektors dazu berufen, innerhalb ihres Bezirks die Hülfsleistungen der Wachmannschaften und Deichgenossen zu ordnen und zu leiten, für die Beschaffung der erforderlichen Schutzmaterialien zu sorgen und die Bewachung der Deiche zu kontrolliren.

6. Das Deichamt.

§. 48.

Das Deichamt hat über alle Angelegenheiten des Verbandes zu beschließen, soweit dieselben nicht ausschließlich dem Deichhauptmann oder dem Deichinspektor überwiesen sind. Die von dem Deichamte gefaßten Beschlüsse sind für den Deichverband verpflichtend; die Ausführung der gefaßten Beschlüsse erfolgt durch den Deichhauptmann.

Die Mitglieder des Deichamtes sind an keinerlei Instruktionen und Aufträge der Wähler und der Wahlbezirke gebunden.

Das Deichamt kontrollirt die Verwaltung. Es ist daher berechtigt, sich von der Ausführung seiner Beschlüsse und der Verwendung aller Einnahmen des Verbandes Ueberzeugung zu verschaffen. Es kann zu diesem Zwecke die Akten einsehen und Ausschüsse aus seiner Mitte ernennen.

§. 49.

Das Deichamt besteht aus

a) dem Deichhauptmann oder dessen Stellvertreter, als Vorsitzenden,
b) dem Deichinspektor, und
c) den Repräsentanten der Deichgenossen.

Das Deichstatut bestimmt die Zahl der Repräsentanten und die Vorschriften über die Wahl oder die Ernennung derselben.

§. 50.

Das Deichamt versammelt sich alle Jahre regelmäßig zweimal, im Anfange Juni und November.

Im Falle der Nothwendigkeit kann das Deichamt von dem Vorsitzenden außerordentlich berufen werden. Die Berufung muß erfolgen, sobald es von einem Viertel der Mitglieder verlangt wird.

§. 51.

Die Art und Weise der Zusammenberufung wird von dem Deichamte ein- für allemal festgestellt. Die Zusammenberufung erfolgt unter Angabe der Gegenstände der Verhandlung; mit Ausnahme dringender Fälle muß dieselbe wenigstens sieben freie Tage vorher statthaben.

§. 52.

Das Deichamt kann nur beschließen, wenn mehr als die Hälfte seiner Mitglieder mit Einschluß des Vorsitzenden zugegen sind.

Eine Ausnahme hiervon findet statt, wenn das Deichamt, zum dritten Male zur Verhandlung über denselben Gegenstand zusammenberufen, dennoch nicht in genügender Anzahl erschienen ist. Bei der zweiten und dritten Zusammenberufung muß auf diese Bestimmung ausdrücklich hingewiesen werden.

§. 53.

Die Beschlüsse werden nach Stimmenmehrheit gefaßt. Jedes Mitglied hat in der Regel gleiches Stimmrecht. Bei Stimmengleichheit entscheidet die Stimme des Vorsitzenden.

§. 54.

An Verhandlungen über Rechte und Pflichten des Deichverbandes darf derjenige nicht Theil nehmen, dessen Interesse mit dem des Verbandes in Widerspruch steht. Kann wegen dieser Ausschließung selbst mit Hülfe der Stellvertreter eine beschlußfähige Versammlung nicht gehalten werden, so hat der Deichhauptmann, oder wenn auch dieser aus dem vorgedachten Grunde betheiligt ist, die Regierung für die Wahrung der Interessen des Deichverbandes zu sorgen und nöthigenfalls einen besonderen Vertreter für denselben zu bestellen.

§. 55.

Die Beschlüsse des Deichamtes und die Namen der dabei anwesend gewesenen Mitglieder sind in ein besonderes Buch einzutragen.

Sie werden von dem Vorsitzenden und wenigstens drei Mitgliedern unterzeichnet. Die Stelle der letzteren kann ein von dem Deichamte gewählter, in einer Deichamtssitzung hierzu von dem Deichhauptmann vereideter Protokollführer vertreten.

§. 56.

Das Deichamt beschließt insbesondere:

a) über die zur Erfüllung der Sozietätszwecke nothwendigen oder nützlichen Einrichtungen, über die Bauanschläge und die erforderlichen Ausgaben; über außerordentliche Deichkassenbeiträge und etwaige Anleihen (cfr. §§. 31. 37. 40.);
b) über Berichtigungen des Deichkatasters (cfr. §§. 8. u. 9.);
c) über Erlaß und Stundung der Deichkassenbeiträge (§§. 10. bis 12.);
d) über die Repartition der Natural-Hülfsleistungen (§. 16.);
e) über die Vergütungen für abgetretene Grundstücke und Entnahme von Materialien (§. 23.);
f) über Geschäftsanweisungen für die Deichbeamten (§. 25.);
g) über die Wahl des Deichhauptmanns, seines Stellvertreters, des Deichinspektors, des Deichrentmeisters und der Deichschöppen (§§. 29., 36., 41., 45.), sowie über die Zahl der Unterbeamten (§. 43.);

h) über die den Beamten des Deichverbandes zu gewährenden Besoldungen, Pensionen, Diäten, oder Remunerationen für baare Auslagen;
i) über die Benutzung der Grundstücke und des sonstigen Vermögens des Deichverbandes;
k) über den jährlichen Etat der Deichkasse und die Decharge der Rechnungen;
l) über Verträge und Vergleiche, welche Gegenstände von funfzig Thalern und mehr betreffen (§. 30 d.).

§. 57.

Die Genehmigung der Regierung ist erforderlich:
a) zu Beschlüssen über die Kontrahirung neuer Anleihen, wobei die Regierung auf die regelmäßige Verzinsung und Tilgung der Schuld zu halten hat;
b) zu den Projekten über den Bau neuer Deiche und Schleusen, über die Erhöhung, Verlegung oder Abtragung von Deichen und über den Verschluß von Deichbrüchen;
c) zur Veräußerung von Grundstücken des Verbandes;
d) zu den Beschlüssen über die Remuneration des Deichhauptmanns und Deichinspektors.

Sollte das Deichamt ganz ungenügende Besoldungen und Remunerationen bewilligen, so können dieselben von der Regierung nöthigenfalls erhöht werden.

§. 58.

Die Repräsentanten der Deichgenossen im Deichamte wählen jährlich zwei Deputirte, welche der ganzen Deich- und Grabenschau beiwohnen müssen. Jeder der übrigen Repräsentanten kann der Schau ebenfalls beiwohnen.

Die Repräsentanten sind befugt und verpflichtet, als Bezirksvertreter auch außerhalb der Sitzungen des Deichamtes die Interessen des Deichverbandes zu überwachen, die Unterbeamten zu kontrolliren und die wahrgenommenen Mängel, sowie die Wünsche der Deichgenossen ihres Bezirks, dem Deichhauptmann oder dem Deichamte vorzutragen.

§. 59.

Diese allgemeinen Bestimmungen gelten nur in denjenigen Deichverbänden, in deren Statuten sie ausdrücklich in Bezug genommen werden.

I. 5856. V. 5. Vol. VIII.

188.

Verfügung vom 3. Dezember 1853, — betreffend die Gebühren der Gerichtsvollzieher für Akte, welche sie im Kompetenzkonflikt-Verfahren im Auftrag der Staatsanwaltschaft fertigen.

Art. 122. des Dekrets vom 18. Juni 1811.
Gebührentaxe v. 29. März 1851, V. Abschnitt Nr. 17. (S. 280 dieses Bandes).

Auf den Bericht vom 19. v. M. wird Ihnen, Herr General-Prokurator eröffnet, daß da nach Art. 122. des Dekrets vom 18. Juni 1811 alle Prozeduren, in welchen die Staatsanwaltschaft im Interesse des Gesetzes handelt, und um dessen Vollzug zu sichern, bezüglich der Kosten den Criminal-Prozessen assimilirt sind, auch die Gerichtsvollzieher diejenigen Gebühren, welche sie für Akte, die sie im Auftrage der Staatsanwaltschaft im Competenzconflikt-Verfahren aufnehmen, zu berechnen haben, nach denjenigen Bestimmungen der Taxordnung liquidiren müssen, welche für Akte in Strafsachen maaßgebend sind. Da nun der Criminal-Fond nach Abschnitt V. Nr. 17. der Taxe vom 29. März 1851 den Gerichtsvollziehern in Strafsachen nur die Hälfte der Gebühren zahlt, so haben auch in dem in dem Berichte vom 19. v. M. erwähnten Falle die Gerichtsvollzieher ein Mehreres nicht zu beziehen.

Es ist zwar richtig, daß die Nr. 17. der Taxe nur von Strafsachen handelt, gerade deshalb aber berührt sie auch die Bestimmung des Art. 122. loc. cit. nicht, welche neben der Taxe ihre Anwendung behält; auch ist der Umstand, daß in Fällen der hier in Rede stehenden Art die Gerichtsvollzieher nie Aussicht haben, die eventuelle Gebührenhälfte zu beziehen, nicht geeignet, ihnen deshalb mehr als die Nr. 17. l. c. gestattet, aus dem Kriminalfond zu gewähren, weil Fiskus in Strafsachen und in denjenigen Fällen, welche diesen assimilirt sind, nur die definitiven Gebühren zahlt, und die Gerichtsvollzieher dasjenige was sie über dieselben hinaus erhalten als ein unter besondern Bedingungen ihnen zufallendes Emolument und als einen außerhalb der gewöhnlichen Regel ihnen zufließenden Vortheil zu betrachten haben.

Berlin, den 3. Dezember 1853.

Der Justiz-Minister
Simons.

An
den Königl. Hrn. General-Prokurator
in Cöln.

I. 5511. Rhein. Offiz. Sachen 27. Vol. VI.

189.

Verfügung vom 13. Dezember 1853, — betreffend die Frage: ob Gemeinden im Kompetenzkonflikt-Verfahren als Privatpartheien zu betrachten sind.

Ges. v. 8. April 1847 §. 5., 8. (Rhein. Samml. Bd. 9. S. 190).

Die in dem Berichte vom 27. v. M.

den von der Königlichen Regierung zu Coblenz in mehreren Prozeßsachen erhobenen Competenzconflikt betreffend

von Ihnen vorgetragene Ansicht, daß Gemeinden, welche im Prozeß begriffen sind, im Sinne des Gesetzes vom 8. April 1847 — Gesetz-Sammlung S. 170 — als Privatparteien zu betrachten seien, ist für die richtige zu erachten und haben Sie gemäß §. 8. des bezogenen Gesetzes auch von den betreffenden Gemeinden die Prozeß-Akten einzufordern und mit den übrigen Verhandlungen wegen des Kompetenzkonflikts hierher einzusenden.

Berlin, den 13. Dezember 1853.

Der Justiz-Minister
Simons.

An
den Königl. Hrn. Ober-Prokurator
in Coblenz.

I. 5720. Rhein. Gen. 132. Vol. II.

Anhang.

Anhang.

1.

Gesetz über die Einführung des Strafgesetzbuchs für die Preußischen Staaten. Vom 14. April 1851.

(Siehe S. 287 d. B.)

Wir Friedrich Wilhelm, von Gottes Gnaden, König von Preußen rc. rc.
verordnen, mit Zustimmung der Kammern, was folgt:

Erster Abschnitt.

Allgemeine Bestimmungen.

Artikel I.

Das Strafgesetzbuch tritt im ganzen Umfange der Monarchie mit dem 1. Juli 1851 in Kraft.

Artikel II.

Mit diesem Zeitpunkte (Artikel I.) werden außer Wirksamkeit gesetzt: alle Strafbestimmungen, die Materien betreffen, auf welche das gegenwärtige Strafgesetzbuch sich bezieht; namentlich der zwanzigste Titel des zweiten Theils des Allgemeinen Landrechts, das Rheinische Strafgesetzbuch, die gemeinen Deutschen Kriminalgesetze und das in dem Fürstenthume Hohenzollern-Sigmaringen rezipirte Großherzoglich Badische Strafgesetzbuch, nebst allen dieselben ergänzenden, abändernden und erläuternden Bestimmungen.

Dagegen bleiben in Kraft die besonderen Strafgesetze, insoweit sie Materien betreffen, in Hinsicht deren das gegenwärtige Strafgesetzbuch nichts bestimmt, namentlich die Gesetze über die Bestrafung der Post-, Steuer- und Zoll-Kontravenienten, über den Mißbrauch des Vereins- und Versammlungsrechts, über die Bestrafung des Holzdiebstahls, über die Widersetzlichkeiten bei Forst- und Jagdvergehen und gegen Zollbeamte.

40*

Artikel III.

Wo in irgend einem Gesetze auf Bestimmungen des bisherigen Strafrechts verwiesen wird, treten die Vorschriften des gegenwärtigen Strafgesetzbuchs an deren Stelle.

Artikel IV.

Die Strafbarkeit einer Handlung, welche vor dem 1. Juli 1851 begangen ist, wird nach den bisherigen Gesetzen beurtheilt. Ist aber eine solche Handlung in dem gegenwärtigen Strafgesetzbuche mit keiner Strafe, oder mit einer gelinderen, als der bisher vorgeschriebenen, bedroht, so soll diese Handlung nach dem gegenwärtigen Strafgesetzbuche beurtheilt werden. Ist es zweifelhaft, ob die Handlung vor dem 1. Juli 1851 begangen worden, so ist bei der Entscheidung das mildere Gesetz anzuwenden.

Artikel V.

Die Vollendung der Verjährung einer vor dem 1. Juli 1851 begangenen strafbaren Handlung wird nach den bisherigen Gesetzen oder nach dem gegenwärtigen Strafgesetzbuche beurtheilt, je nachdem das eine oder das andere dem Thäter am günstigsten ist.

Artikel VI.

Bei Anwendung der Strafe des Rückfalls macht es keinen Unterschied, ob die früheren Straffälle vor oder nach dem Eintritte der Gesetzeskraft des gegenwärtigen Strafgesetzbuchs vorgekommen sind, ob die frühere Strafe eine ordentliche oder außerordentliche war, ob die Strafe vollstreckt worden ist oder nicht.

Artikel VII.

Der §. 18. der Einleitung zum Allgemeinen Landrecht wird hierdurch aufgehoben.

Artikel VIII.

Wenn in Materien, über welche das gegenwärtige Strafgesetzbuch keine Bestimmungen enthält (Artikel II.), die Gesetze eine Freiheitsstrafe von mehr als fünf Jahren androhen, so ist die Handlung ein Verbrechen.

Ist die Handlung mit einer Freiheitsstrafe von mehr als sechs Wochen, jedoch nicht über fünf Jahre, oder mit einer Geldbuße von mehr als funfzig Thalern bedroht, oder ist auf den Verlust von Aemtern oder auf den Verlust des Rechts zum Gewerbebetriebe für immer oder auf Zeit, oder auf Stellung unter Polizei-Aufsicht zu erkennen, so ist die Handlung ein Vergehen.

Besteht die Strafe nur in einer Freiheitsstrafe bis zu sechs Wochen, oder in Geldbuße bis zu funfzig Thalern, oder ist die Strafe in den Gesetzen als eine willkührliche bezeichnet, so ist die Handlung eine Uebertretung. Es macht dabei keinen Unterschied, ob neben der eigentlichen Strafe noch auf die Konfiskation einzelner Gegenstände zu erkennen ist oder nicht.

Artikel IX.

Auf Zuchthausstrafe (§. 10. und §. 11. des Strafgesetzbuchs) soll nur bei Verbrechen (Artikel VIII.) und nicht unter zwei Jahren, überall aber nur dann erkannt werden, wenn in den bisherigen besonderen Gesetzen Zuchthaus-, Arbeits- oder Festungsstrafe ausschließlich angedroht ist.

In allen anderen Fällen, so wie bei Vergehen, tritt Gefängnißstrafe oder Einschließung ein, auch wenn in den Gesetzen eine andere Art von Freiheitsstrafen angeordnet ist. Auch kann neben der Gefängnißstrafe auf zeitige Untersagung der Ausübung der bürgerlichen Ehrenrechte erkannt werden, wenn die angeordnete Freiheitsstrafe in Zuchthaus-, Arbeits- oder Festungsstrafe besteht.

Artikel X.

In keinem dieser Fälle (Artikel VIII. und Artikel IX.) kann, wenn die Handlung nach dem 1. Juli 1851 begangen worden ist, auf andere Strafen, als sie in dem gegenwärtigen Strafgesetzbuche angedroht sind, erkannt werden. Insofern jedoch in besonderen Gesetzen anstatt der Gefängnißstrafe oder der Geldbuße, Forst- oder Gemeinde-Arbeit angeordnet ist, behält es hierbei sein Bewenden.

Artikel XI.

Die nachstehenden civilrechtlichen Bestimmungen des 20. Titels im zweiten Theile des Allgemeinen Landrechts §§. 1271. 1272. bleiben ferner in Kraft:

Höhere Zinsen als die Gesetze verstatten (Theil I. Titel 11. §. 803. ff. Allgemeines Landrecht) können rechtsgültiger Weise weder versprochen noch gegeben werden.

Was über die gesetzmäßigen Zinsen gezahlt ist, kann binnen sechs Jahren nach völlig abgetragener Schuld annoch zurückgefordert werden.

Artikel XII.

Im Bezirke des Rheinischen Appellationsgerichtshofes kommen folgende Bestimmungen zur Anwendung:

§. 1.

Die Verjährung der Civilklagen aus strafbaren Handlungen tritt in den nämlichen Zeiträumen ein, welche für die Verjährung der öffentlichen Klagen aus solchen Handlungen in dem gegenwärtigen Strafgesetzbuche bestimmt sind.

§. 2.

Fabrikbesitzer, Schiffsrheder und andere Handeltreibende, welche ihre Zahlungen einstellen, können mit Gefängniß bis zu zwei Jahren bestraft werden:

1) wenn sie, nach Dotalrecht oder mit vertragsmäßiger Gütertrennung verheirathet, die Vorschriften des Artikels 69. des Handelsgesetzbuchs nicht befolgt haben;
2) wenn sie nicht innerhalb der drei Tage nach Einstellung ihrer Zahlungen die durch Artikel 440. des Handelsgesetzbuchs vorgeschriebene Erklärung abgegeben haben, oder wenn ihre Erklärung nicht die Namen aller solidarisch haftenden Gesellschafter enthält;
3) wenn sie sich ohne rechtmäßige Verhinderung in den festgesetzten Fällen und Fristen nicht bei den Agenten und Syndiken persönlich eingefunden oder, nachdem sie ein freies Geleit erhalten, nicht vor Gericht gestellt haben.

Die in den Artikeln 69., 586. bis 599. des Handelsgesetzbuchs enthaltenen Strafbestimmungen werden aufgehoben.

§. 3.

Der Gläubiger, welcher nach Einstellung der Zahlungen zu seiner Begünstigung und zum Nachtheile der Gesammtheit der Gläubiger einen besonderen Vertrag mit dem Gemeinschuldner eingeht, oder sich von demselben oder anderen Personen besondere Vortheile dafür gewähren oder versprechen läßt, daß er bei der Berathung und Beschlußnahme der Gläubiger in einem gewissen Sinne stimme, wird mit Gefängniß bis zu Einem Jahre bestraft. Auch kann gegen denselben auf zeitige Untersagung der Ausübung der bürgerlichen Ehrenrechte erkannt werden.

§. 4.

Civilstandsbeamte werden mit Geldbuße bis zu Einhundert Thalern oder mit Gefängniß bis zu sechs Monaten bestraft:
1) wenn sie ihre Urkunden anders als in die dazu bestimmten Register schreiben;
2) wenn sie die Heirathsurkunde einer schon verehelicht gewesenen Frau vor dem Ablaufe der in dem Artikel 228. des Civilgesetzbuchs festgesetzten Frist aufnehmen;
3) wenn sie in Fällen, in denen zur Gültigkeit der Ehe die Einwilligung der Eltern oder anderer Personen erforderlich ist, die Heirathsurkunde aufnehmen, ohne sich vorher von dem Dasein dieser Einwilligung überzeugt zu haben.

Die Anwendbarkeit der Bestimmungen in Nr. 2. und 3. ist nicht dadurch bedingt, daß die Gültigkeit der Ehe angefochten wird.

§. 5.

Geistliche und andere Religionsdiener, welche zu den religiösen Feierlichkeiten einer Heirath schreiten, ohne daß ihnen nachgewiesen ist, daß vorher eine Heirathsurkunde von dem Civilstandsbeamten aufgenommen worden sei, werden mit Geldbuße bis zu Einhundert Thalern, im zweiten Rückfalle mit Gefängniß bis zu drei Monaten bestraft.

§. 6.

Wer einer Entbindung beigewohnt oder ein neugeborenes Kind gefunden hat, und die ihm durch die Civilgesetze auferlegte Anmeldung nicht innerhalb der in denselben vorgeschriebenen Frist bewirkt, wird mit Geldbuße bis zu Einhundert Thalern oder Gefängniß bis zu sechs Monaten bestraft.

Zweiter Abschnitt.

Bestimmungen über die Kompetenz und das Verfahren in Strafsachen.

Artikel XIII.

In den Landestheilen, in welchen die Verordnung über die Einführung des mündlichen und öffentlichen Verfahrens vom 3. Januar 1849 Gesetzeskraft hat, erfolgt die Untersuchung und Entscheidung:

in Ansehung der Uebertretungen:
durch Einzelrichter;
in Ansehung der Vergehen:
durch Gerichtsabtheilungen, welche aus drei Mitgliedern bestehen;
in Ansehung der Verbrechen:
durch die Schwurgerichtshöfe.

Artikel XIV.

Im Bezirke des Rheinischen Appellationsgerichtshofes erfolgt die Untersuchung und Entscheidung:

in Ansehung der Uebertretungen:
durch die Polizeigerichte;
in Ansehung der Vergehen:
durch die Zuchtpolizei-Kammern der Landgerichte;
in Ansehung der Verbrechen:
durch die Schwurgerichtshöfe.

Artikel XV.

Die Gerichtsabtheilungen, welche aus drei Mitgliedern bestehen, sowie die Zuchtpolizei-Kammern der Landgerichte bleiben zur Untersuchung und Entscheidung in Ansehung der Vergehen auch dann kompetent, wenn wegen Rückfalls auf eine höhere als fünfjährige Gefängnißstrafe oder Einschließung erkannt werden kann.

Artikel XVI.

Wenn wegen Ehrverletzung und leichter Mißhandlung in den Fällen der §§. 102., 103., 152. bis 156. und 189. die

Staatsanwaltschaft einschreitet, so erfolgt die Entscheidung im Untersuchungsverfahren.

Schreitet die Staatsanwaltschaft nicht ein, so bleibt in den Landestheilen, in welchen die Verordnung über die Einführung des mündlichen und öffentlichen Verfahrens vom 3. Januar 1849 Gesetzeskraft hat, dem Verletzten die Verfolgung im Wege des Civilprozesses nach den bestehenden Vorschriften unbenommen. Die einfache Beleidigung (§. 343.) kann nur im Wege des Civilprozesses verfolgt werden.

Im Bezirke des Rheinischen Appellationsgerichtshofes wird an der Befugniß des Verletzten, als Civilpartei aufzutreten, nichts geändert.

Artikel XVII.

Ist auf eine von der Staatsanwaltschaft wegen Ehrverletzung oder leichter Mißhandlung erhobene Anklage eine gerichtliche Untersuchung eröffnet, so wird deren Fortgang, sowie die Erlassung und Vollstreckung des Urtheils weder durch die Zurücknahme der Ermächtigung oder des Antrages, noch durch die Verzichtleistung auf Bestrafung gehemmt.

Artikel XVIII.

In den Landestheilen, in welchen das Institut der Schiedsmänner besteht, soll eine Klage über Ehrverletzungen und leichte Mißhandlungen, sofern sie nur im Wege des Civilprozesses verfolgt werden, von den ordentlichen Gerichten nicht eher zugelassen werden, als bis durch ein von dem Schiedsmann des Verklagten ausgestelltes Attest nachgewiesen wird, daß der Kläger die Vermittelung des Schiedsmannes ohne Erfolg nachgesucht hat. Diese Bestimmung findet keine Anwendung, wenn der Kläger in einem anderen Gerichtsbezirke seinen Wohnsitz hat, als der Verklagte.

Die Anbringung des Gesuches bei dem Schiedsmann unterbricht die Verjährung.

Artikel XIX.

In Ansehung der durch die §§. 36., 75., 77., 79., 87., 100., 101., 102. des Strafgesetzbuchs vorgesehenen Vergehen richtet sich die Kompetenz der Schwurgerichtshöfe nach den bestehenden Vorschriften.

Ingleichen gehören als politische Vergehen vor die Schwurgerichtshöfe die in den §§. 78., 84., 85., 86., 98., 99. erwähnten strafbaren Handlungen.

Artikel XX.

Soweit durch besondere Gesetze über Materien, hinsichtlich welcher das Strafgesetzbuch nichts bestimmt, eine über die gegenwärtigen Grenzen der Polizeistrafen (§§. 333., 334., 335. des Strafgesetzbuchs) hinausgehende Strafe angeordnet und den Polizeigerichten eine höhere Kompetenz beigelegt ist, behält es dabei sein Bewenden. Jedoch sind von der Kompetenz der Polizeirichter die Fälle ausgeschlossen, in welchen nach den bisherigen besonderen Gesetzen auf den Verlust von Aemtern, oder auf den Verlust des Rechts zum Gewerbebetriebe für immer oder auf Zeit, oder auf Stellung unter Polizei-Aufsicht zu erkennen ist. Diese Fälle sind als Vergehen zu behandeln.

Artikel XXI.

Konnexe strafbare Handlungen können zur gleichzeitigen Untersuchung und Entscheidung vor das Gericht gebracht werden, welches kompetent ist, die schwerste der für jene Handlungen angedrohten Strafen auszusprechen.

Vergehen, welche zur Kompetenz der Schwurgerichtshöfe gehören, können jedoch nicht auf Grund der Konnexität vor ein anderes Gericht als den Schwurgerichtshof gelangen.

Artikel XXII.

Konnexität ist insbesondere vorhanden:

1) wenn die nämliche Person verschiedener strafbarer Handlungen beschuldigt wird,
2) wenn verschiedene Personen als Urheber, Theilnehmer oder Begünstiger einer strafbaren Handlung oder als Hehler beschuldigt werden.

Artikel XXIII.

Ist gegen einen Beschuldigten wegen mehrerer strafbarer Handlungen eine Voruntersuchung eingeleitet, und ist mit Rücksicht auf diejenigen derselben, welche mit schwerer Strafe bedroht sind, zu erwarten, daß die Feststellung der leichteren Straffälle für die Entscheidung nicht von wesentlicher Bedeutung sein werde, so kann die Untersuchung wegen der letzteren einstweilen bis zur rechtskräftigen Entscheidung über die schwereren Straffälle ruhen bleiben.

Die Wiederaufnahme der Untersuchung wird dem Ermessen der Staatsanwaltschaft überlassen.

Artikel XXIV.

Wenn das Gesetz die Erhöhung oder Ermäßigung der Strafe von dem Vorhandensein erschwerender oder mildernder Umstände abhängig macht, so muß in Sachen, welche zur Kompetenz der Schwurgerichtshöfe gehören, auf den Antrag der Staatsanwaltschaft oder des Angeschuldigten eine darauf bezügliche Frage den Geschworenen bei Strafe der Nichtigkeit vorgelegt werden. Eine solche Frage kann den Geschworenen auch von Amtswegen vorgelegt werden.

Artikel XXV.

Den Geschworenen sind geeigneten Falls eventuelle Fragen vorzulegen, insbesondere um festzustellen, ob der Angeklagte in Beziehung auf das Verbrechen oder Vergehen, wegen dessen die Anklage gegen ihn erhoben ist, nicht wenigstens des Versuchs, der Theilnahme, der Begünstigung oder der Hehlerei schuldig ist, oder ob er die Handlung, welche ihm die Anklageschrift als eine vorsätzlich verübte zur Last legt, nicht wenigstens aus Fahrlässigkeit begangen zu haben schuldig ist.

Artikel XXVI.

Darüber, ob die Voraussetzungen des Rückfalls vorhanden sind, entscheidet der Schwurgerichtshof ohne Mitwirkung der Geschworenen.

Artikel XXVII.

Im Bezirke des Rheinischen Appellationsgerichtshofes kommen folgende Bestimmungen zur Anwendung:

§. 1.

Alle wegen eines und desselben Verbrechens oder Vergehens zur Strafe verurtheilte Personen sind zu den Kosten, zur Rückgabe und zum Schadensersatze, auf welche erkannt wird, solidarisch zu verurtheilen.

§. 2.

Wegen der Rückgabe und des Schadensersatzes, auf welche wegen strafbarer Handlungen erkannt wird, findet gegen die Verurtheilten die persönliche Haft statt.

§. 3.

Ist auf Konfiskation oder Geldbuße, zugleich aber auf Rückgabe oder Schadensersatz erkannt worden, so haben die letzteren den Vorzug, wenn das Vermögen des Verurtheilten nicht ausreicht, alle diese Leistungen zu bestreiten.

Urkundlich unter Unserer Höchsteigenhändigen Unterschrift und beigedrucktem Königlichen Insiegel.

Gegeben Charlottenburg, den 14. April 1851.

(L. S.) Friedrich Wilhelm.

v. Manteuffel. v. d. Heydt. v. Rabe. Simons.
v. Stockhausen. v. Raumer. v. Westphalen.

2.

Gesetz, — betreffend einige Ergänzungen des Einführungs-Gesetzes zum Strafgesetzbuche. Vom 22. Mai 1852.

(Siehe S. 421 d. B.)

Wir Friedrich Wilhelm, von Gottes Gnaden, König von Preußen 2c. 2c.
verordnen, mit Zustimmung der Kammern, was folgt:

Artikel I.

Bis zum Erlaß anderweiter gesetzlicher Bestimmungen findet folgende Ausnahme von den Vorschriften Artikel XIII. des Gesetzes vom 14. April 1851 über die Einführung des Strafgesetzbuchs Statt:

§. 1.

Die Untersuchung und Entscheidung wegen nachbenannter Verbrechen:

1) des schweren Diebstahls (Strafgesetzbuch §. 218.), insofern nicht der §. 58. oder §. 219. a. a. O. zur Anwendung kommt;
2) des einfachen Diebstahls im Falle des §. 219. a. a. O.;
3) der Hehlerei in den Fällen der §§. 238. u. 239. a. a. O.;
4) der einfachen Hehlerei im Falle des §. 240. a. a. O.

erfolgt durch die Gerichtsabtheilungen.

§. 2.

Hinsichtlich des Verfahrens kommen die für Vergehen bestehenden Vorschriften zur Anwendung.

§. 3.

Andere als die im §. 1. benannten Verbrechen können auch auf Grund der Konnexität nicht vor die Gerichtsabtheilungen gebracht werden.

§. 4.

Die §§. 1. und 2. finden auf alle Fälle Anwendung, in denen zu der Zeit, wo dieses Gesetz in Kraft tritt, die definitive Versetzung des Angeschuldigten in den Anklagestand noch nicht erfolgt ist.

Artikel II.

Bei Ehrverletzungen und leichten Mißhandlungen, welche im Wege des Civilprozesses verfolgt werden, sind für die Kompetenz des Einzelrichters und der Gerichtsabtheilungen nicht die Bestimmungen des Artikels XIII. des Einführungsgesetzes vom 14. April 1851, sondern die in den §§. 20. und 22. der Verordnung vom 2. Januar 1849 (Gesetz-Sammlung S. 1) über Injuriensachen enthaltenen Vorschriften maaßgebend.

Artikel III.

Die Bestimmungen der §§. 215 — 224., 349. Nr. 3. des Strafgesetzbuchs finden auf Entwendungen von Früchten und anderen Boden-Erzeugnissen, welche durch die Feldpolizei-Ordnung vom 1. November 1847 oder das Rural-Gesetz vom $\frac{\text{28. September}}{\text{6. Oktober}}$ 1791 mit Strafe bedroht sind, keine Anwendung.

In denjenigen Landestheilen, in welchen weder die Feldpolizei-Ordnung vom 1. November 1847, noch das Rural-Gesetz vom $\frac{\text{28. September}}{\text{6. Oktober}}$ 1791 gilt, unterliegen die in der Feldpolizei-Ordnung vom 1. November 1847 unter Strafe gestellten Entwendungen von Früchten und anderen Boden-Erzeugnissen den Bestimmungen der §§. 215 — 224., 349. Nr. 3. des Strafgesetzbuchs nicht; es sollen vielmehr auf derartige Entwendungen, insoweit sie nicht durch besondere, die Feldpolizei betreffende Strafbestimmungen vorgesehen sind, die Vorschriften der Feldpolizei-Ordnung vom 1. November 1847 angewendet werden.

Artikel IV.

In Ansehung aller Verbrechen und Vergehen solcher Personen, welche zur Zeit der That das sechszehnte Lebensjahr noch nicht vollendet hatten, erfolgt die Untersuchung und Entscheidung durch die Gerichtsabtheilungen, beziehungsweise die Zuchtpolizeikammern, sofern nicht wegen Konnexität die Verweisung vor den Schwurgerichtshof auszusprechen ist.

Artikel V.

Vergehen und Uebertretungen, welche durch Zuwiderhandlung gegen die Vorschriften über die Entrichtung der Steuern, Zölle, Postgefälle, Kommunikations-Abgaben und aller übrigen öffentlichen Abgaben und Gefälle begangen werden, verjähren in fünf Jahren.

Artikel VI.

Im Bezirke des Appellationsgerichtshofes zu Köln kommen in Ansehung der im Artikel V. erwähnten Zuwiderhandlungen folgende Bestimmungen zur Anwendung:

1) die von den Polizeigerichten erlassenen Urtheile können ohne Ausnahme von dem Beschuldigten, der Staatsanwaltschaft und der Civilpartei durch Berufung angegriffen werden;
2) der zur Verwaltung der betreffenden Abgaben oder Gefälle bestellten Behörde stehen, wenn sie als Civilpartei aufgetreten ist, auch rücksichtlich der Strafe die gesetzlichen Rechtsmittel zu.

Urkundlich unter Unserer Höchsteigenhändigen Unterschrift und beigedrucktem Königlichen Insiegel.

Gegeben Berlin, den 22. Mai 1852.

(L. S.) Friedrich Wilhelm.

v. Manteuffel. v. d. Heydt. Simons. v. Raumer.
v. Westphalen. v. Bodelschwingh. v. Bonin.

3.

Gesetz, — betreffend die Abänderung der §§. 56., 219., 240. und 250. des Strafgesetzbuches. Vom 9. März 1853.

(Siehe S. 557 d. B.)

Wir Friedrich Wilhelm, von Gottes Gnaden, König von Preußen ꝛc. ꝛc.

verordnen, unter Zustimmung der Kammern, was folgt:

Die §§. 56., 219., 240. und 250. des Strafgesetzbuches werden dahin umgeändert:

§. 56.

Gegen denjenigen, welcher durch verschiedene selbstständige Handlungen mehrere Verbrechen oder Vergehen begangen hat, ist auf sämmtliche dadurch begründete Strafen vereinigt zu erkennen.

Es kann jedoch, insoweit es sich um Freiheitsstrafen handelt, die Dauer derselben bis auf das Maaß der für das schwerste Verbrechen oder Vergehen bestimmten Freiheitsstrafe herabgesetzt werden.

§. 219.

Wer bereits zweimal oder mehrere Male rechtskräftig durch einen Preußischen Gerichtshof wegen Diebstahls oder Raubes verurtheilt worden ist, soll wegen neuen Diebstahls bestraft werden, wie folgt:

1) Wenn der neue Diebstahl ein einfacher ist (§§. 216. 217.), mit Zuchthaus bis zu funfzehn Jahren.

Wird festgestellt, daß mildernde Umstände vorhanden sind, so ist auf Gefängniß nicht unter sechs Monaten, sowie auf zeitige Untersagung der Ausübung der bürgerlichen Ehrenrechte zu erkennen.

2) Wenn der neue Diebstahl ein schwerer ist (§. 218.), so ist die Strafe Zuchthaus von fünf bis zu zwanzig Jahren.

Wird festgestellt, daß mildernde Umstände vorhanden sind, so ist auf Zuchthaus bis zu fünf Jahren oder auf Gefängniß nicht unter Einem Jahre und auf zeitige Untersagung der Ausübung der bürgerlichen Ehrenrechte zu erkennen.

In allen Fällen (Nr. 1. und 2.) soll zugleich Stellung unter Polizei-Aufsicht eintreten.

Die vorstehenden Bestimmungen finden keine Anwendung, wenn entweder in Ansehung des letzten oder in Ansehung des früheren Verbrechens oder Vergehens die Straferhöhung wegen Rückfalls gesetzlich ausgeschlossen ist (§. 60.)

§. 240.

Wer bereits zweimal oder mehrere Male rechtskräftig durch einen Preußischen Gerichtshof wegen Hehlerei verurtheilt worden ist, soll, wenn er sich von Neuem der Hehlerei schuldig macht, bestraft werden, wie folgt:

1) Wegen einfacher Hehlerei (§. 237.) mit Zuchthaus bis zu funfzehn Jahren.

   Wird festgestellt, daß mildernde Umstände vorhanden sind, so ist auf Gefängniß nicht unter sechs Monaten, sowie auf zeitige Untersagung der Ausübung der bürgerlichen Ehrenrechte zu erkennen.

2) Wenn die Hehlerei eine schwere ist (§. 238.), so ist die Strafe Zuchthaus von fünf bis zu zwanzig Jahren.

   Wird festgestellt, daß mildernde Umstände vorhanden sind, so ist auf Zuchthaus bis zu fünf Jahren oder auf Gefängniß nicht unter Einem Jahre und auf zeitige Untersagung der Ausübung der bürgerlichen Ehrenrechte zu erkennen.

   In allen Fällen (Nr. 1. und 2.) soll zugleich Stellung unter Polizei-Aufsicht eintreten.

Die vorstehenden Bestimmungen finden keine Anwendung, wenn entweder in Ansehung des letzteren oder in Ansehung des früheren Verbrechens oder Vergehens die Straferhöhung wegen Rückfalls gesetzlich ausgeschlossen ist (§. 60.).

§. 250.

Die Urkundenfälschung wird mit Zuchthaus bis zu fünf Jahren und zugleich mit Geldbuße von funfzig bis zu Eintausend Thalern bestraft.

Wird festgestellt, daß mildernde Umstände vorhanden sind, so ist die Strafe Gefängniß nicht unter drei Monaten und zugleich Geldbuße nicht unter fünf Thalern; auch kann auf zeitige Untersagung der Ausübung der bürgerlichen Ehrenrechte erkannt werden.

Urkundlich unter Unserer Höchsteigenhändigen Unterschrift und beigedrucktem Königlichen Insiegel.

Gegeben Charlottenburg, den 9. März 1853.

(L. S.) Friedrich Wilhelm.

v. Manteuffel. v. d. Heydt. Simons. v. Raumer.
v. Westphalen. v. Bodelschwingh. v. Bonin.

Inhalts-Verzeichniß

der in den Jahren 1849, 1850, 1851, 1852 und 1853 ergangenen Gesetze, Verordnungen und Rescripte.

I. Im Jahre 1849.

Num.	Datum u. Jahr.	
	1849.	
1.	6. Januar.	Einführungsordnung zur Allgemeinen Wechsel-Ordnung für Deutschland. Siehe Nr. 30.
2.	14. Januar.	Abschaffung der Curialien in der Geschäfts-Correspondenz zwischen den Behörden.
3.	20. Januar.	Gebrauch eines Amtssiegels der Gerichtsvollzieher bei der Aufnahme von Wechselprotesten.
4.	9. Februar.	Verordnung, betreffend die Errichtung von Gewerberäthen und verschiedene Abänderungen der allgemeinen Gewerbeordnung.
5.	9. Februar.	Vertrag zwischen Preußen und dem Großherzogthum Luxemburg, wegen Verhütung und Bestrafung der Forst-, Jagd- und Fischereifrevel.
6.	13. Februar.	Anrechnung des Dienstes bei dem Kampfe des Jahres 1848 im Großherzogthum Posen als Kriegsjahr bei Pensionirungen. Siehe Nr. 18.
7.	2. März.	Benutzung der Staats-Telegraphen Seitens der Königl. Behörden. Siehe Nr. 10.
8.	15. März.	Die Zurücklassung von Abschriften bei den Wechselprotesten der Gerichtsvollzieher ist unstatthaft.

Num.	1849.	
9.	28. April.	Grundsätze und Bestimmungen über das Pensions- und Versorgungswesen der Militair-Invaliden, vom Ober-Feuerwerker, Feldwebel, Wachtmeister rc. abwärts.
10.	21. Mai.	Benutzung der Staats-Telegraphen Seitens der Königl. Behörden. Siehe Nr. 7.
11.	7. Juni.	Ernennung richterlicher Civilbeamten zu Mitgliedern eines Kriegsgerichts im Falle des Belagerungszustandes.
12.	20. Juni.	Zahlung der Wartegelder an die zur Disposition gestellten Justizbeamten.
13.	14. August.	Verfahren der Beamten der Staatsanwaltschaft bei Verfolgung der gegen das Staats-Ministerium oder gegen einzelne Staats-Minister verübten Beleidigungen.
14.	16. August.	Das amtliche Verhältniß der Ober-Secretaire zu den Secretairen.
15.	31. August.	Beitritt der Herzoglich Anhalt-Cöthenschen Regierung zu dem Münzcartel vom 21. Oktober 1845.
16.	4. Septbr.	Beschlagnahme der Handelsbücher bei dem Verdacht einer Steuerdefraudation.
17.	10. Septbr.	Genehmigungs-Urkunde des Zusatz-Artikels XIX. zur Rheinschiffahrtsacte vom 31. März 1831.
18.	6. Novbr.	Anrechnung des Dienstes im Feldzuge in Schleswig und Jütland, sowie bei dem Kampfe des Jahres 1849 in der Pfalz und im Großherzogthume Baden als Kriegsjahr bei Pensionirungen. Siehe Nr. 6.
19.	10. Dezbr.	Prüfung und Vorbereitung der Auscultatoren und Referendarien in der Justizverwaltung.
20.	14. Dezbr.	Aussetzung der Strafvollstreckung bei Begnadigungs-, Strafverwandlungs- und Milderungs-Gesuchen.
21.	27. Dezbr.	Stempelrevision bei dem Landgericht in Coblenz.

II. Im Jahre 1850.

Num.	1850.	
22.	8. Januar.	Einsendung der zur Befürwortung nicht geeigneten Immediat-Begnadigungsgesuche.
23.	31. Januar.	Verfassungs-Urkunde für den Preußischen Staat.

Num.	1850.	
24.	2. Februar.	Errichtung eines Landgerichts in Bonn. Siehe Nr. 50.
25.	7. Februar.	Fortzahlung des Civilgehalts an die als Offiziere zur Landwehr einberufenen Civilbeamten.
26.	9. Februar.	Befugniß der Personenstands-Beamten zur Aufnahme von Urkunden über die Einwilligung der Ascendenten in eine Heirath.
27.	12. Februar.	Gesetz zum Schutze der persönlichen Freiheit.
28.	12. Februar.	Gesetz, betreffend die Stellung unter Polizeiaufsicht.
29.	$\frac{12}{13}$. Februar.	Vereidung der Justizbeamten. Siehe Nr. 44.
30.	15. Februar.	Einführung der allgemeinen Wechselordnung für Deutschland. Siehe Nr. 1.
31.	21. Februar.	Stempelpflichtigkeit der Strafresolute der Finanz- und Polizeibehörden.
32.	2. März.	Ablösung der Reallasten und Regulirung der gutsherrlichen- und bäuerlichen Verhältnisse.
33.	2. März.	Errichtung von Rentenbanken.
34.	2. März.	Geldbußen, welche auf Grund der Verordnung vom 11. Juli 1849 einem Beamten als Ordnungsstrafen auferlegt werden, dürfen im Falle des Unvermögens nicht in Gefängnißstrafen verwandelt werden.
35.	6. März.	Gebühren der Friedensrichter bei Versiegelungen.
36.	7. März.	Jagdpolizei-Gesetz.
37.	11. März.	Verpflichtung der Gemeinden zum Ersatz des bei öffentlichen Aufläufen verursachten Schadens.
38.	11. März.	Gesetz über die Polizeiverwaltung.
39.	11. März.	Die an Stelle der Vermögensconfiscation gegen Deserteure und ausgetretene Militairpflichtige zu verhängende Geldbuße.
40.	11. März.	Verordnung über die Verhütung eines die gesetzliche Freiheit und Ordnung gefährdenden Mißbrauchs des Versammlungs- und Vereinigungsrechtes.
41.	11. März.	Eintheilung der Bezirke der Hypothekenämter im Bereiche des Appellationsgerichtshofes zu Cöln.
42.	20. März.	Beilegung des Prädicats „Hoheit“ an die Herren Fürsten von Hohenzollern-Hechingen und Hohenzollern Sigmaringen.

Num.	1850.	
43.	20. März.	Urlaubs-Ertheilung an Friedensrichter.
44.	30. März.	Vereidigung der Justizbeamten, welche zugleich in einem militairischen Dienstverhältnisse stehen, nach Maaßgabe der Verfassungsurkunde vom 31. Januar 1850. Art. 108. und 119. Siehe Nr. 29.
. .	31. März.	Geldbußen, welche einem Beamten als Ordnungsstrafen auferlegt werden, dürfen im Falle des Unvermögens nicht in Gefängnißstrafen verwandelt werden. Siehe Nr. 34.
45.	2. April.	Verhältniß der Verwaltungsbehörden zu den Friedensrichtern in der Rheinprovinz und das Verfahren bei Disciplinar-Untersuchungen wider Beamte.
46.	3. April.	Aufhebung des Friedensgerichts zu Wildenburg und Errichtung eines besonderen Friedensgerichts in Eckenhagen.
47.	29. April.	Die Untersuchungen wegen Verfertigung oder Verbreitung falscher Darlehnskassenscheine und Noten der Preußischen Bank. Siehe Nr. 62.
48.	18. Mai.	Kosten der Stellvertretung für suspendirte Beamte.
49.	14. Juni.	Die verfassungsmäßige Vereidigung der Unteroffiziere, welche zur probeweisen Beschäftigung als Boten und Exekutoren bei den Civilgerichten angenommen werden.
50.	15. Juni.	Einsetzung des Königlichen Landgerichts zu Bonn. Siehe Nr. 24.
51.	25. Juni.	Insinuation von Vorladungen und Verfügungen Preußischer Gerichte in Frankreich.
52.	11. Juli.	Diäten der Aerzte und Wundärzte in gerichtlichen Untersuchungssachen.
53.	19. Juli.	Behandlung der militairpflichtigen Civilbeamten im Falle ihrer Einberufung zum Kriegsdienste bei einer Mobilmachung der Armee.
54.	26. Juli.	Stempelrevision bei dem Landgerichte zu Elberfeld.
55.	27. Juli.	Instruktion für die Wachen in Hinsicht der von ihnen vorzunehmenden vorläufigen Ergreifungen und förmlichen Verhaftungen.
. .	8. August.	Allerhöchster Erlaß, betreffend denselben Gegenstand. Siehe Nr. 55.

Num.	1850.	
56.	13. August.	die Requisitionen und Mittheilungen an die Justizbehörden im Bezirke des Appellationsgerichtshofes zu Cöln.
..	25. August.	Behandlung der militairpflichtigen Civilbeamten im Falle einer Mobilmachung der Armee. Siehe Nr. 53.
57.	5. Septbr.	Verfahren gegen die mit keinen Korporationsrechten versehenen Religionsgesellschaften.
58.	9. Septbr.	Stempelrevision bei dem Landgerichte zu Cöln.
59.	21. Septbr.	Einforderung der Verleihungs-Urkunden über Orden und Ehrenzeichen nach dem Tode der Inhaber.
..	24. Septbr.	Instruktion für die Wachen. Siehe Nr. 55.
60.	28. Septbr.	Die Rechtskandidaten haben den Nachweis zu führen, daß sie Vorlesungen über das vaterländische Recht und das vaterländische Gerichtsverfahren gehört haben.
61.	28. Oktbr.	Die Einziehung rückständiger Gebühren für die dritte juristische Prüfung.
62.	15. Novbr.	Die Untersuchungen wegen Verfertigung oder Verbreitung falschen ausländischen Papiergeldes. Siehe Nr. 47.
63.	17. Novbr.	Vertrag zwischen Preußen und den Niederlanden wegen gegenseitiger Auslieferung flüchtiger Verbrecher.
64.	18. Novbr.	Mittheilung der Nachweisungen über die in der Rheinprovinz vorgekommenen Besitzveränderungen.
65.	13. Dezbr.	Portofreiheit der amtlichen Correspondenz zwischen den Königlich Belgischen und den Preußischen Justizbehörden.
66.	21. Dezbr.	Vorladungen der Gensdarmen zu ihrer gerichtlichen Vernehmung als Zeugen.

III. Im Jahre 1851.

Num.	1851.	
67.	16. Februar.	Annahme ausländischer Juden als Gesellen, Gehülfen, Dienstboten u. s. w.
68.	24. Februar.	Beschleunigung des Verfahrens bei Kompetenz-Konflikten zwischen den Gerichten und Verwaltungsbehörden.

Num.	1851.	
69.	10. März.	Ertheilung unentgeltlicher Ausfertigungen und Abschriften durch das Secretariat in den Fällen, wo die Staatsanwaltschaft im Interesse des Gesetzes handelt.
70.	15. März.	Vergütigung für Nebenkosten bei Dienstreisen der Beamten auf Eisenbahnen oder Dampfschiffen.
71.	24. März.	Anschaffung von Büchern und Schriften für die Bibliotheken der Gerichtsbehörden.
72.	25. März.	Annahme von Gemeindeämtern seitens der Staatsbeamten.
73.	29. März.	Gebührentaxe für die Gerichtsvollzieher.
74.	29. März.	Aufhebung der Bestimmung im §. 4. des Reglements für die Allgemeine Wittwenverpflegungsanstalt vom 28. Dezember 1775 wegen Ausschließung der Militairbedienten in Kriegszeiten.
75.	29. März.	Portofreiheit der amtlichen Korrespondenz mit den Königl. Belgischen Behörden. Siehe Nr. 65.
76.	11. April.	Requisitionen altländischer Gerichte an Rheinische Gerichtsbehörden in Schwängerungssachen.
77.	14. April.	Einführungsgesetz zum Strafgesetzbuch (s. Anhang Nr. 1).
78.	17. April.	Einrichtung der Polizeianwaltschaft.
79.	25. April.	Feststellung des Thatbestandes bei Eisenbahnunfällen.
80.	30. April.	Abänderung des Art. 69. und Ergänzung der Art. 66. und 115. der Verfassungsurkunde.
81.	30. April.	Amtliche Bezeichnung der Fürstenthümer Hohenzollern-Hechingen, und Hohenzollern-Sigmaringen.
82.	7. Mai.	Gesetz, betr. die Dienstvergehen der Richter und die unfreiwillige Versetzung derselben auf eine andere Stelle oder in den Ruhestand.
83.	12. Mai.	Preßgesetz.
. .	17. Mai.	Requisitionen altländischer Gerichte an Rheinische Gerichtsbehörden in Schwängerungssachen. Siehe Nr. 76.
84.	19. Mai.	Gemeinheitstheilungs-Ordnung für die Rheinprovinz.
85.	19. Mai.	Verfahren in den nach der Gemeinheitstheilungs-Ordnung zu behandelnden Theilun-

Num.	1851.	
		gen und Ablösungen in den Landestheilen des linken Rheinufers.
86.	4. Juni.	Versorgung der Militair-Invaliden vom Oberfeuerwerker, Feldwebel und Wachtmeister abwärts.
87.	4. Juni.	Gesetz über den Belagerungszustand.
88.	23. Juni.	Verfahren der Beamten der Staatsanwaltschaft bei Verfolgung der gegen das Staats-Ministerium oder gegen einzelne Staatsminister verübten Beleidigungen.
89.	23. Juni.	Verstattung Königlich Belgischer Unterthanen zum Armenrechte bei Preußischen Gerichten.
90.	26. Juni.	Nachweisung der aus dem Kriminalfond fließenden Gebühren der Justizbeamten in den Emolumententabellen.
91.	2. Juli.	Dispensation der Rechts-Candidaten vom triennium academicum.
. .	10. Juli.	Requisitionen altländischer Gerichte an Rheinische Gerichtsbehörden in Schwängerungssachen.
92.	11. Juli.	Uebereinkunft zwischen Preußen und den Niederlanden wegen Unterdrückung des Schleichhandels.
93.	13. Juli.	Ferien der Immediat-Justiz-Examinations-Commission.
94.	31. Juli.	Vorläufige Beschlagnahme nachgedruckter Werke vor Einleitung der Untersuchung.
95.	8. August.	Oeffentliche Bekanntmachung der auf zeitige Untersagung der Ausübung der bürgerlichen Ehrenrechte lautenden Zuchtpolizeilichen Urtheile.
96.	11. August.	Einsendung der Untersuchungsakten an den Minister des Innern in den Fällen, wo gegen eine Nummer einer ausländischen Zeitung auf Vernichtung erkannt worden.
97.	15. August.	Belassung, Einziehung und Wiedergewährung des Gnadengehalts der im Civildienste angestellten oder beschäftigten Militair-Invaliden.
98.	3. Septbr.	Zurücknahme der Concessionen zum Gewerbebetrieb.
99.	12. Septbr.	Anwendung der gesetzlichen Zwangsmittel gegen ungehorsame Zeugen seitens der Universitätsrichter.

Num.	1851.	
100.	27. Septbr.	Correspondenz der Ober=Prokuratoren mit den Gesandtschaften zu Paris und im Haag behufs Beförderung gerichtlicher Insinuationen und Requisitionen.
101.	11. Oktbr.	Remuneration der Forstrichter in Forstdefraudationssachen.
102.	17. Novbr.	Genehmigungsurkunde des Zusatzartikels XX. zur Rheinschiffahrtsakte vom 31. März 1831.
103.	20. Novbr.	Verfahren in den Fällen, wo der Verlust von Orden und Ehrenzeichen die Folge eines Strafurtheiles ist.
104.	30. Novbr.	Verfahren in Untersuchungssachen gegen jugendliche Brandstifter.
105.	5. Dezbr.	Zustellung des Beschlusses der Verwaltungs-Behörde wegen Erhebung des Kompetenz-Konfliktes an die als Privatpartheien betheiligten Gemeindebehörden.
106.	6. Dezbr.	Akten=Auszüge in Untersuchungssachen.
107.	6. Dezbr.	Requisitionen an Königlich Sächsische Gerichtsbehörden.
108.	29. Dezbr.	Die von den Beamten der Staatsanwaltschaft in Untersuchungssachen gegen Militair=Invaliden, welche im Civildienst angestellt sind, zu machenden Mittheilungen.

IV. Im Jahre 1852.

Num.	1852.	
109.	6. Januar.	Beurlaubung der Referendarien behufs ihrer theoretischen Vorbereitung zur dritten Prüfung. Siehe Nr. 19.
110.	7. Januar.	Führung von Gebäude=Inventarien bei den Gerichtsbehörden.
111.	17. März.	Vereinigung der beiden obersten Gerichtshöfe. Siehe Nr. 141.
112.	15. April.	Abänderung mehrerer Bestimmungen in den Militair=Straf=Gesetzen.
113.	21. April.	Kosten des gerichtlichen Verfahrens in den nach der Gemeinheitstheilungs=Ordnung zu behandelnden Theilungen und Ablösungen in den Landestheilen des linken Rheinufers.
114.	18. Mai.	Ausführung des Gesetzes vom 15. April 1852 wegen Abänderung mehrerer Bestimmungen in den Militair=Straf=Gesetzen.

Num.	1852.	
115.	18. Mai.	Requisitionen französischer Behörden um Vernehmung von Zeugen.
116.	21. Mai.	Abänderung der Art. 94. und 95. der Verfassungsurkunde vom 31. Januar 1850.
117.	22. Mai.	Ergänzungen des Einführungsgesetzes zum Strafgesetzbuche (s. Anhang Nr. 2).
118.	29. Mai.	Bestrafung der Militairpersonen wegen Unterlassung der An= und Abmeldung bei Aufenthalts=Veränderungen.
119.	2. Juni.	Gesetz, betreffend den Diebstahl an Holz und anderen Waldprodukten.
120.	4. Juni.	Zeitschrift: „Mittheilungen des Königlichen Polizei=Präsidii zu Berlin zur Beförderung der Sicherheitspflege."
121.	5. Juni.	Gesetz über das Postwesen.
. .	16. Juni.	Vertrag zwischen Preußen und anderen Staaten des deutschen Bundes mit den Vereinigten Staaten von Nordamerika wegen Auslieferung flüchtiger Verbrecher. Siehe Nr. 137.
122.	23. Juni.	Hat der Kriminalfond die Kosten der Alimentation eines verhafteten Falliten zu tragen?
123.	24. Juni.	Beschluß der deutschen Bundesversammlung über den Gerichtsstand der in Friedenszeiten zusammengezogenen Bundestruppen in Strafsachen.
124.	7. Juli.	Gerichtliche Verfolgung von Beamten wegen der in Ausübung oder aus Veranlassung der Ausübung ihres Amtes vorgenommenen Handlungen.
125.	8. Juli.	Verfahren bei Requisitionen nach dem Auslande.
126.	12. Juli.	Mittheilungen in Untersuchungssachen gegen Eisenbahn=Polizeibeamte.
127.	21. Juli.	Gesetz, betreffend die Dienstvergehen der nicht richterlichen Beamten, die Versetzung derselben auf eine andere Stelle oder in den Ruhestand.
. .	16. August.	Gerichtsstand der in Friedenszeiten zusammengezogenen Bundestruppen in Strafsachen. Siehe Nr. 123.
128.	18. August.	Mittheilungen in Untersuchungssachen gegen Eisenbahn=Polizeibeamte. Siehe Nr. 126.

Num.	1852.	
129.	24. August.	Die von den Beamten der Staatsanwaltschaft zu machenden Mittheilungen.
130.	1. Septbr.	Revidirtes Reglement für die Provinzial-Feuer-Sozietät der Rheinprovinz.
131.	28. Septbr.	Territorial Eintheilung der Friedensgerichte in der Rheinprovinz.
132.	1. Oktbr.	Einsendung der Akten in Disciplinar-Untersuchungen gegen nicht richterliche Justizbeamte.
133.	27. Oktbr.	Befähigung zu dem Amte eines Notars im Bezirke des Appellationsgerichtshofes zu Cöln. Siehe Nr. 135.
134.	8. Novbr.	Statut des Verbandes der Wiesenbesitzer in der Gemeinde Salm, Kreises Daun, Reg. Bezirks Trier.
135.	15. Novbr.	Befähigung zu dem Amte eines Notars im Bezirke des Appellationsgerichtshofes in Cöln. Siehe Nr. 133.
136.	16. Novbr.	Portopflichtigkeit der Beförderung der Eheverkündigungen in der Rheinprovinz.
137.	16. Novbr.	Vertrag zwischen Preußen und anderen Staaten des Deutschen Bundes und den Vereinigten Staaten von Nordamerika wegen Auslieferung flüchtiger Verbrecher.
138.	29. Novbr.	Statut des Riehl-Worringer Deichverbandes.
139.	13. Dezbr.	Requisitionen der Gerichte wegen Abfassung von gerichtsärztlichen oder veterinairärztlichen Gutachten.
140.	14. Dezbr.	Concessionirung der bei den Handels- und den Friedens-Gerichten gewerbmäßig als Vertreter der Parteien auftretenden Personen.
141.	20. Dezbr.	Vereinigung der beiden obersten Gerichtshöfe. Siehe Nr. 111.
142.	22. Dezbr.	Unzulässigkeit des öffentlichen gerichtlichen Verkaufs verbotener Waffen und anderer Sachen, mit denen gesetzlich kein Handel getrieben werden darf.
143.	29. Dezbr.	Bedingungen der Arrestanlegungen gegen Bayerische Unterthanen.
. .	30. Dezbr.	Verfahren bei Rehabilitation nicht in Militairverhältnissen stehender Personen. Siehe Nr. 154.

Num.	1852.	
144.	31. Dezbr.	Gesetzeskraft des Strafgesetzbuches in dem an den Regierungs-Bezirk Aachen angrenzenden sogenannten neutralen Gebiet.

V. Im Jahre 1853.

Num.	1853.	
145.	12. Januar.	Begriff der „Krankheit“ oder „Arbeitsunfähigkeit“ im Sinne des §. 193. des Strafgesetzbuchs.
. .	18. Januar.	Verfahren bei Rehabilitation nicht in Militairverhältnissen stehender Personen. Siehe Nr. 154.
146.	20. Januar.	Vollstreckung der Strafe der Einschließung in Festungen.
147.	20. Januar. / 3. Februar.	Form und Beweiskraft der ärztlichen Atteste in gerichtlichen Angelegenheiten.
148.	19. Februar.	Beschlagnahme und Vernichtung verbotener Loose auswärtiger Lotterien durch die Polizeibehörden.
149.	23. Februar.	Vereidung der zur Feststellung der Invaliden-Versorgungs-Ansprüche ehemaliger Militairpersonen abgehörten Zeugen.
150.	24. Februar.	Die von den Gehältern der Hauptleute und Rittmeister dritter Klasse zur Befriedigung der Gläubiger zu machenden Abzüge.
151.	24. Februar.	Die Erstattung des Berichts und die Anfertigung des Aktenauszugs in Kriminalsachen, in welchen das Strafurtheil der Allerhöchsten Bestätigung bedarf.
152.	28. Februar.	Umfang der den Mitgliedern der Fürstlich Hohenzollernschen Häuser bei Rechtsangelegenheiten zustehenden Stempelfreiheit.
153.	8. März.	Die gebührenfreie Aufnahme der Bekanntmachungen der Gerichte und der Beamten der Staats-Anwaltschaft in die Regierungs-Amtsblätter.
154.	8. März.	Verfahren bei Rehabilitation nicht in Militair-Verhältnissen stehender Personen.
155.	9. März.	Abänderung der §§. 56., 219., 240. u. 250. des Strafgesetzbuches (s. Anhang Nr. 3).
. .	11. März.	Reisekosten der Kreis-Medizinalbeamten in

Num.	1853.	
		gerichtlichen Partei- und Untersuchungssachen. Siehe Nr. 157.
156.	12. März.	Anwendung der für den Verkehr auf den Kunststraßen bestehenden Vorschriften über die Breite der Radfelgen auf andere Straßen und Wege.
157.	31. März.	Reisekosten der Kreis-Medizinalbeamten in gerichtlichen Partei- und Untersuchungssachen.
158.	14. April.	Einreichung der Straferkenntnisse gegen Personen adlichen Standes in den Fällen, wo die Verurtheilung den Verlust des Adels zur Folge hat.
159.	25. April.	Kompetenz des Kammergerichts zur Untersuchung und Entscheidung der Staatsverbrechen und das dabei zu beobachtende Verfahren.
160.	26. April.	Stempelrevision beim Landgericht zu Aachen.
161.	29. April.	Strafmaaß bei Erkenntnissen auf Geldstrafe gegen ausgetretene Militairpflichtige.
162.	2. Mai.	Bestimmungen zur Beseitigung von Kompetenz-Streitigkeiten unter verschiedenen Gerichten.
163.	4. Mai.	Verfahren wegen einfachen Diebstahls und einfacher Hehlerei im wiederholten Rückfalle, im Bezirk des Appellationsgerichtshofes zu Cöln.
164.	7. Mai.	Bildung der Ersten Kammer.
165.	7. Mai.	Beförderung von Auswanderern.
166.	11. Mai.	Einführung des dritten Abschnitts des Gesetzes über die Benutzung der Privatflüsse vom 28. Februar 1843 in den Hohenzollernschen Landen, die Bildung von Genossenschaften zu Entwässerungsanlagen und die Anwendung der Vorfluthsgesetze auf unterirdische Wasserableitungen.
167.	12. Mai.	Verfahren in Untersuchungssachen wegen Steuer-Defraudation.
168.	16. Mai.	Abänderung des Regulativs vom 9. März 1839 über die Beschäftigung jugendlicher Arbeiter in Fabriken.
169.	16. Mai.	Verordnung, betreffend die Revision der Verfassung der Deichschau Friemersheim, im Regierungs-Bezirke Düsseldorf.

Num.	1853.	
170.	17. Mai.	Geschäftsverkehr der Versicherungsanstalten.
171.	24. Mai.	Aufhebung des Art. 105. der Verfassungs-Urkunde vom 31. Januar 1850.
172.	24. Mai.	Stempelung und Beaufsichtigung der Waagen im öffentlichen Verkehr.
173.	24. Mai.	Zahlung und Ueberweisung der Kosten in einfachen Holzdiebstahlssachen, sowie in Forstentwendungs-, Jagd- und Fischerei-Contraventionssachen.
174.	13. Juni.	Sistirung der Verwandlungen der den Kirchen, Pfarren, Küstereien und Schulen zustehenden Reallasten in Geldrenten.
175.	18. Juni.	Einziehung von Kriminalkosten und Geldbußen, welche an die Salarien- und Sportelkassen der Gerichte außerhalb des Appellationsgerichtshofes zu Cöln zu zahlen sind.
176.	20. Juli.	Ueberwachung der Geschäftsführung der Gerichtsvollzieher hinsichtlich des Stempelverbrauchs.
177.	9. August.	Gehaltszahlungen an suspendirte Beamte.
178.	10. August.	Ressortverhältnisse der Militairbehörden bei einer gerichtlichen Beschlagnahme von Gehältern und Pensionen der Offiziere und Militairbeamten.
179.	22. August.	Bestrafung der Zollvergehen gegen fremde Staaten, in welchen durch Handelsverträge die Gegenseitigkeit verbürgt ist.
180.	22. August.	Bestrafung der Vergehen gegen die Kaiserlich Oesterreichischen Zollgesetze.
181.	3. Septbr.	Abfassung der telegraphischen Dienstdepeschen.
182.	17. Septbr.	Exekutionsvollstreckung gegen Militairbeamte in Civilsachen.
183.	8. Oktbr.	Mittheilung der Straferkenntnisse, welche den Verlust von Pensionen oder Gnadengehalten zur Folge haben, sowie Benachrichtigung und Mittheilung an die vorgesetzte Dienstbehörde bei Untersuchungen gegen Beamte.
184.	10. Oktbr.	Verantwortlichkeit der Beamten, welche öffentliche Versteigerungen abhalten, für das angemessene Verhalten der von ihnen zugezogenen Ausrufer.
185.	7. Novbr.	Rangverhältnisse der Vizepräsidenten des Ober-

Num.	1853.	
		tribunals, sowie des General-Staatsanwalts und der Ober-Staatsanwälte bei demselben.
186.	8. Novbr.	Bestreitung der Unterhaltungskosten in den Dienstwohnungen der Staatsbeamten.
187.	14. Novbr.	Allgemeine Bestimmungen für künftig zu erlassende Deichstatute.
188.	3. Dezbr.	Gebühren der Gerichtsvollzieher für Akte, welche sie im Kompetenzkonfliktverfahren im Auftrag der Staatsanwaltschaft fertigen.
189.	13. Dezbr.	Sind Gemeinden im Kompetenzkonflikt-Verfahren als Privatparteien zu betrachten?

Sachregister

zum

zehnten Bande

der

für die Rhein-Provinz ergangenen

Gesetze, Verordnungen und Rescripte.

G. bedeutet Gesetz, Verordn. Verordnung, A. E. Allerhöchster Erlaß, St. M. Beschl. Staats-Ministerial-Beschluß, B. Bekanntmachung, V. Verfügung, A. V. Allgemeine Verfügung, s. Siehe, die deutsche Zahl die Seite.

A.

Aachen, Landgericht, Stempelrevision bei demselben. V. 26. April 1853. 564.

Ablösungen s. Gemeinheitstheilungsordnung, Reallasten.

Abschriften s. Gerichtsvollzieher, Secretariat.

Adelsverlust, Einreichung der Erkenntnisse gegen Personen adlichen Standes in den Fällen, wo die Verurtheilung denselben zur Folge hat. A. V. 14. April 1853. 561.

Aerzte, Diäten derselben in Untersuchungssachen. V. 11. Juli 1850. 227.

Aerztliche Atteste s. Atteste.

Akten, deren Einsendung in Disciplinaruntersuchungen gegen nicht richterliche Justizbeamte. A. V. 1. Oktober 1852. 519.

— deren Einsendung in Fällen, wo gegen eine Nummer einer ausländischen Zeitung oder Zeitschrift die Vernichtung gerichtlich ausgesprochen ist. V. 11. August 1851. 379.

Aktenauszüge, deren Anfertigung in Untersuchungssachen. A. V. 6. Dezember 1851. 395.

Aktenauszüge, Anfertigung derselben und Berichts-Erstattung in Kriminalsachen, in welchen das Strafurtheil der Allerhöchsten Bestätigung bedarf. V. 24. Februar 1853. 549.

Alimentationskosten s. Falliten.

Amerika, vereinigte Staaten von Nordamerika, Vertrag mit denselben wegen Auslieferung der vor der Justiz flüchtigen Verbrecher. Vom 16. Juni 1852 nebst Additionalakte vom 16. November 1852. 522.

Amortisation der Wechsel. Einführungsordnung zur Wechselordnung 3. 119.

Amtsblätter s. Bekanntmachungen.

Amtssiegel s. Gerichtsvollzieher.

Amtsüberschreitungen s. Beamte.

Anhalt-Cöthen s. Münzcartel.

An- und Abmeldungen der Militairpersonen, s. Militairpersonen.

Arbeiter, jugendliche, Beschäftigung derselben in Fabriken. G. 16. Mai 1853. 574.

Arbeitsunfähigkeit, Begriff derselben im Sinne des §. 193. des Strafgesetzbuchs. A. V. 12. Januar 1853. 535.

Armenrecht s. Belgische Unterthanen.

Arrestanlegungen gegen Bayerische Unterthanen, Bedingungen derselben A. E. 29. Dezember 1852. 531.

Ascendenten, Einwilligung derselben in eine Heirath s. Personenstandsbeamte.

Atteste, ärztliche, Form und Beweiskraft derselben. A. V. 3. Februar 1853. 543.

Aufläufe, Schaden bei denselben s. Gemeinden.

Auscultatoren, Prüfung und Vorbereitung derselben. Regulativ vom 10. Dezember 1849. 72.

Ausfertigungen s. Secretariat.

Ausland, Verfahren bei Requisitionen nach demselben. A. V. 8. Juli 1852. 454.

Ausländisches Papiergeld s. Untersuchungssachen.

Ausländische Zeitungen s. Akten.

Auslieferung s. Amerika, Niederlande.

Ausrufer, Verantwortlichkeit der öffentliche Versteigerungen abhaltenden Beamten für das angemessene Verhalten derselben. V. 10. Oktober 1853. 601.

Auswanderer, Beförderung derselben. G. 7. Mai 1853. 570.

B.

Baden s. Pensionirungen.

Bank-Noten s. Untersuchungen.

Bäuerliche Verhältnisse, Regulirung derselben. G. 2. März 1850. 123.

Bayerische Unterthanen, Bedingungen der Arrestlegung gegen dieselben. A. E. 29. Dezember 1852. 531.

Beamte, Ernennung der richterlichen Civilbeamten zu Mitgliedern eines Kriegsgerichts im Falle des Belagerungszustandes. V. 7. Juni 1849. 63.

— Zahlung der Wartegelder an die zur Disposition gestellten Justizbeamten. V. 20. Juni 1849. 63.

— Fortzahlung des Civilgehalts an die als Offiziere zur Landwehr einberufenen Civilbeamten. V. 7. Februar 1850. 107.

— Vereidigung der Justizbeamten. St. M. Beschl. 12. Februar 1850, A. V. 13. Februar, 30. März, 14. Juni 1850. 116. 218. 223.

— Die Verwandlung der einem Beamten als Ordnungsstrafe auferlegten Geldbuße in Gefängnißstrafe ist nicht zulässig. St. M. Beschl. 2. März 1850. 191.

— suspendirte, Kosten der Stellvertretung derselben. V. 18. Mai 1850. 222.

— militairpflichtige, deren Behandlung im Falle ihrer Einberufung zum Kriegsdienst bei einer Mobilmachung der Armee. St. M. Beschl. 19. Juli 1850. 228.

— Vergütigung für Nebenkosten bei Dienstreisen, s. Dienstreisen.

— Annahme von Gemeindeämtern seitens der Staatsbeamten. A. V. 25. März 1851. 266.

— Nachweisung der aus dem Kriminalfond fließenden Gebühren der Justizbeamten in den Emolumententabellen. V. 26. Juni 1851. 366.

— gerichtliche Verfolgung derselben wegen der in Ausübung oder aus Veranlassung der Ausübung ihres Amtes vorgenommenen Handlungen. V. 7. Juli 1852. 452.

— nicht richterliche, Dienstvergehen derselben und Versetzung auf eine andere Stelle oder in den Ruhestand. G. 21. Juli 1852. 455.

— nicht richterliche Justiz-, Einsendung der Acten in Disciplinaruntersuchungen wider dieselben. A. V. 1. Oktober 1852. 519.

— suspendirte, Gehaltszahlung an dieselben. A. V. 9. August 1853. 586.

Beamte, Benachrichtigungen und Mittheilungen in Untersuchungssachen wider Beamte an die vorgesetzte Dienstbehörde. V. 8. Oktober 1853. 600.

— welche öffentliche Versteigerungen abhalten, sind für das angemessene Verhalten der von ihnen zugezogenen Ausrufer verantwortlich. V. 10. Oktober 1853. 601.

— Bestreitung der Unterhaltungskosten der Dienstwohnungen derselben. A. V. 8. November 1853. 602.

Begnadigungsgesuche, Aussetzung der Strafvollstreckung bei Anbringung derselben. V. 14. Dezember 1849. 81.

— Einsendung der zur Befürwortung nicht geeigneten. V. 8. Januar 1850. 87.

Behörden s. Curialien.

Bekanntmachung der zuchtpolizeilichen Urtheile, welche auf zeitige Untersagung der Ausübung der bürgerlichen Ehrenrechte lauten. V. 8. August 1851. 378.

Bekanntmachungen der Gerichte und der Beamten der Staatsanwaltschaft, deren gebührenfreie Aufnahme in die Regierungs-Amtsblätter. A. V. 8. März 1853. 551.

Belagerungszustand, Ernennung der richterlichen Civilbeamten zu Mitgliedern eines Kriegsgerichts im Falle des Belagerungszustandes. V. 7. Juni 1849. 63.

— Gesetz über denselben vom 4. Juni 1851. 358.

Beleidigungen des Staats-Ministeriums oder einzelner Staatsminister, Verfahren der Staatsanwaltschaft bei Verfolgung derselben. V. 14. August. 1849. A. V. 23. Juni 1851. 64. 364.

Belgische Justizbehörden, Portofreiheit der amtlichen Correspondenz mit denselben. V. 13. Dezember 1850, 29. März 1851. 257. 282.

Belgische Unterthanen, unvermögende, Verstattung zum Armenrechte in Prozessen bei Preußischen Gerichten. A. V. 23. Juni 1851. 365.

Beschlagnahme nachgedruckter Werke vor eingeleiteter Untersuchung. V. 31. Juli 1851. 376.

— s. Gehalt, Lotterie-Loose, Pension, Steuerdefraudation.

Besitzveränderungen, Mittheilung der Nachweisungen über dieselben in der Rheinprovinz. V. 18. November 1850. 256.

Bibliotheken der Gerichte, Anschaffung von Büchern und Schriften für dieselben. V. 24. März 1851. 265.

Bonn, Errichtung eines Landgerichts daselbst. A. E. 2. Februar. Reglement 15. Juni 1850. 106. 224.

Brandstifter, jugendliche, Verfahren in Untersuchungen gegen dieselben. A. B. 30. November 1851. 392.

Bürgerliche Ehrenrechte, zeitige Untersagung derselben s. Bekanntmachungen.

Bundesversammlung, deutsche, s. Bundestruppen.

Bundestruppen, deren Gerichtsstand in Strafsachen im Falle einer Zusammenziehung in Friedenszeiten. Beschluß der deutschen Bundesversammlung. 24. Juni 1852. 449.

C.

Civilbeamte s. Beamte.

Civilgehalt s. Gehalt.

Civilsachen, Exekutionsvollstreckung gegen Militairbeamte in denselben. A. B. 17. September 1853. 599.

Coblenz Landgericht, Stempelrevision bei demselben. B. 27. Dezember 1849. 82.

Cöln, Landgericht, Stempelrevision bei demselben. B. 9. September 1850. 245.

Conzessionen s. Gewerbebetrieb.

Correspondenz s. Belgische Behörden, Curialien, Gesandtschaften.

Curialien, Abschaffung derselben in der Geschäftscorrespondenz. St. M. Beschl. 14. Januar 1849. 25.

D.

Dampfschiffe s. Dienstreisen.

Darlehnskassenscheine s. Untersuchungen.

Deichschau Friemersheim, Revision der Verfassung derselben. B. 16. Mai 1853. 577.

Deichstatute, allgemeine Bestimmungen für dieselben. A. E. 14. November 1853. 603.

Deichverband, Statut des Riehl-Worringer Verbandes. Vom 29. November 1852. 526.

Denklingen s. Eckenhagen.

Depeschen s. Dienstdepeschen.

Deserteure, die gegen dieselben zu verhängenden Geldbußen. G. 11. März 1850. B. 26. April 1853. 206. 565.

Deutsche Bundesversammlung s. Bundestruppen.

Diäten der Aerzte und Wundärzte in gerichtlichen Untersuchungssachen. V. 11. Juli 1850. 227.

Diebstahl an Holz und anderen Waldprodukten. G. 2. Juni 1852. 422.

— einfacher, im wiederholten Rückfalle, Verfahren wegen desselben im Bezirk des Appellationsgerichtshofes zu Cöln. G. 4. Mai 1853. 568.

Dienstauszeichnung s. Rehabilitation.

Dienstbehörde, Mittheilung der Straferkenntnisse, welche den Verlust von Pensionen und Gnadengehalten zur Folge haben, sowie Benachrichtigungen und Mittheilungen bei Untersuchungen gegen Beamte an dieselbe. V. 8. Oktober 1853. 600.

Dienstdepeschen, telegraphische, Abfassung derselben. A. V. 3. September 1853. 598.

Dienstreisen, welche auf Eisenbahnen oder Dampfschiffen gemacht werden können, die den Beamten zu gewährende Vergütigung für Nebenkosten bei denselben. A. V. 15. März 1851. 264.

Dienstvergehen der Richter, deren unfreiwillige Versetzung auf eine andere Stelle oder in den Ruhestand. G. 7. Mai 1851. 292.

— der nicht richterlichen Beamten, Versetzung derselben auf eine andere Stelle oder in den Ruhestand. G. 21. Juli 1852. 455.

Dienstwohnungen der Staatsbeamten, Bestreitung der Unterhaltungskosten derselben. A. V. 8. November 1853. 602.

Disciplinaruntersuchungen, Verfahren bei denselben. A. V. 2. April 1850. 219.

— wider nicht richterliche Beamte, Einsendung der Akten in denselben. A. V. 1. Oktober 1852. 519.

Dispensation vom triennium academicum s. Rechtskandidaten.

Disposition s. Wartegelder.

E.

Eckenhagen, Errichtung eines Friedensgerichts daselbst. A. E. 3. April 1850. 221.

Eheverkündigungen, deren portofreie Beförderung. V. 16. November 1852. 521.

Ehrenrechte, bürgerliche, zeitige Untersagung derselben s. Bekanntmachungen.

Ehrenzeichen, Einforderung der Verleihungs-Urkunde zu denselben nach dem Tode der Inhaber. A. V. 21. September 1850. 246.

— Verfahren in Fällen, wo der Verlust desselben die Folge eines Strafurtheils ist. A. V. 20. November 1851. 390.

Eid der Justizbeamten s. Beamte.

Einschließung in Festungen, Vollstreckung dieser Strafe. V. 20. Januar 1853. 542.

Eisenbahnen s. Dienstreisen.

— Feststellung des Thatbestandes der auf denselben vorkommenden Unfälle. V. 25. April 1851. 290.

Eisenbahn-Polizeibeamte s. Polizeibeamte.

Elberfeld, Landgericht, Stempelrevision bei demselben. V. 26. Juli 1850. 233.

Emolumententabellen, Nachweisung der aus dem Kriminalfond fließenden Gebühren der Justizbeamten in denselben. V. 26. Juni 1851. 366.

Entwässerungsanlagen, die Bildung von Genossenschaften zu denselben. G. 11. Mai 1853. 572.

Ergreifungen, vorläufige s. Wachen.

Erkenntnisse s. Adelsverlust, Gnadengehalte, Pensionen.

Erkenntnißstempel in Subhastationssachen. V. 26. April 1853. 564.

Examinations-Commission — Immediat-Justiz- — Ferien derselben. A. V. 13. Juli 1851. 375.

Exekutionsvollstreckung gegen Militairbeamte in Civilsachen. A. V. 17. September 1853. 599.

F.

Fabriken s. Arbeiter.

Falliten, verhaftete, Anweisung der Kosten der Alimentation derselben auf den Kriminalfond. V. 23. Juni 1852. 448.

Feldwebel s. Militair.

Ferien s. Examinations-Commission.

Festungen, Vollstreckung der Strafe der Einschließung in dieselben. V. 20. Januar 1853. 542.

Feuersozietät der Rheinprovinz, Reglement für dieselbe vom 1. September 1852. 480.

Feuerwerker, Ober-, s. Militair.

Finanzbehörden, Stempelpflichtigkeit der Strafresolute derselben s. Strafresolute.

Fischereifrevel s. Forstfrevel, Kosten.

Flüsse — Privat- — s. Hohenzollern.

Forstfrevel, Vertrag mit dem Großherzogthum Luxemburg wegen Verhütung und Bestrafung der Forst-, Jagd- und Fischereifrevel vom 9. Februar 1849. 46.

Forstrichter, Remuneration derselben. A. V. 11. Oktober 1851. 388.

Frankreich, die dorthin zu bewirkenden Insinuationen und Requisitionen. A. V. 25. Juni 1850. V. 27. September 1851. 226. 388.

Französische Behörden, Requisitionen derselben um Vernehmung von Zeugen. V. 18. Mai 1852. 419.

Freiheit, persönliche, Gesetz zum Schutz derselben vom 12. Februar 1850. 110.

Friedensgerichte, Territorial-Eintheilung derselben. V. 28. September 1852. 507.

— Concessionirung der bei denselben gewerbsmäßig als Vertreter der Parteien auftretenden Personen. V. 14. Dezember 1852. 527.

Friedensrichter, Gebühren derselben bei Versiegelungen. V. 6. März 1850. 192.

— Urlaubsertheilung an dieselben. V. 20. März 1850. 217.

— Verhältniß derselben zu den Verwaltungsbehörden. A. V. 2. April 1850. 219.

Friemersheim s. Deichschau.

G.

Gebäude-Inventarien, Führung derselben bei den Gerichtsbehörden. A. V. 7. Januar 1852. 402.

Gebühren der Friedensrichter bei Versiegelungen. V. 6. März 1850. 192.

— für die dritte juristische Prüfung, Einziehung der rückständigen. A. V. 28. Oktober 1850. 248.

— der Justizbeamten, deren Nachweisung in den Emolumententabellen. V. 26. Juni 1851. 366.

— der Gerichtsvollzieher für die im Kompetenzkonfliktsverfahren im Auftrage des Staatsanwalt gefertigten Acte. V. 3. Dezember 1853. 622.

Gebührentaxe für die Gerichtsvollzieher vom 29. März 1851. 267.

Gefängnißstrafen s. Geldbuße, Ordnungsstrafen.

Gehalt, Fortzahlung desselben an die als Offiziere zur Landwehr einberufenen Civilbeamten. V. 7. Februar 1850. St. M. Beschl. 23. Januar 1850. 107.

Gehälter und Pensionen der Offiziere und Militairbeamten, Ressortverhältnisse der Militairbehörden bei einer gerichtlichen Beschlagnahme derselben. A. V. 10. August 1853. 587.

Gehaltsabzüge der Hauptleute und Rittmeister dritter Klasse zur Befriedigung ihrer Gläubiger. A. E. 24. Februar 1853. 549.

Gehaltszahlung an suspendirte Beamte. A. V. 9. August 1853. 586.

Geldbuße gegen Deserteure und ausgetretene Militairpflichtige. G. 11. März 1850. V. 29. April 1853. 206. 565.

— Unzulässigkeit der Verwandlung der einem Beamten als Ordnungsstrafe auferlegten in Gefängnißstrafe. St. M. Beschl. 2. März. V. 31. März 1850. 191.

— Einziehung derjenigen, welche an die Salarien- und Sportelkassen der Gerichte außerhalb des Bezirks des Appellationsgerichtshofes zu Cöln zu zahlen sind. V. 18. Juni 1853. 584.

Geldrenten, Sistirung der Verwandlung der Reallasten der Kirchen, Pfarren, Küstereien und Schulen in Geldrenten. Verordn. 13. Juni 1853. 583.

Gemeinden, Verpflichtung derselben zum Ersatz des bei öffentlichen Aufläufen entstandenen Schadens. G. 11. März 1850. 200.

Gemeinden s. Kompetenzkonfliktsverfahren.

Gemeindeämter, deren Annahme Seitens der Staatsbeamten. A. V. 25. März 1851. 266.

Gemeindebehörden s. Kompetenzkonflikt.

Gemeinheitstheilungsordnung für die Rheinprovinz vom 19. Mai 1851. 321.

— Verfahren in den nach derselben zu behandelnden Theilungen und Ablösungen. G. 19. Mai 1851. 332.

— Kosten des gerichtlichen Verfahrens in den nach derselben zu behandelnden Theilungen und Ablösungen. G. 21. April 1852. 409.

General-Staats-Anwalt s. Obertribunal.

Gensdarmen, deren Vorladung zur gerichtlichen Vernehmung als Zeugen. A. V. 21. Dezember 1850. 258.

Gerichte, Bekanntmachungen derselben s. Bekanntmachungen.

— Kompetenzstreitigkeiten unter verschiedenen, Bestimmungen zur Beseitigung derselben. G. 2. Mai 1853. 567.

Gerichtsärztliche Gutachten s. Requisitionen.

Gerichtsbehörden s. Gebäude-Inventarien.

Gerichtshöfe, Vereinigung der beiden obersten, G. 17. März. A. V. 20. Dezember 1852. 404. 529.

Gerichtsstand der in Friedenszeiten zusammengezogenen Bundestruppen in Strafsachen. Beschluß der deutschen Bundesversammlung vom 24. Juni 1852. 449.

Gerichtsvollzieher können Wechselproteste aufnehmen. Einführungsordnung vom 6. Januar 1849. 4.

— Amtssiegel derselben zum Gebrauch bei Aufnahme von Wechselprotesten. V. 20. Januar 1849. 26.

— haben keine Abschriften der Wechselprotestakte zurückzulassen. V. 15. März 1849. 52.

— Gebührentaxe für dieselben vom 29. März 1851. 267.

— Ueberwachung der Geschäftsführung derselben hinsichtlich des Stempelverbrauchs. V. 20. Juli 1853. 585.

— Gebühren derselben für Akte, welche sie im Kompetenzkonfliktsverfahren im Auftrage der Staatsanwaltschaft aufnehmen. V. 3. Dezember 1853. 622.

Gesandtschaften s. Reqnisitionen, Frankreich, Niederlande.

Geschäftskorrespondenz s. Curialien.

Gewerbebetrieb, Zurücknahme der Concessionen zu demselben. V. 3. September 1851. 382.

Gewerbeordnung, Abänderungen derselben. Verordn. 9. Februar 1849. 27.

Gewerberäthe, Errichtung derselben. Verordn. 9. Februar 1849. 27.

Gnadengehalt, Belassung, Einziehung und Wiedergewährung desselben für die im Civildienst angestellten oder beschäftigten Militair-Invaliden. A. V. 15. August 1851. 380.

— Mittheilung der Straferkenntnisse, welche dessen Verlust zur Folge haben, an die vorgesetzte Dienstbehörde. V. 8. Oktober 1853. 600.

Grundsteuer-Kataster s. Besitzveränderungen.

Gutsherrliche Verhältnisse, Regulirung derselben. G. 2. März 1850. 123.

H.

Handelsbücher s. Steuerdefraudation.

Handelsgerichte, Kompetenz derselben zur Erhebung von Wechselklagen. Einführungsordnung zur allgemeinen deutschen Wechselordnung. §. 6. 4.

— Concessionirung der bei denselben gewerbsmäßig als Vertreter der Parteien auftretenden Personen. V. 14. Dezember. 1852. 527.

Handelsgesetzbuch, die Art. 110. bis 189. des rheinischen Handelsgesetzbuchs treten außer Kraft. Einführungsordnung zur allgemeinen deutschen Wechselordnung. 3. 119.

Hauptleute s. Gehaltsabzüge.

Hehlerei, einfache, Verfahren wegen derselben im Bezirke des Appellations-Gerichtshofes zu Cöln. G. 4. Mai 1853. 568.

Heirath s. Personenstandsbeamte.

Hohenzollern, Beilegung des Prädicats „Hoheit“ an die Herren Fürsten von Hohenzollern-Hechingen und Hohenzollern-Sigmaringen. A. E. 20. März 1850. 217.

— amtliche Bezeichnung der Fürstenthümer Hohenzollern-Hechingen und Hohenzollern-Sigmaringen. A. E. 30. April 1851. 291.

— Stempelfreiheit der Mitglieder der Fürstlich Hohenzollernschen Häuser bei Rechtsangelegenheiten. A. V. 28. Februar 1853. 550.

— Einführung des dritten Abschnitts des Gesetzes über die Benutzung der Privatflüsse vom 28. Februar 1843 in den Hohenzollernschen Landen. G. 11. Mai 1853. 572.

Holz, Diebstahl an demselben. G. 2. Juni 1852. 422.

Holzdiebstahlssachen s. Kosten.

Hypothekenämter, Eintheilung der Bezirke derselben. G. 11. März 1850. 213.

J.

Jagdfrevel s. Forstfrevel, Kosten.

Jagdpolizeigesetz v. 7. März 1850. 193.

Immediat-Begnadigungsgesuche s. Begnadigungsgesuche.

Incompetenzurtheile s. Stempel.

Insinuationen s. Frankreich, Niederlande.

Invaliden s. Militair.

Invaliden-Versorgungsansprüche, Feststellung derselben s. Militairpersonen.

Juden, ausländische deren Annahme als Gesellen, Gehülfen, Dienstboten u. s. w. A. V. 16. Februar 1851. 261.

Jugendliche Arbeiter s. Arbeiter.

Jugendliche Brandstifter s. Brandstifter.

Justizbeamte s. Beamte.

K.

Kammer, Erste, Bildung derselben. G. 7. Mai 1853. 569.

Kammergericht, dessen Kompetenz zur Untersuchung und Entscheidung wegen der Staatsverbrechen. G. 25. April 1853. 561.

Kirchen s. Reallasten.

Koblenz s. Coblenz.

Kompetenz der Handelsgerichte für Wechselklagen. Einführungsordnung zur allgemeinen deutschen Wechselordnung vom 6. Januar 1849. 4. 120.

— der Handelsgerichte für Klagen aus eigenen Wechseln, ebendaselbst. 4. 121.

— des Kammergerichts s. Kammergericht.

— der Universitätsrichter s. Universitätsrichter.

Kompetenzkonflikte zwischen den Gerichten und Verwaltungsbehörden, Verfahren bei denselben. A. V. 24. Februar 1851. 262.

— Zustellung des Beschlusses der Verwaltungsbehörden wegen Erhebung desselben an die als Privatpersonen betheiligten Gemeindebehörden. V. 5. Dezember 1851. 394.

Kompetenzkonfliktsverfahren, Gebühren der Gerichtsvollzieher für die in demselben im Auftrage der Staatsanwaltschaft gefertigten Acte. V. 3. Dezember 1853. 622.

— Gemeinden sind in demselben als Privatparteien zu betrachten. V. 13. Dezember 1853. 623.

Kompetenzstreitigkeiten unter verschiedenen Gerichten, Bestimmungen zur Beseitigung derselben. G. 7. Mai 1853. 569.

Kosten des gerichtlichen Verfahrens in den nach der Gemeinheitstheilung zu behandelnden Theilungen und Ablösungen in den Landestheilen des linken Rheinufers. G. 21. April 1852. 409.

Kosten der Alimentation verhafteter Falliten, deren Anweisung auf den Kriminalfond. V. 23. Juni 1852. 448.

— in einfachen Holzdiebstahlssachen, sowie in Forstentwendungs-, Jagd- und Fischerei-Contraventionssachen, Zahlung und Ueberweisung derselben. V. 24. Mai 1853. 582.

Krankheit, Begriff derselben im Sinne des §. 193. des Strafgesetz-Buchs. A. V. 12. Januar 1853. 535.

Kreis-Medizinalbeamte s. Medizinalbeamte.

Kriegsdenkmünze s. Rehabilitation.

Kriegsdienst s. Militairpflichtige.

Kriegsgericht s. Belagerungszustand.

Kriegsjahr s. Pensionirungen.

Kriegszeiten s. Wittwenverpflegungsanstalt.

Kriminalfond s. Emolumententabellen, Falliten, Kosten.

Kriminalkosten, Einziehung derjenigen, welche an die Salarien- und Sportelkassen der Gerichte außerhalb des Bezirks des Appellationsgerichtshofes zu Cöln zu zahlen sind. V. 18. Juni 1853. 584.

Kriminalsachen s. Aktenauszüge.

Küstereien s. Reallasten.

L.

Landwehr, die zu derselben als Offiziere einberufenen Civilbeamten, s. Gehalt.

Lotterie-Loose, Beschlagnahme und Vernichtung verbotener Loose auswärtiger Lotterien durch die Polizeibehörden. A. V. 19. Februar 1853. 547.

Luxemburg, Vertrag mit dem Großherzogthum Luxemburg wegen Verhütung und Bestrafung der Forst-, Jagd- und Fischereifrevel vom 9. Februar 1849. 46.

M.

Medizinal-Beamte, Kreis-, Reisekosten derselben in gerichtlichen Partei- und Untersuchungs-Sachen. A. V. 31 März 1853. 558.

Milderungsgesuche s. Strafvollstreckung.

Militairbeamte s. Exekutionsvollstreckung, Militairbehörden, Wechselarrest.

Militairbehörden, Ressortverhältnisse derselben bei einer gerichtlichen Beschlagnahme von Gehältern und Pensionen der Offiziere und Militairbeamten. A. V. 10. August 1853. 587.

Militairbediente in Kriegszeiten s. Wittwen-Verpflegungsanstalt.

Militair-Invaliden, Pensions- und Versorgungswesen derselben vom Ober-Feuerwerker, Feldwebel und Wachtmeister abwärts. A. E. 28. April 1849. G. 4. Juni 1851. 54. 352.

— Belassung, Einziehung und Wiedergewährung des Gnadengehalts der im Civildienst angestellten oder beschäftigten. A. V. 15. August 1851. 380.

— die von den Beamten der Staatsanwaltschaft in Untersuchungen gegen dieselben, welche im Civildienst angestellt sind, zu machenden Mittheilungen. A. V. 29. Dezember 1851. 397.

Militair-Personen, Bestrafung derselben wegen unterlassener An- und Abmeldung bei Aufenthaltsveränderungen. A. E. 29. Mai 1852. 421.

— die von den Beamten der Staatsanwaltschaft in Untersuchungssachen gegen dieselben zu machenden Mittheilungen. A. V. 24. August 1852. 479.

— ehemalige, Vereidigung der zur Feststellung der Invalidenversorgungs-Ansprüche derselben abzuhörenden Zeugen. A. V. 23. Februar 1853. 548.

Militairpflichtige, ausgetretene, die gegen dieselben zu verhängenden Geldbußen. G. 11. März 1850. V. 26. April 1853. 206. 565.

— s. Mobilmachung.

Militair-Strafgesetze, Abänderung mehrerer Bestimmungen derselben. G. 15. April 1852. 406.

— Ausführung dieses Gesetzes. A. V. 18. Mai 1852. 417.

Minister s. Beleidigungen.

Mobilmachung der Armee, die bei derselben eintretende Behandlung der militairpflichtigen Civilbeamten im Falle ihrer Einberufung zum Kriegsdienst. St. M. Beschl. 19. Juli 1850. 228.

Münzcartel vom 21. October 1845, Beitritt der Herzoglich Anhalt-Cöthenschen Regierung zu demselben. V. 31. August 1849. 66.

N.

Nachdruck s. Beschlagnahme.

Nationalkokarde s. Rehabilitation.

Niederlande, Vertrag mit denselben wegen Auslieferung flüchtiger Verbrecher vom 17. November 1850. 250.

Niederlande, Uebereinkunft mit denselben wegen Unterdrükkung des Schleichhandels vom 11. Juli 1851. 368.
— Beförderung gerichtlicher Insinuationen und Requisitionen nach denselben. V. 27. September 1851. 388.
Notar, Befähigung zu dem Amte eines solchen im Bezirk des Appellationsgerichtshofes zu Cöln. A. E. 27. Oktober. V. 15. November 1852. 519. 520.
Notarien s. Besitzveränderungen.
Noten der Preußischen Bank, s. Untersuchungen.

O.

Ober-Secretaire s. Secretaire.
Ober-Staatsanwälte s. Obertribunal.
Obertribunal, Rangverhältnisse der Vicepräsidenten, sowie des General-Staatsanwalts und der Ober-Staatsanwälte bei demselben. A. E. 7. November 1853. 601.
Oesterreichische Zollgesetze s. Zollvergehen.
Offiziere s. Gehalt, Militairbehörden, Pensionen.
Orden, Einforderung der Verleihungsurkunden zu denselben nach dem Tode der Inhaber. A. V. 21. Septbr. 1850. 246.
— Verfahren in Fällen, wo der Verlust derselben die Folge eines Strafurtheils ist. A. V. 20. November 1851. 390.
Ordnungsstrafen, Unzulässigkeit der Verwandlung der einem Beamten als solchen auferlegten Geldbußen, im Falle des Unvermögens in Gefängnißstrafen. St. M. Beschl. 2. März V. 31. März 1850. 191.

P.

Papiergeld, ausländisches s. Untersuchungen.
Pensionen der Offiziere und Militairbeamten, Ressortverhältnisse der Militairbehörden bei einer gerichtlichen Beschlagnahme derselben. A. V. 10. August 1853. 587.
— Mittheilung der den Verlust derselben zur Folge habenden Erkenntnisse an die vorgesetzte Dienstbehörde. V. 8. Oktober 1853. 600.
Pensionirungen, Anrechnung des Dienstes bei dem Kampfe im Großherzogthum Posen als Kriegsjahr bei Pensionirungen. A. E. 13. Februar 1849. 50.
— desgleichen bei dem Feldzuge des Jahres 1849 in Schles-

wig und Jütland, sowie bei dem Kampfe des Jahres 1849 in der Pfalz und im Großherzogthum Baden. A. E. 6. November. V. 29. November 1849. 71.

Pensions- und Versorgungswesen der Militair-Invaliden vom Ober-Feuerwerker, Feldwebel und Wachtmeister abwärts. A. E. 28. April 1849. G. 4. Juni 1851. 54. 352.

Personenstandsbeamte, Befugniß derselben zur Aufnahme von Urkunden über die Einwilligung der Ascendenten in eine Heirath. V. 9. Februar 1850. 109.

Persönliche Freiheit s. Freiheit.

Pfalz s. Pensionirungen.

Pfarren s. Reallasten.

Polizeiaufsicht, Stellung unter dieselbe. G. 12. Februar 1850. 113.

Polizeibeamte, — Eisenbahn-, — die in Untersuchungen gegen dieselben zu machenden Mittheilungen. A. V. 12. Juli, 18. August 1852. 454. 478.

Polizeibehörden, Beschlagnahme und Vernichtung verbotener Loose auswärtiger Lotterien durch dieselben. A. V. 19. Februar 1853. 547.

— Stempelpflichtigkeit der Strafresolute derselben, s. Strafresolute.

Polizeigerichte, Einrichtung der Staatsanwaltschaft bei denselben mit Rücksicht auf die Bestimmungen der Gemeindeordnung vom 11. März 1850. V. 17. April 1851. 287.

Polizei-Präsidium zu Berlin, Mittheilungen desselben zur Beförderung der Sicherheitspflege. A. V. 4. Juni 1852. 434.

Polizeiverwaltung, Gesetz über dieselbe vom 11. März 1850. 207.

Portofreiheit s. Belgische Behörden.

Portopflichtigkeit der Beförderungen der Eheverkündigungen in der Rheinprovinz. V. 16. November 1852. 521.

Posen, Großherzogthum s. Pensionirungen.

Postwesen, Gesetz über dasselbe vom 5. Juni 1852. 435.

Privatflüsse s. Hohenzollern.

Preßgesetz vom 12. Mai 1851. 308.

Proteste s. Wechselproteste.

Prüfung der Auscultatoren und Referendarien, Regulativ über dieselbe vom 10. Dezember 1849. 72.

— dritte, Einziehung der rückständigen Gebühren für dieselbe. A. V. 28. Oktober 1850. 248.

Prüfung, dritte, Beurlaubung der Referendarien behufs theoretischer Vorbereitung zu derselben. A. V. 6. Januar 1852. 401.

R.

Radfelgen, Anwendung der für den Verkehr auf Kunststraßen bestehenden Vorschriften über die Breite derselben auf andere Straßen und Wege. G. 12. März 1853. 557.

Rangverhältnisse der Vicepräsidenten, des General-Staatsanwalts und der Ober-Staatsanwälte bei dem Obertribunal. A. E. 7. November 1853. 601.

Reallasten, Ablösung derselben. G. 2. März 1850. 123.

— Sistirung der Verwandlung der den Kirchen, Pfarren, Küstereien und Schulen zustehenden in Geldrenten. Verordn. 13. Juni 1853. 583.

Rechtskandidaten, der von denselben zu führende Nachweis, Vorlesungen über vaterländisches Recht und Gerichtsverfahren gehört zu haben. A. V. 28. September 1850. 247.

— deren Gesuche und Dispensation vom triennium academicum. A. V. 2. Juli 1851. 367.

Referendarien, Prüfung und Vorbereitung derselben. Regulativ vom 10. Dezember 1849. 72.

— Beurlaubung derselben behufs theoretischer Vorbereitung zur dritten Prüfung. A. V. 6. Januar 1852. 401.

Regulativ über die Prüfung und Vorbereitung der Referendarien und Auscultatoren in der Justizverwaltung vom 10. Dezember 1849. 72.

Regulirung der gutsherrlichen und bäuerlichen Verhältnisse. G. 2. März 1850. 123.

Rehabilitation nicht in Militairverhältnissen stehender Personen, Verfahren bei derselben. A. V. 8. März 1853. 552.

Reisekosten der Kreis-Medizinalbeamten in gerichtlichen Partei- und Untersuchungssachen. A. V. 31. März 1853. 558.

Religionsgesellschaften, Verfahren gegen die nicht mit Korporationsrechten versehenen. V. 5. Septbr. 1850. 241.

Rentenbanken, Errichtung derselben. G. 2. März 1850. 161.

Requisitionen und Mittheilungen an die Justizbehörden im Bezirk des Appellationsgerichtshofes zu Cöln. A. V. 13. August 1850. 240.

— altländischer Gerichte in Schwängerungssachen. V. 11. April, 17. Mai, 10. Juli 1851. 283.

Requisitionen, Beförderung derselben mittelst unmittelbarer Correspondenz der Oberprokuratoren mit den Gesandtschaften zu Paris und im Haag. V. 27. September 1851. 388.

— an Sächsische Gerichtsbehörden, Verfahren bei denselben. A. V. 6. Dezember 1851. 396.

— nach dem Auslande, Verfahren bei denselben. A. V. 8. Juli 1852. 454.

— der Gerichte wegen gerichts- oder veterinairärztlicher Gutachten. A. V. 13. Dezember 1852. 526.

Rheinschiffahrtsakte vom 31. März 1831, Genehmigungsurkunden der Zusatzartikel XIX. und XX. vom 10. September 1849, 17. November 1851. 69. 389.

Richter, Dienstvergehen und unfreiwillige Versetzung derselben auf eine andere Stelle oder in den Ruhestand. G. 7. Mai 1851. 292.

Riehl- Worringer Deichverband, Statut vom 29. November 1852. 526.

Rittmeister s. Gehaltsabzüge.

Rückfall, wiederholter, beim einfachen Diebstahl und einfacher Hehlerei, Verfahren im Bezirk des Appellationsgerichtshofes zu Cöln. G. 4. Mai 1853. 568.

S.

Sächsische Gerichtsbehörden s. Requisitionen.

Salm, Statut des Verbandes der Wiesenbesitzer in der Gemeinde, vom 8. November 1852. 520.

Schleichhandel, s. Niederlande.

Schleswig s. Pensionirungen.

Schulen s. Reallasten.

Schwängerungssachen s. Requisitionen.

Secretaire deren amtliches Verhältniß zu den Ober-Secretairen. V. 16. August 1849. 65.

Secretariat, Ertheilung unentgeltlicher Ausfertigungen und Abschriften durch dasselbe in Fällen, wo die Staatsanwaltschaft im Interesse des Gesetzes handelt. V. 10. März 1851. 263.

Sicherheitspflege, Mittheilungen des Polizei-Präsidiums in Berlin zur Beförderung derselben. A. V. 4. Juni 1852. 434.

Staaten, fremde s. Zollvergehen.

Staatsanwaltschaft, Verfahren derselben bei Verfolgung

der Beleidigungen gegen das Staats-Ministerium oder einzelne Staats-Minister. A. V. 14. August 1849, 23. Juni 1851. 64. 364.

Staatsanwaltschaft, Einrichtung derselben bei den Polizeigerichten mit Rücksicht auf die Bestimmungen der Gemeindeordnung vom 11. März 1850. V. 17. April 1851. 287.

— die von den Beamten derselben in Untersuchungssachen zu machenden Mittheilungen. A. V. 29. Dezember 1851, 12. Juli 18, 24. August 1852. V. 8. Oktober 1853. 397. 454. 478. 479. 600.

— Gebühren der Gerichtsvollzieher für die im Auftrage derselben im Kompetenzkonfliktsverfahren gefertigten Akte. V. 3. Dezember 1853. 622.

— Bekanntmachungen derselben s. Bekanntmachungen.

Staatsbeamte s. Beamte.

Staats-Minister, Staats-Ministerium s. Beleidignngen

Staatstelegraphen s. Telegraphen.

Staatsverbrechen s. Kammergericht.

Stellvertretung s. Beamte.

Stempel, bei Incompetenzurtheilen. 82.

— bei Verurtheilung zur Rechnungslegung. 82.

— bei Verurtheilung des Subhastaten zu Räumung. 82.

— bei Contumacialurtheilen in Theilungssachen. 82.

— zum Haupterkenntniß in Subhastationssachen. 564.

— zu Strafresoluten s. Strafresolute.

Stempelfreiheit s. Hohenzollern.

Stempelrevisionen s. Aachen, Coblenz, Cöln, Elberfeld.

Stempelung der Waagen s. Waagen.

Stempelverbrauch der Gerichtsvollzieher, Ueberwachung desselben. V. 20. Juli 1853. 585.

Steuerdefraudation, Beschlagnahme der Handelsbücher bei dem Verdachte einer Steuerdefraudation. V. 4. September 1849. 66.

— Verfahren in Untersuchungssachen wegen derselben. A. V. 12. Mai 1853. 573.

Strafe der Einschließung in Festungen, Vollstreckung derselben. V. 20. Januar 1853. 542.

— wegen Zollvergehen wider fremde Staaten s. Zollvergehen.

Straferkenntnisse s. Erkenntnisse.

Strafgesetzbuch, Einführungsgesetz zu demselben vom 14. April 1851. 287 s. den Anhang.

Strafgesetzbuch, Ergänzungen zum Einführungsgesetz vom 22. Mai 1852. 421 s. den Anhang.

— Abänderung der §§. 56., 219., 240. und 250. desselben. G. 9. März 1853. 557 s. den Anhang.

— Gesetzeskraft desselben in dem an den Regierungs-Bezirk Aachen angränzenden s. g. neutralen Gebiete. V. 31. Dezember 1852. 532.

— §. 110. s. Militairpflichtige.

— §. 193., Begriff der Krankheit oder Arbeitsunfähigkeit. A. V. 12. Januar 1853. 535.

Strafresolute der Finanz und Polizeibehörden, Stempelpflichtigkeit derselben. A. V. 21. Februar 1850. 122.

Strafsachen s. Bundestruppen.

Strafverwandlung s. Strafvollstreckung.

Strafvollstreckung, Aussetzung derselben in Folge von Begnadigungs-, Strafverwandlungs- und Milderungsgesuchen. V. 14. Dezember 1849. 81.

Subhastationssachen, Stempel zum Haupterkenntnisse in denselben. V. 26. April 1853. 564.

Suspendirte Beamte, Gehaltszahlung an dieselben. A. V. 9. August 1853. 586.

— Kosten für Stellvertretung derselben. V. 18. Mai 1850. 222.

T.

Telegraphen, Benutzung der Staats-Telegraphen seitens der Königl. Behörden. V. 2. März St. M. Beschl. 20. Februar V. 21. Mai 1849. 51. 59.

Telegraphische Dienstdepeschen, Abfassung derselben. A. V. 3. September 185 598.

Territorial-Eintheilung der Friedensgerichte. V. 28. September 1852. 507.

Theilungen s. Gemeinheitstheilungen.

Triennium academicum s. Rechtskandidaten.

Truppen s. Bundestruppen, Gerichtsstand.

U.

Universitätsrichter, Befugniß derselben zur selbstständigen Anwendung der gesetzlichen Zwangsmittel gegen ungehorsame Zeugen. V. 12. September 1851. 385.

Unteroffiziere, deren Vereidigung s. Beamte.

Untersuchungen wegen Verfertigung oder Verbreitung falscher Dahrlehnskassenscheine und Noten der Preußischen Bank. A. V. 29. April 1850. 221.

— die Diäten der Aerzte und Wundärzte in denselben. V. 11. Juli 1850. 227.

— wegen Verfertigung oder Verbreitung falschen ausländischen Papiergeldes. A. V. 15. November 1850. 249.

— wider jugendliche Brandstifter s. Brandstifter.

Untersuchungsakten, Einsendung derselben in Fällen wo gegen eine Nummer einer ausländischen Zeitung oder Zeitschrift die Vernichtung gerichtlich ausgesprochen. V. 11. August 1851. 379.

Untersuchungsrichter s. Eisenbahnunfälle.

Untersuchungssachen s. Aktenauszüge.

— Mittheilungen in denselben s. Staatsanwaltschaft.

Urlaubsertheilung an Friedensrichter. V. 20. März 1850. 217.

— an Referendarien behufs theoretischer Vorbereitung zur dritten juristischen Prüfung. A. V. 6. Januar 1852. 401.

V.

Vaterländisches Recht und Gerichtsverfahren s. Rechtskandidaten.

Verbrecher, flüchtige, s. Amerika, Niederlande.

Vereidigung s. Beamte, Eid.

Verfassungs-Urkunde für den Preußischen Staat vom 31. Januar 1850. 88.

— Abänderung des Art. 69. und Ergänzung der Art. 66. und 115. derselben. G. 30. April 1851. 291.

— Abänderung der Art. 94. und 95. derselben. G. 21. Mai 1852. 420.

— Aufhebung des Art. 105. derselben. G. 24. Mai 1853. 579.

Verhaftungen s. Wachen.

Verkauf, öffentlicher, von Waffen s. Waffen.

Versammlungs- und Vereinigunsrecht. G. 11. März. 1850. 207.

Versetzung, unfreiwillige, s. Beamte, Richter.

Versicherungsanstalten, Geschäftsverkehr derselben. G. 17. Mai 1853. 577.

Versiegelungen s. Friedensrichter, Gebühren.

Versteigerungen, öffentliche s. Ausrufer, Beamte.

Veterinairärztliche Gutachten s. Requisitionen.

Vicepräsidenten s. Obertribunal.

Vorfluthsgesetze s. Hohenzollern.

Vorladungen s. Insinuationen, Frankreich, Niederland.

Vorlesungen s. Rechtskandidaten.

W.

Waagen, Stempelung und Beaufsichtigung derselben im öffentlichen Verkehr. G. 24. Mai 1853. 580.

Wachen, Instruktion für dieselben hinsichts der von denselben vorzunehmenden vorläufigen Ergreifungen und Verhaftungen vom 27. Juli 1850. 234.

Wachtmeister s. Militair-Invaliden.

Waffen, verbotene, Unzulässigkeit des öffentlichen gerichtlichen Verkaufs derselben und anderer Sachen mit denen gesetzlich kein Handel getrieben werden darf. V. 22. Dezbr. 1852. 530.

Waldprodukte, Diebstahl an denselben. G. 2. Juni 1852. 422.

Wartegelder, Zahlung derselben an die zur Disposition gestellten Justizbeamten. V. 20. Juni 1849. 63.

Wasserableitungen, unterirdische, Anwendung der Vorfluthsgesetze auf dieselben. G. 11. Mai 1853. 572.

Wechsel, Amortisation derselben. 3. 119.

— Kompetenz der Handelsgerichte zur Erhebung der Wechselklagen. 4. 120.

— Kompetenz der Handelsgerichte zu Klagen aus eigenen Wechseln. 121.

Wechselarrest s. Einführnngsgesetz zur allgemeinen deutschen Wechselordnung vom 15. Februar 1850. 120.

Wechselordnung für Deutschland nebst Einführungsordnung vom 6. Januar 1849 und Einführungsgesetz vom 15. Februar 1850. 3. 119.

Wechselproteste, Tageszeit zu welcher dieselben erhoben werden können. 4. 120.

— s. Gerichtsvollzieher.

Wiesenbesitzer s. Salm.

Wildenburg, Aufhebung des dortigen Friedensgerichtes. A. E. 3. April 1850. 221.

Wittwen-Verpflegungs-Anstalt, allgemeine, Aufhebung

der Bestimmung im §. 4. des Reglements für dieselbe vom 28. Dezember 1775 wegen Ausschließung der Militairbedienten in Kriegszeiten. G. 29. März 1851. 281.

Wohnungen s. Dienstwohnungen.

Wundärzte s. Diäten.

Z.

Zeitung oder Zeitschrift, ausländische, Einsendung der Untersuchungsakten in Fällen, wo gegen eine Nummer derselben die Vernichtung gerichtlich ausgesprochen. V. 11. August 1851. 379.

Zeugen, Vorladung der Gensdarmen zu ihrer gerichtlichen Vernehmung als solche. A. V. 21. Dezember 1850. 258.

— ungehorsame, Anwendung der gesetzlichen Zwangsmittel seitens der Universitätsrichter gegen dieselben. V. 12. September 1851. 385.

— Requisitionen französischer Behörden um Vernehmung derselben. V. 18. Mai 1852. 419.

— Vereidung der zur Feststellung der Invalidenversorgungs-Ansprüche ehemaliger Militairpersonen abgehörten, A. V. 23. Februar 1853. 548.

Zollvergehen gegen fremde Staaten, Bestrafung derselben. G. 22. August 1853. 595.

— gegen Kaiserlich Oesterreichische Zollgesetze, Bestrafung derselben. Verordn. 22. August 1853. 597.

Zuchtpolizeiliche Urtheile, Bekanntmachung der auf zeitige Untersagung der Ausübung der bürgerlichen Ehrenrechte lautenden, V. 8. August 1851. 378.

Druckfehlerberichtigung.

Seite	225.	Zeile	15.	v.	u.	muß	Ordonnanz	statt	Ordonanz stehen.
"	236.	"	7.	"	"	"	Arrestant	"	Arrestat "
"	238.	"	9.	"	"	"	Nothsignale	"	Nothsingnale "
"	240.	-	24.	"	"	"	1832.	"	1332. "

www.ingramcontent.com/pod-product-compliance
Lightning Source LLC
LaVergne TN
LVHW092122300926
849161LV00002B/198
9783112684252